KB039336

영업비밀보호법

한국특허법학회 편

박영사

발 간 사

한국특허법학회는 대한민국 지재법리, 특히 특허법리의 발전을 위하여 노력하여 왔습니다. 그 노력의 일환으로 한국특허법학회는 그동안 학회활동을 통한 연구성과를 출판을 통해 공유하여 왔습니다. 2009년, 2012년 및 2017년에 「특허판례연구」 초판, 개정판 그리고 제3판을 각각 발간하였습니다. 2014년 2월에는 일본 「特許判例百選」 제4판의 한국어 번역판을 발간하였으며, 2015년 11월에 「직무발명제도 해설」을 발간하였습니다. 2017년 9월에는 「직무발명제도 해설」의 일본어 번역판을 일본에서 발간하였고, 해당 서적의 중국어 번역판이 2018년 중 중국에서 발간될 예정입니다.

「영업비밀 보호법」 또한 한국특허법학회의 연구성과 공유의 일환으로 기획된 연구서입니다. 영업비밀이 회사의 경쟁력에 미치는 영향이 점점 커지고 있습니다. 그러한 관계로 회사 내에서 또는 회사 밖에서 영업비밀 관련 문제, 약정, 분쟁 등을 해결해야 할 건수도 증가하여 왔다고 생각됩니다. 그런데, 영업비밀 관련 쟁점을 깊이 있게 논하는 전문서가 없거나 부족한 실정이어서, 회사의 담당자, 종업원, 변호사, 변리사, 판사 등이 참고하여 사안을 해결하기가 곤란하였습니다. 이에, 한국특허법학회는 영업비밀 관련 업무에 조금이나마 도움이 되는 전문서를 제공하기 위해 회원들의 뜻을 모아 이 책을 발간하게 되었습니다.

이 책의 집필에는 25명의 한국특허법학회 회원이 참가하였습니다. 당연히 그 저자들의 노고가 없었더라면 이 책은 탄생하지 않았을 것입니다. 각 저자들의 노고에 경의를 표합니다. 이 책의 발간을 위하여 학회 회장인 신혜은 교수, 편집위원장인 정차호 교수를 비롯한 이규홍 부장판사, 김동준 교수, 차상육 교수, 박창수 변호사가 편집위원으로 많은 노력을 기울였음도 아울러 기록하여 두고자 합니다. 한편 이 책이 처음 기대하였던 수준에 미치지 못하는 점에 대하여는 독자들께서 널리 양해하여 주실 것을 바라며, 추후 개정판을 통해서 더 나은 작품을 만들어 갈 것을 약속드립니다. 아무쪼록 이 책이 우리나라 영업비밀 법리 및 실무의 발전에 조금이라도 도움이 되기를 바랍니다.

2017년 10월
한국특허법학회 회원 일동

집필진 명단(가나다 순)

강경태 김앤장 법률사무소 변호사

곽준영 특허청 과장, 전 특허법원 기술심리관

김관식 한남대학교 법학부 교수, 전 대법원 재판연구관

김동준 충남대학교 법학전문대학원 교수, 전 특허청 심사관 및 대법원 재판연구관

김동진 인천지방법원 부장판사

김병국 특허법원 판사

김종석 김앤장 법률사무소 변호사, 전 대전지방법원 부장판사 및 대법원 재판연구관

박길채 특허법인 태평양 변리사

박시영 특허청 과장, 전 WIPO Counsellor 및 KOTRA 해외지재권보호사업단장

박영규 명지대학교 법과대학 교수, 전 대법원 재판연구관

박정희 법무법인 태평양 변호사

박종학 서울남부지방법원 부장판사, 전 특허법원 판사

박창수 김앤장 법률사무소 변호사, 전 특허법원 판사

박태일 대전지방법원 부장판사, 전 대법원 재판연구관

성창익 변호사, 전 울산지방법원 부장판사 및 특허법원 판사

염호준 사법정책연구원 선임연구위원(부장판사), 전 특허법원 판사

윤태식 서울중앙지방법원 부장판사, 전 대법원 재판연구관

이규홍 서울중앙지방법원 부장판사, 전 사법연수원 교수(특허법)

이회기 김앤장 법률사무소 변호사, 전 특허법원 판사

장현진 특허법원 판사

정차호 성균관대학교 법학전문대학원 교수, 전 특허청 심사관

정태호 원광대학교 법학전문대학원 교수, 전 대법원 재판연구관

차상육 경북대학교 법학전문대학원 교수

최승재 세종대학교 법학부 교수, 전 대법원 재판연구관 및 김앤장 법률사무소 변호사

홍정표 국민대학교 교수, 전 특허심판원 원장

차   례

제 1 장   영업비밀 요건

제 2 장   주요국의 영업비밀보호법

제 3 장   영업비밀 침해행위의 유형

제4장 민사적 구제

제5장 행정적 구제

제6장 상대방의 방어수단

제7장 경업금지

제 8 장 산업기술보호법

제 9 장 영업비밀 원본증명제도 및 기술자료 임치제도

참 고

〈저작권〉

이 책의 각 저자는 개별 저작물에 대한 저작재산권 및 저작인접권을 한국특허법학회에 양도하였습니다. 그러므로 한국특허법학회는 앞으로 제2판, 제3판 등을 발간하면서 각 저자의 글을 자유롭게 활용할 수 있고, 각 글에 다른 저자를 배정하여 수정, 보완하게 할 수도 있습니다. 이러한 조치는 개정판 작업의 편의를 위한 것이며 모든 저자가 이러한 필요성에 합의하였습니다. 다만 각 저자는 다른 장면에서 본인의 글을 자유롭게 활용할 수 있습니다.

〈부인(disclaimer)〉

이 책에서의 각 저자의 의견은 온전히 학문적이고 개인적인 것이며, 각 저자의 과거, 현재 또는 미래의 근무처, 의뢰인 등의 의견 또는 입장과는 무관합니다.

〈인용(citation)〉

각 저자의 글을 인용하시는 분은 아래의 인용례를 활용 또는 참고하여 주시기 바랍니다.

저자성명, "글 제목", 「영업비밀보호법」, 한국특허법학회 편, 박영사, 2017, xxx 면("인용되는 내용.").

제 1 장

영업비밀 요건

제1절 영업비밀 대상

홍정표(국민대학교 교수)

I. 서 언

영업비밀은 특허권, 실용신안권, 디자인권, 상표권 등과 같은 산업재산권과 저작권, 컴퓨터프로그램, 반도체집적회로배치설계, 데이터베이스 등을 포함하는 지식재산의 일종으로서 기업 등 사업주체가 영업활동을 함에 있어 경쟁상의 우위를 확보하기 위하여 비밀로 관리하고 있는 생산방법, 판매방법 기타 사업활동에 유용한 기술상 또는 경영상의 정보로서 공공연히 알려져 있지 않은 것을 지칭한다.1) 우리나라에서는 1991년 개정법에서2) 영업비밀보호에 관한 규정을 부정경쟁방지법 내에 신설하고, 제2조에서 "영업비밀이란 공공연히 알려져 있지 아니하고 독립된 경제적 가치를 가지는 것으로서, 상당한 노력에 의하여 비밀로 유지된 생산방법, 판매방법, 기타 영업활동에 유용한 기술상 또는 경영상의 정보를 말한다"고 규정하여 현재에 이르고 있다.

한편, 영업비밀과 구별하여야 할 개념으로 '노하우(know－how)', '기업비밀', '재산적 정보' 등이 있다. '노하우'라는 용어는 비결이라는 통속적인 의미로서 보유자가 직접 습득한 기능이나 경험축적의 실체를 의미하기도 하지만 주로 기술상의 정보만을 지칭하는 경우가 많다.3) 즉 노하우는 일반적으로 "단독으로 또는 결합하

---

1) 황의창·황광연, 「부정경쟁방지 및 영업비밀보호법 6정판」, 세창출판사, 2011, 159면.
2) 1991. 12. 31. 법률 제4478호로 개정된 법을 말한다. 1991년 개정법은 1년 간의 유예기간을 거쳐 1992년 12월 15일부터 시행에 들어갔으며, 이후 영업비밀의 중요성이 커짐에 따라 1998. 12. 31. 개정 시에 법률의 명칭을 "부정경쟁방지 및 영업비밀보호에 관한 법률"로 변경하였다.
3) 황의창·황광연, 앞의 책, 163－164면("'노하우'라는 용어의 어원은 정확하지는 않으나 미국의 실업계에서 처음 사용된 용어로서 때때로 영업비밀과 동의어로 사용되는 경우도 있다. 노하우 제공을 목적으로 하는 실시권 계약(Licensing Agreement)에서는 오히려 노하우라는 용어를 많이 사용하며, 노하우를 기술적 노하우와 영업적 노하우로 구별하기도 한다. 그러나 일반적으로 노하우는 기술적 노하우만을 의미하며, 영·미의 법률사전에서도 노하우는 기술적 지식을 중심으로 해석되고 있다.").

여 산업목적에 유용한 어떤 종류의 기술을 완성하거나 또는 그것을 실제로 적용함에 필요한 기술적 지식과 경험 또는 그들의 집적"이라고 정의되고 있다. 그러나 영업비밀은 기술상의 정보뿐만 아니라 영업상의 비밀도 포함한다. 그리고 노하우는 영업비밀과 달리 반드시 비밀성을 요건으로 하고 있지 않다.[4]

'기업비밀'이란 용어는 기업활동에 유용한 경영상 혹은 기술상 정보에 한하지 않고 기업의 비밀에 속하는 일체의 정보를 모두 포함하여, 예컨대 기업의 세금포탈, 기업자금 도피, 부동산 투기, 환경오염 물질의 방출 등 반사회적·반윤리적 정보도 포함하는 개념으로 이해되고 있다.[5]

'재산적 정보(Proprietary Information)'라는 용어는 1986년에 시작된 GATT－UR/TRIPs 협상에서 최초로 사용되기 시작하였다. 이 용어는 유무형의 비밀의 기술적 노하우 및 유형물에 기록된 비밀의 비즈니스정보를 포함하는 비밀정보라는 의미를 지녀 대체로 영업비밀과 같은 의미로 사용된다. 그러나, 재산적 정보에는 영업비밀 외에도 예컨대, 의약품이나 농약 등의 제품등록을 위하여 정부 또는 제3자에게 개시되는 재산적 가치가 있는 미공개 정보 등을 포함하는 개념으로 사용되기도 한다.[6]

우리 법에 따른 영업비밀은 공연히 알려져 있지 않아야 하고(비공지성), 유용한 정보로서 독립된 경제적 가치(경제성)를 가져야 하며, 상당한 노력에 의하여 비밀로 관리되고 있음(비밀관리성)을 요건으로 하고, 생산방법, 판매방법 및 그 밖에 영업활동에 유용한 기술상 및 경영상 정보를 대상으로 한다.[7] "그 밖에 유용한 정보"로는 유·무형 및 기록 형태에 제한을 받지 않고, 모든 종류의 재무, 사업, 과학, 기술 또는 공학 정보가 있을 수 있고, 패턴, 계획, 편집, 프로그램 장치, 공식, 디자인, 시제품, 방법, 공정, 프로그램, 코드 등의 형태로 나타날 수 있다.[8]

비공지성, 경제성 및 비밀관리성 등 보호받을 수 있는 영업비밀의 요건은 이 장의 2절 내지 4절에서 상세히 후술하며, 이 절에서는 영업비밀의 정의와 대상을 위주로 기술한다.

---

4) 사법연수원, 「부정경쟁방지법」, 사법연수원 출판부, 2012, 97면.
5) 위의 책, 같은 면.
6) 황의창·황광연, 앞의 책, 162면.
7) 현행법에서는 영업비밀에 관한 정보를 기술상 정보와 경영상 정보로 구별하는 실익이 없으나, 영업비밀 보호 조항이 처음 도입된 1991년 개정법부터 구별(2004. 1. 20. 법률 제7095호로 개정되기 전의 법)까지는 형사처벌의 대상을 기술상 영업비밀을 침해하는 행위로 제한하였기 때문에 양자를 구별할 필요가 있었다.
8) 사법연수원, 앞의 책, 96면.

Ⅱ. 영업비밀의 대상

1. 영업비밀의 정의

가. 미　　국

영업상 비밀정보에 대한 보호체계는 적어도 로마시대까지 거슬러 올라가게 되는데, 로마법은 다른 사람의 고용자에게 그 주인의 상업적 사무에 관한 정보를 공개하도록 유도한 사람을 대상으로 한 구제(relief)를 허락하는 규정을 갖고 있었다. 근대의 영업비밀법은 19세기 초 영국에서 태동하여, 19세기 중반에는 미국에서 코먼로(common law)로 영업비밀의 보호가 인정되었다.[9]

이후 1939년 Restatement(1st) of Torts (1939) 757 comment(b)에서 영업비밀을 "한 기업에서 사용되어, 이를 알지 못하거나 사용하지 않는 경쟁자에 대하여 자사에 유리한 지위를 부여할 수 있는 모든 제법(formula), 패턴(patten), 장치(device) 또는 정보의 편집물(compilation of information)로서, 화합물의 제법(formula for a chemical compound), 재료의 생산·처리·보존공정(process of manufacturing, treating or preserving of materials), 기계나 기타 장치의 패턴(pattern for a machine or other device), 고객명부(list of customers) 등이 이에 해당될 수 있다"고 정의하였는데, 위 영업비밀의 정의는 아직도 많이 인용되고 있다.

이후 1979년 코먼로의 원칙을 기반으로 하여 The National Conference of Commissioners on Uniform State Laws (NCCUSL)에 의해 The Uniform Trade Secret Act (UTSA)가[10] 만들어 졌고, 이후 47개 주와 콜럼비아 특별구 등 대부분의 주들이 UTSA를 바탕으로 일부 수정한 영업비밀보호법을 제정하였다.[11]

미국 UTSA 제1조 제4항에서는 영업비밀을 "제법(formula), 패턴(pattern), 편집물(compilation), 프로그램(program), 장치(device), 방법(method), 기술(technique) 또는 공정(process)을 포함하는 정보로서, (i) 그 공개 또는 사용으로 경제적 이익을

---

9) 영국에서 19세기 초반 기술적 노하우의 축적과 점증하는 고용인들의 이동에 대응하여 근대의 영업비밀보호법이 태동하였으며, 미국에서 19세기 중반에는 코먼로에 따라 영업비밀의 보호가 인정되었고 19세기 말에는 근대 영업비밀보호법의 주요한 형태가 확립되었다. Restatement (3rd) of Unfair Competition § 39 Definition of Trade Secret, comment. a.

10) UTSA(통일영업비밀법)는 코먼로의 원칙을 바탕으로 하여 NCCUSL이 10년간의 연구에 의해 제안하였고, 1980년 2월 미국 변호사 협회(The American Bar Association)에 의해 승인되었다. 하홍준, "미국의 사례를 통하여 본 영업비밀 보호범위", 「비교사법 11(4), 2004. 12」, 405면.

11) William M. Corrigan, Jr. & Jeffrey L. Schultz, "Trade Secret Litigation—An Updated Overview", 71 Journal of Missouri Bar, 18 (2015).

얻을 수 있는 타인에게 일반적으로 알려져 있지 않고, 정당한 수단에 의해서는 용이하게 알아질 수 없기 때문에 현실적 또는 잠재적으로 독립적인 경제적 가치를 가지며, (ii) 당해 상황 하에서 비밀성을 유지하기 위한 합리적인 노력의 대상인 것"으로 규정하고 있다. 따라서 미국의 영업비밀에 대해서는 신규성, 재산성, 비밀성의 세 가지 요소가 요구된다고 한다.12)

한편 연방차원에서는 영업비밀 침해행위를 일종의 절취행위로 보아 1996년 연방법으로 형법의 일종인 경제스파이법(Economic Espionage Act)을 제정하였다.13) EEA(제1839조 제3항)에서는 영업비밀을 패턴(patterns), 설계도(plans), 편집물(com-pilations), 프로그램 장치(program devices), 제법(formulas), 디자인(designs), 시제품(prototypes), 방법(methods), 기술(techniques), 공정(process), 절차(procedures), 프로그램(programs), 암호(codes)를 포함하는 유·무형의 모든 형태(form) 및 유형(type)의 재정적(financial), 영업적(business), 과학적(scienticific), 기술적(technical), 경제적(economic), 공학적(engineering) 정보로 정의하고 있다.

나. 일 본

일본 부정경쟁방지법에서는 영업비밀을 "비밀로 관리되고 있는 생산방법, 판매방법 기타 사업활동에 유용한 기술상 또는 경영상의 정보로서 공연히 알려져 있지 않은 것"(제2조제6호)이라고 (우리나라의 부정경쟁방지법과 유사하게) 정의하고 있다.

다. UR-TRIPs

TRIPs 협정 제39조 제2항은 자연인 및 법인이 합법적으로 자신의 통제 하에 있는 정보가 자신의 동의없이 건전한 사업적 관행에 반하는 방법으로 타인에게 공개되거나 타인에 의해 획득 또는 사용되는 것을 금지할 수 있다고 규정하면서,14) 이때 미공개 정보는 ① 전체로서 또는 그의 구성요소의 정밀한 배열(configura-tion) 및 조합(assembly)의 형태로서 해당 정보의 종류를 통상적으로 다루고 있는

---

12) 윤선희·김지영, 「영업비밀보호법」, 법문사, 2012, 64–65면.
13) 외국 기업 및 정부기관 등과 연계된 영업비밀의 유출행위인 경우 개인은 15년 이하의 징역 및/또는 50만 불 이하의 벌금, 법인은 1000만 불 이하의 벌금을 부과한다. 18 USC § 1831.
14) 현재 대다수 국가가 영업비밀을 보호하는 법체계를 갖추게 된 데는 TRIPs 협정의 역할이 크며, TRIPs 협정은 영업비밀을 보호하는 최소한의 보호원칙만을 규정하고 있어서, 각 국가별로 영업비밀 보호방법은 차이가 있다. 정진근, "주요 판례법 국가의 영업비밀 보호와 시사점", 강원대학교 비교법학연구소, 「강원법학」 제39권, 2013. 6., 178면.

업계의 사람들에게 일반적으로 알려져 있지 않거나 쉽게 접근될 수 없다는 의미에서 비밀인 것, ② 비밀이기 때문에 상업적 가치를 갖는 것, 그리고 ③ 적법하게 동 정보를 통제하고 있는 자에 의해 비밀로 유지하기 위한, 그 상황 하에서 합리적인 조치의 대상이 되는 것을 요구하고 있다.[15]

라. 독　　일

독일 부정경쟁방지법에서 영업비밀에 대응하는 개념으로서 영업상 비밀과 기술상 비밀을 규정하고 있으나, 이에 관한 개념 규정을 두고 있지는 않다. 이에 연방 최고재판소(BGH) 판례에서 제시하고 있는 영업비밀의 구성요소를 살펴보면 다음과 같다.[16]

① 사업활동에 관한 것일 것
② 엄격히 한정된 범위의 자에게만 알려질 것
③ 영업자의 명확한 의사에 의하여 비밀로 되어 있을 것
④ 영업자가 비밀유지에 의하여 이익을 가질 것

2. 영업비밀의 종류

영업비밀에 해당되는 정보로서 거론되는 것은 매우 다양하며, 시간과 더불어 확대되고 있어서 영업비밀의 대상이나 종류를 특정하기는 어려우며, 비밀성, 경제성 및 비밀관리성의 요건과 맞물려 영업비밀에 해당되는 가에 관한 판례는 많으나, 순수하게 영업비밀의 대상 여부에 관한 판례는 찾기 어렵다.

영업비밀로서 거론되는 기술정보는 설계도면, 제조공정, 생산방법, 제조기술, 운용매뉴얼, 조작방법, 성분원료의 배합비율 및 배합방법, 강도계산의 운용방법, 기계의 설계방법, 기계의 사양, 공장의 배치도, 컴퓨터 소프트웨어, 햄버거의 조리방법 등을 들 수 있고,[17] 연구개발에 관한 정보, 즉 연구개발 계획 및 전략, 연구개발 계획, 연구개발 보고서, 연구개발 일지, 실험데이터, 실험성과 및 분석자료, 신제품에 대한 아이디어나 디자인 등도 기술상의 정보라 할 수 있다.[18]

경영정보로는 고객리스트, 고객관리기법, 경영관리기법, 대리점 명부, 재료나

---

15) Section 7: PROTECTION OF UNDISCLOSED INFORMATION Article 39.2.
16) 윤선희·김지영, 앞의 책, 65-66면.
17) 황의창·황광연, 앞의 책, 176면.
18) 이윤원, 「영업비밀보호법」, 2012, 박영사, 23면.

상품의 구입처, 주문서, 거래선 루트, 판매가격표, 원가계산표, 신제품 생산계획이
나 판매계획, 제품견적에 관한 노하우, 판매지침서, 판매마진율, 시장조사정보, 수
입 또는 수출루트, 기업재산목록, 광고 및 홍보계획, 선전광고방법, 미발표의 대차
대조표, 제품할인 시스템, 사원 채용·배치 등 인사·조직관리기법, 자금조달·예산
배분등 재무관리기법, 설비투자계획, 타사와의 합병·투자·지원 등 협력계획, 비공
개 사업계획 등이 있다.[19]

　　미국 법원에서는 고객이나 의뢰인의 리스트, 고객주문정보, 구매자 연락정보,
판매자 정보, 청사진, 디자인 매뉴얼, 설계도, 제품 스케치, 입찰시스템, 소프트웨어
모듈의 조합, 컴퓨터프로그램, 컴퓨터 집속기술, 제조방법, 영업형태, 마케팅 계획
및 전략, 디자인 설명서, 테스팅 데이터, 교육 및 서비스 매뉴얼, 가격 정보, 잠재적
실시권자 목록집, 퍼지(fudge) 요리법 등이 영업비밀로 인정된 사례가 있다.[20]

　　그러나 영업비밀은 일반적으로 기업이 비밀로 보호하고 있는 모든 기술상 또
는 경영상의 정보를 총칭하는 것이라 하겠고, 미국 Restatement (1st) of Torts
(1939) 757 comment(b)나 UTSA 제1조 제4항에서 언급된 제법(formula), 패턴
(pattern), 편집물(compilation), 프로그램(program), 장치(device), 방법(method), 기술
(technique), 공정(process) 또는 고객명부(list of customers) 등 용어에 한정될 이유
는 없다. 오히려 EEA에서 영업비밀을 "유·무형 모든 형태 및 유형의 재정적
(financial), 영업적(business), 과학적(scientific), 기술적(technical), 경제적(economic),
공학적(engineering) 정보"라 정의한데 주목할 필요가 있다.

　　영업비밀을 보호하는 목적은 그 영업비밀 자체의 보호라기 보다는, 비밀로 관
리되고 있는 타인의 정보를 부정한 수단으로 취득하여 공정한 경쟁자 보다 '유리한
출발(headstart)' 내지 시간절약(lead time)이라는 우월한 위치에서 부당한 이익을 취
하는 행위를 막아 건전한 경쟁질서를 유지하고자 함에 있다라는[21] 점에서도 영업
비밀의 대상 자체는 모든 기술상·경영상 정보로서 최대한 넓게 해석되어야 할 것
이다. 영업비밀의 대상은 유형뿐 아니라 무형의 것을 포함한다.[22]

---

19) 위의 책, 같은 면.
20) Scott D. Marrs, "Trade Secrets−Preliminary Relief in Trade Secret Cases", 61 Tex. B. J.
　　880, 882.
21) 대법원 1996. 12. 23. 선고 96다16605 판결 참조.
22) 영업비밀의 '취득'은 도면, 사진, 녹음테이프, 필름, 전산정보처리조직에 의하여 처리할 수 있
　　는 형태로 작성된 파일 등 유체물의 점유를 취득하는 형태는 물론이고, 그 외에 유체물의 점유
　　를 취득함이 없이 영업비밀 자체를 직접 인식하고 기억하는 형태 또는 영업비밀을 알고 있는 사

영업비밀의 대상 중 특히 고객명부를 비롯한 고객관리 자료는 오래 전부터 중요한 영업정보로 인정되어 왔다.23) 고객명부의 경우 전화번호부, 관련 협회자료 등을 통해 구할 수 있는 단순한 고객리스트라면 영업비밀로서 인정받기 어렵고,24) 고객정보를 획득하기 위하여 얼마만큼의 시간과 노력 그리고 비용을 들였는가 하는 시장의 경쟁성 또한 영업비밀을 판단하기 위한 하나의 자료가 된다.25)

또한 고객명부가 일반적으로 알려진 것인지, 특정 산업에만 알려진 것인지, 비밀성을 유지하기 위해 어떠한 방법을 동원하였는지 등으로 판단하기도 한다. 즉, i) 어느 정도의 정보가 외부에 알려져 있는지, ii) 영업에 관련된 피고용인 등에게 얼마나 알려져 있는지, iii) 경영주가 얼마나 보호장치를 했는지, iv) 소유자와 경쟁자에 대한 정보의 가치는 얼마인지, v) 정보를 취득하기 위하여 투입한 비용은 얼마인지, vi) 그 정보를 취득하기 위한 곤란성의 정도는 어느 정도인지, vii) 본인과 대리인 관계에 대한 계약관계의 존부 여부, viii) 피고용인이나 대리인이 영업비밀을 취득하기 위한 방법, ix) 피고용인과 고객 간의 개인적인 친밀도, x) 시장의 경쟁성 등이다.26)

종전의 피고용인은 고객유치에 있어서 전의 고용주와 경쟁관계에 있을 수 있

람을 고용하는 형태로도 이루어질 수 있으며, 사회통념상 영업비밀을 자신의 것으로 만들어 이를 사용할 수 있는 상태가 되었다면 영업비밀을 취득하였다고 할 것이다. 대법원 2009. 10. 15. 선고 2008도9433 판결, 대법원 1998. 6. 9. 선고 98다1928 판결 참조. 영업비밀의 유무형에 관한 상세한 논의는 정상조, 「부정경쟁방지법 원론」, 세창출판사, 2007, 98−100면을 참고할 것.

23) 예를 들면, 취미잡화품의 통신판매업을 경영하는 기업의 임원이 재직 중 동종의 영업을 경영하는 회사를 설립한 후 원기업의 약 2만 명분의 단골손님 명부를 사용하여 통신판매업을 하는 것이 불법행위에 해당한다고 하여 1400만엔의 손해배상청구를 인정한 사례[고루무 貿易事件(일본 大阪高判 1983. 3. 3)], 동업 치과의 한 사람이 당직 중 접수처 책상에 보관하고 있던 환자명부(환자명, 주소, 전화번호, 내원일자, 차회진찰일 등 기재)를 사진 복사하여 1블록 건너편에 사무소를 개설하여 동 명부를 사용한 행위에 대해 영업비밀 침해가 인정된 사례[Allan Dampf. P.C. v. Richard Bloom (512 NYS 2d. 116, 1987. 2. 17. 뉴욕주 연방항소법원)]가 있다. 황의창·황광연, 앞의 책, 183면에서 재인용.

24) 서울고등법원 2000. 3. 14. 선고 99나36121 판결 참조.

25) 이러한 요건은 사실 영업비밀의 비밀성 및 경제성 요건에 해당하는 것으로 볼 수 있다. 대법원 2011. 7. 14. 선고 2009다12528 판결 참조. 미국 판례로 Calisi v. Unified Financial Services 사건(232 Ariz. 103, 2013. 4. 11, 애리조나주 항소법원)에서 법원은 "고객의 특별한 필요(needs), 선호(preferences), 특징(characteristics) 등 구체적이고 가치있는 정보의 선택적 축적은 영업비밀로 보호받을 수 있으며, 또는 고객명부가 상당한 노력에 의해 축적된 것으로서 경쟁자들이 그와 같은 정보를 얻고 복제하기가 어렵다는 것이 증명된다면 영업비밀로 보호받을 수 있다"고 하였다. See also System Development Services, Inc. v. Haarmann(389 Ill.3d 561, 2009. 4. 13, 일리노이주 항소법원).

26) 김정덕·김성화, 「영업비밀보호법의 이해」, 한국학술정보(주), 2011, 80면. i)~vi)은 Restatement (1st) of Torts (1939) 757 comment(b)에 영업비밀 판단요건으로 기재되어 있다.

으나, 종전 피고용인의 행동은 경업금지의무 및 전 고용주의 영업비밀에 의해 제한
될 수 있다. 고객의 이름과 주소 및 고객과 관련된 다른 정보에 독립된 경제적 이
익이 존재한다면 피고용인에 의해 만들어진 고객명부도 영업비밀로서 존재한다.[27]

한편, 영업비밀을 보호하는 목적은 경쟁자들 사이에 건전한 경쟁질서를 유지
하도록 하는 것이므로, 건전한 거래질서를 유지하는데 아무런 도움이 되지 않는 반
사회적인 정보는 영업비밀보호법 상 보호대상이 될 수 없다. 예를 들어, 기업의 탈
세지침, 분식회계 자료, 장부조작 정보, 경영자의 스캔들, 입찰담합정보, 환경오염
물질배출방법, 관공서에의 로비요령 등은 당사자가 비밀로 유지하는 정보이고 또
누설되면 당사자에게 큰 손해를 초래할 수 있는 정보라고 하더라도 영업비밀보호
법에 의한 보호를 받을 수 없다.[28]

또한 비공지성, 경제성 및 비밀관리성의 영업비밀의 요건을 갖추었다면, 이 정
보가 성공하지 못한 연구데이터와 같이 바로 영업활동에 이용될 수 있을 정도의 완
성된 단계에 이르지 못하였거나, 실제 제3자에게 아무런 도움을 준 바가 없더라도,
당해 정보를 이용하여 비용을 절감하고 보다 효율적인 연구를 진행함으로써 연구개
발비용을 절감할 수 있다는 점에서 영업비밀로 보는데 장애가 되는 것은 아니다.[29]

3. 영업비밀의 귀속

영업비밀에 대한 권리는 그 영업비밀을 개발하여 보유하고 있는 자에게 속하
게 된다. 다만 영업비밀이 종업원에 의하여 개발된 경우 종업원과 그 종업원을 고
용한 기업 가운데 누가 영업비밀에 대한 권리를 가지는 지에 대하여 검토가 필요
하다.

가. 계약이 있는 경우

기업이 종업원과의 사이에 영업비밀의 귀속에 관한 계약을 한 경우에는 그 계
약에 따르면 될 것이다. 영업비밀의 귀속에 관한 약정을 하는 방식으로는 근로규칙
이나 근로계약에 정해두는 방식 이외에 아이디어 제안서에 정해두는 방식이 있을
수 있다. 영업비밀의 귀속에 관한 명시적인 계약이 없더라도 근로계약의 해석 상

---

27) 위의 책, 80-81면.
28) 김국현, 앞의 책, 5면.
29) 대법원 2008. 2. 15. 선고 2005도6223 판결 참조. See also Scott D. Marrs, supra, at 882.

그 귀속에 관한 묵시적인 합의가 있다고 볼 수 있는 경우도 있을 것이다.30)

한편, 종업원의 직무범위와 무관하고 기업의 시설이나 근무시간 외에 개발된 기술까지 기업에 귀속하는 계약의 경우라면, 계약의 자유보다는 경쟁의 자유 내지 직업선택의 자유를 중시하여 그 계약의 효력을 부인해야 될 수도 있다. 근로계약이 해지된 이후에 착안하게 된 기술에 대해서까지 기업이 권리를 가지도록 한 계약조항은 공서양속에 반하여 무효라고 볼 수 있다.31)

나. 계약이 없는 경우

종업원이 한 회사에 고용되어 급여를 받으면서 담당한 업무를 수행하는 과정에서 회사의 기자재와 연구설비를 이용하여 또한 다른 연구원의 연구결과를 참조하여 연구한 결과 축적된 기술정보는 원칙적으로 회사의 영업비밀이라 할 수 있다.32)

발명진흥법은 종업원이 직무상 발명한 기술에 대하여 종업원이 특허권을 취득하고 사용자 또는 기업은 통상실시권만을 가지는 것을 원칙으로 하고 있음에 반해, 저작권법에서는 종업원이 개발한 정보가 컴퓨터프로그램이나 기타 저작물인 경우는 원칙적으로 회사 소유가 된다.33)

영업비밀이 발명진흥법상의 발명이나 저작권법의 업무저작물에 해당되면, 종업원이 개발한 기술에 대하여 특허출원하거나 저작물로 공표한 경우에 직무발명에 관한 발명진흥법 규정34) 또는 법인 저작물에 관한 저작권법 규정에 따라 그에 관한 권리가 귀속된다. 종업원이 개발한 기술이나 정보가 비밀로 유지되어 영업비밀에 해당하는 경우라도, 종업원이 그 기술이나 정보를 사용자 또는 기업에 알리거나 직무상 사용하는 과정에서 권리의 귀속에 관한 명시적 또는 묵시적 합의가 이루어

---

30) 부정경쟁방지법에서 "계약관계 등에 의하여 영업비밀을 비밀로서 유지할 의무"라 함은 계약관계 존속 중은 물론 종료 후라도 또한 반드시 명시적으로 계약에 의하여 비밀유지의무를 부담하기로 약정한 경우뿐만 아니라 인적 신뢰관계의 특정 등에 비추어 신의칙상 또는 묵시적으로 그러한 의무를 부담하기로 약정하였다고 보아야 할 경우를 포함한다. 대법원 1996. 12. 23. 선고 96다16605 판결.
31) 정상조, 앞의 책, 109면.
32) 대법원 1996. 12. 23. 선고 96다16605 판결 참조.
33) 저작권법 제2조 제31호는 업무상 저작물을 "법인·단체 그 밖의 사용자의 기획하에 법인 등의 업무에 종사하는 자가 업무상 작성하는 저작물을 말한다"고 정의하고 있고, 제9조는 "법인 등의 명의로 공표되는 업무상 저작물의 저작자는 계약 또는 근로규칙 등에 다른 정함이 없는 때에는 그 법인 등이 된다"고 규정하고 있다.
34) 직무발명에 관한 규정 중 경제적 약자인 종업원을 보호하는 규정들은 강행규정으로 해석되므로 영업비밀 보호에 관한 규정보다 우선적으로 적용된다. 김국현, 앞의 책, 57면.

지는 경우가 많을 것이다.35)

　　한편, 계약의 유무와 관계없이 종업원의 일반지식과 기술은 종업원에게 귀속된다. 종업원의 일반지식과 기술은 종업원의 교육과 경험에 비추어 통상적으로 갖추고 있다고 간주되는 지식과 기술을 말하며, 특히 종업원이 근로계약을 체결해서 근무하기 시작할 당시에 갖추고 있는 지식과 기술수준에 관해서는 사용자 또는 기업이 어떠한 권리도 주장할 수 없다.36) 그러나 종업원이 그 직무를 수행하는 과정에서 새롭게 획득한 기술과 정보는 영업비밀로서 보호의 대상이 될 수 있다.37)

---

35) 정상조, 앞의 책, 111면.

36) 위의 책, 112면.

37) 피고 회사는 피고가 종전 회사에서 다년간 근무하면서 지득한 일반적인 지식, 기술, 경험 등을 활용하기 위하여 그를 고용한 것이 아니라 피고가 비밀유지의무를 부담하면서 원고 회사로부터 습득한 특별한 지식, 기술, 경험 등을 사용하기 위하여 그를 고용하여 … 영업비밀 침해에 해당한다. 대법원 1996. 12. 23. 선고 96다16605 판결.

제 2 절 비공지성

김관식(한남대학교 법학부 교수)

I. 개   요

영업비밀은 공연히 알려져 있지 아니할 것이 요구된다(법 제2조 제2호). 이를 일반적으로 '비공지성'이라고 칭하고 있다. 비공지성과 신규성을 구분하지 않고 사용하는 예와 비공지성에 신규성이 포함되는 것으로 구분하는 사용례도 있으나,[1] 영업비밀에서 사용하는 비공지성의 개념과 특허법에서 사용하는 신규성의 개념은 차이가 있으므로, 신규성의 용어보다는 비공지성의 용어를 사용하는 것이 양자의 개념에 차이가 있다는 점을 명확하게 할 수 있다는 점에서 바람직하다고 생각된다.

어떤 정보에 대하여 비공지성이 인정되지 아니한다면 '부정경쟁방지 및 영업비밀보호법'에 따른 보호대상이 될 수 없다.[2] 여기서 '공연히 알려져 있지 않다'는 것은 불특정 다수인이 그 정보를 알고 있거나 알 수 있는 상태에 있지 아니한 것으로, 공개된 간행물 등에 게재되어 있지 않고 비밀상태로 있는 것을 의미한다.[3] 이

---

1) 황의창, 「부정경쟁방지 및 영업비밀보호법」 개정판, 세창출판사, 2001, 160면. 여기에서는 비공지성(신규성)으로 칭하여 비공지성과 신규성을 동일한 것으로 보고 있다. 이에 반하여 비공지성에 대응하는 개념을 비밀성(Secrecy)과 신규성(Novelty)으로 구분하여 비공지성과 신규성을 구분되는 개념으로 사용한 예로, Sharon K. Sandeen, Elizabeth A. Rowe, *Trade Secret Law in a nutshell*, West, 2013, pp. 59 – 64 참조. 여기에서는 신규성(Novelty)을 비밀성(Secrecy)에 포함되는 개념으로 파악하고 있다. *Id.* at 64 ("Conceptually, it [novelty] is part of the generally known and readily ascertainable inquiries which examine what is known and knowable.").

2) 한편 일본의 경우에는 영업비밀 침해행위를 부정경쟁행위의 하나로 규정하고 있는데(일본 부정경쟁방지법 제2조 제4 – 10호), 영업비밀의 비공지성이 인정되지 아니하는 경우에 영업비밀로 보호할 수 없는 이유를 부정경쟁행위의 관점에서 설명하고 있다. 渋谷達紀, 「不正競争防止法」, 発明推進協会, 2014, 161 – 162頁("예를 들어 문헌에 기재되어 있는 것과 같이 공공연히 알려져 있는 정보는 특정한 자가 보유하여야 하는 경쟁상의 성과가 아니므로 이것을 취득·사용·공개하더라도, 정보의 보유자에게 귀속되어야 하는 성과를 부정하게 사용한다거나, 정보 보유자의 성과경쟁을 방해하는 것으로 되지 않는다. 따라서 이러한 행위를 부정경쟁행위의 일종으로 할 필요가 없다.").

3) 대법원 2004. 9. 23. 선고 2002다60610 판결("여기서 공연히 알려져 있지 아니하다고 함은

러한 상태에 있는 정보의 보유자는 비밀상태의 정보에 의하여 경제적 이익과 시장
에서의 경쟁상 우위를 누릴 수 있다.

Ⅱ. 비공지성

1. 비공지성의 의의

영업비밀 보호의 대상이 되는 정보가 공연하게 알려져 있지 않다는 것은 정보
가 그 보유자 이외의 자에게 알려져 있지 않다는 것보다 완화된 조건으로, 보유자
이외의 타인이 당해 정보를 알고 있다 하더라도 타인이 비밀로서 유지하고 있거나
비밀로서 유지할 의무를 지고 있는 경우에는 그 정보의 비공지성이 인정될 수 있는
상대적인 개념이다.[4]

따라서 정보가 복수의 자에게 전파되었다 하더라도 정보의 비밀성이 합리적으
로 유지될 수 있는 상황에 있다면 정보의 비밀성은 인정된다.[5] 예를 들어, 기업의
임원 및 종업원, 영업비밀의 사용권자, 기술 또는 자본제휴 교섭의 상대방 등은, 보
유자에 대하여 법률상 또는 계약상 경업금지의무 및 비밀유지의무를 지고 있고, 따
라서 어떤 정보가 이러한 자에게만 알려져 있다면 그 비공지성은 상실되지 않는다.
또한 영업비밀 보유자는 그 영업비밀에 대한 침해행위(법 제2조 제3호 각목)를 하는
자에 대하여 그 사용 및 공개를 금지하는 법적 수단을 취할 수 있으므로(법 제10
조), 이러한 자에게 정보가 알려져 있더라도 비공지성은 상실되지 않는다.

비공지성은 당해 정보가 단순히 다수의 자에게 알려져 있다고 하여 반드시 상
실되는 것은 아니다. 영국에서 1849년의 *Prince Albert v. Strange* 사건에서도 앨버
트공이 자신의 판화에 대한 상세 정보를 주위의 친구와 친지 등에게 알려주었음에

그 정보가 간행물 등의 매체에 실리는 등 불특정 다수인에게 알려져 있지 않기 때문에 보유자
를 통하지 아니하고는 그 정보를 통상 입수할 수 없는 것을 말하고, 보유자가 비밀로서 관리하
고 있다고 하더라도 당해 정보의 내용이 이미 일반적으로 알려져 있을 때에는 영업비밀이라
할 수 없다."); 대법원 2008. 4. 10. 선고 2008도679 판결("여기서 공연히 알려져 있지 아니하다
고 함은 그 정보가 간행물 등의 매체에 실리는 등 불특정 다수인에게 알려져 있지 않기 때문
에 보유자를 통하지 아니하고는 그 정보를 통상 입수할 수 없는 것을 말한다."); 대법원 2011.
7. 14. 선고 2009다 12528 판결; 대법원 2011. 8. 25. 선고 2011도139 판결; 대법원 2014. 8. 20.
선고 2012도12828 판결 등도 같은 취지이다.
4) 서울고법 1996. 2. 29. 선고 95나14420 판결("영업비밀은 절대적인 비밀을 뜻하는 것이 아니
고 일부 또는 일정범위의 사람들이 알고 있다고 하더라도 비밀로서 유지되고 있으면 영업비밀
에 해당할 수 있고, ...").
5) Sharon K. Sandeen *et al.*, *op. cit.*, p. 60.

도 비공지성이 인정된 바 있다.6)

비공지성이 상실되었는지 여부 판단 시에는 추가적인 손해 발생 여부의 요소가 유용한 기준이 될 수 있다. 영국의 *Spycatcher* 사건에서는7) 영국에서 비밀정보원으로 재직한 바 있는 Peter Wright가 Spycatcher라는 제목의 서적을 오스트레일리아, 아일랜드 및 미국에서 발간하였는데, 이를 토대로 Sunday Times가 연속물을 게재하기 시작하고 Guardian/Observer지도 연속기사를 게재하려고 하여, 검찰에서 발행의 금지를 청구하였다. 법원에서는 신문사의 연속기사의 게재에 의하더라도 정부에 대한 추가적인 손해의 발생이 예상되지 않는다는 점을 들어, 영업비밀의 침해가 되지 않는다고 판단한 바 있다.8)

영업비밀의 비공지성은 영업비밀의 보유자의 귀책사유가 없이도 상실될 수 있다. 즉 동일한 영업비밀을 정당하게 보유하게 된 제3자가 이를 공개하면 영업비밀의 비공지성은 상실되어 더 이상 영업비밀로서 보호되지 않는다. 이와 같이 영업비밀 보호가 가지는 일시적인 보호의 특징은 미국 대법원이 *Kewanee Oil Co. v. Bicron Corp.* 사건에서9) 어떤 정보가 특허법의 보호대상이 되지 않는다고 하여도 이로 인하여 영업비밀로 보호되는 것이 전적으로 배제(preempt)되는 것은 아니라고 판단한 중요한 논거이다.10)

비공지성은 정보의 객관적인 상태를 의미하는 사실의 문제로 보유자의 주관적인 의사와는 무관하다.11) 따라서 보유자가 그 정보를 발행하려고 하였으나 그렇게 하지 못한 경우에도 여전히 비공지성이 인정되고, 보유자가 정보를 비밀로서 유지하려고 하였으나 공중의 영역에 놓이게 된 경우에는 그 주관적 의사에도 불구하고 비공지성이 상실된다.12) 또한 전술한 바와 같이 비밀유지의무가 있는 자에게만 공개된 정보에 대해서는 비공지성이 인정되나, 정보의 보유자가 비밀유지의 의무에도 불구하고 이를 공개하여 정보가 공중의 영역에 놓이게 되면, 더 이상 비공지성은 인정되지 않는다.13)

---

6) Lionel Bently, Brad Sherman, *Intellectual Property Law* 3rd ed., Oxford, 2009, p. 1014.

7) Attorney-General v. Gurdian [1990] AC 109, 260.

8) Lionel Bently *et al.*, *op. cit.*, p. 1015.

9) Kewanee Oil Co. v. Bicron Corp., 416 U.S. 490 (1974).

10) Sharon K. Sandeen *et al.*, *op. cit.*, p. 61.

11) Lionel Bently *et al.*, *op. cit.*, p. 1014.

12) *Id.* at 1014.

13) *Id.* at 1019. 종래에는 이와 같은 경우에 공중에 의하여 정보의 습득이 가능하더라도, 비공지

정보의 사용 여부는 영업비밀의 비공지성 판단과 무관하다. 어떤 아이디어가 국내에서 사용된 바는 없다 할지라도 국외에서 이미 공개 또는 사용됨으로써 그 아이디어의 경제적 가치를 얻을 수 있는 자에게 알려져 있는 상태에 있다면, 그 아이디어는 영업비밀로 볼 수 없으나,14) 외국의 기술을 수입·개량하여 비밀로서 관리하고 있다면, 그 기술은 영업비밀로 된다.15)

비공지성은 정보의 객관적인 상태를 의미하고, 이는 시간의 경과에 의하여 변할 수 있다. 종전에는 공중의 영역에 놓여 있던 정보라고 하더라도, 다시 비공지성을 획득할 수도 있다. 이는 정보를 알고 있던 자의 망각에 의하거나, 공중을 구성하는 구성원의 변화에 의할 수도 있다.16) 이러한 점은, 특허법에서 일단 공중의 영역에 놓여 선행기술의 지위를 확보한 경우에는 시간의 경과 등에 의하여 선행기술의 지위가 부정될 수 없다는 점과 다른 것이다. 영국에서 1982년의 *Schering Chemical v. Falkman* 사건에서 종전에는 널리 알려진 정보라 하더라도 시간의 경과에 의하여 보호의 대상이 될 수 있다는 취지로 판단한 바 있다.17)

미국의 경우에도 법원에서는 영업비밀의 요건의 하나로 요구되는 신규성(Novelty)에 대하여 엄격한 신규성(Strict novelty)이 요구되지는 않는다는 점을 명확하게 하고 있어, 이미 존재하는 사상이거나 타인에 의하여 이미 사용이 된 정보이더라도 경업자에 대하여 '일반적으로 알려져 있거나 용이하게 얻을 수 있는 정보가

성이 인정된다고 한 사례도 있었으나, 1990년의 *Attorney—General v. Guardian* 사건([1990] AC 109)에서 귀족원(House of Lords)에서는 불법적인 방법에 의해서도 정보가 일단 공중의 영역에 진입하면 비공지성을 상실함을 명확하게 하였다. *Id.*

14) 서울지법 1997. 2. 14. 선고 96가합7170 판결.
15) 서울지법 1995. 3. 27.자 94카합12987 결정("신청인은 1969. 9. 22.경 미국 회사로부터 이 사건 제품의 생산기술을 도입하여 1972년경부터 국내에서 유일하게 이 사건 제품을 제조하는 사업을 하여 오다가, 1991. 3. 2.경부터는 이 사건 제품의 생산기술을 개량하기 위하여 일본의 아사히 화성공업(旭化成工業) 주식회사로부터 별도의 기술 및 촉매를 도입하는 등 이 사건 제품의 생산기술을 해외로부터 수차례에 걸쳐 도입하고 이를 개량함으로써, 이 사건 제품 및 각종 부산물인 청화소다, 유안 등의 제품 생산에 관한 별지목록 기재의 영업비밀을 가지고 있다."); 대법원 1996. 11. 26. 선고 96다31574 판결("일반적인 경화제를 생산할 수 있는 화학식은 공개되었으나, 우수한 품질의 경화제를 생산하는 방법은 공개되지 않았고 비록 5년간의 기술독점금지 계약은 끝났으나, 원고회사는 일본의 삼건화공으로부터 상당한 대가를 지급하고 제조기술을 수입한 이래 계속 연구·개발하여 우수한 품질의 경화제를 생산하여 국내시장의 90%를 점유하고 있으며, 동 기술을 비밀로서 관리해 왔으므로 그것이 공지의 것이 아닌 이상 개발시기나 도입시기가 오래되었는지 여부와는 관계없이 영업비밀에 해당된다.").
16) Lionel Bently *et al.*, *op. cit.*, p. 1018.
17) *Id.* at 1019.

아니라면', 영업비밀 보호의 대상이 된다.18)

미국의 The Restatement of Torts에서는 어떤 정보가 영업비밀인지의 여부를 판단하기 위한 6개의 기준을 제시하고 있는데,19) 이러한 요소는 정보의 '비밀성'과 '경쟁상의 가치'의 2가지의 쟁점에 초점을 맞추고 있다.20)

- 당해 정보가 청구인의 영업영역 이외에서 알려져 있는 정도
- 당해 영업에 관련된 종업원과 관련자에게 알려져 있는 정도
- 당해 정보의 비밀성을 유지하기 위하여 청구인에 의하여 취해진 수단의 범위
- 당해 영업과 그 경업자에 대한 당해 영업의 가치
- 당해 정보를 개발하기 위하여 당해 영업에서 소요된 노력 및 비용의 양
- 당해 정보가 타인에 의하여 정당하게 입수하거나 복제하기 위한 난이도 수준

상기 6개의 요소 중에서 전자의 2개의 요소가 비공지성에 해당한다고 볼 수 있다. 다만 이러한 요소들은 영업비밀의 비공지성을 판단할 수 있는 요소로서 제한적인 것이 아니라 그 일부에 지나지 않는 것이다.

1985년 개정(1979년 제정)된 Uniform Trade Secrets Act에서는 요컨대 어떤 정보가 영업비밀로서 보호받기 위해서는 "당업계의 경업자에게 일반적으로 알려져 있지 않고, 용이하게 입수 가능하지 않아야 한다"고 규정하고 있다.21) 여기서 일반적으로 알려져 있다는 의미는 일반적인 공중을 의미하는 것은 아니고 당업계의 경업자를 의미한다. 예를 들어 금속의 주조방법은 일반 공중에게는 알려져 있지 않지만 금속의 주조 산업계에서는 용이하게 입수가 가능한 정보이다.22) 용이하게 입수 가능한지의 여부는 사실의 문제이며 그 핵심은 당해 정보를 입수할 수 있는 용이성을 판단하는 것이 된다.23)

---

18) Merge, Menell, Lemley, *Intellectual Property In The New Technological Age* 6th ed., Wolters Kluwer, 2012, p. 44.
19) *Id.* at 44 − 45.
20) Margreth Barrett, *Intellectual Property* 3rd ed., Wolters Kluwer, 2012, p. 7.
21) Merge *et al., op. cit.* p. 45 ("To be protectable, information must not be generally known or readily ascertainable by competitors in an industry.").
22) Elizabeth A. Rowe, Shron K. Sandeen, *Cases and Materials on Trade Secret Law*, Thomson Reuters, 2012, p. 79.
23) MicroStrategy, Inc. v. Business Objects, 331 F.Supp.2d 396, 417 (E.D. Va. 2004).

2. 역분석과 비공지성

공연하게 알려져 있다는 상태는, 실제로 알려져 있지 않으며 나아가 알려질 가
능성도 없는 상태를 말한다. 따라서 시판제품의 역분석(reverse engineering)에 의하
여 용이하게 취득할 수 있는 정보라면 비공지성이 상실된다.[24] 전시품을 관찰하여
용이하게 인식 또는 추정할 수 있는 정보도 비공지성의 요건이 충족되지 않는다.[25]
기술수준에 비추어서 제품의 역분석이 곤란하다면 비공지성이 인정될 수 있으나,
시간의 경과에 따라 분석기술의 수준이 향상되면 동일한 정보라도 비공지성이 인
정되지 않을 수 있게 된다.

3. 공지기술의 변경과 비공지성

일본에서는 당업자이라면 통상의 연구범위에서 적절하게 선택할 수 있는 설계
적 사항에 속하는 기술정보는 비공지성의 요건을 충족하지 않는다는 사례와, 공지
기술과 당업자에 의하여 자명한 사항을 조합한 기술은 비공지성의 요건을 충족하
지 않는다는 판례가 있으나,[26] 미국에서는 기능공에 의한 단순한 기계적인 향상에
지나지 않는 것이라도 영업비밀이 된다고 본 사례가 있다.[27] 복수의 공지기술을
조합한 기술은 공지로 되지 않는 것으로 보아야 한다.

4. 영업비밀로 선전되는 공지의 정보

어떤 정보의 내용이 객관적으로 알려져 있는 경우에도 영업비밀로 선전되는
경우가 있을 수 있다. 이러한 정보를 개시하여도 성과경쟁은 방해되지 않으며 선전
광고경쟁이 방해될 뿐이다.[28] 정보의 개시에 의하여 성과경쟁이 방해되는 것은 아

---

24) 渋谷達紀, 「不正競争防止法」, 発明推進協会, 2014, 162頁. 한편 우리나라의 이른바 고주파의
　료기 사건(대법원 2010. 12. 23. 선고 2008다44542 판결)에서는 "이 사건 고주파수술기는 국내
　등에서 널리 판매되었고 이 사건 고주파수술기의 부품의 구성 및 부품소자의 규격 값은 부품에
　기재된 수치를 판독하는 방법 등에 의하여 용이하게 파악할 수 있을 뿐만 아니라 원고 회사 역
　시 이를 암호화하는 등의 방법으로 비밀유지를 위하여 어떤 조치를 취하였다고 할 수 없는 점
　등에 비추어 보면, 원고회사가 이 사건 고주파수술기의 제조방법을 영업비밀로 유지하기 위한
　상당한 노력을 하였다고 볼 수는 없고, ..."라고 하여, 시판 제품으로부터 당해 영업비밀을 용이하
　게 파악할 수 있다는 점을 영업비밀에 대한 비밀관리성을 부정하는 이유 중의 하나로 들고 있다.
25) 上揭書.
26) 上揭書.
27) Merge et al., op. cit., p. 44.
28) 渋谷達紀, 上揭書, 163頁.

니므로, 이러한 정보는 부정경쟁방지법상의 영업비밀에는 해당하지 않는다.29)

　　노하우의 실시허락계약 등에서는 어떤 정보를 영업비밀이라고 하면서 그 대가의 지불을 요구하는 사례가 있는데, 실제로는 비공지성의 요건이 충족되지 않으므로, 대가산정의 기초로서 어떤 정보를 단순히 영업비밀로 부르는 것에 지나지 않는 것이다.30) 또한 객관적으로는 비공지성의 요건을 충족하지 않는 정보에 대하여 사용허락계약의 상대방에게 비밀유지의 의무를 부과하는 경우도 있다.

5. 비공지성 판단 사례

　　우리나라 판례에서는,31) PC용 DVR 프로그램에 대하여, 그 세부적인 내용이 불특정 다수인에게 알려져 있지 않아 공연히 알려져 있지 아니한 정보에 해당한다(비공지성)고 판단하고, 해당 프로그램을 사용하는 경우에 이를 사용하여 개작한 프로그램의 원시코드를 공중에 공개할 의무가 부과되는 소위 일반공중허가(General Public License, GPL)32) 조건이 부과된 프로그램이 당해 사건의 소스 프로그램 중에 사용된 경우에도, 프로그램 보유자가 임의로 공개하지 않았다는 점을 들어, 당해 소스 프로그램은 공지의 상태에 있는 것은 아니라고 판단하였다.

　　대법원 2009. 2. 12. 선고 2006도8369 판결에서는,33) 일반공중사용허가서(GPL)의 조건이 부과된 인터넷 가상사설네트워크(Virtual Private Network) 응용프로그램을 개작한 2차적 프로그램의 저작권자가 GPL을 위반하여 개작프로그램의 원시코드(source code)의 공개를 거부한 사안에서, GPL에 따른 공개의무의 위반에 따른 손해배상책임은 별론으로 하더라도 개작프로그램의 원시코드의 비공지성 등의 요건이 충족되므로 개작프로그램의 원시코드가 영업비밀에 해당한다고 판단하였다.

　　대법원 2009. 10. 29. 선고 2007도6772 판결에서는, 비메모리 반도체 집적회로에 관한 회로도, 회로도 파일, 레이아웃 도면 파일, 공정 관련 설계자료집 파일 및

---

29) 上揭書.
30) 上揭書.
31) 대법원 2014. 8. 20. 선고 2012도12828 판결.
32) 컴퓨터 소프트웨어의 자유로운 이용을 주장하는 Richard Stallman에 의하여 설립된 Free Software Foundation에서 작성한 소프트웨어 라이선스를 일컫는 용어. 이 라이선스 하에 있는 소프트웨어를 개작한 경우에는 개작된 소프트웨어의 자유로운 이용 및 이에 의거한 자유로운 개작을 허락하는 GPL의 적용 의무가 부과된다. <https://www.gnu.org/licenses/gpl-3.0.en.html> 참조 (2017. 4. 14. 최종 접속).
33) 대법원 2009. 2. 12. 선고 2006도8369 판결[부정경쟁방지및영업비밀보호에관한법률 위반].

양산 관련 조립규격 파일 등에 대하여 이를 영업비밀로 인정한 후, 다른 업체들이 기능이 유사한 제품을 생산하고 있다거나 타 회사 제품의 데이터 시트(data sheet) 등에 그 제품의 극히 개략적인 회로도가 공개되어 있다 하더라도 회로도에 표시된 소자의 선택과 배열 및 소자 값 등에 관한 세부적인 내용이 공연히 알려져 있지 아니한다는 점을 들어, 영업비밀의 비공지성이 상실된 것은 아니라는 취지로 판단하였다.

일본의 사례34) 중에는, 의원에서 조제약국에 제공하는 처방전 리스트에 대하여 비공지성의 요건을 충족하지 않는다고 판단한 판결이 있다. 이 판결에서는 조제약국 갑이 사용하고 있는 약품명, 제약회사명, 포장규격, 약가 등이 기재된 의약품 리스트를 갑의 퇴직 종업원인 을이 사용하여 조제약국을 갑의 인근 위치에 개업한 사안에 대하여, 처방약 리스트는 조제약국이라면 인근의 의원에서 용이하게 입수할 수 있는 정보이므로, 비공지성의 요건을 충족하지 않는다고 하였다.35)

Ⅲ. 특허법상의 신규성과 비교

특허법상 발명이 특허되기 위해서는 발명에 대하여 출원 당시를 기준으로 공지되거나 공연히 실시된 발명이 아닐 것이 요구되는 이른바 신규성의 요건이 규정되어 있다. 특허법상 요구되는 신규성의 의미로는 공지되거나 공연히 실시되고 있지 아니할 것을 의미하는데, 실제로 발명의 내용이 알려져 있는 상태뿐만 아니라 발명의 내용이 알려질 수 있는 상태에 있는 경우에도 일반적으로 신규성이 상실되는 것으로 해석하고 있다.

영업비밀에서 요구되는 비공지성(신규성)의 경우에는 특허법과 같은 엄격한 의미의 신규성이 요구되는 것은 아니어서 특허법상의 의미에서의 신규성은 영업비밀에서 요구되지 않는다는 견해도 없지는 않으나 영업비밀에서도 신규성의 요건이 전혀 요구되지 않는 것은 아니고,36) 다만 특허법상 신규성과 영업비밀의 요건으로서 요구되는 신규성의 정도에는 그 판단의 기준시점과 요구되는 정도의 차이에서 일부 차이점이 있다고 볼 수 있다.

---

34) 東京地判 平成 17. 2. 25. 判時 1897号 98頁.
35) 渋谷達紀, 上揭書.
36) Sharon K. Sandeen *et al.*, *op. cit.*, p. 64.

특허법상 신규성의 판단기준 시점은 특허출원시를 기준으로 판단하나, 영업비밀의 신규성 판단 시점은 금지청구(법 제10조)의 경우 사실심 변론 종결시점이 되고, 손해배상청구(법 제11조)의 경우에는 불법행위 시점이 될 것이다.

특허법상의 신규성은 출원된 발명에 관한 정보가 알려지거나 알려질 수 있는 업계의 종류를 구별하지 않으나,37) 영업비밀에서의 비공지성은 당해 정보가 당업계에서 알려져 있거나 당업자가 알 수 있는 상태에 있어야 한다는 점에서 차이가 있다. 또한 특허법상의 신규성은 일단 공지의 기술이 되어 선행기술의 지위를 획득한 경우에는 시간의 경과에 의하여 취득된 선행기술의 지위를 상실하는 경우는 없으나, 영업비밀의 경우에는 비공지성을 상실한 정보라도 시간의 경과 및 공중을 구성하는 구성원의 변화에 의하여 다시 비공지성을 취득할 수 있는 것과 같이 비공지성은 시간의 경과에 의하여 변동이 가능하다는 점에서 차이가 있다.

---

37) 이는 진보성 판단의 경우, 출원발명이 속하는 기술분야에서 통상의 지식을 가진 자에 의하여 용이하게 발명할 수 있을 것을 요하는 진보성과 상이한 것이다.

제3절 경제성

I. 서 론

'영업비밀'이란 공공연히 알려져 있지 아니하고 '독립된 경제적 가치'를 가지는 것으로서, 합리적인 노력에 의하여 비밀로 유지된 생산방법, 판매방법, 그 밖에 '영업활동에 유용한' 기술상 또는 경영상의 정보를 말한다(부정경쟁방지 및 영업비밀보호에 관한 법률[1] 제2조 제2호). 따라서 어떤 정보가 영업비밀에 해당하기 위해서는 ① 공공연히 알려져 있지 않을 것(비공지성), ② '독립된 경제적 가치'를 가질 것(독립된 경제적 가치성), ③ 합리적인 노력에 의하여 비밀로 유지된 것일 것(비밀관리성), ④ 생산방법, 판매방법, 그 밖에 '영업활동에 유용한' 기술상 또는 경영상의 정보일 것(유용성) 등의 요건을 충족해야 하는데, 요건 ②와 요건 ④를 하나의 '경제적 유용성' 요건으로 볼 것인지, 별개의 독립적인 요건으로 볼 것인지 등에 대해 견해가 일치하지 않는다. 이하에서는 이 문제에 대한 우리나라의 학설과 판례를 먼저 살펴본 후, 외국의 입법례와 판결례를 참고하여 요건 ②와 요건 ④를 어떻게 이해하는 것이 타당한지에 대해 검토해 본다.

---

1) 1961년 제정 당시 법률(1961. 12. 30. 법률 제911호)의 명칭은 '부정경쟁방지법'이었으나 1998년 개정법(1998. 12. 31. 법률 제5621호로 개정된 것)에 의해 '부정경쟁방지 및 영업비밀보호에 관한 법률'로 명칭이 변경되었다. 국회 산업자원위원회, 부정경쟁방지법 중 개정법률안 심사보고서, 1998. 12., 3-4면("개정안은 본법의 제명을 '부정경쟁방지법'에서 '부정경쟁방지및영업비밀보호에관한법률'로 변경하고 있음. 그동안 본법은 부정경쟁행위를 방지하여 건전한 거래질서를 유지함을 주요목적으로 한 관계로 제명을 '부정경쟁방지법'으로 하였으나, 최근 우리기업의 기술수준이 향상되고 국제교류가 증대되면서 핵심기술의 유출 등 영업비밀침해행위의 증가가 우려됨에 따라 영업비밀의 보호에 관한 규정의 비중이 커지고 있는 바, 제명을 '부정경쟁방지및영업비밀보호에관한법률'로 변경하려는 것으로 보임. 모든 법률의 제명은 일반국민이 당해 법률의 내용을 쉽게 알 수 있도록 고려해야 한다는 측면에서 볼 때 본법의 제명변경은 바람직하다고 생각됨.").

Ⅱ. 영업비밀 성립 요건: 경제적 유용성

1. 관련 조문

영업비밀 보호제도는 1991년 부정경쟁방지법 개정(1991. 12. 31. 법률 제4478호로 개정된 것) 시 도입된 것으로 당시 영업비밀의 정의는 "공연히 알려져 있지 아니하고 독립된 경제적 가치를 가지는 것으로서, 상당한 노력에 의하여 비밀로 유지된 생산방법·판매방법 기타 영업활동에 유용한 기술상 또는 경영상의 정보"였는데, 2007년 개정법(2007. 12. 21. 법률 제8767호로 개정된 것)에 의해 '공연히'라는 문구가 '공공연히'로 변경되었고, 2015년 개정법(2015. 1. 28. 법률 제13081호로 개정된 것)에 의해 '상당한 노력'이라는 문구가 '합리적인 노력'으로 변경되었지만, 앞서 본 요건 ② 및 요건 ④와 관련하여서는 당초의 정의규정이 그대로 유지되고 있다.

1991년 영업비밀 보호법제 마련 시 영업비밀 정의 규정을 위와 같이 마련한 이유에 대해 당시 국회 심사보고서에서는 특별한 설명을 찾을 수 없는데,[2] 1990년 부정경쟁방지법 개정 시 영업비밀 보호제도를 도입하면서 정의규정을 마련한 일본의 영향을 받았을 것으로 추측된다.[3] 일본을 포함한 주요국의 영업비밀 정의 규정에 대해서는 'Ⅲ. 주요국의 영업비밀 성립 요건'에서 살펴본다.

2. 학   설

영업비밀의 성립요건을 어떻게 볼 것인지에 대해서는 학설이 나뉜다. 다수의 견해는 영업비밀의 정의 규정 중 앞서 본 요건 ② 및 요건 ④를 구별하지 않고 하나의 요건으로 보는 반면,[4] 일부 견해는 요건 ②와 요건 ④를 별개의 요건으로 보

---

2) 국회 상공위원회, 부정경쟁방지법중개정법률안심사보고서(1991. 12.)에서도 영업비밀침해행위 유형에 대해 자세히 검토하고 있을 뿐 영업비밀의 정의 규정에 대해서는 별다른 설명이 없고, 보고서 8면에서 "이러한 제(諸)구제수단을 차례대로 살펴보면, 먼저 침해행위에 대한 금지 또는 예방청구권은 영업비밀의 특성인 비밀성을 유지하는 동안 경제적 가치를 지니는 정보로서 일단 공개된 이후에는 그 경제적 가치를 상실하게 되므로 영업비밀 보호제도의 핵심이 된다고 볼 수 있음"이라고 설명한 부분에 '경제적 가치'와 관련한 설명이 일부 포함되어 있다.
3) 일본의 영업비밀보호제도 연혁에 대한 설명은 윤선희·김지영, 「영업비밀보호법」, 법문사, 2012, 37면(일본도 우리나라와 마찬가지로 UR/TRIPs 협정의 진전에 따라 1990년 부정경쟁방지법 개정 시 영업비밀 보호 규정이 마련되었고 해당 규정은 미국의 UTSA를 그대로 답습하였다는 평가와 독일의 부정경쟁방지법을 모델로 하였다는 평가 등이 있다고 설명하고 있음) 참조.
4) 사법연수원, 「부정경쟁방지법」, 2010, 79면("즉, ① 공공연히 알려져 있지 않으면서(비공지성 혹은 비밀성), ② 생산방법, 판매방법 기타 영업활동에 유용한 기술상 혹은 경영상의 정보로서 독립된 경제적 가치를 지니며(경제적 유용성), ③ 상당한 노력에 의하여 비밀로 유지될

고 있다.[5]

전자의 견해는, (i) 경제적 가치를 정보 그 자체가 경제 거래의 대상이 되는 독자적·금전적인 값어치를 가져야 하는 것으로 풀이하지 않고 단지 비밀로 소유 관리할 정당한 이익 정도의 의미로 새기는 한, 양자의 구분은 의미가 없다는 점,[6] (ii) 실제 유용성 요건에 대한 설명과 독립된 경제적 가치성 요건에 대한 설명이 크게 구분되고 있지 않다는 한계가 있고, 판례 역시 유용성과 독립된 경제적 가치성을

것(비밀관리성)을 요건으로 한다."); 윤선희·김지영, 앞의 책, 67−68면("영업비밀은 ① 공공연히 알려져 있지 아니한 것(비밀성), ② 독립된 경제적 가치를 가지는 것(독립적 경제가치성) 및 ③ 상당한 노력에 의하여 비밀로 유지된 것(비밀관리성) 등을 갖는 ④ 생산방법, 판매방법, 그 밖에 영업활동에 유용한 기술상 또는 경영상의 정보를 의미한다. 특히 분쟁과정에서는 ① 비밀성, ② 독립적 경제가치성 및 ③ 비밀관리성 등의 쟁점을 중심으로 논의가 전개된다."); 김정덕·김성화, 영업비밀보호법의 이해, 한국학술정보(주), 2011, 85면("위와 같은 법령상 정의 규정을 토대로 영업비밀의 성립요건을 살펴보면 그 정보가 공연히 알려져 있지 아니하여야 하는 비공지성, 유용한 정보로서 독립된 경제적 가치를 가지는 경제적 유용성, 상당한 노력에 의하여 비밀로 유지되어야 하는 비밀관리성으로 구분할 수 있다."); 이윤원, 「영업비밀보호법」, 박영사, 2012, 25−69면(영업비밀의 요건을 비공지성, 비밀관리성, 경제적 유용성의 세 가지로 나누고 있고, 경제적 유용성에 대해서는 "영업비밀은 '독립된 경제적 가치를 가지는 것(부정경쟁방지 및 영업비밀 보호에 관한 법률 제2조 제2호), 즉 당해 정보가 보유자의 생산, 판매방법 기타 영업활동에 있어 경제적 유용한 가치를 가지고 있다는 경제적 유용성을 요건으로 한다"고 설명하고 있음); 특허청, 「나원본씨의 영업비밀이야기」, 2011, 24−32면(영업비밀로 보호받기 위한 요건으로 비공지성, 비밀관리성, 경제성의 세 가지 요건을 들고 있음).
5) 김국현, 「영업비밀보호법실무」, 세창출판사, 2010, 11−12면("통상 영업비밀의 성립요건을 비밀성, 유용성, 비밀관리성으로 보는 견해가 통설과 판례의 태도이다. 그러나 이는 일본 부정경쟁방지법에서는 문제가 없으나 우리나라 영업비밀보호법의 정의규정에 비추어 볼 때 문제가 있다. 영업비밀보호법의 정의규정에서 '유용한 정보'를 수식하는 '독립된 경제적 가치를 가지는' 정보일 것을 요건으로 규정한 문언에 비추어 보면, 또한 이와 같은 문언 표현 자체가 없는 일본의 부정경쟁방지법에 비교하여 볼 때 일본의 학설이나 판례의 태도를 우리 법제에 그대로 수용하기는 어렵다. 우리나라 영업비밀보호법상으로는 '독립된 경제적 가치성'을 '유용성'과는 구별되는 영업비밀의 성립요건으로 인정함이 타당하다고 본다."); 황의창·황광연, 「부정경쟁방지 및 영업비밀보호법(6정판)」, 세창출판사, 2011, 190−211면(영업비밀의 요건을 ① 비공지성(또는 신규성), ② 독립경제성(또는 경제성), ③ 비밀유지성(또는 비밀성), ④ 유용성(또는 이용성)으로 보면서, ①에 대해서는 "영업비밀의 첫 번째 요건은 영업비밀의 공개 또는 사용에 의하여 경제적 가치를 얻을 수 있는 자에게 공연히 알려져 있지 아니한 상태에 있는 정보로서 영업비밀 보유자가 그 영업비밀에 대하여 독자적인 경제적 가치를 누릴 수 있어야 한다는 의미에서의 비공지성, 즉 신규성이다"라고, ②에 대해서는 "영업비밀의 두 번째 요건은 독립된 경제적 가치를 가진 정보이어야 하는데 이를 독립경제성 또는 경제성이라고 한다"라고, ③에 대해서는 "영업비밀의 세 번째 요건은 상당한 노력에 의하여 비밀로 유지된 정보이어야 하는데 이를 비밀유지성, 즉 비밀성이라고 한다"라고, ④에 대해서는 "영업비밀의 네 번째 요건은 당해 정보가 현실적으로(실제 사용하고 있는) 또는 잠재적(장래에 사용할)으로 생산방법, 판매방법 기타 영업활동에 유용한 정보이어야 한다는 의미에서의 유용성, 즉 이용성이다"라고 설명하고 있다).
6) 사법연수원, 「부정경쟁방지법」, 2010, 84면("일본 부정경쟁방지법의 경우에는 '사업활동에 유용한 기술상 또는 영업상의 정보'라고 규정할 뿐 별도로 '독립된 경제적 가치를 가질 것'을 요건으로 삼고 있지 않다.").

구분하고 있지 않으며, 실제 이를 구분할 실익도 없다는 점7) 등을 논거로 들고 있는 반면, 후자의 견해는 (i) 법규정은 유용한 정보 중에서도 '독립된 경제적 가치를 가지는' 정보만을 영업비밀로 보아야 한다고 명확하게 규정하고 있기 때문에 법문언을 무시하고 유용성과 독립된 경제적 가치성을 동일하게 해석하는 것은 문제가 있다는 점,8) 유용성은 당해 영업비밀 자체가 사업활동에 효용성이 있는 유익한 정보인가의 문제이며, 비공지성에 의한 독립된 경제적 가치와는 구별되는 요건이라는 점9) 등을 논거로 들고 있다.

또한, 전자의 견해는 경제적 유용성의 의미에 대해 대법원 판례와 마찬가지로 '독립된 경제적 가치를 가진다'는 것은 그 정보의 보유자가 그 정보의 사용을 통해 경쟁자에 대하여 경쟁상의 이익을 얻을 수 있거나 또는 그 정보의 취득이나 개발을 위해 상당한 비용이나 노력이 필요하다는 것을 말한다고 보고 있는 반면,10) 후자의 견해는 다시 (i) 영업비밀의 '경제적 가치'는 그 정보가 알려진다면 경제적 이득을 얻을 수 있는 자에게 그 정보가 알려져 있지 않기 때문에 반사적으로 그 정보를 비밀로 보유하고 있는 자가 경쟁에 있어서 유리한 입장에서 경쟁할 수 있는 상태를 의미하고, ⓐ 그 정보의 보유자가 그 정보의 사용을 통해 경쟁자에 대하여 경쟁상의 이익을 얻을 수 있을 것과 ⓑ 그 정보의 취득이나 개발을 위해 상당한 비용이나 노력이 필요할 것이라는 요건을 모두 충족해야 하며,11) '독립된'의 의미는 그 정보

---

7) 윤선희·김지영, 앞의 책, 68면 각주 80.
8) 김국현, 앞의 책, 18-19면.
9) 황의창·황광연, 앞의 책, 205면. 같은 책 200면("여기에서 독립경제성이란 그 정보만이 지니고 있는 특유한 경제 또는 경제상의 모양이나 합리성으로서 이는 실제 그 정보의 소용(이용 또는 유용) 여부와는 관계가 없이 독자적으로 독립경제성 자체만으로 영업비밀 성립요건의 하나가 된다. 이에 반해 유용성은 그 정보를 실제 영업활동에 이용할 수 있는 것이어야 함을 영업비밀 성립요건의 하나로 하고 있다는 점에서 양자는 다르다. 이처럼 독립경제성, 유용성은 그 성질이나 성향에 있어서는 서로 다르지만 양자 모두 영업비밀 성립요건의 하나로서 서로 전제조건의 위치에 있다.")도 참조.
10) 사법연수원, 앞의 책, 84면; 이윤원, 앞의 책, 57-58면; 김정덕·김성화, 앞의 책, 91면; 특허청, 앞의 책, 29면; 윤선희·김지영, 앞의 책, 75-76면("영업비밀의 보유자가 그 정보를 사용함으로써 생산비를 절감하거나 판매를 보다 효과적으로 수행하는 등의 경제적인 이익을 얻거나 혹은 상대방 경쟁자에 대하여 자신의 경쟁상의 지위를 제고함에 도움이 될 때, 또는 그 정보의 취득·사용에 있어 대가나 사용료를 지급하거나 혹은 그 정보의 독자적인 개발을 위해서 상당한 노력과 비용이 필요할 때, 문제의 정보는 경제성이 있다고 일단 말할 수 있다.").
11) 이 견해는, 대법원 2008. 7. 10. 선고 2008도3435 판결에 따르면 요건 ⓐ와 요건 ⓑ 중 어느 한 가지에 해당하기만 하면 독립된 경제적 가치성을 충족하는 것처럼 보이지만, 이러한 해석은 옳지 않고, 다른 판결을 살펴보면 ⓐ와 ⓑ의 조건을 모두 충족해야만 영업비밀로서 인정된다는 점이 분명하다고 한다. 김국현, 앞의 책, 20면.

자체로서 최소한의 경제적 가치를 가지면 족하고 그 정보가 완성된 상태이어야 한다는 것은 아니라는 의미로 이해하는 한편, 영업활동에 유용하며 사회적 유용성을 갖출 것을 유용성 요건으로 이해하는 견해12)와 (ii) 독립경제성의 정보는 그 정보 자체에 특유의 경제적 가치가 있고 그 정보가 공개되지 않았을 때 정보의 독립경제성이 성립되며,13) 비공지성과는 무관계하게 존재하는 정보 고유의 재산적 가치를 유용성으로 이해하는 견해로14) 나뉜다.

이러한 견해 중 어느 쪽이 더 타당한지에 대해서는 판례의 입장과 함께 주요국의 영업비밀 성립요건에 대해 살펴본 후 'Ⅳ. 검토'에서 검토해 본다.

3. 판   례

대법원 판결은, '영업비밀'이란 공연히 알려져 있지 아니하고 독립된 경제적 가치를 가지는 것으로서, 상당한 노력에 의하여 비밀로 유지된 생산방법, 판매방법 그 밖에 영업활동에 유용한 기술상 또는 경영상의 정보를 말한다고 한 다음, '공연히 알려져 있지 아니하다'는 것, '독립된 경제적 가치를 가진다'는 것, '상당한 노력에 의하여 비밀로 유지된다'는 것의 구체적 의미에 대해 판시하고 있는바,15) 영업

---

12) 김국현, 앞의 책, 13－26면. 다만, 이 견해는 독립된 경제적 가치성과 유용성을 구분하는 견해임에도, 유용성을 설명하면서 "정보보유자뿐 아니라 경쟁자에게도 유용한 정보라야만 유용성이 인정된다"라거나, "제3자가 정보보유자로부터 정보를 입수하지 않고서도 그 정보를 쉽게 입수할 수 있다면 굳이 대가를 지불하면서까지 비용을 들여 정보를 입수하지 않을 것이다"라고 하고 있는 점에서 유용성 판단에 경제적 가치 판단 시 고려요소를 포함하고 있는 것이 아닌가 생각된다.

13) 이 견해는 독립경제성이 있는 정보의 예로 ① 경쟁상의 이익을 얻을 수 있는 정보, ② 정보의 취득 등에 상당한 노력 등이 투입된 정보를 들고 있고, ③ 제3자에게 도움을 주지 못한 정보라도 그 정보의 취득 또는 개발에 상당한 시간·노력·비용이 소요되고 정보보유자의 영업활동에 유용한 정보나, ④ 실험에 의해 탐지할 수 있는 정보의 경우에도 그 실험분석에 따른 시간 및 노력이 수반되어야 하는 정보는 독립경제성을 갖는다고 설명하고 있다. 다만, 이 견해는 독립경제성과 유용성을 구분하는 견해임에도, ①과 관련하여 "정보의 이용을 통해 경쟁상의 이익을 얻을 수 있는 정보이어야 하는 바, 이는 그 정보가 동종 업계에 공공연히 알려져 있지 않음은 물론 영업활동에 유용한 기술상 또는 경영상 유용한 정보임을 말해주고 있다"라거나, ③과 관련하여 "제3자에게 도움을 주지 못한 정보라도 그 정보의 취득 또는 개발에 상당한 시간·노력·비용이 소요되고 정보보유자의 영업활동에 유용한 정보라면 그 정보는 독립경제성을 갖는다"라고 하여, '독립경제성' 판단에 '유용성'을 고려하고 있다. 황의창·황광연, 앞의 책, 196－199면.

14) 황의창·황광연, 앞의 책, 196－201, 205－209면.

15) 대법원 2008. 7. 10. 선고 2008도3435 판결; 대법원 2009. 7. 9. 선고 2006도7916 판결; 대법원 2011. 7. 14. 선고 2009다12528 판결; 대법원 2009. 10. 29. 선고 2007도6772 판결; 대법원 2011. 8. 25. 선고 2011도139 판결 등. 한편, 대법원 2008. 7. 10. 선고 2008도3435 판결에서는 '공연히 알려져 있지 아니하다'는 것의 의미(판시 ①)에 대해서는 대법원 2004. 9. 23. 선고 2002

비밀의 성립요건을 (i) 비공지성, (ii) 독립된 경제적 가치성, (iii) 비밀관리성의 세 가지로 파악하는 입장에 있는 것으로 보인다. 특히, '독립된 경제적 가치를 가진다'는 것의 의미에 대해 대법원은, "그 정보의 보유자가 그 정보의 사용을 통해 경쟁자에 대하여 경쟁상의 이익을 얻을 수 있거나 또는 그 정보의 취득이나 개발을 위해 상당한 비용이나 노력이 필요하다는 것"이라고 판시하고 있다.

한편, 위와 같은 법리를 구체적 사안에 적용한 결과 경제적 유용성(독립된 경제적 가치성)이 인정된 사례와 부정된 사례를 나누어 살펴보면 다음과 같다.

가. 경제적 유용성이 인정된 사례

① 조달물자구매계약상 철도청에 비밀유지의무가 부과된 기술 정보인 '캐드파일 및 기술자료'가 '영업비밀'에 해당하는지 문제된 사안에서 대법원은 비공지성과 비밀관리성을 인정한 다음, "공소외 1 주식회사가 이 사건 캐드파일 및 기술자료를 완성하는 데 많은 시간과 비용을 투여하였고 공소외 1 주식회사의 경쟁업체인 공소외 4 주식회사가 이 사건 캐드파일 등을 사용할 경우 절약되는 시간과 비용이 상당한 점 등에 비추어 볼 때, 이 사건 캐드파일 및 기술자료가 가지는 경제적 유용성도 충분히 인정된다"고 하여 이 사건 캐드파일 및 기술자료가 모두 영업비밀에 해당한다고 판시한 사례,[16] ② 회로도의 경제적 가치가 문제된 사안에서 회로도에 담긴 추상적인 기술사상이 공지된 경우에도 회로도의 독립된 경제적 가치가 부정되지 않는다고 본 사례,[17] ③ LCD 회로설계도면이 '영업비밀'에 해당하는지 문제된 사안에서 대법원은, (i) 해당 정보가 외부로 유출될 경우 경쟁사, 특히 후발경쟁업

다60610 판결을, '독립된 경제적 가치를 가진다'는 것의 의미(판시 ②)에 대해서는 대법원 2008. 2. 15. 선고 2005도6223 판결을 인용하고 있고, '상당한 노력에 의하여 비밀로 유지된다'는 것의 의미(판시 ③)에 대해서는 이전 판결을 인용하고 있지는 않다. 이후의 판결에서는 세 가지 판시 사항 중 사안에 따라 필요한 부분을 인용하고 있다. 예를 들면, 대법원 2009. 4. 9.선고 2006도9022 판결에서는 판시 ①, ② 부분을, 대법원 2010. 12. 23. 선고 2008다44542 판결/대법원 2009. 9. 10. 선고 2008도3436 판결/대법원 2010. 7. 15. 선고 2008도9066판결/대법원 2012. 6. 28. 선고 2011도3657 판결에서는 판시 ③ 부분을 인용하고 있다.

16) 대법원 2009. 7. 9. 선고 2006도7916 판결.
17) 대법원 2008. 2. 29. 선고 2007도9477 판결("회로도란 부품의 배열, 부품의 연결, 부품의 규격과 전기적 수치 등을 공인된 기호를 사용하여 단면에 표시한 도면으로서 회로도를 설계함에 있어 가장 중요한 부분은 소자의 선택과 소자의 배열 등이고, 향후 제품에서 실현할 구체적 기능 구현을 완성하기 위해서는 주어진 규격에 따른 성능 테스트 등을 통하여 세부 규격을 정하는 과정을 거쳐야만 하므로, 설령 회로도에 담긴 추상적인 기술사상이 공지되었다고 하더라도 위와 같은 과정을 거쳐서 완성되는 회로도의 독립된 경제적 가치를 부정할 수는 없다.").

체의 엔지니어로서는 같은 종류의 CSTN LCM을 개발·제조하는 데에 참고할 만한
가치가 있는 유용한 정보라고 보는 것이 상당하며, (ii) 피해 회사로서는 이 사건 각
회로설계도면을 포함한 CSTN LCM을 개발하기 위하여 상당한 시간과 비용을 들였
으며, 만약 유출될 경우 적어도 경쟁사가 동종 품목을 개발함에 있어 시행착오를
줄일 수 있어 시간을 단축하는 등에 기여할 만한 정보였다는 점 등을 이유로 문제
된 정보의 경제적 유용성을 인정한 사례18) 등이 있다.

　　한편, 문제된 정보가 영업비밀에 해당한다고 판단하였지만 경제적 유용성에
대한 구체적 판단은 제시되지 않았거나 경제적 유용성에 대한 판단 부분을 구별하
여 판시하고 있지는 않은 판결례로는, ① 원료의 배합비율, 제조공정, 시제품의 품
질 확인이나 제조기술 향상을 위한 각종 실험결과 등을 기재한 자료가 '영업비밀'
에 해당하는지 문제된 사안에서 대법원은 위 자료들이 영업비밀에 해당한다고 본
원심 판단은19) 정당하다고 한 사례,20) ② 온라인 쇼핑몰업체 웹사이트의 관리자모
드를 구성하는 소스파일이 '영업비밀'에 해당하는지 문제된 사안에서 대법원은 여
러 사정을 종합적으로 고려하여 비공지성, 독립된 경제적 가치성, 비밀관리성을 모
두 긍정한 사례,21) ② 반도체 기술 관련 자료의 '영업비밀' 해당 여부가 문제된 사

---

18) 대법원 2005. 9. 15. 선고 2004도6576 판결.

19) 서울중앙지방법원 2005. 8. 3. 선고 2004노3761 판결("위 각 자료는 모두 일반적으로 알려져
　　있지 아니한 자료들인 사실, 피해 회사가 위 자료들을 포함한 피해 회사의 영업비밀 누설을 방
　　지하기 위하여 노트북의 반입을 제한하거나, 직원들과의 사이에 영업비밀 누설 금지 약정을 체
　　결하는 등으로 상당한 노력을 해 온 사실을 각 인정할 수 있는바, 위 인정사실에 의하면, 위 각
　　자료는 구 부정경쟁방지및영업비밀보호에관한법률 소정의 피해 회사에 유용한 기술상 영업비
　　밀에 해당한다고 할 것."). 한편, 이 사건에서 피고인은 문제된 자료는 공소외 2 주식회사에서
　　제조하지 아니하는 제품에 관한 것이어서 공소외 2 주식회사에 아무런 도움을 주지 아니하거
　　나, 이론적으로만 성립 가능한 것일 뿐 실제 생산에는 적용할 수 없는 기술에 관한 것이거나,
　　생산기술과는 상관없이 누구나 샘플만 확보하면 실험을 통하여 얻을 수 있는 자료로서 시제품
　　을 실험한 결과를 집계한 것에 불과한 것이므로 영업비밀에 해당하지 않는다고 주장하였는데,
　　법원은 "피고인이 주장하는 바와 같이 위 각 자료가 공소외 2 주식회사에게 결과적으로 아무런
　　도움이 되지 아니하였다거나, 이론적으로만 성립가능하다거나, 데이터가 누구나 시제품만 있으
　　면 실험을 통하여 알아낼 수 있는 것이라는 등의 사정이 있다고 하더라도, 위 각 자료가 피해
　　회사의 영업비밀에 해당한다고 판단하는데 아무런 지장을 주지 아니한다"고 판시하고 있다.

20) 대법원 2008. 2. 15. 선고 2005도6223 판결. 이 판결은, 어떠한 정보가 영업비밀 성립요건을
　　모두 갖추었다면, 그 정보가 바로 영업활동에 이용될 수 있을 정도의 완성된 단계에 이르지 못
　　하였거나, 실제 제3자에게 아무런 도움을 준 바 없거나, 누구나 시제품만 있으면 실험을 통하
　　여 알아낼 수 있는 정보라고 하더라도, 위 정보를 영업비밀로 보는 데 장애가 되는 것은 아니
　　라고 판시한 점에 특징이 있다.

21) 대법원 2008. 7. 24. 선고 2007도11409 판결. 이 판결에서는 ① 인터넷 상 프로그램을 구성
　　하는 소스파일이 어느 정도 공개되어 있다고 하더라도 공개된 소스파일들을 이용목적에 맞게
　　끔 수정·조합하여 회사의 시스템에 맞게 구현하는 것이 기술력의 중요한 부분인 점, ② 이 사

안에서 대법원은, "역설계가 가능하고 그에 의하여 기술정보의 획득이 가능하더라도, 그러한 사정만으로 그 기술정보를 영업비밀로 보는 데에 지장이 있다고 볼 수 없다"고 하면서 문제된 정보가 영업비밀에 해당한다고 본 원심의 판단이 정당하다고 한 사례22) 등이 있다.

나. 경제적 유용성이 부정된 사례

① 거래처 배포용 등으로 제공되고 그 일부가 웹사이트에 공개된 휴대전화기용 미들웨어의 설명서가 '영업비밀'에 해당하는지 문제된 사안에서 대법원은, "위 문서는 그 내용 중 일부가 피해 회사의 웹사이트에 공개되어 있었고, 위 문서의 내용은 미들웨어에 관하여 기술적으로 중요한 정보가 기재되어 있거나 그 보유자가 경쟁상의 이익을 얻을 수 있는 정보를 담고 있다기보다는 미들웨어의 구성과 기능상의 특징에 관하여 간략히 개괄하고 있는 것에 불과하므로" 공연히 알려져 있는 것이거나 독립된 경제적 가치를 가진다고 할 수 없는 것이어서 영업비밀에 해당하지 아니한다고 본 사례,23) ② 직원들이 취득·사용한 회사의 업무 관련 파일이 '영업비밀'에 해당하는지 문제된 사안에서 대법원은, 문제된 파일 중 일부는 기존에 이미 일반적으로 널리 알려진 기술과 차별화된 기술이 포함된 것이라거나 독립된 경제적 가치를 지닌 정보가 포함되어 있다고 보기에 부족하고, 문제된 파일 중 다른 일부는 이미 공개된 보고서 또는 학회에 발표된 논문을 구성하는 내용이거나 독립된 경제적 가치를 지닌 정보라고 볼 수 없다고 한 다음 문제된 파일 전부에 대해 비밀관리성도 부정된다고 하여 영업비밀에 해당하지 아니한다고 본 사례,24) ③ 다심관 생산공정과 관련된 기계배치도면(정보 ⓐ), 일생산량과 월생산량(정보 ⓑ), 권취기와 파이프보관틀 제작방법(정보 ⓒ) 등의 정보가 '영업비밀'에 해당하는지 문제

건 소스파일들은 외국상품 구매대행 온라인 쇼핑몰 업체라는 피해 회사의 업무특성에 맞추어 여러 직원들의 아이디어, 회사에서의 영업회의과정, 실제시행에 따른 수정과정을 거쳐 <u>상당한 시간과 비용, 노력을 기울여</u> 다시 피해 회사의 이용 목적에 맞게 개별적으로 다시 <u>제작된</u> 점 등이 독립된 경제적 가치 인정에 고려된 것으로 보인다.

22) 대법원 1999. 3. 12. 선고 98도4704 판결("원심이, 피고인들이 삼성전자로부터 유출한 <u>판시 자료들은 모두 삼성전자에서 많은 인력과 자력을 투여하여 만들어 낸 핵심공정자료들로서</u> 삼성반도체의 특유한 생산기술에 관한 영업비밀이고, 일부 내용의 경우 제품을 분해하여 고율의 전자현미경으로부터 분석하면 그 내용을 대략적으로 알 수 있다거나, 그 제품의 생산장비를 생산하는 업체를 통하여 간접적으로 알 수 있다 하더라도 달리 볼 것이 아니라고 판단한 것은 위에서 본 법리에 따른 것으로 정당"). 밑줄 부분이 경제적 유용성 관련 판단으로 볼 수 있을 것이다.

23) 대법원 2009. 4. 9. 선고 2006도9022 판결(영업비밀에 해당한다고 본 원심판결을 파기).

24) 대법원 2008. 7. 10. 선고 2008도3435 판결.

된 사안에서 대법원은, 정보 ⓐ 및 정보 ⓒ에 대해서는 비공지성과 경제적 유용성을, 정보 ⓑ에 대해서는 비밀관리성과 경제적 유용성을 부정하여 영업비밀에 해당하지 않는다고 본 원심의 판단을 수긍한 사례,[25] ④ 갑회사를 퇴직한 피고인이 재직 중 취득한 갑회사의 납품가격 및 하청업자에 대한 정보 등이 '영업비밀'에 해당하는지 문제된 사안에서 대법원은, 문제된 정보 중 '바이어 명단'과 '납품가격, 아웃소싱 구매가격, 물류비 등 가격산정에 관한 제반자료'에 대해 경제적 유용성을 부정한 사례[26] 등이 있다.

한편, 대법원 2004. 9. 23. 선고 2002다60610 판결의 경우 특허출원된 발명(이동식 교각)과 관련된 기술 정보의 영업비밀 해당성이 다투어진 사안인 바, 경제적 유용성에 대해 부정적 판단을 내린 것으로 볼 수도 있을 것이다.[27]

---

25) 대법원 2003. 1. 24. 선고 2001도4331 판결. 구체적으로 보면, 정보 ⓐ에 대해서는 "이 사건 다심관 생산공정은 이미 업계에 공연히 알려져 있는 사실이고, 각 공정의 생산기계는 전문제조업체의 납품을 받아 당해 공장 구조에 맞게 배치하는 것일 뿐이므로 기계 배치 도면의 비공지성·경제적 유용성을 인정하기 어려운 점"을, 정보 ⓑ에 대해서는 "주식회사 대천(이하 '대천'이라고 한다)의 일일 생산량과 월생산량은 이를 비밀로 유지·관리하는 노력을 하는 정보로 보기 어렵고 관련 업체들 역시 여러 매체를 통한 회사 소개시 자사의 생산량을 소개하고 있는 사실에 비추어 그 자체가 정보 취득을 위한 상당한 노력이나 비용을 필요로 하는 경제적 유용성을 가진다고 보기 어려운 점"을, 정보 ⓒ에 대해서는 "다심관 생산설비 중 일부인 권취기와 파이프 보관틀은 기계업자들이 용이하게 그 제작·개선을 할 수 있는 단순한 구조의 설비로서 그 제작방법이 비공지성을 지닌 기술이 아니며, 가사 대천이 작업 편의를 위해 위 설비에 일부 개선을 하였더라도 그 정보의 취득이나 개발을 위하여 상당한 비용이 든 것으로는 보이지 않아 경제적 유용성을 인정하기 어려운 점"을 그 이유로 들고 있는데, 밑줄 부분이 경제적 유용성 판단과 관련된 부분으로 보인다.

26) 대법원 2008. 7. 10. 선고 2006도8278 판결. ① 바이어 명단의 경우 "상당 부분 동종 업계에 알려져 있을 뿐만 아니라, 관련 업체들이 별다른 노력을 하지 않고도 그 명단을 확보할 수 있었을 것으로 보이므로 영업비밀에 해당한다고 볼 수 없다"고 판단하였고, ② '납품가격, 아웃소싱 구매가격, 물류비 등 가격산정에 관한 제반자료'의 경우 "피고인이 벨금속처럼 국내 업체를 통해 배셋사에 납품할 제품을 생산하였다면 벨금속의 배셋사에 대한 납품가격, 아웃소싱 구매가격, 물류비 등을 알게 되는 경우 경쟁상의 이익을 얻을 수 있으므로 독립된 경제적 가치가 있다고 볼 수 있으나, 피고인이 벨금속과 달리 중국 업체를 이용하여 제품을 생산한 후 벨금속에 비해 현저히 낮은 가격으로 배셋사에 납품을 한 이상 벨금속의 납품가격, 아웃소싱 구매가격, 물류비 등에 대한 정보가 피고인에게 있어 독립된 경제적 가치가 있다고 볼 수 없을 뿐만 아니라 벨금속의 배셋사에 대한 납품가격의 대략적인 것은 동종 업계에 알려져 있기도 하므로 위와 같은 정보가 영업비밀에 해당한다고 볼 수 없다"고 판단하고 있는데, 밑줄 부분이 경제적 유용성에 대한 판단 부분으로 볼 수 있을 것이다. 결론적으로 대법원은, 이 사건 정보는 동종 업계에 공연히 알려져 있지 아니하며, 독립적인 경제적 가치를 가지므로 영업비밀에 해당한다고 판단한 원심판결을 파기하고 있다.

27) 이 사건에서 대법원은 "특허출원된 발명에 대하여 영업비밀을 주장하는 자로서는 그 특허출원된 내용 이외의 어떠한 정보가 영업비밀로 관리되고 있으며 어떤 면에서 경제성을 갖고 있는지를 구체적으로 특정하여 주장·입증하여야 할 것이다"라고 판시한 다음, 특허출원으로 공개된 제조기술 이외의 영업비밀로 주장하는 기술상 정보가 구체적으로 무엇인지 특정·밝히지

Ⅲ. 주요국의 영업비밀 성립 요건

1. 미   국

가. 영업비밀 성립 요건

미국에서 영업비밀(trade secret)의 보호는 몇 개의 예외를 제외하고는 연방법이 아닌 주법의 영역이며 판례를 중심으로 한 각 주의 불법행위법을 토대로 발전해왔기 때문에[28] 영업비밀에 대해 일관된 정의를 찾는 것은 곤란하지만 각주의 입법과 판례실무에 있어서 일반적으로 사용되고 있는 정의는, 불법행위법 리스테이트먼트(restatement)와 통일영업비밀보호법(Uniform Trade Secret Act, UTSA)에서 규정하고 있는 2개의 정의에 의거하고 있다.[29]

1) 불법행위법 리스테이트먼트(restatement)의 정의

미국에서 영업비밀(trade secret)의 보호문제에 대하여 판례에서 가장 빈번하게 인용되는 것은 1939년의 불법행위법 리스테이트먼트(restatement) 제757조(기본원칙)의 규정과[30] 동조의 코멘트 b(영업비밀의 정의)인데,[31] 코멘트 b(definition of

---

아니한 채 만연히 이동식교각에 대한 생산방법에 대한 정보를 영업비밀이라고 인정·판단한 위법을 지적하며 원심판결을 파기하고 있는데, 대법원의 "원고의 이동식교각에 관한 제조기술 자체는 특허출원으로 인하여 이미 공개되었다고 할 것이어서 그 비밀성을 상실하였다고 할 것이고, 나아가 이 사건 이동식교각은 그 기술 구성이 비교적 단순하고 복잡하지 않아 그 공개된 특허공보의 기재와 도면을 보고 육안으로 그 기술구성이 쉽게 파악되고, 그 규격이나 재질, 부품 및 가공방법 등에서 특수성을 찾기 어려운 사실, 일반적인 이동식교각은 이미 오래전부터 독일의 슈라데나 미국의 카퍼로이, 맥라이너사 등에 의해 제작·판매되고 있었을 뿐만 아니라 국내에서도 하나산업, 화인엔지니어링, 성산기계 등의 여러 업체에서 제작·판매하고 있었으며, 피고가 스카우트 해 온 원고의 직원 중 이창욱은 원고 회사에서 2개월 남짓 설계실장으로 근무했고 나머지 직원들도 1년 남짓 근무한 정도였으므로 이동식교각 기술 취득에 많은 시간과 노력이 든다고 볼 수 없어 피고가 동종업계의 다른 기술자들을 채용하였더라도 비교적 단기간에 공지된 기술로부터 피고 제품을 제작할 수 있었을 것으로 보이므로, 위와 같은 이동식교각 기술에 대한 내용과 난이도, 동종 제품의 거래현황, 경쟁자나 다른 기술자들이 역설계(도면) 등의 공정한 방법을 통해 그 기술정보를 취득하는 데 필요한 시간 등 기록에 나타난 사정을 종합하면, 원고의 이 사건 이동식교각의 생산·판매에는 특허출원으로 공개된 기술 이외의 다른 설계정보 및 생산방법 등의 기술상의 정보가 있을 여지가 없어 보이고"라는 판시 내용 중 밑줄 부분이 경제적 유용성을 부정한 것으로 볼 여지가 있다.

28) 윤선희·김지영, 앞의 책, 15면.

29) 千野直邦, 「營業秘密保護法」, 中央經濟社, 2007, 109−110頁.

30) 제757조(타인의 영업비밀의 개시 또는 사용에 대한 책임−일반원칙)("타인의 영업비밀을 권한 없이 개시 또는 사용하는 자는 다음의 경우에는 그 타인에 대하여 책임을 부담한다. a. 그 자가 부정한 수단(improper means)으로 당해 비밀을 발견한 경우; b. 그 자의 개시 또는 사용이 그 자에게 당해 비밀을 개시하는 것에 대하여 당해 타인이 그 자에게 맡긴 신뢰에 위반(breach of confidence)하는 경우; c. 그 자가 제3자로부터 당해 비밀이 비밀인 점, 당해 제3

trade secret)는 영업비밀의 정의에 대하여 가장 권위 있는 것으로 사용되며, 전미
여러 주의 수 백개의 판례에 인용되고 있는 것이다.32)

2) UTSA의 정의

한편, UTSA의 기본원칙은 제1조에 '정의'의 형식으로 설명되어 있는바, UTSA
제1조 ④는 리스테이트먼트(restatement)에 있어서 영업비밀의 정의에 약간의 개선
을 가하여 다음과 같이 정의하고 있다.33)

영업비밀이란 다음과 같은 공식(formula), 양식(pattern), 편집물, 프로그램, 장치, 방법
(method), 기술(technique) 또는 프로세스를 포함하는 정보를 말한다.
1. 그 개시 또는 사용에 의해 경제적 가치(economic value)를 얻을 수 있는 다른 자에게,
   일반적으로 알려져 있지 않고, 또한 정당한 수단에 의해 용이하게 알 수 있는 것이 아
   닌 것 중, 현실적 또는 잠재적인 독립된 경제적 가치(independent economic value)를
   얻을 수 있는 것.
2. 그 비밀을 유지하기 위해 당해 상황에 있어서 합리적인 노력의 대상으로 되어 있는 것.

3) 영업비밀 성립 요건

위에 열거한 2개의 정의에 나타난 본질적 요소에는 정보는 특정의 대상

자가 부정한 수단에 의해 그것을 발견한 점, 또는 당해 제3자에 의한 개시가 당해 타인에 대한
의무의 위반으로 되고 있는 점의 사실의 통지(notice)와 함께 당해 비밀을 지득한 경우; d. 그
자가 그 비밀이 비밀이라는 점 및 그 자에 대하여 당해 비밀의 개시가 착오에 의해 이루어진
사실의 통지와 함께 당해 비밀을 지득한 경우.").
31) "영업비밀은 어떤 자가 사업에 사용하는 공식(formula), 양식(pattern), 장치(device) 또는
정보의 집합(compilation of information)으로 구성되며, 이것을 알지 못하거나 사용하지 않는
경업자(competitors)에 대하여, 그 자가 우위에 설 기회를 주는 것이다. 그것은 화합물의 공식,
물의 제조, 처리 혹은 보존의 방법, 기계 혹은 다른 장치의 양식 또는 고객의 리스트여도 좋다.
그것은, 예를 들면, 계약의 비밀입찰 금액 또는 기타 조건, 일정사용인의 급료, 이행 또는 계획
된 증권투자, 신정책의 발표 또는 신형(新型)의 발매일 등과 같이 사업활동에 있어서 단독 또
는 일시적인 일에 대한 단순한 정보는 아닌 점에 있어서 사업상의 다른 정보와는 다르다(제
759조 참조). 영업비밀(trade secret)은 사업활동에 있어서 계속적으로 사용하기 위한 방법 또
는 계획이다." 여기에서는 기업의 비밀정보이면 모두 영업비밀의 법리로 보호된다는 것을 의
미하는 것은 아니라는 점을 보여주고 있다. 千野直邦, 前揭書, 109－110頁.
32) 千野直邦, 上揭書, 109－110頁.
33) Uniform Trade Secrets Act With 1985 Amendments Section 1. Definitions. ("(4) 'Trade
secret' means information, including a formula, pattern, compilation, program, device,
method, technique, or process, that: (i) derives <u>independent economic value</u>, actual or
potential, from not being generally known to, and not being readily ascertainable by
proper means by, other persons who can obtain <u>economic value</u> from its disclosure or
use, and (ii) is the subject of efforts that are reasonable under the circumstances to
maintain its secrecy.").

(subject matter)이라는 것, 비밀성이 유지되고 있을 것, 일반적으로 알려져 있지 않을 것, 상업적 이용(commercialization) 또는 가치(value)가 수반될 것, 일정한 구체성이 있을 것 등의 유사성이 인정되는데, 그 유사성으로부터 보면, 양 정의하에서는 정보가 영업비밀로서 보호되기 위해서는 ① 신규성이 있을 것, ② 상업적 가치가 있을 것, ③ 비밀성이 유지되고 있을 것, ④ 구체성이 있을 것, 이상의 요건을 충족할 필요가 있다.34) 여기에서 상업적 가치란 주로 기업경쟁상의 가치를 의미하며, 그 정보가 있음으로 인해 기업이 경쟁상 그 정보가 없는 경우보다 유리한 지위를 점하고 있는 것을 의미한다.35)

나. 독립된 경제적 가치(Independent Economic Value)

영업비밀 침해사건(trade secret misappropriation case)의 원고는 자신의 소송상 주장된 영업비밀(putative trade secret)이 ① 그 공개 또는 사용을 통해 경제적 가치를 얻을 수 있는 다른 사람들에게(to others who can obtain economic value from its disclosure or use), ② 일반적으로 알려지거나 쉽게 알 수 있는 상태에 있지 않음으로 인해(from not being generally known or readily ascertainable), ③ 독립적이고(independent), ④ 현실적 또는 잠재적인 경제적 가치(economic value, actual or potential)를, ⑤ 가져온다(derives)는 점을 주장·증명해야 하는바,36) 법원은 흔히 문제된 영업비밀이 필요한 경제적 가치를 가짐을 추정하는데, 그 이유는 만일 그렇지 않다면 원고가 소송을 개시하지 않았을 것이기 때문이다.37)

UTSA의 연혁을 보면 독립된 경제적 가치(independent economic value) 요건이 단순한 미사여구(rhetorical flourish)가 아니라 보호대상 정보의 범위를 현실적·잠재적 상업적 가치(actual or potential commercial value)를 갖는 정보로 제한하기 위한

---

34) 千野直邦, 前揭書, 114−115頁.

35) 千野直邦, 上揭書, 115頁. 한편, 불법행위법 리스테이트먼트(restatement)와 UTSA는 '사용의 계속성'에 대하여 취급을 달리 하고 있는 바, 리스테이트먼트(restatement)는 '계속적으로 사용한다'는 것을 요건으로 하는 반면, UTSA는 '현실적 또는 잠재적인 경제적 가치를 얻는 것'으로 표현하고 있어 UTSA의 정의에서는 현재 사용되고 있지 않더라도 정보 자체에 가치가 있는 것은 보호되게 되어, 여기에서 '사용'인가 '가치'인가의 논쟁이 발생하지만, 법원은 지속적 사용요건의 적용에 대하여는 그다지 엄격하지 않다고 한다.

36) Uniform Trade Secrets Act Section 1(4) (amended 1985).

37) Sharon K. Sandeen/Elizabeth A. Rowe, *Trade Secret Law in a nutshell*, West, 2013, p. 66 ("Frequently, courts assume that the alleged trade secrets must have the requisite economic value otherwise the plaintiff would not have initiated litigation.").

것임을 알 수 있으며,38) 영업비밀 침해사건(trade secret misappropriation case)의 원고는 이 쟁점에 대해 증명책임을 부담하므로 침해 시점을 기준으로 원고가 가치 있다고 생각하는 정보를 먼저 특정할 수 있어야 하며, 이후 해당 정보가 필요한 가치를 가짐을 증명해야 한다.39)

한편, 독립된 경제적 가치(independent economic value) 요건을 충족하기 위해서는 문제된 정보가 영업비밀 보유자에게 가치 있는 정보여야 하지만 그것만으로 충분하지는 않고 비밀성에 근거한 독립적 가치(independent value derived from its secrecy)40) 및 제3자에 대한 가치(value to others)를41) 가져야 한다.42) 또한, 독립된 경제적 가치는 통상 두 가지 방법으로 증명되는데, 첫 번째 방법은 영업비밀 보유자가 해당 정보로부터 얻는 실제적 경쟁 우위에 초점을 맞춤으로써 경제적 가치의 직접적 증거를 제시하는 방법이고, 두 번째 방법은 해당 정보를 생산하기 위해 투입된 자원, 해당 정보를 보호하기 위해 관여된 합리적 노력 및 해당 정보에 접근하기 위해 제3자가 비용을 지불할 의사 등의 정황증거에 기초한 것이다.43)

---

38) Sharon K. Sandeen/Elizabeth A. Rowe, *supra*, p. 66 ("The drafting history of UTSA reveals that the economic value requirement was not simply a rhetorical flourish but was intended to limit the scope of information that can be protected to information that has actual or potential commercial value.").

39) Sharon K. Sandeen/Elizabeth A. Rowe, *supra*, p. 67 ("Because the plaintiff in a trade secret misappropriation case has the burden on the issue it must first be able to identify the information which it considered to be valuable at the time of the alleged misappropriation. Then it must show that such information has the requisite value.").

40) 요리법(recipe)의 경우 맛있는 음식이라는 결과를 도출하므로 가치 있을 수 있지만 그것이 비밀이기 때문에 생기는 독립적(또는 추가적) 가치를 갖지 않는 한 UTSA의 경제적 가치 요건을 충족하지 못한다는 주장이 제기될 수 있다고 한다. Sharon K. Sandeen/Elizabeth A. Rowe, *supra*, p. 67.

41) 일련의 정보가 보유자에게 가치 있다는 이유로 제3자에게도 가치 있는 것은 아니며, 예를 들면, 공해물질 유출행위를 비밀로 하는 것이 그 회사에게는 가치가 있을지 모르지만 그러한 정보가 다른 경쟁회사에게 경제적 가치가 있는 것은 아니라고 한다. Sharon K. Sandeen/ Elizabeth A. Rowe, *supra*, pp. 67-68.

42) Sharon K. Sandeen/Elizabeth A. Rowe, *supra*, p. 67 ("The information in question must be of value to the putative trade secret owner. However, it is not just the value to the plaintiff that will suffice. It must also have 'independent' value derived from its secrecy and be of 'value to others.'").

43) Sharon K. Sandeen/Elizabeth A. Rowe, *supra*, pp. 69-70 ("From the foregoing, evidence of independent economic value may be presented in two ways. The first method provides direct evidence of economic value by focusing on the actual competitive advantage that the putative trade secret holder gains from its information. The second method is based upon circumstantial evidence, including the resources invested in producing the information, the reasonable efforts that were engaged in to protect the

구체적 판결례를 하나 살펴보면,44) 원고의 전 종업원인 피고가 원고 회사 재직 중 취득한 정보를 토대로 퇴직 후 원고 회사 제품과 거의 동일한 제품을 판매하는 경쟁 사업을 개시하자, 피고의 제품이 원고 회사의 영업비밀에 기초하여 생산되었음을 이유로 원고가 피고를 상대로 영업비밀 침해 소송을 제기한 사안에서 항소심 법원은, UTSA를 입법화한 미네소타 영업비밀보호법(Minn.Stat. §§ 325C.01-325C.08 (1982))의 '독립된 경제적 가치' 요건은 커먼로(common law)의 경쟁우위(competitive advantage) 요건에 대응되는 것이라고 보면서, 모든 경쟁회사에 우위를 가져야만 '독립된 경제적 가치' 요건을 충족한다는 피고의 주장을 받아들이지 않고, "외부자가 해당 정보를 취득할 경우 관련 시장에서 가치 있는 지분을 획득할 수 있다면 해당 정보가 공지되었거나 쉽게 파악될 수 있는 경우가 아니라면 해당 정보는 영업비밀에 해당한다"는45) 것이 적절한 판단기준이며, 장래의 경쟁자가 유사한 모터를 생산하는 데 시간과 비용이 소요된다는 점에 대해 원고가 증거를 제시했다고 보아 1심 법원의 판단(독립된 경제적 가치 요건 충족)이 충분한 증거에 의해 뒷받침된다고 보았다.46)

2. 일 본

가. 영업비밀 성립 요건

일본의 경우 1990년(平成 2年) 부정경쟁방지법 개정 시 영업비밀의 정의 규정이 마련되기 전에는 영업비밀이란 용어는 1988년(平成 元年) 12월에 일본 변호사연합회의 지적소유권위원회에 의해 발표된 '영업비밀 보호의 개요' 및 1990년(平成 2年) 5월에 책정된 '부정경쟁방지법의 일부를 개정하는 법률안요강' 등에서 사용되

information, and the willingness of others to pay for access to the information.").
44) Electro-Craft Corp. v. Controlled Motion, Inc., 332 N.W.2d 890, 897-903 (Minn. 1983).
45) "If an outsider would obtain a valuable share of the market by gaining certain information, then that information may be a trade secret if it is not known or readily ascertainable." *Id.* at 900.
46) 1심 법원은 영업비밀 침해를 인정하였지만, 항소심은 영업비밀 요건(미네소타주는 UTSA에 따른 영업비밀 정의 규정을 둠) 중 '비밀관리성' 요건 미충족을 이유로 원심 판결을 파기한 사안이다. 구체적으로 보면 항소심 법원은 ⓐ 비공지성(Not generally known, readily ascertainable), ⓑ 비밀성에 근거한 독립된 경제적 가치(Independent economic value from secrecy), ⓒ 비밀관리성(Reasonable efforts to maintain secrecy)으로 나누어 살펴보고 있는데, ⓐ 비공지성을 인정한 1심 법원의 판단에 명백한 오류가 없고, ⓑ 독립된 경제적 가치를 인정한 1심 법원의 판단이 일정한 증거에 의해 뒷받침된다고 보았지만, ⓒ 비밀관리성 요건에 대해서는 원고가 충분히 증명하지 못했다고 판단하였다.

기 시작한 실무상의 용어였는데 일본 변호사연합회의 개요에서는 영업비밀이란 경제적으로 가치가 있는 당해 영업체에 <u>고유한</u> 정보로서 비밀인 것에 한한다고 정의하고 있었다고 한다.47)

한편, 당시 일본 국내·외에서 영업비밀보호법제의 정비에 대한 요청이 강하던 중 통상산업장관의 자문기구인 산업구조심의회 재산적정보부회에 의해 채택된 보고서의 건의에 기초하여 1990년(平成 2年) 부정경쟁방지법 개정이 이루어진 것인데, 동 보고서에서는 재산적 정보란, 비공지이고 재산적 가치가 있는 정보로서 구체적으로는 기업이 비밀로서 관리하고 있는 제조기술, 설계도, 실험데이터, 연구레포트 등의 '기술적 노하우'와, 고객명부, 판매매뉴얼, 구입처(仕入先) 리스트 등의 '영업상의 노하우'로 이루어지며, trade secret이라고 불리기도 한다고 하고 있으며 이것은 독일의 영업비밀의 개념과 같은 것이라고 한다.48)

이러한 논의를 거쳐 1990년(平成 2年) 부정경쟁방지법에서는 영업비밀을 "비밀로 관리되고 있는 생산방법, 판매방법 기타 사업활동에 유용한 기술상 또는 경영상의 정보로서 공연히 알려져 있지 않은 것"이라고 함으로써 영업비밀을 비밀관리성, 유용성 및 비공지성의 세 요건으로 정의하고 있다.

나. 유 용 성

영업비밀 정의규정에서 말하는 '유용성이 있다'는 것은 당해 정보 자체가 사업활동에 사용·이용되고 있거나 혹은 이와 같이 사용·이용됨으로써 비용의 절약, 경영효율의 개선 등에 역할을 하는 것을 말하는 의미이며, 따라서 사업활동에 있어 유용하다는 것은 정당한 사업활동에 있어 객관적인 경제적 가치가 인정되는 것을 의미한다고 하는 것이 통설이라고 한다.49)

한편, 비밀로 관리하고 있는 비공지정보 중 일정한 정보에 대해서는 법적 보호를 부정하기 위해 '유용성'이라는 요건이 필요하긴 하지만 이 요건을 과도하게 높게 설정할 필요는 없다는 견해도 있다.50)

---

47) 千野直邦, 前揭書, 161頁.
48) 千野直邦, 上揭書, 160-161頁.
49) 竹田稔, 「知的財産權侵害要論: 特許·意匠·商標·不正競業編(第3版)」, 發明協会, 2009, 170-171頁; 古河謙一, "營業秘密の各要件の認定·判斷について", 知的財産法の理論と実務 (3) 商標法·不正競爭防止法(牧野利秋ほか編), 新日本法規, 342-343頁; 經濟産業省 知的財産政策室 編, 「逐条解說不正競爭防止法」(平成15年 改訂版), 有斐閣, 2003, 30頁.
50) 田村善之 編, 「不正競爭法槪說」 第2版, 有斐閣, 2004, 335-337頁. 원래 기업이 비밀로 하

사업활동에 유용한 기술상 또는 영업상 정보의 예로 기계의 설계도, 컴퓨터시스템의 설계서, 프로그램, 의약품의 제조승인신청자료 등 상품 자체의 구조에 관한 정보, 화합물의 제법이나 제조에 사용하는 촉매 등 상품의 제조방법에 관한 정보 등의 기술상 정보와 고객명부 등의 고객에 관한 영업상 정보를 들 수 있고,[51] 과거에 실패한 실험데이터 등도 유용성이 인정될 수 있지만,[52] 탈세, 유해물질의 배출, 뇌물공여(贈賂), 경영자의 추문에 관한 정보 등은 유용성이 부정된다고 한다.[53]

판결례 중 유용성을 긍정한 것으로는, ① 남성용 가발의 고객은 획득이 곤란하며 다액의 선전광고비용을 투하하여 겨우 획득한 것이며, 장래에 걸쳐서 수요가 예상된다는 점 등으로부터 유용성을 긍정한 것,[54] ② 묘비(墓石)를 취급하는 석재업

고 있는 정보라고 하는 것은 특허의 대상인 기술뿐만 아니라 천차만별의 것이 있는 것으로, 어떤 정보가 가치를 갖고 있고, 어떤 정보가 가치를 갖지 않는지 여부를 구분하는 기준에 대하여는 사람마다 판단이 나뉠 수 있으며, 그와 같은 정보의 가치를 음미하는 것으로부터 보호를 준다고 하는 제도는 사고경제에 반하고, 또한 실제로 운용함에 있어서는 어려움이 발생할 것인 반면, 통상은 그것에 재산적 가치가 있기 때문에 기업은 비밀관리를 하고 있는 것이고 또한 비밀관리체제를 돌파하고자 하는 자는 그 비밀에 가치가 있다고 믿기 때문에 그와 같은 행위에 이르게 될 것이기 때문이라고 그 이유를 설명하고 있다.

51) 田村善之 編, 上揭書, 336頁. 그 외에 상품인 기계를 사용할 때의 재료의 선택 등의 노하우나 그 취급설명서에서 비밀로서 관리되고 있는 것 등도 영업비밀로 될 수 있다고 한다.

52) 田村善之 編, 上揭書, 336-337頁("신약개발과정에 있어서 효능, 부작용 등의 점에서 결국 의약품으로 되지 못한 화합물에 관한 연구데이터 등, 소위 negative information도 이와 같은 정보를 입수한 자가 노력, 시간, 비용을 절약할 수 있는 것은 분명하므로 유용성의 요건을 만족한다고 해석해야 할 것이다."); 古河謙一, 前揭論文, 342-343頁("과거에 실패한 실험데이터 등에 대하여도 당해 정보를 이용하여 불필요한 연구개발비용의 투자를 회피, 절약할 수 있는 등의 의미에서 유용성이 인정되는 경우에는 여기에서 말하는 '유용성'을 갖는 정보에 해당하는 것으로 생각된다.").

53) 古河謙一, 上揭論文, 342-343頁("한편, 기업의 탈세, 유해물질을 흘려보내고 있다는 등이라고 하는 반사회적인 행위는 법문상 명시되어 있지 않지만 법이 보호해야 할 '정당한 사업활동'이라고는 생각되지 않고 사업활동에 유용한 정보라고 할 수는 없으므로 영업비밀에는 해당하지 않는다고 생각된다."); 田村善之 編, 上揭書, 335頁("확실히 탈세나 뇌물공여(贈賂)를 했다고 하는 등의 정보나, 경영자의 추문에 관한 정보 등 기업이 비밀로서 관리하고 있는 비공지정보에는 성과개발의 인센티브와는 전혀 관계가 없는 정보도 포함된다. 따라서 이들 정보에 대하여 법적 보호를 부정하기 위해 사업활동에 유용하지 않다고 하는 이유로 유용성이라고 하는 요건으로 혹은 법적으로 보호해야 할 이익이 없어 영업상의 이익이 침해될 우려라고 하는 요건으로 요건 해당성을 부정하는 취급을 해야 할 것이다. 그러한 의미에서 유용성이라고 하는 요건도 필요할 것이다."); 經濟産業省 知的財産政策室, 「一問一答不正競爭防止法」, 商事法務, 2006, 40頁("기업의 탈세, 유해물질의 배출 등이라고 하는 반사회적 행위는 법문상 명시되어 있지 않습니다만, 법이 보호해야 할 '정당한 사업활동'이라고는 생각되지 않고, 사업활동에 '유용'한 정보라고는 말할 수 없습니다".).

54) 大阪地裁 平成8年4月16日 判決 (判時 1588·139) (특히 다대한 선전광고비용을 지출하여 획득한 고객의 명부(남성용 가발의 판매라고 하는 고객 획득이 곤란한 반면 일단 고객으로 된 자로부터는 정기적인 조발(調髮), 가발의 교체구입(買替え) 등의 수요가 기대되는 업종임을 지적).

자의 고객명부에 있어서 계약이 성립될 가능성(成約見込み)이 기재되어 있는 바, 무차별적으로 행한 전화번호부(電話帳)에 의한 고객권유의 계약성립률이 매우 낮기 때문에 효율적인 영업활동을 가능하게 하는 것으로서 유용성을 긍정한 것,55) ③ 미술공예품의 판매 등을 하는 회사가 데이터베이스화 하여 보유·관리하는 고객정보(고객의 주소, 성명, 구입력 등의 정보를 축적한 것)는 영업비밀에 해당한다고 판시한 것56) 등이 있다.

반면, 유용성을 부정한 판결례로는 ① 건축 설계공모전(コンペ, competition)에 제출된 설계도에 있어서 특정의 설계사항에 대하여 유용성을 부정한 것,57) ② 공공토목공사의 입찰예정가격에 대하여, 공정한 입찰절차를 통하여 적정한 수주가격이 형성되는 것을 방해하는 것으로, 기업간의 공정한 경쟁과 지방재정의 적정한 운영이라고 하는 공공의 이익에 반하는 성질을 갖는 것으로 부정경쟁방지법의 취지에 비추어 법적 보호를 받을 가치가 없다고 한 것,58) ③ 극비로 이중장부를 작성하여 두고 영업에 활용한다고 하는 것과 같은 것은 사회통념상 영업비밀로서 보호받을 가치 있는 유용한 정보라고 인정할 수는 없다고 한 것,59) ④ 고객과의 계약내용에 관한 정보에 대하여, 이들을 정리한 자료가 있으면 편리하지만, 없다고 하더라도 별도의 방법으로 취득하는 것은 가능한 것으로 영업비밀의 요건으로서의 유용성까지 인정되지 않는다고 한 것,60) ⑤ 원고가 보유하는 융설 기와(融雪瓦) 및 융설 보도판(融雪步道板)에 관한 정보는 공지 또는 유용성을 결여한 정보를 단지 모아 놓은 것으로 그 조합에 의해 예측 외의 특별히 우수한 작용효과를 나타내는 것은 인정되지 않으므로 전체로서 독자의 유용성이 있다고는 할 수 없다는 취지로 판시한 것61) 등이 있다.

---

55) 東京地裁 平成12年11月13日 判決 (判時 1736·118) (묘(墓)의 설치에 관하여 원고가 무차별적으로 전화권유한 경우의 계약성립률은 0.015%라고 하는 사정을 지적). 東京地判 平成 12·10·31 判夕1097号275頁 [放射線測定機械器具顧客名簿事件]도 고객명부가 효율적인 영업활동에 해당하는 유용한 정보로서 영업비밀에 해당한다고 판시.

56) 東京地判 平成 11·7·23 判時 1694号 138頁 [美術工芸品顧客名簿事件].

57) 東京地裁 平成15年2月26日 判決 ((平13(ワ)20223) 最高裁 HP).

58) 東京地裁 平成14年2月14日 判決 ((平12(ワ)9499) 最高裁 HP). 사이타마현(埼玉県) 청의 토목부 기술관리과에 속하는 자만이 알 수 있는 토목공사설계단가에 대하여 그것을 사전에 알았던 경우에는 예정가격에 가까운 가격으로 낙찰할 수 있으므로 유용성이 있다고 주장된 사건에서 공정한 입찰을 방해하는 것으로 법적 보호를 받을 가치가 없다고 하는 판결이다.

59) 東京地裁 平成11年7月19日 判決 ((平9(ワ)2182) 最高裁 HP).

60) 東京地判 平成 12·12·7 判決.

61) 大阪地判 平成 20·11·4 平成 19年(ワ)11138号 [発熱セメント体情報事件].

3. 기 타

가. 독 일

1) 영업비밀 성립요건

독일에서 영업비밀의 보호 객체를 나타내는 법문상의 용어로서는 1986년 부정경쟁방지법 이래 '영업상 또는 기술상의 비밀'이라는 문언이 사용되고 있지만, 부정경쟁방지법에 영업비밀의 개념에 대한 정의 규정은 없고 그 결정은 전적으로 판례·학설에 맡겨져 있는데, 일반적으로 영업비밀의 요건으로서 ① 사실 또는 정보의 비공지성, ② 비밀유지의사의 표명, ③ 비밀유지 이익의 존재 세 가지를 들고 있다.[62]

2) 비밀유지에 대한 이익

영업비밀로 보호받기 위해서는 객관적으로 적법한 경제적 이익을 갖고 있어야하는데, 통상 정보의 공개가 기업의 경쟁력에 영향을 미치는 경우에 인정된다.[63]

나. TRIPs

1) 영업비밀 성립요건

TRIPs 협정 제39조 제2항에 따르면, 정보가 세 가지 요건을 충족하는 경우 자연인 및 법인은 합법적으로 자신의 통제하에 있는 해당 정보가 자신의 동의 없이 건전한 사업적 관행에 반하는 방법으로 타인에게 공개되거나 타인에 의해 획득·사용되는 것을 금지할 수 있는데, 세 가지 요건은 ① 전체로서 또는 그 구성요소의 정밀한 배열 및 조합의 형태로서 당해 정보의 종류를 통상적으로 다루고 있는 업계의 사람들에게 일반적으로 알려져 있지 않거나 쉽게 접근할 수 없다는 의미에서 비밀인 것(비밀성), ② 비밀이기 때문에 상업적 가치를 갖는 것(상업적 가치성), ③ 적

---

62) 千野直邦, 前揭書, 88頁. 영업비밀의 요건에 관하여는, ① 의사설, ② 이익설 및 ③ 절충설이 있는데, 어느 설도 비밀로 여겨지는 사업체에 관한 사실 또는 정보가 공지가 아닐 것을 전제로 하지만, ① 의사설은 비밀유지의 의사가 영업비밀 성립의 근거인 것으로 비밀유지 이익의 존재는 불필요하다는 것인데, ② 이에 대해 이익설은 처벌이라고 하는 국가권력의 발동이 비밀의 주체의 자의에 맡겨짐으로 인해 부당하다고 비판하면서 형벌에 의한 보호의 대상이 되는 비밀을 인정하기 위해서는 그것을 비밀로 유지할 정당한 경제적 이익을 갖고 있으면 충분하다고 한다. ③ 판례는 비밀의 의사와 이익의 어느 한쪽 면으로만 결정하는 것은 아니고, 양 요소의 상관관계에 있어서 영업비밀의 존부를 결정하고 있고, 이러한 절충설이 통설이라고 한다. 千野直邦, 前揭書, 88−89頁.
63) 윤선희·김지영, 앞의 책, 28면.

법하게 동 정보를 통제하고 있는 자에 의해서 비밀로 유지하기 위한, 그 상황하에서 합리적인 조치의 대상이 되는 것(비밀관리성)을 요구하고 있다.64)

2) 상업적 가치(commercial value)

TRIPs 협정 제39조 제2항에 규정된 상업적 가치 요건과 관련하여, 그 근원을 파리조약 제10조의2에서 찾으면서,65) 미국·독일·일본·영국의 입법례에서도 유사한 요건을 찾을 수 있다고 보는 견해가 있다.66)

Ⅳ. 검 토

1. 독립된 경제적 가치성 v. 유용성

1991년 영업비밀 보호법제 마련 시 영업비밀 정의 규정을 앞서 본 바와 같이

---

64) WTO TRIPs Article 39 ("2. Natural and legal persons shall have the possibility of preventing information lawfully within their control from being disclosed to, acquired by, or used by others without their consent in a manner contrary to honest commercial practices so long as such information: (a) is secret in the sense that it is not, as a body or in the precise configuration and assembly of its components, generally known among or readily accessible to persons within the circles that normally deal with the kind of information in question; (b) has commercial value because it is secret; and (c) has been subject to reasonable steps under the circumstances, by the person lawfully in control of the information, to keep it secret.").

65) Rochelle C. Dreyfuss/Katherine J. Strandburg, *The Law and Theory of Trade Secrecy: A Handbook of Contemporary Research*, Edward Elgar Pub, 2011, p. 521 ("At the heart of trade secrecy doctrine is a focus on the commercial value of the undisclosed information at issue. This focus on 'commercial value' is demonstrated by the limitation in Article 39 of TRIPs to protection for undisclosed information which 'has commercial value because it is secret.' Even the theoretical antecedent to Article 39, Article 10bis of the Paris Convention, with its emphasis on prohibiting acts 'contrary to honest commercial and industrial practices' underscores the commercial reasons for the proffered protection. Without such commercial value, the information at question cannot be protected, regardless of its secret content.").

66) *Id.* at 521-522 ("This limitation is similarly reflected in diverse domestic trade secret regimes. Thus, for example, in the United States, protected trade secrets under the Uniform Trade Secrets Act are defined as information that 'derives independent economic value, actual or potential, from that being generally known to, and not readily ascertainable by proper means by, other persons who can obtain economic value from its disclosure or use.' Under German domestic law, 'secret information' is protected only if the owner has 'justifiable commercial interest in maintaining secrecy.' In Japan, technical information which is 'useful in commercial activity' is protected. Similarly, under U.K. law only information used in trade or business is protected if it would result in significant harm to the owner.").

마련한 이유에 대해 당시 국회 심사보고서에서는 특별한 설명을 찾을 수 없기 때문에 일본의 부정경쟁방지법과 달리 '유용한 정보'를 수식하는 '독립된 경제적 가치를 가지는'이라는 문구를 삽입한 취지를 정확히 알기는 어렵다.67) 일본과 다른 정의규정이 마련된 점을 근거로 '독립된 경제적 가치성'을 '유용성'과 구분하는 견해도 존재하지만, 다음과 같은 이유로 두 요건을 별도의 의미를 갖는 영업비밀 성립요건으로 보기 어렵다고 생각한다.

우선 영업비밀보호법제 마련의 계기가 된 TRIPs의 관련 규정과 주요국의 입법례를 보면, 비공지성과 비밀관리성 외에 '독립된 경제적 가치성'과 '유용성'을 구분하여 영업비밀 성립요건으로 하고 있는 입법례는 없는 것으로 보인다. 즉, ① TRIPs의 경우 (i) 비밀성, (ii) 상업적 가치성(commercial value), (iii) 비밀관리성을, ② 미국의 경우 (i) 신규성, (ii) 독립된 경제적 가치성(independent economic value), (iii) 비밀관리성 등을, ③ 독일의 경우 (i) 비공지성, (ii) 비밀유지의사의 표명, (iii) 비밀유지 이익의 존재를 요건으로 하고 있다. 이와 같은 각국의 영업비밀 성립요건에 대해, 미국의 '독립된 경제적 가치(independent economic value)', 독일의 '비밀유지 이익(justifiable commercial interest in maintaining secrecy)', 일본의 '유용성(useful in commercial activity)'이 TRIPs의 '상업적 가치(commercial value)'에 대응되는 것으로 보는 견해와,68) 미국의 경우 "유용성"은 영업비밀의 요건으로 하고 있지 않지만 유용성이 인정되는 것으로 한정하여 보호되며 실질적으로 경제적 가치와 유용성은 요건의 차이가 없는 것으로 판단되고, 일본의 경우 "경제적 가치"에 대하여는 규정하고 있지 않지만 경제적 가치는 유용성에 포괄되어 있어 유용성은 경제적 가치를 수반하고 있다고 보기 때문으로 판단된다는 견해가 있는데69) 타당하다고 생각된다.

다음으로 두 요건의 의미를 구분하기 곤란하며 구별의 실익도 없다고 보인다. 독립된 경제적 가치성과 유용성을 구분하는 견해는, 영업비밀보호법의 정의규정에서 '유용한 정보'를 수식하는 '독립된 경제적 가치를 가지는' 정보일 것을 요건으로 규정한 문언을 그 논거로 들고 있지만70) 두 요건의 차이점을 명확히 설명하고 있는 것으로 보기는 어렵다. 즉, 유용성 요건과 관련하여 ① 정보의 보유자뿐만 아니

---

67) 다만, '유용성'이라는 요건을 둔 일본의 부정경쟁방지법과 '독립된 경제적 가치성'이라는 요건을 둔 미국의 UTSA를 모두 참고하여 마련된 정의규정이 아닌가 추측된다.
68) Rochelle C. Dreyfuss/Katherine J. Strandburg, *supra*, pp. 521–522.
69) 황의창·황광연, 앞의 책, 198면.
70) 김국현, 앞의 책, 12면.

라 경쟁자에게도 유용한 정보라야만 유용성이 인정되며, ② 유용성 인정의 근거는 정보 보유자가 그 정보를 창출하기 위해 투입한 비용을 회수할 수 있도록 보장한다는 데 있고, ③ 기술개발에 실패한 정보도 경쟁자가 그와 같은 정보를 입수한다면 무용한 개발비용과 시간을 생략할 수 있고 결과적으로 개발비용을 절감할 수 있기 때문에 유용성이 인정되며, ④ 경쟁자가 의도적으로 입수하였다면 그 정보의 유용성이 있다고 추인된다고 보아야 할 것이라고 설명하고 있는데,[71] 이러한 설명들은 "그 정보가 알려진다면 경제적 이득을 얻을 수 있는 자에게 그 정보가 알려져 있지 않기 때문에 반사적으로 그 정보를 비밀로 보유하고 있는 자가 경쟁에 있어서 유리한 입장에서 경쟁할 수 있는 상태를 의미한다"는 영업비밀의 경제적 가치에 대한 설명과 별다른 차이가 없다.[72] 다른 견해에서도 독립경제성과 유용성을 별도의 요건으로 설명하면서 그 차이점도 들고는 있지만[73] 실질적으로 두 요건의 차이가 없다고 보고 있다.[74]

한편, 미국의 경우 독립된 경제적 가치(independent economic value) 요건을 충족하기 위해서는 문제된 정보가 영업비밀 보유자에게 가치 있는 정보여야 하지만 그것만으로 충분하지는 않고 비밀성에 근거한 독립적 가치(independent value derived from its secrecy) 및 제3자에 대한 가치(value to others)를 가져야 하는 것으로 이해하고 있고,[75] 일본의 경우 사업활동에 있어 유용하다는 것은 정당한 사업

---

71) 김국현, 위의 책, 13 – 18면.

72) 김국현, 위의 책, 19면.

73) 황의창·황광연, 앞의 책, 200 – 201면("여기에서 독립경제성이란 그 정보만이 지니고 있는 특유한 경제 또는 경제상의 모양이나 합리성으로서 이는 실제 그 정보의 소용(이용 또는 유용) 여부와는 관계가 없이 독자적으로 독립경제성 자체만으로 영업비밀 성립요건의 하나가 된다. 이에 반해 유용성은 그 정보를 실제 영업활동에 이용할 수 있는 것이어야 함을 영업비밀 성립요건의 하나로 하고 있다는 점에서 양자는 다르다.").

74) 황의창·황광연, 위의 책, 197 – 198면("정보에 독립경제성이 있다고 하기 위해서는 그 정보 자체에 특유한 경제적 가치의 독립경제성이 있어야 하고 비공지성에 의해 보지되어야 한다. 그리고 그 독립경제성의 정보는 유용성의 요건을 충족한 때에만 보호를 받을 수 있다. 그러나 정보의 유용성은 그 정보 자체가 영업활동에 유용한가의 문제이며, 비공지성과는 독립한 요건 이지만 실질적으로 독립경제성와 유용성의 요건의 차이는 없는 것으로 해석된다.").

75) '독립된 경제적 가치'와 '유용성'을 구분하는 견해에서 유용성에 대한 설명으로 제시한 ① 정보의 보유자뿐만 아니라 경쟁자에게도 유용한 정보라야만 유용성이 인정되며, ② 유용성 인정의 근거는 정보 보유자가 그 정보를 창출하기 위해 투입한 비용을 회수할 수 있도록 보장한다는 데 있고, ③ 기술개발에 실패한 정보도 경쟁자가 그와 같은 정보를 입수한다면 무용한 개발비용과 시간을 생략할 수 있고 결과적으로 개발비용을 절감할 수 있기 때문에 유용성이 인정되며, ④ 경쟁자가 의도적으로 입수하였다면 그 정보의 유용성이 있다고 추인된다고 보아야 할 것이라는 설명은 모두 미국의 '독립된 경제적 가치'에 대한 본문의 설명 내용과 별다른 차이가 없다고 생각된다.

활동에 있어 '객관적인 경제가치'가 인정되는 것을 의미한다고 보는 것이 통설이라는 점에 비추어 보면, 미국의 '독립된 경제적 가치' 요건과 일본의 '유용성' 요건은 서로 대응되는 요건으로 볼 수 있는바, 이러한 점은 미국과 일본의 입법례를 참고한 것으로 보이는 우리 정의규정의 해석에 참고할 필요가 있을 것이다.

2. 경제적 유용성 판단기준

'독립된 경제적 가치를 가진다'는 것의 의미에 대해 대법원은, "그 정보의 보유자가 그 정보의 사용을 통해 경쟁자에 대하여 경쟁상의 이익을 얻을 수 있거나(요건 ①) 또는 그 정보의 취득이나 개발을 위해 상당한 비용이나 노력이 필요하다는 것(요건 ②)"이라고 판시하고 있다.

이러한 대법원 판시에 대해, 요건 ①과 요건 ② 중 어느 한 가지에 해당하기만 하면 독립된 경제적 가치성을 충족하는 것처럼 보이지만, 이러한 해석은 옳지 않고 요건 ①과 ②를 모두 충족해야만 영업비밀로서 인정된다는 점이 분명하며 정보생산에 아무리 많은 비용과 노력을 투입하였다고 하여도 경쟁관계에서 그 정보의 보유로 인한 어떤 경쟁적 우위도 없다면 경제적 가치가 없는 것이 분명하다고 보는 견해가 있다.76)

미국에서 '독립된 경제적 가치'는 통상 두 가지 방법으로 증명하는데, 첫 번째 방법은 영업비밀 보유자가 해당 정보로부터 얻는 실제적 경쟁 우위에 초점을 맞춤으로써 경제적 가치의 직접적 증거를 제시하는 방법이고, 두 번째 방법은 해당 정보를 생산하기 위해 투입된 자원, 해당 정보를 보호하기 위해 관여된 합리적 노력 및 해당 정보에 접근하기 위해 제3자가 비용을 지불할 의사 등의 정황증거에 기초한 것이다.77) 이러한 미국의 해석론을 참고하면, 대법원이 제시한 요건 ①과 요건

---

76) 김국현, 앞의 책, 20면. 서울고등법원 2000. 3. 14. 선고 99나36121 판결("정보의 형성에 오랜 기간 동안의 상당한 비용과 인력이 투입되었다는 것 자체만으로는 영업비밀성이 인정되는 것은 아니다"라고 판시)을 예로 들고 있고, 오랜 시간 동안 많은 비용을 들인 연구개발 결과물이 경쟁시장에서 아무 가치도 없는 경우는 얼마든지 상정할 수 있기 때문이라고 설명하고 있다.

77) Sharon K. Sandeen/Elizabeth A. Rowe, *supra*, pp. 69-70 ("From the foregoing, evidence of independent economic value may be presented in two ways. The first method provides direct evidence of economic value by focusing on the actual competitive advantage that the putative trade secret holder gains from its information. The second method is based upon circumstantial evidence, including the resources invested in producing the information, the reasonable efforts that were engaged in to protect the information, and the willingness of others to pay for access to the information.").

②는 각각 (i) 직접적 증거를 통한 증명방법과 (ii) 정황증거를 통한 증명방법을 설시한 것으로 이해할 수도 있을 것으로 보이는데, 다만 요건 ②와 관련하여 '그 정보의 취득이나 개발을 위해 상당한 비용이나 노력이 필요하다'는 정황증거만으로 정보의 경제적 가치를 곧바로 인정하는 것은 문제가 있다고 보이며, 그런 점에서 정보생산에 아무리 많은 비용과 노력을 투입하였다고 하여도 경쟁관계에서 그 정보의 보유로 인한 어떤 경쟁적 우위도 없다면 경제적 가치가 없는 것이 분명하다는 지적은 타당하다고 생각된다. 다만, 요건 ①과 요건 ②를 모두 충족해야 경제적 가치가 인정된다고 보기보다는, (i) 직접적 증거를 통한 증명방법 또는 (ii) 정황증거를 통한 증명방법을 통해 경제적 가치를 증명할 수 있고, 후자의 경우 '그 정보의 취득이나 개발을 위해 상당한 비용이나 노력이 필요하다'는 점 외에 다른 정황증거도 함께 고려하여 전체적으로 볼 때 해당 정보의 경제적 가치를 인정할 수 있는지 여부를 판단하는 방법으로 이해하는 것이 바람직하다고 생각된다.[78]

V. 결   론

"공공연히 알려져 있지 아니하고 '독립된 경제적 가치'를 가지는 것으로서, 합리적인 노력에 의하여 비밀로 유지된 생산방법, 판매방법, 그 밖에 '영업활동에 유용한' 기술상 또는 경영상의 정보"라는 영업비밀의 정의규정에서 '유용한'이라는 용어와, '독립된 경제적 가치'라는 용어의 관계를 어떻게 이해하는 것이 타당한지에 대해 이상 검토해 보았다.

1991년 부정경쟁방지법 개정 당시 국회 심사보고서에서는 이 문제에 대한 특

---

78) 예를 들면, ① 대법원 2009. 7. 9. 선고 2006도7916 판결(공소외 1 주식회사가 이 사건 캐드파일 및 기술자료를 완성하는 데 많은 시간과 비용을 투여하였고 공소외 1 주식회사의 경쟁업체인 공소외 4 주식회사가 이 사건 캐드파일 등을 사용할 경우 절약되는 시간과 비용이 상당한 점 등에 비추어 볼 때, 이 사건 캐드파일 및 기술자료가 가지는 경제적 유용성도 충분히 인정된다고 판시)과 ② 대법원 2005. 9. 15. 선고 2004도6576 판결((i) 해당 정보가 외부로 유출될 경우 경쟁사, 특히 후발경쟁업체의 엔지니어로서는 같은 종류의 CSTN LCM을 개발·제조하는 데에 참고할 만한 가치가 있는 유용한 정보라고 보는 것이 상당하며, (ii) 피해 회사로서는 이 사건 각 회로설계도면을 포함한 CSTN LCM을 개발하기 위하여 상당한 시간과 비용을 들였으며, 만약 유출될 경우 적어도 경쟁사가 동종 품목을 개발함에 있어 시행착오를 줄일 수 있어 시간을 단축하는 등에 기여할 만한 정보였다는 점 등을 이유로 문제된 정보의 경제적 유용성을 인정)의 경우, '그 정보의 취득이나 개발을 위해 상당한 비용이나 노력이 필요하다'는 점만으로 경제적 유용성을 인정한 것이 아니라 다른 점도 고려하여 결과적으로 경제적 가치가 있는 정보라고 판단하고 있다.

별한 설명을 찾을 수 없어 그 입법 취지를 정확히 알기는 어렵지만, 영업비밀보호
법제 마련의 계기가 된 TRIPs의 관련 규정과 주요국의 입법례 및 그 해석론을 참고
하면 '독립된 경제적 가치성'과 '유용성'을 별도의 의미를 갖는 영업비밀 성립요건
으로 보기는 어렵고 '독립된 경제적 가치'와 '유용한'이라는 용어가 함께 하나의 영
업비밀 성립요건(경제적 유용성)이 되는 것으로 이해하는 것이 타당할 것이다.

또한, '독립된 경제적 가치를 가진다'는 것의 의미에 대한 대법원의 판시 즉,
"그 정보의 보유자가 그 정보의 사용을 통해 경쟁자에 대하여 경쟁상의 이익을 얻을
수 있거나(요건 ①) 또는 그 정보의 취득이나 개발을 위해 상당한 비용이나 노력이
필요하다는 것(요건 ②)"의 의미에 대해서는, (i) 직접적 증거를 통한 증명방법 또는
(ii) 정황증거를 통한 증명방법을 통해 경제적 가치를 증명할 수 있고, 후자의 경우
'그 정보의 취득이나 개발을 위해 상당한 비용이나 노력이 필요하다'는 점 외에 다른
정황증거도 함께 고려하여 전체적으로 볼 때 해당 정보의 경제적 가치를 인정할 수
있는지 여부를 판단하는 방법으로 이해하는 것이 바람직하다고 생각된다.

제4절 비밀관리성

김종석(김앤장 법률사무소 변호사)

I. 서 설

1. 의 의

'부정경쟁방지 및 영업비밀보호에 관한 법률'(이하 '영업비밀보호법'이라 한다)에 의하면, 어떤 정보가 영업비밀에 해당되기 위해서는 ① 공공연히 알려져 있지 아니하고(비공지성), ② 독립된 경제적 가치를 가지는(경제적 유용성), ③ 합리적인 노력에 의하여 비밀로 유지된(비밀유지성 또는 비밀관리성)이라는 3가지 요건을 모두 충족하여야 한다.[1] 따라서 경제적 가치를 가지는 비공지 상태의 기술상 또는 경영상의 정보라도 영업비밀로서 보호받기 위해서는 당해 정보의 보유자가 해당 정보를 비밀로서 관리하고 유지하는 경우에 영업비밀보호법에 의한 보호를 받을 수 있다. 즉, 어떤 정보를 비밀로 생각하는 것만으로는 영업비밀로서 보호받기 어렵고, 객관적으로 그 정보가 비밀로 유지, 관리되고 있으며, 또 제3자가 그 비밀성을 객관적으로 인식할 수 있어야 한다. 결국 비밀관리성의 요건을 충족하기 위해서는 '비밀관리의사'가 있어야 함은 물론이고, 그 의사를 실천해 온 '비밀관리노력'이 인정되어야 하는 것이다.[2] 이와 같이 비밀유지성 또는 비밀관리성이란 영업비밀의 보유자가 해당 정보에 대하여 비밀유지를 위하여 행한 합리적인 노력과 조치를 말한다.

대법원은 "상당한 노력에 의하여 비밀로 유지된다는 것은 그 정보가 비밀이라고 인식될 수 있는 표시를 하거나 고지를 하고, 그 정보에 접근할 수 있는 대상자나 접근 방법을 제한하거나 그 정보에 접근한 자에게 비밀준수의무를 부과하는 등 객관적으로 그 정보가 비밀로 유지·관리되고 있다는 사실이 인식 가능한 상태인 것을

---

1) 2015. 1. 28. 법률 제13081호로 개정되기 전의 법률에서는 비밀관리성과 관련하여 "상당한 노력에 의하여 비밀로 유지된"의 요건을 요구하였다.
2) 사법연수원, 「부정경쟁방지법」, 2015, 112면.

말한다"고 판시하고 있다(대법원 2014. 8. 20. 선고 2012도12828 판결, 대법원 2011. 11. 10. 선고 2010다42570 판결, 대법원 2010. 12. 23. 선고 2008다44542 판결 등 참조).

2. 비밀관리성을 요구하는 이유

비밀관리성을 요구하는 이유는 일반적으로 다음이 제시되고 있다.

첫째, 영업비밀을 부정하게 침해한 행위는 비밀로서 관리되고 있는 타인의 정보를 부정한 수단에 의해 취득하여 경쟁상 유리한 지위를 차지하고자 하는 행위인데, 이와 같은 부정한 수단이 필요한 것은 그 정보가 비밀로서 관리되고 있기 때문이다. 비밀로 관리되지 않은 정보는 부정한 수단을 쓰지 않고서도 얼마든지 취득할 수 있다.[3] 즉, 영업비밀의 요건을 충족하기 위해서는 제3자가 해당 정보를 취득하기 곤란하여야 하고 이를 쉽게 취득할 수 있다면 영업비밀로서 보호받을 수 없는 것이다.

둘째, 다른 지식재산권은 등록제도에 의해 권리자 및 그 권리내용이 공시되므로 배타적 권리로서 구성하는 것이 용이하나, 영업비밀은 비밀의 정보라는 근원적 성격 때문에 등록제도를 채용할 수 없으므로 비밀로 관리되고 있다는 것 자체가 객관적으로 명확한 경우에만 배타적 권리를 부여할 필요가 있다. 따라서 영업비밀은 이에 접근하는 사원이나 외부자에 대하여 등록제도에 의한 공시에 필적할 정도로 보유자와 그 영업비밀의 비밀관리상태가 객관적으로 인식 가능한 것, 즉 비밀관리성이 배타적 권리 부여의 요건이 된다.[4] 결국, 제3자가 해당 정보를 영업비밀이라고 객관적으로 인식할 수 있는 상태가 필요하다.

영업비밀로서 특정되어 관리되고 있지 않는 정보도 이를 영업비밀로서 보호하는 경우에는 종업원이나 타인이 자유롭게 이용할 수 있는 정보와 그렇지 않은 정보를 구분할 수 없게 되는 경우가 발생할 수 있으므로, 종업원이나 제3자로서는 자유롭게 이용할 수 있는 정보조차도 자유롭게 이용할 수 없는 결과가 되어 정보의 자유로운 유통과 이용 및 이를 통한 기술혁신에 오히려 장애가 될 수 있다.[5] 영업비밀보호법 제13조에는 영업비밀에 대한 거래의 안전성을 확보하기 위하여 '거래에 의하여 영업비밀을 정당하게 취득한 자가[6] 그 거래에 의하여 허용된 범위에서 그

---

3) 강영수, "영업비밀의 민사적 보호에 관한 연구", 서울대 대학원 석사학위 논문(1993. 2.) 29-30면.
4) 이윤원, 「영업비밀보호법」, 박영사, 34면.
5) 최정열·이규호, 「부정경쟁방지법」, 진원사(2015), 249면.
6) 영업비밀을 취득할 당시에 그 영업비밀이 부정하게 공개된 사실 또는 영업비밀의 부정취득

영업비밀을 사용하거나 공개하는 행위에 대하여는 그 영업비밀을 취득한 자를 구제하는 조항을 두고 있다.

셋째, 보유자가 그 정보의 비밀성을 유지하기 위하여 아무런 관리조치를 취하지 않고 있다면, 법률로서 이를 보호해 줄 필요는 없다. 소멸시효 제도의 취지와 동일하게 권리 위에 잠자는 자를 보호해 줄 필요는 없는 것이다.[7] 즉, 영업비밀의 보유자가 해당 정보를 비밀로서 관리하고 유지하는 노력과 조치를 취하여야 한다.

3. 연   혁

영업비밀에 관한 규정은 1991. 12. 31. 법률 제4478호로 부정경쟁방지법에 처음으로 도입되었는데, 1991년 법률에는 "영업비밀"이라 함은 "공연히 알려져 있지 아니하고 독립된 경제적 가치를 가지는 것으로서, 상당한 노력에 의하여 비밀로 유지된 생산방법·판매방법 기타 영업활동에 유용한 기술상 또는 경영상의 정보를 말한다"라고 규정되어 있었다. 그 후 사소한 자구의 변화는 있었지만 실질적인 내용의 변화는 없었다. 그러다가 2015. 1. 28. 법률 제13081호로 개정된 법률에서 현재와 같은 내용으로 개정되었다. 즉, 비밀관리성과 관련하여 구 법률에서는 "상당한 노력에 의하여 비밀로 유지된"의 요건을 요구하였으나, 개정된 법률에서는 "합리적인 노력에 의하여 비밀로 유지된"으로 요건을 수정하였다.

Ⅱ. 비밀관리의 방법

영업비밀에 접근하는 사원이나 외부자는 일반적으로 영업비밀보호법이 규정하는 절취, 기망 등 부정한 수단에 의한 영업비밀 취득행위 또는 이를 사용하거나 공개하는 영업비밀 누설행위를 할 우려가 있는 자라고 할 수 있으나, 한편으로는 적법한 권한에 의해 사용을 허가받는 등 정당한 사용자도 존재한다. 따라서 해당 정보의 유효한 활용과 거래 질서의 안정성 유지의 관점에서 당해 정보가 영업비밀에 해당하는지 여부를 객관적으로 판단할 수 있어야 한다.

비밀관리의 방법에는 구체적으로 아래와 같은 방법 등이 있을 수 있다.

행위나 부정공개행위가 개입된 사실을 중대한 과실 없이 알지 못하고 그 영업비밀을 취득한 자를 말한다(영업비밀보호법 제13조 제2항).
7) 강영수, 앞의 논문, 29-30면

1. 영업비밀의 지정 및 표시

영업비밀의 지정 및 표시는 정보에 접근하는 자에게 그것이 영업비밀이라는 사실을 인식할 수 있도록 문서에 표시를 하는 등의 특별한 조치를 취하는 방법이다. 비밀정보의 특정·구분·표시는 반드시 명확하게 문서로 하여야 하는 것은 아니며 당해 정보를 접한 자가 비밀정보임을 객관적으로 인식할 수 있는 방법이면 충분하다. 다만, 기업이 보유하는 모든 정보를 영업비밀로 지정하고 아무런 표시가 없더라도 모두 비밀정보로 취급하게 하는 등의 지나치게 포괄적인 방법은 비밀관리성이 인정되지 않을 가능성이 있다. 비공지성, 경제적 유용성 등의 요건을 만족시킬 가능성이 거의 존재하지 않는 정보마저도 영업비밀로서 관리하는 것은 보호에 합당한 정보를 선별하여 배타적 권리를 부여한다는 영업비밀보호법의 제도적 취지에 어긋날 수 있기 때문이다.[8]

영업비밀의 지정 및 표시를 하는 방법에는 영업비밀을 담은 문서 등에 기밀, 대외비 표시를 하거나, 잠금장치를 하거나, 특수한 장소에 보관하는 조치 등 비밀을 특정 또는 표시하여 비밀에 접근하려는 자에 대하여 그것이 영업비밀임을 알 수 있는 조치를 하는 것이다.[9]

2. 접근권한자 제한 및 영업비밀 보호의무의 부과

정보에 접근할 수 있는 자를 제한하거나 이미 접근한 자로부터 취득한 정보를 개인적으로 사용, 공개하는 데 일정한 제한을 가하는 방법이다. 영업비밀의 등급에 따라서 접근권자를 특정하고 그 접근의 권한 범위를 달리하여 관리해야 한다. 영업비밀에 접근할 수 있는 권한을 가진 종업원을 미리 설정해 두고, 그 종업원에 대해서 비밀유지 각서를 받는다든지 단체협약, 취업규칙 또는 개별적인 근로계약에 이를 규정하는 등의 형식으로 근로자의 비밀유지의무를 문서상 법적으로 명확히 해두면 일단 관리노력을 한 것으로 평가받을 수 있다.[10] 다만, 종업원의 경우 명시적으로 비밀유지약정을 체결하지 아니하였더라도 신의칙상 비밀유지의무를 부담하게 되는 경우도 있을 수 있다.

---

8) 이윤원, 앞의 책, 37면.
9) 김연학, "부정경쟁방지 및 영업비밀보호에 관한 법률상 영업비밀의 개념과 요건", 사법논집 제46집, 2008, 261면.
10) 사법연수원, 앞의 책, 114면.

종업원에 대한 영업비밀 보호의무의 부과는 입사시 비밀누설금지 서약서 제출, 재직시 주기적인 보안 교육연수 실시, 퇴직시 직업선택의 자유나 근로의 권리를 침해하지 않는 범위에서 동종 업체에 취업 및 경업금지의무 부과 등을 설정해야 한다.11) 종업원과의 비밀유지계약은 비밀의 대상이 되는 정보의 범위, 비밀유지의무 및 부수의무, 비밀유지기간, 의무 위반 시의 조치 등을 규정해야 한다.

3. 제3자 또는 거래 상대방에 대한 조치

영업비밀을 공개할 필요가 없는 제3자에 대해서는 그 접근을 제한하는 것이 비밀유지조치의 내용이 된다. 영업비밀 관리자로 하여금 제3자의 접근을 제한하는 조치를 취하게 할 수 있다. 방문객에게 패스워드를 알려 주고 사용하도록 하였다고 하더라도 그 범위나 목적이 제한적이라면 비밀유지의 노력을 하였다고 할 것이다. 산업스파이와 같이 영업비밀을 침해할 목적으로 접근하는 제3자에 대하여는 비밀유지조치 의무의 정도가 완화되거나, 때로는 비밀유지조치 자체가 필요 없다고 판단될 수도 있다.12)

거래의 상대방은 거래 과정에서 영업비밀에 접근하는 것이 허용되는 수가 많다. 제품의 생산 자체를 다른 업체에 의뢰하거나 회계, 법률, 경영 등에서 전문 법인의 자문을 구하는 경우, 판매 대리점 계약을 맺어 시판하는 경우나 정보가 들어 있는 매체의 보안 점검, 고장 수리 등을 전문 업체에 맡기는 경우에 있어서, 영업비밀임을 분명히 하여 계약 시 또는 계약의 전제 조건으로 상대방에게 비밀유지의무를 부과하면 관리노력이 있었던 것으로 평가될 수 있다.13)

4. 물리적 제한

정보를 일정한 장소에 보관하고, 접근이 허용된 자 외에는 물리적으로 접근을 제한하는 방법이다. 물리적 영업비밀이 기록, 저장되어 있는 매체는 서류, 도면, 사진, 비디오테이프, 녹음테이프, 컴퓨터 하드 디스크, CD, 시제품 등의 어떠한 것이든 그 매체의 접근 통로에 보관책임자 이외의 접근을 물리적으로 허용하지 않는 장치를 해 둔다든지, 매체 자체에 비밀사항으로서 어떤 표시를 하고, 누설을 막는

---

11) 특허청, 「영업비밀보호 가이드북」, 2009, 61면.
12) 김연학, 앞의 논문, 263면.
13) 사법연수원, 앞의 책, 114면.

보안 시스템, 또는 누설 시의 경보 장치 등을 둔다든지, 매체의 속성에 따른 적절한 보관책임 체계를 둔다든지 하는 정황은 비밀관리노력의 판단에 중요한 자료가 된다.[14]

Ⅲ. 비밀관리의 정도

1. 의   의

영업비밀의 성립요건으로서 비밀관리성을 두고 있는 취지가 정보를 이용하거나 접하는 종업원 등으로 하여금 그 정보가 비밀로서 보호되고 있는 정보라고 인식시킴으로써 그렇지 아니한 정보와의 구별을 용이하게 하는 것이므로 비밀관리성의 요건을 충족하였는지 여부를 평가함에 있어서는 영업비밀을 취득하려고 하거나 비밀을 공개받게 되는 제3자 또는 비밀유지의무를 부담하는 자가 그 정보를 비밀로서 관리하기 위하여 부가된 수단으로부터 당해 정보가 영업비밀로서 보호되고 있는 정보임을 인식할 수 있는 가가 중요한 기준이 될 것이다.[15]

비밀관리의 정도는 당해 회사의 규모, 정보나 기술의 종류 및 성질, 정보나 기술의 고도성 여부, 종업원의 규모, 인사배치 현황 등을 종합적으로 고려하여, 각각의 사안에 따라 개별적으로 판단할 수밖에 없다. 따라서 당해 회사의 구체적인 상황하에서 비밀이라는 점이 인식될 수 있도록 합리적인 수준으로 관리가 이루어지면 충분하고, 필요 이상으로 과다한 관리노력이나 유지비용을 들여 유지, 관리할 필요는 없다. 대기업은 보다 엄격하게 영업비밀을 유지·관리할 것이 요구되나, 소규모 업체는 종업원들에게 영업비밀임을 주지시키고 비밀로 유지하도록 의무를 부과함으로써 충분한 경우가 있을 수 있다.[16]

비밀관리의 정도는 구체적인 상황에 따라서 개별적으로 판단되어야 할 문제인데, i) 당해 정보에 접근할 수 있는 자를 제한하거나 당해 정보에 대한 접근을 공간적·물리적으로 제한하는 경우(접근통제), ii) 당해 정보에 접근한 자에게 당해 정보를 권한 없이 사용하거나 공개해서는 안 된다는 비밀준수의무가 부과된 경우(비밀약정), iii) 당해 정보에 접근할 수 있는 자에게 그것이 영업비밀이라는 사실을 알 수

---

14) 사법연수원, 앞의 책, 113-114면.
15) 田村善之 編,「不正競爭法槪說」, 有斐閣, 329頁.
16) 강동원, "영업비밀의 요건으로서 비밀유지성", 전북법학, 전북대학교 법학전문대학원, 2011, 81면.

있도록 하고 있는 경우(비밀표시) 등에는 비밀로서 관리된다고 할 수 있을 것이다.[17]

2. 구 영업비밀보호법상[18] 비밀관리성 기준: 상당한 노력에 의한 비밀관리

구 영업비밀보호법은 "상당한 노력에 의하여 비밀로 유지된" 정보를 영업비밀로 정의하고 있으므로, 비밀관리성의 요건을 충족하기 위하여는 상당한 정도의 노력에 의하여 비밀로서 관리하는 경우에만 성립하는 것이다. 대법원은 '상당한 노력에 의하여 비밀로 유지된다'는 것은 "정보가 비밀이라고 인식될 수 있는 표시를 하거나 고지를 하고, 정보에 접근할 수 있는 대상자나 접근 방법을 제한하거나 정보에 접근한 자에게 비밀준수의무를 부과하는 등 객관적으로 정보가 비밀로 유지·관리되고 있다는 사실이 인식 가능한 상태인 것을 말한다(대법원 2014. 8. 20. 선고 2012도12828 판결 등)"라고 하여 비밀관리성의 요건을 다소 엄격하게 적용하여 왔다. 그런데 비밀관리성의 판단기준을 지나치게 높게 설정할 경우에는 다른 요건을 충족함에도 영업비밀로서 보호받지 못하는 결과가 발생할 수 있으므로 '상당한 노력'의 정도를 영업비밀의 내용, 기업의 규모, 비밀관리의 비용 등을 종합적으로 고려하여 상대적으로 정해야 할 것이다.[19]

3. 현행 영업비밀보호법상 비밀관리성 기준: 합리적 노력에 의한 비밀관리

현 영업비밀보호법 제2조 제2호의 영업비밀 성립요건 중 비밀관리성과 관련하여 '합리적인 노력에 의하여 비밀로 유지된'으로 비밀관리성 요건을 완화하고 있다.[20] 위에서 본 바와 같이 대법원은 비밀관리성 요건을 다소 엄격하게 적용하여 왔던 편이었다. 그런데 대기업의 경우에는 많은 비용을 들여 보안시스템을 구축하여 운영하고 있으나, 자금사정이 좋지 않은 중소기업 중에는 기술개발에만 치중하다보니 영업비밀 보호를 위한 충분한 시스템을 구축하지 못한 경우가 많다. 이로 인해

---

17) 김효신, "부정경쟁방지법상 영업비밀의 개념", IT와 법 연구 제2권, 경북대학교 IT와 법연구소, 2008, 123면.
18) 2015. 1. 28. 법률 제13081호로 일부 개정되기 전의 것.
19) 대법원 2009. 9. 10. 선고 2008도3436 판결에서는 "피해회사가 피고인으로부터 일반적인 회사기밀유지각서를 제출받은 사실만으로는, 피해회사가 소규모 회사라는 점을 고려하더라도, 이 사건 자료가 상당한 노력에 의하여 비밀로 유지되었다고 보기는 어렵다"라고 판시하여, 대법원 판례에서도 회사의 규모를 고려하여 비밀관리성 요건을 판단하고 있음을 알 수 있다.
20) 이에 관하여 우리 법에서 사용하는 '상당한'이 많은 경우 '합리적'이라는 의미로 사용되고 있으므로, '상당한 노력'과 '합리적 노력'은 동의어로 볼 수 있다는 견해가 있다. 정차호, "영업비밀 관리성 요건: 객관적 인식을 위한 상당한 노력", 성균관법학, 제26권(2014. 3.), 290면.

중소기업은 핵심기술을 유출당하고도 비밀관리성의 요건을 충족하지 못해 영업비밀로서 보호를 받지 못하는 사례가 많이 발생하였다. 이에 현행 영업비밀보호법은 영업비밀로 인정받기 위한 요건 중 하나인 비밀유지에 필요한 "상당한 노력"을 "합리적인 노력"으로 그 요건을 완화하여 중소기업이 처한 현실적 여건을 고려할 수 있도록 하고 있다.21) 현행 법률은 미국의 주법인 통일영업비밀법(Uniform Trade Secret Act)과 연방법인 경제스파이법(Economic Espionage Act)의 영업비밀 요건과 태도를 지향하고 있으므로, 향후 우리나라 판례 형성에 영향을 미칠 것으로 생각된다.

IV. 영업상 주요한 자산(비밀관리성 요건을 갖추지 못한 경우) 관련

우리나라의 현재 대법원 판례는 영업비밀의 요건 중 '비밀유지성(비밀관리성)'의 요건에 관하여 엄격한 기준을 적용하고 있어서, 비공지성(비밀성)과 경제적 유용성의 요건을 갖추고 있으면서도 '비밀유지성'의 요건을 갖추지 못하여 영업비밀에 해당하지 않는 사례가 종종 있다. 즉, 중소기업에서는 설계도면 등을 제대로 비밀로 관리하고 있지 않아 영업비밀로 보기 어려운 경우가 있다.22)

한편, 영업비밀에 해당하는 정보를 유출한 경우만 업무상배임죄에 해당한다고 한다면 회사의 주요한 정보를 경쟁업체에 유출하더라도 처벌하지 못하는 불합리한 상황이 발생할 수 있다. 이에 대법원 2005. 7. 14. 선고 2004도7962 판결은 최초로 '영업상 주요한 자산'이라는 개념을 도입하여 "영업비밀에는 해당하지 않는다고 하더라도 그 자료가 불특정 다수의 사람에게 공개되지 않았고, 사용자가 상당한 시간, 노력 및 비용을 들여 제작한 설계도면 등을 담은 컴퓨터 파일과 같은 영업상 주요한 자산"인 경우에는 이를 유출한 행위도 업무상배임죄를 구성하는 것으로 보고 있다.23)

---

21) 김광묵, "부정경쟁방지 및 영업비밀보호에 관한 법률 일부개정법률안(김한표 의원 대표발의) 검토보고서", 2014. 11, 2면.
22) 2010년 11월부터는 '한국특허정보원'에서 '영업비밀원본증명서비스'를 실시하고 있는데, 회사가 위 단체로부터 비밀유지성 등에 관한 영업비밀의 성립요건을 특정한 일자를 기준으로 인증받아 두면 영업비밀을 갖고 있다는 점을 소송절차에서 쉽게 주장, 증명할 수 있으므로 비밀유지성에 관한 요건을 구비하기가 수월해졌다고 볼 수 있다.
23) 대법원 2011. 6. 30. 선고 2009도3915 판결에서는 회사 직원이 무단으로 자료를 반출하는 행위를 업무상 배임죄로 의율할 때에는 "적어도 불특정 다수인에게 공개되어 있지 않아 보유자를 통하지 아니하고는 이를 입수할 수 없고 보유자가 자료 취득이나 개발을 위해 상당한 시간, 노력 및 비용을 들인 것으로 이를 통해 경쟁상 이익을 얻을 수 있는 정도의 '영업상 주요한 자

Ⅴ. 비밀관리성의 판단시점 및 증명책임

비밀관리성의 존재 여부에 대한 판단기준 시점은 영업비밀보호법 제10조에 따른 금지청구권에 관하여는 사실심 변론종결시이고, 같은 법 제11조에 따른 손해배상책임에 관하여는 영업비밀의 침해 시점이다.

영업비밀이 비밀로 관리되고 있음은 원칙적으로 영업비밀의 침해를 주장하는 자(영업비밀의 보유자)가 증명하여야 한다. 대법원도 "특허출원된 내용 이외의 어떠한 정보가 영업비밀로 관리되고 있으며 어떤 면에서 경제성을 갖고 있는지를 구체적으로 특정하여 주장·증명하여야 한다(대법원 2004. 9. 23. 선고 2002다60610 판결 참조)"고 판시하고 있다.

Ⅵ. 외국의 입법례와 실무

1. 미   국

미국은 영업비밀에 관하여 1939년 "Restatement (first) of Torts"에서 일반원칙을 규정하였고, 1979년 州간의 불균형을 시정하기 위해 통일주법위원회에서 모델법의 성격을 띤 통일영업비밀법(Uniform Trade Secrets Act, UTSA)을 제정하였다(1985년 개정).24) 통일영업비밀법은 영업비밀의 요건으로서 비밀성, 경제성 및 관리성 요건을 규정하며, 관리성 요건을 충족하기 위하여 회사는 주어진 상황에서 '합리적인 노력'으로 해당 정보를 관리하여야 한다고 하고 있다. 비밀관리성의 요건을 충족하기 위해 통상 크게 비밀표시, 접근통제, 비밀약정을 들 수 있는데, 미국 통일영업비밀법에서는 위 항목 중 비밀표시와 접근통제만을 예시하고 있고, 미국의 판례에서도 위 3가지 항목을 모두 만족하지 않더라도 영업비밀을 인정하고 있다고 한다.25)

산'에 해당할 것을 요한다"라고 하여 영업비밀에서의 비공지성의 요건을 충족하고 나아가 경제적 유용성의 요건을 더 강화하는 내용으로 설시하고 있다.

24) "영업비밀"은 공식, 패턴, 조합, 프로그램, 기기, 방법, 기술 또는 공정을 포함하는 정보로서 다음의 요건을 갖춘 것을 의미한다. (i) 일반적으로 알려지지 않고 그것의 공개 또는 사용으로부터 경제적 가치를 획득할 수 있는 자에 의하여 정상적인 수단으로 용이하게 접근할 수 없음으로 인하여 실제적인 또는 잠재적인 독립적인 경제적 가치를 가지는 것 (ii) 비밀성을 유지하기 위한 주어진 상황에서 합리적인 노력의 대상인 것(통일영업비밀법 제1조 제4항)

25) 정차호, 앞의 논문, 295면(미국의 영업비밀에 관한 판례를 조사한 바에 의하면, 비밀약정으로 관리성을 판단한 사례가 가장 많고 그 다음으로 접근통제가 검토되었고 비밀표시만으로 판단되는 사례는 상대적으로 적었다고 한다).

2. 일   본

일본의 영업비밀보호법은 제2조 제6항에서 영업비밀을 "비밀로서 관리되고 있는 생산방법, 판매방법 기타 사업활동에 유용한 기술상 또는 영업상의 정보로 공연히 알려져 있지 않은 것을 말한다"라고 정의하고 있다. 일본에서도 영업비밀의 요건을 갖추기 위해서는 비밀관리성, 경제적 유용성 및 비밀성을 갖추어야 한다고 규정하고 있는데, 비밀관리성의 요건과 관련하여 '상당한 노력' 또는 '합리적 노력'이라는 표현을 두고 있지 않은 점이 우리나라의 규정과 다르다. 다만 일본의 법원은 비밀관리성의 요건을 갖추기 위해 합리적인 노력을 요구하고 있는 것으로 생각된다. 일본의 판례 및 학설에서는 영업비밀성의 비밀관리성과 관련하여, (i) 정보의 성질, (ii) 보유형태, (iii) 정보를 보유하는 기업 등의 규모, (iv) 정보에 접근하여 이용하는 자와 보유자와의 관계 등을 종합적으로 고려하는 입장이다.

일본 동경지재 2013년(平成 25年) 6월 26일 판결에서는 "비밀로 관리되고 있다"라고 말할 수 있기 위해서는 해당 정보에 접근한 자에게 해당 정보가 영업비밀인 것으로 인식할 수 있는 조치가 마련되고 해당 정보에 접근할 사람이 한정되어 있는 등, 해당 정보에 접한 사람이, 이것이 비밀로서 관리하고 있음을 인식할 수 있는 정도로 비밀로 관리하고 있는 실체가 있는 것을 요한다고 판시하고 있다. 일본 판례는 영업비밀의 한 요소인 '비밀관리성'에 대하여 정보의 성질, 접근 가능자의 인적 범위, 침해태양 등의 상관관계를 종합적으로 고려하여 판단하는 것으로 보인다.26) 일본 경제산업성 영업비밀관리지침에는 '비밀관리성'과 관련하여 ① 정보에 접근할 수 있는 자를 특정하는 것, ② 정보에 접근한 자가 그것이 비밀이라고 인식하는 것의 2가지가 요건이 필요하다고 설명하고 있다.

---

26) "비밀로 관리되고 있는 것이란 해당 영업비밀에 대해 종업원 및 외부자로부터 인식 가능할 정도로 객관적으로 비밀로서 관리상태를 유지하는 것을 말하며, 구체적으로는 해당 정보에 접근할 수 있는 자가 제한되어 있을 것, 해당 정보에 접근한 자가 해당 정보가 영업비밀인 것을 객관적으로 인식하도록 하는 것 등이 필요하다고 해석하고, 요구되는 정보관리의 정도나 태양은 비밀로 관리되는 정보의 성질, 보유 형태, 기업 규모 등에 따라 결정할 수 있다"고 판시하고 있다[나고야 지방재판소 2008. 3. 13. 2005년(와) 제3846호].

Ⅶ. 비밀관리성에 관한 판례

1. 비밀관리성을 긍정한 사례

대법원 2014. 8. 20. 선고 2012도12828 판결

피고인이 2차례에 걸쳐 피해자 회사에 비밀유지서약서를 작성·제출하였고, 피해자 회사는 회사에 대한 출입 통제 등의 물리적 보안과 CCTV를 통한 영업비밀 유출행위 감시, 연구·개발 사항에 대한 접근 대상자의 통제, 회사 내 컴퓨터에 대한 해킹이나 자료유출 방지를 위한 백신프로그램 설치 등의 조치를 취하였으므로, 상당한 노력에 의하여 이 사건 소스프로그램을 비밀로 유지하여 왔다고 보아야 한다.

대법원 2012. 6. 28. 선고 2012도3317 판결

피해자 회사의 규모나 종업원 수(자본금 47억 원, 직원 67명 규모의 국내 1위 유산균 제조·수출업체, 국내 유산균 시장의 약 70%를 점유), 이 사건 정보들의 성격과 중요성(실험연구를 통하여 얻은 유산균별 코팅물질이나 배지의 배합비 등 기술적 요소와 설비의 최적화 등 설비적 요소 및 거래처별 이중코팅 유산균의 완제품 제제방법 등 영업적 요소에 관한 구체적인 수치나 내용과 같은 이중코팅의 최적화 조건에 관한 정보를 특허출원 내용에 포함시키지 않음) 등 피해자 회사가 처한 구체적인 상황 아래서 피해자 회사는 특허등록된 유산균 이중코팅기술과는 별개의 것으로서 특정·구별되는 이 사건 정보들에 대하여 비밀이라고 인식될 수 있는 표시를 하거나 고지를 하고(피고인 1이 피해자 회사를 퇴직할 때 비밀유지확인서를 작성, 직원들에게 피해자 회사의 유산균 제품 생산 및 영업에 관한 정보가 외부로 유출되지 않도록 보안교육 등을 실시), 그 정보에 접근할 수 있는 대상자나 접근 방법을 제한하고 그 정보에 접근한 자에게 비밀준수의무를 부과하는(비밀문서를 '대외비' 등으로 표시하였고, 외부로 유출되어서는 안 되는 자료들을 분류하여 잠금장치가 된 문서보관함에 보관하였으며, 2004년경 전산망에 방화벽을 설치하여 외부의 전산공격을 방어함) 등 피해자 회사 나름의 합리적인 노력을 기울임으로써 객관적으로 그 정보들이 비밀로 유지·관리되고 있다는 사실이 인식 가능한 상태에 있게 되었음을 알 수 있으므로, 이 사건 정보들은 피해자 회사의 상당한 노력에 의하여 비밀로 유지된 영업비밀에 해당한다고 할 것이다.

대법원 2011. 7. 28. 선고 2009도8265 판결

원심이 ① 공소외 주식회사가 2003년경부터 사내보안 규정을 마련하여 운영하는 한편 2008. 1.경부터 그 규정을 보다 세분화하여 별도의 전산보안 규정을 마련하여 운영하였고, 그 규정에 따라 보안책임자를 두고 일부 문서들에는 적색 도장으로 '대외비'라는 취지의 표시를 하기도 한 점, ② 그 뿐만 아니라 공소외 주식회사는 여러 경로를 통해 직원들에게 보안의 중요성을 강조하면서 입사 또는 퇴사하는 직원으로부터 비밀유지 관련 서약서 등을 제출받고 협력업체에게서도 비밀유지에 관한 서면을 제출받는 등 영업비밀이 외부로 유출되지 않도록 관리한 점, ③ 그리고 공소외 주식회사가 출입카드와 지문인식장치를 설치하여 직원 이외의 외부인들의 회사 출입을 통제하였고, 회사 곳곳에 보안에 관한 홍보물, 출입금지 및 사진촬영금지 표시 등을 부착해 놓기도 한 점, ④ 또한 공소외 주식회사는 회사 곳곳에 폐쇄회로텔레비전(CCTV)을 설치하고 2008. 1.경부터 컴퓨터 접속 및 자료 유출기록 등을 파악할 수 있는 컴퓨터프로그램을 설치하여 가동한 점 등을 이유로, 이 사건 정보가 영업비밀로 유지·관리되었다고 판단한 것은 정당하다.

서울중앙지방법원 2015. 11. 20. 선고 2014가합39652 판결[27]

원고의 운영매뉴얼에는 "가. 본 매뉴얼은 피해 회사의 자산이며, 00 − −점에서 대여한 것으로 무단 복제나 가맹점 외 유출금지 및 이와 관련된 책임을 지겠음을 약속합니다. 나. 가맹점운영을 중단하는 경우 본 매뉴얼을 피해 회사에게 반납해야 합니다"라고 기재되어 있고, 매뉴얼마다 매뉴얼 번호, 수령일 및 수령 가맹점명이 기재되어 있다. 또한 원고가 가맹점사업자들과 체결하는 가맹계약 제41조 제1항에는 "계약이 기간만료나 해지로 인하여 종료된 경우, 가맹 본부가 제공한 영업 관련 자료와 운영매뉴얼 등 영업비밀에 관련된 모든 자료는 가맹본부에게 반환하여야 한다"고 기재되어 있고, 가맹계약 제42조 제1항, 제2항에는 "가맹사업자는 계약 및 가맹점 운영상 알게 된 가맹본부의 영업비밀을 계약기간은 물론 계약 종료 후에도 제3자에게 누설해서는 아니된다. 가맹점사업자는 가맹본부의 허락 없이 교육과 세미나자료 기타 가맹점운영과 관련하여 가맹본부의 영업비밀이 담긴 관계서

---

27) 서울중앙지방법원 2015. 11. 20. 선고 2014가합39652 판결 및 서울중앙지방법원 2015. 10. 2. 선고 2014가합48335 판결은 개정된 영업비밀보호법상의 비밀관리성 요건인 '합리적인 노력에 의하여 비밀로 유지된' 요건이 적용된 사례로서 비밀관리성을 다소 완화하여 인정된 것으로 보인다.

류의 내용을 인쇄 또는 복사할 수 없다"고 규정되어 있다. 이러한 점들을 고려하면, 원고의 운영매뉴얼 중 주요 부분은 불특정 다수에게 공개된 것이라고 할 수 없고, 객관적으로 비밀로 유지·관리되고 있으며, 그러한 사실이 인식 가능한 상태에 있다고 할 것이다(비공지성, 비밀유지성 인정).

서울중앙지방법원 2015. 10. 2. 선고 2014가합48335 판결

원고 회사의 직원들은 아이디와 패스워드를 입력하여야만 원고 회사의 ERP 시스템에 접속하여 이 사건 고객정보를 열람할 수 있다. 그리고 원고 회사는 '정보 보안 규정집'을 작성하여 이 사건 고객정보 등에 대하여 원고 회사의 직원들을 상대로 정보 보안 교육을 실시하고 있으며, 직원들로 하여금 정기적으로 이 사건 고객정보 등의 이용에 관한 동의서를 작성케 하고 있다. 또한 원고 회사는 직원들과의 근로계약 시 또는 계약연장 시에 원고 회사에서 퇴사할 경우 1년간 이 사건 고객정보를 비롯한 원고 회사의 영업비밀에 관련된 업무에 종사하지 않을 경업금지의무를 부담시키고 있다. 따라서 이 사건 고객정보는 원고 회사의 상당한 노력에 의하여 비밀로 유지·관리되고 있고, 피고들도 그러한 점을 인식할 수 있었다 할 것이다(비밀유지성 인정).

서울고등법원 1997. 7. 15. 선고 97나4380 판결

서울고등법원은 모나미 사건에서, 원고회사가 ① 취업규칙 및 입사시 작성하는 서약서에 수비의무를 준수할 것을 규정하고, ② 연구소를 생산라인과 분리운영하고, ③ 연구원의 연구결과는 실장이 직접 소장에게 보고하고, 이를 대표이사에게 보고할 때에는 연구자료 데이터는 빼도록 하고, 대표이사라도 자료 데이터를 보려면 연구소를 직접 방문하여야 하고, ④ 연구결과를 기재한 서면을 캐비닛에 시정장치를 하여 보관하고, ⑤ 연구결과 적격품으로 판정된 제품의 재료 조성비율을 기재한 노트는 1부만 작성하여 연구소장의 책상에 시정장치하여 보관하고, ⑥ 연구소에 8명의 경비인력을 배치하고 창문에는 모두 창살을 부착하고, ⑦ 명문규정은 없으나 연구소 근무 직원 외의 직원은 연구소 출입을 제한하고, ⑧ 연구소 내에서도 연구결과에 대하여 다른 연구실과 자유토론할 수 없도록 하고, ⑨ 각자 연구결과를 담은 디스켓이나 서류를 일시 보관하고 있을 수는 있으나 전직시에는 이를 모두 회사에 반환하도록 하는 등의 사실을 들어 원고회사의 잉크 조성방법에 관한 정보가 영업비밀로서 관리되었음을 인정하였다.

2. 비밀관리성을 부정한 사례

대법원 2012. 6. 28. 선고 2011도3657 판결

피해 회사는 제조공정 도면, 설계도면 등에 대하여는 관리담당자의 임명, 열람·대출의 제한 및 절차 등에 관한 엄격한 관리규정에 따라 관리했지만, 도면 이외의 문서에 대하여는 일반적인 문서관리규정만을 두어 관리하였는데, 위 문서관리규정에는 비밀문서의 경우 비밀표시를 하도록 하고 있음에도 이 사건 각 보고서에는 비밀표시가 되어 있지 아니하였던 점, 이 사건 각 보고서는 피해 회사의 연구개발팀 및 기술개발팀 사무실 내의 잠금장치가 없는 유리책장이나 책꽂이에 보관되어 있었는데, 위 각 사무실에는 출입자를 제한하지 아니하여 다른 직원들과 화공약품이나 시험기구 상인들과 같은 외부인들까지 자유롭게 출입할 수 있었던 점 등을 고려할 때, 이 사건 각 보고서는 상당한 노력에 의하여 비밀로 유지되었다고 보기 어려우므로 영업비밀에 해당한다고 할 수 없다.

대법원 2011. 11. 10. 선고 2010다42570 판결

열간교정기 설계도면에 관하여, 설계도면에 비밀이라는 문구가 기재되어 있으나 그 이외에 원고가 설계도면에 접근할 수 있는 대상자나 접근 방법을 제한하거나 설계도면에 접근한 자에게 비밀준수의무를 부과하는 등 객관적으로 보아 설계도면이 비밀로 유지·관리되어 왔다는 점에 대한 입증이 없고, 오히려 원고를 비롯한 교정기 설계·제작업체가 교정기를 납품할 때 상대방에 대하여 비밀유지의무를 부과하지 아니하고 있음이 인정되고, 냉간교정기 기술자료 및 사양서에 관하여, 각 문서에 비밀이라고 인식될 수 있는 표시가 되어 있지 아니할 뿐만 아니라 원고가 피고 직원 등을 비롯하여 기술설명회에 참석한 사람들에게 각 문서가 비밀임을 고지하고 기술설명회 참석대상자 또는 각 문서에 접근할 수 있는 대상자나 접근 방법을 제한하거나 각 문서에 접근한 자에게 비밀준수의무를 부과하고 설명회가 끝나고 즉시 각 문서를 회수하는 등 객관적으로 보아 각 문서를 비밀로 유지·관리하고 있었음에 대한 주장·입증도 없어서 위 각 문서를 비밀로 유지·관리하지 아니하였음이 인정된다.

대법원 2010. 12. 23. 선고 2008다44542 판결

이 사건 고주파 수술기의 제조방법 등에 관한 문서들을 제공하면서 비밀유지의무를 부과하지 아니한 점, 이 사건 고주파 수술기는 국내 등에서 널리 판매되었고 이 사건 고주파 수술기의 부품의 구성 및 부품 소자의 규격 값은 부품에 기재된 수치를 판독하는 방법 등에 의하여 용이하게 파악할 수 있을 뿐만 아니라 원고 회사 역시 이를 암호화하는 등의 방법으로 비밀유지를 위하여 어떤 조치를 취하였다고 할 수 없는 점 등에 비추어 보면, 원고 회사가 이 사건 고주파 수술기의 제조방법을 영업비밀로 유지하기 위한 상당한 노력을 하였다고 볼 수는 없고, 설령 원고 회사가 취업규칙에서 그 직원들에게 일반적인 비밀유지의무와 문서 배포금지의무를 부과한 바 있다 하더라도 그와 같은 사정만으로 달리 볼 수 없으므로, 이 사건 고주파 수술기의 제조방법이 영업비밀로 관리되고 있다고 할 수 없다.

대법원 2009. 9. 10. 선고 2008도3436 판결

피해회사가 피고인의 퇴직 전날 피고인으로부터 회사기밀유지각서를 제출받은 사실을 알 수 있으나, 다른 한편, 이 사건 자료는 피해회사의 직원인 공소외인이 사용하는 컴퓨터에 저장되어 있었는데, 위 컴퓨터는 비밀번호도 설정되어 있지 않고 별도의 잠금장치도 없어 누구든지 위 컴퓨터를 켜고 이 사건 자료를 열람하거나 복사할 수 있었던 사실, 위 컴퓨터와 네트워크를 통해 연결된 피해회사 내의 다른 컴퓨터를 통해서도 별도의 비밀번호나 아이디를 입력할 필요 없이 누구든지 쉽게 공소외인의 컴퓨터에 접속하여 이 사건 자료를 열람·복사할 수 있었던 사실, 공소외인은 이 사건 자료를 정기적으로 CD에 백업하여 사무실 내 서랍에 보관해 두었는데, 공소외인이 그 서랍을 잠그지 않고 항상 열어두었기 때문에 누구든지 마음만 먹으면 그 백업CD를 이용할 수 있었던 사실들에 비추어 보면, 피해회사가 피고인으로부터 일반적인 회사기밀유지각서를 제출받은 사실만으로는, 피해회사가 소규모 회사라는 점을 고려하더라도, 이 사건 자료가 상당한 노력에 의하여 비밀로 유지되었다고 보기는 어렵다.

대법원 2010. 7. 15. 선고 2008도9066 판결

원심이 피고인들이 공소외 주식회사에 입사할 때 영업비밀을 공개하거나 누설하지 않겠다는 내용의 서약서를 작성하였고, 피고인 1의 경우 퇴사할 때 기업비밀

보호 서약서를 작성하기는 하였으나, 공소외 주식회사가 프로그램파일의 비밀을 유
지함에 필요한 별다른 보안장치나 보안관리규정을 두고 있지 않았고 중요도에 따
라 프로그램파일을 분류하거나 대외비 또는 기밀자료라는 특별한 표시를 하지도
않았던 점, 연구원들은 회사의 파일서버에 자유롭게 접근할 수 있어서 파일서버 내
에 저장된 정보를 별다른 제한 없이 열람·복사할 수 있었고 복사된 저장매체도 언
제든지 반출할 수 있었던 점 등에 비추어, 이 사건 각 프로그램파일은 상당한 노력
에 의하여 비밀로 유지되었다고 보기 어려우므로 영업비밀에 해당하지 않는다고
판단한 것은 정당하다.

서울중앙지방법원 2015. 12. 23. 선고 2014가합514641 판결

아래와 같은 사정에 비추어 보면 이 사건 정보가 '합리적인 노력에 의하여 비
밀로 유지되었다'고 보기 부족하여 비밀유지성을 갖추었다고 할 수 없다.

① 원고가, 이 사건 정보가 영업비밀임을 알 수 있도록 대외비 또는 기밀자료
라는 특별한 표시를 하는 등으로 영업비밀이라는 것을 명확히 하였다고 볼 증거가
없고, ② 원고의 이 사건 정보는 2층 사무실 내 메인 PC에 저장되어 있고, 2층 사
무실에 세콤(SECOM)이라는 보안경비장치가 설치되어 있으나 2층 사무실은 출입이
제한된 공간이 아니라 원고 직원들이 일상적으로 근무하였던 곳이고, 메인 PC에
접근하기 위해 인증절차가 따로 필요 없었으며, 2층 사무실 모든 PC 및 1층 제품시
험소에 설치된 PC에서도 메인 PC에 접속하는 것이 가능하였고, 각 PC에는 비밀번
호 등 보안설정이 되어 있지 않아, 원고에 근무하는 직원이면 누구나 메인 PC에 접
속하여 위 자료들에 대한 접근이 가능하였으며, ③ 원고는 직원 채용 및 연봉 협상
시 직원들로부터 "회사의 사규를 성실히 준수하고, 재직 중에는 물론 퇴직 후라도
회사의 업무상 기밀은 타인에게 누설하지 않는다"는 내용이 기재된 서약서를 받은
사실은 인정되나, 위 서약서는 이 사건 정보를 특정해서 구체적으로 직원들에게 비
밀 준수를 약속받았다기 보다는, 원고의 기밀을 유출하지 않겠다는 포괄적인 내용
을 정한 것에 불과한 것으로 보인다.

서울중앙지방법원 2010. 6. 16. 선고 2009가합41286 판결

보안관리규정을 제정하여 직원들에게 보안 및 비밀유지를 위한 교육을 주기적
으로 실시하였고, 소속 직원들로부터 서약서를 제출받은 사실, USB 사용제한 등의

외부저장장치 제한 정책, 영업비밀의 분류 관리를 위한 개발이력 관리시스템과 문서보안시스템(DRM)을 적용하고 있으며, 프린터 출력물에 대한 제어시스템과 노트북을 외부로 반출할 경우 엄격하게 사전 승인을 요구하고 있고, 영업기밀 문서(하드카피)는 문서보관실 캐비닛에 보관 후 시정장치를 통해 개폐하고 있는 사실, 외부 용역업체에 보안관리경비를 맡긴 사실이 인정된다. 그러나 구체적으로 이 사건 영업자료가 비밀로 분류되어 있었다거나 이 사건 영업자료에 그와 같은 표시가 되었다고 볼 만한 자료가 없는 점, 이 사건 영업자료에 관하여 어떻게 분류 및 관리하였는지를 밝히지 못하고 있는 점, 서약서상의 기밀유지조항은 원고가 그 직원들에게 일반적이고 추상적인 기밀유지의무를 부과한 것에 불과한 점에 비추어 이 사건 영업자료를 상당한 노력에 의해 비밀로서 관리하였다고 보기 어렵다.

대법원 2008. 7. 10. 선고 2008도3435 판결

피고인들 중 일부가 피해 회사에 입사할 때 '업무상 기밀사항 및 기타 중요한 사항은 재직 중은 물론, 퇴사 후에도 누설하지 않는다'는 내용의 일반적인 영업비밀준수 서약서를 작성한 사실은 있으나, 피해 회사에서 업무와 관련하여 작성한 파일에 관하여 보관책임자가 지정되어 있거나 별다른 보안장치 또는 보안관리규정이 없었고, 업무파일에 관하여 중요도에 따라 분류를 하거나 대외비 또는 기밀자료라는 특별한 표시를 하지도 않았으며, 연구원뿐만 아니라 생산직 사원들도 자유롭게 접근할 수 있어 파일서버 내에 저장된 정보를 열람·복사할 수 있었고, 방화벽이 설치되지 않아 개개인의 컴퓨터에서도 내부 네트워크망을 통한 접근할 수 있는 등 이 사건 파일들이 상당한 노력에 의하여 비밀로 유지되었다고 보기 어렵다.

3. 판례의 검토

우리나라 판례들에서 비밀관리성을 갖추었는지 여부를 판단하기 위해 고려하고 있는 요소들을 정리하면, 아래와 같다. 즉, 보안관리 규정의 존재, 보안(보관)책임자 지정, 보안서약서(비밀준수서약서) 징구(입사 또는 퇴사시 일반적으로 징구하는 서약서로는 부족하고, 특정 영업비밀에 관한 비밀준수약정이어야 함), NDA의 체결 여부 확인(거래처 및 협력업체용), 정기적인 보안교육의 실시(구체적인 시기, 횟수, 내용 등), 보안장치(물리적인 의미의 시건장치, 보안요원, 방문 및 열람 대장 작성, 출입카드 발급 및 반납 관리, CCTV의 설치 여부 등), 비밀의 분류 및 표시(대외비, 보안등급 등을 표시), 비밀로 분류된 자료의 보관장소 및 상태, 비밀정보에 대한 접근 및 관리의 제한조치(직급 및 직책에 따른 접근 권한 세분화), 방화벽 설치(전자파일 형태의 전자적 의미의 방화벽, 인증 등) 등의 사정을 종합적으로 고려하여 비밀관리성 인정 여부를 판단하고 있다.

또한 보안관리는 형식적인 것이 아닌 실질적인 것이어야 한다. 즉, 사내 규정을 제정하고 도면에 비밀표시를 하였다고 하더라도, 실제 운영에 있어서 이러한 규정들이 준수되지 않고 직원들이 자유롭게 정보에 접근할 수 있었다면 비밀관리성은 부정될 수 있다. 나아가 보안관리는 일반적인 것이 아닌 구체적인 것이어야 한다. 즉, 일반적으로 보안규정을 제정하고, 보안서약서 징구, 보안교육, 보안시스템 구축, 시정장치 등의 접근제한과 같은 조치를 취하여 보안관리가 되었다고 하더라도 구체적으로 해당 사건에서 문제가 된 영업비밀에 관하여는 비밀분류 내지 표시가 되지 않았거나, 비밀준수의무를 부과하지 않았다면 비밀관리성 요건이 부정될 가능성도 있다.

제 2 장

주요국의 영업비밀보호법

제1절 일   본

정태호(원광대학교 법학전문대학원 교수)

Ⅰ. 총   설

　　일본에서의 영업비밀보호는 우리나라와 비슷하게 "부정경쟁방지법"으로 보호
가 이루어지고 있다. 따라서 일본의 부정경쟁방지법상 영업비밀의 성립요건이라든
가 영업비밀의 부정경쟁행위에 관한 내용은 우리나라의 "부정경쟁방지 및 영업비
밀보호에 관한 법률(이하, 우리나라의 해당 법의 명칭도 편의상 "부정경쟁방지법"이라
함)"에서의 영업비밀의 성립요건이라든가 영업비밀 침해행위에 관한 내용과 표현상
의 문구만 약간의 차이가 있을 뿐 실질적으로는 거의 동일하다고 할 수 있다.

　　그런데 우리나라의 부정경쟁방지법은 영업비밀보호에 관한 법규정에서 영업비
밀을 "부정경쟁행위"와 구별하여 "영업비밀 침해행위"라는 별도의 정의 규정으로
두고 있으나, 일본의 부정경쟁방지법에서는 영업비밀의 보호에 있어서도 "영업비밀
에 관한 부정경쟁행위"를 부정경쟁방지법상 "부정경쟁행위"의 일종으로 두고 다른
부정경쟁행위와 함께 규정함으로써 "부정경쟁행위"와 "영업비밀 침해행위"를 독립
한 별도의 규정으로 두지 않고, 모두 "부정경쟁행위"의 일종으로서 규정하고 있다
는 점에서 양자 간의 차이가 있다.

　　일본 부정경쟁방지법 제2조 제1항에서는 제1호부터 제15호까지 부정경쟁행위
의 유형을 규정하고 있는데, 그 중에 동조 동항 제4호부터 제9호까지와 2015년 개
정법에서 신설된 영업비밀 침해품의 유통 규제에 관한 제10호에서 영업비밀에 관
한 부정경쟁행위를[1] 규정하고 있고, 동조 제6항에서는 영업비밀의 정의를 규정하
고 있다. 이것은 1990년 개정 부정경쟁방지법에서 영업비밀을 보호하기 위해 일정

---

1) 일본의 문헌들에서는 부정경쟁방지법 제2조 제1항 각호를 모두 부정경쟁행위로서 언급하고,
　 그 중 영업비밀에 관련된 규정들은 "영업비밀에 관한 부정경쟁행위" 또는 "영업비밀에 관한
　 부정행위"라고 특별히 구분해서 부르고 있기도 하다.

요건의 영업비밀에 관한 부정경쟁행위가 부정경쟁방지법상의 부정경쟁행위라는 것을 법규정으로 명시한 것에서 유래한다.[2]

이에 대해서는 1990년 개정법보다 훨씬 이전인 1934년에 이미 부정경쟁방지법을 제정하였으나,[3] 해당 제정법에서 영업비밀에 대한 보호 규정은 제외되어 있어 기존의 민법, 형법, 상법 등의 일반법에 의하여 보호하다가 1990년 개정 부정경쟁방지법부터 비로소 부정경쟁방지법에 영업비밀에 관한 정의규정과 영업비밀에 관한 부정경쟁행위 등의 규정을 마련하게 된 것이다.[4]

앞서 언급한 바와 같이, 일본의 부정경쟁방지법 제2조 제1항 제4호부터 제10호는 영업비밀에 관한 부정경쟁행위의 유형을 규정하고 있는데, 우선 제4호부터 제9호까지는 크게 2가지로 (1) 영업비밀의 부정취득행위(제4호, 제5호, 제6호)와 (2) 영업비밀의 부정개시(開示)행위(제7호, 제8호, 제9호)로 구분하고, 좀 더 구체적으로는 영업비밀의 부정취득행위를 ① 부정취득비밀의 '취득, 사용, 개시(開示)'(제4호), ② 부정취득행위가 개입된 것임을 알고 한 '취득, 사용, 개시(開示)'(제5호), ③ 사후 악의자(事後 惡意者)의 '사용, 개시(開示)'(제6호)로 유형화하는 한편, 영업비밀의 부정개시(開示)행위는 ① 부정개시비밀의 '취득, 사용, 개시(開示)'(제7호), ② 부정개시행위가 개입된 것임을 알고 한 '취득, 사용, 개시(開示)'(제8호), ③ 사후 악의자

---

2) 小野昌延 編著,「新·注解 不正競爭防止法(初版)」, 株式會社 靑林書院, 2000, 344頁.

3) 1911년의 부정경쟁방지법의 초안의 내용에서는 영업비밀의 범위로서 모형, 견본, 제조법, 그 외 기술상의 비밀(제8조), 영업상의 비밀(제9조) 및 공중의 질서 및 선량한 풍속을 위반하는 행위(제10조)에 따라 지득한 영업상 또는 기술상의 비밀을 규정하였으며, 침해에 대한 구제로서는 이유 없이 영업비밀을 누설 또는 이용한 경우에 피해자가 이를 원인으로 하여 발생한 손해의 배상을 청구할 수 있거나, 영업비밀의 침해자를 5년 이하의 징역 또는 8천엔 이하의 벌금에 처하도록 규정하였으나, 해당 부정경쟁방지법의 내용은 초안만 구성되었을 뿐, 제정까지 이르지는 못하였다. 그러다가 1934년에 일본은 파리조약에 가입하기 위해 부정경쟁방지법을 제정하게 되었는데, 제정 당시부터 영업비밀의 누설 등을 부정경쟁방지법상의 부정경쟁행위로 해야 한다는 지적이 있었으나, 법령의 범위가 1911년의 초안보다 축소되어 결국 영업비밀에 관한 규정은 1934년 제정 부정경쟁방지법에서 제외되었다(이유리나·곽충목, "일본 영업비밀보호법의 주요 개정내용 및 시사점", ISSUE & FOCUS on IP(제2015-44호), 한국지식재산연구원, 2015.10.30, 27면).

4) 이유리나·곽충목, 위의 글, 27면; 1990년 개정 부정경쟁방지법 이전에 일본의 영업비밀은 그 침해 태양에 따라 불법행위나 계약의무 위반에 대한 민사적·형사적 책임을 묻는 방식으로 보호받았는데, 이 때에 영업비밀을 대상으로 한 민사적 구제는 손해배상이라는 간접적 보호에 머물렀고, 손해배상청구 시에 증명상의 어려움으로 민사적 구제는 실제 거의 기대하기 힘든 상황이었다. 게다가 2003년 개정 부정경쟁방지법상으로 형사적 보호에 관한 규정이 도입되기 이전까지는 형사적 구제 역시 기업이 보유하는 영업비밀을 침해하는 행위에 대하여 형법의 재산범 규정을 넓게 해석하는 것으로 일정 범위에서 대응할 수 있을 뿐이었다(윤선희·김지영,「영업비밀보호법」, 법문사, 2012, 37면).

(事後 惡意者)의 '사용, 개시(開示)'(제9호)의 순으로 유형화하여 규정하고 있다.5) 여기서 '사용' 행위는 경쟁자가 획득한 성과를 모용(冒用)하는 것으로, '개시(開示)' 행위는 타인의 성과에 관한 경쟁을 방해하는 것으로서 각각 부정경쟁성이 인정된다.6)

이와는 별도로 2015년 개정 부정경쟁방지법을 통해 신설된 제10호는 앞의 제4호부터 제9호까지에 게재된 행위(영업비밀 중 기술상의 정보인 기술상의 비밀을 사용하는 행위에 한함)에 의해 발생된 물건을 양도하거나, 인도하거나, 양도 또는 인도를 위한 전시를 하거나, 수출하거나, 수입하거나 또는 전기통신회선을 통하여 제공하는 행위를 부정경쟁행위의 하나로서 규정하고 있다.

Ⅱ. 일본 부정경쟁방지법상 영업비밀의 보호에 관한 개정 연혁과 주요 내용

1. 1990년 개정 부정경쟁방지법의 주요 내용

영업비밀의 정의 및 영업비밀의 부정 취득·사용·개시행위가 부정경쟁방지법상 부정경쟁의 유형으로 추가될 수 있었던 것은 1990년(平成2年) 6월 29일 개정 부정경쟁방지법에서7) 이루어졌다. 1990년 개정 부정경쟁방지법에서는 당시 진행 중이었던 WTO/TRIPs 협상에 대응하기 위해 영업비밀에 관한 부정경쟁행위의 규정 등을 도입하게 되었다.8)

이와 같은 개정의 배경에는 당시 일본에서 급속하게 늘어난 사업 활동의 전개에 따른 기업의 경쟁 우위성을 보호하기 위해 영업비밀의 중요성이 높아져 왔던 한편, 그 사업 활동에서 이루어진 노력에 의해 획득한 정보가 다른 회사에 의해 부정하게 취득·사용·개시되어 버린 것에 대하여 종전의 불법행위(일본민법 제709조)에 따른 손해배상청구권만으로는 보호가 불충분하다는 인식 때문에, 일본 국내에 있어서의 이러한 영업비밀의 보호에 대한 요청이 높아져 왔던 시대적 상황이 있다.9)

따라서 1990년 개정 부정경쟁방지법에서는 영업비밀에 관한 부정경쟁행위의 여러 유형을 망라해서 대상으로 하는 것이 개정의 방침으로 되었으나, 민사적인 보

---

5) 小野昌延 編著, 前揭書, 345頁.
6) 渋谷達紀, 「知的財産法講義Ⅲ (第2版)」, 有斐閣, 2008, 125頁.
7) 해당 법은 1991년(平成3年) 6월 15일 시행됨. 따라서 일본의 일부 문헌들에서는 시행연도를 기준으로 하여 1991년 개정 부정경쟁방지법이라는 표현을 사용하기도 한다. 그러나 이하에서는 다수적인 표기법인 공포연도를 기준으로 하여 모든 개정법의 연도를 표기하도록 하겠다.
8) 윤선희·김지영, 앞의 책, 37면.
9) 茶園成樹, 「不正競爭防止法」, 有斐閣, 2015, 63頁.

호로만 한정되었다.10) 즉, 1990년 개정 부정경쟁방지법에서 형사벌은 도입되지 않았고, 대신에 형법상의 절도죄, 업무상 횡령죄, 배임죄 등이 그대로 적용되었다.11)

우선 1990년 개정 부정경쟁방지법에서는 영업비밀의 정의가 정해지고 이것에 관계된 부정경쟁행위가 부정취득행위 및 부정개시행위와 같은 유형별로 정의되었으며, 부정경쟁방지법상 이러한 행위들에 대한 손해배상청구뿐만 아니라 금지청구가 가능하게 됨과 아울러, 영업비밀에 관한 부정경쟁행위의 성격 등을 감안하여 폐기·제거 청구권에 관한 명문의 규정이 신설되었다.12) 그리고 이와 아울러 영업비밀에 관한 금지청구권, 손해배상책임, 신용회복조치, 금지청구권에 관한 소멸시효 등도 해당 개정법에서 규정되었다.13)

2. 1993년 개정 부정경쟁방지법의 주요 내용

1993년 개정 부정경쟁방지법은 전면 개정으로 이루어지게 되었는데, 조문번호를 바꾸는 등 약간의 형식적인 수정이 추가되었을 뿐, 내용상으로는 실질적으로 1990년 개정 부정경쟁방지법의 내용을 그대로 유지하였다.14) 즉, 1993년 개정 부정경쟁방지법에 의해서 1990년 개정 부정경쟁방지법의 문언을 현대어로 바꾸어 기술하는 등의 작업이 이루어지고 현행 일본의 부정경쟁방지법상의 조문번호와 같은 형태가 이루어지게 되었다.15)

3. 2003년 개정 부정경쟁방지법의 주요 내용

2003년 개정 부정경쟁방지법은 물건이 아닌 재산적 정보에 대해 절도죄, 업무상 횡령죄 등의 형법상의 규정을 적용하는 데 한계에 도달하는 등 영업비밀의 형사처벌에 의한 보호의 필요성이 대두되었던 점 뿐만이 아니라,16) 국가적인 지식재산 전략 강화정책의 추진이라는 대명제하에서 영업비밀에 관한 형사적 보호를 도입하기에 이르렀다.17)

---

10) 小野昌延 編著, 前揭書, 344면; 이유리나·곽충목, 앞의 글, 27頁.
11) 윤선희·김지영, 앞의 책, 37면.
12) 小野昌延 編著, 「新·注解 不正競爭防止法(第3版)(上卷)」, 株式會社 靑林書院, 2012, 527頁.
13) 이유리나·곽충목, 앞의 글, 27면.
14) 千野直邦, 「營業秘密保護法」, (株)中央經濟社, 2007, 131頁.
15) 茶園成樹, 前揭書, 64頁.
16) 이유리나·곽충목, 앞의 글, 28면.
17) 해당 개정법에서는 종전에 영업비밀이 유체물(有體物)에 화체된 경우에는 그 부정취득 등이

즉, 타인의 영업비밀을 부정하게 취득, 사용 또는 개시한 자에 대한 처벌규정
이 신설되었고, 이러한 죄는 친고죄로 규정되었다. 이것은 비친고죄로 되는 경우,
피해자가 바라지 않더라도 검찰이 기소한다면 공판수속이 개시되어 형사적인 보호
를 도모하고 있는 영업비밀이 형사소송절차의 과정에서 피해자의 의도에 반하여
개시되어 버릴 가능성이 생기지 않도록 하기 위함이었다.[18]

이와 아울러 2003년 개정 부정경쟁방지법에서는 민사적 구제조치도 강화하였
는데, 부정경쟁행위에 의한 영업상의 이익침해에 의해서 생겨난 손해액 및 그 침해
행위 자체의 증명을 용이하게 하기 위해 일실이익의 증명 용이화 규정의 도입 및
서류제출명령에 관한 규정의 확충 등을 도입하였다. 즉, 해당 개정법에서는 구체적
으로 일실이익의 증명 용이화, 사용허락료 상당액의 인정, 구체적 태양의 명시의무,
서류제출명령 및 동 명령에 대한 비공개심리 절차의 도입, 손해액 계산을 위한 감
정, 상당한 손해액의 인정 등이 도입되었고, 이와 아울러 인터넷 상거래 사회에 대
응하여 '물건(物)'에는 프로그램을 포함하는 것으로 하였다.[19]

4. 2004년 개정 부정경쟁방지법의 주요 내용

2004년 개정 부정경쟁방지법에서는 특허권 등의 침해 또는 부정경쟁에 따른
영업상의 이익의 침해와 관계된 소송에서 영업비밀이 문제로 될 경우에 그 내용이
심리로 나타나는 각 소송의 단계에서 당사자의 소송활동은 영업비밀에 관련된 것
에 의한 제약을 받고, 적정한 재판의 실현이 될 수 없을 우려가 있으므로, 지적재산
권의 침해에 관계된 소송의 심리에 있어서의 영업비밀의 보호를 위해 영업비밀유
지명령제도를 도입하고,[20] 비공개심리 절차를 정비하였으며,[21] 당사자 심문 등의

절도죄 및 횡령죄 등의 대상으로 되고 있는 한편, 영업비밀이 유체물에 화체되어 있지 않은 경
우에는 직접적으로는 형사적 보호가 이루어질 수 없었는데, 2003년 개정 부정경쟁방지법에서
는 영업비밀이라고 하는 정보(무체물) 자체를 재산적 가치가 있는 것으로서 부정경쟁방지법의
형사적 보호의 대상으로 하였다(千野直邦, 前揭書, 222頁).

18) 千野直邦, 前揭書, 221頁.

19) 千野直邦, 前揭書, 222頁.

20) 법원은 당사자에 대하여 준비서면 또는 증거에 포함된 영업비밀을 소송의 수행 이외의 목적
으로 사용하거나 개시하여서는 안 된다는 취지의 명령을 할 수 있다는 규정이 신설되었고, 비
밀유지명령을 위반한 자는 3년 이하의 징역 또는 3백만엔 이하의 벌금의 벌칙을 부과하는 규
정이 도입되었다. 그리고 영업비밀유지명령의 위반에 관해서만 법인의 양벌규정(1억엔 이하의
벌금 부과)이 도입되었다.

21) 이와 관련하여 한편으로 법원은 서류제출명령의 심리에서 서류의 제출을 거부할 정당한 이
유가 있는지 여부에 대해서 의견을 청취하는 것이 필요하다고 인정될 때에 당사자에 대하여

공개정지제도를22) 도입하였다.23)

5. 2005년 개정 부정경쟁방지법의 주요 내용

앞서 살펴본 2003년 개정 부정경쟁방지법에서는 영업비밀에 관한 부정경쟁행위에 대하여 형사벌의 규정을 도입하였는데, 2003년 개정 부정경쟁방지법의 형사벌의 규정은 영업비밀을 국외에서 부정하게 사용·개시한 경우의 처벌규정이 아니므로 형법의 속지주의의 원칙에 따라서 주변의 동아시아의 여러 국가의 급속한 기술적 발전과 형사벌의 틈새를 보여주는 수법의 증가에 제대로 대응할 수 없었던 점, 원래의 임원이나 종업원 등의 퇴직자가 재직 중에 알 수 있었던 영업비밀을 퇴직 후에 부정하게 사용·개시한 경우는 영업비밀 기록매체의 횡령 또는 복제가 따르지 않는 한 처벌되지 않았던 점, 그리고 영업비밀을 침해하는 죄에 법인의 처벌규정이 존재하고 있지 않은 점 등이 영업비밀의 형사적 보호에 관하여 문제로서 제기되고 있었다.24)

이에 따라 2005년 개정 부정경쟁방지법에서는 영업비밀에 관한 형사벌의 강화를 도모하였는데, 이상과 같은 기존의 법상의 문제제기를 반영하여 퇴직자에 의한 영업비밀의 부정사용·개시행위에 대한 벌칙을 신설하고 법인처벌 규정을 강화하였으며, 해외에서 영업비밀을 사용·개시하는 행위를 새롭게 벌칙의 대상으로 하였다.25)

즉, 2005년 개정 부정경쟁방지법의 개정 내용을 정리하자면, 첫째, 국외범(國外犯)에 대한 처벌 규정의 도입,26) 둘째, 퇴직자에 대한 형사벌의 도입,27) 셋째, 영업

해당 서류를 개시할 수 있다는 취지의 규정이 도입되었다.
22) 특허권자 등의 침해소송에서 침해의 유무에 관계된 판단의 기초적 사항 중 영업비밀에 해당하는 것에 대해서는 당사자 등이 당사자 본인 또는 증인 등으로서 심문을 받을 경우에 헌법이 인정하는 범위내에서 공개정지의 요건·절차를 명확하게 규정하였다.
23) 千野直邦, 前揭書, 223頁.
24) 千野直邦, 前揭書, 224頁.
25) 윤선희·김지영, 앞의 책, 39면.
26) 즉, 일본 국내에서 관리되고 있었던 영업비밀 및 일본의 법원에서 비밀유지명령의 대상이 되었던 영업비밀을 일본 국외에서 부정하게 사용·개시하는 행위로서, ① 일본 국내에서 관리되고 있는 영업비밀을 사기 등의 행위 및 관리 침해행위로 취득하고 일본 국외에서 사용·개시하는 행위, ② 보유자로부터 보여진 일본 국내에서 관리되고 있는 영업비밀을 일본 국외에서 사용·개시하는 행위, ③ 영업비밀에 관한 법원의 비밀유지명령을 일본 국외에서 위반하는 행위 등에 대하여 처벌 규정을 도입한 것이다.
27) 즉, 영업비밀을 보유자로부터 본 원래의 임원 및 종업원이 부정경쟁의 목적으로 영업비밀을 퇴직 후에 사용, 개시하는 행위를 처벌하는 규정을 도입한 것이다.

비밀의 '2차 취득자'에 대한 형사벌의 도입,28) 넷째, 법인에 대한 형사벌의 도입29)
으로 정리하여 볼 수 있다.30)

6. 2006년 개정 부정경쟁방지법의 주요 내용

2006년 개정 부정경쟁방지법에서는 영업비밀의 침해에 따른 피해가 증가되었
고 손해액도 고액화 되는 경향에 대응하는 등 실제적으로 이에 관하여 효과가 있는
보호를 실현하기 위해서, 민사적 구제에 따른 해결만이 아니라 침해를 사전에 억제
하는 관점에서의 형사적 제재를 강화하는 것으로 개정되었다.31)

즉, 부정경쟁방지법에서의 영업비밀 침해죄에 관한 징역형의 상한을 10년, 벌
금형의 상한을 1000만엔으로 올림과 동시에 법인에 대한 벌금형에 대해서도 3억엔
이하의 벌금으로 그 금액을 인상하였다.

7. 2009년 개정 부정경쟁방지법의 주요 내용

2009년 개정 부정경쟁방지법에서는 영업비밀 침해에 대한 형사처벌 적용의 요
건을 개정하고 그 규제범위를 확대하였는데, 구체적으로는 우선 영업비밀 침해죄의
목적 요건의 변경과 관련하여 종전의 '부정경쟁의 목적'이라는 목적 요건을 '부정한
이익을 얻을 목적으로 또는 그 보유자에게 손해를 가할 목적'으로 변경하였다.32)

그리고 사기 등의 행위 또는 관리 침해행위에 의한 영업비밀의 부정한 취득을
그 방법에 상관없이 형사벌의 대상으로 하고, 부정취득 후 부정한 사용·개시에 대
해서도 형사벌의 대상으로 함으로써 영업비밀의 침해행위의 처벌범위에 관하여 취
득방법에 대한 제한을 완화하여 처벌범위를 확대하였다.33)

한편, 영업비밀의 관리자가 영업비밀 관리에 관한 임무에 배신하여 일정한 방

---

28) 예를 들면, 여기서 2차 취득자는 부하에게 명령하여 다른 회사의 영업비밀을 취득하게 하거
 나 전직자에게 비밀을 가져오게 하여 제품개발을 행한 자 등이라고 볼 수 있다.
29) 법인에 형사벌이 부과되는 것은 ① 종업원이 다른 회사의 영업비밀을 사기 및 부정한 접촉
 등에 의해 취득·사용하는 경우, ② 이상과 같은 행위를 행한 종업원 및 전직자로부터 별개의
 임원·종업원이 영업비밀을 취득하고 사용하는 경우 등이다(법인의 벌금형은 1억 5천만엔 이
 하로 함).
30) 千野直邦, 前揭書, 224－226頁.
31) 千野直邦, 前揭書, 226頁.
32) 개정 전 목적은 '부정경쟁의 목적'으로 규정하고 있어서 보유자와 경업관계에 있지 않은 외
 국 정부 등에 대해 영업비밀을 공개하는 행위의 경우 처벌의 대상으로 하지 않았다는 문제가
 제기되었다(이유리나·곽충목, 앞의 글, 28면).
33) 小野昌延 編著, 앞의 新·注解 不正競爭防止法(第3版)(上卷), 528頁.

법으로 영업비밀을 취득하는 행위를 새롭게 형사벌의 대상으로 하였다.[34]

8. 2011년 개정 부정경쟁방지법의 주요 내용

2011년 개정 부정경쟁방지법에서는 앞서 살펴본 2009년 개정 부정경쟁방지법에서 확대한 형사벌이 실효성을 가지도록 형사소송에서 피해자 또는 피고인의 신청에 의하여 법원이 각각의 영업비밀 부분을 공개하지 않도록 하는 결정을 할 수 있고, 이러한 비공개 결정에 관해서는 기소장 또는 증거서류의 낭독 및 심문에 대해서도 이것을 공개하지 않는 제한을 행할 수 있으며, 이와 아울러 증인심문을 공판기일 외에서도 할 수 있는 등, 형사재판소송 절차의 특례를 신설하였다.[35]

9. 2015년 개정 부정경쟁방지법의 주요 내용

최근의 2015년 개정 부정경쟁방지법(2015년 7월 10일 공포, 법률 제54호)에서는 많은 규정들이 추가적으로 신설되면서 중요한 개정들이 대거 이루어졌는데, 그 이전의 개정에 비해 영업비밀 침해에 따른 피해자를 더욱 강하게 보호하기 위한 취지를 분명하게 보이고 있어 구체적으로 이에 관한 주요 개정 내용들을 살펴볼 필요가 있다.

첫째로, 영업비밀에 관한 부정경쟁행위에 따른 벌금형의 한도를 인상하였는데, 제21조 제1항의 개정을 통해 개인에 대한 벌금형의 상한을 종전의 1,000만엔에서 2,000만엔으로 인상하고, 제22조 제1항에서 법인에 대한 벌금형의 상한을 기존에 3억엔으로 단일화하고 있었던 것을 3억엔, 5억엔, 10억엔 등과 같이 위반한 형벌법규마다 각각 다르게 설정하였다.

우선 개인에 대한 벌금형의 상한과 관련하여 특허와 같은 지적재산권과는 달리 영업비밀은 누설에 의해서 피해의 회복이 매우 어려우므로, 그것을 방지하는 것은 중요한 과제라고 볼 수 있는데, 최근에 일본 국내외에서 발생한 영업비밀의 부정취득사례에서 부정취득자가 수억엔의 대가를 받고, 피해기업은 1000억엔 규모의 손해배상을 청구하고 있는 점 등을 감안하여 이에 관한 벌금형도 인상한 것이다.[36]

그리고 법인에 대한 벌금형의 상한에 관하여 개정 전에는 사용자가 법인인지

---

34) 윤선희·김지영, 앞의 책, 39면.
35) 小野昌延 編著, 앞의 新·注解 不正競爭防止法(第3版)(上卷), 528頁.
36) 小倉秀夫, 不正競爭防止法 平成27年改正の全容, LexisNexis, 2015, 44－45頁.

자연인인지에 따라 법정형을 구별하고 있었고, 법인에 대해서는 일률적으로 3억원 이하의 벌금으로 정하고 있었는데, 2015년 개정 부정경쟁방지법에서는 양벌규정의 대상을 확대하는 한편, 법인에 대한 법정형을 모두 일률적으로 하는 것은 아니고 그 위반한 형벌법규마다 설정하는 것으로 하였다.37)

두 번째로, 제21조 제1항 제8호 및 제22조 제1항 제2호의 개정을 통해 영업비밀 전득자(轉得者)에 대한 형사처벌 규정을 정비하였는데, 개정 전에는 1차 취득자의 부정한 공개를 통해 손해를 입힐 목적을 가지고 영업비밀을 취득한 자(2차 취득자)가 그 영업비밀을 사용 또는 개시하는 행위만을 처벌 대상으로 하여 그 이후의 3차 취득자에 해당하거나 1차 취득자로부터 직접 영업비밀을 취득하지 아니한 자는 처벌대상이 되지 못하였다.38)

즉, 2015년 개정법 이전에 형사벌의 대상으로 되는 것은 영업비밀의 부정취득자(1차 취득자) 및 해당 1차 취득자로부터 직접 해당 영업비밀을 부정하게 취득한 2차 취득자의 사용 또는 개시에 한정되어 부정취득자 본인 이외의 자로부터 영업비밀을 부정하게 취득한 자는 처벌의 대상으로 되어 있지 않았다. 그러나 고도한 기능의 휴대용 정보통신 단말기의 보급, 영업비밀의 부정취득·이용형태의 다양화, 사이버 공간의 확대 등에 의하여 부정취득된 영업비밀이 전전유통되어 부정하게 사용될 위험성이 증가하고 있다는 점을 고려하여, 영업비밀을 취득하는 것에 형사벌의 대상으로 되는 개시행위가 개재된 것을 알고 있었던 경우에는 그와 같은 개시행위의 직접적인 상대방이 아니었더라도 해당 영업비밀의 사용·개시행위를 제21조 제1항 제8호에서 형사벌의 대상으로 신설하였던 것이다.39)

따라서 부정하게 공개된 영업비밀임을 알고 그 영업비밀을 취득한 전득자의 부정한 공개·사용에 대해서도 처벌 대상으로 하고, 또한 전득자의 처벌을 제22조 제1항 제2호에서 양벌규정의 대상으로도 하여 5억엔의 벌금을 부과하게 하였으며, 그리고 부정한 공개가 있었음을 모르는 자가 개재(介在)한 후의 영업비밀의 전득자에 대해서도 해당 전득자가 영업비밀의 유통 과정에서 부정한 공개가 있었다는 것을 알고 있는 등, 전득자의 처벌 요건을 충족시킬 경우에는 형사처벌의 대상이 될 수 있도록 하였다.40)

---

37) 小倉秀夫, 上揭書, 97頁.
38) 이유리나·곽충목, 앞의 글, 29면.
39) 小倉秀夫, 前揭書, 49-50頁.
40) 이유리나·곽충목, 앞의 글, 29면.

세 번째로, 2015년 개정 부정경쟁방지법에서는 제2조 제1항 제10호, 제19조 제1항 제7호 및 제21조 제1항 제9호의 개정을 통해 영업비밀 침해품의 유통 규제를 도입하였는데, 이와 같은 개정 전에는 부정하게 취득한 영업비밀을 이용하여 제조된 물품을 양도 또는 수입하거나 수출하는 행위 등이 규제되지 않았으므로, 이러한 것을 규제하기 위해 기술상의 영업비밀을 사용하는 행위에 의해 발생한 물건(영업비밀 침해품)의 유통 규제를 도입하게 된 것이다.[41]

우선 뒤에서 상술하는 제2조 제1항 제10호의 신설취지를 살펴보자면, 영업비밀에 관한 부정경쟁행위를 규제하기 위해 개정 전부터 기술상의 영업비밀의 사용행위도 또한 부정경쟁행위로서 민사·형사상의 처분의 대상으로 하여 왔지만, 이러한 사용행위는 현실적으로 증명·적발이 반드시 용이하지는 않았다. 이에 따라 그동안 영업비밀에 관한 부정경쟁행위를 효과적으로 억제하여 왔다고는 말할 수 없는 상황하에서, 이와 같은 부정경쟁행위에 대한 억제력을 향상시키기 위해 기술상의 영업비밀을 사용하여 생산된 제품의 판매 등을 금지하고 그것에 의하여 영업비밀에 관한 부정경쟁행위가 이익이 되지 않는 환경을 정비할 필요가 있게 되었다. 이 때문에 그와 같은 제품의 판매 등을 부정경쟁행위의 한 유형으로 하는 해당 규정이 신설된 것이다.[42]

그리고 제19조 제1항 제7호는 제2조 제1항 제10호에 의한 부정경쟁행위가 적용되지 않는 경우로서 금지청구권의 소멸 후에 그 영업비밀을 사용하는 행위에 의하여 생산된 물건을 양도, 인도, 양도 또는 인도를 위한 전시, 수출, 수입 또는 전기통신회선을 통하여 제공하는 행위를 규정하고 있다. 해당 규정의 개정 취지로서는 부정한 행위임을 안 때부터 금지청구권을 행사하지 않고 방치하고 있는 것은 영업비밀의 요건인 비밀로서의 관리를 제대로 하지 않는 것으로 생각될 수 있는 점 및 영업비밀은 정보라고 하는 무체물이어서 시간이 경과함에 따라 부정한 행위에 해당하는지가 불명확하게 되기 때문에 가능한한 조기에 재판의 결과가 확정되는 것이 바람직한 것이므로, 금지청구권에 소멸시효와 제척기간을 설정한 부정경쟁방지법의 취지를 감안하자면, 금지청구권의 소멸 후에 특정한 기술상의 영업비밀을 사용하여 물건을 생산하는 행위를 방지할 이유는 없고, 해당 기술상의 영업비밀을 사용하여 생산한 물건의 양도 등도 방지해야 할 이유가 없다는 것이다.[43] 결국 이러

---

41) 상동.
42) 小倉秀夫, 前揭書, 7頁.

한 취지를 고려하여 금지청구권이 소멸한 후에 해당 기술상의 영업비밀을 사용하는 행위에 의하여 생겨난 물건에 대해서는 형식적으로는 제2조 제1항 제10호의 부정경쟁행위에 해당하지만, 제19조 제1항 제7호를 아울러 신설함으로써 위와 같은 경우에는 해당 부정경쟁행위가 적용될 수 없도록 하였다.

게다가 형사처벌과 관련해서 제21조 제1항 제9호가 신설되기 전에는 영업비밀의 부정한 사용행위를 처벌하는 규정은 있었으나, 그와 같은 위법한 사용행위에 의해서 생겨난 제품을 양도 등을 하는 행위를 처벌하는 규정은 없었으므로, 부정한 이익을 얻을 목적 또는 보유자에게 손해를 가할 목적으로 영업비밀의 위법한 사용행위에 의해서 만들어진 제품에 대해 양도 등을 하는 행위도 형사처벌의 대상으로 한 것이 바로 제21조 제1항 제9호라고 할 수 있다.[44]

결국 이상과 같은 개정 규정들과 관련하여 영업비밀의 침해품의 유통에 대한 민사적인 규제로서는 영업비밀 침해품의 양도, 인도, 양도 또는 인도를 위한 전시, 수출, 수입 및 전기통신 회선을 통한 제공을 새롭게 부정경쟁행위에 추가되는 것으로 하여 영업비밀 침해품에 대해서도 악의 또는 중과실이 있는 자에 대해서는 그 양도 등의 금지 및 손해배상청구를 할 수 있게 됨과 아울러, 영업비밀 침해품의 유통 행위에 대한 형사적인 규제도 창설되었으며, 이 또한 양벌규정의 대상으로 되었다.[45]

네 번째로, 제21조 제5항의 개정을 통해서 영업비밀 침해죄를 비(非)친고죄화 하였다. 즉, 이와 같은 개정 전에는 영업비밀 침해죄는 친고죄였는데, 영업비밀 침해죄를 비친고죄로 하면 피해자의 영업비밀이 수사 및 재판 과정에서 의도하지 않게 공개될 우려가 있음을 고려하여 개정 전의 법에서는 영업비밀 침해죄를 고소권자의 고소가 있어야 공소제기를 할 수 있는 친고죄로 규정하였던 것이다.[46]

그러나 2011년 개정 부정경쟁방지법 제6장에서의 형사소송절차 특례의 정비로 비공개결정과[47] 공판기일 이외의 증인심문 등이 가능하게 되어 영업비밀에 관한 정보가 공개될 우려는 대체로 불식되었으며, 영업비밀 침해혐의에 관한 형사소송의

---

43) 小倉秀夫, 前揭書, 35－36頁.
44) 小倉秀夫, 前揭書, 53頁.
45) 이유리나·곽충목, 앞의 글, 29－30면.
46) 이유리나·곽충목, 앞의 글, 30면.
47) 이를 일본 부정경쟁방지법상 표기로 "비닉결정(秘匿決定)"이라고 하는데, 영업비밀을 구성하는 정보를 피해자 등이 공개법정에서 밝히고 싶지 않다는 신청을 하는 경우, 해당 사항을 공개법정에서 밝히지 않도록 하는 결정을 말한다(부정경쟁방지법 제23조).

여부를 피해자의 판단에만 맡기는 것이 반드시 적당하지는 않다는 관점 등을 고려
함으로써, 2015년 개정을 통해 영업비밀 침해죄를 비친고죄로 규정하여 피해자의
고소가 없어도 공소를 제기할 수 있도록 하였다.[48] 다만, 제21조 제2항 제6호의 비
밀유지명령(제10조 제1항)에 위반한 행위를 범죄로 한 것에 대해서만 친고죄를 적
용하도록 하였다.

다섯 번째로, 제21조 제6항의 개정을 통해 국외범(國外犯)에 대한 처벌의 범위
를 확대하였다. 개정 전의 법에서는 '사기 등과 같은 행위 또는 관리 침해행위가 있
었던 때 또는 보유자로부터 보여진 때에 일본 국내에서 관리되고 있었던 영업비밀'
에 대해서만 그 부정한 영득(領得), 부정사용 등에 관련된 벌칙규정에 관하여 국외
범을 처벌하는 취지의 규정이 있었다(제21조 제4항).

그러나 해외로의 업무위탁을 포함하여 일본의 기업들이 국제적인 사업전개를
확대하고 있다는 점(국외에서 서버가 존재하는 것이 많음)과 클라우드(cloud)가 급속하
게 보급되고 있는 상황하에서 일본의 기업들의 영업비밀이 물리적으로는 해외에서
보관되는 사례가 급속하게 증가하고 있는 점 때문에, 일본 국내에서 관리되고 있었
던 영업비밀만을 형사벌로 보호하는 것은 충분하지 않은 것이라고 생각되었다.[49]

거기에서 국외범에 대한 처벌의 대상으로 되는 영업비밀의 범위를 '일본 국내
에서 사업을 하는 보유자의 영업비밀' 전체로 확장하는 것으로서 개정하였다.[50]
즉, 해당 개정은 일본 국내의 기업이 보유한 영업비밀을 국외에서 취득·영득(領得)
하는 행위 등이 이루어진 경우(예를 들면 물리적으로는 해외에 설치된 서버에 저장된
일본 기업의 영업비밀인 설계 도면을 해외에서 부정접근에 의해 취득하는 행위 등)에는
처벌 대상이 되는지 여부가 분명하지 않았던 것을 고려하여 클라우드 시스템의 보
급 등 정보기술의 고도화에 따라 대상이 되는 영업비밀을 기존의 '일본 국내에서
관리되고 있었던 영업비밀'의 범위를 넘어 '일본 국내에서 사업을 하는 보유자'가
보유하기만 되는 것으로 변경한 것이라고 볼 수 있다.[51]

여섯 번째로, 영업비밀의 국외유출을 방지하고자 제21조 제3항과 제22조 제1
항 제1호의 개정을 통해 해외에서의 영업비밀 침해죄를 더욱 강하게 처벌하도록
정비하였다. 즉, 제21조 제3항에서는 ① 일본 국외에서의 사용 목적으로 영업비밀

---

48) 이유리나·곽충목, 앞의 글, 30면.
49) 小倉秀夫, 前揭書, 72頁.
50) 小倉秀夫, 前揭書, 72−73頁.
51) 이유리나·곽충목, 앞의 글, 30면.

을 부정하게 취득·영득한 자, ② 상대방이 일본 국외에서의 사용 목적을 갖는 것을 알면서 영업비밀을 부정하게 개시(開示)한 자 및 ③ 일본 국내에서 사업을 하는 자의 영업비밀을 일본 국외에서 부정하게 사용한 자 등에 대해서 벌금형의 상한을 개인은 10년 이하의 징역 또는 3,000만엔 이하의 벌금형을 부과하고(양자의 병과 가능),[52] 제22조 제1항 제1호에 따라 법인의 대표자 또는 종원원 등의 영업비밀 침해죄에 관하여는 법인에 대해서도 10억엔 이하의 벌금형을 부과할 수 있도록 하였다.[53]

일곱 번째로, 제21조 제4항의 개정을 통해 미수죄(未遂罪)를 도입하였다. 개정 전에는 영업비밀의 취득 및 사용·개시에 대해서 미수죄의 규정은 두고 있지 않았으나, 원천기술을 비롯한 영업비밀이 갖는 중요성이 커지는 가운데, 사이버 공격 등 정보를 부정취득하기 위한 기술이 현저하게 고도화 되고 있고, 일단 영업비밀이 먼저 부정취득된다면 인터넷을 통해 바로 확산되는 것이 용이하며, 미수(未遂)행위의 단계에서 법익침해의 개연성이 커지고 있다는 것을 입법취지로 하여 영업비밀의 취득 및 사용·개시에 대한 미수범을 처벌하는 규정을 신설하게 되었다.[54][55]

여덟 번째로, 제21조 제10항부터 제12항과 제32조부터 제40조의 개정을 통해 2015년 개정 부정경쟁방지법에서는 영업비밀 침해에 의해서 얻은 범죄 수익을 임의적으로 몰수하는 규정을 신설하였다. 기존에도 영업비밀 침해죄에 대해서는 형법에 따른 몰수가 가능했지만, 몰수의 대상이 '물건'에 한정되어 있는 등 이에 관한 절차가 적극적으로 활용되지 않았으며, 최근 영업비밀 침해의 손해액이 높아지는 반면에 부정경쟁방지법에 근거한 벌금만으로는 영업비밀 침해에 대한 경제적인 억제력 차원에서 충분하지 않았기 때문에, 침해자가 벌금형을 받고도 기존에 침해에 의해서 얻은 이익이 매우 커서 결국 경제적으로는 침해자가 이득을 얻는 것과 같은 구조로 되어 있었다.[56] 따라서 이와 같이 영업비밀 침해에 의해서 얻어진 범죄 수익을 개인 및 그 소속 법인의 쌍방으로부터 모두 몰수하는 것이 가능하도록 해야 한다는 의

52) 小倉秀夫, 前揭書, 59頁; 이유리나·곽충목, 앞의 글, 30-31면.
53) 小倉秀夫, 前揭書, 96-97頁; 이유리나·곽충목, 앞의 글, 31면.
54) 小倉秀夫, 前揭書, 66頁.
55) 구체적으로 미수 행위에 해당하는 예로서는 ① 영업비밀을 노린 부정 접근 행위를 했지만 보안에 막혀서 부정 취득에 이르지 못한 경우, ② 부정 영득한 영업비밀인 제품 설계도를 사용하고 생산된 제품에 대해서 배달 업체 등에 완성된 상품의 발송을 의뢰했지만, 배달이 되기 전에 발각되었기 때문에 수취인으로 받지 못한 경우 등이다(이유리나·곽충목, 앞의 글, 31면).
56) 이유리나·곽충목, 앞의 글, 31면.

견이 일본에서 많아지게 되었고, 결국 이러한 의견을 반영하여 2015년 개정 부정경쟁방지법에서 범죄 수익 등의 임의적 몰수에 관한 규정을 두게 된 것이다.[57]

아홉 번째로, 제5조의2는 "기술상의 비밀(생산방법 기타 법령에서 정하는 정보에 관한 것에 한함. 이하, 이 조에서 동일함)에 대하여 제2조 제1항 제4호, 제5호 또는 제8호에 규정하는 행위(영업비밀을 취득하는 행위에 한함)가 있었던 경우에, 그 행위를 한 자가 해당 기술상의 비밀을 사용하는 행위에 의해 생겨난 물건의 생산 기타 기술상의 비밀을 사용한 것이 명확한 행위로서 법령에서 정하는 행위(이하 이 조에서 "생산 등"이라고 함)를 한 때는, 그 자는 각각 해당 각호에 규정하는 행위(영업비밀을 사용하는 행위에 한함)로서 생산 등을 한 것으로 추정한다"고 규정하였는데, 해당 규정의 개정을 통해 영업비밀의 사용에 의한 생산 등의 추정 규정을 도입하였다. 개정 전의 부정경쟁방지법에서는 부정취득행위에 의해 취득한 영업비밀을 사용하는 행위 등 제3자의 영업비밀을 사용하는 행위의 일부가 부정경쟁행위로 되고 있었다(제2조 제1항 제4호부터 제9호). 따라서 부정경쟁행위로서 법정되어 있는 태양으로 자기의 영업비밀이 사용된 경우, 그 보유자는 사용자에 대하여 사용행위의 금지(제3조) 및 사용행위에 의하여 발생한 손해배상(제4조)을 청구할 수 있는 것이다.

그러나 금지청구소송에서는 원칙적으로 상대방이 현재 부정경쟁행위를 하거나 또는 부정경쟁행위를 할 우려가 있다는 것에 대한 증명책임이 금지청구를 행하는 영업비밀의 보유자측에 있고, 손해배상청구소송에서도 부정경쟁행위가 이루어졌다는 증명책임은 배상청구를 하는 영업비밀의 보유자측에 있다. 이러한 이유 때문에 어떤 소송에서도 부정경쟁행위를 구성하는 자기의 영업비밀이 상대방에 의해서 사용되고 있거나 사용된 것을 증명하는 책임을 영업비밀의 보유자가 부담하고 있는 것이다.[58]

하지만 상대방이 어떤 방법으로 특정한 제품을 생산하고 있는 것인지, 특정한 제품을 그와 같은 방법으로 생산하는 것에 이르는 경위는 어떠한 것인지 등에 관한 증거 등은 피고인 상대방에게 편재되어 있어 영업비밀의 보유자가 상대방이 부정취득 등을 한 영업비밀을 사용하여 해당 제품을 생산한 사실을 증명하는 것은 매우 곤란한 것이 현실이다.[59]

---

57) 小倉秀夫, 前揭書, 78頁.
58) 小倉秀夫, 前揭書, 23頁.
59) 小倉秀夫, 前揭書, 24頁.

한편, 기존의 법규정을 통해서도 부정경쟁에 의한 영업상의 이익의 침해에 관계된 소송에서는 당사자의 신청에 의하여 다른 당사자에 대하여 해당 침해행위에 대해서 증명하기 위해 필요한 서류의 제출 및 검증물의 제시를 명할 수 있다(제7조 제1항 및 제4항). 그런데 이에 대하여 산업계 등의 관계자들 사이에서는 심리에서 다른 당사자가 필요한 서류 등을 제대로 제출할 것인지에 대하여 그 실질적인 기능 (유용성 및 실효성)면에서 한계가 있다는 지적이 있어 왔다.60)

이 때문에 2015년 개정 부정경쟁방지법에서 제5조의2를 개정함으로써 원고측 이 피고에 의한 부정취득 및 피고가 원고의 영업비밀을 사용하여 생산할 수 있는 물건을 생산하고 있는 것 등을 증명한 경우에는 피고에 의한 영업비밀의 사용행위 를 추정하여 영업비밀에 대한 불사용의 사실의 증명책임이 피고측에 전환되는 것 으로 하였다.

즉, 이것은 증명책임의 공평한 분배하에서 적정한 진실의 발현이 이루어지도록 영업비밀의 부정사용행위에 관한 추정 규정을 도입한 것이라고 할 수 있다. 피해자 인 민사 재판의 원고는 대부분의 경우 가해자인 피고의 사용 행위에 대해서 증명할 만한 증거를 가지고 있지 않은 것이 현실이므로, 만일 원고가 피고에 의한 영업비 밀의 부정취득행위를 증명할 수 있고 부정취득행위에 대한 손해를 받았다고 하여 도, 해당 영업비밀을 피고가 어떻게 구체적으로 사용하고 있는지에 대해서는 아무 런 정보도 얻을 수 없는 경우가 더욱 많다고 볼 수 있는데, 한편으로 부정하게 기 술상의 영업비밀을 취득한 피고에 대해서는 해당 영업비밀을 사용하는 것이 일반 적이라는 경험칙이 존재하는 것에 의하여 추정 규정의 범위를 너무 광범위한 것으 로서 규정해 버리면 그만큼 피고 측에서 추정을 번복하기 위한 부담이 증가하게 되 는 문제점이 있다. 따라서 2015년 개정 부정경쟁방지법에서는 이상의 문제점들을 종합적으로 고려하여 합리적인 경험칙의 범위 및 원고와 피고가 증명하는 부담의 공평성 등의 관점에서 일정한 조건(영업비밀의 범위, 피고의 주관, 추정이 미치는 대상 행위)하에 한정하여 피고에 의한 영업비밀의 사용행위에 관한 추정 규정이 적용되 도록 하였다.61) 단, 여기서 추정 규정이 적용되는 영업비밀에 관한 부정경쟁행위로 서는 영업비밀의 부정취득행위를 그 내용으로 하고 있는 제2조 제1항 제4호, 제5호 및 제8호만에 한정하고 있다.

---

60) 上同.
61) 이유리나·곽충목, 앞의 글, 31-32면.

열 번째로, 제15조의 영업비밀의 부정사용에 대한 금지청구권의 제척기간을 기존의 10년에서 20년으로 늘리는 개정을 하였다. 즉, 2015년 개정 부정경쟁방지법의 제15조에서 제2조 제1항 제4호부터 제9호까지 규정된 부정경쟁행위 중 영업비밀을 사용하는 행위에 대한 금지청구권은 그 행위를 한 자가 그 행위를 계속하는 경우에 그 행위에 의해서 영업상의 이익이 침해되거나 또는 침해될 우려가 있는 보유자가 그 사실 및 그 행위를 한 자를 알았던 때부터 3년간 행사하지 않는 때에는 시효에 의해서 소멸되고, 그 행위의 개시(開始)의 때부터 20년을 경과한 때에도 동일하다고 규정되었는데, 제척기간만 상향하고 소멸시효는 원래와 동일하게 그대로 두었다.[62]

이상과 같은 개정은 영업비밀 침해소송에 있어서의 원고측의 증명책임이 경감되는 것을 고려한다면, 장래의 위험에 대비한 문서보존기간의 장기화에 의한 기업의 부담 증가 등을 고려할 필요가 있어 제척기간을 10년에서 20년으로 상향(上向)하는 것에 이르렀고,[63] 특히 이것은 기술의 수명이 비교적 긴 산업(소재 산업 등)에서는 오랫동안 해당 기술을 보호할 필요성이 높은 점 등이 있음을 반영한 것이라고 할 수 있다.[64]

한편, 영업비밀 침해품의 유통을 규제하기 위하여 2015년 개정 부정경쟁방지법에서 영업비밀에 관한 부정경쟁행위의 유형으로 신설된 제2조 제1항 제10호는 이상과 같은 제15조에서의 금지청구권에 관한 소멸시효 및 제척기간의 적용대상에서 제외되어 있는 것이 특색이라고 볼 수 있다.

Ⅲ. 영업비밀의 정의 및 성립요건

일본에서도 기업이 가지고 있는 정보가 영업비밀로서 부정경쟁방지법에 의한 보호를 받기 위해서는 우선 해당 정보가 영업비밀에 해당하여야 한다.[65] 일본의 부정경쟁방지법 제2조 제6항에서는 "이 법률에서 '영업비밀'이란, 비밀로서 관리되고 있는 생산방법, 판매방법 기타 사업활동에 유용한 기술상 또는 영업상의 정보로

---

62) 한편, 해당 개정에서는 소멸시효 기간의 변경은 없었는데 이는 원래 3년의 소멸시효에 대해 스스로의 영업비밀에 대한 부정사용행위의 지속을 인식하고 있으면서도 장기간 방치하는 것과 같은 보유자에 대해서는 법적 보호를 부여할 필요가 감소되기 때문이라고 해석되고 있다(이유리나·곽충목, 앞의 글, 32면).

63) 小倉秀夫, 前揭書, 31頁.

64) 이유리나·곽충목, 앞의 글, 32면.

65) 茶園成樹, 前揭書, 64頁.

서 공연히 알려져 있지 않은 것을 말한다"고[66] 정의하고 있다.

    따라서 일본의 영업비밀의 성립요건으로서는 우리나라의 부정경쟁방지법에서의 영업비밀에 관한 개념과 동일하게 비공지성(非公知性), 비밀관리성(秘密管理性) 및 경제적 유용성(有用性)을 그 성립요건으로 하고 있어 이 3가지 성립요건을 모두 만족하여야 영업비밀로서 보호가 가능하며, 이들 각각에 대한 구체적인 해석 역시 우리나라에서의 해석과 동일하다고 볼 수 있다.[67]

Ⅳ. 영업비밀에 관한 부정경쟁행위

    앞서도 간단히 언급했지만, 영업비밀에 관한 부정경쟁행위에 대해서는 기존의 부정경쟁방지법 제2조 제1항 제4호부터 제9호까지에서 규정되어 있고, 2015년 개정 부정경쟁방지법을 통해서 제2조 제1항 제10호에 영업비밀 침해품의 유통 규제에 관한 규정을 추가적으로 두고 있다.

    그런데 여기서 제2조 제1항 제4호는 "절취, 사기, 강박 기타 부정한 수단으로 영업비밀을 취득하는 행위(이하, "부정취득행위"라 함) 또는 부정취득행위로 취득한 영업비밀을 사용하거나 또는 개시(開示)하는 행위(비밀을 유지하면서 특정인에게 보여주는 것을 포함한다. 이하 같음)",[68] 동조 동항 제5호는 "그 영업비밀에 대하여 부정취득행위가 개재(介在)한 것을 알거나 또는 중대한 과실로 알지 못하고 영업비밀을 취득하거나 또는 그 취득한 영업비밀을 사용하거나 또는 개시하는 행위",[69] 동조 동항 제6호는 "그 취득한 후에 그 영업비밀에 대하여 부정취득행위가 개재한 것을 알거나 또는 중대한 과실로 알지 못하고 그 취득한 영업비밀을 사용하거나 또는 개시하는 행위",[70] 동조 동항 제7호는 "영업비밀을 보유한 사업자(이하, "보유자"라 함)로부터 그 영업비밀이 보여진 경우에 부정한 이익을 얻을 목적으로 또는 그 보

---

66) この法律において「営業秘密」とは、秘密として管理されている生産方法、販売方法その他の事業活動に有用な技術上又は営業上の情報であって、公然と知られていないものをいう.

67) 윤선희·김지영, 앞의 책, 39면.

68) 窃取、詐欺、強迫その他の不正の手段により営業秘密を取得する行為(以下「不正取得行為」という)又は不正取得行為により取得した営業秘密を使用し、若しくは開示する行為(秘密を保持しつつ特定の者に示すことを含む。以下同じ).

69) その営業秘密について不正取得行為が介在したことを知って、若しくは重大な過失により知らないで営業秘密を取得し、又はその取得した営業秘密を使用し、若しくは開示する行為.

70) その取得した後にその営業秘密について不正取得行為が介在したことを知って、又は重大な過失により知らないでその取得した営業秘密を使用し、又は開示する行為.

유자에게 손해를 가할 목적으로 그 영업비밀을 사용하거나 또는 개시하는 행위",71) 동조 동항 제8호는 "그 영업비밀에 대하여 부정개시행위(전호에서 규정하는 경우에 동호에서 규정하는 목적으로 그 영업비밀을 개시하는 행위 또는 비밀을 지킬 법률상의 의무에 위반하여 그 영업비밀을 개시하는 행위를 말한다. 이하 같음)인 것 또는 그 영업비밀에 대하여 부정개시행위가 개재한 것을 알거나 또는 중대한 과실로 알지 못하고 영업비밀을 취득하거나 또는 그 취득한 영업비밀을 사용하거나 또는 개시하는 행위",72) 동조 동항 제9호는 "그 취득한 후에 그 영업비밀에 대하여 부정개시행위가 있었던 것 또는 그 영업비밀에 대하여 부정개시행위가 개재한 것을 알거나 또는 중대한 과실로 알지 못하고 그 취득한 영업비밀을 사용하거나 또는 개시하는 행위"로서73) 규정되어 있는바, 이것은 우리나라에서의 영업비밀 침해행위에 관한 규정들인 부정경쟁방지법 제2조 제3호 가목부터 바목까지의 규정들과 일부 문구에서만 차이가 있을 뿐 실제적으로는 거의 동일한 규정이며, 그 해석에 있어서도 거의 차이가 없다고 볼 수 있다.

다만, 앞서도 언급했지만, 우리나라의 영업비밀 침해행위에 관한 규정에 비해서 영업비밀 침해품의 유통규제에 관한 일본 부정경쟁방지법 제2조 제1항 제10호의 "앞의 제4호부터 제9호까지에 게재된 행위[기술상의 비밀(영업비밀 중 기술상의 정보인 것을 말한다. 이하, 같음)을 사용하는 행위에 한함. 이하, 본호에서 "부정사용행위"라 함]에 의해 생산된 물건을 양도하거나, 인도하거나, 양도 또는 인도를 위한 전시를 하거나, 수출하거나, 수입하거나 또는 전기통신회선을 통하여 제공하는 행위[해당 물건을 양수받은 자(그 양수받은 때에 해당 물건이 부정사용행위에 의해 발생된 물건이라는 것을 알지 못하고, 또 알지 못한 것에 대하여 중대한 과실이 없는 자에 한함)가 해당 물건을 양도하거나, 인도하거나, 양도 또는 인도를 위한 전시를 하거나,

---

71) 営業秘密を保有する事業者(以下「保有者」という)からその営業秘密を示された場合において、不正の利益を得る目的で、又はその保有者に損害を加える目的で、その営業秘密を使用し、又は開示する行為.

72) その営業秘密について不正開示行為(前号に規定する場合において同号に規定する目的でその営業秘密を開示する行為又は秘密を守る法律上の義務に違反してその営業秘密を開示する行為をいう。以下同じ)であること若しくはその営業秘密について不正開示行為が介在したことを知って、若しくは重大な過失により知らないで営業秘密を取得し、又はその取得した営業秘密を使用し、若しくは開示する行為.

73) その取得した後にその営業秘密について不正開示行為があったこと若しくはその営業秘密について不正開示行為が介在したことを知って、又は重大な過失により知らないでその取得した営業秘密を使用し、又は開示する行為.

수출하거나, 수입하거나 또는 전기통신회선을 통하여 제공하는 행위를 제외함]"74) 과 같은 규정이 추가되어 있다는 것만이 그 차이가 있다고 볼 수 있다.

한편, 부정취득행위와 관련된 제2조 제1항 제4호, 제5호 및 제6호는 영업비밀 의 보유자로부터 영업비밀이 부정취득되고 그 영업비밀이 그 후에 계속 유통되는 과정에서 이루어지는 행위라고 볼 수 있으며, 이러한 행위의 전형적인 예로서는 산 업스파이 행위를 들 수 있다.75) 반면에 부정개시행위와 관련된 제2조 제1항 제7호, 제8호 및 제9호는 영업비밀의 보유자로부터 정당하게 보여진 영업비밀이 부정하게 사용·개시되어 그 영업비밀이 계속 유통되는 과정에서 이루어지는 행위라고 볼 수 있다.76)

그리고 이상과 같은 행위들과 관련하여 2차 전득자의 행위가 부정경쟁행위로 되기 위해서는 악의(惡意)·중과실(重過失)이라는 주관적 요건이 만족될 필요가 있 다는 점 등은 우리나라의 부정경쟁방지법 제2조 제3호 나목, 다목, 마목 및 바목에 서의 영업비밀 침해행위에 대한 해석과 차이가 없다.

그리고 일본 부정경쟁방지법 제19조 제1항 제6호에서는 금지청구나 손해배상 청구 등과 같은 민사적 구제 및 형사벌 등의 형사적 구제가 적용되지 않는 행위로 서 "거래에 의하여 영업비밀을 취득한 자(그 취득한 때에 그 영업비밀에 대하여 부정 개시행위인 것 또는 그 영업비밀에 대하여 부정취득행위 또는 부정개시행위가 개재한 것 을 알지 못하고 또한 알지 못한 것에 대하여 중대한 과실이 없는 사람에 한함)가 그 거 래에 의하여 취득한 권원의 범위 내에서 그 영업비밀을 사용하거나 또는 개시하는 행위"를77) 규정하고 있다.

---

74) 第四号から前号までに掲げる行為(技術上の秘密(営業秘密のうち、技術上の情報であるも のをいう。以下同じ)を使用する行為に限る。以下この号において「不正使用行為」という)に より生じた物を譲渡し、引き渡し、譲渡若しくは引渡しのために展示し、輸出し、輸入し、 又は電気通信回線を通じて提供する行為(当該物を譲り受けた者(その譲り受けた時に当該物 が不正使用行為により生じた物であることを知らず、かつ、知らないことにつき重大な過 失がない者に限る)が当該物を譲渡し、引き渡し、譲渡若しくは引渡しのために展示し、輸 出し、輸入し、又は電気通信回線を通じて提供する行為を除く)。

75) 茶園成樹, 前揭書, 72頁.

76) 上同.

77) **第十九条**   第三条から第十五条まで、第二十一条(第二項第七号に係る部分を除く。)及び第 二十二条の規定は、次の各号に掲げる不正競争の区分に応じて当該各号に定める行為につい ては、適用しない。

六　第二条第一項第四号から第九号までに掲げる不正競争　取引によって営業秘密を取得し た者(その取得した時にその営業秘密について不正開示行為であること又はその営業秘密に ついて不正取得行為若しくは不正開示行為が介在したことを知らず、かつ、知らないことに

해당 적용제외 규정에 따르면, 제2조 제1항 제6호나 제9호와 같은 영업비밀의 취득 후의 사후적인 부정경쟁행위와 관련하여 거래행위에 의해서 선의·무과실로 영업비밀을 취득한 자가 그 후에 악의·중과실로 바뀌더라도 그 거래에 의해서 취득한 권원의 범위 내에서 그 영업비밀을 사용·개시하는 행위에 대하여는 금지청구 및 손해배상 등의 규정이 적용되지 않으므로, 영업비밀의 보유자가 금지청구 및 손해배상청구를 할 수 없게 된다.

이것은 이상과 같이 사후적으로 악의·중과실로 바뀌는 것 때문에 영업비밀을 이용하는 행위가 일절 금지되는 것은 정보의 자유로운 유통을 방해함과 아울러, 대가를 지불하고 영업비밀을 취득한 자에게 예측하지 못한 손해를 줄 수 있다는 점과 거래의 안전을 해할 수 있음을 고려한 것이라고 볼 수 있다.[78] 이와 같은 일본 부정경쟁방지법상 영업비밀에 관한 부정경쟁행위의 적용제외 규정은 우리나라 부정경쟁방지법 제13조에서의 선의자에 관한 특례의 규정과 그 내용상 동일한 규정이라고 볼 수 있겠다.[79]

V. 민사적 및 형사적 구제수단

일본의 부정경쟁방지법은 우리나라의 부정경쟁방지법과 마찬가지로 영업비밀에 관한 부정경쟁행위에 대하여 민사적 구제수단으로서 영업비밀의 보유자에게 부정경쟁행위를 한 자에 대한 금지청구권(제3조)과 손해배상청구권(제4조)을 인정하고 있다. 그리고 손해액을 산정하는 작업의 어려움을 고려하여 손해액의 추정(제5조)에 관한 규정을 두고 있는 것도 역시 우리나라의 부정경쟁방지법과 동일하다고 볼 수 있다.

그리고 이상과 같은 금지청구권은 소멸시효와 제척기간을 가지고 있고(제15조), 손해배상청구권은 소멸시효와 제척기간에 관하여 일본 부정경쟁방지법상에 별

つき重大な過失がない者に限る)がその取引によって取得した権原の範囲内においてその営業秘密を使用し、又は開示する行為.

78) 茶園成樹, 前揭書, 82頁.

79) 제13조(선의자에 관한 특례) ① 거래에 의하여 영업비밀을 정당하게 취득한 자가 그 거래에 의하여 허용된 범위에서 그 영업비밀을 사용하거나 공개하는 행위에 대하여는 제10조부터 제12조까지의 규정을 적용하지 아니한다. ② 제1항에서 "영업비밀을 정당하게 취득한 자"란 제2조 제3호 다목 또는 바목에서 영업비밀을 취득할 당시에 그 영업비밀이 부정하게 공개된 사실 또는 영업비밀의 부정취득행위나 부정공개행위가 개입된 사실을 중대한 과실 없이 알지 못하고 그 영업비밀을 취득한 자를 말한다.

도의 규정이 없어 민법상의 규정을 적용받는다는 점에서는 우리나라의 부정경쟁방지법과 동일하다고 볼 수 있으나, 앞서 언급한 바와 같이, 2015년에 개정된 일본 부정경쟁방지법에 의해서 금지청구권의 제척기간을 20년으로 상향조정하였다는 점에서는 금지청구권의 제척기간을 10년으로 하고 있는 우리나라의 부정경쟁방지법과 그 차이가 있다고 하겠다.

한편, 일본의 부정경쟁방지법에서도 영업비밀의 보유자가 영업비밀에 관한 부정경쟁행위에 대해서 형사적 구제수단을 이용할 수 있는데, 영업비밀에 관한 부정경쟁행위에 따른 형사벌은 부정경쟁방지법이 개정됨에 따라서 점점 강화되고 있고, 최근의 2015년 개정 부정경쟁방지법을 기준으로 하여 범죄행위를 한 자에게는 10년 이하의 징역 또는 2000만엔 이하의 벌금형이 선택적으로 부과되거나 또는 병과된다(제21조 제1항).

그리고 역시 앞서 언급한 바와 같이, 법인의 대표자, 또는 법인 또는 자연인의 대리인, 사용인 그 밖에 종업원이 그 법인 등의 업무에 관하여 영업비밀을 침해한 경우에 구법상으로는 일률적으로 3억원 이하의 벌금을 법인 등에게 부과하였으나, 2015년 개정 부정경쟁방지법에 의하여 이러한 법인 등에 대한 양벌규정의 대상을 확대하면서 그 법정형도 일률적으로 정하지 않고 그 위반한 형벌법규마다 3억원 이하의 벌금, 5억원 이하의 벌금 또는 10억원 이하의 벌금까지 각각 다르게 설정하였다(제22조 제1항).

VI. 기타 일본의 영업비밀보호제도의 운영상의 특징

일본에서는 부정경쟁방지법에서의 영업비밀의 제도나 정책의 수립 등에 관해서는 경제산업성이 산업재산정책국의 지적재산정책실을 통해 직접 관할하고 있는 바, 일본의 경제산업성에 해당하는 산업통상자원부가 아니라 해당 부의 외청인 특허청이 직접 부정경쟁방지법에서의 영업비밀의 보호와 그에 관한 제도 및 정책 수립 등을 전담하는 우리나라의 시스템과는 다소 차이가 있다.

특히 일본의 경제산업성에서는 기업 등의 효율적인 영업비밀의 관리 등을 위해 2003년에 "영업비밀관리지침"을 별도로 제정한 이래로[80] 해당 지침을 수차례

---

80) 이것은 2002년 일본 정부가 지적재산입국을 목표로 「지적재산전략대강」을 공표함에 따라 경제산업성이 산업구조심의회 지적재산정책부회의 심의를 거쳐 책정·공표한 것이다(심현주,

개정하여 왔고, 최근인 2015년에도 해당 지침을 전부 개정하여 영업비밀의 관리의 효율화 등을 도모하고 있는 것도 영업비밀보호제도의 운영상의 특징이라고 할 수 있다.81)

"일본의 영업비밀 보호 동향 및 시사점", ISSUE & FOCUS on IP(제2014-27호), 한국지식재 산연구원, 2014.7.4, 30면).
81) 이에 관한 자세한 내용은 일본 경제산업성 웹사이트의 2015년 전부 개정 "영업비밀관리지침" 의 내용 참조(http://www.meti.go.jp/policy/economy/chizai/chiteki/pdf/20150128hontai.pdf) (접속일: 2017. 9. 20.).

제2절 독   일

박영규(명지대학교 법과대학 교수)

I. 영업비밀 보호에 대한 국제적 논의

국제적으로 영업활동을 하는 기업이 자신들의 지적재산권을 보호하고 신용 혹은 명성을 유지하는데 있어, 공개되지 않은 영업비밀의 보호는 매우 중요한 의미를 지님은 물론 핵심적 역할을 담당한다.[1] 공개되지 않은 영업비밀의 중요성은 "파리협약(1967년) 제10조의2에 규정된 바와 같이 불공정 경쟁에 대한 효과적 보호를 확보하는 과정에서, 회원국은 공개되지 않은 정보를 제2항에 따라, 정부 또는 정부기관에 제출된 자료는 제3항에 따라 보호한다"고 규정한 TRIPs 협정 제39조 제1항에 의해 명확하게 드러나고 있다.[2] 현재, 영업비밀 보유자인 사용자와 고용계약이 종료된 이후의 종업원 간의 서로 상충될 수 있는 이익을 동시에 보호할 수 있는 방안에 대해서는 국내·외에서 많은 논의가 진행되고 있다.

TRIPs 협정 제39조는 각 회원국에게 영업비밀의 효과적인 보호체계를 갖추도록 의무화 하고 있지만, 기업들이 자국 내에서 뿐만 아니라 해외에서도 기회와 위험을 예측할 수 있고 안전하게 영업활동을 할 수 있도록 하기 위해서는 각국의 영업비밀의 보호에 관한 규정의 투명성을 제고할 필요성이 절실하게 요구되고 있다.[3] 그럼

---

1) Ann, Know—how – Stiefkind des Geistigen Eigentums?, GRUR 2007, S. 39; Mayer, Geschäfts– und Betriebsgeheimnis oder Geheimniskrämerei?, GRUR 2011, S. 884.
2) McGuire/Joachim/Künzel/Weber, Der Schutz von Geschäftsgeheimnissen durch Rechte des Geistigen Eigentums und durch das Recht des unlauteren Wettbewerbs (Q215), GRUR Int. 2010, S. 829, 830.
3) 미공개정보(우리나라는 '영업비밀'이라는 용어를 사용)의 보호 및 보호방법을 규정하고 있는 TRIPs 협정 제39조와 관련하여, 협상 당시 미국은 영업비밀(trade secret)로 할 것을 주장하였지만 최종적으로는 미공개정보(undisclosed information)라는 용어로 결정되었다. 동조 제1항은 회원국이 파리협약 제10조의2에 규정된 부정경쟁으로부터 유효한 보호를 확보하기 위하여 미공개정보 보호를 한다는 취지를 규정하고 있다. 본 조가 채택되는 과정에서, 선진국측은 미공개정보의 보호는 TRIPs 협정에 있어서 불가피한 요소라고 주장하였으나, 개발도상국측은 미공개정보를 지식재산권으로 인정할 수 없으므로 TRIPs 협정 협상의 논의 대상이 되는 지식재

에도 불구하고 고용계약이 종료된 이후, 즉 이직 혹은 퇴직 후에 종업원이 영업비밀
을 유출한 경우에 이를 규제하는 직접적인 규정은 국내·외적으로 찾아보기 어렵고
대신 각국의 판례에 의해 많은 사건이4) 해결되고 있는 상황이다.

Ⅱ. 영업비밀 보호의 연혁 및 역할

부당하게 공개되는 것으로부터 영업비밀이 보호되어야 한다는 필요성이 법적
으로 인정된 것은 로마제국까지 거슬러 올라가는데, 그 출발점은 넓은 의미의 고용
관계에서 발견된다.5) 이미 로마제국 법원은 내부의 영업 정보를 얻기 위하여 노예
를 매수하는 제3자로부터 노예 소유주는 보호되어야 한다는 법리를 발전시켰다.6)

산권의 범위에 포함되지 않는다고 주장하였다. 결국, 초기에 반대하였던 일본, 북유럽 등 중견
선진국이 영업비밀 보호를 지지하게 되자 협상 막바지인 1991년에 가서야 동 조는 동 조의 채
택이 회원국에 의하여 합의되지 않았음을 뜻하는 브래킷(bracket)을 벗을 수 있었다. 또한, 동
조 제2항은 비공개정보를 보호대상으로 하기 위한 보호의 요건과 비공개정보의 소유자가 갖는
권리에 대해 규정하고 있다. 비공개정보의 보호요건으로 적시된 사항은, 전체 혹은 구성요소로
서 비밀성을 갖고 있을 것, 상업적인 가치가 있을 것, 보유자가 비밀보호를 위한 적절한 조치를
하고 있어야 할 것 등 세 가지이다. 해석에 있어서 논란의 여지가 있는 "공정한 상업적 관행에
반하는 행위"에 대한 정의는 주석에 따로 언급하고 있는데, 위와 같은 행위를 계약위반, 신뢰위
반 또는 위반의 유도, 그리고 고의, 중과실 있는 제3자의 영업비밀 취득 행위 등을 예시적으로
규정하고 있다. 동조 제3항은 비공개정보의 보호규정의 일반적인 성격과 또 다른 특색을 갖는
것으로 제1항에서 언급하고 있는 부정경쟁행위 방지와 가장 밀접한 관련이 있는데, 특히 선진
국의 제약업계에서 강력하게 반영을 요구한 조항이다. 신규의약품 또는 신규 화학물질을 이용
한 농약의 제조허가를 정부에 신청할 경우 정부는 국민건강 및 환경보호 등을 이유로 독성, 안
전성 검사 등 임상실험 자료를 제출하도록 요구하고 있는데, 만약 이러한 자료들이 공개되거나
뒤늦게 제조 신청한 업자가 같은 자료를 원용할 수 있게 된다면 먼저 제조 신청한 업자는 상대
적인 손실을 입게 되므로, 이를 방지하기 위한 규정으로 본 항이 도입되었다. 그러나 신약이나
농약을 개발할 수 있거나, 임상실험을 할 수 있는 능력이 있는 국가는 극소수에 불과하였기 때
문에, 동 규정을 엄격히 적용한다면 개도국의 제조업자들은 독자적인 임상실험 자료를 제출할
수 없어, 일반의약품이나 카피(copy) 농약 등을 생산할 수 없게 되어, 결국 선진국 제약업계의
독점을 초래할 우려가 있었다. 이러한 문제점 때문에 본 항은 협상의 마지막까지 논란의 대상
이 되었으며, '92. 12. 막바지에 제출된 중재안이 받아들여져 합의에 도달하게 되었다.
4) 국내에서도 2012년 7월 '삼성디스플레이의 OLED 기술 유출 혐의'로 삼성계열사였던 SMD
전 직원 2명을 포함하여 LG디스플레이 임직원 6명이 불구속 기소된 사건에서, 삼성디스플레
이는 2012년 9월 LG디스플레이가 OLED 핵심기술과 인력을 조직적이면서 계획적으로 빼돌렸
다며 21종의 각종 기록과 18종의 세부기술에 대한 영업비밀 등의 침해금지 가처분신청을 제기
하기도 하였다. 이에 맞서 LG디스플레이는 삼성전자와 삼성디스플레이를 대상으로 OLED패널
설계기술 등 총 7건 특허권 침해금지와 손해배상소송을 제기하기도 하였다(삼성·LG 소송전
일단 화해는 했지만, 매일경제 2013. 03. 07.자).
5) Adomeit, Der Dienstvertrag des BGB und die Entwicklung zum Arbeitsrecht, NJW 1996,
S. 1710.
6) Merges/Menell/Lemley, *Intellectual Property in the New Technological Age*, 5th Edition,

이후 14-15세기 르네상스의 시작과 함께, 많은 유럽의 국가들은 영업비밀, 특히 중세 길드의 정보를 확실히 보전하기 위한 조치를 마련하였다.[7] 또한 중상주의로 대표되는 18세기 산업혁명이 시작되는 시점까지는 발명가에게 보상을 해주는 시스템으로 유지되었다.[8] 당시에 사기업은 물론 공공기관도 내부의 영업비밀이 유출되지 않도록 하는데 많은 관심을 기울였지만,[9] 오늘날과 같이 지적재산권 보호 범위에 해당하는 경우 독점배타권이 주어지는 지적재산권제도가 존재하지 않은 관계로 사기업이나 공공기관 공히 정보를 내부에서 안전하게 비밀로 유지하는 방법을 통해서 자신들의 영업비밀을 보호할 수밖에 없었다.[10]

18세기에 시작된 산업혁명 기간 동안에 이러한 영업비밀을 보호하고자 하는 노력은 더욱 더 진행되었고 마침내 영업비밀의 보호에 대한 입법화가 최초로 이루어지게 되었다.[11] 하지만 영업비밀의 보호에 관한 이러한 최초의 규정은 서로 상충되는 사용자와 종업원의 이익을 충분히 담보하고 있지 못하였다는 평가를 받고 있다. 즉, 어떠한 정보에 어떠한 종업원의 접근을 허용할 것인지의 여부에 대한 사용자의 결정, 매우 확실한 영업비밀 보호 기준의 마련, 종업원의 업무 능력보다는 사용자에 대한 종업원의 충성도에 기초하여, 사용자는 자신들의 영업비밀을 보호해야 한다는 한계를 지니고 있었다. 또한, 영업비밀의 보호에 관한 이러한 최초의 규정으로 인해, 종업원의 직업선택의 자유 혹은 직무역량의 지속적인 개발도 제한적이었다. 반대로 영업비밀의 보호에 관한 최초의 규정이 서로 상충되는 사용자와 종업원의 이익을 충분히 고려하고 있지 않음에 따라, 즉 영업비밀 보호에 관한 법적인 제재조치가 존재하지 않음에 따라, 사용자는 혁신에 대한 투자보다는 경쟁자의 영업비밀, 예를 들어 혁신적 발명을 탐지하는데 더 많은 시간을 투자하는 상황이 초래되기도 하였다. 이에 유럽의 국가들은 먼저 종업원의 이직의 유동성 혹은 노동의 유연성을 확보함은 물론 영업비밀이 유출됨으로 인해 사용자가 입게 될 피해를 줄

Wolters Kluwer, 2010, p. 33.

7) Götting, Gewerblicher Rechtsschutz, 9. Aufl. C.H. Beck, 2010, § 2 Rdn. 5.; Zimmermann, Frühe Beispiele aus der Welt der gewerblichen Eigentumsrechte, GRUR 1967, S. 173, 174.

8) Immenga/Mestmäcker, Wettbewerbsrecht, Band 1: EU/Teil 1, 5. Aufl., C.H. Beck, 2012, Abschn. III, A.Art. 37 Rdn. 1.

9) Zimmermann, a.a.O. S. 173, 174.

10) Merges/Menell/Lemley, op.cit., p. 34.

11) Yu, Intellectual Property and Information Wealth: Issues and Practices in the Digital Age, Praeger Publishers, 2007, p. 399.

이기 위해 근대적인 영업비밀 보호 체계를 마련하였다.[12]

Ⅲ. 고용계약 종료 후의 영업비밀 보호

1. 기본 원칙

독일에서의 영업비밀은 미국에서와 같이 소유권 혹은 이와 유사한 권리가 아니라 영업비밀 보유자의 경제적 가치라고 하는 재산권적 권리로 인정되고 있다. 독일도 미국과 마찬가지로 부정한 경쟁을 방지하기 위하여 영업비밀은 보호되어야 한다는 기본적인 이념을 따르고 있는데, 이는 영업 및 업무상의 비밀의 보호에 관한 규정이 독일 부정경쟁방지법(UWG)에 규정된 것에 의해 구체화되고 있다.

2. 영업비밀의 보호

가. 적용 법규

독일에서는 사용자와 종업원 간의 영업비밀에 관한 민사적 보호를 규정하고 있는 미국의 통일영업비밀법(Uniform Trade Secrets Act, UTSA)에 상응하는 법률은 존재하지 않고 있다. 대신 독일 법원은 고용계약 당사자의 권리와 의무에 대해 규정하고 있는 독일 민법 제611조에서 영업비밀의 보호에 관한 근거를 찾고 있다.[13] 이외에도 이사의 주의 의무 등에 대해 규정하고 있는 독일 주식법(Aktiengesetz, AktG) 제116조,[14] 제93조 제1항,[15] 독일 종업원발명법 제24조,[16] 직업교육법

---

12) Gloy/Loschelder/Erdmann, Handbuch des Wettbewerbsrechts, 4. Aufl., C.H.Beck, 2010, § 57 Rdn. 184.

13) 독일 민법 제611조(고용계약에서의 전형적 의무) ① 고용계약에 기하여, 노무를 약속한 사람은 약정한 노무를 급부할 의무를 지고, 상대방은 약정한 보수를 공여할 의무를 진다.
　② 모든 종류의 노무가 고용계약의 목적이 될 수 있다.

14) 독일 주식법 제116조(감사의 주의의무 및 책임) 감사의 주의의무 및 책임에 관하여는 이사의 주의의무 및 책임에 관한 제93조를 준용한다.

15) 독일 주식법 제93조(이사의 주의의무 및 책임) ① 이사는 그의 업무집행에 관하여 통상적이고 성실한 영업지휘자의 주의를 다하여야 한다. 이사는 이사회에서의 그의 활동을 통하여 지득한 회사의 기밀사항 및 비밀 특히 영업상의 비밀이나 업무상의 비밀에 관하여 묵비를 유지하여야 한다.

16) 독일 종업원발명법 제24조(비밀유지의무) ① 사용자는 사용자에게 신고된 또는 통지된 근로자의 발명을 정당한 이익의 보호에 필요한 경우 비밀을 유지해야 한다.
　② 근로자는 직무발명이 해제되지 아니한 한(제8조제1항)에서 직무발명에 대한 비밀을 유지해야 한다.
　③ 이 법률에 의한 발명에 관하여 정보를 지득한 기타의 자는 그 정보를 이용하거나 공개

(Berufsbildungsgesetz) 제13조, 연방정보보호법(Bundesdatenschutzgesetz) 제5조 등의 특별법에서 영업비밀의 보호와 관련된 규정들은 찾아볼 수 있다. 이에 그치지 않고 종업원이 영업비밀을 부당하게 사용하는 경우에 사용자는 독일 민법 제823조 제1항, 제2항,[17] 제826조,[18] 제1004조[19] 혹은 부정경쟁방지법 제3조에[20] 기해 손해배상, 방해제거청구 및 부작위청구를 할 수 있다. 마지막으로 부정경쟁방지법 제17조 내지 제19조는 영업비밀을 부당하게 사용하는 경우에 그 형사적 제제에 관하여 규정하고 있다.

나. 영업비밀의 정의

미국의 1939년 불법행위법 주해는[21] 영업비밀을 "특정인의 영업에 이용되어 그것을 알거나 이용하지 않은 경쟁자에 비하여 이점을 가져다주는, 정보의 방식, 패턴, 장치 또는 조합 일체"라고 정의하였다. 그러면서 불법행위법 주해는 영업비밀의 존재를 판단하는데 고려할 여섯 가지 요소로, ① 당해 정보가 영업 외부로 알려진 정도, ② 당해 정보가 근로자나 영업 관련 제3자에 알려진 정도, ③ 당해 정보의 비밀성을 유지하기 위하여 동원된 수단의 정도, ④ 당해 정보가 영업자나 경쟁자에게 가지는 가치, ⑤ 당해 정보를 개발하려고 영업자가 소비한 노력이나 금전의 가액, ⑥ 당해 정보가 제3자에 의하여 정당하게 획득되거나 복제될 수 있는 가

해서는 안 된다.

17) 독일 민법 제823조(손해배상의무) ① 고의 또는 과실로 타인의 생명, 신체, 건강, 자유, 소유권 또는 기타의 권리를 위법하게 침해한 사람은, 그 타인에 대하여 이로 인하여 발생하는 손해를 배상할 의무를 진다.
　　② 타인의 보호를 목적으로 하는 법률에 위반한 사람도 동일한 의무를 진다. 그 법률에 과책 없이도 그에 위반하는 것이 가능한 것으로 정하여진 때에는, 과책 있는 경우에만 배상의무가 발생한다.
18) 독일 민법 제826조(양속위반의 고의적 가해) 선량한 풍속에 위반하여 타인에게 고의로 손해를 가한 사람은 그 타인에게 손해를 배상할 책임을 진다.
19) 독일 민법 제1004조(소유물방해제거청구권과 방해예방청구권) ① 소유권이 점유침탈 또는 점유억류 이외의 방법으로 침해받은 때에는 소유자는 방해자에 대하여 침해의 제거를 청구할 수 있다. 계속하여 침해받을 우려가 있는 때에는 소유자는 부작위를 소구할 수 있다.
　　② 소유자가 수인의 의무를 지는 경우에는 제1항의 청구권은 배제된다.
20) 독일 부정경쟁방지법 제3조(부정한 경쟁의 금지) ① 경쟁업자, 소비자 혹은 여타 시장 참가자의 경쟁에 대하여 단지 사소한 정도를 넘는 불이익을 끼치는 부정경쟁행위는 허용되지 아니한다.
　　(중략)
　　③ 본 법의 부록에 열거되어 있는 소비자를 상대로 한 경쟁행위는 항상 허용되지 않는다.
21) § 757, comment b.

능성의 경중을 제시하였다. 또한, 통일영업비밀법 제1조 제4항은 영업비밀을 "일반
적으로 알려져 있지 아니하며, 그 공개나 이용으로부터 경제적 가치를 얻을 수 있
는 제3자에 의하여 정당한 수단으로는 쉽게 획득할 수 없는 점으로부터, 현실적 혹
은 잠재적으로 독립된 경제적 가치를 가지며, 비밀성을 유지하기 위하여 상황에 맞
는 합리적인 노력이 기울여지는 공식, 원형(patten), 편집물, 프로그램, 장치, 방법,
기술 또는 공정을 포함하는 모든 정보"라고 정의하고 있다.

나아가, 경제스파이법은 영업비밀을, "유형이거나 무형이거나, 물리적으로, 전
자적으로, 그림으로, 사진으로, 글로 저장되고 변환되고 기억되는가에 관계없이, ①
소유자가 그러한 정보를 비밀로 유지하기 위해 적절한 수단을 취하고, ② 정보가
일반적으로 알려져 있지 않고 일반 공중이 적절한 수단에 의해 즉시 확인할 수 없
는 점 때문에 실제적이든 잠재적이든 독립한 경제적 가치가 있는 원형, 계획, 편집
물, 프로그램 장치, 공식, 디자인, 시제품, 방법, 기술, 공정, 절차, 프로그램, 코드
등이 포함되는 일체의 형태와 종류의 회계, 경영, 과학, 기술, 경제, 공학 정보"로
정의하여 통일영업비밀법보다는 다소 폭 넓게 규정하고 있다.22) 다만 경제스파이
법의 입법 과정에서 입법자가, 종업원이 고용계약 기간 중에 획득하거나 습득한 일
반적인 정보, 능력, 전문적인 지식은 기본적으로 보호할 만한 가치가 있는 영업비
밀에는 해당하지 않는다는 점을 명확히 하였다는 점에서,23) 이러한 폭 넓은 영업
비밀의 정의 규정이 모두 종업원에게 적용되지는 않는 것으로 여겨진다. 이는 처음
부터 종업원의 직업선택의 자유, 이직의 자유 혹은 다른 사용자가 이전에 다른 곳
에서 근무한 종업원을 채용할 때는 그가 그곳에서 획득하거나 습득한 지식에 기초
하여 근무하리라는 기대를 한다는 사실 자체가 처벌대상에는 해당하지 않음을 의
미한다. 이러한 원칙은 형사적 제재에 관한 것이기는 하지만 당연히 법 제도의 통
일성을 기한다는 측면, 고용시장의 유연성을 보장한다는 측면에서 민사적 제재에도
그대로 적용될 수 있을 것이다.24)

독일에서는 영업 및 업무상 비밀의 보호에 관한 규정이 독일 부정경쟁방지법
(UWG)에 규정된 이래로 영업비밀이라 함은, 영업과 관련하여 일부 제한된 사람들
에게만 알려지고 공개되지 않은,25) 경제적으로 유용하여 사용자가 비밀로 유지하

---

22) 18 U.S.C. §§ 1839(3).
23) Dobrusin/Krasnow, Intellectual Property Culture: Strategies to Foster Successful Patent
and Trade Secret Practices in Everyday Business, Oxford University Press, 2008, p. 249.
24) Spring Steels, Inc. v. Molloy, 400 Pa. 354, 363 (1960).

고자 하는 정보로 이해되고 있다.26) 이러한 영업비밀은 법률에서 정의된 것이 아니라 판례 및 학계에 의해 정의된 개념으로,27) 세부적으로 영업상 비밀(Geschäft—sgeheimnissen)은 비용 따위의 계산 서류, 판매 정책에 관한 정보, 고객 정보, 가격 및 고객리스트 등과 같은 영업상의 정보 혹은 지식으로 정의된다. 또한 업무상 비밀(Betriebsgeheimnissen)은 생산방법, 소프트웨어, 명세서, 설계도면, 디자인 등과 같은 기술적인 정보를 의미한다.28) 이러한 구분은 개념적인 의미 혹은 경쟁법적인 차원에서 의미를 지닐 수 있지만 양 개념의 차이는 명확하지 않은 상황이다.29)

다. 영업비밀의 부당한 사용

독일 부정경쟁방지법 제17조는 종업원이 영업비밀을 부당하게 사용하는 경우에 가해질 수 있는 형사적 제재에 대해 규정하고 있다. 동 규정에 의해, 종업원이 고용계약에 따라 자신에게 위탁된 혹은 접근이 허용된 영업비밀을 고용계약 기간 중에 권한 없이 경쟁의 목적, 자신의 이용을 위하여, 제3자를 위하여 또는 사용자에게 손해를 가할 목적으로 공개하는 것은 영업비밀의 부당한 사용에 해당한다. 이러한 요건을 충족하는 행위에 대해서는 형사적 제재가 가해지게 된다. 이와는 별도로 고용계약 기간 중에 영업비밀을 부당하게 사용하는 것에 대한 민사적 제재는 고용계약에 의해 혹은 사용자에 대한 종업원의 신의성실의 의무로부터30) 정하여진다. 아울러 계약을 체결하면서 비밀유지의무가 발생한 경우에는 계약체결상의 과실책임이 인정될 수 있다.31) 하지만, 고용계약 이후에도 고용계약으로부터 종업원에게 비밀유지의무가 인정될 수 있는지의 여부와 관련해서는 다양한 견해가 존재하고 있다.

종업원이 영업비밀을 부당하게 사용하는 경우에 가할 수 있는 형사적 제재에 대해 규정하고 있는 현행 부정경쟁방지법 제17조는 단지 고용계약 기간 중에 발생

---

25) BGH GRUR 1982, 225, 226 — Straßendecke II; BGH GRUR 1980, 750, 751 — Pankreaplex II.

26) BGH GRUR 1977, 539, 540 — Prozessrechner; BGH GRUR 1969, 341, 343 — Räumzange.

27) Fischer, Der Schutz von Know—how im deutschen materiellen und Internationalen Privatrecht, Nomos, 2012, S. 107.

28) Richters/Wodtke, Schutz von Betriebsgeheimnissen aus Unternehmenssicht, NZA—RR 2003, S. 281, 282.

29) Ann, a.a.O. S. 39, 40.

30) 독일 민법 제242조(신의성실에 좇은 급부) 채무자는 신의성실이 거래관행을 고려하여 요구하는 대로 급부를 실행할 의무를 부담한다.

31) 독일 민법 제311조 제2항, 제280조.

한 영업비밀의 권한 없는 사용에 대해서만 규정하고 있을 뿐이고, 고용계약이 종료된 이후에 대해서는 별도의 규정을 두고 있지 않은 상황이다. 독일 연방대법원은 입법자가 부정경쟁방지법 제17조에 고용계약이 종료된 후에 영업비밀 유지에 대한 종업원의 의무를 의도적으로 규정하지 않았다는 전제 하에, 원칙적으로 고용계약이 종료된 이후에는 종업원의 영업비밀 유지에 대한 의무는 없다는 입장을 견지하고 있다.32) 이와는 달리 독일 연방노동법원(Bundesarbeitsgericht, BAG)은 제한적인 범위이기는 하지만 고용계약이 종료된 이후에도 보호-, 충성- 혹은 배려 의무 (Schutz-, Loyalitäts- oder Rücksichtnahmepflicht)의 형태로 종업원의 비밀유지의무가 인정될 수 있다는 입장이다.33) 즉, 독일 연방노동법원은 확실하지 않은 경우에는 직업선택의 자유, 이직의 자유에 대한 종업원의 이익이 대척점에 있는 사용자의 상업적 이익보다 우선하여 고려되어야 하기 때문에, 고용계약이 종료된 이후의 종업원의 비밀유지의무는 매우 제한적인 범위 내에서만 인정된다는 입장을 취하고 있다.34)

   이러한 독일 연방노동법원의 입장에 동조하는 견해도 일부 있기는 하지만, 학계의 다수는 "모든 사정을 고려하였을 때 통상적인 상인의 직업적 견해에 배치되지 않는 한, 대리상은 그에게 신뢰에 의해 맡겨진 또는 기업주를 위한 활동에 의해 지득한 영업·사업 비밀을 계약관계의 종료 이후에도 이를 이용하거나 또는 다른 자에게 통지하여서는 아니 된다"고 규정한 독일 상법(Handelsgesetzbuch) 제90조를 유추·적용하여 고용계약 이후에도 비밀유지의무가 인정될 수 있다는 입장을 취하고 있는 것으로 여겨진다.35) 그럼에도 불구하고, 고용계약이 종료된 이후 비밀유지의무가 종업원에게 인정될 수 있는지의 여부는 직업의 자유를 규정하고 있는 독일 기본법 제12조의36) 가치 평가를 통해 결정될 수밖에 없는 것으로 파악하고 있는 점은 독일 연방노동법원과 학계의 다수 견해가 일치하는 것으로 여겨진다.37) 이처

---

32) BGH GRUR 1983, 179, 180 - Stapel-Automat; BGH GRUR 1963, 367, 369 - Industrieböden.
33) BAG NJW 1983, S. 134, 135.
34) McGuire/Joachim/Künzel/Weber, a.a.O. S. 829, 836.
35) Küttner, Personalbuch 19. Aufl., C.H. Beck, 2012, Betriebsgeheimnis, Rdn. 1.
36) 독일 기본법 제12조(직업의 자유) ① 모든 독일인은 직업, 직장 및 직업훈련장을 자유로이 선택할 권리를 가진다. 직업행사는 법률로써 또는 법률에 근거하여 규제될 수 있다.
   ② 누구도 모두에게 평등한, 전통적이고 일반적인 공적 복무를 제외하고는, 일정한 노동을 강요당하여서는 안 된다.
   ③ 강제노동은 법원이 명하는 자유박탈의 경우에만 허용된다.

럼 고용계약에 내재된 부수적 의무 혹은 신의성실의 의무로부터 파생되는 영업비밀의 부당한 사용 이외에도 불법행위법 혹은 경쟁법적 관점에서도 부당한 사용으로 인정될 수 있다. 만약 불법행위법 혹은 경쟁법적 관점에서 부당한 사용으로 인정되는 경우에 독일 민법 제823조에 의한 손해배상의무가 발생할 수 있고, 나아가 독일 부정경쟁방지법 제3조, 제4조가 금지하고 있는 부정경쟁행위에 해당할 수도 있을 것이다.

라. 고용계약을 통한 영업비밀의 보충적 보호

1) 비밀유지계약

독일에서도 사용자는 종업원과의 비밀유지계약 혹은 경업금지계약을 통해 영업비밀의 유지라는 목적을 달성할 수 있는데, 먼저 비밀유지계약은 기본적으로 독일에서도 그 유효성이 인정되고 있다. 비밀유지계약이 시간적으로 제한되지 않은 경우에도 보호되어야 할 종업원의 이익에 반하지 않는다는 전제 하에, 사용자에게 보상금 지급이라는 의무는 발생하지 않는다. 하지만 비밀유지계약의 효력이 인정되기 위해서는, 이러한 계약이 실제적으로 영업비밀에 해당하는 특정 정보와 관련되어야 하며, 이러한 구체적 합의가 그 범위에 있어서 적정하고 합리적(angemessen)인 것으로 인정되어야 한다.[38] 만약 사용자와 종업원 간의 비밀유지계약이 폭넓게 규정되어 실제적으로 경업금지계약과 동일시 될 수 있다면 그 유효성은 이하에서 서술하는 경업금지와 관련하여 발전된 이론에 의해 결정될 것이다. 예를 들어, 고용계약이 종료된 이후 모든 고객의 이름을 사용하지 않을 의무를 종업원이 부담하는 내용이 비밀유지계약에 포함된 경우 등이 경업금지계약과 동일시 될 수 있는 사례에 해당할 수 있을 것이다.[39]

2) 경업금지계약

독일에서 경업금지약정은 "고용관계의 종료 후에 근로자의 영업활동을 제한(경업금지)하는 사용자와 근로자 간의 약정은 서면으로 작성되어야 하고, 사용자가 서명한 약정 조건이 포함된 문서의 형식으로 근로자에게 교부되어야 한다"는 독일

---

[37] Ann/Loschelder/Grosch, Praxishandbuch Know-how-Schutz, Carl Heymanns, 2010, Kap. 2 Rdn. 55.

[38] Lingemann/Groneberg, Der Aufhebungsvertrag (Teil 3), NJW 2011, S. 2028, 2030.

[39] Gaul, Die nachvertragliche Geheimhaltungspflicht eines ausgeschiedenen Arbeitnehmers, NZA 1988, S. 225.

상법 제74조 제1항에 의해 제한적으로 인정되고 있다. 이외에도 사용자는 경업금지 약정을 하고자 하는 경우에는, 경업금지 1년에 대해 최소한 종업원이 직전에 계약상 수령한 급부의 절반에 달하는 보상금을 지불할 의무를 부담한다(독일 상법 제74조 제 2항).40) 나아가 경업금지약정은, 사용자의 정당한 영업 이익을 보호하는데 도움이 되는 한도 내이어야 하고, 경업금지약정의 기간, 지역적 범위 및 내용적 범위가 가능 한 한 최소한의 범위 내에서 이루어져야 비로소 그 유효성이 인정될 수 있다(독일 상법 제74조a 제1항). 여기에서 경업금지약정의 기간은 고용관계의 종료로부터 2년을 초과할 수 없도록 규정되어, 최대 2년의 기간 내에서만 경업금지약정의 효력이 인정 되고 있다. 만약 경업금지약정이 이러한 요건에 부합하지 않는 경우, 미국에서는 Blue Pencil Test를41) 통해 경업금지약정의 적용 범위를 축소하여 그 유효성을 인정 할 수 있지만 이와는 달리 독일에서는 일반적으로 법원이 경업금지약정의 적용 범 위를 축소하여 그 유효성을 인정할 수 있는 가능성이 차단되어 있다. 이는 사용자가 경업금지약정을 가능한 한 폭넓게 규정하고 다툼이 있는 경우에 그 유효성이 인정 될 수 있는 범위로 축소하는 폐해를 방지하기 위한 목적으로 여겨진다.42)

Ⅳ. 독일에서 영업비밀 보호의 특징과 시사점

독일에서 사용자는 종업원과의 비밀유지계약 혹은 경업금지계약을 통해 영업 비밀의 유지라는 목적을 달성할 수 있는데, 먼저 비밀유지계약은 기본적으로 독일 에서도 그 유효성이 인정되고 있다. 하지만 비밀유지계약의 효력이 인정되기 위해 서는, 이러한 계약이 실제적으로 영업비밀에 해당하는 특정 정보와 관련되어야 하 며, 이러한 구체적 합의가 그 범위에 있어서 적정하고 합리적(angemessen)인 것으 로 인정되어야 한다. 또한, 독일에서 경업금지약정은 "고용관계의 종료 후에 근로 자의 영업활동을 제한(경업금지)하는 사용자와 근로자 간의 약정은 서면으로 작성 되어야 하고, 사용자가 서명한 약정 조건이 포함된 문서의 형식으로 근로자에게 교

---

40) 독일 상법 제74조(경업금지약정; 보상에 의한 경업금지) ① 생략.
　　② 경업금지약정은, 사용자가 경업금지기간 동안 경업금지를 하는 매년마다 최소한 근로자 의 최종 급여의 1/2 이상에 해당하는 보상금을 지급할 의무를 부담하는 경우에만 구속력이 있다.
41) 이호정, 「영국 계약법」, 경문사, 2003, 298면.
42) BAG NZA 2008, 170, 172.

부되어야 한다"는 독일 상법 제74조 제1항에 의해 제한적으로 인정되고 있다. 이외에도 사용자는 경업금지약정을 하고자 하는 경우에는, 경업금지기간에 대해 최소한 종업원이 직전에 계약상 수령한 급부의 절반에 달하는 보상금을 지불할 의무를 부담한다(독일 상법 제74조 제2항). 나아가 경업금지약정은, 사용자의 정당한 영업 이익을 보호하는데 도움이 되는 한도 내이어야 하고, 경업금지약정의 기간, 지역적 범위 및 내용적 범위가 가능한 한 최소한의 범위 내에서 이루어져야 비로소 그 유효성이 인정될 수 있다(독일 상법 제74조a 제1항). 여기에서 경업금지약정의 기간은 고용관계의 종료로부터 2년을 초과할 수 없도록 규정되어, 최대 2년의 기간 내에서만 경업금지약정의 효력이 인정되고 있다. 만약 경업금지약정이 이러한 요건에 부합하지 않는 경우, 미국에서는 Blue Pencil Test를 통해 경업금지약정의 적용 범위를 축소하여 그 유효성을 인정할 수 있지만 이와는 달리 독일에서는 일반적으로 법원이 경업금지약정의 적용 범위를 축소하여 그 유효성을 인정할 수 있는 가능성이 차단되어 있다.

우리나라는 경업금지약정의 유효성과 근로자 보호에 관하여 별도의 법률 규정을 두지 않고 구체적 사건에서 법원의 판단에 따라 사용자와 근로자 사이의 이해관계를 조정하고 있다. 이러한 체계는 각 개별사안마다 구체적 사정이 다른 경업금지약정에 관하여 법원이 제반 사정을 종합적으로 고려할 수 있는 여지를 남겨 두어 구체적 타당성을 높일 수 있는 장점이 있다. 반대로 사용자나 근로자 모두에게 경업금지약정의 유효성을 사전에 예상하기 어렵게 할 뿐만 아니라 경제적 약자인 근로자의 경우 비용부담 등의 문제로 소송을 통해 구제받기란 사실상 어려울 수 있다. 이에 향후 경업금지의 대상, 지역, 기간 등에 정함이 없이 포괄적으로 경업금지를 약정하는 경우에는 그 유효성을 부정하고, 경업금지약정이 그 기간과 장소를 일정한 범위 내로 제한하고 있다고 하더라도 근로자의 직업선택의 자유와 근로권 등을 과도하게 제한하거나 자유로운 경쟁을 지나치게 제한하는 경우에도 그 유효성을 인정하지 않는 방안이 마련되어야 할 것이다. 또한, 근로자가 전직한 회사에서 영업비밀과 관련된 업무에 종사하는 것을 금지하지 않고서는 회사의 영업비밀을 보호할 수 없는 경우에 한하여 경업금지약정의 유효성을 인정하는 방향으로의 입법이 필요한 것으로 여겨진다. 나아가 이러한 입법을 하는 경우에도 전직금지 혹은 경업금지에 따른 합리적인 보상을 근로자가 받을 수 있도록 하는 방안도 함께 강구되어야 할 것이다.

제 3 절 중   국

박종학(서울남부지방법원 부장판사)

I. 서   론

중국 부정경쟁방지법(中华人民共和国 反不正当竞争法)은 1993년 9월 2일 제8기 전국인민대표대회 상무위원회 제3차 회의를 통과하여 주석령 제10호로 공포되고 1993년 12월 1일부터 시행되었다.1) 중국 부정경쟁방지법의 주요 내용은 부정경쟁 행위에 관한 일반조항(제2조), 제5조부터 제15조까지 11가지 유형의 부정경쟁행위 즉, 표장모방행위 등(제5조), 공용기업의 경쟁제한행위(제6조), 행정기관의 경쟁제한 행위(제7조), 영업뇌물행위(제8조), 허위광고행위(제9조), 영업비밀 침해행위(제10조), 부당한 저가판매행위(제11조), 끼워팔기 또는 조건부 거래행위(제12조), 부당한 경 품판매행위(제13조), 영업비방행위(제14조), 입찰담합행위(제15조), 부정경쟁행위의 감독 및 조사(제16조부터 제19조까지), 부정경쟁행위에 대한 구제(제20조부터 제27조 까지) 등이다.2)

중국 부정경쟁방지법은 영업비밀의 정의, 침해유형, 민사책임 등 영업비밀에 관하여 간단하게 규정하고 있고, 행정법규(行政規章)인 영업비밀 침해행위 금지에 관한 약간 규정(关于禁止侵犯商业秘密行为的若干規定)이 영업비밀에 관한 구체적인 내용을 규정하고 있으며, 형법 제219조는 영업비밀 침해죄를 규정하고 있다. 영업 비밀에 관한 사법해석으로는 최고인민법원의 부정경쟁 민사사건 심리에서 법률 적

---

1) 현재 중국 부정경쟁방지법 개정안이 제12기 전국인민대표대회 상무위원회에서 심의 중이다.
   <http://www.npc.gov.cn/npc/xinwen>(2017. 9. 19. 검색)
2) 우리나라 부정경쟁방지 및 영업비밀 보호에 관한 법률(이하 '부정경쟁방지법'이라고 한다)은 영업비밀 침해행위를 부정경쟁행위의 유형에 포함시키지 아니하고 별도로 규정하고 있는데 반하여, 중국 부정경쟁방지법은 영업비밀 침해행위도 부정경쟁행위의 한 유형으로 포함하고 있다. 영업비밀 침해행위가 경쟁자의 영업비밀을 부정 취득하여 시장거래에서 경쟁상의 우위를 확보함으로써 건전한 거래질서를 문란하게 하는 부정경쟁행위의 하나라는 점에서 영업비밀 침해행위를 부정경쟁행위의 유형에 포함하느냐 별도로 규정하느냐는 형식적 차이에 불과하다.

용 약간 문제에 관한 해석(最高人民法院关于审理不正当竞争民事案件应用法律若干问
题的解释)이 있다.

중국 부정경쟁방지법은 경영자에 의한 영업비밀 침해행위를 규정하고 있다.
경영자가 아닌 종업원이나 제3자에 의한 영업비밀 침해행위에 대하여는 민법통칙
(民法通则)3) 중 과학기술성과 규정(민법통칙 제118조), 계약법(合同法) 중 기술비
밀4) 양도 규정(계약법 제43조, 제60조 제2항, 제18장 제2절), 회사법(公司法) 중 이사,
고급관리자의 영업비밀 누설금지 규정(회사법 제148조), 노동법(劳动法) 중 영업비
밀유지 규정(노동법 제22조), 노동계약법(劳动合同法) 중 영업비밀 관련 규정(노동계
약법 제23조)이 적용될 수 있다.

이와 같이 영업비밀의 보호에 관하여는 중국 부정경쟁방지법뿐만 아니라 다수
의 관련 법률이 규정하고 있는 바, 여기서는 영업비밀의 정의와 유형 및 구제에 관
한 기본적인 사항을 규정하고 있는 중국 부정경쟁방지법의 영업비밀에 관한 규정
을 중심으로 본다.

Ⅱ. 영업비밀의 요건 및 귀속

1. 영업비밀의 의의

중국에서 영업비밀이란 공중에 알려져 있지 아니하고(不为公众所知悉), 권리
자5)에게 경제적 이익을 주며(能为权利人带来经济利益), 실용성을 구비하고 있고(具

---

3) 2017년 3월 15일 중국 제12기 전국인민대표대회 제5차 회의에서 민법총칙(民法总则)이 통
   과되어 2017년 10월 1일부터 시행된다. 민법총칙을 제정하면서 1987년부터 시행된 민법통칙
   을 폐지하지 않았다. 민법총칙과 민법통칙의 규정이 일치하지 않는 경우 신법우선의 원칙에
   따라 민법총칙의 규정을 적용한다.
4) 기술계약 분쟁사건 심리에서 법률 적용 약간 문제에 관한 해석(最高人民法院关于审理技术
   合同纠纷案件适用法律若干问题的解释) 제1조 제2항은, '기술비밀'이란 공중에 알려지지 아니
   하고, 영업가치가 있으며, 권리자가 비밀유지조치를 취한 기술정보라고 규정하고 있다(技术秘
   密, 是指不为公众所知悉、具有商业价值并经权利人采取保密措施的技术信息).
5) 중국 부정경쟁방지법 제10조는 영업비밀 보유자를 전용권자 또는 소유권자라고 하지 않고
   권리자라고 표현하고 있다. 최고인민법원의 부정경쟁 민사사건 심리에서 법률 적용 약간 문제
   에 관한 해석도 마찬가지로 규정하고 있다. 영업비밀 침해행위 금지에 관한 약간 규정 제2조
   제6항은 권리자란 영업비밀에 대하여 소유권 또는 사용권을 향유하는 공민, 법인 또는 기타
   조직을 말한다고 규정하고 있다. 실무상으로 일부 법원은 권리자를 권리를 향유하는 자로 이
   해하여 '영업비밀 소유권', '영업비밀 전용권', '영업비밀권'으로 표현하거나 '법정권리', '절대권'
   으로 표현하기도 한다. 다른 일부 법원은 영업비밀은 독점적·배타적 권리인 상표권, 특허권과
   구별되는 권리로 이해한다. 谢晓尧, 「不正当竞争司法案例类型化研究」, 法律出版社, 2010, 371
   ~372页。한편 중국 형법 제219조 제4항은 영업비밀 권리자란 영업비밀 소유자와 영업비밀 소

有实用性), 권리자가 비밀유지조치를 취한(经权利人采取保密措施) 기술정보와 경영정보(技术信息和经营信息)를 말한다(중국 부정경쟁방지법 제10조 제3항6)). 여기서 영업비밀은 여러 기능 또는 경험에 의하여 발생한 것으로서 산업에 적용한 기술정보(예컨대, 화학적 배합방법, 기술공정, 기술비법, 설계도면 등)뿐만 아니라, 비밀로 해야할 경영관리방법 및 이와 밀접한 관련이 있는 경영정보(예컨대, 판매전략, 고객명단, 원자재정보 등)를 포함한다. 그러나 모든 기술정보 및 경영정보가 영업비밀은 아니다. 영업비밀의 요건을 갖춘 기술정보 및 경영정보만이 영업비밀이다. 우리나라에서 영업비밀이란 공공연히 알려져 있지 아니하고 독립된 경제적 가치를 가지는 것으로서, 합리적인 노력에 의하여 비밀로 유지된 생산방법, 판매방법, 그 밖에 영업활동에 유용한 기술상 또는 경영상의 정보를 말한다(우리나라 부정경쟁방지법 제2조 제2호). 양자의 영업비밀에 관한 정의는 성립요건에 있어서 큰 차이는 없다. 다만, 구체적으로는 중국 부정경쟁방지법이 영업비밀 귀속자로 권리자를 명시하고, 권리자가 비밀유지조치를 취하는 정도를 명시하고 있지 않는 반면에, 우리나라 부정경쟁방지법은 영업비밀 귀속자를 명시하고 있지 않고, 비밀유지조치를 합리적인 노력에 의하여 비밀로 유지할 것을 명시하고 있는 점에서 차이가 있다. 중국 부정경쟁방지법이 영업비밀의 보호를 권리자 보호의 측면에서 규정하고 있는 반면에, 우리나라 부정경쟁방지법은 영업비밀의 보호를 행위자 규제의 측면에서 규정하고 있는 점에서 구체적인 차이가 나타난 것으로 보인다.7)

　　영업비밀은 권리자가 일정한 시간, 자본 또는 노력을 들여 얻은 것으로 권리자가 현실적 또는 잠재적인 경제적 가치와 경쟁우위를 가짐과 동시에 권리자가 비밀성을 유지하기 위해 일정한 자금 또는 노력을 투입한다. 그러므로 영업비밀은 일종의 특수한 지식재산권이라고 할 수 있고 법률의 보호를 받아야 한다. 그러나 중국의 현행 지식재산권법은 영업비밀에 대한 보호에 미흡하다. 중국 부정경쟁방지법은 공평한 경쟁을 보호하고 부정경쟁을 방지하기 위해 영업비밀 침해행위를 일종의 부정경쟁행위의 하나로서 금지하여 중국 지식재산권 보호에 관한 법률제도를 보충

　　유자의 허가를 얻은 영업비밀 사용자를 말한다고 규정하고 있다.

6) 本条所称的商业秘密, 是指不为公众所知悉、能为权利人带来经济利益、具有实用性并经权利人采取保密措施的技术信息和经营信息。

7) 정덕배, 「중국기술보호법」, 금강도서출판사, 2013, 246면 각주 2)에는 '중국의 영업비밀 관련 규정의 특징은 영업비밀을 하나의 권리로 인식하여 규정하고 있으며, 이러한 규정은 우리나라가 영업비밀을 권리가 아닌 법에 의하여 보호받는 '사실상의 자산'으로 파악하고 있는 것과 대조된다고 보고 있다.

하고 있다.

2. 영업비밀의 요건

영업비밀이 인정되려면, 비공지성, 경제적 가치성 및 실용성, 비밀유지조치성을 갖춘 기술정보 및 경영정보이어야 한다.[8) 경영자의 모든 기술정보와 경영정보가 영업비밀로 인정되는 것은 아니다. 영업비밀의 3가지 요건을 모두 충족하여야 비로소 영업비밀로 인정되고 그 중 하나라도 충족하지 못하면 영업비밀로 인정되지 않는다. 실무상 영업비밀 침해사건에서는 영업비밀 해당 여부가 먼저 밝혀져야 한다. 그래서 법원은 영업비밀 침해사건 심리에서 원고에게 보호할 영업비밀을 명확히 특정하도록 요구하고 있다.[9)

가. 비공지성(不为公众所知悉)

비공지성은 비밀성(秘密性)이라고도 하며 공중이 알지 못한다는 것인데, 이는 공중이 해당 정보를 정상적인 수단으로는 얻을 수 없는 경우를 말한다(영업비밀 침해행위 금지에 관한 약간 규정 제2조 제2항[10)). 공중은 동종업종의 경쟁자뿐만 아니라, 동종업종·동종영역에서 영업비밀을 취득하여 경제적 이익 또는 경쟁우위를 얻을 수 있는 시장주체를 의미한다.[11) 그러므로 경쟁자가 아닌 경우에는 공중에서 제외된다. 이러한 영업비밀의 상대성으로 인해 지역적 제한을 고려하여야 한다. 어느 국가에서는 공지기술이라도 다른 국가 또는 다른 지역에서는 공중이 알지 못하는 경우도 있을 수 있다. 다만 실무적으로는 공지기술은 비밀유지조치성이 없기 때문에 영업비밀로 인정되지 않는다고 한다.[12) 기술정보 및 경영정보가 이미 공개되거나 일반적으로 공중이 이미 알고 있는 정보, 자료, 방법이 아니어야 공중이 알지 못한 것에 해당한다. 예컨대, 공개간행물에 소개된 화학배합방법은 비록 조상 대대로 전해온 비방이라는 문양이 있더라도 공중이 알 수 있기 때문에 이미 영업비밀이 아니다.

최고인민법원의 부정경쟁 민사사건 심리에서 법률 적용 약간 문제에 관한 해

8) 이윤원, 「영업비밀보호법」, 박영사, 2012, 9면.
9) 蒋志培 主编, 中国知识产权司法保护(2007), 中国传媒大学出版社, 2007, 246页。
10) 本规定所称不为公众所知悉, 是指该信息是不能从公开渠道直接获取的。
11) 蒋志培 主编, 专利商标新型疑难案件审判实务, 法律出版社, 2007, 64页。
12) 蒋志培 主编, 不正当竞争 新型疑难案件审判实务, 法律出版社, 2007, 65页。

석 제9조 제2항은, ① 해당 정보가 그 소속 기술 또는 경제영역 사람들의 일반적인 상식 또는 업종의 관례인 경우, ② 해당 정보가 제품의 치수, 구조, 재료, 부품의 간단한 조합 등의 내용과 관련 있고, 시장진입 후 관련 공중이 제품의 관찰을 통하여 그 정보를 직접 취득할 수 있는 경우, ③ 해당 정보가 공개된 출판물 또는 기타 매체에 공개된 경우, ④ 해당 정보가 공개보고회 또는 전시회 등을 통하여 공개된 경우, ⑤ 기타 공개된 통로를 통하여 해당 정보를 취득할 수 있는 경우, ⑥ 일정한 대가를 지불하지 않고 해당 정보를 용이하게 취득할 수 있는 경우, 법원은 관련 정보가 공중에 알려진 것으로 인정할 수 있다고 규정하고 있다.[13]

하남성 고급인민법원의 <영업비밀 분쟁사건 심리의 약간 지도 의견(河南省高級人民法院商業秘密糾紛案件審理的若干指導意見)>은 영업비밀의 비공지성에 관하여 다음과 같이 규정하고 있다. '영업비밀은 비밀상태의 기술정보와 경영정보이다. 정보는 아직 누구에 의해서도 사회에 공개되지 않아 공중이 알지 못하고 불특정다수인에게 전파되지 않은 것이다. 영업비밀의 비공지성을 심사하는 때에는 몇 가지 점이 고려되어야 한다. ① 기술, 경영 정보의 공개 정도를 확정하여야 한다. 완전히 공개되지 않은 정보는 비공지성을 구비한 것으로 인정된다. 정보가 부분적으로 공개된 경우 공개되지 않은 부분은 비공지된 정보에 해당한다. ② 기술, 경영 정보의 공개범위를 확정하여야 한다. 정보가 특정범위 내에서 공개되고 불특정인에게 알려지지 않은 경우에는 구체적 상황에 따라 해당 정보의 비공지성 상실 여부를 확정할 수 있다. 단위(單位)의[14] 종업원이 업무상 해당 정보를 파악한 경우에는 사회에 공개되었다고 할 수 없고, 여전히 비공지성이 인정된다. ③ 타인이 권리자의 기술,

---

13) 第九条　有关信息不为其所属领域的相关人员普遍知悉和容易获得，应当认定为反不正当竞争法第十条 第三款 规定的"不为公众所知悉"。
　　具有下列情形之一的，可以认定有关信息不构成不为公众所知悉：
　　(一) 该信息为其所属技术或者经济领域的人的一般常识或者行业惯例；
　　(二) 该信息仅涉及产品的尺寸、结构、材料、部件的简单组合等内容，进入市场后相关公众通过观察产品即可直接获得；
　　(三) 该信息已经在公开出版物或者其他媒体上公开披露；
　　(四) 该信息已通过公开的报告会、展览等方式公开；
　　(五) 该信息从其他公开渠道可以获得；
　　(六) 该信息无需付出一定的代价而容易获得。
14) 중국법에는 '단위'라는 용어가 나온다. '단위'란 ① 기관, 단체, 법인, 기업 등 비자연인의 실체 혹은 그 소속부문, ② 봉급생활자가 출근하는 장소 즉 직장, ③ 수학, 물리학, 의학에서 사용하는 개념 등 여러 가지 의미를 내포하고 있다. 대체적으로 '법인 또는 기타 조직'으로 이해된다.

경영 정보를 절취하고 아직 외부로 확산되지 않은 경우에는 여전히 해당 정보의 비공지성이 인정되고 영업비밀 침해자가 해당 정보를 누설한 경우에 비공지성을 상실한다. ④ 권리자는 해당 기술, 경영 정보를 이용하여 제조한 제품을 공개 판매 하는 경우 해당 정보가 공개되었다고 할 수 없고 해당 정보는 여전히 비공지성을 유지한다.[15]

항주시 빈강구인민법원은, 영업관리자로 근무하던 직원이 별도 회사를 설립한 후 거래처명단을 사용하여 영업행위를 한 사안에서, 회사의 고객정보 목록 및 고객 방문 목록은 경영정보로서 영업비밀에 해당한다고 판시하였다.[16]

베이징시 해정구인민법원은, 영업비밀은 공중에 알려지지 아니할 것이 필요적 요건인데, 원고 회사가 음향기기 등을 생산, 판매한 사실 및 그 연락처는 인터넷에 공개되어 알려진 정보로서 전자기기제품의 판매자는 모두 인터넷망을 통하여 공개 적인 방식으로 그 정보를 얻을 수 있는바, 이러한 사정이라면 동일 업종의 영역에 속한 사람이라면 보통 알고 있거나 쉽게 얻을 수 있는 정보라고 할 것이므로, 이러 한 정보는 영업비밀의 비공지성의 요건을 구비하지 아니하여 영업비밀에 속하지 않는다고 판시하였다.[17]

나. 경제적 가치성 및 실용성(能为权利人带来经济利益、具有实用性)

경제적 가치성 및 실용성은 해당 정보가 응용가능성을 확실하게 구비하고 있 고, 권리자에게 현실적 또는 잠재적 이익이나 경쟁상의 우위를 가져다 주는 것을 말한다(영업비밀 침해행위 금지에 관한 약간 규정 제2조 제3항).[18] 여기서 권리자란 영 업비밀에 대하여 소유권 또는 사용권을 향유하는 공민, 법인 또는 기타 조직을 말 한다(영업비밀 침해행위 금지에 관한 약간 규정 제6항).

1) 경제적 가치성

모든 정보가 영업비밀을 구성하는 것이 아니고 영업적 가치를 구비하여야 한 다. 영업비밀의 가치성은 경제적인 관점에서 자산가치 또는 경쟁가치를 가져야 한 다는 것을 말한다. 하남성 고급인민법원의 <영업비밀 분쟁사건 심리의 약간 지도

---

15) 谢晓尧, 前揭书(注5), 391页。
16) 杭州市滨江区人民法院 (2015) 杭滨知初字第362号 民事判决书。
17) 北京市海淀区人民法院 (2008) 海民初字第20619号 民事判决书。
18) 本规定所称能为权利人带来经济利益、具有实用性, 是指该信息具有确定的可应用性, 能为权 利人带来现实的或者潜在的经济利益或者竞争优势。

의견>은 가치성은 영업비밀이 현재 또는 장래에 사용되어 권리자에게 현실적 또는 잠재적 경제이익을 가져다주는 것이라고 규정하고 있다.19) 어떤 정보가 경제적 이익을 가지고 있는 것인지 여부는 그 정보가 가지고 있는 객관적인 가치를 기준으로 권리자에게 경쟁상의 우위를 가져오는 것인지 여부를 보고 판단해야 한다. 현재는 경제적 이익이 없으나 장래에는 시장에서 경쟁상의 우위를 점유할 수 있는 정보는 영업비밀로 보호받을 수 있다. 예컨대, 어떠한 기술혁신이 노동생산성을 높이지 못하고 제조원가를 낮추지 못하며 오히려 노동생산성을 낮추고 제조원가를 높인다면 경제적 가치가 없기 때문에 영업비밀이 아니다. 경제적 가치성은 경제적 요소 외에 그 적법성도 고려되어야 한다. 강행법규나 공서양속에 반하지 않고 유통 가능한 정보이어야 하는 것이다.

상하이시 고급인민법원은, 영업비밀 침해분쟁 사건의 쟁점은 권리자의 영업비밀이 법적 보호를 받을 수 있는지 여부인데, 그 전제조건은 해당 소송의 영업비밀이 합법성을 구비하고 있느냐이다. 이른바 합법성은 해당 기술정보 및 경영정보의 취득, 사용 등에 법률 위반 및 타인에게 손해를 발생시키지 않는 합법적 권익을 말한다. 합법적인 절차를 거치지 않았다면 이러한 개인정보를 취득 및 사용하는 것은 공민의 사적 권리에 손해를 발생시키는 것이 된다. 그러므로 항소인은 영업비밀이라고 주장하는 관련 데이터정보가 취득 및 사용에 있어서 합법성을 가지고 있음을 증명하여야 하고, 그렇지 않으면 영업비밀로서 법적 보호를 받을 수 없다고 판시하였다.20)

2) 실 용 성

실용성은 영업비밀의 실제 운용을 통하여 생산력의 향상을 가져오는 등 구체적으로 응용할 수 있는 것을 말한다. 만약 생산효율을 저하시키거나 생산비의 증대를 발생하는 정보는 실용성이 없으므로 영업비밀에 해당하지 않는다. 하남성 고급인민법원의 <영업비밀 분쟁사건 심리의 약간 지도 의견>은, 영업비밀의 경제적 가치성과 실용성은 기술, 경영 정보를 결합한 것으로 경영자의 경제적 이익에 내재되어 있고 이용가치가 있으며, 권리자의 생산경영활동에 직접적, 간접적으로 도움을 주는 것이냐에 따라 인정한다고 규정하고 있다. 영업비밀로 보호받을 수 있는 정보는 구체적으로 응용할 수 있는 것이어야 하고, 추상적·관념적인 정보는 영업

---

19) 谢晓尧, 前揭书(注5), 389页。
20) 上海市高级人民法院 (2006) 沪高民三(知)终字第92号 民事判决书。

비밀로 보호받지 못한다. 기업의 제품개발계획은 그 자체로는 사업에 직접 연결되지는 않지만 상대방과의 경쟁관계에서 유용하게 활용할 수 있는 정보이므로 실용성이 인정될 수 있다.

다. 비밀유지조치성(经权利人采取保密措施)

비밀유지조치성은 비밀유지약정의 체결을 포함하여 비밀유지제도를 수립하고 기타 합리적인 비밀유지를 위한 조치를 취한 것을 말한다(영업비밀 침해행위 금지에 관한 약간 규정 제2조 제4항).[21] 여기서 기타 합리적인 비밀유지조치란 구두 또는 서면으로 비밀유지약정을 한 것이 포함되고, 권리자가 영업비밀이 존재한다는 것을 알고 있는 종업원 또는 업무 관련 제3자에게 비밀유지를 요구하는 경우라고 해석된다.[22] 권리자는 비밀유지조치를 취하면서 영업비밀을 비밀로 유지한다는 인식이 있어야 한다. 우리나라 부정경쟁방지법이 합리적인 노력에 의하여 비밀로 유지된 것을 영업비밀로 규정하고 있으므로 합리적인 노력 또는 조치를 통해 비밀유지를 한다는 점에서 중국 부정경쟁방지법의 영업비밀의 비밀유지조치성과 차이가 없어 보인다. 경영자가 자신이 파악한 고객명단, 원자재정보 등을 타인이 쉽게 얻을 수 있는 곳에 놓아두는 것은 선량한 관리자의 주의로 비밀유지를 하고 있다고 볼 수 없다. 이런 정보는 경제적 가치가 있더라도 영업비밀 보유자가 적당한 비밀유지조치를 취한 것이 아니므로 영업비밀이라고 할 수 없다.

강소성 구주시 중급인민법원은, 3년간 노동계약을 체결하면서 비밀유지계약을 체결한 관리자가 퇴직 후 다른 회사에 취직한 후 원래 회사의 영업비밀을 침해한 사안에서, 고객정보는 영업비밀에 해당하고 다른 회사가 원래 회사의 고객정보 및 판매정보를 이용하여 영업한 것은 영업비밀 침해행위에 해당하므로 침해중지 및 손해배상을 명한 1심 판결은 정당하다고 판시하였다.[23]

비밀유지조치와 관련하여 구두로 종업원, 업무관계자 등에게 비밀유지요구만 하더라도 비밀유지조치를 취한 것으로 인정받을 수 있으나, 영업비밀 침해소송에서 증명책임이 원고(권리자)에게 있으므로 증거확보를 위해서는 업무관계자 등과 계약상 비밀유지의무를 부담하도록 명시적으로 기재하고, 종업원 등에 대해서는 고용계

---

21) 本規定所称权利人采取保密措施, 包括订立保密协议, 建立保密制度及采取其他合理的保密措施。

22) 国家工商行政管理局 工商工字「1998」第109号。

23) 浙江省衢州市中级人民法院 (2015) 浙衢行终字第25号 行政判决书。

약상 비밀유지의무 또는 경업금지의무를 명시하거나 기업체 내부 관리규정으로 영업비밀 보호규정을 명문화하는 것이 영업비밀 침해소송에서 침해 인정을 받는 데 유리하다.

최고인민법원의 부정경쟁 민사사건 심리에서 법률 적용 약간 문제에 관한 해석 제11조 제3항은 아래의 어느 하나에 해당하고, 정상적인 상황에서 비밀 관련 정보의 누설을 방지하기 위해 충분한 경우, 권리자가 비밀유지조치를 취한 것으로 인정한다.

① 영업비밀 관련 정보의 공개범위를 한정하여 반드시 알고 있어야 할 관련자에게만 그 내용을 알린 경우
② 영업비밀 관련 정보가 수록된 매체에 대하여 잠금 등 예방조치를 취한 경우
③ 영업비밀 관련 정보의 수록매체에 비밀유지표지가 있는 경우
④ 영업비밀 관련 정보에 비밀번호 또는 코드번호 등을 채택한 경우
⑤ 비밀유지계약을 체결한 경우
⑥ 영업비밀 관련 기계·공장·차량 등에 대하여 방문객을 제한하고 방문객에게 비밀유지요구를 한 경우
⑦ 정보에 대한 비밀을 확보하기 위하여 기타 합리적인 조치를 취한 경우

영업비밀을 유지하기 위해서는 영업비밀에 접근할 수 있는 사람을 제한하는 것이 중요하다. 정보담당자, 일정한 관리직 이상으로 접근자를 제한하고 영업비밀 자체에도 잠금장치가 설치되어 있고 열쇠 등이 별도로 관리되어야 한다. 시간제 근무 종업원, 경리담당자 및 사장이 모두 접근할 수 있는 정보라면 비밀유지조치를 취하고 있다고 인정받기 어렵다.

베이징시 제2중급인민법원은, 원고가 영업정보에 대하여 비밀유지조치를 취하였느냐의 여부는 영업비밀을 향유할 수 있느냐의 중요한 전제조건이라고 판시하였고,[24] 청도시 중급인민법원은, 피상소인이 해당 기술에 대하여 비밀유지조치를 취하지 아니하였으므로 법원은 해당 기술이 영업비밀의 다른 구성요건을 구비하였는지에 관하여 심리할 필요 없이 피상소인의 청구를 기각한다고 판시하였다.[25]

---

24) 北京市 第二中級人民法院 (2003) 二中民初字第4882号 民事判決书。
25) 青島市中級人民法院 (2002) 青知終字第1号 民事判決书。

라. 기술정보 및 경영정보(技术信息和经营信息)

기술정보 및 경영정보란 설계(設計), 프로그램(程序), 제품조립방법(産品配方), 제품제조방법 및 기술, 관리노하우, 고객명단, 제품출처정보(貨源情報), 판매전략, 원가계산서 또는 입찰서의 최저가격과 그 내용 등의 정보를 말한다(영업비밀 침해행위 금지에 관한 약간 규정 제2조 제5항[26])).

영업비밀은 모든 형태의 구체적인 정보, 예컨대 제조공식이나 데이터, 프로그램, 고안, 제조방법, 고객명단 등을 포함하므로, 영업비밀 침해행위 금지에 관한 약간 규정 제2조 제5항이 규정하고 있는 기술정보 및 경영정보는 예시에 불과하다. 여기의 '고객명단'이란 일반적으로 고객의 명칭·주소·연락방법 및 거래의 습관·의향·내용 등으로 구성된 것으로서 공지된 특수고객정보와는 구별되고, 많은 고객의 집합인 고객명단과 장기간 거래관계를 유지하고 있는 특정고객을 포함한다(최고인민법원의 부정경쟁 민사사건 심리에서 법률 적용 약간 문제에 관한 해석 제13조 제1항).[27] 실무상 고객명단이 영업비밀로 인정되느냐는 어려운 문제라고 한다.[28] 우연히 만난 고객의 명단은 영업비밀로 인정되기 어렵고 장기간 거래를 하여 상호간에 신뢰관계가 형성된 고객의 명단이 영업비밀로 인정된다. 우연한 고객의 명단까지 영업비밀로 인정하게 되면 경영자에게 독점권을 부여하게 되어 공정경쟁을 제한하게 되고 고객선택권을 박탈하게 되어 공정거래를 해칠 수 있기 때문이다.

상하이시 제2중급인민법원은, 고객명단이 시장경쟁에서 시장우위와 경제적 이익을 얻는 것이라면 그에 따른 합리적인 비밀보호조치를 취하여야 하므로, 경영자는 종업원과 고객명단에 대한 비밀유지계약 등을 통하여 영업비밀이 누설되지 않도록 하여야 한다고 판시하였다.[29]

3. 영업비밀의 귀속

영업비밀은 경영자가 시간과 비용을 들여 생산·경영 과정에서 취득한 생산·경영성과로서 공중에 알려지지 아니한 기술정보와 경영정보를 말하므로 생산·경영

---

26) 第二条 本规定所称技术信息和经营信息, 包括设计、程序、产品配方、制作工艺、制作方法、管理诀窍、客户名单、货源情报、产销策略、招投标中的标底及标书内容等信息。

27) 第十三条 商业秘密中的客户名单, 一般是指客户的名称、地址、联系方式以及交易的习惯、意向、内容等构成的区别于相关公知信息的特殊客户信息, 包括汇集众多客户的客户名册, 以及保持长期稳定交易关系的特定客户。

28) 蒋志培 主编, 前揭书(注9), 247页。

29) 上海市 第二中级人民法院 (2012) 沪二中民五(知)终字 第32号 民事判决书。

자에게 귀속된다. 중국 부정경쟁방지법 제10조는 영업비밀의 귀속주체를 권리자로 규정하여 권리자 보호의 형식을 취하고 있다. 여기서 권리자는 영업비밀의 취득유형에 따라 달라진다. 종업원이 직무상 영업비밀을 취득하는 경우에는, 특허법 제6조의 직무발명, 저작권법 제16조의 직무작품, 계약법 제326조의 직무기술성과가 있다. 계약에 의하여 영업비밀을 개발한 경우에는 계약법 제322조부터 제364조까지 기술개발계약에 관한 규정을 적용한다. 중국 계약법 제326조는, 직무기술성과란 법인 또는 기타 조직의 업무를 집행하거나 법인 또는 기타 조직의 물질기술조건을 이용하여 완수한 기술성과를 말한다고 규정하고 있다.30) 직무기술성과의 사용권과 양도권이 법인 또는 기타 조직에 속하는 경우, 법인 또는 기타 조직은 당해 직무기술성과와 관련하여 기술계약을 체결할 수 있고, 법인 또는 기타 조직은 당해 직무기술성과를 사용하거나 양도하여 취득한 수익에서 일정한 비율로 공제하여 당해 직무기술성과를 완수한 개인에게 장려금이나 보수를 지급하여야 한다.

Ⅲ. 영업비밀 침해행위의 주체와 유형

1. 영업비밀 침해행위의 주체

중국 부정경쟁방지법 제2조 제2항에31) 의하면, 경영자가 영업비밀 침해행위를 하여 다른 경영자의 합법적 권익에 손해를 가하거나, 사회경제질서를 문란하게 하는 행위를 한 경우에는 부정경쟁행위에 해당하여 중국 부정경쟁방지법에 의한 규제를 받게 된다.

영업비밀 침해자는 경영자이다. 여기서 경영자란 상품경영 또는 영리성 서비스업에 종사하는 법인, 기타 경제조직 및 개인을 말한다(중국 부정경쟁방지법 제2조 제3항32)). 베이징시 고급인민법원은 1998년 3월 24일 공포한 사법해석인 '부정경쟁

---

30) 第三百二十六条　职务技术成果的使用权、转让权属于法人或者其他组织的，法人或者其他组织可以就该项职务技术成果订立技术合同。法人或者其他组织应当从使用和转让该项务技术成果所取得的收益中提取一定比例，对完成该项务技术成果的个人给予奖励或者报酬。法人或者其他组织订立技术合同转让职务技术成果时，职务技术成果的完成人享有以同等条件优先受让的权利。职务技术成果是执行法人或者其他组织的工作任务，或者主要是利用法人或者其他组织的物质技术条件所完成的技术成果。

31) 本法所称的不正当竞争，是指经营者违反本法规定，损害其他经营者的合法权益，扰乱社会经济秩序的行为。

32) 第二条　本法所称的经营者，是指从事商品经营或者营利性服务(以下所称商品包括服务)的 法人、其他经济组织和个人。

방지 사건의 심리에서 몇 가지 문제에 관한 해답'에서 경영자는 시장에 상품 또는 서비스를 제공하는 법인, 기타 조직 및 개인이다. 전문적으로 상품 경영 또는 영리성 서비스업에 종사하지 않더라도 시장에 제조품, 기술 등 지적 성과를 제공한다면 부정경쟁방지법상의 경영자에 해당한다고 해석하고 있다.33) 경영자는 우리나라에서 일반적으로 사용되고 있는 기업체 등의 경영자와 달리 중국에서는 상당히 포괄적인 개념으로 사용되고 있는 것으로 보인다.34)

2. 영업비밀 침해행위의 유형

중국 부정경쟁방지법 제10조 제1항은, 경영자는 절취·유혹·협박 또는 기타 부정한 수단으로 권리자의 영업비밀을 취득하는 행위, 전항의 수단을 사용하여 취득한 권리자의 영업비밀을 공개·사용 또는 타인에게 사용을 허락하는 행위, 계약을 위반하거나 영업비밀유지의무에 위반하여 그가 알고 있는 영업비밀을 공개·사용 또는 타인에게 사용을 허락하는 행위로 영업비밀을 침해해서는 아니 된다고 규정하고 있고, 같은 조 제2항은, 제3자가 알거나 중대한 과실로 알지 못하고 제1항에 열거한 위법행위에 의한 타인의 영업비밀을 취득·사용·공개하는 행위는 영업비밀을 침해한 것으로 간주한다고 규정하고 있다.35)

한편 영업비밀 침해행위 금지에 관한 약간 규정 제3조는 영업비밀 침해행위의 유형을, 절취·유혹·협박 또는 기타 부정한 수단으로 권리자의 영업비밀을 취득하

---

33) 北京市 高級人民法院 '关于审理反不正当竞争案件几个问题的解答'(1998年 3月 24日 京高法发(1998) 73号). 이론상으로 경영자에 대한 해석에는 주체자격설과 행위성질설이 있다. 주체자격설은 상품경영 또는 영리성 서비스업에 종사하는 자격을 구비한 주체만 경영자로 인정될 수 있다는 견해로서 중국 부정경쟁방지법 제10조가 경영자로 명확하게 규정하고 있다는 것을 근거로 한다. 주체자격설은 이론상으로는 설득력이 있으나 실용성이 없고 실무상 나타나는 문제들을 해결할 수 없다는 단점이 있다. 행위성질설은 주체가 공익적이든 영리적이든 또는 법인, 개인, 기타 조직을 불문하고 상품경영 또는 영리성 서비스업에 종사하기만 하면 경영자로서 부정경쟁방지법의 적용을 받는다는 견해로서 법률적용이 주체가 아니라 행위에 대한 것이고, 끊임없이 변화하는 사회현실에 훨씬 실용적인 효과가 있다는 것을 근거로 한다. 蔣强, 陈勇 著, 反不正当竞争纠纷(新型典型案例与专题指导), 中国法制出版社, 2009, 27~30页。
34) 박종학, "한중 부정경쟁행위에 관한 연구", 한양대학교 대학원 석사학위논문, 2014, 75면.
35) 第十条 经营者不得采用下列手段侵犯商业秘密：
  (一) 以盗窃、利诱、胁迫或者其他不正当手段获取权利人的商业秘密；
  (二) 披露、使用或者允许他人使用以前项手段获取的权利人的商业秘密；
  (三) 违反约定或者违反权利人有关保守商业秘密的要求，披露、使用或者允许他人使用其所掌握的商业秘密。
  第三人明知或者应知前款所列违法行为，获取、使用或者披露他人的商业秘密，视为侵犯商业秘密。

는 행위, 전항의 수단을 사용하여 취득한 권리자의 영업비밀을 공개·사용 또는 타인에게 사용을 허락하는 행위, 권리자와 업무관계가 있는 단위 및 개인이 계약을 위반하거나 권리자의 영업비밀유지요구에 위반하여 그가 알고 있는 권리자의 영업비밀을 공개·사용 또는 타인에게 사용을 허락하는 행위, 종업원이 계약을 위반하거나 권리자의 영업비밀유지요구에 위반하여 그가 알고 있는 권리자의 영업비밀을 공개·사용 또는 타인에게 사용을 허락하는 행위, 제3자가 제1항에 열거한 위법행위를 알거나 또는 중대한 과실로 알지 못하고 타인의 영업비밀을 취득·사용·공개하는 행위는 영업비밀을 침해하는 것으로 간주한다고 규정하고 있다.36)

중국 부정경쟁방지법 제10조와 영업비밀 침해행위 금지에 관한 약간 규정은 경영자가 시장에서 경쟁우위를 확보하기 위해 경쟁상대방의 기술정보와 경영정보를 부정한 수단으로 취득하는 행위를 영업비밀 침해행위로 나열하고 이를 금지시킴으로써 영업비밀을 보호하기 위한 규정이다.

가. 부정한 수단을 사용하여 영업비밀을 취득하는 행위(제10조 제1항 제1호)

절취, 유혹, 협박 또는 기타 부정한 수단을 사용하여 권리자의 영업비밀을 취득하는 행위는 영업비밀 침해행위에 해당한다. 이 조항은 침해자가 부정한 수단을 사용하여 영업비밀을 취득한 것으로 우리나라 부정경쟁방지법 제2조 제3호 가목과 같은 규정이다.37)

절취란 불법적 수단을 사용하여 타인의 영업비밀을 취득하는 행위이다. 기관 내부자의 절취 또는 외부자의 절취와 내외 통모한 절취를 포함한다. 예를 들어 기술자를 경쟁회사에 침입시켜 기술노하우를 절취하게 하거나, 통신시설 및 네트워크 등을 통해 직접 도용하는 경우를 포함한다.

---

36) 第三条 禁止下列侵犯商业秘密行为：
　　(一) 以盗窃、利诱、胁迫或者其他不正当手段获取权利人的商业秘密；
　　(二) 披露、使用或者允许他人使用以前项手段获取的权利人的商业秘密；
　　(三) 与权利人有业务关系的单位和个人违反合同约定或者违反权利人保守商业秘密的要求，披露、使用或者允许他人使用其所掌握的权利人的商业秘密；
　　(四) 权利人的职工违反合同约定或者违反权利人保守商业秘密的要求，披露、使用或者允许他人使用其所掌握的权利人的商业秘密。
　　第三人明知或者应知前款所列违法行为，获取、使用或者披露他人的商业秘密，视为侵犯商业秘密。

37) 3. "영업비밀 침해행위"란 다음 각 목의 어느 하나에 해당하는 행위를 말한다. 가. 절취, 기망, 협박, 그 밖의 부정한 수단으로 영업비밀을 취득하는 행위.

유혹은 영업비밀 침해자가 영업비밀을 알고 있거나 이해하고 있는 사람에게 직접 재물 또는 우대조건을 제공함을 통하여 권리자의 영업비밀을 취득하는 행위이다. 행위자가 영업비밀 보유자에게 금전적 이익 및 기타 조건을 제시함으로써 영업비밀 제공을 유인하는 행위를 말한다.

협박은 영업비밀 침해자가 영업비밀을 알고 있거나 이해하고 있는 사람을 위협 또는 강박하여 권리자의 영업비밀을 취득하는 행위이다.

기타 부정한 수단이란 절취, 유혹, 협박 이외의 다른 부정한 수단을 사용하여 권리자의 영업비밀을 취득하는 행위를 말한다. 기타 수단에는 협상, 공동개발연구, 참관 등의 수단으로 타인의 영업비밀을 불법적으로 얻어내는 것을 포함한다.

취득이란 부정한 수단을 사용하여 타인의 영업비밀을 자신의 지배영역으로 옮기는 행위를 말한다.

최고인민법원의 부정경쟁 민사사건 심리에서 법률 적용 약간 문제에 관한 해석 제13조 제2항은, 고객이 종업원 개인에 대한 신뢰에 기초하여 종업원이 근무하는 단위와 거래를 하고, 그 종업원이 이직한 후 고객 스스로 종업원 또는 종업원의 새로운 단위와 거래를 선택하였다는 것을 증명할 수 있는 경우, 부정한 수단을 사용하지 않은 것으로 인정해야 한다. 다만 종업원과 원래 단위 간에 별도의 약정이 있는 경우는 제외한다고 규정하고 있다. 따라서 종업원의 이직으로 인한 고객의 이동과 관련하여 종업원 개인에 대한 신뢰를 기초로 거래한 것인지가 중요하다. 이직한 종업원의 적극적 고객 유도행위 등이 개입되어 있다면 고객명단 유출이라는 영업비밀 침해행위가 인정될 수 있다.

나. 부정한 수단을 사용하여 취득한 영업비밀을 공개(披露) 또는 사용하거나 타인에게 사용을 허락하는 행위(제10조 제1항 제2호)

이 조항은 부정한 수단을 사용하여 정당한 권리자의 영업비밀을 취득한 후의 행위에 관한 것이다. 공개는 특정인 또는 불특정인에게 영업비밀을 알리는 행위를 말하고, 그 원인, 형식, 목적 등은 묻지 않는다. 중국어 '披露'라는 용어는 주로 공포 또는 공표한다는 의미로 사용되지만, 소수 또는 특정인에게 알리는 의미도 가지고 있다. 따라서 '공개'란 비밀을 불특정인에게 알리는 것뿐만 아니라, 비밀을 유지하면서 특정인에게 알리는 것까지 포함하는 것으로 해석하여야 한다. 사용은 영업비밀을 생산, 경영활동에 사용하는 것을 말하고, 취득한 이익이 있었는지 여부는 묻지 않는다. 타인에게 사용을 허락하는 행위는 제3자에게 영업비밀의 사용을 허락하는 행위로서 사용대가가 있는지 여부는 묻지 않는다. 사용하거나 타인에게 사용하도록 허락한다는 것은 절취, 유혹, 협박 등의 수단으로 얻은 영업비밀을 사용하거나 제3자로 하여금 사용하도록 허락하는 행위를 말한다. 행위자가 부정한 수단으로 영업비밀을 취득한 후 제3자에게 공개하거나 직접 사용 또는 제3자에게 사용하도록 허락하는 것도 영업비밀 침해행위에 해당하는 것이다.

다. 권리자와 업무관계가 있는 단위 및 개인이 계약을 위반하거나 권리자의 영업비밀유지 요구에 위반하여 그가 알고 있는 권리자의 영업비밀을 공개 또는 사용하거나 타인에게 사용을 허락하는 행위(제10조 제1항 제3호)

권리자와 영업비밀유지계약을 체결하거나 권리자가 해당 영업비밀에 대하여 비밀유지요구를 한 경우에는 영업비밀을 알고 있거나 이해하고 있는 자는 영업비밀유지계약을 준수하고 권리자의 영업비밀유지요구를 이행하여야 한다. 이 조항은 정당하게 영업비밀을 취득 또는 알고 있거나 계약·신뢰관계에 의하여 비밀유지의무 있는 자 또는 권리자로부터 비밀유지요구를 받은 자가 권리자의 허가 없이 특정인 또는 불특정인에게 권리자의 영업비밀을 공개 또는 사용하거나 제3자에게 사용을 허락하는 행위에 대한 규정이다.

비밀유지의무 있는 자란 고용계약 또는 기술개발 및 양도·허가계약에서 쌍방간 또는 일방이 계약상 비밀유지의무를 부과한 경우이고, 비밀유지요구를 받은 자란 권리자가 상대방에게 구두 또는 서면으로 당해 정보는 영업비밀이기 때문에 상대방에게 비밀유지를 요구한 경우로서 상대방은 그 요구사항을 준수해야 할 의무가 생기는 경우이다.

이 규정은 합리적 비밀유지조치와 관련하여 권리자가 영업비밀의 존재를 알고 있는 종업원 및 업무 관련자에게 해당 영업비밀에 대하여 비밀유지요구만 해도 권리자는 합리적 비밀유지조치를 취한 것으로 간주되고, 종업원 또는 업무 관련자는 비밀유지의무를 부담하는 것으로 해석한다.

라. 제3자가 가항부터 다항까지의 위법행위를 알거나 또는 중대한 과실로 알지 못하고 타인의 영업비밀을 취득·사용·공개하는 행위(제10조 제2항)

이 규정은 직접 영업비밀 침해행위를 한 자 이외의 자가 그 취득, 사용 또는 공개한 타인의 영업비밀이 부정한 수단으로 취득한 것이라는 사정을 알거나 중대한 과실로 알지 못하고 취득한 경우에도 영업비밀 침해행위에 해당함을 규정한 것이다. 이는 영업비밀 침해행위에 대한 범위 확장이며, 제3자란 부정한 수단을 사용하여 영업비밀을 취득한 자 또는 정당하게 영업비밀을 취득한 자 이외의 자로서 악의 또는 중과실의 제3자를 말한다. 앞서의 항에 나열한 불법행위임을 알고 있거나 알 수 있었음에도 불구하고 타인의 영업비밀을 취득, 사용 또는 공개하는 행위이다. 중대한 과실로 알지 못했다는 것은 제3자가 조금만 주의를 기울였다면 그 영업비밀에 부정한 수단 또는 비밀유지의무를 위반한 행위가 있었다는 사실을 알 수 있었다는 것을 말한다. 제3자가 영업비밀 침해행위를 알았거나 알 수 있었음에도 불구하고 타인의 영업비밀을 취득, 사용 또는 공개한 경우를 영업비밀 침해행위와 동등하게 취급한 것이다.

최고인민법원의 부정경쟁 민사사건 심리에서 법률 적용 약간 문제에 관한 해석 제12조는, 자체 개발 연구로 제조하거나 리버스 엔지니어링(reverse engineering, 反向工程) 등 방식으로 얻은 영업비밀은 부정경쟁방지법 제10조가 규정한 영업비밀 침해행위에 해당하지 않는다고 규정하고 있다.[38] 그러나 부정한 수단으로 타인의 영업비밀을 알게 된 후에 리버스 엔지니어링이라는 합법적 수단으로 영업비밀을 얻었다고 주장하는 것은 허용되지 않는다.[39]

이 조항은 우리나라 부정경쟁방지법 제2조 제3호 나목 및 마목에 해당하지만,[40] 중국 부정경쟁방지법에는 우리나라 부정경쟁방지법 제13조에[41] 해당하는

---

[38] 第十二条 通过自行开发研制或者反向工程等方式获得的商业秘密, 不认定为反不正当竞争法第十条第(一)、(二) 项规定的侵犯商业秘密行为。

[39] 中华全国律师协会知识产权专业委员会 编, 知识产权法律服务与律师实务, 法律出版社, 2007, 316页。

[40] 나. 영업비밀에 대하여 부정취득행위가 개입된 사실을 알거나 중대한 과실로 알지 못하고 그 영업비밀을 취득하는 행위 또는 그 취득한 영업비밀을 사용하거나 공개하는 행위
　　마. 영업비밀이 라목에 따라 공개된 사실 또는 그러한 공개행위가 개입된 사실을 알거나 중대한 과실로 알지 못하고 그 영업비밀을 취득하는 행위 또는 그 취득한 영업비밀을 사용하거나 공개하는 행위

[41] 제13조(선의자에 관한 특례) ① 거래에 의하여 영업비밀을 정당하게 취득한 자가 그 거래에 의하여 허용된 범위에서 그 영업비밀을 사용하거나 공개하는 행위에 대하여는 제10조부터 제12조까지의 규정을 적용하지 아니한다.
　　② 제1항에서 "영업비밀을 정당하게 취득한 자"란 제2조 제3호 다목 또는 바목에서 영업비밀을 취득할 당시에 그 영업비밀이 부정하게 공개된 사실 또는 영업비밀의 부정취득행위나 부정공개행위가 개입된 사실을 중대한 과실 없이 알지 못하고 그 영업비밀을 취득한 자를 말한다.

영업비밀 선의취득에 관한 규정이 없다.

상하이시 고급인민법원은, 구주만련 네트워크기술 유한공사(衢州万联网络技术有限公司)가 周○○를 상대로 제기한 영업비밀 침해사건에서, 구주만련 네트워크기술 유한공사는 웹사이트 관련 데이터베이스권자로서 해당 데이터베이스 중 영업비밀인 가입자정보의 소유자인데, 周○○이 허락 없이 자기가 알고 있는 데이터베이스 비밀번호를 이용하여 웹사이트 관련 고객명, 등록번호 및 등록시간 등 고객정보를 다운로드 받은 행위는 영업비밀을 침해하는 행위라고 판시하였다.[42]

Ⅳ. 영업비밀 침해행위에 대한 구제

1. 서

영업비밀 침해행위에 대한 구제방법으로는 부정경쟁방지법과 관련 법률에 의한 민사적 구제, 부정경쟁방지법과 영업비밀 침해행위 금지에 관한 약간 규정에 의한 행정적 구제, 형법에 의한 형사적 규제가 있다. 예컨대, 영업비밀 침해행위가 있는 경우 해당 지역 공상행정관리기관에 행정적 구제를 청구함과 동시에 인민법원에 영업비밀 침해자를 상대로 민사소송을 제기할 수 있다. 사안이 중대한 경우에는 해당 지역 공안국에 신고하여 형사처벌을 받게 할 수 있다.

영업비밀 침해행위에 대하여, 민사적 구제는 중지청구권, 손해배상청구권, 영향제거 등이 있고, 행정적 구제는 위법행위 중지, 과태료가 있다. 형사적 규제는 중국 부정경쟁방지법에는 형사책임을 추궁한다고만 규정하고, 구체적인 처벌규정은 형법 등 다른 법률에 규정하고 있다. 우리나라 부정경쟁방지법이 영업비밀 침해행위의 금지청구와 함께 침해행위를 조성한 물건의 폐기, 침해행위에 제공된 설비의 제거, 그 밖에 침해행위의 금지 또는 예방을 위하여 필요한 조치를 함께 청구할 수 있는 것과 달리, 중국 부정경쟁방지법은 금지청구를 부정경쟁방지법에 직접 규정하지 않고 영업비밀 침해행위로 인하여 다른 경영자의 합법적인 권익이 손해를 입은 경우에 인민법원에 소송을 제기할 수 있다고 규정하고 있다. 따라서 영업비밀 침해행위에 대한 금지청구를 하는 경우 인민법원은 민사책임의 부담방식을 규정하고 있는 민법통칙, 민법총칙 또는 불법행위책임법에 따라 침해행위의 중지를 명할 수 있다.

---

42) 上海市 高级人民法院 (2011) 沪高民三(知)终字 第100号 民事判决书。

중국 부정경쟁방지법은 손해배상청구에 관하여는 비교적 상세하게 규정하고 있다. 경영자가 부정경쟁방지법을 위반하여 거래상대방에게 손해를 입힌 경우 손해 배상책임을 부담하도록 하고, 손해배상액의 산정이 곤란한 경우에는 침해행위로 얻은 가해자의 이익을 그 배상액으로 인정하고 있으며, 피해자가 영업비밀 침해행위의 조사로 인하여 지불한 합리적인 비용까지 부담하도록 규정하고 있다.

2. 민사적 구제

민사적 구제로는, 중지청구권(중국 부정경쟁방지법 제20조 제2항, 민법통칙 제134조, 민법총칙 제179조), 손해배상청구권(중국 부정경쟁방지법 제20조 제1항), 영향 제거 및 사죄(중국 부정경쟁방지법 제20조 제2항, 민법통칙 제134조, 민법총칙 제179조)가 있다.

가. 관   할

중국 부정경쟁방지법 제20조 제2항은 침해를 받은 경영자의 합법적 권익이 부정경쟁행위로 손해를 입었을 경우 법원에 소송을 제기할 수 있다고 규정하고 있다.[43] 영업비밀 침해행위는 불법행위의 일종인 바, 중국 민사소송법 제28조에 의하면 불법행위로 인한 소송의 제기는 불법행위지 또는 피고 주소지의 인민법원이 관할한다.[44] 불법행위지란 불법행위를 구성하는 법률사실의 존재지로서 불법행위가 행하여진 곳과 불법행위결과가 발생한 곳을 포함한다.[45]

영업비밀 침해행위에 대한 1심 민사사건은 일반적으로 중급인민법원이[46] 관할하고, 베이징시, 상하이시, 광저우시 및 광동성은 해당 지식재산권법원이 관할한다.[47] 다만 각 고급인민법원은 관할구역의 상황에 따라 최고인민법원의 허가를 받

---

43) 第二十条 被侵害的经营者的合法权益受到不正当竞争行为损害的, 可以向人民法院提起诉讼.

44) 第二十八条 因侵权行为提起的诉讼, 由侵权行为地或者被告住所地人民法院管辖。

45) 常怡 主编, 民事诉讼法学(第六版), 中国政法大学出版社, 2008, 126页。

46) 중국은 기층인민법원, 중급인민법원, 고급인민법원, 최고인민법원의 4급체제가 있고, 2심종 심제를 채택하여 2심제로 운영되고 있다. 따라서 중급인민법원이 1심 사건을 관할하는 경우 고급인민법원이 최종심이 된다.

47) 2014년 8월 31일 제12기 전국인민대표대회상무위원회 제10차 회의를 통과한 <베이징, 상하이, 광저우에서 지식재산권법원의 설립에 관한 결정>에 따라 베이징 지식재산권법원이 2014년 11월 6일에, 광저우 지식재산권법원이 2014년 12월 16일에, 상하이 지식재산권법원이 2014년 12월 28일에 각 설립되었다. 최고인민법원의 <베이징, 상하이, 광저우 지식재산권법원의 관할에 관한 규정>은 지식재산권법원 소재지 관할구역 내의 1심 관할사건으로, 특허, 식물신품종, 집적회로배치설계, 기술비밀, 컴퓨터소프트웨어 민사 및 행정 사건(제1조 제1항), 국무원

아 몇몇 기층인민법원이 영업비밀 침해행위에 대한 1심 민사사건을 수리(受理)[48] 하도록 규정할 수 있고, 이미 영업비밀 침해행위에 관한 민사사건을 심리할 수 있는 기층인민법원이 계속 수리할 수 있도록 허가할 수 있다(최고인민법원의 부정경쟁 민사사건 심리에서 법률 적용 약간 문제에 관한 해석 제18조).

최고인민법원이 2010년 1월 28일 공포한 기층인민법원의 1심 지식재산권 민사 사건 관할에 관한 통지에 의하면, 베이징은 소송가액 500만 위안(元)[49] 이하, 텐진 은 소송가액 100만 위안 이하, 요령성은 소송가액 500만 위안 이하, 상하이시는 소 송가액 200만 위안 이하, 광동성은 소송가액 200만 위안 이하인 경우 기층인민법 원이 1심 지식재산권 민사사건을 관할하는 것으로 정하였고, 다른 도시와 성도 각 지역사정에 따라 5만 위안 이하부터 500만 위안 이하까지인 소송가액에 따라 기층 인민법원의 관할로 정하였다.

나. 중지청구권
1) 의   의
영업비밀 침해행위는 부정경쟁행위에 포함되므로 영업비밀 침해를 받은 경영

부서 또는 현급 이상 지방인민정부가 저작권, 상표, 부정경쟁 등에 관련하여 한 행정행위에 대하여 소송을 제기한 행정사건(제1조 제2항), 저명상표 인정과 관련한 민사사건(제1조 제3항)을 규정하고 있고, 베이징시, 상하이시 각 중급인민법원과 광저우시 중급인민법원은 더 이상 지식 재산권 민사 및 행정 사건을 수리하지 않으며, 광동성 기타 중급인민법원은 제1조 제1항 및 제 3항에서 규정한 사건을 더 이상 수리하지 않고, 베이징시, 상하이시, 광동성 각 기층인민법원은 제1조 제1항 및 제3항에서 규정한 사건을 더 이상 수리하지 않는다고 규정하고 있다. 또한, 당 사자가 지식재산권법원 소재지의 기층인민법원이 한 제1심 저작권, 상표, 기술계약, 부정경쟁 등 지식재산권 민사 및 행정 판결, 재정에 대하여 상소를 제기하는 경우 지식재산권법원이 심 리하고(제6조), 당사자가 지식재산권법원이 한 제1심 판결, 재정에 대하여 제기한 상소사건 등 은 지식재산권법원 소재지의 고급인민법원 지식재산권재판부에서 심리한다(제7조).

따라서 베이징시, 상하이시, 광동성에서 기술비밀 침해행위에 관한 관할은 해당 중급인민 법원이 아니라 해당 지식재산권법원이 관할한다. 다만 경영정보에 관한 영업비밀은 지식재산 권법원의 관할사건이 아니다.

한편, <베이징, 상하이, 광저우에서 지식재산권법원의 설립에 관한 결정>에는 지식재산 권법원이 설립된 지 3년 내에 관할구역을 확대할 수 있음을 규정하고 있다.

48) 수리는 인민법원이 원고의 소제기를 심사하여 소제기조건에 부합한다고 인정되는 경우 입안 하는 심판행위이다. 소가 제기되었다고 하더라도 인민법원이 수리를 하지 않으면 소송이 성립하 지 않는다. 소제기와 수리가 결합하여 사건이 성립하고 소송절차가 개시된다. 입안은 인민법원이 원고의 소제기를 수리하였다는 것을 말한다. 전대규, 「중국 민사소송법」, 박영사, 2008, 261면.
49) 중국의 법정통화는 인민폐(人民幣)이고 단위는 위안(元)이다. 2017. 9. 19. 기준 매매환율은 인민폐 1위안＝한화 171.79원에 해당하므로 인민폐 500만 위안은 한화 8억 5,895만 원 정도 이다.

자는 영업비밀 침해행위를 한 자에 대하여 민사적 책임을 추궁하기 위하여 법원에 소송을 제기할 수 있고, 법원은 영업비밀 침해행위가 인정되는 경우 중국 민법통칙 제134조, 민법총칙 제179조 또는 불법행위책임법 제15조에[50) 따라 영업비밀 침해 자에 대하여 영업비밀 침해행위의 중지를 명할 수 있다. 따라서 침해를 받은 경영 자는 영업비밀 침해행위를 한 경영자에 대하여 중국 부정경쟁방지법 제20조 제2항 과 민법통칙 제134조, 민법총칙 제179조 또는 불법행위책임법 제15조에 근거하여 법원에 영업비밀 침해행위의 중지를 청구할 수 있다. 중국 법원의 실무도 마찬가지 이다.[51)

2) 청구권자

영업비밀 침해행위로 자신의 합법적 권익에 손해를 입은 경영자는 법원에 침 해중지를 청구할 수 있다. 경영자란 상품경영 또는 영리성 서비스업에 종사하는 법 인, 기타 경제조직 및 개인을 말한다. 어떤 종류의 손해를 입은 경영자를 막론하고 영업비밀 침해행위에 대하여는 소송을 제기하는 원고적격을 구비한다. 손해는 중국 내에서 받은 손해이어야 한다. 예컨대, 스위스 어느 기업이 아직 중국에 진출하지 않은 경우(중국에서 아직 시장경쟁을 하지 않은 경우) 중국 내의 동종영업 기업의 상 품을 허위광고로 고발하여 민사소송을 제기하더라도 법률상 이해관계를 갖추지 못 한다. 영업비밀 침해소송을 제기할 권한이 있는 자는 피고와 사이에 특정되고 구체 적인 경쟁관계가 존재하여야 한다. 어떤 영업비밀 침해행위는 불특정의 경영자가 손해를 받을 수 있다. 따라서 불법행위자, 불법행위 및 손해의 결과가 특정되고 구 체적인 것이기만 하면, 손해를 입은 불특정의 경영자라도 원칙적으로 법원에 소송 을 제기할 수 있다.[52)

---

50) 광서 장족자치구 계림시 첩채구인민법원은 가맹점계약이 종료된 후에도 본사의 기업명칭을 계속 사용하여 영업한 사안에서, 기업명칭에 대한 혼동초래행위를 인정하고 불법행위책임법 제15조 제1항 제1호의 침해중지와 제6호의 손해배상을 명하는 판결을 선고하였다. 广西壮族 自治区桂林市叠彩区人民法院 (2014) 叠民初字第1067号 民事判决书。

51) 北京市 海淀区 人民法院 (2004) 海民初字 第578號 民事判决书, 福建省 泉州市 中级人民法 院 (2002) 泉知初字 第13号 民事判决书, 上海市第一中级人民法院 (2007) 沪一中民五 (知) 初 字 第236号 民事判决书, 浙江省 义乌市 人民法院 (2009) 金义知 初字 第22号 民事调解书, 国 家法官学院, 中国人民大学法学院 编, 中国审判案例要览(2003年 商事审判案例卷), 人民法院出 版社·中国人民大学出版社, 2004, 510页。
    다만 山东省 泰安市 中级人民法院 (2009) 泰知初字 第18号 民事判决书와 같이 침해중지의 근거로 민법통칙 제118조, 제134조를 병기하는 판결도 있다.

52) 최고인민법원부원장 조건명 : 지식재산권 사법역량 강화, 법규범에 의거한 시장경쟁질서 - 전국법원 지식재산권 심판업무좌담회에서의 담화(2004년 11월 11일).

3) 상 대 방

영업비밀 침해행위로 경영자의 합법적 권익에 손해를 입힌 자가 법원에 소송을 제기당하는 상대방이 된다. 영업비밀 침해행위는 통상 동종업종 경쟁자에게 손해를 발생시키는 행위이다. 영업비밀 침해행위는 특정 경쟁자에 대한 것일 수도 있고, 또한 불특정 경쟁자에 대한 것일 수도 있다. 경쟁관계는 경쟁자가 다른 행위자의 행위 때문에 경쟁상의 손해를 형성하는 관계이다. 이런 관계는 주로 동종업종 경영자 사이의 경쟁관계가 대부분이나 이에 한정되지 않는다.

광동성 고급인민법원은, 부정경쟁행위란 경영자가 부정경쟁방지법의 규정에 위반하여 다른 경영자의 합법적 권익에 손해를 가하고 사회경제질서를 문란하게 하는 행위이다. 경영자 사이에 동종영업의 경쟁관계에 있는지 여부는 부정경쟁행위를 구성하는 선결조건이 아니다. 경영자가 부당한 방식으로 다른 경영자 또는 소비자의 합법적 권익에 손해를 입히는 경우 부정경쟁행위를 구성할 것이라고 판시하였다.53) 영업비밀 침해행위는 부정경쟁행위에 포함되므로 위 판례는 영업비밀 침해행위에 대하여도 마찬가지라고 본다.

4) 요　　건

경영자가 중국 부정경쟁방지법 제10조의 영업비밀 침해행위를 하여야 한다. 다만 중국 부정경쟁방지법은 제2조의 일반조항에 의한 영업비밀 침해행위도 인정하고 있으므로, 중국 부정경쟁방지법 제2조에 해당하는 영업비밀 침해행위나 중국 부정경쟁방지법 제10조에 해당하는 영업비밀 침해행위 중 어느 하나의 요건을 충족하면 그에 따른 민사책임을 청구할 수 있다.

베이징시 석경산구인민법원은, 2015. 6. 29. 인터넷을 통한 TV시청 서비스업에 경쟁관계에 있는 두 회사 사이의 부정경쟁행위를 인정하면서 중국 부정경쟁방지법 제2조의 일반조항에 근거하여 부정경쟁행위의 중지 및 손해배상을 인용하는 판결을 선고하였다.54)

침해를 받은 경영자의 합법적 권익이 영업비밀 침해행위로 손해를 입어야 한다. 부정경쟁방지법 제2조 제2항은 부정경쟁행위의 범위를 확정하면서 다른 경영자의 합법적 권익에 손해를 입히는 것과 사회경제질서를 문란하게 하는 것의 요소

---

53) 广东省 高级人民法院 (2004) 奥高法民三终字 第282号 民事判决书。
54) 北京市石景山区人民法院 (2014) 石民 (知) 初字第二名291号 民事判决书。

를 넣어 그것을 부정경쟁행위의 구성요건으로 하고 있다. 영업비밀 침해행위도 부정경쟁행위에 포함되므로 영업비밀 침해행위의 범위도 부정경쟁방지법 제2조 제2항에 의해 확정된다. 침해를 받은 경영자의 합법적 권익은 반드시 등기·등록된 권리일 필요는 없으며, 법률에 의하여 보호할 만한 가치가 있는 것이면 충분하다. 거래상의 이익뿐만 아니라 내부정보 등도 포함한다.

5) 효   과

침해자는 거래행위가 영업비밀 침해행위로 인정되는 경우에는 그 행위를 중지하여야 한다.[55] 법원이 영업비밀 침해행위에 대한 침해중지를 명할 때 그 침해중지기간은 해당 영업비밀이 공중에게 널리 알려질 때까지로 하는 것이 일반적이다.[56] 침해중지기간이 명백히 불합리한 경우에는 침해자에게 일정기간 또는 일정범위 내에서 해당 영업비밀의 사용을 중지시킬 수 있다(최고인민법원의 부정경쟁 민사사건 심리에서 법률 적용 약간 문제에 관한 해석 제16조[57]). 중국 부정경쟁방지법은 예방적 침해행위중지를 규정하고 있지 아니하고 이미 발생한 영업비밀 침해행위에 대해서만 규정하고 있다. 우리나라 부정경쟁방지법 제10조가 영업비밀 침해행위를 하려는 자에 대하여 영업비밀 침해행위에 의하여 영업상의 이익이 침해될 우려가 있는 경우 법원에 그 행위의 예방을 청구할 수 있고, 침해행위의 예방을 위하여 필요한 조치를 함께 청구할 수 있도록 규정하고 있는 것과 차이가 있다.

다. 손해배상청구권
1) 의   의

중국 부정경쟁방지법 제20조는 "경영자가 이 법 규정을 위반하여 침해받은 경영자에게 손해를 발생시킨 경우 손해배상책임이 있고, 손해액을 계산하기 어려운 경우 침해자가 침해기간 동안 침해행위로 인하여 얻은 이익을 배상액으로 하고, 침해받은 경영자가 침해행위를 조사하기 위하여 지출한 합리적 비용도 배상해야 한

55) 国家法官学院, 中国人民大学法学院 编, 前揭书(注51), 549页。
56) 베이징시 고급인민법원은 2015. 5. 4. 영업비밀 침해사건에서 권리자의 영업비밀이 이미 공개되었으므로 중지청구권을 인정할 수 없다고 판시하였다. 北京市 高级人民法院 (2015) 高民(知)终字第22号 民事判决书。
57) 第十六条 人民法院对于侵犯商业秘密行为判决停止侵害的民事责任时, 停止侵害的时间一般持续到该项商业秘密已为公众知悉时为止。依据前款规定判决停止侵害的时间如果明显不合理的, 可以在依法保护权利人该项商业秘密竞争优势的情况下, 判决侵权人在一定期限或者范围内停止使用该项商业秘密。

다"고 규정하고 있다.58)

경영자가 영업비밀 침해행위를 하여 다른 경영자에게 손해를 발생시킨 경우 그 손해를 배상하도록 명문규정을 둔 것이다. 그리고 손해액 산정에 있어서도 민법통칙, 민법총칙이나 불법행위책임법의 손해배상책임과 달리 침해자의 침해이익을 손해배상액으로 하고 영업비밀 침해행위를 조사하기 위한 지출비용도 합리적인 범위 내에서라면 이를 배상하여야 한다고 하여 손해액 산정의 특칙을 규정하고 있다.

2) 요   건

영업비밀 침해행위가 있다고 하여 모두 손해배상책임이 인정되는 것은 아니다. 일반적으로, 영업비밀 침해행위가 있어야 하고, 그로 인하여 손해가 발생하여야 하며, 영업비밀 침해행위와 손해 사이에 인과관계가 있어야 하고, 영업비밀 침해자의 고의 또는 과실이 있어야 한다.

중국 부정경쟁방지법은 침해자로 경영자를 규정하고 있고, 경영자는 상품경영 또는 영리성 서비스업에 종사하는 법인, 기타 경제조직 및 개인을 말한다. 영업비밀 침해행위의 유형에는 경영자와 제3자가 침해자로 규정되어 있는 것과 규정상 차이가 있다(중국 부정경쟁방지법 제10조 제1항, 제2항). 중국 부정경쟁방지법 제10조 제1항 제3호의 종업원, 업체관계자 등 비밀유지의무가 있거나 비밀유지요구를 받은 자 또는 제10조 제2항의 제3자가 경영자인 경우 또는 종업원이 퇴직 후 종전 직장의 영업비밀을 침해하여 회사를 경영할 경우에는 영업비밀 침해행위에 해당하여 중국 부정경쟁방지법 제20조에 의하여 보호를 받을 수 있다. 그런데 중국 부정경쟁방지법이 경영자에 의한 영업비밀 침해행위를 규정하고 있기 때문에 경영자가 아닌 자에 의한 영업비밀 침해행위는 중국 부정경쟁방지법에 의한 구제가 어렵다.59) 경영자가 아닌 제3자에 의한 영업비밀 침해행위에 대한 손해배상청구에 관하여는 민법통칙 중 과학기술성과 규정(민법통칙 제118조),60) 민법총칙 중 민사주체의 영

---

58) 第二十条 经营者违反本法规定, 给被侵害的经营者造成损害的, 应当承担损害赔偿责任, 被侵害的经营者的损失难以计算的, 赔偿额为侵权人在侵权期间因侵权所获得的利润；并应当承担被侵害的经营者因调查该经营者侵害其合法权益的不正当竞争行为所支付的合理费用。

59) 정덕배, 앞의 책(주7), 256면.

60) 민법통칙 제118조 : 공민, 법인의 저작권(판권), 특허권, 상표전용권, 발견권, 발명권과 기타 과학기술 성과가 표절, 수개, 모방 등 침해를 받았을 경우 침해중지, 영향제거, 손해배상을 청구할 권리가 있다.
    第一百一十八条 公民、法人的著作权(版权)、专利权、商标专用权、发现权、发明权和其他科技成果权受到剽窃、篡改、假冒等侵害的, 有权要求停止侵害, 消除影响, 赔偿损失。

업비밀전유권(민법총칙 제123조),61) 계약법 중 기술비밀양도 규정(계약법 제43조, 제
60조 제2항, 제18장 제2절),62) 회사법 중 이사, 고급관리자의 영업비밀 누설금지 규
정(회사법 제148조),63) 노동법 중 영업비밀유지 규정(노동법 제22조),64) 노동계약법
중 영업비밀 관련 규정(노동계약법 제23조 제1항)65)에 의하여 손해배상을 청구하여
야 한다. 이와 같이 영업비밀 침해행위에 대한 손해배상청구에 관하여 중국 부정경
쟁방지법은 일정한 한계가 있다. 우리나라 부정경쟁방지법이 고의 또는 과실에 의
한 영업비밀 침해행위로 영업비밀 보유자의 영업상 이익을 침해하여 손해를 입힌
자는 그 손해를 배상할 책임을 진다고 규정하여 영업비밀 침해자를 한정하고 있지
않는 것과 차이가 있다.

3) 효 과

가) 손해배상의 범위

영업비밀 침해행위로 인한 손해배상의 범위는 침해를 받은 경영자가 입은 모
든 손해이다. 손해에는 침해를 받은 경영자가 합법적 권익을 침해한 영업비밀 침해
행위를 조사하기 위하여 지불한 합리적 비용을 포함한다.

나) 손해액 산정의 특칙

중국 부정경쟁방지법은 영업비밀 침해행위로 인한 손해액 산정에 관한 특칙을
규정하고 있다. 영업비밀 침해행위로 인하여 손해를 입은 경영자는 손해액을 계산
하기 어려운 경우 침해자가 침해기간 동안 침해행위로 인하여 얻은 이익을 배상액
으로 하고, 침해받은 경영자가 침해행위를 조사하기 위하여 지출한 합리적 비용도

---

61) 민법총칙 제123조: 민사주체는 법에 따라 지식재산권을 향유한다. 지식재산권은 권리자가
법에 따라 다음과 같은 객체를 전유적으로 향유하는 권리이다. 1. 작품 2. 발명, 실용신안, 디
자인 3. 상표 4. 지리적 표시 5. 영업비밀 6. 집적회로배치설계 7. 식물신품종 8. 법률이 규정한
기타 객체 第一百二十三条 民事主体依法享有知识产权。知识产权是权利人依法就下列客体享
有的专有的权利：(一) 作品；(二) 发明、实用新型、外观设计；(三) 商标；(四) 地理标志；
(五) 商业秘密；(六) 集成电路布图设计；(七) 植物新品种；(八) 法律规定的其他客体。
62) 第四十三条当事人在订立合同过程中知悉的商业秘密，无论合同是否成立，不得泄露或者不正
当地使用。泄露或者不正当地使用该商业秘密给对方造成损失的，应当承担损害赔偿责任。
　第六十条当事人应当按照约定全面履行自己的义务。当事人应当遵循诚实信用原则，根据合同
的性质、目的和交易习惯履行通知、协助、保密等义务。
　第十八章 技术合同
63) 第一百四十八条 董事、高级管理人员不得有下列行为 (七)擅自披露公司秘密；
64) 第二十二条 劳动合同当事人可以在劳动合同中约定保守用人单位商业秘密的有关事项。
65) 第二十三条 用人单位与劳动者可以在劳动合同中约定保守用人单位的商业秘密和与知识产权
相关的保密事项。

배상해야 한다. 이는 침해자의 침해이익을 손해배상액으로 간주하는 것으로서 침해를 받은 경영자의 손해액 증명을 완화하기 위한 규정이다. 영업비밀 침해행위를 조사하는데 지출한 합리적 비용은 권리자 또는 위탁대리인이 침해행위에 대하여 진행한 조사 및 증거 수집을 위하여 지출한 합리적 비용을 포함하며, 인민법원은 당사자의 청구에 따라 합리적인 배상액을 산정할 수 있다.

중국 부정경쟁방지법 제10조의 영업비밀 침해행위의 손해배상액을 확정할 때에는 특허권 침해의 손해배상액 확정방법을 참조할 수 있다(최고인민법원의 부정경쟁 민사사건 심리에서 법률 적용 약간 문제에 관한 해석 제17조 제1항).[66] 영업비밀 침

---

66) 특허법 제65조는, 특허권 침해의 배상금액은 권리침해로 인한 권리인의 실제 손해에 따라 확정하며, 실제 손해를 확정하기 어려운 경우에는 권리침해로 얻은 권리침해자의 이익에 따라 확정한다. 권리자의 손해 또는 권리침해자가 얻은 이익을 확정하기 어려운 경우에는 해당 특허사용료의 배수를 참작하여 합리적으로 확정한다. 배상액에는 권리자가 침해행위를 제지하기 위해 지급한 합리적 지출도 포함하여야 한다. 권리자의 손해, 권리침해자가 얻은 이익 및 특허 사용료를 모두 확정하기 어려운 경우 인민법원은 특허권의 종류, 침해행위의 성격 및 경위 등 요소에 따라 1만 위안 이상 100만 위안 이하의 배상액을 확정할 수 있다.
　　第六十五条　侵犯专利权的赔偿数额按照权利人因侵权所受到的实际损失确定；实际损失难以确定的，可以按照侵权人因侵权所获得的利益确定。权利人的损失或者侵权人获得的利益难以确定的，参照该专利许可使用费的倍数合理确定。赔偿数额还应当包括权利人为制止侵权行为所支付的合理开支。权利人的损失、侵权人获得的利益和专利许可使用费均难以确定的，人民法院可以根据专利权的类型、侵权行为的性质和情节等因素，确定给予一万元以上一百万元以下的赔偿。
　　최고인민법원의 특허분쟁사건 심리 법률적용 문제에 관한 약간 규정(最高人民法院关于对审理专利纠纷案件适用法律问题的若干规定) 제20조는, ① 권리자의 실제 손해는 침해행위로 인하여 판매량이 감소한 특허제품의 총수량에 특허제품의 건당 합리적 이윤소득을 곱한 금액의 합계로 계산할 수 있다. 판매량이 감소한 특허제품의 총수량을 확정하기 곤란한 경우 시장에서 판매된 침해제품의 총수량에 특허제품의 건당 합리적 이윤소득을 곱한 금액의 합계를 권리침해로 인하여 권리자가 받은 실제 손해로 간주할 수 있다. ② 특허법 제65조의 침해자가 침해행위로 인하여 얻은 이익은 침해제품이 시장에서 판매된 총수량에 침해제품의 건당 합리적 이윤소득을 곱한 금액의 합계로 계산할 수 있다. 침해자가 침해행위로 얻은 이익은 일반적으로 침해자의 영업이윤에 의하여 계산하고, 권리침해를 완전히 업으로 하는 침해자에 대해서는 판매이윤에 의하여 계산할 수 있다고 규정하고 있다.
　　第二十条　专利法第六十五条规定的权利人因被侵权所受到的实际损失可以根据专利权人的专利产品因侵权所造成销售量减少的总数乘以每件专利产品的合理利润所得之积计算。权利人销售量减少的总数难以确定的，侵权产品在市场上销售的总数乘以每件专利产品的合理利润所得之积可以视为权利人因被侵权所受到的实际损失。专利法第六十五条规定的侵权人因侵权所获得的利益可以根据该侵权产品在市场上销售的总数乘以每件侵权产品的合理利润所得之积计算。侵权人因侵权所获得的利益一般按照侵权人的营业利润计算，对于完全以侵权为业的侵权人，可以按照销售利润计算。
　　최고인민법원의 특허분쟁사건 심리 법률적용 문제에 관한 약간 규정 제21조는, 권리자의 손해 또는 침해자가 얻은 이익을 확정하기 어렵고 참조할 수 있는 특허사용료가 있는 경우 인민법원은 특허권의 종류, 침해행위의 성질 및 경위, 특허허가의 성질, 범위, 시간 등의 요소를 참조한 특허사용료의 배수를 참작하여 합리적으로 손해배상액을 확정한다. 참조할 특허

해행위로 인하여 영업비밀이 공중에게 널리 알려진 경우에는 해당 영업비밀의 가치에 근거하여 손해배상액을 확정하여야 한다. 영업비밀의 가치는 영업비밀을 연구개발 원가, 영업비밀 활용수익, 얻을 수 있는 이익, 경쟁우위 지속시간 등의 요소에 근거하여 확정하여야 한다(최고인민법원의 부정경쟁 민사사건 심리에서 법률 적용 약간 문제에 관한 해석 제17조 제2항).67)

저장성 고급인민법원은, 퇴직 종업원이 노동계약 종료 후 3년간 원래 회사와 관련 제품을 생산, 개발, 기술 또는 관리방법 등에 관하여 비밀유지약정을 한 후 영업비밀을 사용하여 다른 회사에서 기술개발을 한 사안에서, 침해중지를 명하고 손해배상액 산정과 관련하여 최고인민법원의 부정경쟁 민사사건 심리에서 법률 적용 약간 문제에 관한 해석 제17조 제1항에 따라 특허권 침해의 손해배상액 확정방법을 참조하여 손해배상액을 확정하고, 영업비밀 침해행위로 인하여 영업비밀이 공중에게 널리 알려진 경우에는 최고인민법원의 부정경쟁 민사사건 심리에서 법률 적용 약간 문제에 관한 해석 제17조 제2항에 따라 해당 영업비밀의 가치에 근거하여 손해배상액을 확정하여야 하는데, 영업비밀이 이미 공개되었다는 증거가 없으므로 특허권 침해의 손해배상액 확정방법을 참조하여 특허법 제65조에 따라 손해배상액을 확정하여야 한다. 그런데 권리자의 실제 손해와 침해자의 이익을 인정할 증거가 없으므로 법정배상액에 의하여 침해행위의 성질, 잘못의 정도, 권리자가 지출한 변호사 비용 등의 요소를 종합하여 손해배상액을 15만 위안으로 산정한다. 원고의 영향제거 및 사죄 청구는 인격권을 침해한 경우에 적용되는 것이므로 이 부분 청구는

사용료가 없거나 특허사용료가 명백히 불합리한 경우 인민법원은 특허권의 종류, 침해행위의 성질 및 경위 등의 요소에 따라 특허법 제65조 제2항의 규정에 의하여 손해배상액을 확정할 수 있다고 규정하고 있다.

第二十一条 权利人的损失或者侵权人获得的利益难以确定, 有专利许可使用费可以参照的, 人民法院可以根据专利权的类型、侵权行为的性质和情节、专利许可的性质、范围、时间等因素, 参照该专利许可使用费的倍数合理确定赔偿数额；没有专利许可使用费可以参照或者专利许可使用费明显不合理的, 人民法院可以根据专利权的类型、侵权行为的性质和情节等因素, 依照专利法第六十五条第二款的规定确定赔偿数额。

최고인민법원의 특허분쟁사건 심리 법률적용 문제에 관한 약간 규정 제22조는, 권리자가 침해행위를 제지하기 위해 합리적으로 지출하였다고 주장하는 경우 인민법원은 특허법 제65조에서 손해배상액을 확정하는 방법과 별도로 계산할 수 있다고 규정하고 있다.

第二十二条 权利人主张其为制止侵权行为所支付合理开支的, 人民法院可以在专利法第六十五条确定的赔偿数额之外另行计算。

67) 因侵权行为导致商业秘密已为公众所知悉的, 应当根据该项商业秘密的商业价值确定损害赔偿额。商业秘密的商业价值, 根据其研究开发成本、实施该项商业秘密的收益、可得利益、可保持竞争优势的时间等因素确定。

기각한다고 판시한 1심인 저장성 소흥시중급인민법원의 판결을68) 유지하면서 항
소를 기각하였다.69)

라. 영향제거 및 사죄
1) 영향제거

중국 민법통칙 제118조, 제134조, 민법총칙 제179조와 저작권법 제47조, 제48
조는70) 민사책임 부담방식 중 하나로 영향제거를 규정하고 있다. 영향은 침해제품
이 침해받은 경영자의 제품에 대한 일반 수요자의 신용에 해를 가한 것을 말한
다.71) 영업비밀 침해행위로 자신의 합법적 권익에 침해를 받은 경영자는 영업비밀
침해자를 상대로 신용회복과 침해로 조성된 불법적인 결과를 제거하도록 요구할
수 있다.72) 영향제거의 방법은 신문에 공고하거나, 판결서 공고 등 방식을 취할 수
있다.

상하이시 제1중급인민법원은 중국 부정경쟁방지법 제9조의 허위선전(광고)행
위로 인한 부정경쟁행위 사건에서 허위선전(광고)행위의 즉시 중지 및 손해배상과
함께, 피고는 민법통칙 제134조 제9호에 근거하여 1심 판결 효력발생일부터 30일
내에 <중국위생검역잡지>, <화학분석> 등의 간행물에 허위선전으로 인하여 원
고에게 조성된 불량한 영향을 제거할 것을 명하는 판결을 선고하였다.73)

2) 사   죄

사죄는 중국 특유의 책임부담방식으로 법정에서 가해자가 피해자에 사죄하는
방식(법정의 기록 요함)과 서면사죄의 방식이 있다. 중국 민법통칙 제118조는 지식
재산권 침해의 구제방식으로 침해중지, 영향제거, 손해배상을 규정하고 있을 뿐 사

---

68) 浙江省绍兴市中级人民法院 (2009) 浙绍知初字第66号 民事判决书。

69) 浙江省高级人民法院 (2010) 浙知终字第88号 民事判决书。

70) 중국 저작권법 제47조, 제48조는 저작권 침해행위에 대하여 침해중지, 영향제거, 손해배상
   등을 직접 규정하고 있다.
   第四十七条 有下列侵权行为的, 应当根据情况, 承担停止侵害、消除影响、赔礼道歉、赔偿
   损失等民事责任。
   第四十八条 有下列侵权行为的, 应当根据情况, 承担停止侵害、消除影响、赔礼道歉、赔偿
   损失等民事责任。

71) 김태수, 최정, 정옥, 「중국 특허법」, 한빛지적소유권센터, 2012, 315면.

72) 吳汉东 等 著, 知识产权基本问题研究, 中国人民大学出版社, 2006, 491页。上海市第一中级
   人民法院 (2007) 沪一中民五 (知) 初字 第236号 民事判决书。

73) 上海市 第一中级人民法院 (2005) 沪一中民五 (知) 初字 第204號 民事判决书。同旨 北京市
   朝阳区人民法院 (2008) 朝民初字 第24371号 民事判决书。

죄를 규정하고 있지 않으나, 중국 민법통칙 제134조, 민법총칙 제179조는 사죄를 민사책임 부담방식의 하나로 규정하고 있다.

최고인민법원은, 사죄는 주로 인격권과 상업적 명성이 훼손된 경우 책임부담 방식인데, 특허권은 주로 재산권이므로 특허권 침해분쟁 사건에는 일반적으로 사죄가 적용되지 않는다고 판시하였다.[74)]

항주시 빈강구 인민법원은, 영업관리자로 근무하던 직원이 별도 회사를 설립한 후 거래처명단을 사용하여 영업행위를 한 사안에서, 피고의 영업비밀 침해행위는 원고의 경쟁우위 및 경제이익이라는 재산권에 대한 손해이지 인신에 대한 손해가 아니라는 이유로 사죄청구를 기각하였다.[75)]

마. 제소 전 보전조치

상표권 및 특허권 침해행위에 대한 민사적 구제와는 달리 영업비밀 침해행위에 대한 민사적 구제에 있어서는 소제기 전 보전조치에 대한 명시적 규정이 없다.[76)] 그런데, 2012년 8월 31일 제11기 전국인민대표대회 상무위원회 제28차 회의에서 통과되어 2013년 1월 1일부터 시행되는 개정 민사소송법 제100조는 보전조치의 대상에 피신청인의 행위를 포함시키고 있다. 즉, 인민법원은 당사자 일방의 행위 또는 기타 원인으로 인하여 판결을 집행할 수 없거나 집행이 어려운 사건에 대하여 상대방 당사자의 신청에 의하여 재산보전, 일정한 행위를 하게 하거나 일정한 행위를 하지 못하게 하는 재정(裁定)을 할 수 있다. 당사자가 신청을 하지 아니한

---

74) 最高人民法院（2005）民三提字 第1号 民事判決书。
75) 杭州市濱江区人民法院（2015）杭濱知初字第362号 民事判決书。
76) 중국 상표법 제65조: 상표권자 또는 이해관계인은 타인이 등록상표전용권 침해행위를 하고 있거나 곧 하려고 하고 제때에 이를 제지하지 아니하면 합법적 권익에 회복할 수 없는 손해를 입는다는 것을 증명할 수 있는 증거가 있는 경우 제소 전에 인민법원에 관련 행위의 중지를 명하고 재산보전조치를 청구할 수 있다.

第六十五条　商标注册人或者利害关系人有证据证明他人正在实施或者即将实施侵犯其注册商标专用权的行为，如不及时制止将会使其合法权益受到难以弥补的损害的，可以依法在起诉前向人民法院申请采取责令停止有关行为和财产保全的措施。

중국 특허법 제66조: 특허권자 또는 이해관계인은 타인이 특허권 침해행위를 하고 있거나 곧 하려고 하고 제때에 이를 제지하지 아니하면 합법적 권익에 회복할 수 없는 손해를 입는다는 것을 증명할 수 있는 증거가 있는 경우 제소 전에 인민법원에 관련 행위 중지조치를 청구할 수 있다.

第六十六条　专利权人或者利害关系人有证据证明他人正在实施或者即将实施侵犯专利权的行为，如不及时制止将会使其合法权益受到难以弥补的损害的，可以在起诉前向人民法院申请采取责令停止有关行为的措施。

경우에도 인민법원은 필요한 때에는 재정으로 보전조치를 할 수 있다.77) 인민법원
은 민사소송법 제100조의 보전조치를 취하는 때에는 이해관계인 또는 당사자에게
담보를 제공하도록 서면으로 통지하여야 하고, 이해관계인은 담보를 제공하여야 한
다(최고인민법원의 민사소송법 적용에 관한 해석 제152조).78) 따라서 소제기 전에 보
전조치로 영업비밀 침해행위에 대하여 침해중지 가처분을 신청할 수 있다.

바. 소송시효

영업비밀 침해행위로 인하여 인민법원에 민사권리의 보호를 청구하는 소송시
효기간은 특별한 규정이 있는 경우를 제외하고 민법통칙 제135조에 의하면 2년이
고, 민법총칙 제188조 제1항에 의하면 3년이다. 시효기간은 영업비밀을 침해받은
사실을 안 날 또는 알 수 있었던 날부터 계산하고, 영업비밀 침해행위일부터 20년
을 경과한 경우에는 소를 제기할 수 없다. 다만 특별한 사정이 있는 경우 인민법원
이 소송시효기간을 연장할 수 있다(민법통칙 제137조, 민법총칙 제188조 제2항).

3. 행정적 구제

행정적 구제란 행정보호라고도 하며, 법원이 아닌 공상행정관리기관에서 침해
의 성립 여부를 판단하고 침해행위에 대한 중지명령을 내리는 등의 행정적 조치를
시행하는 것을 말한다.79)

중국 부정경쟁방지법 제25조는 "이 법 제10조 규정을 위반하여 영업비밀을 침
해한 경우, 감독기관은 위법행위 중지명령을 하고, 상황에 따라 1만 위안 이상 20
만 위안 이하의 과태료에 처할 수 있다"고 규정하고 있다.80) 이 조항은 영업비밀
침해행위에 관하여 부담할 행정책임에 관한 규정이다. 영업비밀 침해행위는 권리자

---

77) 第一百条　人民法院对于可能因当事人一方的行为或者其他原因，使判决难以执行或者造成当
事人其他损害的案件，根据对方当事人的申请，可以裁定对其财产进行保全、责令其作出一定行
为或者禁止其作出一定行为；当事人没有提出申请的，人民法院在必要时也可以裁定采取保全措
施。人民法院采取保全措施，可以责令申请人提供担保，申请人不提供担保的，裁定驳回申请。
人民法院接受申请后，对情况紧急的，必须在四十八小时内作出裁定；裁定采取保全措施的，应
当立即开始执行。
78) 最高人民法院　关于适用《中华人民共和国民事诉讼法》的 解释 第一百五十二条 人民法院依
照民事诉讼法第一百条、第一百零一条规定，在采取诉前保全、诉讼保全措施时，责令利害关系
人或者当事人提供担保的，应当书面通知。
79) 이기성·김수진 공저, 중국 특허법, 세창출판사, 2014, 342면.
80) 第二十五条 违反本法第十条规定侵犯商业秘密的，监督检查部门应当责令停止违法行为，可以
根据情节处以一万元以上二十万元以下的罚款。

의 합법적 권익을 침해하여 경제적 손해를 입힌 경우뿐만 아니라, 사회주의 시장경
제질서를 파괴하여 공정한 경쟁체제가 제대로 작동되지 않도록 하는 것이다. 중국
부정경쟁방지법은 권리자가 인민법원에 민사상 청구를 하는 것과 함께 영업비밀
침해자에 대한 행정책임을 부담하도록 하고 있다.

가. 처리기관

중국에서 영업비밀 침해행위를 감독하는 기관은 공상행정관리국과 현급 이상
감독부서이다(중국 부정경쟁방지법 제3조, 제16조).[81] 감독기관의 행정구제는 경영자
등의 신고에 의한 경우뿐만 아니라 직권으로 발동할 수 있다. 영업비밀 침해행위를
인정하는 경우 침해행위의 중지를 명하여 계속적인 침해행위를 제지함으로써 권리
자의 합법적 권익을 보호한다.

나. 처리절차

권리자(신청인)는 영업비밀이 침해된 경우 공상행정관리기관에 침해행위에 대한
조사를 신청하고, 영업비밀 및 침해행위가 존재한다는 증거를 함께 제출하여야 한다.
조사를 받는 단위 및 개인(피신청인)과 이해관계인도 공상행정관리기관에 관련 증거
를 제출해야 한다(영업비밀 침해행위 금지에 관한 약간 규정 제5조 제1항, 제2항).[82]

권리자가 피신청인이 사용한 정보가 자기의 영업비밀과 일치하거나 동일하고,
피신청인이 그 영업비밀을 취득한 조건(예를 들면, 권리자의 종업원 또는 업체 관계자
를 통해서 영업비밀을 취득했다든지, 또는 권리자의 회사에 근무하던 종업원을 스카우트
했다든지 등)을 증명할 수 있고, 피신청인이 자기가 사용한 정보가 합법적으로 취득
(예를 들면, 리버스 엔지니어링, 자체 개발 등), 또는 사용했다는 증거를 제공하지 못하
거나 제공을 거부하는 경우, 공상행정관리기관은 관련 증거에 따라 피신청인의 침해
행위를 인정할 수 있다(영업비밀 침해행위 금지에 관한 약간 규정 제5조 제3항).[83]

---

81) 第三条各级人民政府应当采取措施, 制止不正当竞争行为, 为公平竞争创造良好的环境和条件。
县级以上人民政 府工商行政管理部门对不正当竞争行为进行监督检查；法律、行政法规规定由
其他部门监督检查的, 依照其规定。第十六条 县级以上监督检查部门对不正当竞争行为, 可以进
行监督检查。

82) 第五条 权利人(申请人)认为其商业秘密受到侵害, 向工商行政管理机关申请查处侵权行为时,
应当提供商业秘密及侵权行为存在的有关证据。
被检查的单位和个人(被申请人)及利害关系人、证明人, 应当如实向工商行政管理机关提供有
关证据。

83) 权利人能证明被申请人所使用的信息与自己的商业秘密具有一致性或者相同性, 同时能证明被

다. 처리내용

1) 판매중지명령

피신청인의 위법한 영업비밀의 공개·사용 또는 타인으로 하여금 사용을 허락하는 행위가 장래에 권리자에게 회복하기 어려운 손해를 발생하게 하는 경우, 권리자가 침해자에 대한 강제조치결과에 대한 담보책임의 서면보증서를 제출하면, 공상행정관리기관은 피신청인에게 권리자의 영업비밀을 사용하여 생산한 제품의 판매중지를 명할 수 있다(영업비밀 침해행위 금지에 관한 약간 규정 제6조).[84]

2) 침해중지명령 및 과태료

공상행정관리기관은 영업비밀 침해행위가 있는 경우 침해행위 중지를 명하고, 상황에 따라 1만 위안 이상 20만 위안 이하의 과태료에 처할 수 있다. 이는 침해행위의 실행에 대한 경제적 제재로서, 공상행정관리기관의 처벌권한에 관한 규정이다. 공상행정관리기관은 침해자의 고의, 과실 및 행위 결과 등의 정황을 종합적으로 고려하여 영업비밀 침해자에게 과태료를 부과한다. 공상행정관리기관이 침해행위 중지명령 또는 과태료를 부과할 경우 침해물품에 대하여 ① 영업비밀이 담긴 도면, 소프트웨어 및 관련 자료를 권리자에게 반환하도록 명령 및 감독하고, ② 침해자가 권리자의 영업비밀을 사용하여 생산한 물건과 시장에 유입되어 장래에 권리자의 영업비밀을 공개할 수 있는 제품을 폐기하도록 감독한다. 다만, 권리자가 구입 또는 판매 등 기타 처리방법에 동의한 경우 예외로 한다(영업비밀 침해행위 금지에 관한 약간 규정 제7조).[85]

3) 조정신청 및 제소

권리자는 손해배상문제에 대하여 공상행정관리기관에 조정을 신청할 수 있고, 공상행정관리기관은 조정을 진행할 수 있다. 권리자는 또한 직접 인민법원에 손해

申请人有获取其商业秘密的条件，而被申请人不能提供或者拒不提供其所使用的信息是合法获得或者使用的证据的，工商行政管理机关可以根据有关证据，认定被申请人有侵权行为。

84) 第六条 对被申请人违法披露、使用、允许他人使用商业秘密将给权利人造成不可挽回的损失的，应权利人请求并由权利人出具自愿对强制措施后果承担责任的书面保证，工商行政管理机关可以责令被申请人停止销售使用权利人商业秘密生产的产品。

85) 第七条 违反本规定第三条的，由工商行政管理机关依照《反不正当竞争法》第二十五条的规定，责令停止违法行为，并可以根据情节处以一万元以上二十万元以下的罚款。

工商行政管理机关在依照前款规定予以处罚时，对侵权物品可以作如下处理：

(一) 责令并监督侵权人将载有商业秘密的图纸、软件及其他有关资料返还权利人。

(二) 监督侵权人销毁使用权利人商业秘密生产的、流入市场将会造成商业秘密公开的产品。但权利人同意收购、销售等其他处理方式的除外。

배상청구의 소를 제기할 수 있다(영업비밀 침해행위 금지에 관한 약간 규정 제9조).86)

라. 소송시효

행정적 구제의 소송시효는 중국 행정처벌법 제29조에 의하여 위법행위 발생일로부터 2년이며, 위법행위가 계속 또는 연속될 경우 종료일로부터 기산한다.

4. 형사적 규제

중국 형법 제219조는 침해자의 영업비밀 침해행위가 영업비밀 침해유형 중 어느 하나에 해당하고, 권리자에게 중대한 손해를 초래한 경우 3년 이하의 징역 또는 벌금에 처하고, 특히 중한 결과를 초래한 경우 3년 이상 7년 이하의 징역과 벌금에 처한다고 규정하고 있다.87)

권리자란 영업비밀 소유자와 영업비밀 소유자의 허가를 얻은 영업비밀 사용자를 말한다(형법 제219조 제4항). 권리자에게 50만 위안 이상의 손해액이 발생한 경우 '권리자에게 중대한 손해를 초래'한 경우에 해당하고 3년 이하의 유기징역(有期徒刑) 또는 구역(拘役)에88) 처하고 벌금을 병과할 수 있다. 권리자에게 250만 위안 이상의 손해액이 발생한 경우 '특히 중한 결과를 초래한 경우'에 해당하고 3년 이상

---

86) 第九条 权利人因损害赔偿问题向工商行政管理机关提出调解要求的，工商行政管理机关可以进行调解。

　　权利人也可以直接向人民法院起诉，请求损害赔偿。

87) 第二百一十九条 有下列侵犯商业秘密行为之一，给商业秘密的权利人造成重大损失的，处三年以下有期徒刑或者拘役，并处或者单处罚金；造成特别严重后果的，处三年以上七年以下有期徒刑，并处罚金：

　　(一) 以盗窃、利诱、胁迫或者其他不正当手段获取权利人的商业秘密的；

　　(二) 披露、使用或者允许他人使用以前项手段获取的权利人的商业秘密的；

　　(三) 违反约定或者违反权利人有关保守商业秘密的要求，披露、使用或者允许他人使用其所掌握的商业秘密的。

　　明知或者应知前款所列行为，获取、使用或者披露他人的商业秘密的，以侵犯商业秘密论。

　　本条所称商业秘密，是指不为公众所知悉，能为权利人带来经济利益，具有实用性并经权利人采取保密措施的技术信息和经营信息。

　　本条所称权利人，是指商业秘密的所有人和经商业秘密所有人许可的商业秘密使用人。

88) 중국 형법 제42조 내지 제44조에 규정된 형벌로 인신의 자유를 단기간 박탈하며 공안기관이 가까운 곳에서 집행한다. 구역의 기간은 1개월 이상 6개월 이하이다.

　　第四十二条 【拘役的期限】拘役的期限，为一个月以上六个月以下。

　　第四十三条 【拘役的执行】被判处拘役的犯罪分子，由公安机关就近执行。

　　在执行期间，被判处拘役的犯罪分子每月可以回家一天至两天；参加劳动的，可以酌量发给报酬。

　　第四十四条 【拘役刑期的计算和折抵】拘役的刑期，从判决执行之日起计算；判决执行以前先行羁押的，羁押一日折抵刑期一日。

7년 이하의 유기징역에 처하고 벌금을 병과한다(지식재산권 침해 형사사건의 처리에 구체적으로 적용할 법률문제에 관한 해석 제7조).[89]

법인이 타인의 영업비밀을 침해한 경우 법인에 대하여 벌금을 부과하고, 영업비밀 침해와 직접 책임 있는 자와 기타 관련자는 영업비밀 침해자로서 처벌한다(형법 제220조).[90]

영업비밀 침해죄에 대한 공소시효는 중대한 손해를 초래한 경우 5년, 특히 중한 결과를 초래한 경우는 10년이며, 범죄행위를 한 날로부터 기산하고 범죄행위가 계속 또는 연속될 경우 종료일부터 기산한다(중국 형법 제87조, 제89조).[91]

V. 종업원의 경업금지의무

1. 서

영업비밀보호 중 경업금지란 사용자가 노동계약 등에 의해 재직기간뿐만 아니라 퇴직 후 일정기간 동안 재직기간 중 알게 된 영업비밀을 이용하여 사용자와 경쟁관계에 있는 업무에 종사하지 않는 것을 말한다.[92] 경업금지약정은 기업이 퇴직한 종업원에게 영업비밀을 보호하도록 하는 유효한 수단이다.

---

89) 最高人民法院、最高人民检察院关于办理侵犯知识产权刑事案件具体应用法律若干问题的解释
    第七条 实施刑法第二百一十九条规定的行为之一，给商业秘密的权利人造成损失数额在五十万元
    以上的，属于"给商业秘密的权利人造成重大损失"，应当以侵犯商业秘密罪判处三年以下有期徒刑
    或者拘役，并处或者单处罚金。
        给商业秘密的权利人造成损失数额在二百五十万元以上的，属于刑法第二百一十九条规定的"造
    成特别严重后果"，应当以侵犯商业秘密罪判处三年以上七年以下有期徒刑，并处罚金。
90) 第二百二十条 单位犯本节第二百一十三条至第二百一十九条规定之罪的，对单位判处罚金，并
    对其直接负责的主管人员和其他直接责任人员，依照本节各该条的规定处罚。
91) 第八十七条【追诉时效期限】犯罪经过下列期限不再追诉：
    (一) 法定最高刑为不满五年有期徒刑的，经过五年；
    (二) 法定最高刑为五年以上不满十年有期徒刑的，经过十年；
    (三) 法定最高刑为十年以上有期徒刑的，经过十五年；
    (四) 法定最高刑为无期徒刑、死刑的，经过二十年。如果二十年以后认为必须追诉的，须报请最高人
        民检察院核准。
        第八十九条【追诉期限的计算与中断】追诉期限从犯罪之日起计算；犯罪行为有连续或者继
    续状态的，从犯罪行为终了之日起计算。在追诉期限以内又犯罪的，前罪追诉的期限从犯后罪之
    日起计算。
92) 蒋志培 主编, 前揭书(注12), 22页。

2. 경업금지약정의 요건

경업금지약정은 노동자의 노동권과 직업선택의 자유를 제한하므로 적법하고 공정하며 합리적이어야 한다. 경업금지약정은 다음과 같은 몇 가지 조건이 충족되어야 적법하고 유효하다.

가. 보호대상의 합리성

경업금지보호대상은 기업의 영업비밀이고 종업원의 일반적인 지식, 기능, 경험과 관련된 정보는 보호대상이 아니다. 보호할 가치가 있는 영업비밀 해당 여부는 기업에게 증명책임이 있다. 영업비밀이 아니라는 것은 종업원의 경업금지사건에서 자주 거론되는 항변이다.

나. 적용대상자의 합리성

경업금지약정의 적용대상자는 영업비밀을 파악할 수 있는 기술자 및 관리자로 고급경영자, 관리인, 고급연구개발자, 핵심기술자를 포함한다. 일반기술자, 기획직원, 판매자, 재무회계직원, 비서직원 등 통상적인 종업원은 영업비밀에 반드시 접촉하는 것이 아니므로 경업금지대상에서 제외된다. 경업금지는 노동자의 자유이동을 제한하므로 경업금지가 적용되는 대상자가 합리적으로 제한되어야 한다.

다. 금지업무영역의 명확성

경업금지약정은 퇴직 종업원이 종사하여서는 아니 되는 경쟁업종의 범위를 명확하게 규정하여야 한다.

라. 시간적 제한성

영업비밀은 시간적으로 유효기간이 있다. 그래서 경업금지기간도 합리적인 기간으로 제한되어야 한다. 일반적으로 퇴직 후 3년 내지 5년을 초과하지 않는다. 중국「과학기술자의 이동 중 기술비밀관리의 강화에 관한 약간 의견(关于加强科技人员流动中技术秘密管理的若干意见)」에는 단위가 종업원과 경업금지약정을 한 경우 종업원에게 일정액의 보상금을 지급하여야 하고 경업금지기간도 최장 3년을 초과할 수 없다고 규정하고 있다. 노동부의 기업 이직근로자 약간 문제에 관한 통지(劳

动部关于企业职工流动若干问题的通知)에도 종업원을 고용한 단위는 영업비밀을 알고 있는 종업원의 경업금지기간이 3년을 초과할 수 없다고 규정하고 있다. 중국 「심천 경제특구 기업비밀조례」 제23조는 경업금지기간이 최장 노동계약이 종료되거나 해제된 후 2년을 초과할 수 없고 2년을 초과하는 경우 초과부분은 무효라고 규정하고 있다. 노동계약법 제24조는 경업금지기간은 2년을 초과할 수 없다고 규정하고 있다.[93]

마. 보상규정의 존재

경업금지약정은 종업원의 노동권과 직업선택의 자유를 제한하므로, 기업과 종업원의 이익균형을 실현하기 위해 기업은 퇴직종업원에게 합리적인 보상을 하여야 하고 그렇지 않은 경우 경업금지약정은 무효이다.[94] 보상비의 액수는 공평하고 합리적이어야 한다. 중국 「심천경제특구 기업기술비밀조례」 제22조는 보상비의 액수와 지급방식을 경업금지약정에 규정하도록 하고 있다. 기업이 경업금지약정에 위반하여 보상금을 지급하지 않거나 정당한 이유 없이 늦게 지급하거나 적게 지급한 경우 경업금지약정은 자동으로 해지된다.

3. 경업금지약정의 내용

사용자와 종업원은 노동계약에 사용자의 영업비밀과 지식재산권에 관련된 비밀사항을 유지하는 약정을 할 수 있다. 사용자가 종업원과 노동계약 또는 비밀유지협약에 경업금지에 관한 사항을 약정할 수 있고, 노동계약이 해지 또는 종료된 후 경업금지기간 내에 월(月)에 따라 종업원에게 경제적 보상을 지급하는 약정을 할 수 있다. 종업원이 경업금지약정에 위반한 경우 약정에 따라 사용자에게 위약금을 지급해야 한다(노동계약법 제23조 제1항, 제2항).[95] 경업금지 내용은 노동계약이 해지 또는 종료된 후 종업원이 사용자와 동일한 종류의 제품을 생산·경영하거나, 동일한 종류의 업무에 종사하는 경쟁관계가 있는 사용자에 취업하거나, 종업원 자신

---

93) 第二十四条 从事同类业务的竞业限制期限，不得超过二年。

94) 蒋志培 主编, 前揭书(注9), 245면.

95) 第二十三条 用人单位与劳动者可以在劳动合同中约定保守用人单位的商业秘密和与知识产权相关的保密事项。

对负有保密义务的劳动者,用人单位可以在劳动合同或者保密协议中与劳动者约定竞业限制条款，并约定在解除或者终止劳动合同后, 在竞业限制期限内按月给予劳动者经济补偿。劳动者违反竞业限制约定的, 应当按照约定向用人单位支付违约金。

이 동일한 종류의 제품을 생산·경영하는 사업을 하거나 또는 동일한 종류의 업무에 종사하는 것을 제한하는 것이다(노동계약법 제24조).96)

　　사용자가 종업원과 체결한 노동계약에 경업금지에 관한 조항만 있고 보상금에 관한 조항이 없는 경우에는 경업금지의무 규정은 무효라고 할 것이므로 종업원이 경업금지의무를 이행할 필요가 없다. 종업원이 노동계약에 약정한 비밀유지의무 또는 경업금지의무를 위반하여 사용자에게 손해를 입힌 경우 배상할 책임이 있다(노동계약법 제90조).97)

　　베이징시 해정구인민법원은, 원고 회사의 고급관리자로 근무하면서 회사의 영업비밀을 알고 있던 피고가 경업금지의무와 비밀유지의무를 규정하고 있는 노동계약과 기업비밀유지계약을 위반하여 타인 명의로 별도 회사를 설립하고 퇴직한 후 별도 회사가 원고 회사의 영업비밀을 이용하여 동일한 제품을 생산하는 등의 경영활동을 한 사안에서, 원고 회사가 피고에게 퇴직 후 3년간 비밀유지의무를 부담하는 대가로 일정액의 비밀유지비를 지급하였고, 노동계약 만료 후 1년간 원고 회사와 경쟁관계에 있는 회사에 취업할 수 없다는 경업금지의무가 있는 피고가 고객명단, 판매계획, 구매자료, 가격책정, 재무자료, 유통계통 등의 영업비밀을 침해하고 경업금지의무를 위반하였다고 인정하고, 피고와 별도 회사에게 중국 부정경쟁방지법 제10조 제1항 제3호, 제2항, 제3항, 제20조 제1항, 중국 불법행위책임법 제8조, 중국 민사소송법 제64조 제1항에 따라 영업비밀 침해행위 중지 및 10만 위안의 손해배상을 명하고 원고 회사의 나머지 청구를 기각하는 내용의 판결을 선고하였다.98)

Ⅵ. 결　　론

　　영업비밀 보호제도는 특허법을 보완하는 역할을 하며, 그 보호대상이 일정 부

---

96) 第二十四条　竞业限制的人员限于用人单位的高级管理人员、高级技术人员和其他负有保密义务的人员。竞业限制的范围、地域、期限由用人单位与劳动者约定，竞业限制的约定不得违反法律、法规的规定。

　　在解除或者终止劳动合同后，前款规定的人员到与本单位生产或者经营同类产品、从事同类业务的有竞争关系的其他用人单位，或者自己开业生产或者经营同类产品、从事同类业务的竞业限制期限，不得超过二年。

97) 第九十条　劳动者违反本法规定解除劳动合同，或者违反劳动合同中约定的保密义务或者竞业限制，给用人单位造成损失的，应当承担赔偿责任。

98) 北京市海淀区人民法院（2014）海民初字第9764号 民事判决书。

분 특허법과 중복된다. 따라서 어떤 정보 또는 기술을 보호받고자 할 경우, 특허법에 의하여 보호받을 것인지 아니면, 비밀성을 유지하여 영업비밀로 보호받을 것인지를 고려할 필요가 있다. 만약 어떤 기술을 이용한 제품의 생산·판매 후 분해 또는 리버스 엔지니어링에 의하여 당해 기술이 쉽게 노출될 가능성이 있다면 특허로 보호받는 것이 유리하다.

영업비밀의 보호는 권리자가 주장하는 기술정보 또는 경영정보가 과연 중국 부정경쟁방지법이 규정한 영업비밀에 해당하는지 여부에서 출발한다. 비공지성, 경제적 가치성 및 실용성 그리고 비밀유지조치성을 갖추어야만 영업비밀로 보호를 받을 수 있기 때문이다.

중국 부정경쟁방지법은 경영자에 의한 영업비밀 침해행위만을 규정하고 있고 경영자가 아닌 자에 의한 영업비밀 침해행위에 대한 규제는 개별적인 약정이나 기타 법률에 규정하고 있다는 것을 주의해야 한다. 또한 예방적 중지청구권이 인정되지 않으므로 영업비밀 침해 우려가 있다는 사정만으로는 미리 중지청구를 할 수 없다는 점도 주의하여야 한다.

영업비밀을 침해당한 경우 영업비밀 침해행위의 중지청구 및 손해배상청구를 할 수 있고, 우리나라의 신용회복청구와 유사한 영향제거 등 청구가 있으므로 구제수단은 갖추어져 있다고 볼 수 있다. 특이한 것은 공상행정관리기관이 판매중지명령, 침해중지명령, 과태료 부과 외에 손해배상문제에 관한 조정을 시도할 수 있는 등 행정적 구제수단이 강력하다는 점이다. 따라서 중국에서 영업비밀 침해를 당한 경우 공상행정관리기관에 영업비밀 침해에 관한 자료를 제출하면서 행정적 구제를 신청하는 것이 바람직하다.

중국 부정경쟁방지법은 급변하는 사회현실을 반영하지 못하여 적절한 대응을 하지 못하고 있다. 그래서 현재 중국 부정경쟁방지법의 개정이 진행 중이다. 현행 중국 부정경쟁방지법이 가지고 있는 많은 문제점이 해소되고 복잡하고 다양한 사회현실을 풀어나갈 수 있는 개정법이 하루빨리 마련되기를 기대해 본다.

제4절 스위스

박시영(특허청 정밀부품심사과 과장)

영업비밀의 가장 중요한 특징 중 하나는 보호를 위해 등록과 같은 형식적인 요건이 필요 없다는 것이다. 따라서 기밀유지협약서(Non-disclosure agreement, NDA)나 관련 계약 중에 비밀유지 조항 등을 포함시켜 영업비밀을 보호하는 것이 매우 중요하다고 할 수 있다. 그럼 스위스의 영업비밀보호제도에 대하여 영업비밀의 정의, 영업비밀과 관련된 관련법 개관, 제한의 종류와 범위 그리고 구제수단과 소송 순으로 살펴보고자 한다.

I. 영업비밀의 정의[1]

스위스에서는 영업비밀에 대한 통일된 정의는 존재하지 않지만, 일반적으로 영업비밀로 인정받기 위해서는 다음 세 가지 조건을 만족해야 한다고 판례상으로 받아들여지고 있다.

첫째, 영업비밀은 이미 알려지거나 쉽게 접근할 수 없는 객관적인 비밀이어야 한다. 즉, 영업비밀은 공중이 접근할 수 있는 곳에서 벗어나서 보호되고 있는 정보이어야 한다.

둘째, 영업비밀의 보유자는 해당 정보를 비밀로 유지하기 위한 이해관계가 있어야 한다. 이러한 정보는 경영상의 이익에 영향을 미칠 수 있는 정보로 이해관계라 함은 상업적 가치와 연관된 이해관계로 해석된다.

셋째, 영업비밀의 보유자는 영업비밀을 비밀로 유지하기 위한 합리적인 노력을 해야 한다. 즉, 영업비밀의 보유자는 해당 영업비밀이 횡령되는 것을 막기 위한 일련의 조치를 취하여야 하며, 이러한 조치는 컴퓨터 시스템에 접속하기 위한 비밀번호와 같은 기술적인 조치와 기밀유지협약서(Non-disclosure agreement, NDA)와 같

---

1) Swiss Report, Charlotte Boulay, University of Neuchatel.

은 계약상의 조치를 포함한다. 영업비밀과 관련된 관련법에서는 영업비밀의 정의에 대하여 조금씩 다르게 정의하고 있으므로 이에 대한 구체적인 내용은 '제한의 종류와 범위'에서 보다 상세하게 살피도록 한다.

Ⅱ. 관련법 개관[2]

1. 의무법(Code of Obligations, 이하 'CO'라 한다)

영업비밀보호와 연관된 문제는 고용관계에서 나타나는 경우가 많다. 따라서 고용계약을 관장하는 CO는 영업비밀을 보호하기 위한 법으로 자주 사용된다.

가. 제321조(a)(4)[3]

이 조문에 의하면 근로자는 고용된 기간 동안 신의성실에 입각하여 행동해야 하며, 고용주로부터 지득한 영업비밀을 공개하거나 사용하지 못한다. 이 조문을 소송에서 이용하기 위해서는 근로자가 영업비밀을 공개했으며, 그러한 영업비밀의 횡령에 의하여 손해를 입은 인과관계를 증명해야 한다.

나. 제340조(2)[4]

이 조문은 고용계약이 종료된 후에 경쟁금지와 관련된 조항이다. 경쟁금지조항은 경쟁금지 내용, 기간(보통의 경우 3년) 그리고 지리적 범위에 대한 제한을 포함하고 있어야 한다. 이 조문을 소송에서 이용하기 위해서는 고용주가 근로계약이 종료된 후에도 영업비밀이 계속 존재하였고, 비밀로 유지되어야 했음을 증명해야 하고, 전근로자의 불법적인 사용 또는 공개에 의하여 손해를 입은 인과관계를 증명해야 한다.

---

2) Switzerland, Gregor Buehler et al., Homburger AG.

3) "For the duration of the employment relationship the employee must not exploit or reveal confidential information obtained while in the employer's service, such as manufacturing or trade secrets; he remains bound by such duty of confidentiality even after the end of the employment relationship to the extent required to safeguard the employer's legitimate interests."

4) "The prohibition of competition is binding only where the employment relationship allows the employee to have knowledge of the employer's clientele or manufacturing and trade secrets and where the use of such knowledge might cause the employer substantial harm."

다. 제418조(d)(1)[5]

상업적 위탁업자도 근로자와 비슷한 의무를 지며, 위탁계약에 의하여 지득한 영업비밀을 사용하거나 공개하지 못한다. 이러한 금지는 계약이 종료된 이후에도 유효하며, 이를 위해서는 고용주가 위탁업자에게 이에 따른 보수를 지불할 필요가 있다.

2. 부정경쟁방지법(Protection of Trade Secrets and the Unfair Competition Act, 이하 'UCA'라 한다)

가. 제2조[6]

정직한 상업적인 관행, 신의성실에 반하는 행위, 경쟁자 또는 공급자와 고객 간의 관계에 영향을 미치는 불법적인 행위를 규정하고 있는 영업비밀보호에 관한 일반적인 규정으로, 동법 제23조에 의한 형사처벌을 할 수 있는 제4조 내지 제6조의 구체적인 적용 요건 등을 만족하지 못하여 해당 규정을 적용할 수 없는 경우에도 제2조는 사용될 수 있다.

나. 제4조(c)[7]

제3자가 근로자에게 고용주의 영업비밀을 공개하거나 밝히도록 유인하는 것은 불법행위에 해당한다. 이 조문에 의하여 신의성실 의무를 지는 근로자, 위탁업자 등에게 고용주의 영업비밀을 공개하도록 유인하는 행위는 금지된다. 이 조문을 적용하기 위해서는 유인하는 자가 영업비밀을 성공적으로 취득하였음을 증명할 필요는 없으며, 근로자가 계약을 위반하였다는 것만 증명하면 족하다.

---

5) "The agent must not exploit or reveal the principal's trade secrets with which he has been entrusted or of which he became aware by reason of the agency relationship even after the end of the commercial agency contract."

6) "Any conduct or business practice which is deceptive or in another manner violates the principle of good faith dealing, and which affects the relationship between competitors or between sellers and purchasers, is unfair and illegal."

7) "Acting unfairly is, in particular, whoever: induces employees, agents or other auxiliary personnel to disclose or search out the manufacturing or business secrets of their employer or principal."

다. 제5조8)

제5조(a)에 의하면 고용주의 허가 없이 자신에게 맡겨진 일의 결과물(예: 입찰, 계산, 계획 등)을 활용하는 자는 부정경쟁방지법을 위반하는 것이다. 제5조(b)에 의하면 제3자에게 맡겨진 일의 결과물을 허가 없이 활용하는 것은 부정경쟁방지법을 위반하는 행위이다. 제5조(c)에 의하면 자신의 추가적인 노력 없이 기술적인 수단에 의하여 다른 사람의 상업적인 상품을 복제하거나 활용하는 것은 부정경쟁방지법에 의하여 금지된다. 이 조문에 기재되어 있는 일의 결과물은 예시적인 것으로 이에 한정하는 것으로 해석되지 않는다.

라. 제6조9)

제6조는 영업비밀 보호에 관한 가장 중요한 조항 중에 하나로, 법을 위반하는 방법으로 얻어진 제조방법이나 사업에 관련된 영업비밀을 활용하거나 공개하는 것을 부정경쟁방지법을 위반하는 행위로 간주하는 규정이다. 제4조(c)가 계약위반을 요건으로 하는 반면 제6조는 이를 요건으로 하지 않고, 법을 위배해서 영업비밀을 활용하거나 제3자에게 영업비밀을 공개하면 처벌을 받도록 하고 있다. 영업비밀 절도나 스파이 행위는 이 조문에 의하여 처벌을 받는다. 따라서 이 조문을 소송에서 이용하기 위해서는 피고인이 법을 위반하여 영업비밀을 취득하였고 이를 제3자에게 공개하였거나 피고인 자신이 활용했음을 증명해야 한다.

---

8) "Acting unfairly is, in particular, whoever: a. without authorization, exploits the results of work entrusted to him, for example, tenders, calculations or plans; b. exploits the results of work of another, for example, tenders, calculations or plans, although he must know that they have been handed to him or made available without authorization; c. by means of technical reproduction process and without a corresponding effort of his own, takes the marketable results of work of another person and exploits them as such."

9) "Acting unfairly is, in particular, whoever exploits or discloses to third parties manufacturing or business secrets which he searched out or learned about in any unlawful manner."

3. 형사법(Criminal Code, 이하 'CC'라 한다)

가. 제162조[10]

영업비밀을 보호하는 형사법상의 일반적인 규정으로, 법적인 관계나 계약에 의하여 제조나 영업비밀을 준수할 의무가 있는 자가 자신 또는 제3자의 이익을 위하여 영업비밀을 누설하는 경우 형사처벌을 하도록 규정하고 있다. 만약 동 규정을 위반하는 경우 3년 이하의 징역 또는 벌금에 처하도록 하고 있다.

나. 제273조[11]

이 조항은 스파이 행위를 다루는 조항으로, 공적이거나 사적인 외국 기관이 영업비밀에 접근을 할 수 있도록 하는 행위 또는 이러한 목적으로 영업비밀을 공개하려고 시도하는 행위를 할 경우에는 형사처벌을 하도록 규정하고 있다. 이 조항을 이용하기 위해서는, 객관적인 요건과 주관적인 요건을 모두 만족해야 한다. 객관적인 요건은 경제적인 정보이어야 하며, 비밀을 얻거나 공개하기 위한 시도를 하여야 하고, 정보의 수혜자가 외국 기관 등이어야 한다. 주관적인 요건은 수혜자에게 정보를 공개하려는 의도와 목적이 있어야 한다.

4. 데이터보호법(Federal Act on Data Protection, 이하 'FADP'라 한다)

제3조의 "확정되거나 확정될 수 있는 사람들에 관한 정보"는 개인정보로 보고 있으며, 고객정보 같은 일부 영업비밀은 이에 해당될 수 있다. 제3조에서 규정하고 있는 사람들에 관한 정보는 자연인뿐만 아니라 법인도 포함한다. 제4조는 "개인정보는 수집 당시에 표시된 목적에 맞게 사용되어야 한다"고 규정하고 있으므로, 수

---

10) "Any person who betrays a manufacturing or trade secret that he is under a statutory or contractual duty contract not to reveal, any person who exploits for himself or another such a betrayal, is liable on complaint to a custodial sentence not exceeding three years or to a monetary penalty."

11) "Any person who obtains a manufacturing or trade secret in order to make it available to an external official agency, a foreign organization, a private enterprise, or the agents of any of these, or any person who makes a manufacturing or trade secret available to an external official agency, a foreign organization, a private enterprise, or the agents of any of these, is liable to a custodial sentence not exceeding three years or to a monetary penalty, or in serious cases to a custodial sentence of not less than one year. Any custodial sentence may be combined with a monetary penalty."

집된 정보는 합법적이고 신의칙에 부합되는 방식으로 처리되어야 한다. 제6조는 정
보 당사자의 동의를 얻는 경우 등을 제외하고는 수집된 정보를 공개하는 것을 금지
하고 있다. 제7조는 정보를 처리하는 측이 정보를 보호하기 위한 적절한 기술적 및
조직적인 보호조치를 취해야 하며, 만약 계약이나 관련법에서 정보를 비밀로 취급
할 필요가 있을 경우에는 제3자에게 처리를 위탁할 수 없도록 규정하고 있다.

5. 은행법(Law on Banks and Saving Banks)

은행업이 발달한 스위스에서는 1934년 11월 8일 제정된 은행법 제47조[12])에
의거하여 스위스연방은행청의 입회인, 은행에 근무하는 근로자 등이 자신의 직분에
의하여 취득한 비밀을 제3자에게 공개하는 것을 금지하고 있다. 만약 비밀이 유지
되지 않을 경우 관할 정부 기관은 해당 근로자가 다시 은행업에 종사하는 것을 금
지시킬 수도 있다.

Ⅲ. 제한의 종류와 범위[13])

1. 영업비밀

CO 제321조(a)(4)에서는 근로자가 영업비밀을 공개하거나 이용하는 것을 금지
하고 있다. 이러한 금지는 고용주가 영업비밀에 대한 유효한 이해관계가 지속되는
한 고용관계가 끝난 이후에도 효력이 있다. 그러나 CO에는 영업비밀에 대한 직접
적인 정의는 없다.

UCA 제6조에서는 제조방법이나 사업에 관련된 영업비밀이라고 규정하고 있
다. 제조방법에 관련된 영업비밀은 기술, 제조 프로세스 등과 같은 제품 개발 절차
와 연관된 것이고, 사업에 관련된 영업비밀은 홍보계획, 사업전략 등과 같은 기업
의 조직과 연관된 것으로 이해된다. 반면 CC에서는 영업비밀을 보다 엄격하게 해
석하는 경향이 있는데, CC에서는 영업비밀이 진정한 시장가치를 가지고 있으며, 회
사의 성공에 기여하였음을 증명해야 하는 경우가 있다.

---

12) "Imprisonment of up to three years or fine will be awarded to persons who
deliberately: a. disclose a secret that is entrusted to him in his capacity as body,
employee, appointee, or liquidator of a bank, as body or employee of an audit company
or that he has observed in this capacity."
13) Switzerland, Ueli Sommer, Walder Wyss & Partners Ltd.

2. 경쟁금지

CO 제321조(a)에는 근로자가 신의성실의 원칙에 의하여 고용주의 적법한 이해를 보호해야 한다고 규정하고 있다. 이러한 의무는 고용이 끝난 이후에도 유효하며 시간이 지남에 따라 조금씩 줄어드는 것으로 보는 것이 일반적이다. 일예로 CO 제340조 등에 의거하여 고용주는 근로자에게 근로계약이 종료된 이후에 고용주와 경쟁을 하지 않을 의무를 부과할 수 있다. 상기와 같은 의무를 부과하기 위해서는 근로관계에서 근로자가 고객명단, 제조관련 비밀 등에 대한 접근이 가능하였고, 그리고 그러한 지식을 활용할 경우 고용주가 상당한 피해를 볼 수 있는 경우이어야 한다. 그리고 이러한 경쟁제한 조항은 꼭 문서에 의하여야 하고, 근로자의 경제생활에 대한 비합리적인 손상을 막기 위한 지리적, 시간적, 제품 및 서비스에 관한 합리적인 제한이어야 한다. 일반적으로 근로계약 종료 후 이러한 경쟁제한을 할 수 있는 기간은 최대 3년이다.

반면, UCA에서는 부정경쟁의 경우인 전근로자나 새로운 고용주가 전 고용주의 비밀 데이터나 영업비밀을 사용하거나, 비즈니스 모델을 그대로 따라 하는 경우를 제외하고는 근로계약이 종료된 이후에 전근로자와 전 고용주와의 경쟁에 대하여 특별한 제한을 하고 있지는 않다.

3. 근로자의 유인

UCA에서는 근로자의 근로계약이 종료된 이후에 부정경쟁방지법에 저촉되지 않는 한, 전 직장의 다른 근로자에 대한 유인행위에 대하여 어느 정도 허용을 하고 있다. 부정경쟁방지법에 저촉이 되는 경우로 UCA 제4조는 근로자가 고용계약을 위반하도록 유인하는 것을 금지하고 있고, 이러한 경우로는 경쟁자가 근로자에게 고객명단과 같은 영업비밀을 넘겨달라고 요구하는 것 등을 예로 들 수 있다.

Ⅳ. 구제수단과 소송[14]

1. 민사적 구제수단

민사적 구제수단으로 가장 대표적인 것은 손해배상이다. 손해배상을 받기 위

---

14) Ibid.

해서는 영업비밀을 침해한 행위와 입은 손해 간에 인과관계가 있음을 증명해야 한다. 영업비밀의 보유자는 입은 손해, 일실이익에 기반하여 손해배상을 받을 수 있으나, 징벌적 손해배상은 스위스에서 금지되어 있으므로 받을 수 없다. 또 다른 손해배상 산정으로 영업비밀의 보유자는 침해자가 얻은 이익을 요구할 수 있다. 이때 영업비밀의 보유자는 침해행위가 있었던 것, 침해자의 이익, 침해행위와 입은 손해 간의 인과관계 그리고 침해자의 악의를 증명해야 한다. 마지막으로 영업비밀의 보유자는 부당이득을 주장할 수 있다. 이를 주장하기 위해서는 침해자가 불법적으로 영업비밀을 이용하였고, 이를 통하여 이득을 얻었음을 증명해야 한다. 위와 같은 금전적인 손해배상에 더하여 법원은 계약 이행을 강제하는 법원 명령이나 특정한 문서나 재료 등을 양도할 것을 명하는 법원 명령을 내릴 수 있다.

2. 형사적 구제수단

CC 제162조(3)에서는 영업비밀의 침해자를 3년 이하의 징역형 또는 벌금형에 처하도록 규정하고 있다. CC 제273조(3)에서도 같은 처벌규정을 두고 있고, 특히 이 조문에서는 심각한 침해인 경우는 적어도 1년 이상의 징역형에 처하도록 하고 있다. UCA 제23조[15])에서는 동법 제3조 내지 제6조를 의도적으로 위반하는 경우에는 징역형 또는 벌금형에 처할 수 있다고 규정하고 있다.

3. 관   할

스위스는 총 26개의 칸톤으로 이루어져 있으며, 대부분의 법원 조직과 절차법은 칸톤의 소관 사항이다. 그런데 2011년 1월 1일에 민사사건과 소송에 관한 연방법(Federal Act on Civil Cases and Procedures, Zivilprozessordnung, 이하 'ZPO'라 한다)이 제정되어 각 칸톤이 일반적으로 참조할 수 있는 기준을 제시하였다. 예를 들면 ZPO에는 근로자가 평상시 일을 하던 곳 또는 피고의 거주지가 위치한 곳의 법원이 고용과 관련된 사건의 관할법원이라고 명시하고 있고, 금지명령을 청구할 때도 같은 법원이 관할을 한다고 규정하고 있다.

---

15) "Anyone who intentionally commits an act of unfair competition as defined in Art. 3, 4, 5 or 6, shall, upon petition, be punished with at least three years of imprisonment or a fine."

4. 당 사 자

고용관계에 기초한 사건에서 대부분의 피고는 근로자나 전근로자다. UCA나 CC에 기초한 사건에서 대부분의 피고는 전근로자를 고용한 새로운 고용주 또는 새로운 고용주의 임원이다.

5. 가 처 분

금지명령이나 가처분은 본안사건 중이나 아니면 본안사건 전이라도 청구가능하고, 이 때 원고는 다음 사항을 증명하여야 한다. 제한을 하는 계약이 적법하고 강제할 수 있는 것이며, 피고는 이러한 적법한 계약을 위반하였고, 이러한 위반으로 말미암아 원고는 최종적인 판결 결과에 의하여 충분한 배상을 받지 못할 가능성이 큰 돌이킬 수 없는 피해를 받는 경우이다. 실무에서는 전 고용주에게 상당한 피해가 발생할 것으로 예상되는 경우에만 가처분이 허용되고 있다고 한다.

6. 상   소

소가가 15,000 스위스 프랑을 넘는 경우 칸톤 법원에서 내려진 판결은 연방스위스법원(Bundesgericht)에 상소할 수 있다. 그러나 연방스위스법원은 법률심으로서 하급심에서 연방법을 바르게 적용했는지 관점에서만 판결을 검토할 뿐 새로운 사실 등을 심리하지는 않는다.

제 3 장

영업비밀 침해행위의 유형

제1절 개 관

최승재(세종대학교 법학부 교수)

영업비밀 침해행위를 금지시키는 것은 침해행위자가 그러한 침해행위에 의하여 공정한 경쟁자보다 '유리한 출발(headstart)' 내지 '시간절약(lead time)'이라는 우월한 위치에서 부당하게 이익을 취하지 못하도록 하고, 영업비밀 보유자로 하여금 그러한 침해가 없었더라면 원래 있었을 위치로 되돌아갈 수 있게 하는 데에 그 목적이 있다. 그러므로 영업비밀 침해행위의 금지는 이러한 목적을 달성함에 필요한 시간적 범위 내에서 기술의 급속한 발달상황 및 변론에 나타난 침해행위자의 인적·물적 시설 등을 고려하여 침해행위자나 다른 공정한 경쟁자가 독자적인 개발이나 역설계와 같은 합법적인 방법에 의하여 그 영업비밀을 취득하는 데 필요한 시간에 상당한 기간 동안으로 제한하여야 하고, 영구적인 금지는 제재적인 성격을 가지게 될 뿐만 아니라 자유로운 경쟁을 조장하고 종업원들이 그들의 지식과 능력을 발휘할 수 있게 하려는 공공의 이익과 상치되어 허용될 수 없다.[1]

영업비밀침해행위의 규정방식은 일반조항으로 규정하는 방식과 개별조항을 열거하는 방식으로 나뉜다. 독일 부정경쟁방지법 제1조는 "업무상 거래에서 경업의 목적으로 미풍양속에 반하는 행위를 하는 자에 대해서는 그 행위의 유지 및 손해배상을 청구할 수 있다"고 하여 일반규정을 두는 방법을 취하고 있다. 이처럼 일반조항을 두면 다양한 영업비밀침해행위에 대해서 유연하게 대응할 수 있는 장점이 있는 반면, 금지청구권[2] 등과 같은 강력한 사전적 구제수단을 채택하고 있는 경우에는 개인 간의 정보거래활동을 위축시킬 수 있다는 단점이 있다.[3] 그래서 우리나라

---

1) 대법원 1996. 12. 23. 선고 96다16605 판결.
2) 제10조 (영업비밀 침해행위에 대한 금지청구권 등) ① 영업비밀의 보유자는 영업비밀 침해행위를 하거나 하려는 자에 대하여 그 행위에 의하여 영업상의 이익이 침해되거나 침해될 우려가 있는 경우에는 법원에 그 행위의 금지 또는 예방을 청구할 수 있다.
   ② 영업비밀 보유자가 제1항에 따른 청구를 할 때에는 침해행위를 조성한 물건의 폐기, 침해행위에 제공된 설비의 제거, 그 밖에 침해행위의 금지 또는 예방을 위하여 필요한 조치를 함께 청구할 수 있다.

와 일본 등 다수의 국가들은 개별조항에서 열거하는 방식을 취하고 있다.

우리나라는 영업비밀보호법 제2조 제3호가 6가지 영업비밀 침해행위의 유형을 한정적으로 열거하고 있다. (가)목과 (라)목에 2개의 기본침해유형을 규정하고 각 2개의 사후적 관여행위 처벌규정을 두고 있다. 사후적 관여행위는 제3자가 부정취득행위나 비밀유지의무 위반행위가 있었다는 사실을 취득 당시에 알거나 중대한 과실로 알지 못하고 당해 영업비밀을 취득·사용·공개하는 행위를 각각 (나)목과 (마)목에 규정하고, 부정취득행위나 비밀유지의무 위반행위를 취득 당시에는 알지 못하였으나 취득 후 알게 되거나 중대한 과실로 알지 못하고 당해 영업비밀을 사용 또는 공개하는 행위를 각각 (다)목과 (바)목에서 규정하고 있다. 부정취득행위, 부정사용행위 및 부정공개행위로 유형화하고 개별 유형별로 각 2가지의 행위유형을 세분화하는 방식을 취하였다. 여기서 정하지 않은 영업비밀침해행위는 다른 법률의 규정에 의해서 규율된다.

표 1 영업비밀 침해행위의 유형	
부정취득유형	비밀유지의무 위반 유형
가. 절취(竊取), 기망(欺罔), 협박, 그 밖의 부정한 수단으로 영업비밀을 취득하는 행위(이하 "부정취득행위"라 한다) 또는 그 취득한 영업비밀을 사용하거나 공개(비밀을 유지하면서 특정인에게 알리는 것을 포함한다. 이하 같다)하는 행위	라. 계약관계 등에 따라 영업비밀을 비밀로서 유지하여야 할 의무가 있는 자가 부정한 이익을 얻거나 그 영업비밀의 보유자에게 손해를 입힐 목적으로 그 영업비밀을 사용하거나 공개하는 행위
나. 영업비밀에 대하여 부정취득행위가 개입된 사실을 알거나 중대한 과실로 알지 못하고 그 영업비밀을 취득하는 행위 또는 그 취득한 영업비밀을 사용하거나 공개하는 행위	마. 영업비밀이 라목에 따라 공개된 사실 또는 그러한 공개행위가 개입된 사실을 알거나 중대한 과실로 알지 못하고 그 영업비밀을 취득하는 행위 또는 그 취득한 영업비밀을 사용하거나 공개하는 행위
다. 영업비밀을 취득한 후에 그 영업비밀에 대하여 부정취득행위가 개입된 사실을 알거나 중대한 과실로 알지 못하고 그 영업비밀을 사용하거나 공개하는 행위	바. 영업비밀을 취득한 후에 그 영업비밀이 라목에 따라 공개된 사실 또는 그러한 공개행위가 개입된 사실을 알거나 중대한 과실로 알지 못하고 그 영업비밀을 사용하거나 공개하는 행위

3) 김정덕·김성화, 「영업비밀보호법의 이해」, 한국학술정보 (2011. 8), 103면.

제 2 절   부정취득 및 부정이용행위(가목)

Ⅰ. 규   정

부정경쟁방지법 제2조 제3호 (가)목은 "절취(竊取), 기망(欺罔), 협박, 그 밖의 부정한 수단으로 영업비밀을 취득하는 행위(이하 "부정취득행위"라 한다) 또는 그 취득한 영업비밀을 사용하거나 공개(비밀을 유지하면서 특정인에게 알리는 것을 포함한다. 이하 같다)하는 행위"를 영업비밀침해행위로 규정하고 있다(이하 "부정취득 및 사용 행위"라 한다).

(가)목은 부정한 취득행위, 사용, 공개행위를 금지하고 있는 바, 이는 미국법의 태도와 같다. 미국법도 부정한 수단을 사용하여 취득(acquisition), 사용(use), 공개(disclosure)하는 행위를 금지하고 있다.[1] 미국법원은 유명한 듀폰 사건에서 공장부지를 항공촬영한 것도 부정취득행위로 보았다.[2] 반면 같은 법원이 고속도로에서 경쟁회사의 공장을 살펴보는 것은 부정취득행위라고 보지 않았다.[3]

영업비밀의 취득행위는 어떤 매체를 매개로 하여 영업비밀 자체를 손에 넣는 행위와 영업비밀 자체를 직접 머리 속에 넣는 등의 방법으로 영업비밀을 자신의 것으로 만드는 행위를 말한다. 그러나 통상의 역설계(reverse engineering)[4]와 같이 정

---

1) David W. Quinto, Stuart H. Singer, Trade Secrets, Oxford University Press (2009) p. 45.
2) E.I. duPont deNemours & Co. v. Christoper, 431 F.2d 1012, 1016 (5th Cir. 1970).
3) Interox Am. v. PPG Industry, 736 F.2d 194, 201 (5th Cir. 1984).
4) 영업비밀 침해행위의 금지는 이러한 목적을 달성함에 필요한 시간적 범위 내에서 기술의 급속한 발달상황 및 변론에 나타난 침해행위자의 인적·물적 시설 등을 고려하여 침해행위자나 다른 공정한 경쟁자가 독자적인 개발이나 역설계와 같은 합법적인 방법에 의하여 그 영업비밀을 취득하는 데 필요한 시간에 상당한 기간 동안으로 제한하여야 하고, 영구적인 금지는 제재적인 성격을 가지게 될 뿐만 아니라 자유로운 경쟁을 조장하고 종업원들이 그들의 지식과 능력을 발휘할 수 있게 하려는 공공의 이익과 상치되어 허용될 수 없다(대법원 1996. 12. 23. 선고 96다16605 판결, 대법원 1998. 2. 13. 선고 97다24528 판결, 대법원 2009. 3. 16.자 2008마 1087 결정 등 참조).

당하게 구입한 제품을 분해하거나 해석하여 그 제품에 숨어 있는 영업비밀을 취득하는 것은 부정한 수단에 의한 취득이 아니라고 할 것이다. 물론 역설계의 경우에도 ① 시장에서 합법적인 방법으로 입수하여야 하고, ② 그 입수된 제품으로부터 정보를 얻고 사용하거나 개시하는 것이 법률상 유효한 계약에 의해서 금지되지 않아야 영업비밀보호법에서 금지하는 부정한 수단에 의한 영업비밀취득행위에 해당하지 않을 것이다.5)

부정경쟁방지법 제2조 제3호 (가)목 위반 여부가 문제되는 사안에서, 형사처벌이 되지 않아도 민사적으로 영업비밀 침해행위가 될 수 있고, 실무상으로는 영업비밀침해금지 청구를 한다.6) 영업비밀침해사건에서 형사사건과 민사사건의 결과가 달라지는 것은 주로 형사의 경우 죄형법정주의의 원칙과 엄격한 증거법칙이 적용되는 점에서 민사와 구별되어 발생하는 결과, 즉 증거법적인 문제로 인한 것인 경우가 많다.

Ⅱ. 부정취득행위7)

영업비밀은 유형물이 아니라 정보 그 자체이다. 다만 많은 경우 영업비밀은 유형물에 고정되어 있거나 사람에게 체화되어 있으므로 그 유형물 자체의 취득 등을 수반한다. 영업비밀의 취득은 영업비밀이 특정 유체물에 고정되어 있는 경우, 그 유체물을 취득함으로서 영업비밀을 취득할 수 있다.

---

5) 小野昌延 編著, 注解 不正競爭防止法, 靑林書院 (1990) 302頁.

6) 가처분에 의한 채권자의 권리는 본안과는 달리 종국적인 것이 아니라 잠정적·임시적인 것에 불과하고, 가처분은 그 성질상 신속히 이루어져야 할 뿐 아니라 피보전권리가 소멸하는 등의 사정변경이 있는 때에는 언제든지 그 취소를 구할 수 있다는 점 등을 고려할 때 특별한 사정이 없는 한 영업비밀의 침해행위를 금지하는 가처분을 함에 있어 그 금지의 기간을 정하지 아니하였다 하여 이를 위법하다고 할 수 없다. 이 사건 가처분결정 이후 별도의 재래식 산화로 및 독자적으로 개발한 신형 산화로를 설치·가동하였다는 피신청인의 주장에도 불구하고 피신청인은 여전히 위 중국 소재 공장에서 이 사건 침해 산화로를 가동하고 있는 것으로 볼 수 있고, 이 사건 침해 산화로에서 생산된 산화아연과 위 공장 내의 다른 산화로에서 생산된 산화아연을 현실적으로 구분하기 어려운 사정 등을 볼 때, 부득이 위 중국 소재 공장에서 생산한 산화아연 전체에 대해 위 수출 및 판매금지를 명할 수밖에 없다는 원심의 판단에 수긍이 가고, 거기에 재항고이유에서 주장하는 바와 같은 판단유탈이나 법리오해 등의 위법이 있다 할 수 없다(대법원 2009. 3. 16.자 2008마1087 결정[가처분이의]).

7) 대법원 2011. 7. 14. 선고 2009다12528 판결에 대한 평석으로 정태호, "영업비밀침해행위에 있어서 부정취득행위의 의미에 대한 고찰", 형사법의 신동향(2012. 6.) 참조.

1. '부정한 수단'에 의한 취득

가. 영업비밀침해행위로서의 절취, 기망, 협박

영업비밀침해행위가 되기 위해서는 절취, 기망, 협박 기타 부정한 수단 (improper means)으로 영업비밀을 취득하여야 한다. 영업비밀보호법은 영업비밀이 기재되어 있는 문서나 저장매체를 훔치거나(절취), 속여서 받아내거나(편취), 위협 하여 취득하는 방법(협박)을 취하는 행위를 영업비밀침해행위의 대표적인 행위유형 으로 제시하고 있다. 여기서 절취, 기망, 협박은 전형적인 부정취득행위를 예시한 것으로 반드시 이들 행위유형에 국한되는 것은 아니다(예시규정). 일본법도 절취, 사기, 강박을 대표적인 행위유형으로 예시하고 있다(일본 부정경쟁방지법 제1조 제3 항 제1호).[8]

이 규정에서 말하는 절취, 기망, 협박은 영업비밀침해행위의 예시이므로 그 외 영업비밀 그 자체를 기억하여 취득하는 경우, 영업비밀을 알고 있는 종업원을 채용 하여 취득하는 경우, 산업스파이와 같이 제3자를 통해서 취득하는 경우 등으로 나 눌 수 있다. 절취, 기망, 협박과 같이 (가)목이 전형적으로 예시하는 부정취득행위 는 타인의 영업비밀을 훔치거나 속이거나 위협하는 등의 부정한 영업비밀취득수단 외에 그 밖의 부정한 수단으로는 강도, 폭행, 주거침입, 횡령, 배임 등의 형법 및 기 타 법에서 규정하는 범죄행위에 국한되지 않고 사회통념상 이와 같은 위법성을 가 지는 행위도 역시 포함한다. 다만 타인의 주거에 들어갔다고 하더라도 공개적인 컨 벤션에서 발표를 하는 것이나 경쟁자가 고객들에게 공개적으로 개방하고 있는 공 간에 허락을 받고 들어가서 정보를 수집하는 것은 침해행위가 아니다.[9] 다만 고객 으로 가장으로 해서 들어가서 정보를 수집하는 것은 위법성이 인정될 수 있다.

실제 영업비밀침해행위는 영업비밀이 담긴 유체물 자체를 절취하거나 위장취 업을 통해서 영업비밀을 알아내는 방법, 전자적인 방식으로 기록되어 있는 데이터 의 경우에는 해킹(hacking)이나 도청, 녹음 등 다양한 방법으로 이루어지고 있다.[10]

---

8) 小野昌延 編著, 前揭書, 301頁.

9) Alcatel USA Inc, v. DGI Techs., Inc., 166 F.3d 772, 785 (5th Cir. 1999); Continental Data System., Inc. v. exxon Crop., 638 F. Supp. 432, 435−436 (E.D.Pa. 1986).

10) 영업비밀침해사건의 경우에 본인이외의 직접증거가 존재하기 어렵고 전체적인 정황에 비추 어 추단을 하는 경우가 많아서 실제로는 증거법적인 관점에서 침해여부의 증명을 하기 어려운 부분이 있다. 이런 증거법적인 문제에 대해서는 田村善之, 營業秘密の不正利用行爲をめぐる 裁判例の動向と法的な課題, パテント vol 66 No. 6 2013 86−87면. 이 논문에서 직접 목적

이전에는 부정취득목적으로 사무실에 잠입하여 영업비밀이 담긴 자료를 훔쳐 나오는 것과 같은 방식의 영업비밀부정취득행위가 있었다.11) 하지만 지금은 영업 비밀이 서버 등에 전산적으로 보관되어 있는 등의 사유로 인해서, 판례상 부정취득 은 대부분 영업비밀을 보유하고 있는 기업의 종업원을 매수하거나 회유·협박하여 취득하거나 전자적인 방법으로 취득하는 경우가 대부분이다. 또는 위탁판매업을 경 영할 의사가 없음에도 있는 것처럼 기망하여 필요한 정보를 입수하여 사용하거 나,12) 특정 제품을 구매할 것처럼 하여 구매결정을 위해서 필요하다고 하면서 영업 비밀을 요청하여 받고는 실제로는 구매하지 않고 그 영업비밀을 사용하는 경우 등 도 있다.

오늘날 대부분의 영업비밀은 CD나 USB, 하드디스크드라이브와 같은 유체물인 저장매체에 담겨 있는 경우도 있지만 그렇지 않고 전자적인 파일형태로 서버에 담 겨 있는 경우가 많다. 물론 그 서버는 유형물이지만 실제 영업비밀의 취득은 그 서 버 자체를 절취하는 등의 방법으로 이루어지는 것이 아니라 파일을 자신이 소유하 는 저장매체 등에 옮기는 방법으로 이루어지는 경우가 많다. 이를 위해서 영업비밀 이 있는 장소를 들어가는 과정에서 주거침해죄가 별도로 성립되는 경우도 있을 수 있지만, 이런 주거침입이 없이 말웨어(malware) 등의 악성코드를 이용하여 영업비 밀을 탈취하는 경우에는 이런 행위에 더해서 영업비밀침해죄가 문제가 될 수 있다. 이런 해킹 등의 방법에 의한 영업비밀의 취득도 부정취득행위에 포함된다.

영업비밀침해행위는 침해자의 손에서만 나오는 것이 아니라 머리 속의 기억에 서도 나올 수 있다.13) 다만 영업비밀침해 여부가 침해의심자의 기억에 의하는 것은 사실관계에 따라서 침해가 될 수도 있고 그렇지 않을 수도 있다. 만일 침해의 수단 으로 의도적으로 기억(deliberate memory)을 해서 복기한 것이라면 침해가 될 수 있 다. 그러나 일상적으로 업무를 하는 중에 기억하게 되는 사항의 경우에는 영업비밀 침해행위가 된다고 볼 수 없다.14)

자가 있어서 침해자의 부정이용행위를 증명할 수 있었던 사건으로 東京地判 平成 12·11·13 判時1736号118頁[来山著名簿事件].

11) Betriebsspionage, 1973. 3. 16. BGH Urt. v. GRUR 1973, 484. 東京地判 1984. 6. 15.[新藥 産業事件].

12) 東京地判 1988. 7. 1. 判決.

13) Sperry Rand Corp. v. Rothlein, 241 F. Supp. 549, 563 (D.Conn 1964).

14) Tactica International v. Atlantic Horizon International inc., 154 F. Supp. 2d 586, 606 (S.D.N.Y. 2001).

한편 내부자인 영업비밀을 보유하고 있는 회사의 직원을 매수하여 그 유체물을 취득할 수 있다. 영업비밀을 담고 있는 유체물의 점유를 침탈하는 방식으로 영업비밀취득행위 당해 영업비밀을 담고 있는 유체물의 점유를 침탈하는 행위에 대한 형사처벌 등을 수반한다. 예를 들어 책자나 문서로 된 영업비밀의 경우 그 책자나 문서를 절취하는 방식으로 부정취득행위가 이루어질 것이다. 유체물 자체를 절취하거나 협박이나 기망하여 취득한 경우에는 영업비밀침해죄가 성립되는 외에 절도죄, 협박죄, 사기죄, 주거침해죄, 배임죄 등의 죄가 같이 성립될 수 있다. 이 경우 이들 죄들은 실체적으로 경합한다.

나. 영업비밀침해행위로서의 기타 '부정한 수단'

부정경쟁방지법 제2조 제3호 (가)목 전단에서 말하는 '부정한 수단'이라 함은 절취·기망·협박 등 형법상의 범죄를 구성하는 행위뿐만 아니라 비밀유지의무의 위반 기타 신의성실에 반하는 수단을 통해서 영업비밀을 입수하는 행위 또는 그 위반의 유인 등 건전한 거래질서의 유지 내지 공정한 경쟁의 이념에 비추어 위에 열거된 행위에 준하는 선량한 풍속 기타 사회질서에 반하는 일체의 행위나 수단을 말한다.15) 이와 같은 방법으로 경업자가 상대방의 피용자를 그 경험 및 알고 있는 영업비밀을 입수하기 위하여 행하는 유인행위가 기타의 부정한 수단에 해당할 수 있다.16)

미국 영업비밀보호법도 부정한 수단(improper means)이라는 표현을 사용하고 있는바, 그 의미가 명확하지 않은 점은 우리와 같다. 부정한 수단에 의한 취득은 영업비밀부정사용(misappropriation) 판단에서 가장 중요한 개념의 하나이다. 이에 대한 일반적인 기준은 영업비밀 보유자의 허가를 받지 않고, 적법한 역설계에 의하여 취득한 경우도 아니면 부정한 수단에 의한 취득으로 본다.17)

이 때 부정성 판단은 형사적 구성요건에 해당할 정도의 위법성을 요구하는 것은 아니며, 당해 비밀의 내용과 관리상태 등 제반 사정에 비추어 건전한 거래질서

---

15) 小野昌延 編著, 前揭書, 301頁.

16) 예를 들어 대법원 1996. 12. 23. 선고 96다16605 판결[영업비밀침해금지등]. 이 판결에서 대법원은 그 연구실장을 스카우트한 회사의 행위가 부정경쟁방지법 제2조 제3호 (가)목 소정의 영업비밀 부정취득행위에 해당한다고 본 사례에서 부정경쟁방지법 시행 이전에 취득한 영업비밀을 같은 법 시행 후에 독자적으로 사용하는 행위는 같은 법 부칙 제2조 후단에 의하여 허용되나, 나아가 그 영업비밀을 공개하는 행위는 허용되지 아니한다고 보았다.

17) David W. Quinto, Stuart H. Singer, Trade Secrets, Oxford University Press (2009) p. 44. 이와 같은 취지로 Restatement (Third) of Unfair Competition §40 cmt b & c (1995).

를 파괴하는 것이라면 부정한 수단이 된다는 견해가 있다.[18] 그러나 영업비밀보호법은 형사구성요건과 민사구성요건을 서로 달리 규정하고 있지 않기 때문에 형사처벌을 하는 국면과 민사상의 구제수단으로서 손해배상이나 금지청구를 구하는 국면에서의 구성요건인 '부정한 수단'의 판단을 서로 달리할 것은 아니라고 본다.

실무상으로 영업비밀이 부정한 수단에 의해서 취득되었는지 여부는 사실관계에 의존하는 문제이다. 영업비밀을 취급하는 것에 대한 허락이 있었다고 하더라도 그 허락의 범위를 넘어서는 경우에는 역시 영업비밀의 부정한 수단에 의한 취득이 있을 수 있다. 이런 경우로 근로자가 영업비밀을 취득하는 권한을 가지고 있지만 만일 퇴직하기로 마음을 먹고 난 뒤에 특정한 영업비밀을 복사하거나 다운로드 받아서 이를 사용하는 경우에는 영업비밀침해행위가 있을 수 있다. 왜냐하면 만일 그런 목적으로 취직을 하려고 하였다면 그런 사람을 고용하지는 않았을 것이기 때문이다.[19]

2. 취득행위

영업비밀보호법 제18조 제2항은, 부정한 이익을 얻거나 기업에 손해를 가할 목적으로 그 기업에 유용한 영업비밀을 취득·사용하거나 제3자에게 누설한 자를 처벌하고 있는데, 여기서 영업비밀의 취득이란 사회 통념상 영업비밀을 자신의 것으로 만들어 이를 사용할 수 있는 상태에 이른 경우를 말한다.

영업비밀의 취득은 문서, 도면, 사진, 녹음테이프, 필름, 전산정보처리조직에 의하여 처리할 수 있는 형태로 작성된 파일 등 유체물의 점유를 취득하는 형태로 이루어질 수도 있고, 유체물의 점유를 취득함이 없이 영업비밀 자체를 직접 인식하고 기억하는 형태로 이루어질 수도 있다. 또 영업비밀을 알고 있는 사람을 고용하는 형태로 이루어질 수도 있다. 어느 경우에나 사회통념상 영업비밀을 자신의 것으로 만들어 이를 사용할 수 있는 상태가 되었다면 영업비밀을 취득하였다고 보아야 하므로, 회사가 다른 업체의 영업비밀에 해당하는 기술정보를 습득한 자를 스카우트하였다면 특별한 사정이 없는 한 그 회사는 그 영업비밀을 취득하였다고 보아야 한다.[20]

18) 김정덕·김성화, 「영업비밀보호법의 이해」, 한국학술정보 (2011. 8), 104면.
19) David W. Quinto, Stuart H. Singer, Trade Secrets, Oxford University Press (2009) p 45.
20) 대법원 1998. 6. 9. 선고 98다1928 판결. 이 판결에서 대법원은 신청인 회사의 대표이사로 재직하던 자가 부정경쟁방지법(1991. 12. 31. 법률 제4478호로 개정된 것) 시행일인 1992. 12. 15. 전에 피신청인 회사를 설립하여 대표이사에 취임하고, 피신청인 회사의 사업으로 신청인

영업비밀이 들어있는 물건을 편취하거나 뇌물 또는 협박에 의하여 이를 절취하거나 알아내는 행위 또는 그것이 보관되어 있는 장소에 무단히 진입하거나 밖으로 반출하여 그 내용을 알아내거나 사진을 찍는 등의 방법으로 복제하는 등의 행위는 영업비밀 부정취득의 전형적인 사례이다.[21] 영업비밀의 취득은 무체물인 정보로서의 영업비밀이 고정되어 있는 문서나 도면, 시제품 등을 취득하는 경우는 물론 전자문서나 컴퓨터로 작성된 도면 등을 저장매체에 복사하여 보관하는 행위 등을 포함하며, 영업비밀 내용을 열람한 후 이를 모두 머릿속에 기억해 두는 것과 같이 물리적인 매체의 이동이나 그 점유의 이전을 포함하지 않는 경우도 포함한다.[22]

문제는 새로 채용한 근로자가 자신이 종전의 직장에서 알게 된 정보를 사용하거나 공개함으로써 다른 경쟁자의 영업비밀을 취득하게 되는 경우이다. 이 경우도 영업비밀취득행위가 될 수 있다.[23] 이 때 회사가 직접적으로 영업비밀사용행위에 가담하였는지 여부는 부정한 영업비밀취득행위의 성립 여부에 결정적인 요인이 되는 것은 아니다.[24] 만일 회사가 적극적으로 영업비밀침해행위에 가담하게 되면 이 경우 침해자와 회사는 공동불법행위자로서 부진정 연대책임을 부담하게 된다.[25] 이런 점을 고려하여 보통 미국 회사들의 경우에는 경력자를 채용하는 경우 종전 직장의 영업비밀을 보유하고 있는 경우 이를 침해하는 방법으로 사용하지 말 것을 서약하는 서면을 받는다.

Ⅲ. 부정취득자의 '부정사용행위'

영업비밀의 '사용'은 영업비밀 본래의 사용 목적에 따라 이를 상품의 생산·판매 등의 영업활동에 이용하거나 연구·개발사업 등에 활용하는 등으로 기업활동에

회사가 제조·판매하는 스핀 팩 필터를 제조·판매할 목적으로, 신청인 회사에 재직하면서 그에 관한 자료에 접근할 수 있었거나 핵심기술을 알고 있었던 직원들을 신청인 회사에서 퇴직시키고 피신청인 회사에 입사하게 한 후 대표이사 자신 또는 위 직원들이 가지고 있던 자료 및 기술을 기초로 제조설비를 갖춘 경우, 피신청인 회사는 늦어도 그 무렵 위 영업비밀을 취득하였다는 이유로, 같은 법 부칙(1991. 12. 31.) 제2항에 따라 같은 법 제10조에 기한 금지가처분신청을 인용한 원심을 파기환송하였다.

21) 김정덕·김성화, 앞의 책, 106면.
22) 최정열·이규호, 「부정경쟁방지법」, 진원사 (2015), 269면.
23) Loral Corp. v. Moyes, 174 Cal. App. 3d 268, 275, 219 Cal. F2d 663, 673, 675 (2000).
24) Intermedics, Inc. v. Ventritex, Inc., 822 F. Supp. 634, 647 (N.D.Cal 1993).
25) 이는 미국도 마찬가지이다. PMC, Inc. v. Kadisha, 78 Cal. App. 4th 1368,. 1385, 93 Cal. RPTR. 2d 663, 675, 678 (2000).

직접 또는 간접적으로 사용하는 행위로서 구체적으로 특정이 가능한 행위를 가리
킨다고 할 수 있다.26) 영업비밀의 사용행위란 영업비밀을 상품의 생산, 판매 등의
영업활동에 이용하거나 연구개발사업 등에 활용하는 등 기업활동에 직접 또는 간
접적으로 사용하는 행위를 말한다. 이 사용행위는 영업비밀 본래의 사용목적에 따
라 당해 영업비밀에 의하여 행하여지는 행위로서 구체적으로 특정이 가능한 행위
를 말한다. 영업비밀의 사용행위는 영업비밀을 이용하여 상품을 생산하는 행위, 고
객리스트, 원재료리스트, 판매매뉴얼 등을 활용하여 마케팅이나 구매활동을 하는
것, 연구개발사업을 통한 연구실험데이터 및 연구노트, 연구결과 등을 활용하여 연
구개발비를 절감하는 행위, 다른 회사의 생산이나 판매계획 등을 취득하여 이를 토
대로 타사의 생산비용, 판매데이터, 재고관리 정보 등을 활용하여 영업행위를 하는
경우 등이 사용행위에 해당한다. 이런 부정사용행위는 합작회사나 공동연구개발을
하는 경우에도 발생할 수 있다. 예를 들어 양자 간에 합의한 방법 이외의 방법으로
비밀정보를 사용하는 것도 부정사용행위가 될 수 있다.27)

　　반면 여기에서 말하는 영업비밀침해행위로서의 영업비밀의 사용은 부정한 방
법으로 취득한 영업비밀을 그 취득자가 사용하는 것을 의미하는 것이므로 정당한
방법으로 취득한 영업비밀을 사용하거나, 부정한 방법으로 취득한 영업비밀을 그
취득자로부터 건네받은 제3자가 그 영업비밀을 사용하는 경우는 본 호의 부정사용
행위에 해당하지 않는다.28)

　　실무상으로는 당해 사용대상이 되는 정보가 부정한 방법으로 취득한 영업비밀
침해행위에 의해서 확보한 정보를 활용하는 것인지 여부에 대한 증명이 논란이 될
수 있다. 연구개발이나 생산판매와 같은 활동은 통상 여러 가지 정보에 의하여 이
루어지기 때문에 당해 행위를 영업비밀의 사용행위에 해당하는 것으로 금지청구를
하는 경우에는 당해 행위가 영업비밀에 의하여 행해진 것인지 여부에 대한 인과관
계를 증명하여야 한다.29)

　　개량된 생산기술, 변경된 설계도, 추가·편집된 고객명단이나 원재료 구입처,

---

26) 대법원 1998. 6. 9. 선고 98다1928 판결[기술생산독점권사용및모조품판매금지가처분].
27) Morton v. Rank America., Inc., 812 F.Supp. 1062, 1074-75(C,D.Cal. 1993).
28) 최정열·이규호, 「부정경쟁방지법」, 진원사 (2015), 269면. 종업원이 회사에 재직 중 그 업무
　　의 과정에서 정당하게 취득하여 관리하던 정보를 퇴직 후에 그대로 이용하는 것은 그 자료의
　　반출에 위법성이 인정되지 않는 이상은 본호의 영업비밀침해행위에 해당하지 않는다는 취지의
　　일본 판결로 오사카지재 1997. 8. 28. 平成6年(ワ)6722, 平成8年(ロ)5784(普和營業秘密事件).
29) 김정덕·김성화, 앞의 책, 107면.

개량된 판매매뉴얼 등과 개량행위가 이루어지는 경우 이렇게 작성된 정보의 사용행위는 원래의 영업비밀 사용행위는 아니라는 견해가 있다.30)

그러나 그 본질적인 내용의 실질적인 변경에 있어서 부정하게 취득한 영업비밀을 사용하는 것으로 볼 수 없는 경우인지 여부에 따라서 사용행위인지 여부는 정해져야 할 것이다. 따라서 일정한 추가나 개변이 있었다고 하더라도 경우에 따라서는 부정하게 취득한 영업비밀을 사용하는 것으로 평가될 수 있다. 예를 들어 부정하게 취득한 고객리스트에 자신이 이미 알고 있는 고객명단만을 추가한 경우에는 본질적인 내용의 실질적인 변경이 있다고 볼 수 없어 부정하게 취득한 영업비밀을 사용하는 것으로 평가될 것이다.

Ⅳ. 부정취득자의 '부정공개행위'31)

1. 부정취득자의 '부정공개행위'의 의미

영업비밀의 공개행위란 영업비밀을 제3자에게 공공연히 알리는 행위 및 비밀성을 유지한 채로 특정인에게 알리는 것을 모두 포함하는 행위이다. 문리적인 의미에서 영업비밀의 공개행위는 공연성(公然性)이 있는 것을 말하는 것으로 불특정·다수인에게 영업비밀이 알려지는 경우를 말한다고 할 것이다. 즉, 이 때의 공연성은 명예훼손죄에서의 공연성과 같은 개념으로 이해된다.32) 따라서 법은 비밀성을 유지한 채로 특정인에게 알리는 것을 포섭하기 위해서 법문에 '비밀성을 유지한 채로 특정인에게 알리는 행위'도 영업비밀부정공개행위에 해당한다고 명문으로 규정하였다.

---

30) 황희창·황광연, 「부정경쟁방지및영업비밀보호법」, 5정판 (2009), 206면.

31) 일본법은 開示라는 용어를 사용하는 반면, 우리는 '공개'라는 용어를 사용한다. 그러나 개념 적으로는 서로 같은 말로 이해된다.

32) 대법원은 "명예훼손죄의 구성요건인 '공연성'은 불특정 또는 다수인이 인식할 수 있는 상태 를 말하고, 비록 개별적으로 한 사람에 대하여 사실을 유포하였다고 하더라도 그로부터 불특 정 또는 다수인에게 전파될 가능성이 있다면 공연성의 요건을 충족하지만 이와 달리 전파될 가능성이 없다면 특정한 한 사람에 대한 사실의 유포는 공연성을 결한다고 할 것이며(대법원 1996. 7. 12. 선고 96도1007 판결, 대법원 2000. 5. 16. 선고 99도5622 판결 등 참조), 한편 위와 같이 전파가능성을 이유로 명예훼손죄의 공연성을 인정하는 경우에는 적어도 범죄구성요건의 주관적 요소로서 미필적 고의가 필요하므로, 전파가능성에 대한 인식이 있음은 물론, 나아가 그 위험을 용인하는 내심의 의사가 있어야 하고, 그 행위자가 전파가능성을 용인하고 있었는 지의 여부는 외부에 나타난 행위의 형태와 행위의 상황 등 구체적인 사정을 기초로 하여 일반 인이라면 그 전파가능성을 어떻게 평가할 것인가를 고려하면서 행위자의 입장에서 그 심리상 태를 추인하여야 할 것이다(대법원 2004. 4. 9. 선고 2004도340 판결, 대법원 2007. 12. 13. 선 고 2007도6014 판결 등 참조)"라고 보고 있다(대법원 2008. 10. 23. 선고 2008도6515 판결).

구체적 부정공개행위의 형태로는 부정 취득한 영업비밀을 포함한 도면, 견본 및 설명서 등을 제3자에게 매각 또는 라이선스계약 등의 방법으로 공개하는 경우이다.33) 여기서 공개라 함은 불특정 다수인에게 일반적으로 알리는 행위뿐만 아니라 비밀을 유지하면서 소수의 특정인에게 알리는 행위도 포함한다.

공개의 수단은 묻지 않으므로 구두나 서면뿐만 아니라 도면, 도형의 전시에 의해서도 가능하다. 왜냐하면 영업비밀부정공개에 있어서 공개의 형식은 중요하지 않기 때문이다.34) 또 공개에는 유상·무상을 묻지 않고 제3자의 선의나 악의를 묻지 않는다. 제3자가 영업비밀을 알려고 하는 것을 방해하지 않는 부작위에 의한 공개도 가능하다.35) 영업비밀의 부정공개행위는 영업비밀 전부를 공개하는 행위뿐만 아니라 일부를 알고 있는 자에게 공개하는 행위의 경우도 성립될 수 있다. 왜냐하면 이는 영업비밀부정공개금지의 본질은 통상 입수할 수 없는 비밀이나 지식을 제3자에게 입수하도록 하는 것에 있기 때문이다.36)

2. 부정공개행위와 다른 행위의 관계

영업비밀을 부정하게 사용하는 행위와 공개하는 행위는 서로 다르다.37) 또 영업비밀을 공개하는 행위는 영업비밀부정취득행위와 서로 연결되는 행위로서 실제 부정하게 취득한 영업비밀을 공개하는 경우가 많으며, 이 경우 부정취득행위와 부정공개행위에 모두 해당한다. 다만 양자 역시 서로 구별되는 개념이다.38) 예를 들어 스파이 행위를 통해서 경업자가 경쟁사의 영업비밀을 부정하게 취득하더라도 이를 스스로 사용하거나 공개하지 않으면 영업비밀부정취득만이 성립하게 된다. 또 취득한 영업비밀을 자신이 사용하더라도 여전히 비밀인 상태를 유지하면서 사용하는 경우에는 부정공개행위는 해당하지 않는다.39)

이런 행위간의 구별이 의미를 가지는 이유는 부정취득행위를 하였다고 하더라도 그 부정취득행위만으로는 여전히 영업비밀로서 유지되고 있어서 영업비밀의 가

---

33) 미국 판례에서 E.I. Du Pont de Numours and Co., Inc. v Christoper et al, 5th Cir. 166 USPQ 422.
34) 小野昌延 編著, 前揭書, 302頁.
35) 김정덕·김성화, 앞의 책, 108면.
36) 小野昌延 編著, 前揭書, 303頁.
37) 小野昌延 編著, 前揭書, 302頁.
38) 小野昌延 編著, 前揭書, 302頁.
39) 小野昌延 編著, 前揭書, 302頁.

치가 감소하고 있지 않은 경우가 있을 수 있는바, 이런 경우에는 손해배상의 범위가 달라질 수 있다.40)

　　한편 경업자가 영업비밀 보유자의 종업원을 매수하거나 고용하여, 영업비밀유지의무를 위반하도록 하여 영업비밀대상을 입수하는 경우에는 종업원은 제4호에 의한 영업비밀의 부정개시행위자가 되고 경업자는 1호의 비밀부정취득행위 내지 제4호의 공동부정경업행위가 함께 성립할 수 있다. 이 경우 민사적으로는 공동불법행위 책임을, 형사적으로는 기능적 행위지배의 정도에 따라서 달라지겠지만 공모공동정범으로 처벌될 수 있다.

V. 영업비밀침해죄

　　영업비밀보호법 제18조 제2항은 "부정한 이익을 얻거나 기업에 손해를 가할 목적으로 그 기업에 유용한 영업비밀을 취득·사용하거나 제3자에게 누설한 자"를 처벌하고 있다.

　　대법원은 기업의 직원으로서 영업비밀을 인지하여 이를 사용할 수 있는 자는 이미 당해 영업비밀을 취득하였다고 보아야 하므로 그러한 자가 당해 영업비밀을 단순히 기업의 외부로 무단 반출한 행위는 업무상 배임죄에 해당할 수 있음은 별론으로 하고, 위 조항 소정의 영업비밀의 취득에는 해당하지 않는다고 봄이 상당하다고 보았다.41) 같은 취지에서 대법원은 회사직원이 업무상 보유하고 있던 다운스트림디펜더의 조립도, 상세도면 및 각 치수 등의 영업비밀을 피해자 회사에서 사용하던 피고인의 이메일 계정에서 피고인이 개인적으로 사용하던 이메일 계정으로 송부한 피고인의 행위가 영업비밀의 취득에 해당하지 않는다고 보았다.42)

---

40) 小野昌延 編著, 前揭書, 302頁.

41) 대법원 2009. 10. 15. 선고 2008도9433 판결 등 참조. 대법원 2012. 6. 28. 선고 2012도3317 판결은 이 사건 각 부정경쟁방지법 위반의 공소사실 중 피고인 1, 2가 공모하여 부정한 이익을 얻거나 기업에 손해를 입힐 목적으로 원심판결 별지 [범죄일람표 (1)] 순번 제1 내지 3번의 각 상단, 제4 내지 20번과 같은 [범죄일람표 (2)] 순번 제1, 3번의 각 상단, 제2, 4 내지 14번 기재 각 영업비밀을 취득한 점 및 피고인 3이 기업에 손해를 입힐 목적으로 같은 [범죄일람표 (3)] 제3 내지 7번, 제8번 상단 기재 각 자료를 취득한 점에 관하여 이들 각 자료가 피해자 회사의 영업비밀에 해당하더라도 피고인들이 피해자 회사에 근무할 당시 이미 당해 자료를 취득한 것은 부정경쟁방지법 제18조 제2항에 정한 '영업비밀의 취득'에 해당하지 않는다고 보아 이 부분 공소사실을 무죄로 판단한 원심이 타당하다고 보아 이 점에 대한 상고를 기각하였다.

42) 대법원 2008. 4. 10. 선고 2008도679 판결. 이 판결에서 대법원은 이 부분 공소사실에 대하여 무죄를 선고한 원심의 조치는 정당하다고 보아 영업비밀의 취득에 관한 법리를 오해한 위법

실무에서는 영업비밀침해죄로 의율함과 동시에 업무상배임죄로 의율하는 경우가 종종 발견된다.[43] 이 경우는 전직한 종업원의 영업비밀 사용과 관련되는 경우가 많다.[44]

기업의 영업비밀을 취득·사용하거나 제3자에게 누설한 자를 5년 이하의 징역 또는 그 재산상 이득액의 2배 이상 10배 이하에 상당하는 벌금에 처하도록 규정한 영업비밀보호법(2007. 12. 21. 법률 제8767호로 개정된 것) 제18조 제2항이 책임과 형벌 간의 비례원칙에 위반되는지 및 이 사건 법률조항이 평등원칙에 위반되는지 여부에 대해서 모두 위반되지 않고 합헌이라고 판단하였다.[45]

등이 없다고 판단하였다.

43) 이 경우 배임죄의 고의가 문제되는 바, 대법원은 "업무상배임죄가 성립하려면 주관적 요건으로서 임무위배의 인식과 그로 인하여 자기 또는 제3자가 이익을 취득하고 본인에게 손해를 가한다는 인식, 즉 배임의 고의가 있어야 하는데, 이러한 인식은 미필적 인식으로도 족하다. 피고인이 배임죄의 범의를 부인하는 경우에는 사물의 성질상 배임죄의 주관적 요소로 되는 사실은 고의와 상당한 관련성이 있는 간접사실을 증명하는 방법에 의하여 입증할 수밖에 없고, 이때 무엇이 상당한 관련성이 있는 간접사실에 해당할 것인가는 정상적인 경험칙에 바탕을 두고 치밀한 관찰력이나 분석력에 의하여 사실의 연결상태를 합리적으로 판단하여야 한다(대법원 2011. 7. 28. 선고 2010도9652 판결 등 참조). 원심은, 그 채택 증거에 의하여 피해자 회사가 이 사건 정보들을 영업비밀로서 관리하여 왔고 피고인 1도 그러한 사정을 잘 알고 있었던 것으로 보이는 점, 피고인 1이 피해자 회사에서 재직한 기간 및 직위, 피고인 1이 퇴직하기 전 상당한 기간 창업 준비를 해 온 것으로 보이는 점, 피고인 1이 실제로 이 사건 정보들을 이용하여 회사를 경영하거나 제품 제조를 한 것으로 보이는 점 등 판시와 같은 사정을 인정한 다음, 이 사건 정보들을 반출할 당시 피고인 1에게는 그 임무에 위배하여 향후 위 정보들을 사용할 의사가 있었음을 추단할 수 있으므로 피고인 1에게는 배임의 범의가 인정된다고 판단하였다. 앞서 본 법리와 기록에 비추어 살펴보면 원심의 위와 같은 사실인정과 판단은 정당하고, 거기에 상고이유의 주장과 같이 논리와 경험의 법칙을 위반하고 자유심증주의의 한계를 벗어나 사실을 잘못 인정하거나 배임의 고의에 관한 법리를 오해하는 등의 위법이 없다(대법원 2012. 6. 28. 선고 2012도3317 판결)"고 하여 배임죄의 고의를 인정한 사건이 있다.

44) 이 쟁점을 다룬 논문으로 최호진, "전직한 종업원의 영업비밀 사용과 업무상 배임죄", 형사판례연구 제19호(2011. 6). 이 논문은 대법원 2008. 10. 15. 선고 2008도9433 판결을 대상판결로 한 평석이다.

45) 헌법재판소는 "기업의 영업비밀 유출 현상이 심각한 사회·경제적 문제로 대두되었음에도 영업비밀의 유출행위에 대한 종래의 처벌규정은 그 해악의 중대성에 비하여 미약하였다. 이에 입법자는 이러한 범죄를 근절하고자 영업비밀의 유출행위를 원칙적으로 징역형으로 처벌하되, 재산상 이득액을 얻은 행위자에 대하여는 그 불법이득을 철저하게 박탈하여 영업비밀 침해의 경제적 유인을 제거할 수 있도록 불법이득액에 기초한 가중벌금형을 선택할 수 있도록 규정하였는바, 그 입법목적은 정당하고 그 목적을 달성하기 위한 수단도 적절하다. 나아가 이 사건 법률조항은 그 법정형의 상한이 5년 이하의 징역으로 되어 있어 작량감경이나 법률상 감경을 하지 않아도 선고유예 또는 집행유예 선고의 길이 열려 있는 점, 영업비밀은 일단 유출되면 그 피해를 회복하기 어렵고 기업뿐 아니라 국가경제 등에 미치는 영향도 상당한 점, 경미한 벌금형은 영업비밀 보유자를 해할 의사를 가진 악성 높은 영업비밀 침해자에 대하여는 위하력을 가지기 어려운 점 등에 비추어 보면, 법관이 제반사정을 고려하여 영업비밀의 유출행위에 대하여 선고유예 또는 집행유예를 선고할지언정 벌금형은 선고할 수 없도록 하는 것이 형사정책

VI. 영업비밀침해시 사용 및 공개금지 기간[46)]

영업비밀 침해행위를 금지시키는 것은 침해행위자가 그 침해행위로 공정한 경쟁자보다 우월한 위치에서 부당하게 이익을 취하지 못하게 함으로써 영업비밀 보유자로 하여금 원래 있었을 위치로 복구시켜 주는 데 그 목적이 있으므로, 사용 및 공개의 금지는 다른 공정한 경쟁자가 영업비밀 침해행위가 없었더라면 독자적 개발이나 역설계 등 합법적 방법으로 그 제조방법을 취득하는 데 걸렸을 상당한 기간 동안으로 제한하여야 한다.[47)]

적 측면에서 바람직하다는 입법자의 판단에 따라 벌금형을 선택형으로 두지 않았다고 볼 수 있으므로, 이러한 입법자의 입법정책적 결단은 기본적으로 존중되어야 하며, 이러한 입법자의 결단이 입법재량의 범위를 벗어났다거나 그 법정형이 지나치게 과중하다고 볼 수 없다. 그렇다면 이 사건 법률조항은 책임과 형벌 간의 비례원칙에 위반된다고 할 수 없다.
이 사건과 같은 이욕범죄의 경우에는 영업비밀을 유출하게 되는 동기가 대부분 부당한 부를 추구하고자 함에 있고, 영업비밀의 유출행위로 인하여 행위자가 취득하게 되는 재산상 이득액이 상당히 고액일 가능성이 있다는 점을 고려하면, 고액의 벌금형을 선고하는 것이 집행유예 등과 같은 단기의 자유형을 선고하는 것보다 행위자에게는 더 큰 형벌이 될 수 있다. 행위와 관련된 이익이 커질수록 행위자는 이익을 보유하는 대가로 징역형을 감수하려고 할 가능성이 크기 때문이다. 따라서 징역형과 벌금형의 경중을 비교함에 있어서 단지 징역형이 벌금형보다 중하다는 단순한 비교방법은 이 사건에 있어서는 적절하지 아니하다. 나아가 재산상 이득액을 얻지 아니한 행위자에 대하여는 징역형의 부과만 가능하지만, 재산상 이득액을 얻은 행위자에 대하여는 징역형과 벌금형을 병과할 수 있도록 하고 있으므로 행위와 관련된 이득액이 클 경우 벌금형만 부과하여야 하는 것이 아니라 징역형도 병과할 수 있고, 이 경우에는 재산상 이득액이 없는 행위자보다 명백히 중한 형을 부과할 수 있는 것이다. 또한 법관의 양형으로 불법과 책임을 일치시킬 수 있으면 법정형이 내포하고 있는 약간의 위헌성은 극복될 수 있는 것이므로, 만약 구체적인 사건에서 영업비밀의 유출행위로 인하여 재산상 이득액을 얻은 행위자와 재산상 이득액을 얻지 아니한 행위자에 대한 법정형을 달리 정한 결과 형량에 있어 불합리성이 나타난다면, 이는 법관의 양형을 통하여 시정하면 된다. 위와 같은 사정들을 고려하면 이 사건 법률조항은 형벌체계상의 균형을 상실하여 입법재량의 범위를 벗어난 자의적인 입법이라고 할 수 없고, 그 차별에 합리적인 이유도 있으므로 헌법상 평등원칙에 위배되지 아니한다"고 하여 합헌으로 판단하였다(헌법재판소 2011. 11. 24. 선고 2010헌가42 전원재판부, 부정경쟁방지 및 영업비밀보호에 관한 법률 제18조 제2항 위헌제청).
46) 김기섭, "부정경쟁방지법상 영업비밀의 사용금지 기간", 판례연구 11집(98. 1) 참고. 이 논문은 대법원 1996. 12. 23. 선고 96다16605 판결에 대한 평석이다.
47) 잉크 등 제조방법이 공연히 알려져 있지 않고 그 개발을 위하여 오랜 시간과 비용·노력이 들었을 뿐만 아니라 독립된 경제적 가치가 있고 상당한 노력에 의해 비밀로 유지하고 있는데, 회사에 재직 중 그 제조방법을 공책에 기재해 두었다가 고액의 급여와 상위 직위를 받는 조건으로 경쟁관계에 있는 다른 회사에 입사하여 단기간에 유사한 잉크 등을 개발하게 한 사안에 대하여 부정경쟁방지법 제2조 제3호 (가)목, (라)목 소정의 영업비밀 침해행위를 인정한 사례에서의 서울지법 남부지원 1995. 2. 22. 선고 94가합3033 판결임.

제3절 고의·중과실에 의한 부정취득 및
사용행위(나목)

최승재(세종대학교 법학부 교수)

Ⅰ. 규정 내용

영업비밀보호법 제2조 (나)목은 "영업비밀에 대하여 부정취득행위가 개입된 사실을 알거나 중대한 과실로 알지 못하고 그 영업비밀을 취득하는 행위 또는 그 취득한 영업비밀을 사용하거나 공개하는 행위"를 영업비밀침해행위로 규정하고 있다 (이하 "고의·중과실에 의한 부정취득 및 사용행위"라 한다).

부정취득자로부터의 전득행위는 부정취득행위를 전제로 하여 부정취득한 영업비밀에 사후적으로 관여하는 행위를 말한다. 악의 또는 중과실이 있는 취득행위와 악의 또는 중과실로 취득한 영업비밀을 사용하거나 공개하는 행위를 모두 금지한다. (가)목의 규정에 의한 부정취득행위가 개입되어 있는 영업비밀에 대한 악의·중과실 전득자의 취득행위와 그 후의 사용 또는 공개행위를 침해행위로 별도의 영업비밀침해행위로 규정한 것이 (나)목이다. 본조는 일종의 사후종범(事後從犯)을 별도의 범죄유형으로 규정한 것이다. 대법원은 장물죄가 절도죄의 사후종범적 성격을 가지고 있다고 보았다.1) 이와 대비하여 보면, (가)목의 부정취득행위에 대해서 (나)목의 행위는 일종의 장물죄와 같이 사후종범이라고 할 것인 행위를 처벌하는 규정이므로 주관적 구성요건을 통하여 그 범위를 제한할 필요가 있다.

---

1) 절도죄와 장물죄는 사회보호법 제6조 제2항 제1호 내지 제5호 소정의 기준으로는 동종 또는 유사한 죄라고 인정할 수 없고 결국 동항 제6호의 규정에 의하여 동종 또는 유사여부를 가릴 수밖에 없는바, 원심판시와 같이 장물죄가 절도죄의 사후종범적 성격을 가지고 있고 침해법익이 동일하며 범죄의 경향이 유사한 유형의 죄라고 하여도 이러한 일반적 성질만으로 절도죄와 동종 또는 유사한 범죄라고 단정할 수는 없는 것이다. 원심으로서는 이 사건 장물 취득의 구체적 사실관계에 터잡아 그 죄질, 범죄의 수단과 방법, 범죄의 경향, 범죄의 유형등 위 제6호 소정사유를 고찰하여 전과사실인 절도죄와의 동종 또는 유사여부를 판단하였어야 할 것이다(대법원 1982. 10. 12. 선고 82도1865, 82감도383 판결).

Ⅱ. 입법취지

영업비밀은 그 특성상 일단 영업비밀보유자로부터 부정하게 취득하였다 하더라도 동산과 달리 영업비밀 그 자체 전부 영업비밀 보유자의 관리 하에서 없어지는 것은 아니다. 따라서 영업비밀 보유자는 당해 영업비밀의 사용 및 공개가 가능하므로 영업비밀 보유자의 영업비밀에 관한 정당한 이익은 보호될 필요가 있다. 이런 점에서 제3자가 부정취득행위자의 직접 또는 간접의 상대방으로 영업비밀을 취득·사용·공개하는 행위는 위의 영업비밀 보유자의 이익을 새로이 침해하는 결과가 된다. 따라서 영업비밀 보유자의 정당한 이익을 보호하기 위해서도 이와 같은 경우 금지의 대상으로 할 필요가 있다.

그러나 영업비밀은 비밀로 유지되고 있고 특허권과 같은 공시성을 가지고 있지 않으며, 또 영업비밀의 거래가 빈번해지고 있는 상황 하에서 모든 제3자에 대하여 금지를 인정하는 것은 원활한 거래와 안전을 현저히 저해하는 것이므로, 물권적 청구권과 같이 모든 제3자를 대상으로 하는 것은 타당하지 않다. 다만 당해 영업비밀에 대하여 부정취득행위가 개입된 사실을 악의·중과실로 알지 못하고 그 영업비밀을 취득하여 그 후 사용·공개하는 행위는 행위 자체의 악성이 인정되므로 이 목에서는 이와 같은 악의·중과실의 제3자의 행위를 금지대상으로 한 것이다.

입법론으로는 취득자에게 적극적으로 부정경쟁의 목적, 자기 또는 제3자의 이익을 도모하거나 타인에게 손해를 가할 목적과 같은 목적이라는 초과주관적 구성요건 요소를 부가하는 것도 생각할 수 있으나[2] 우리 법은 일본법과 같이 이와 같은 태도를 취하지 않았다.

Ⅲ. 영업비밀에 대하여 부정취득행위가 '개입'된 것

'개입'이란 당해 영업비밀의 유통과정에서 부정수단에 의한 영업비밀취득행위가 존재하는 것을 말한다.[3] 따라서 부정취득자로부터 직접 취득하는 경우뿐만 아니라 도중에 제3자가 개입되어 있어 간접적으로 취득하는 경우에도 취득시에 악의·중과실이 있으면 그 취득행위는 물론 취득 후의 사용·공개하는 행위도 부정행위가 된다.

---

2) 小野昌延 編著, 注解 不正競爭防止法, 靑林書院 (1990), 303頁.
3) 김정덕·김성화, 「영업비밀보호법의 이해」, 한국학술정보 (2011. 8), 108면.

도중에 선의자가 개입된 경우, 민법상 선의취득의 경우에는 선의자가 개입되면 소유자는 악의자에게 대항할 수 없게 되지만, 정보와 같이 복수의 자에 의한 공동 이용이 가능한 재산에 있어서는 선의자가 개입한 경우에 권리의 귀속을 어떻게 결정할 것인가의 법적 요청은 없으나 보유자의 영업비밀에 관한 이익 자체는 선의자가 개입하여도 소멸하지 않기 때문에 그 후 악의자가 출현하면 금지를 청구할 수 있다고 볼 것이다.

IV. '알거나 중대한 과실로 알지 못하고'의 의미

악의 또는 중과실을 요건으로 한 것은 영업비밀의 거래상 안정을 고려한다고 하더라도 악의가 있는 경우에는 보호할 필요가 없으며 또한 중과실이 있는 경우에도 거래에 있어서 주의의무의 해태가 현저하여 악의와 동일한 정도의 악성이 인정되는 경우에는 보호할 필요가 없다. 예를 들면, 甲이 보유하는 영업비밀을 乙이 부정취득하고 乙로부터 丙이 이것을 선의로 취득해서 丁이 丙으로부터 중과실로 이를 취득한 경우 丁은 (나)목 위반행위를 한 것이 된다.4) 만일 경과실까지를 부정행위로 보면 공시성이 없는 영업비밀에 대하여 정보거래의 안전이 현저하게 저해될 우려가 있기 때문에 경과실은 침해행위에 포함되어 있지 않다.

미국의 경제스파이처벌법(Economic Espionage Act) 제1831조 및 1832조는 정부가 ① 피고가 정보침해행위(misappropriation of the Information) 및 그 침해행위의 교사나 방조행위를 하였고, ② 침해자가 해당 정보가 비밀정보에 해당한다는 사실을 알았거나 그렇게 믿었고, ③ 그 정보가 실제로 비밀정보에 해당한다는 사실을 증명하여야 한다고 규정하고 있다. 이 중에서 제1831조는 그런 침해행위가 외국정부 등에게 이익이 되거나 이익이 되도록 침해행위를 하였다는 점을 증명하여야 한다.5) 이들 행위는 ① 모두 자신이 하는 행위의 성격 및 ② 정보취득을 통한 경제적 이익에 대한 인식 또는 확고한 믿음이라는 의미에서의 '악의(knowingly)'를 요구하고 있다.6) 이런 미국법의 태도는 우리와 같은 주관적 요건을 요구하는 것으로 이해할 수 있다.

---

4) 김정덕·김성화, 위의 책, 109면.
5) David W. Quinto, Stuart H. Singer, Trade Secrets, Oxford University Press (2009) p. 276.
6) Ibid, pp. 276 − 277.

중과실에 의한 취득은 전득자가 부정취득자로부터 영업비밀을 취득함에 있어서 사회적 지위, 종사하는 직업 등에 따라 평균적으로 요구되는 주의를 현저하게 게을리 하였기 때문에 부정취득행위가 개입된 사실을 알지 못한 것을 말한다.7)

악의란 부정취득행위의 개입사실을 알고 있는 것이고, 중과실은 거래상 요구되는 주의의무를 다하면 쉽게 부정취득사실을 알 수 있는 경우를 말하는 것이다. 이때 부정취득에 대한 인식은 영업비밀의 보유자가 누구인지, 그 영업비밀의 취득이 어떤 부정한 방법으로 이루어졌는지에 대한 구체적이고 명확한 인식은 필요하지 않고, 자신이 취득한 영업비밀이 절취 등의 부정한 방법으로 취득된 것이라는 점에 대한 인식으로 족하다.

---

7) 김정덕·김성화, 앞의 책, 109면.

제 4 절 선의 취득 후 악의 사용행위(다목)

최승재(세종대학교 법학부 교수)

Ⅰ. 규정 내용

영업비밀보호법 제2조 (다)목은 "영업비밀을 취득한 후에 그 영업비밀에 대하여 부정취득행위가 개입된 사실을 알거나 중대한 과실로 알지 못하고 그 영업비밀을 사용하거나 공개하는 행위"를 금지한다. (다)목은 (나)목과 같이 부정취득한 영업비밀에 사후적으로 관여하는 것을 방지하기 위한 규정이다. 취득 당시에는 그 영업비밀에 부정취득행위가 개입된 사실을 몰랐으나 취득 후 그 사실을 알았거나 중대한 과실로 알지 못하고 그 영업비밀을 사용하거나 공개하는 행위를 금지하려는 것이다. 결국 (다)목은 (가)목의 부정행위에 의하여 직접적으로 영업비밀을 취득한 자로부터의 영업비밀을 전득한 자로부터 재전득한 자에 대한 규정으로서 사후적으로 악의가 생긴 자에 대한 규정이라고 할 수 있다. (다)목은 취득 이후의 관여에 대한 제재를 규정하고 있으므로 그 침해행위의 태양은 취득이 될 수 없고 사용이나 공개가 된다.[1]

Ⅱ. 입법취지

영업비밀취득 당시에는 그 영업비밀이 절취나 기망 또는 협박 기타 부정한 수단에 의하여 취득된 것인지 전혀 몰랐던 자가 그 후에 영업비밀 보유자로부터 경고나 통고를 받거나 언론을 통해서 알게 되는 경우 또는 산업스파이사건이 대대적으로 보도됨으로써 그 사정을 알거나 중대한 과실로 알지 못하고 그 영업비밀을 그대로 사용하거나 공개하는 행위를 금지하려는 것이 이 (다)목의 입법취지이다.

영업비밀은 유체물과 달리 일단 침해가 되고 나면 침해행위로부터의 보호라는

---

1) 小野昌延 編著, 注解 不正競爭防止法, 靑林書院 (1990), 303頁.

채권적 권리로 바뀐다. 영업비밀 침해행위에 의해서 원래의 영업비밀 보유자로부터 유출된 영업비밀이 전전유통되는 경우 기본적으로 악의·중과실이 없다면 당해 영업비밀을 취득한 제3자의 행위를 선의취득과 같은 맥락에서 생각할 수 있다. 이렇게 보면 취득 후에 아는 것은 일단 취득한 권리에 영향을 미치지 않지만 영업비밀의 경우는 원소유자가 점유를 상실하는 동산과는 달리 영업비밀 보유자의 영업비밀이 상실되는 것이 아니고 그대로 보유하고 있는 상태이기 때문에 그 이익을 보호할 필요성이 있다.

이에 대해서 일본 부정경쟁방지법 제3조 제1항 3호는 사후적 악의자를 침해행위의 한 주체로 보고 그 자의 사용·공개행위를 금지청구 등 구제수단의 대상유형으로 규정한다.[2] 우리법도 마찬가지로 이러한 제3자인 사후적 악의자의 사용·공개행위도 침해행위로 보고 규정하고 있다.

미국의 통일영업비밀보호법(Uniform Trade Secret Act) 제1조(2) ii(B)[3]에는 부정행위(Misappropriation)의 한 유형으로 영업비밀을 공개 또는 사용한 시점에 당해 영업비밀을 부정한 수단에 의하여 취득한 자로부터 입수한 것 등을 알았거나 알 수 있었던 자가 명시 또는 묵시적인 동의 없이 타인의 영업비밀을 공개 또는 사용하는

---

2) 小野昌延 編著, 前揭書, 303-304頁. 일본법에서는 사후적 악의자의 경우 일본 부정경쟁방지법 제2조 제5호의 적용제외규정에서 일정한 선의취득자의 권한범위 내의 계속 사용을 인정하는 것에 의하여 이해관계를 조정하고 있으나 원칙적으로는 공개행위뿐만 아니라 사용행위도 금지된다. 다만 小野昌延은 선의취득자의 보호와의 관계에서 사안에 따라서는 이익형량으로부터 권리남용을 적용할 수밖에 없는 경우가 나올 것으로 추측된다고 한다.

3) "Misappropriation" means:

(i) acquisition of a trade secret of another by a person who knows or has reason to know that the trade secret was acquired by improper means; or

(ii) disclosure or use of a trade secret of another without express or implied consent by a person who

(A) used improper means to acquire knowledge of the trade secret; or

(B) at the time of disclosure or use, knew or had reason to know that his knowledge of the trade secret was

(I) derived from or through a person who had utilized improper means to acquire it;

(II) acquired under circumstances giving rise to a duty to maintain its secrecy or limit its use; or

(III) derived from or through a person who owed a duty to the person seeking relief to maintain its secrecy or limit its use; or

(C) before a material change of his [or her] position, knew or had reason to know that it was a trade secret and that knowledge of it had been acquired by accident or mistake.

행위를 금지함으로써 사후적인 악의자가 영업비밀을 공개 또는 사용하는 행위를 금지하고 있다.

Ⅲ. 취득시에는 선의·무중과실이었으나 사후적으로 악의·중과실로 된 경우

(다)목은 취득시에는 선의·무중과실이었으나 사후적으로 악의·중과실로 된 경우, 예를 들어 영업비밀 보유자로부터 경고장을 받거나 금지청구의 소장을 받게 되는 경우, 선의자가 전혀 근거 없는 경고장을 수취하면 그 시점 이후의 사용행위 등이 (다)목에 의한 침해행위가 될 수 있는지에 대해서는 논의가 있을 수 있다.

금지청구만의 경우는 경고장을 무시하여도 결국 법원에서 (다)목의 요건이 심리의 대상이 되므로 문제될 것은 없지만 손해배상청구도 같이 제기되는 경우, 재판의 결과 경고장의 내용이 타당한 것으로 판명되는 경우에는 영업비밀을 경고장 수령 이후에도 계속 사용한 자는 경고장 수취시점 이후의 손해를 배상하여야 한다고 보는 것이 타당할 것이다.

Ⅳ. 사후적 악의자의 규제와 선의자에 관한 특례규정

사후적 악의자에 의한 영업비밀 침해행위에 대해서 영업비밀 보유자는 사후적 악의자가 영업비밀을 취득할 당시의 선의 또는 무과실 없음을 증명할 필요 없이 변론종결시까지의 사후행위의 악의 또는 중과실을 증명하면 된다. 그러나 선의 또는 무중과실로 영업비밀을 취득한 자의 행위에 대해서는 선의자에 관한 특례규정을 두어 거래의 안전을 도모한다.[4]

---

4) 김정덕·김성화, 「영업비밀보호법의 이해」, 한국학술정보 (2011. 8), 110면.

제5절 비밀유지의무 위반행위(라목)

최승재(세종대학교 법학부 교수)

I. 규정 내용

영업비밀보호법 제2조 제3호 (라)목은 계약관계 등에 따라 영업비밀을 비밀로서 유지하여야 할 의무가 있는 자가 부정한 이익을 얻거나 그 영업비밀의 보유자에게 손해를 입힐 목적으로 그 영업비밀을 사용하거나 공개하는 행위를 영업비밀침해행위로 보고 있다. 부정경쟁방지법 제2조 제3호 (라)목에서 말하는 '계약관계 등에 의하여 영업비밀을 비밀로서 유지할 의무'라 함은 계약관계 존속 중은 물론 종료 후라도 또한 반드시 명시적으로 계약에 의하여 비밀유지의무를 부담하기로 약정한 경우뿐만 아니라 인적 신뢰관계의 특성 등에 비추어 신의칙상 또는 묵시적으로 그러한 의무를 부담하기로 약정하였다고 보아야 할 경우를 포함한다.1)

대법원은 직무발명이 문제되는 사안에서, "발명자주의에 따라 직무발명을 한 종업원에게 원시적으로 발명에 대한 권리가 귀속되는 이상 위 권리가 아직 사용자 등에게 승계되기 전 상태에서는 유기적으로 결합된 전체로서의 발명의 내용 그 자체가 사용자 등의 영업비밀로 된다고 볼 수는 없으므로, 직무발명에 대한 권리를 사용자 등에게 승계한다는 취지를 정한 약정 또는 근무규정의 적용을 받는 종업원 등이 비밀유지 및 이전절차협력의 의무를 이행하지 아니한 채 직무발명의 내용이 공개되도록 하는 행위를 발명진흥법 제58조 제1항, 제19조에 위배되는 행위로 의

---

1) 필기구 제조업체의 연구실장으로서 영업비밀에 해당하는 기술정보를 습득한 자가 계약관계 및 신의성실의 원칙상 퇴사 후에도 상당 기간 동안 비밀유지의무를 부담함에도 불구하고 타 회사로부터 고액의 급여와 상위의 직위를 받는 등의 이익을 취하는 한편 타 회사로 하여금 잉크를 제조함에 있어서 그 기술정보를 이용하여 시간적·경제적인 면에서 이익을 얻게 하기 위하여 타 회사로 전직하여 타 회사에서 그 기술정보를 공개하고 이를 사용하여 잉크를 생산하거나 생산하려고 한 경우, 그러한 행위는 공정한 경쟁의 이념에 비추어 선량한 풍속 기타 사회질서에 반하는 부정한 이익을 얻을 목적에서 행하여진 것으로서 부정경쟁방지법 제2조 제3호 (라)목 소정의 영업비밀 유지의무 위반행위에 해당한다고 본 사례(대법원 1996. 12. 23. 선고 96다16605 판결[영업비밀침해금지등]).

율하거나, 또는 직무발명의 내용 공개에 의하여 그에 내재되어 있었던 사용자 등의 개개의 기술상의 정보 등이 공개되었음을 문제삼아 누설된 사용자 등의 기술상의 정보 등을 개별적으로 특정하여 <u>영업비밀보호법 상 영업비밀 누설행위로 의율할 수 있음은 별론으로 하고</u>, 특별한 사정이 없는 한 그와 같은 직무발명의 내용 공개가 곧바로 부정경쟁방지법 제18조 제2항에서 정한 영업비밀 누설에도 해당한다고 볼 수는 없다"고 하여 직무발명에 대한 권리를 사용자 등에게 승계한다는 취지를 정한 약정 또는 근무규정의 적용을 받는 종업원 등이 비밀유지 및 이전절차협력의 의무를 이행하지 아니한 채 직무발명의 내용이 공개되도록 하는 행위가 본목에 의한 규율이 될 수 있는 가능성을 긍정하였다.[2]

Ⅱ. 침해의 유형

계약관계 등에 따라 영업비밀을 비밀로서 유지하여야 할 의무가 있는 자가 부정한 이익을 얻거나 그 영업비밀의 보유자에게 손해를 입힐 목적으로 그 영업비밀을 사용하거나 공개하는 행위는 그 실질이 부정행위를 한 것과 마찬가지라고 보는 것이다. 영업비밀보호법 제2조 제3호 (라)목 위반의 유형으로는 ① 기업간의 기술협조에 따르는 계약으로 중요한 정보 등이 포함된 영업비밀의 실시허락계약하면서, 상대기업과 공동개발, 기술제휴 등을 통해 적법하게 공개된 비밀정보를 지득한 경우, 알게 된 비밀정보를 공동개발 등의 진행 중 또는 종료 후에 그 비밀정보의 사용에 대해서 분쟁이 발생하는 경우가 있다. ② 영업비밀보유자와 도급계약을 체결하고 영업비밀을 사용하는 경우의 수급인에 의한 경우가 있다. ③ 영업비밀보유자인 사용자와 고용계약을 체결한 경우의 종업원의 경우,[3] ④ 기업의 종업원, 영업상 거래관계에 있는 자, 영업비밀실시권자 등과 같이 계약 또는 법률의 규정[4] 등에 의하여 영업비밀을 비밀로 유지하여야 할 의무가 있는 자가 재직 중이나 퇴직 후, 계약기간 중 또는 계약 만료 후 부정한 돈을 받거나 상위직에 오를 목적 등으로 또는 그 영업비밀의 보유자에게 손해를 입힐 목적으로 그 영업비밀을 스스로 사용하거나 공개하는 행위[5]가 (라)목 위반행위가 될 수 있다.[6]

---

2) 대법원 2012. 11. 15. 선고 2012도6676 판결[업무상배임·부정경쟁방지및영업비밀보호에관한 법률위반·업무상횡령].
3) David W. Quinto, Stuart H. Singer, Trade Secrets, Oxford University Press (2009), p. 55.
4) 상법상 선관주의의무와 충실의무를 부담하는 이사, 준법지원인 등의 경우를 들 수 있다.

Ⅲ. 영업비밀보호법 제2조 제3호 (라)목의 적용요건

1. 규정취지

(가)목이 영업비밀을 절취, 기망, 협박 등의 부정한 수단에 의한 부정취득행위에 위법성이 인정되는 유형인데 반하여 (라)목은 영업비밀을 보유한 자로부터 정당하게 취득한 자에 대한 침해행위의 위법성이 인정된다는 점에서 구별된다. 계약에 의하여 영업비밀을 취득한 사람은 당연히 그 계약이 정한 바에 의하여 당해 영업비밀을 사용·수익할 수 있다. 이 때 영업비밀을 보유한 자는 영업비밀에 대해서 처분권을 가진 자에 국한할 필요는 없고 타인의 영업비밀에 대해 정당한 사용수익권을 가진 자도 포함한다고 보아야 한다.7)

2. 영업비밀유지의무의 존재

"영업비밀을 비밀로서 유지하여야 할 의무가 있는 자"를 계약관계 등에 따라 비밀유지의무가 부과된 자로 규정하고 있다. 이 때 영업비밀을 비밀로서 유지하여야 할 의무는 계약뿐만 아니라 신의칙 등에 의해서 발생한다. 영업비밀유지의무가 발생하는 것은 명문의 계약에 의해서 발생할 수도 있지만,8) 반드시 이에 국한되는 것으로 볼 것은 아니다. 미국법의 경우 비밀유지의무의 발생은 묵시적 계약에 의해 발생한다고 본다.9) 예를 들어 근로관계가 존재하는 경우에는 반드시 명시적으로 이들 간에 비밀유지계약을 하지 않더라도 근로계약에서 존재하는 신뢰관계에 기초하여 비밀유지의무가 발생한다고 할 것이다.10)

---

5) 예를 들면 고용관계에 있는 기업체의 임원이나 직원, 임원 또는 직원이었던 자가 비밀유지계약이나 경업금지계약 등을 위반하거나, 영업비밀보유자와의 신뢰관계를 배반하고 그 영업비밀을 사용하여 영업비밀보유자와 경쟁사업을 하거나, 그 영업비밀을 경쟁기업체에 제공하는 등의 경우와 영업비밀에 대한 실시권을 받은 자가 계약기간 중 또는 계약기간 만료 후 영업비밀보유자와의 계약사항을 위반하여 그 영업비밀을 계속 사용하거나 경쟁기업에 공개하는 등의 행위가 문제될 수 있는 바, 판례로 Mirafi, Inc. v. Murphy, No. C−C−87−578M, 1989 WL 206491 14 U.S.P.Q.2d(BNA) 1337, 1350 (W.D.N.C. 1989).

6) 小野昌延 編著, 注解 不正競爭防止法, 靑林書院 (1990) 304−305頁.

7) 김정덕·김성화, 「영업비밀보호법의 이해」, 한국학술정보 (2011. 8), 112면.

8) Motorola Inc v. Fairchild Camera and Instrument Corp. et al, Arizona 177 USPQ 614 (1973).

9) McGough v. University of San Franscisco, 214 Cal. App. 3d 1577, 1483, 263 Cal. RPTR 404, 408 (1989); BDT Products, Inc. v. Lexmark International Inc., 274 F.Supp. 2d 880, 886 (E.D.Ky. 2003).

10) Macbeth−Evans Glass Co. v. Schnelbach, 239 Pa. 76−85−86, 86 A. 688, 691 (1913).

종래 종업원의 비밀유지의무는 사용자와 종업원간에 특별히 약정한 영업비밀 유지계약 등에 의해서만 발생한다는 판례가 있었다.11) 퇴직종업원과의 경업금지계약이 유효하기 위해서는 먼저 사업자의 합법적 사업이익과 종업원의 합법적 생계유지권 및 공공복리 등을 고려하여 체결하여야 하며, 명시적인 계약이어야 한다고 하며 공정성을 해하는 것이어서는 안 된다고 한다. 영업비밀유지의무의 부과가 재직종업원에 비해 퇴직종업원에게 더욱 강하고 엄격하게 요구되는 것은 퇴직종업원과의 경업금지계약이 재직종업원과의 비밀유지계약보다 취업선택의 자유 등을 제한하여 발생하는 우려가 더 크기 때문이다. 한편 제3차 부정경쟁 리스테이트먼트 {The Restatement(Third) Unfair Competition}는 신뢰관계에 기초한 영업비밀유지의무에 대해서 영업비밀이 공개되기 전에 반드시 명시적인 비밀유지약정이 있어야 한다고 보고 있다.12)

그러나 신뢰관계에 의해서 영업비밀유지의무가 발생한다고 보는 것이 옳다. 이는 미국 주류적인 판례고,13) 일본의 유력설이다.14) 미국의 일부 주에서는 비밀정보의 부정한 사용이나 공개를 위법하게 보는 근거로 신뢰관계의 위반을 들고 있다. 이와 같은 주 중에서 가장 적극적으로 규율하는 주가 캘리포니아주와 뉴욕주이다.15) 캘리포니아주법에 의한 신뢰관계위반(breach in confidence)에 의한 영업비밀 침해가 되기 위해서는 영업비밀이 전해졌고, 종업원(대개 피고)은 그 정보가 신뢰관계에 기초하여 전해진 것을 알고 있고, 양당사자간에 그러한 신뢰관계가 유지될 것을 기대하고 있었고, 그럼에도 그 신뢰관계 위반행위가 발생한 경우 영업비밀침해 행위를 긍정하고 있다.16)

일본의 유력설은 비밀을 지켜야 하는 의무는 고용계약의 경우 종업원의 부수의무의 하나로 성실하게 노무를 제공하여야 하는 의무에 기초하여 사용자의 정당한 이익을 침해하지 않을 의무, 영업비밀을 유지하여야 하는 의무가 발생한다고 본

---

11) Dynamics Research Corp. v. The Analytic Science Crop., Court of Appeals Massachusetts 209 USPQ 321 (1980),
12) David W. Quinto, Stuart H. Singer, Trade Secrets, Oxford University Press (2009) p. 59.
13) By－Buk Copmany v. Printed Cellphone Tape, 2nd Cir. F.2d 147 (1958).
14) 小野昌延 編著, 前揭書, 305頁.
15) David W. Quinto, Stuart H. Singer, Trade Secrets, Oxford University Press (2009) p. 59.
16) Entertainment Research Group Inc v. Genesis Creative Group Inc, 122 F3d 1211, 1227 (9th Cir. 1997); 같은 취지의 테네시주 판례로 Givens v. Mullikin ec rel. Extate of McElwaney, 75 S.W.3d 383, 410 (Tenn, 2002).

다.17) 일본 하급심은 고용계약, 근로관계법 및 상법 등의 법령에 의해서 발생한 근로관계의 기초가 신뢰관계에서 기인한다는 점에서 명시적인 약정이 없어도 영업비밀유지의무가 발생한다고 본다. 계약체결 전, 계약관계 계속 중, 계약만료 후의 일정한 의무와는 관계없이 채권관계에 의한 신의성실의 의무에 위반함으로써 불법행위책임을 진다. 계약만료 후의 신뢰관계에 있어서 기업의 기술담당이사와 영업담당이사가 재직 중 회사설립을 기도하여 오다가 어느 날 갑자기 퇴직하면서 동사와 경합이 되는 회사를 설립하고 전직회사 단골손님에게 동사와 동일하거나 혹은 유사한 제품을 생산·판매하는 행위는 현저히 신의성실에 반하는 행위로서 이는 이미 자유경쟁의 범위를 벗어난 위법행위가 된다고 한다.18)

　　명시적인 계약이 없어도 종업원과 사용자간의 신뢰관계에 의해서 영업비밀유지의무가 발생한다고 보아야 하는 이유로, ① 사용자의 영업비밀은 사용자의 막대한 연구개발비와 오랜 시간을 들여 창출한 재산이고 이를 종업원에게 제공하는 것은 신뢰를 바탕으로 하는 것이므로 그 신뢰를 배신하여 영업비밀을 부정한 목적으로 사용하는 것을 사용자가 별도의 비밀유지계약을 하지 않았다고 해서 보호하지 않아서는 안 되며, ② 영업비밀성이 인정되지 않는 정보는 이 요건에 의해서 걸러지므로 신뢰관계에 의해서 영업비밀유지의무를 인정한다고 해서 종업원의 보호가 문제가 생기는 것은 아니기 때문이다.

　　신뢰관계에 반한다고 하더라도 부정목적이 있는 의무위반의 경우에만 금지 등의 청구대상이 될 수 있다. 따라서 부정성의 판단이 문제된다. 신의성실의무는 주로 고용계약, 하도급계약, 라이선스계약 등 채권관계에 기초를 둔 의무이다. 이러한 채권관계에 기초를 둔 신의성실은 단지 계약관계의 계속 중뿐만 아니라 계약체결 준비단계 또는 계약만료 후에 있어서도 양 당사자는 일정한 의무를 진다. 특히 퇴직후의 종업원이 영업비밀에 대하여 어떤 의무를 질 것인가 여부가 문제이지만 채권관계에 있는 자는 그 계약만료 후에도 계약상대가 계약관계가 있었다는 이유로 부당하게 불이익을 받지 않도록 해줄 일정한 의무가 있다고 본다.

　　신의성실의무를 위반한 부정한 행위인지 여부는 여러 가지 요소를 종합하여 판단하여야 할 것이다. 이를 위해서는 당사자간의 신뢰관계의 정도, 영업비밀보유자의 이익, 영업비밀을 지득한 자의 이익, 영업비밀이 일반적인 지식과 합성되어

---

17) 小野昌延 編著, 前揭書, 305頁.
18) 東京地判 1976. 12. 22. 判決.

있을 뿐만 아니라 구분 사용이 현저히 곤란한 경우인지 여부, 영업비밀의 태양 등
이 신의성실의무의 위반 유무를 판단하는 데 고려되어야 한다.

한편 근로관계에 의해서 신뢰관계를 도출하는 경우, 근로자의 이익을 먼저 고
려하여야 한다. 근로자의 경제적·사회적 활동을 부당하게 방해하는 것 같은 신의
성실상의 의무는 부정되어야 하기 때문에 영업비밀의 보호가 직업선택의 자유와
저촉되지 않아야 한다. 그러므로 기업체 임원이나 직원 등의 선의의 전직이나 퇴직
은 전혀 제한받지 않는다. 다만 악의의 전직이나 퇴직의 경우 예컨대 고용계약이나
실시권허여계약 등에 의하여 영업비밀을 비밀로서 유지하여야 할 의무가 있는 자
가 부정한 이익을 얻거나 영업비밀의 보유자에게 손해를 가할 목적으로 그 영업비
밀을 사용하거나 공개하는 등의 부정한 목적을 가진 전직자나 퇴직자에 한해서는
이 법에 의한 제한을 받게 된다.

대법원은 "부정경쟁방지법 제2조 제3호 (라)목에서 말하는 '계약관계 등에 의
하여 영업비밀을 비밀로서 유지할 의무'라 함은 계약관계 존속 중은 물론 종료 후
라도 또한 반드시 명시적으로 계약에 의하여 비밀유지의무를 부담하기로 약정한
경우뿐만 아니라 인적 신뢰관계의 특성 등에 비추어 신의칙상 또는 묵시적으로 그
러한 의무를 부담하기로 약정하였다고 보아야 할 경우를 포함한다"고 보아 계약 및
신뢰관계의 위반 모두를 부정경쟁방지법 제2조 제3호 (라)목에서 말하는 비밀유지
의무 발생의 근거로 보고 있다.[19)

3. 부정한 이익을 얻거나 그 영업비밀 보유자에게 손해를 입힐 목적

계약관계 등에 의해서 영업비밀 보유자로부터 영업비밀을 정당하게 지득한 자
가 당해 영업비밀을 사용하거나 공개하였다고 하여 곧바로 (라)목에 의한 침해행위
가 구성되는 것이 아니다. (라)목에 의한 침해행위가 되려면 영업비밀 보유자와의
계약상의 비밀유지의무의 위반이나 명백한 신의성실의 위반과 부정한 이익을 얻거

---

19) 필기구 제조업체의 연구실장으로서 영업비밀에 해당하는 기술정보를 습득한 자가 계약관계
및 신의성실의 원칙상 퇴사 후에도 상당 기간 동안 비밀유지의무를 부담함에도 불구하고 타
회사로부터 고액의 급여와 상위의 직위를 받는 등의 이익을 취하는 한편 타 회사로 하여금 잉
크를 제조함에 있어서 그 기술정보를 이용하여 시간적·경제적인 면에서 이익을 얻게 하기 위
하여 타 회사로 전직하여 타 회사에서 그 기술정보를 공개하고 이를 사용하여 잉크를 생산하
거나 생산하려고 한 경우, 그러한 행위는 공정한 경쟁의 이념에 비추어 선량한 풍속 기타 사회
질서에 반하는 부정한 이익을 얻을 목적에서 행하여진 것으로서 부정경쟁방지법 제2조 제3호
(라)목 소정의 영업비밀 유지의무 위반행위에 해당한다고 본 사례(대법원 1996. 12. 23. 선고
96다16605 판결[영업비밀침해금지등]).

나 그 영업비밀 보유자에게 손해를 입힐 목적이 인정되어야 한다.

여기에서 '부정한 이익을 얻거나'란 영업비밀 보유자와의 사이에 영업비밀유지에 관한 계약이나 신의칙에 의한 의무가 존재하는 경우에 그 의무에 반하여 자기 또는 제3자의 이익을 도모하는 것을 말한다. 통상적으로는 이익의 취득의 영업비밀 보유자의 손해로 귀결되는 경우가 많을 것이나 영업비밀 보유자에게 실제 손해가 발생하는 요건이 아니다.

(라)목에서 '영업비밀의 보유자에게 손해를 입힐 목적'이란 직접 영업비밀 보유자에게 손해를 입히려는 것을 목적을 말하는 것으로(목적범), 이는 (라)목에 기한 형사처벌에 있어 초과주관적 구성요건이 된다. 다만 고의 및 목적의 주관적 요건을 구비하는 경우 제3자가 영업비밀침해행위를 알았는지 여부는 영업비밀침해행위의 성립 여부에 영향을 미치지 않는다.[20]

문언상 손해를 입힐 목적이 있으면 그 행위의 결과 영업비밀 보유자에게 손해가 발생하는 것을 필요로 하지 않고 손해를 입힐 의도가 존재하는 것으로 충분하다. 따라서 형사처벌이 문제되는 경우 위험범이 된다고 본다.

4. 퇴직자에 대한 경업금지의무의 부과

퇴직자에 대한 경업금지의무의 부과의 경우, 서면에 의할 것, 계약의 형식으로 체결될 것, 유효한 대가가 보장될 것, 제한이 부과되는 기간 및 지역이 합리적일 것, 그 계약은 양 당사자에게 공평할 것, 제한을 가하는 직종의 범위를 구체적으로 명시할 것, 사항적인 제한으로서는 재직 중 직무와 관련하여 알게 된 정보라고 명시할 것 등이 요건이라고 한다.[21] 유효한 대가라 함은 경업금지라고 하는 경제활동의 제한조치에 의해서 받은 계약에 대한 보상적 성격과 경업금지기간 동안의 비밀유지에 대한 대가적 성격을 함께 가지고 있는 것으로 예를 들면 명예수당 또는 기밀수당의 지급을 들 수 있다.[22]

만일 영업비밀유지에 관한 종업원과 계약이나 종업원 일반의 서약서 등이 합리적인 수준을 넘어 일방에 치우쳤을 경우에는 민법 등에 의해서 무효가 될 수 있다. 일본 원전상점사건(廣島高判 1957. 8. 28.)에서 광도백화점에서 부인복지판매점을 경

---

20) 小野昌延 編著, 前揭書, 306頁.
21) 황희창·황광연, 「부정경쟁방지및영업비밀보호법」, 5정판 (2009), 220면.
22) American Hot Rod Association Inc v. Carrier et al, 1500 F. 2d 1269 (1974).

영하고 있는 원고는 피고인 여점원을 고용할 때 퇴직하더라도 이 백화점 내의 다른 부인복지상점에는 취업하지 않겠다는 취지의 서약을 하도록 하였다. 피고는 원고로부터 해고되어 이 백화점 내의 다른 부인복지상점에 재취업하였다. 원고는 피고를 상대로 부인복지판매를 하지 못하도록 가처분을 신청했다. 제1심은 원고의 가처분신청을 기각하고 원고는 항소하였다. 법원은 피고는 특별한 지식이나 기술, 경험을 필요로 하지 않는 부인복지판매를 보조하면서 생활하고 있기 때문에 해고되면 쉽게 취직할 수 없는 생활곤란한 사정이 있기 때문에 이런 자에게 취직제한을 약속하도록 하는 것은 피용자의 생활권을 위협하고 개인의 자유를 구속할 우려가 충분하므로 고용주의 이익보호의 필요성에도 불구하고 무효라고 보아야 한다고 판시하였다.

Ⅳ. 계약에 의한 비밀유지의무의 부과와 위반의 효과

1. 부경법 제2조 제3호 (라)목과 민법 제390조

(라)목의 규정에 따른 계약은 특정한 형식을 정한 것은 아니므로, 쌍방 당사자 간의 계약뿐만 아니라 서약서나 각서와 같이 일방이 타방에게 작성하여 준 서면, 또는 단체계약형태의 취업규칙, 복무규정 등도 포함된다.

실무상 재직자에 대한 영업비밀유지의무의 부과는 계약서, 서약서, 각서, 취업규칙이나 단체협약 등 어느 형식을 중첩적으로 취하는 경우가 많다. 물론 어느 하나 만을 작성한다고 해도 의무의 발생에는 차이가 없다. 개별적인 사안에서 사용자와 종업원간의 관계 등에 비추어 묵시적인 영업비밀유지계약이 체결된 것으로 보아야 할 경우가 있다. 한편 앞서 신뢰관계설에 의하면 사용자와 종업원이 명시적으로 별도의 영업비밀유지계약을 체결하지 않아도 회사의 재산인 영업비밀을 종업원이 회사와의 신뢰를 배신하고 사용하는 것은 위법하다. 이 점에서 형법상 배임죄의 성립이 영업비밀침해죄와 동시에 인정되는 경우도 있을 것이다.

(라)목의 규정이 영업비밀 보유자와 종업원, 거래관계당사자 등과 영업비밀유지계약이 존재하는 경우, 계약 위반에 대해서 민법 제389조에 기해서 사용 내지 공개를 금지할 수 있으며, 민법 제390조 규정에 기해서 손해배상의 청구를 할 수 있다. 이와 별도로 (라)목에 의한 청구가 인정되면, 계약에 기한 의무와 부정경쟁방지법상 의무는 병존하며, 청구권 경합관계에 있다.[23]

---

23) 小野昌延 編著, 前揭書, 308頁.

2. 부경법 제2조 제3호 (라)목과 민법 제390조, 제750조 위반행위의 관계

부경법 제2조 제3호 (라)목과 민법 제390조, 제750조 위반행위는 청구권 경합 관계에 있다. ① 부경법 제2조 제3호 (라)목에 의한 청구만이 가능한 경우로는 고용계약 체결 후 퇴직한 후 영업비밀의 사용 또는 공개제한에 대해서 아무런 규정도 두고 있지 않을 경우, 근로자가 퇴직 후 기업과 경업관계에 있는 동종의 영업을 경영한 목적으로 재직 중에 알게 된 경업비밀인 고객명부를 반출하여 퇴직 후에 이것을 사용해서 경영활동을 하였을 경우, 기업은 계약상 이행청구는 할 수 없지만 근로자의 행위는 (라)목에 해당되므로 금지청구는 가능하다. ② 민법상 계약에 기한 청구만이 가능한 경우로, 고용계약상 영업비밀의 보유자인 기업에 대하여 비밀유지 의무를 지는 종업원이 경쟁기업과 영업비밀의 라이선스계약 교섭시에 이를 성사시키기 위해서 영업비밀의 일부를 공개하였을 경우, 당해 사실을 알게 된 기업은 종업원에 대해서 영업비밀의 계속공개의 금지를 청구하는 경우, 당해 종업원에 부정한 이익을 얻을 목적으로 행한 행위로는 인정되지 않으므로 (라)목에 의한 청구는 할 수 없고 민법규정에 의한 청구만이 가능하다.

제 6 절 부정공개자로부터의 전득행위(마목)

최승재(세종대학교 법학부 교수)

I. 규정의 의의

영업비밀보호법 제2조 (마)목은 "영업비밀을 취득한 후에 그 영업비밀이 (라)목에 따라 공개된 사실 또는 그러한 공개행위가 개입된 사실을 알거나 중대한 과실로 알지 못하고 그 영업비밀을 사용하거나 공개하는 행위"를 영업비밀침해행위로 규정하고 있다.

(마)목의 취지는 (라)목의 부정하게 공개된 영업비밀에 대하여 취득 당시 그러한 부정공개행위가 개입된 사실을 알거나 중대한 과실로 알지 못하고 그 영업비밀을 취득하거나 취득한 그 영업비밀을 스스로 사용 또는 제3자에게 공개하는 행위를 부정공개행위의 사후적 관여행위로서 금지하려는 것이다. (마)목은 영업비밀보유자로부터 부정공개행위에 의하여 유출된 영업비밀을 악의·중과실로 취득하거나 그 후 사용, 공개하는 행위를 침해행위의 유형으로 규정하였다.

따라서 (마)목은 기본적으로는 (나)목과 동일하게 장물범적 위치에 있는 전득자의 행위를 규제한 것이지만 (라)목의 부정공개의 직접 상대방(특정인)의 행위나 제3자(간접상대방인 불특정다수인)의 채권침해행위를 대상으로 한 규정이다. 따라서 (마)목은 영업비밀 보유자와 부정한 공개를 한 자와의 사이에 비밀유지계약이 있는 경우에는 영업비밀 보유자는 민법 제389조에 의하여 비밀유지의무계약에 의한 부작위채무의 이행청구가 가능할 것이다.

II. 영업비밀의 부정공개행위

(마)목의 영업비밀 부정공개행위란, ① (라)목에서 규정하고 있는 '부정한 이익을 얻거나 영업비밀 보유자에게 손해를 입힐 목적'을 가지고 영업비밀 보유자로부

터 알게 된 영업비밀을 공개하는 행위와 ② '계약관계 등에 따라 영업비밀을 비밀로서 유지하여야 할 의무'에 위반하여 영업비밀을 공개하는 행위를 말한다. (마)목에 적용되는 전형되는 전형적인 경우는 회사와 종업원의 고용계약상의 비밀유지의무, 라이선스 계약상의 비밀유지의무이다.

Ⅲ. 영업비밀의 부정공개행위가 개입된 사실

(마)목이 '부정공개된 사실' 외에 '부정공개행위가 개입된 사실'을 구성요건으로 두고 있으므로, (라)목의 행위자나 비밀유지의무위반자의 공개행위의 직접 상대방이 영업비밀을 취득하는 경우 그 행위가 부정공개행위일 것이 구성요건으로 요구된다.

제 7 절 부정공개된 영업비밀 취득 및 사용 행위(바목)

최승재(세종대학교 법학부 교수)

I. 규정의 의의

영업비밀보호법 제2조 (바)목은 "영업비밀이 (라)목에 따라 공개된 사실 또는 그러한 공개행위가 개입된 사실을 알거나 중대한 과실로 알지 못하고 그 영업비밀을 취득하는 행위 또는 그 취득한 영업비밀을 사용하거나 공개하는 행위"를 영업비밀침해행위로 규정하고 있다.

(바)목의 취지는 부정공개된 영업비밀에 사후적으로 관여하는 것을 방지하기 위한 규정으로 취득 당시에는 (라)목에 규정된 부정공개행위가 개입된 것을 몰랐으나 취득 후 이를 알았거나 중대한 과실로 알지 못하고 그 영업비밀을 공개하거나 사용하는 행위를 금지하려는 것이다. 영업비밀을 취득할 경우에는 그것이 부정하게 공개된 것으로는 알지 못한 자가 그 후 피해자로부터 경고, 판결문, 보도를 접하는 등의 방법으로 그 사정을 알았음에도 불구하고 그대로 그 영업비밀을 스스로 사용하거나 제3자에게 공개하는 행위를 말한다.

영업비밀 보유회사를 퇴직하고 경쟁업체로 전직한 근로자가 비밀유지의무에 위반하여 종전 회사에서 취득한 영업비밀을 새로 취업한 회사에게 넘겨주어 사용하게 하는 경우, 근로자는 부정경쟁방지법 제2조 제3호 (라)목의 영업비밀 침해에 해당하는 반면 당해 근로자로부터 위와 같은 부정한 이익을 얻을 목적으로 영업비밀을 공개한다는 사실을 알면서 이를 취득하거나 취득하여 사용한 새로운 회사는 (바)목에 해당할 수 있다. 한편 부정한 이익을 얻을 목적으로 개시된 영업비밀을 취득하는 회사 자체는 부정한 이익을 얻을 목적이 없는 경우에도 (바)목에 해당할 수 있다.[1]

---

[1] 최정열·이규호, 「부정경쟁방지법」, 진원사 (2015), 274면.

Ⅱ. 선의자에 관한 특례

거래에 의하여 영업비밀을 정당하게 취득한 자가 그 거래에 의하여 허용된 범위에서 그 영업비밀을 사용하거나 공개하는 행위에 대해서는 법 제10조에서 정한 금지청구권 등이나 제11조의 손해배상책임, 제12조의 신용회복조치 등의 법적 구제수단이 적용되지 않는다(제13조 제1항). 이와 같이 선의자를 보호하는 것은 영업비밀보호제도에서는 영업비밀 보유자의 비밀관리의 전제하에서 보호되고 있고, 공시제도도 없기 때문에 제3의 선의 취득자에게는 대항할 수 없도록 하여 영업비밀 보유자와 선의의 제3자와의 관계의 조화를 도모하기 위하여 통상의 거래로 상당한 대가를 지불하고 취득한 영업비밀과 이와 같이 정당한 거래를 통해 얻은 선의의 취득자는 보호되어야 한다는 취지이다. 결국 이 규정은 거래의 안전을 확보하기 위한 규정으로 이해할 수 있다. 예를 들어 A의 영업비밀에 관하여 B가 계약상 비밀유지의무를 위반하여 부정한 이익 등을 얻을 목적으로 C에게 이를 매각한 경우, C는 당해 영업비밀을 매입할 당시에는 이러한 부정공개행위가 개입된 것을 전혀 모르고 선의로 매입하였으나 그 후 A의 경고로 비로소 B가 부정한 목적으로 자기(C)에게 매각한 것임을 알게 된 경우, 이 때에 C는 악의의 매입자가 된다. 이와 같이 악의의 매입자가 된 후에도 계속 사용하거나 공개하는 경우 병의 사용 또는 공개행위는 모두 (바)목의 영업비밀침해행위가 된다. 한편 (바)목의 경우에도 제13조에 의한 "선의자에 관한 특례"가 적용된다.

제8절 선의자 보호 규정(제13조)

최승재(세종대학교 법학부 교수)

영업비밀보호법 제13조(선의자에 관한 특례) 제1항은 "거래에 의하여 영업비밀을 정당하게 취득한 자가 그 거래에 의하여 허용된 범위에서 그 영업비밀을 사용하거나 공개하는 행위에 대하여는 제10조부터 제12조까지의 규정을 적용하지 아니한다"라고 규정하고 있으며, 제2항은 "제1항에서 "영업비밀을 정당하게 취득한 자"란 제2조제3호 다목 또는 바목에서 영업비밀을 취득할 당시에 그 영업비밀이 부정하게 공개된 사실 또는 영업비밀의 부정취득행위나 부정공개행위가 개입된 사실을 중대한 과실 없이 알지 못하고 그 영업비밀을 취득한 자를 말한다"라고 규정하고 있다.

본조(제13조)가 적용되려면, 영업비밀이 부정하게 공개된 사실 또는 영업비밀의 부정취득행위나 부정공개행위가 개입된 사실, 취득당사자가 부정행위인 것을 중대한 과실 없이 알지 못하고 있을 것, 취득이 계약의 존재 등 정상적인 거래에 의해서 정당하게 이루어진 것이라는 요건이 구비되어야 한다.

이 경우 계약은 반드시 서면계약일 필요는 없다. 또 취득 후 피해자로부터 선의의 취득자에게 내용증명우편 등에 의한 경고장이나 통지 등이 있어야 하고, 피해자의 경고에 의하여 악의자가 되어도 취득자의 거래행위에 의하여 허용된 범위 안에서만 그 영업비밀을 사용하거나 공개할 것이 요건이 된다. 선의자 보호규정의 대상이 되는 거래는 실무상 주로 매매계약, 라이선스계약, 위탁생산계약, 위탁판매계약, 위탁교육 및 훈련계약, 위탁경영계약 등에 의한 거래가 될 것이다. 이런 계약이 허용하는 범위 내의 행위여야 본 조의 선의자 특례를 적용받을 수 있다.

제 4 장

민사적 구제

제1절 영업비밀의 특정 및 증명

김병국(특허법원 판사)

I. 영업비밀의 특정의 의미

소송에서 영업비밀을 어느 정도로 특정하여야 하는지는 실무에서 자주 쟁점으로 된다. 영업비밀 보유자(또는 권리자)인 원고, 신청인 또는 검사는 비밀누설의 우려나 특정의 어려움 등을 이유로 영업비밀을 가급적 추상적, 개략적으로 특정하고자 하는 경향이 있는 반면, 상대방(피고, 피신청인 또는 피고인) 입장에서는 자신의 방어권 보장을 위해 문제된 정보가 구체적으로 특정되지 않았다는 점을 문제삼을 수 있다. 보통 형사소송에서는 압수수색 등의 강제수사를 통해 확보된 영업비밀의 표목을 목록으로 만들어 공소장에 별지로 첨부되는 경우가 많으며, 민사소송에서도 이러한 방식으로 특정되는 경우가 많이 있다.

소송에서 영업비밀의 특정이란 법원의 심판의 대상으로 삼을 수 있도록 민사사건의 경우 소장이나 준비서면에, 형사사건의 경우 공소장에 글로써 해당 정보의 특징을 기술하는 것을 의미한다. '여러 화학물질을 조합하여 C성분을 조합하기 위한 반응조건(각 물질의 조성, 온도, 압력, 시간 등)', '어떤 물건의 설계도상의 공차정보', 'A회사의 거래처 정보(연락처, 단가정보, 거래물량 등)' 등이 그러한 예이다.

영업비밀의 특정 문제와 구별하여야 할 개념은 영업비밀의 증명 문제인데, 이는 영업비밀이 담긴 자료를 소송에서 증거로 제출함으로써(영업비밀이 기재된 서면이나 도면, 컴퓨터 파일 등이 담긴 저장매체를 제출하는 경우가 일반적이다) 영업비밀의 존재와 내용을 증명하는 것이다. 영업비밀의 증명 문제에서는 주로 이슈가 되는 것은 특정의 정도가 아니라 제출된 증거의 비밀상태를 유지하는 방안이다. 뒤에서 자세히 다루겠지만 영업비밀의 특정 정도를 높이거나 낮춘다는 것은 영업비밀의 증명 정도를 높이거나 낮춘다는 것과 구별되는 개념인데, 양자는 명확히 구별되지 않은 채 혼용되어 사용되는 경향이 종종 있다

아래에서는 소송에서 영업비밀의 특정이 어떠한 방식으로, 어느 정도로 구체적으로 이루어져야 하는지를 우리나라의 학설, 주요 국가의 실무를 살펴본 후 우리나라의 판례를 분석함으로써 살펴보고, 이와 구별하여 변론절차에서 이루어지는 영업비밀의 증명의 문제에 관하여 살펴보기로 한다.

Ⅱ. 영업비밀의 특정의 특수성 및 소송별 특정의 예

1. 특정의 특수성

대표적인 지적재산권 침해소송인 특허침해소송과 대비하면, 영업비밀 침해소송에서의 영업비밀의 특정은 다음과 같은 특징을 가진다.

첫째, 특허침해소송에서는 침해된 권리인 특허권의 특정문제는 발생하지 않는 반면, 영업비밀 침해소송에서는 침해된 권리를 특정하는 단계에서 영업비밀의 특정문제가 발생한다는 점이다. 특허권은 공적인 기관에 의해 심사되어 설정등록된 권리이므로, 침해된 대상 즉 특허권의 특정은 해당 특허권의 청구범위를 소장이나 준비서면에 그대로 옮겨 기재하는 것으로 족하다. 이에 반해 영업비밀 침해소송에서는 침해된 대상은 문제된 정보인데, 그 존재나 내용에 관하여서는 공적인 확인절차를 받은 바 없으므로 특정을 어떻게, 어느 정도로 구체적으로 하여야 하는지가 문제되는 것이다.

둘째, 특허침해소송에서는 금지를 구하는 대상(침해물 또는 침해에 해당하는 행위)이 특정되었는지가 문제되는 경우가 많지만, 영업비밀 침해소송에서는 금지를 구하는 대상은 먼저 특정된 영업비밀을 인용하는 방식으로 특정되는 경우가 많으므로 이것이 문제되는 경우는 많지 않다는 점이다. 특허침해소송(특히 침해금지소송)에서는 금지를 구하는 대상, 즉 가령 물건에 관한 특허발명의 침해가 문제되는 경우에는 그 침해행위의 결과물인 물건을 집행기관이 별도의 판단 없이 그 식별에 지장이 없도록 구체적·개별적·사실적으로 특정될 것이 요구된다. 실무에서는 원고가 소장에 별지로 첨부한 침해품의 도면과 사진 등을 인용하거나 침해품의 품목번호나 명칭 등이 있는 경우 이를 인용하면서, 침해물의 주요 구성요소를 명시하는 방식이 많이 활용되고 있다. 이에 비하여 영업비밀 침해금지소송에서는 '별지 목록 기재 영업비밀을 사용하여서는 아니 된다'거나 '별지 목록 기재 영업비밀을 사용한 … 제품의 생산, 양도하여서는 아니 된다'는 방식으로 이미 특정된 영업비밀을 인용하는 방식으로 금지를 구하는 행위나 침해물이 특정되는 경우가 일반적이다.1) 그 이유는 일반적으로 소송에서 침해되었다고 주장되는 영업비밀은 특허와 달리 적게는 수십 건에서 많게는 수천 건에 이르는 것이 보통이기에 이렇게 많은 특징을 가지는 대상을 글로써 적절히 표현하는 것이 현실적으로 어렵다는 점이 고려된 결과로 보인다. 다만 이렇게 금지를 구하는 대상의 특정이 완화되기 때문에 금지명령이 발령된 경우, 그 판결의 집행단계에서는 특허침해행위의 금지명령에 비하여 집행에 어느 정도의 어려움이 따를 수밖에 없다. 즉 판결의 집행단계에서 피고가 실질적으로 침해금지명령을 위반하고 있으면서도 자신이 문제된 영업비밀을 더 이상 사용하지 않고 있다고 다투는 경우, 위 침해금지명령의 집행을 통한 만족을 위해서는 원고는 또다시 집행절차에서 피고의 행위가 문제된 영업비밀을 사용 등의 방법으로 침해하고 있다는 점을 소명하여야만 한다. 이런 문제는 침해대상 행위를 영업비밀을 인용하는 방식으로 특정하는 방식에서 비롯된 측면이 큰데, 이는 어쩌면 영업비밀 침해소송의 숙명과도 같은 것으로 보아야 할 것이다. 그런데 이러한 집행단계에서의 문제는 비단 영업비밀 침해소송만의 문제는 아니며 특허침해소송에서도 똑같이 발생할 수 있다. 가령 특허발명의 카테고리가 물건에 관한 발명이 아니라 방법 또는 물건을 생산하는 방법에 관한 특허발명인 경우에는 침해의 대상은 해당 특허발명을 사용하는 행위이거나, 그와 같이 생산된 물건을 사용, 양도하는 등의 행위이므로, 금지를 구하는 대상의 특정은 '해당 특허 발명을 사용하는 행위 또는 이를 사용함으로써 생산된 물건을 양도하는 등의 행위' 등과 같이 특허발명을 인용하는 방식으로 특정될 수밖에 없으므로, 집행단계에서는 물건에 관한 특허발명의 침해금지명령에 비해 집행력이 미치는 객관적 범위에 관한 다툼이 생길 가능성이 커서 집행단계에서 상당한 곤란을 겪을 가능성이 크다.

2. 소송별 특정의 예

가. 영업비밀 침해소송에서는 소장의 청구취지나 청구원인에서 심판의 대상이

---

1) 사건에 따라서는 영업비밀을 인용하지 않는 방식의 특정이 이루어질 수도 있다. 가령, 소정의 영업비밀을 사용한 제품이 있는 경우, 특허침해소송에서의 침해대상의 특정과 동일하게 해당 제품의 특징(품목번호, 상표명, 주요 구성요소)으로 특정하는 경우도 있을 수 있다. 이러한 방식을 위한 특정을 위해서 굳이 법규정과 법리를 마련할 필요는 없다고 생각된다(반대 취지로는 박성수, "소송절차상 영업비밀의 특정", 16면, 국제규범의 현황과 전망: 2010년 국제규범 연구반 연구보고 및 국제회의 참가보고, 법원행정처, 2016).

되는 영업비밀과 침해물건 등을 특정하여야 한다. 청구취지를 기재함에 있어서는 청구가 인용되는 경우 이를 판결의 주문으로 그대로 옮겨 적을 수 있을 만큼 정확하여야 한다. 청구취지의 특정 여부는 직권조사사항이므로 청구취지가 특정되지 않은 경우에는 법원은 피고의 이의 유무에 불구하고 직권으로 그 보정을 명하고, 그 보정명령에 응하지 아니할 때에는 소장각하명령(소장부본 송달 후에는 소각하판결)을 하여야 할 것이다.

나. 영업비밀 침해를 원인으로 한 민사소송의 유형으로는 손해배상청구, 침해금지 또는 예방청구 및 이에 수반되는 침해행위를 조성한 물건 등의 폐기 등을 구하는 부대청구, 영업비밀을 취급한 종업원에 대한 전직금지청구 등이 있다. 이러한 소송 유형별 영업비밀의 특정 방식은 약간씩 상이하다.

손해배상청구에서 권리자가 구하는 것은 영업비밀 침해로 인한 손해의 배상이므로 청구취지에서 영업비밀이 특정될 여지는 없고, 영업비밀의 특정은 오롯이 청구원인에서 이루어질 수밖에 없다.

이와 달리 침해금지 등 청구 및 부대청구에서는 판결주문에서 금지되는 행위가 특정되어야 하므로, 청구취지에서 상대방에 대한 금지나 폐기 등을 구하는 행위를 특정하면서 영업비밀의 특정이 이루어질 수 있고, 청구원인에서도 권리자의 영업비밀에 관하여 기술하면서 특정이 이루어질 수 있다. 따라서 청구취지와 청구원인 모두에서 영업비밀의 특정이 이루어진다고 할 수 있다. 실무상 활용되는 청구취지에서의 특정의 방식은 다음과 같다.

「가. 피고는, 별지 1 기재 기술정보를 사용하여 별지 2 기재 단안형 야간투시경(PVS-04K)의 완제품과 그 반제품(위의 완성품의 구조를 구비하고 있는 것으로 아직 완성에 이르지 아니한 물건) 및 부품을 제조하거나 위 단안형 야간투시경(PVS-04K)의 입찰에 참여하는 등 별지 1 기재 기술정보를 사용하거나, 제3자에게 공개하여서는 아니되고,

나. 피고는 보관하고 있는 별지 1 기재 각 설계도면 및 작업표준서(컴퓨터 파일의 형태를 포함한다)와, 피고의 본점, 지점, 사무소, 영업소, 공장, 창고에 보관하고 있는 위 가.항 기재 단안형 야간투시경(PVS-04K)의 완제품과 그 반제품, 부품 및 수리부속을 모두 폐기하라.[2]」

---

2) 서울고등법원 2016. 6. 2. 선고 2015나2009569 판결의 주문 중 일부이다. 가.항이 침해금지청구에 대한 주문이고, 나.항이 부대청구에 대한 주문이다.

위의 예에서 영업비밀은 '별지 1 목록 기재 기술정보'로 특정되었는데, 별지 1
에는 도면의 일련번호와 도면이름만이 적시되어 있을 뿐 그 구체적 내용은 나타나
있지 않다. 침해금지를 구한 대상은 '별지 1 목록 기재 기술정보를 사용한 야간투시
경을 제조하거나, 입찰에 참여하는 등 이를 사용하거나 공개하는 행위'의 방식으로
특정되었고, 부대청구에서 폐기의 대상은 '별지 1 목록 기재 설계도면, 작업표준서
와, 별지 1 목록 기재 기술정보를 사용하여 제조된 야간투시경의 완제품 및 반제
품, 부품, 수리부속'으로 특정되었다.

전직금지청구의 경우에는 청구취지에서 영업비밀이 특정되어야 하는 경우는
드문데, 청구인용 판결이 선고되는 경우 주문은 '피고는 B회사에서 ○년간 근무하
여서는 아니 된다' 또는 '피신청인은 2020. 1. 1.까지 B회사에서 특정분야의 업무에
종사하여서는 아니 된다'와 같이 명해지는 것이 일반적이기 때문이다. 따라서 전직
금지청구에서는 영업비밀의 특정은 주로 청구원인에서 이루어질 수밖에 없다. 실무
상 활용되는 청구취지의 예는 방식은 다음과 같다.

> 「피고 1은 2020. 1. 1.까지 해충방제 사업을 영위하는 A회사를 포함한 회사, 법인 기타 단
> 체 등에 취업하거나 다른 방법으로 위 각 회사, 법인 기타 단체 등의 해충방제 관련 연구,
> 개발, 영업, 강의, 자문 업무 및 그 보조 업무에 종사하여서는 아니 된다.3)」

형사소송의 경우에 공소장의 공소사실에서 영업비밀과 그 침해에 해당하는 행
위가 특정되어야 한다.

Ⅲ. 적정한 특정의 정도

1. 특정정도에 관한 견해

영업비밀의 특징이나 내용이 어느 정도로 구체적으로 기술되어야 영업비밀이
적정히 특정되었다고 할 것인지가 문제된다. 이와 관련하여 다음과 같은 2가지 상
반된 견해가 주장되고 있다.

첫번째는 영업비밀의 특정 정도를 가급적 완화해야 한다는 견해이다. 이 견해
는 청구취지나 공소사실에서 영업비밀의 특정의 정도를 완화하여 영업비밀에 이름

---

3) 서울동부지방법원 2015. 1. 22. 선고 2013가합108097호 판결의 주문을 일부 수정한 것이다.

을 붙일 정도로만 특정되면 족하다고 주장하는데,4) 이 입장은 영업비밀을 가급적 구체적으로 특정하라고 하는 경우 영업비밀의 내용이 소송과정에서 공개될 수 있고, 영업비밀의 내용 자체를 모두 소장, 준비서면 또는 공소장에 적시하는 것이 현실적으로 불가능에 가깝다(일반적인 영업비밀 침해소송에서 문제되는 영업비밀의 내용을 모두 청구취지에 담을 경우 청구취지의 분량만으로도 수십에서 수천페이지에 달할 수 있을 것이다)는 점에 주목한다. 이 견해에 따르면 문제된 정보를 적정한 정도로만 특정함으로써 그 보유자 또는 검사는 영업비밀의 내용을 소장이나 공소장 등에 세세하게 적시하여야 하는 부담을 덜게 된다.

이와 상반된 견해는 영업비밀을 가급적 구체적으로 특정하여야 한다고 주장한다. 이 입장은 영업비밀이 지나치게 개괄적이거나 추상적으로 특정된 경우 판결 이후의 단계에서 집행력이나 기판력이 미치는 객관적 범위가 명확하지 않아 문제가 발생한다는 점에 주목한다. 이 견해 중에는 영업비밀을 제대로 특정하지 않은 상태에서 재판이 진행될 경우 실질적으로 영업비밀의 요건보다는 피고나 피고인이 비난받을 만한 행위를 하였는가의 문제에 초점이 맞추어질 위험이 크다는 점을 지적하는 입장도 있다.5)

위와 같은 2가지 상반된 견해의 절충점이 영업비밀의 적정한 특정정도라고 할 수 있다. 아래에서는 다른 나라의 실무를 살펴본 후, 우리의 판례에서 요구되는 특정의 정도를 살펴본다.

2. 주요국가의 실무

미국의 경우 소장에서 영업비밀의 특정의 정도가 높지 않다. 미국은 증거개시(discovery)제도에 따라 소송이 운용된다는 점이 우리 법제와 근본적으로 다르기는 하지만, 그럼에도 불구하고 소장의 기재요건으로의 영업비밀의 특정정도는, 증거개시를 할 수 있을 정도로만 소장(complaint)에 영업비밀을 특정하면 되고, 구체적으로 영업비밀의 구체적 내용까지 세세하게 표현할 필요는 없다고 한다.6) 미국 캘리포니아주 민사소송법에 의하면, 영업비밀 침해를 주장하는 경우, 증거개시절차에

4) 정상조·박준석, "영업비밀의 사법적 보호에 관한 비교법적 연구", 서울대학교 기술과 법 센터, 2009. 7., 82면; 김국현, 「영업비밀보호법 실무」, 세창출판사, 160면.
5) 정상조·박준석, 앞의 논문, 81면 및 83면에서 재인용한 박정희, 박성수 부장판사의 2009. 7. 20.자 법원 지적재산권법 커뮤니티·서울대학교 기술과법센터 공동워크숍에서의 토론내용.
6) James Pooley, TRADE SECRETS, Law Journal Press, 2004, 10-45면 참조.

들어가기 전에 침해를 주장하는 당사자는 비밀유지명령 등 비밀을 유지하기 위한 명령을 준수하는 범위 내에서 합리적인 정도로 비밀을 특정하여야 한다고 규정하고 있다.7)

합리적 특정성(reasonable particularity)이 어느 정도의 특정을 말하는 것인가에 관하여, 미국의 판례 동향을 보면, 특허침해가 동시에 문제되는 경우에는 특허와 유사한 정도의 특정을 요구하는 판례도 있으나, 특허와 동일한 정도의 특정을 요구하면 영업비밀 보호에 미흡하다는 분석이 있다고 한다.8)

판례9) 중에는, "소장에서 영업비밀을 특정하여야 하는데, 그 정도는 영업비밀을 해당 영업비밀이 속한 분야의 일반적 지식이나, 위 영업비밀이 속한 분야에서 통상의 지식을 가진 사람의 특별한 지식과 구별할 수 있고, 피고로 하여금 영업비밀이 속하는 경계를 알 수 있을 정도로 특정하여야 한다. 만일 주장된 영업비밀의 내용이 제조방법이라면 … 적절한 증거개시의 범위를 합리적으로 정할 수 있을 정도로, 원고는 제조된 최종물(end product)을 특정하여야 할 뿐만 아니라, 위 최종물의 구체적 내용도 충분히 제시해야 한다"는 취지로 판시한 경우도 있다.

일본의 경우는 우리의 실무와 비슷한데, 가령 문제된 정보가 고객명부인 경우에는 '고객명부의 명칭, 매수, 보관 장소' 등으로 소송물에서 특정하는 것으로 족하다고 한다.10) 또한 이른바 반도체 전자동 봉함기계장치 설계도 사건에서는 원고 회사의 사업부장이 퇴사하여 만든 회사가 원고 회사의 종업원을 스카우트하여 그 종업원이 취득한 설계도를 부정이용한 것으로 제소된 사안이었는데 양 당사자 쌍방이 문제된 영업비밀의 내용을 잘 안다는 이유로 영업비밀의 특정 정도를 완화하였다고 한다. 또한 일본에서는 전직 종업원에 의한 영업비밀 침해 사건의 경우 영업비밀 내용을 쌍방이 잘 알고 있다는 이유로 그 특정의 정도를 완화하여 본다고 한다.11)

---

7) California Code of Civil Procedure 2019.210: Any action alleging the misappropriation of a trade secret under the Uniform Trade Secrets Act, before commencing discovery relating to the trade secret, the party alleging the misappropriation shall identify the trade secret with reasonable particularity subject to any orders that may be appropriate under Section 3426.5 of the Civil Code.

8) 박성수, 앞의 논문.

9) Diodes, Inc. v. Franzen, 260 Cal.App.2nd 244, 252−253 (Cal. App. 1968); James Pooley, supra, at 10−45 (recited from supra fn 2).

10) 松村信夫, 不正競業訴訟の法理と實務, 第4版, 355−359頁, 民事法研究會.

11) 박성수, 앞의 논문, 10면.

3. 우리나라 판례

가. 민   사

① "영업비밀 침해행위의 금지를 구함에 있어서는 법원의 심리와 상대방의 방어권 행사에 지장이 없도록 그 비밀성을 잃지 않는 한도에서 가능한 한 영업비밀을 구체적으로 특정하여야 하고, 어느 정도로 영업비밀을 특정하여야 하는지는 영업비밀로 주장된 개별정보의 내용과 성질, 관련분야에서 공지된 정보의 내용, 영업비밀 침해행위의 구체적 태양과 금지청구의 내용, 영업비밀 보유자와 상대방 사이의 관계 등 여러 사정을 고려하여 판단하여야 한다. 이 사건에서 영업비밀로 주장된 원심 판시 '이 사건 정보'는 '신청인이 판매하는 솔벤트 염료나 형광증 백제' 제품과 관련한 '배합 염료의 배합 비율, 염료의 합성반응 데이터, 과립형 형광증 백제의 제조 방법, 립스틱용 안료 페이스트의 분산방법 등 생산기술 정보' 및 '원료의 순도 검사방법, 사출조건의 설정 및 테스트방법, CCM을 이용한 염료의 색상검사 방법, Hensel 믹서기 등 혼합 공정 기계장치를 이용한 염료의 배합방법, 자동흔들체를 이용한 염료의 분급방법, 가우스 자석키트를 이용한 염료의 철가루 제거방법 등 품질관리 기술정보(이하, 이 사건 기술정보)'와 '원료의 종류·구입처·구입가격·구입수량, 관련거래처의 동향, 원료의 품질관리를 위한 기술지도 등에 관한 사항에 관련된 영업정보(이하, 이 사건 영업정보)'이다. 그런데 피신청인들은, 신청인이 염료를 생산하는 것이 아니라 중국에서 염료 자체를 수입하여 포장만 바꾼 뒤 단품으로 판매하거나 그 염료를 원하는 색상이 나올 때까지 단순 반복작업을 통하여 배합하여 판매하고 있을 뿐 이 사건 기술정보와 관련하여 어떠한 고도의 염료 생산기술이나 품질관리 기술을 보유하고 있지 않고, 신청인이 가지고 있는 생산기술 정보나 품질관리 기술 정보는 솔벤트 염료나 형광증 백제를 생산하는 다른 회사의 인터넷 웹사이트 등에서 누구나 쉽게 구할 수 있는 정보이거나 국제적으로 공인된 규격에 이미 정형화되어 있는 정보이며, 이 사건 영업정보와 관련하여 신청인이 가지고 있는 정보 또한 인터넷 웹사이트에서 누구나 쉽게 구할 수 있는 정보에 불과하다고 다투면서, 그에 부합하는 소명자료까지 일부 제출하였다. 그럼에도 신청인은 이 사건 정보가 수치자료, 업무매뉴얼 등의 데이터베이스 형태로 신청인 회사 내에 보관되고 있다는 취지로 주장만 할 뿐 그러한 데이터베이스의 존재를 인정할 수 있는 아무런 소명자료를 제출하지 아니하고, 이 사건 정보가 피신청인들이 주장하는 공지된 정보

와 어떻게 다른지를 구체적으로 특정하여 주장·소명하지도 아니하였다. 그렇다면 피신청인들이 이 사건 정보가 일반적, 개괄적, 추상적으로 기재되어 있어 공지된 정보와 차이점이 무엇인지 알 수 없다고 주장함에도, 신청인이 공지된 정보와 차별화되도록 이 사건 정보를 더욱 구체적으로 특정하여 주장·소명하지 아니함으로써, 법원은 이 사건 정보가 영업비밀에 해당하는지를 판단할 수 없고 피신청인들도 영업비밀의 구체적인 내용을 알 수 없어 적절한 방어행위를 할 수 없으므로, 이 사건에서 영업비밀은 제대로 특정되었다고 할 수 없다. 같은 취지의 원심판단은 정당하고, 거기에 논리와 경험의 법칙을 위반하고 자유심증주의의 한계를 벗어나거나, 영업비밀 특정에 관한 법리를 오해한 위법이 없다."12)

    ② "판결의 주문이나 이유에 영업비밀의 구체적 내용이 그대로 적시될 경우, 영업비밀 침해행위자에게 자신이 침해한 영업비밀의 내용을 재확인할 기회를 주게 될 뿐만 아니라 특정 또는 불특정 다수의 제3자가 판결문을 보거나 이를 입수하여 그 영업비밀의 내용을 알게 되어 결국에는 영업비밀이 더 이상 영업비밀로서 유지되지 못하게 될 염려가 있고, 이로 인하여 거꾸로 부정경쟁방지법이 추구하는 영업비밀이 침해될 소지가 있다. 영업비밀의 금지를 명하는 판결의 주문에서 그 영업비밀의 내용은 건물명도와 같은 다른 이행판결만큼 구체적으로 자세히 적시될 것을 요하지는 않는다."13)

나. 형   사

    ① "피고인이 벨금속공업 주식회사(이하 '벨금속'이라 한다)에 근무하면서 취득하게 된 영업비밀에 관하여 "미국 배셋사의 바이어 명단, 납품가격, 아웃소싱 구매가격, 물류비, 가격산정에 관한 제반자료, 벨금속의 중국 하청업자인 존 울리(John woolley), 미스터 종(본명 공소외인)에 대한 자료"(이하 '이 사건 정보'라 한다)라고 되어 있다. 이 사건 정보 중 "가격산정에 관한 제반자료"에서의 가격은 다른 공소사실 기재에 비추어 볼 때 배셋사에의 납품가격이나 그 제조원가(하청가격, 물류비 등)를 뜻하는 것으로 보일 뿐, 다른 가격을 의미하는 것으로 보이지는 않는다. 따라서 위 "가격산정에 관한 제반자료"는 그 자체가 독립된 정보를 나타내는 것이 아니라 납품가격, 아웃소싱 구매가격, 물류비에 관한 제반자료를 의미하는 것으로 보이므

---

12) 대법원 2013. 8. 22.자 2011마1624 결정.
13) 서울고등법원 1996. 2. 29. 선고 95나14420 판결.

로 구체적으로 특정되어 있지 않다고 볼 수 없다. 그리고 이 사건 공소사실은 피고인이 벨금속 무역부장으로 근무하면서 취득한 이 사건 정보를 이용하여 중국인 하청업자인 '미스터 종' 등으로부터 손톱깎이 세트 등을 생산하게 한 후 이를 배셋사 등에 납품하였다는 것이므로, 이 사건 정보 중 "벨금속의 중국 하청업자인 존 울리(John woolley), 미스터 종(본명 공소외인)에 대한 자료"는 존 울리나 미스터 종에 관한 인적사항 또는 연락처에 관한 자료 등을 의미하는 것으로 보인다. 따라서 이 사건 공소사실에 기재된 영업비밀 중 "가격산정에 관한 제반자료"나 "벨금속의 중국 하청업자인 존 울리, 미스터 종에 대한 자료"는 다른 정보와 구별될 수 있고, 어떤 내용에 관한 정보인지 알 수 있으며, 특별히 피고인의 방어권 행사에도 지장이 있는 것으로 보이지는 않는다."14)

　② "공소를 제기함에 있어 공소사실을 특정하여 기재할 것을 요구하는 형사소송법 제254조 제4항의 취지는 법원에 대하여 심판의 대상을 한정함으로써 심판의 능률과 신속을 꾀함과 동시에 방어의 범위를 특정하여 피고인의 방어권 행사를 쉽게 해주기 위한 것에 있으므로, 부정한 이익을 얻거나 기업에 손해를 가할 목적으로 영업비밀을 제3자에게 누설하였거나 이를 사용하였는지 여부가 문제되는 부정경쟁방지 및 영업비밀 보호에 관한 법률 위반 사건의 공소사실에 영업비밀이라고 주장된 정보가 상세하게 기재되어 있지 않다고 하더라도, 다른 정보와 구별될 수 있고 그와 함께 적시된 다른 사항들에 의하여 어떤 내용에 관한 정보인지 알 수 있으며, 또한 피고인의 방어권 행사에도 지장이 없다면 그 공소제기의 효력에는 영향이 없다(대법원 2008. 7. 10. 선고 2006도8278 판결 참조). 원심 판결 이유를 이와 같은 법리와 기록에 비추어 살펴보면, 이 사건 공소사실에는 피고인6이 누설하고, 나머지 피고인들이 사용한 영업비밀에 관하여 "<u>경부선 전동차 160량의 설계도면 캐드파일</u>"(이하, 이 사건 캐드파일)로 기재되어 있는 바, 이 사건 캐드파일은 다른 정보와 구별될 수 있고 어떤 내용에 관한 정보인지 충분히 알 수 있으며, 피고인들의 방어권 행사에도 지장이 있는 것으로 보이지 않는다."15)

---

14) 대법원 2008. 7. 10. 선고 2006도8278 판결.
15) 대법원 2009. 7. 9. 선고 2006도7916 판결.

4. 검   토

가. 학설의 검토

영업비밀을 가급적 구체적으로 특정하여야 한다는 견해는, 영업비밀이 구체적으로 명확하게 특정되지 않은 상태로 침해금지를 명한 판결이 선고되거나 확정되더라도 집행력이 미치는 객관적인 범위가 명확하게 정해지지 않아 실질적인 집행이 이루어지기 어려운 문제가 발생하여 침해금지명령이 유명무실해진다는 점을 주목한다.

그러나, 영업비밀의 특정정도를 높일수록 그로 인해 영업비밀의 내용이 주문에서 노출될 위험이 높아지고, 결국 영업비밀의 침해상황에 대한 구제를 위하여 제기된 소송절차에서 그 비밀성이 유지되기 어려운 상황이 발생할 수 있다. 또한 실제 소송에서 문제되는 영업비밀의 가짓수가 1~2건에 그치는 것이 아니라 적게는 수개에서 많게는 수천개에 이르는 경우가 많은 점을 고려할 때 그 특정의 구체성을 마냥 높이는 것이 현실적으로 가능할지는 의문이다.

집행력이 미치는 범위의 명확성 측면에서 검토해보더라도 위 견해의 논거는 동의하기 어렵다. 침해금지를 명한 판결 주문에서 영업비밀이 특정된 수준을 아무리 높인다고 하더라도, 집행단계에서 침해금지명령의 집행력이 미치는 범위를 둘러싼 다툼은 피할 수 없는 속성을 가진다. 즉 영업비밀의 특정 정도를 높인 경우로서 가령 '피고는 A, B 및 C의 특징을 가지는 세탁기를 제조, 판매하여서는 아니 된다.'는 침해금지명령이 발령된 경우를 상정하면(극단적으로 영업비밀의 내용인 A, B 및 C라는 특징을 주문에 적시하였다고 가정해보자), 피고는 침해금지명령이 발령된 이후에도, 실질적으로 위 침해금지명령에 위반하면서도 자신이 제조하는 세탁기가 A, B 및 C의 특징을 가지지 않아 침해금지명령에 위반되지 않는다고 주장할 수 있다. 이 경우 집행 단계에서 피고의 행위가 침해금지명령에 위반되는지 여부를 심리하여 이를 가려야 하므로(대체집행이든, 간접강제든 그 심문절차에서 이러한 주장의 당부가 판단되어야 할 것이다), 위의 예에서는 집행을 구한 절차의 심문절차에서는 피고의 세탁기가 A, B 및 C의 특징을 가지는지 여부가 심리되어야 할 것이다. 위와 달리 영업비밀 특정 수준을 완화하여 '세탁기의 펌프 중 특정부분의 공차정보'를 사용한 세탁기라고 특정된 경우에도 해당 영업비밀의 내용은 결국 'A, B, C의 특징'이기 때문에 결국 심문절차에서는 피고의 세탁기(세탁기의 펌프)가 A, B 및 C의 특징을 가지는지 여부가 심리되어야 할 것이다. 그렇다면 판결주문에서 특정된 영업비밀의 구체성의 정도와는 무관하게, 집행절차에서 침해금지명령의 집행력의 범위에 관한 다툼이 있는 경우 동일한 내용의 심리가 이루어져야 함을 알 수 있으므로, 영업비밀의 특정정도를 높이면 집행이 미치는 범위가 명확해지고 그로 인해 집행단계에서의 다툼이 감소한다는 논거는 반드시 타당하다고 할 수 없다.

특정정도를 완화하면 영업비밀의 요건이 아닌 영업비밀의 침해행위에 초점이 맞추어질 염려가 있다는 논거 역시 타당하지 않다. 청구취지, 청구원인이나 공소사실에서의 특정정도를 완화하더라도, 상대방이 영업비밀의 존재를 다투거나 재판부가 요구하는 경우 원고나 검사로서는 여전히 영업비밀의 존재 및 그 구체적 내용을 밝혀야 할 증명책임을 부담하게 되는 것이다. 또한 영업비밀로서의 요건과 침해행위의 요건은 영업비밀 침해가 성립하기 위하여 필요한 별개의 요건사실이므로 특정수준을 완화하였다고 하여, 심리의 초점이 부정행위를 하였는지 여부에 맞추어질 우려가 있다는 주장 역시 동의하기 어렵다.

이러한 점을 종합하여 보면, 영업비밀을 가급적 구체적으로 특정하자는 견해보다는, 특정수준을 완화하되 적정한 수준으로 특정하자는 견해가 더욱 설득력 있다. 다만 영업비밀의 특정의 수준과 무관하게, 영업비밀의 증명, 즉 영업비밀이 담긴 증거의 제출 및 그에 대한 증거조사는 해당 소송절차에서 요구되는 수준이 충족되어야 할 것이다.

나. 판례의 검토

1) 민사판례 ①에서는 영업비밀의 특정정도에 관하여 설시하고 있는데, 그 비밀성을 잃지 않는 한도에서 가능한 한 영업비밀을 구체적으로 특정하여야 하고, 어느 정도로 영업비밀을 특정하여야 하는지는 영업비밀로 주장된 개별정보의 내용과 성질, 관련분야에서 공지된 정보의 내용, 영업비밀 침해행위의 구체적 태양과 금지청구의 내용, 영업비밀 보유자와 상대방 사이의 관계 등 여러 사정을 고려하여 판단하여야 한다고 설시하고 있다. 다만 민사판례 ①에서의 원심16)은 영업비밀의 특정문제와 증명문제가 서로 상이한 평면에 있는 상이한 쟁점임에도 불구하고, 이를 동일 평면상에서 판단하는 오류를 범하고 있는 것으로 보인다. 원심은 "신청인 회사의 기술연구소 부장으로 근무하던 피신청인 박○○은 별지1 영업비밀 목록 1, 2항의 기술정보(이하 '이 사건 기술정보'라 한다)에 대하여, 영업부장으로 근무하던 피

---

16) 서울고등법원 2011. 8. 1.자 2010라384 가처분이의 결정.

신청인 김○○은 같은 목록 3항의 영업정보(이하 '이 사건 영업정보'라 한다)에 대하여 접근 가능성이 있었고, 이에 관련된 상당한 정도의 기술력과 노하우를 가지고 있었을 것으로 보이며, 전직한 솔루시스에서 종전과 유사한 기능성 염료 관련 업무에 종사하고 있는 이상 그 영업비밀의 인정 및 특정 여부의 판단에 다소 완화된 기준을 적용할 수는 있다고 할 것이다. 그러나 다음과 같은 사정들을 고려하면, 그와 같이 완화된 기준에 의하더라도 이 사건 정보가 영업비밀에 해당한다고 인정하거나 영업비밀로서 특정이 되었다고 보기에는 신청인의 소명이 부족하다고 판단한다. ① 신청인은 이 사건 기술정보 중 별지1 영업비밀 목록 1항의 기술정보를 '배합비율, 합성반응데이터, 제조방법, 분산방법'이라고만 특정하고 있을 뿐, 별지1 기능성 염료 또는 형광증백제 목록상의 특정 제품에 대한 구체적인 배합 또는 제조방법을 상세히 밝히지 아니하고 있다. ② 또한 이 사건 기술정보 중 별지1 영업비밀 목록의 2항의 품질관리 정보로서 CCM 등을 이용한 색상검사방법, Hensel 믹서기 등을 이용한 배합방법, 자동흔들체를 이용한 염료의 분급방법, 가우스 자석키트를 이용한 철가루제거방법 등을 들고 있으나, 위와 같은 품질관리 기기(CCM, 믹서기, 흔들체, 자석키트 등으로 신청인만이 사용하고 있는 기기는 아니라고 보인다)들에 대하여 일반적으로 기기 제조사 등에 의하여 알려진 통상의 사용방법 외에 어떠한 방법을 사용하여 각 품질관리 공정을 수행하는지는 밝히지 아니하고 있다. ③ 피신청인들은 신청인이 염료를 생산하는 것이 아니라 중국에서 염료 자체를 수입하여 포장만 바꾼 뒤 단품으로 판매하거나 그 염료를 원하는 색상이 나올 때까지 단순반복 작업을 통하여 배합하여 판매하고 있을 뿐 어떠한 고도의 염료 생산기술을 보유하고 있지 아니하다는 취지로 다투고 있고, 신청인 역시 별지1 기능성 염료 또는 형광증백제 목록 중 일부 단품들에 대해서는 이를 중국에서 수입하여 검수 및 품질관리 과정을 거친 후 다른 염료와 배합하는 등의 과정 없이 그대로 판매하고 있는 사실을 인정하고 있다. ④ 신청인은 이 사건 영업정보에 대하여도 원료의 구입처, 종류, 가격, 수량, 거래처 동향 등 추상적인 수준의 특정에 그치고 있다. 그런데 신청인이 염료 제조를 위한 원료가 아니라 염료 제품 자체를 상당량 중국에서 수입하고 있는 사실은 앞서 본 바와 같고, 나아가 이 사건 영업정보가 일반적으로 알려져 있지 아니한 것으로 신청인이 시간과 비용을 들여 축적한 특별한 고객 내지 거래 관계 또는 경쟁 회사에서 쉽게 파악이 어려운 거래처의 고유 정보, 특징 등을 대상으로 한 것이거나, 일반화·규격화되지 아니한 신청인 고유의 원료 구입처에 대한 것이라고 볼 소명자료는 없다. ⑤ 신청인은 이 사건 정보가 수치자료, 업무매뉴얼 등의 데이터베이스 형태로 신청인 회사 내에 보관되고 있다는 취지로 주장하면서도 그것이 영업비밀이라는 이유로 데이터베이스 내의 영업비밀이 포함된 자료나 매뉴얼 등의 문서제목이나 파일명을 비롯하여 그가 주장하는 데이터베이스의 존재를 인정할 수 있는 아무런 소명자료를 제출하지 아니하고 있고, 그 결과 피신청인들이 그 영업비밀을 어떤 방법으로 취득·보관·사용하였는지도 특정하지 아니하고 있다. ⑥ 피신청인들이 이 사건 정보의 영업비밀성뿐 아니라 그 존재 여부까지 다투고 있는 이 사건에서, 앞서 본 신청인의 영업비밀에 관한 주장과 소명만으로는 이 사건 정보의 보유자가 그 정보의 사용을 통해 경쟁자에 대하여 경쟁상의 이익을 얻을 수 있다거나 또는 그 정보의 취득이나 개발을 위해 상당한 비용이나 노력이 필요한지 여부 및 이 사건 정보가 공지된 정보인지 여부를 판단하기 위한 최소한의 특정이 되었다고 보기 부족하다"고 판단하고 있다. 요약하면 원심은 피신청인들이 영업비밀 보유자인 신청인 회사에서 근무하면서 영업비밀을 취급하던 종업원이었다는 점에서 영업비밀의 인정 및 특정에 있어서 완화된 기준을 적용하되, 신청인이 주장한 영업비밀이 공지의 정보와 어떻게 구별되는 것인지에 관한 소명이 없고, 과연 신청인이 주장하는 영업비밀을 보유하고 있는 것인지가 명확하지 않다는 이유로 '영업비밀이 특정 및 소명되지 않았다'고 판단하였는데, 위 대법원 결정은 원심 결정을 지지한 것이다. 위 사건에서 영업비밀은 '신청인 회사가 제조, 판매하는 소정의 품목의 기능성 염료 또는 형광증백제의 배합염료의 배합비율, 위 제품과 관련한 가시광선 흡광도 측정 등 원료의 순도검사 방법, 위 제품과 관련한 원료의 종류·구입처·구입가격·구입수량' 등으로 특정되었는데, 이 정도로 특정되었다면 영업비밀 자체는 적정히 특정되었다고 보아야 할 것이다. 다만 원심 결정에서 지적하고 있는 바와 같이 영업비밀이 보호받기 위한 요건에 대한 증명, 특히 신청인이 영업비밀을 실제로 보유하고 있다는 점 및 해당 정보의 비공지성에 관한 소명부족으로 신청을 기각하였어야 할 것으로 본다.17)

　　2) 민사판례 ②에서도 주문이나 이유에서 판결이나 소송절차를 통해 영업비밀의 비밀성이 상실되어서는 안 된다는 이유에서, 해당 정보의 내용을 알 수 있을 정도로 주문에서 그 내용이 특정되는 것은 바람직하지 않다고 설시하고 있다.

　　3) 형사판례에서는 민사판례보다 구체적인 3가지 기준을 제시하고 있는데, ①

---

17) 다만, 원심은 위와 같은 이유로 신청을 각하하지는 않고, 기각하였다.

다른 정보와 구별될 수 있고, ② 그와 함께 적시된 다른 사항들에 의하여 어떤 내용에 관한 정보인지 알 수 있으며, ③ 피고인의 방어권 행사에도 지장이 없을 정도로 특정할 것이 그것이다. 이 기준에 의하면 문제되는 영업비밀의 개략적인 내용이나 사용되는 용처를 표시하고, 그 구체적 내용을 대신하여 해당 정보에 이름을 붙여 다른 정보와 구별할 수 있을 정도로 특정하면 된다. ③ 요건은 다소 추상적인데, ①, ② 요건이 충족된 경우에는 일반적으로 ③ 요건이 충족될 것이나, 사안에 따라서는 그렇지 않은 경우도 있을 수 있을 것이다.

4) 위와 같은 형사소송의 특정정도에 관한 기준이 민사소송에도 적용될 수 있을지 여부가 문제되는데, 위의 민사판례에서는 비밀성을 잃지 않는 한도에서 가능한 범위에서 영업비밀을 구체적으로 특정하되 사안에 따른 여러 사정을 고려하여야 한다는 원론적인 설시만을 하고 있을 뿐 구체적 기준을 제시하지는 않고 있기 때문이다. 사견이지만 형사소송의 위와 같은 기준을 민사소송에 그대로 적용하는데 문제는 없을 것으로 생각된다. 공소장에 위와 같은 수준으로 영업비밀의 특정을 요구하는 취지는 형사재판의 심판의 범위를 명확하게 정하여 피고인의 방어권 행사를 보장하기 위함인데, 이는 민사사송에서도 다르지 않기 때문이다. 특허침해소송에서의 특정정도에 관한 실무도 참고할 필요도 있다. 특허침해소송에서는 침해되는 권리, 즉 특허발명의 특정은 문제되지 않는 반면, 침해의 금지를 구하는 대상의 특정이 문제되는 경우가 많은데, 그 특정기준에 관하여 판례는 '민사소송에 있어서 청구의 취지는 그 내용 및 범위를 명확히 알아볼 수 있도록 구체적으로 특정되어야 하는 것인바, 특허권에 대한 침해의 금지를 청구함에 있어 청구의 대상이 되는 제품이나 방법은 사회통념상 침해의 금지를 구하는 대상으로서 다른 것과 구별될 수 있는 정도로 구체적으로 특정되어야 한다'고 판시하였는데,[18] '다른 것과 구별될 수 있을 정도로 구체적으로 특정되어야 한다'는 위 기준은 영업비밀의 특정 정도에 관한 형사판례에서 거시한 기준과 크게 다르지 않다. 또한 특허권침해로 인한 형사소송에서도 비슷한 기준이 적용되고 있는데, 판례는 "침해의 태양과 관련하여서는 침해제품 등의 제품명, 제품번호 등을 기재하거나 침해제품 등의 구성을 기재하는 방법 등에 의하여 침해제품 등을 다른 것과 구별할 수 있을 정도로 특정할 수 있어야 한다"고 판시하고 있다.[19]

---

18) 대법원 2011. 9. 8. 선고 2011다17090 판결.
19) 대법원 2016. 5. 26. 선고 2015도17674 판결.

5. 결　　론

정리하자면, 소송상의 영업비밀의 특정에 대한 적정한 수준은, 문제되는 영업비밀이 개략적으로 어떤 정보인지 또는 어떤 용도로 사용되는 것이며 다른 정보와 구별할 수 있도록 해당 정보의 구체적 내용을 대신하여 그 이름을 붙일 수 있을 정도라고 할 수 있다.

Ⅳ. 영업비밀의 증명

1. 서　　설

소송물이나 공소사실에서 영업비밀이 적정하게 특정되었다고 하더라도, 이것만으로 영업비밀이 증명되었다고 할 수는 없고, 그에 의해 심판의 대상이 되는 정보가 개략적으로 어떤 것이고, 권리자가 구하는 침해금지내용이 어떠한 조치인지 정도만이 정해진 상황이다. 따라서 권리자나 검사가 원하는 판결을 받기 위해서는 위와 같이 특정된 정보를 권리자가 보유하고 있는지, 해당 정보의 구체적 내용이 무엇인지를 밝히고 해당 정보가 영업비밀로서의 요건(비공지성, 비밀관리성, 경제적 유용성)을 갖추었다는 점에 관한 증명이 이루어져야 하고, 이를 위해 원고나 검사로서는 공격방법으로 증거자료를 제출하여 각 소송에서 요구되는 정도로 증명하여야 한다(물론 상대방이 이를 다투지 않는 경우는 예외이다).[20] 그래야만 상대방은 제출된 증거에 기초하여 방어권을 행사할 수 있게 되고, 재판부 입장에서도 해당 정보가 실제로 존재하는 것이며, 영업비밀로서의 요건을 갖추고 있는지 여부에 관하여 판단할 수 있다. 다만 민사 판례 ②에서는 판결서에서 영업비밀의 구체적 기재를 하지 않는다고 되어 있으나, 그 취지는 판결서의 주문이나 이유에 그에 관한 구체적 기재를 하지 않는다는 것일 뿐, 변론과정에서 구체적 내용에 관한 심리를 생략할 수 있다는 취지로 보아서는 안 될 것이다.

가령 앞에서 거시된 '세탁기의 펌프의 특정부분의 공차정보'라고 영업비밀이 특정된 예를 상정하면, 원고나 검사는 원고나 영업비밀 보유자가 위와 같은 영업비밀을 보유하는데, 피고 또는 피고인이 이를 부정한 방법으로 취득하여 사용 또는 공개함으로써 침해하고 있다고 주장할 수 있을 것이다. 이에 대하여 피고 또는 피

---

20) 같은 취지로는, 정상조·박준석, 앞의 논문, 84면 각주 230.

고인은 위 정보의 존재를 다투거나, 위 정보의 구체적 내용을 알 수 없다거나, 위 정보의 영업비밀성을 인정할 수 없다고 방어권을 행사할 수 있을 것이고, 이 경우 결국 원고나 검사는 영업비밀이 담긴 자료를 법정에 증거로 제출하여 그에 대한 증거조사를 신청함으로써 영업비밀의 존재와 영업비밀로서의 요건을 갖추었음을 증명하여야 할 것이다. 위 제출된 증거에 기초하여 상대방은 해당 정보가 이미 공지되었거나 비밀로서 관리되지 않았다고 영업비밀로서의 요건을 다툴 수 있고, 그 경우 원고나 검사는 위 반증에도 불구하고 해당 정보는 비공지되었으며 비밀로서 관리되었다고 증명하여야만 자신이 원하는 판결을 받을 수 있을 것이다.

2. 외국의 실무

미국의 실무도 비슷하다. 영업비밀 관련 사건에 있어서도 '비밀비공개의 완전한 특권은 없다'(No Absolute Privilege for Trade Secret)는 것이 대원칙이고, 따라서 영업비밀이라고 해도 디스커버리 절차에서 제시하지 않을 수 없다고 한다.[21)

판례 중에는 "소장 단계에서... 원고는 그의 영업비밀을 구체적으로 현출하지 않고 현출할 수도 없다. ... 그러나 약식결정 및 변론 단계에서는 원고는 합리적인 배심원으로 하여금 원고가 법적 요건을 갖춘 영업비밀을 가지고 있음을 알 수 있을 정도로 충분히 구체적으로 설명하여야 한다"고 판시한 경우가 있다.[22) 또한 Spice Cup 사건[23)은 독특한 매운맛을 내는 컵에 담긴 음식(spicy cup)을 판매하는 원고 회사에 있던 종업원이 퇴사 후에 경쟁자에게 spicy-mix-cup에 관한 정보를 팔고 경쟁자로 하여금 비슷한 음식을 팔게 하자 원고가 영업비밀 침해를 주장하면서 침해금지명령을 구한 사건이다. 원고는 영업비밀로서 'process of applying a secret solution to the inner and outer surfaces adjacent the lip of a beverage cup to permit a first mixture of spices to adhere to those surfaces'라고 특정한 후에 변론에서는 영업비밀의 구체적 내용을 밝히라는 항소심 법원의 요구(원고가 1심에서 패소하여 항소한 사안이다)에 대하여 아무런 증거를 제출하지 않은 채 '장비를 단순히 보기만 하는 것으로 영업비밀에 대한 충분한 개시가 이루어졌고, 법원이 위 장

---

21) 박성수, 앞의 논문, 7면.

22) See IDX System Corp. v. EPIC Systems Corp,. 165 F.Supp.2nd 812, 816-817 (W.D. Wis. 2001); James Pooley, supra, at 12-22 (recited from fn 15 abouve).

23) New Castle Beverage, Inc. v. Spicy Beer Mix, Inc. (California App. Ct. 2014) (recited from http://patentlyo.com/patent/2014/07/written-description-secret.html).

비를 실제로 보았다면 침해금지명령의 경계를 정하는 것은 더 쉬웠을 것이다'는 취지로 주장하였을 뿐, 위 장비를 실제로 보면 어떻게 그들의 영업비밀의 구체적 속성을 알게 되는지에 관하여 아무런 설명을 하지 않았다. 법원은 "원고는 영업비밀을 일반적으로 암시하였을 뿐인데, 일반적인 암시(general allusion)는 캘리포니아 주법에서 요구되는 (영업비밀의 존재에 관한) 증명책임을 충족하지 못한다"고 판시하여 청구를 기각하였다.

일본의 경우도 마찬가지인데, 영업비밀을 소송물로서 특정하는 경우와 공격방어방법에서 특정하는 경우를 구분하여 양자의 특정의 정도는 달리하고 있다고 한다.[24] 다만 이는 다소 부정확한 표현인데, 영업비밀의 특정과 영업비밀의 증명은 특정의 정도의 차원에서 구분되는 것이 아니라, 소송에서 논의의 평면을 달리하는 상이한 문제이므로 구분되어 다르게 취급된다는 취지로 이해하여야 할 것이다.

결국 권리자나 검사가 영업비밀의 존재와 영업비밀성의 요건이 충족됨을 증명하지 못하면 청구기각판결이나 무죄판결이 선고됨은 당연하고, 그 증명의 정도는 일반 민사소송이나 형사소송에서 요구되는 증명의 정도와 동일하다.

이렇듯이 영업비밀의 특정과 영업비밀의 증명은 구체적 소송에서는 평면을 달리하여 서로 구분되는 사항인데, 실무에서는 종종 특정과 증명을 혼동하는 경우가 있는 듯하다. 앞서 설명한 민사판례 ①에서 영업비밀의 특정과 영업비밀의 요건의 소명 부족을 동일한 단계에서 판단한 것 역시 그러한 예라고 할 수 있다.

3. 제출된 영업비밀의 비밀유지

영업비밀이 적시된 정보가 증거로서 제출되는 경우 소송기록의 열람이나 복사 또는 증거조사를 통한 비밀성이 상실될 수 있는 것을 막기 위해서 우리 법에는 몇 가지 제도를 두고 있는데, 부정경쟁방지법은 비밀유지 명령제도를 두고 있고(법 14조의 4), 소송기록에 대한 제3자의 열람 등을 제한하기 위한 제도(민사소송법 제163조)를 두고 있다(그 상세한 내용은 해당 조문의 설명 부분 참조). 다만 현행 제도는 영업비밀 보유자의 입장에서는 자신의 영업비밀에 대한 비밀유지에 충분하지 못하다는 불만을 가질 수 있는데, 영업비밀 보유자 입장에서는 영업비밀이 담긴 증거를 변론절차에서 제시만 하되, 그 정보가 담긴 자료를 소송기록에 편철하지 않도록 하는 방안이 마련되는 것을 희망할 것이다. 그러나 상대방 입장에서 생각하여 보면

---

24) 松村信夫, 前揭書, 355-359頁.

이러한 요구가 현실화되기는 어려울 것이다. 왜냐하면 한정된 시간 안에 진행되는 변론절차에서 원고가 제시한 정보를 상대방이 구체적으로 파악하여 이에 대하여 방어권을 행사하는 것은 불가능에 가까운 일이기 때문이다. 다만 영업비밀의 비밀유지 제도의 개선을 위해, 영업비밀의 다양한 유형별로 분류하고 각 유형별로 다른 규율을 하거나, 소송상 서증을 제출하는 경우에도 영업비밀이 담긴 서증인 경우에는 그 사본의 제출을 생략할 수 있도록 민사소송규칙의 규정을 개정하자는 주장은 경청할 가치가 있다.25)

위와 같은 제도의 개선 이전에라도 재판부의 노력 여하에 따라 비밀성이 상실되는 것을 어느 정도 방지할 수 있는데, 변론과정에서 영업비밀이 공개되는 것을 방지하기 위해 기일진행의 순서를 마지막에 지정한다거나, 비공개 법정에서 대리인만 참석한 상태에서 변론준비절차를 진행하는 등의 방식으로 운영의 묘를 살리는 것도 하나의 방법이다.

---

25) 박성수, 앞의 논문, 15면.

제 2 절   영업비밀 침해 금지/예방 청구

이회기(김앤장 법률사무소 변호사)

I. 의   의

영업비밀의 보유자는 영업비밀 침해행위를 하거나 하려는 자에 대하여 그 행위에 기하여 영업상의 이익이 침해되거나 침해될 우려가 있는 경우에는 법원에 그 행위의 금지 또는 예방을 청구할 수 있으며(부정경쟁방지법 제10조 제1항), 침해행위를 조성한 물건의 폐기, 침해행위에 제공된 설비의 제거, 그 밖에 침해행위의 금지 또는 예방을 위하여 필요한 조치를 함께 청구할 수 있다(부정경쟁방지법 제10조 제2항).[1)]

이 청구권의 법적 성질은 상대방으로 하여금 일정한 기간 일정한 부작위 또는 작위의무의 이행을 구하는 민사소송이다. 소송은 본안 소송과 가처분 소송이 병행 또는 별개로 단독으로 진행되는 형태를 띠는데, 영업비밀 침해행위의 성격상 단기간에 그로 인한 피해 이익을 보호하고 판결의 실효성을 확보하기 위하여 가처분 소송이 선호되는 경향이 있다. 가처분 소송은 임시의 지위를 정하는 가처분으로 분류되고, 이른바 만족적 가처분에 해당한다.

금지청구의 내용은 ① 현재 행해지고 있는 침해행위의 금지청구, ② 장래 행해질 우려가 있는 침해행위의 금지를 구하는 예방청구, 부대하여 청구하는 ③ 침해행위의 조성물 등의 폐기, 제거청구가 있다.

II. 청구권자

금지청구를 할 수 있는 자는 영업비밀의 보유자이다. 영업비밀을 처음부터 개발한 자는 물론 그로부터 정당한 권원에 의하여 양수를 받은 자나 사용 허락을 받

---

1) 특허법 제126조, 실용신안법 제31조(특허법 준용), 디자인보호법 제113조, 상표법 제107조, 저작권법 제123조도 같은 취지로 규정하고 있다.

은 자도2) 해당한다. 보유자는 기업은 물론 개인, 공익법인, 지방자치단체, 국가를 막론하고 영업활동을 하는 사업주체이면 모두 해당한다.3)

대학이나 공공연구기관과 같은 비영리기관도 실질적으로 영업을 영위한다면 영업비밀 보유자에서 제외할 이유가 없다는 견해가 유력하다.4) 형사처벌 규정(제18조)에서 '기업'이라는 표현을 사용하는 점에서 과연 비영리기관도 영업비밀 보유자인 '기업'에 해당한다고 볼 수 있는지는 논란의 여지가 있어 보인다.

금지를 청구하기 위해서는 영업상의 이익이 침해되거나 침해될 우려가 있을 것을 요건으로 하나 영업비밀의 경우에는 침해되거나 침해될 우려가 있는 것만으로 영업상의 이익의 침해 내지 그 우려가 있다고 할 것이다.

Ⅲ. 청구의 내용

1. 침해금지청구

금지청구의 대상이 되는 구체적인 행위는 부정경쟁방지법 제2조 제3호에 규정된 행위유형들이다. 부정경쟁방지법 제2조 제3호는 영업비밀 침해행위를 한정적으로 열거하고 있다. 이들 침해행위를 유형화 하면 크게 부정취득행위와 비밀유지의 무위반행위의 두 가지를 기본으로 하여 이에 따른 사후관여행위로 나눌 수 있다. 행위 자체로만 보면 부정취득행위, 부정사용행위, 부정공개행위로 나눌 수 있다.

부정사용행위는 일반적으로 그 사용이 계속되고 있는 경우가 많을 것이므로 금지청구를 구할 실익이 큰 반면에, 부정취득행위나 부정공개행위는 일반적으로 계속적 행위가 아닌 1회성에 그치는 행위가 많을 것이므로 금지청구를 구할 실익이 많이 떨어진다.

2. 예방청구

침해가 현실적으로 행하여지고 있는 것은 아니나, 장래 침해가 발생할 가능성

---

2) 특허나 상표, 디자인의 통상실시권자는 소를 제기할 당사자가 되지 못한다는 것이 통설이다. 그러나 영업비밀의 경우에는 소유자뿐만 아니라 이용자도 보유하는 자에 포함된다고 해석되고 있다(송영식·이상정·황종환, 「지적소유권법」, 제8판, 육법사, 2003, 456면 각주 396; 윤선희·김지영, 「부정경쟁방지법」, 법문사, 2012, 341면).
3) 윤선희·김지영, 위의 책, 341면.
4) 윤선희·김지영, 위의 책, 342면.

이 상당한 경우 이를 예방하기 위한 금지청구가 허용된다. 객관적으로 보아 실행행위를 언제라도 착수할 상황이고 주관적으로도 그러한 결의가 있다고 인정된다면 그 발생의 상당성은 인정된다. 이에 대한 증명은 당연히 청구자가 부담한다. 영업비밀의 부정취득행위가 있다면 장래 그 사용이나 공개될 개연성이 높다고 보아야 할 것이므로 그 전에 사용이나 공개를 못하도록 예방청구가 많이 허용된다.

3. 폐기, 제거청구

영업비밀을 침해한 자 등의 수중에 침해행위를 조성한 물건이나 침해행위에 제공된 설비를 그대로 두는 경우 재차 침해행위를 할 우려가 있으므로, 장래의 침해행위의 금지를 명하는 것만으로는 영업비밀 보유자의 이익의 보호에 불충분하다고 보고 금지 및 예방청구와 더불어 폐기·제거 청구를 인정한 것이다. 이러한 폐기, 제거청구의 대상이 되는 것으로 침해행위를 조성한 물건으로는 예컨대, 부정취득한 영업비밀이 화체된 사양서, 실험데이터, 고객명단이나 부정취득한 영업비밀을 이용하여 만들어진 제품 등이 될 수 있고, 침해행위에 제공된 설비로는 부정취득행위에 제공된 도청기, 부정사용행위에 제공된 제조기계, 종업원 교육용 매뉴얼 등을 들 수 있다. 다만 일반적으로 다른 용도에도 사용가능한 설비의 폐기, 제거청구는 과잉청구로 지적되고 있다.5)

폐기 등에 관한 판례로는 아래와 같은 것이 있다.

대법원 1996. 12. 23. 선고 96다16605 판결

피고 ○○○이 이 사건 영업비밀을 취득하고 이를 자신의 소유인 위 노트에 기재한 행위 자체는 영업비밀의 침해행위에 해당하지 아니하나, 위 부정경쟁방지법 시행 이후에 위 영업비밀을 공개하는 행위는 그 침해행위를 구성하는 것이고, 원심이 인정하고 있는 것처럼 부정경쟁방지법 시행 이후에 피고 이동섭이 피고 회사에 근무하면서 그 노트에 쓰인 기술정보를 이용하여 잉크를 제조함으로써 이 사건 영업비밀을 피고 회사에 공개하는 데 제공되고 있다면 이 사건 영업비밀이 기재된 위 노트는 부정경쟁방지법 제10조 제2항 소정의 '침해행위를 조성한 물건'에 해당한다고 보아야 할 것이므로, 영업비밀 침해행위가 계속될 염려가 있다면 이 사건 노트에 대한 폐기 사유가 있다고 할 것이다.

---

5) 송영식·이상정·황종환, 앞의 책, 457면; 윤선희·김지영, 앞의 책, 345면.

부산지방법원 2012. 5. 31. 선고 2011가합9849 판결

원고 회사가 피고들에 대하여 부정경쟁방지법 제10조 제1항 소정의 침해행위 금지청구를 하지 않은 채, 이 법원에 제2항의 부수적 폐기청구를 하고 있는 이상 그러한 청구는 허용될 수 없다.

4. 시 효

영업비밀침해행위의 금지 또는 예방을 청구할 수 있는 권리는 영업비밀침해행위가 계속되는 경우에 영업비밀 보유자가 그 침해행위에 의하여 영업상의 이익이 침해되거나 침해될 우려가 있는 사실 및 침해행위자를 안 날로부터 3년간 이를 행사하지 아니하면 시효로 인하여 소멸한다. 그 침해행위가 시작된 날로부터 10년을 경과한 때에도 또한 같다(부경 14).

대법원 1996. 2. 13.자 95마594 결정

영업비밀 침해행위의 금지 또는 예방을 청구할 수 있는 권리의 경우 그 소멸시효가 진행하기 위하여는 일단 침해행위가 개시되어야 하고, 나아가 영업비밀 보유자가 그 침해행위에 의하여 자기의 영업상의 이익이 침해되거나 또는 침해될 우려가 있는 사실 및 침해행위자를 알아야 할 것이다. 그런데, 원심이 설시한 바와 같이 피신청인 회사가 신청인 회사의 영업비밀을 이용하여 신청인 회사가 생산한 스핀 팩 필터와 유사한 필터를 생산·판매하려고 회사를 설립하였다고 하더라도, 그와 같은 사정만으로는 피신청인 회사를 설립한 시점에 바로 침해행위가 개시되었다고 단정할 수 없으므로 피신청인 회사가 설립된 때부터 바로 소멸시효가 진행된 것으로 볼 수는 없다 할 것이다. 그리고 기록에 의하면 피신청인 회사는 1993. 2.경에야 신청인 회사의 거래처에 스핀 팩 필터의 매출을 시작하였고, 신청인 회사는 1993. 12. 17.자로 피신청인 회사에게 침해행위의 중지를 요구하는 경고장을 보낸 것으로 인정되는바, 사정이 이와 같다면 이 사건 신청을 제기할 당시 그 소멸시효가 완성되었다고 단정하기는 어렵다.

제 3 절 손해배상청구

염호준(사법정책연구원 선임연구위원(부장판사))

Ⅰ. 서 론

고의 또는 과실에 의한 영업비밀 침해행위로 영업비밀 보유자의 영업상 이익을 침해하여 손해를 입힌 자는 그 손해를 배상할 책임을 진다.[1] 이는 민법상의 불법행위에 대한 손해배상청구권 근거규정인 민법 제750조의 특칙에 해당한다.

영업비밀 침해에 대한 손해배상청구가 인정되기 위하여는 민법상 불법행위의 일반원칙에 따라 ① 영업비밀 침해행위, ② 손해의 발생, ③ 침해행위와 손해발생 사이의 인과관계, ④ 침해자의 고의 또는 과실 등의 요건이 충족되어야 하고, 구체적인 손해배상의 범위를 확정하기 위하여 손해액을 증명하여야 한다.

Ⅱ. 공통적인 요건

1. 청구권자

타인의 고의 또는 과실에 의한 영업비밀 침해행위로 영업상 이익이 침해되어 손해를 입은 자이다. 이 경우 사후에 영업비밀의 공개로 비공지성을 상실하는 등 당해 영업비밀에 대한 보호요건이 구비되지 않게 되었더라도 손해배상청구권을 상실하지는 않는다.[2] 이점에서 침해배제청구권으로서 청구 시까지 침해상태가 존속되어야 하는 금지청구권과는 상이하다.

2. 침해자의 고의·과실

영업비밀 침해행위로 영업상 이익이 침해되어 손해배상을 청구하기 위하여는

[1) 부정경쟁방지 및 영업비밀보호에 관한 법률(이하 '영업비밀보호법'이라 한다) 제11조.
2) 이윤원, 「영업비밀보호법」, 박영사(2012), 119면.

침해자에게 고의·과실이 있어야 한다. 특허법, 디자인보호법에는 모두 과실의 추정 규정이 있고,3) 실용신안법에서는 특허법의 과실 추정규정을 준용하고 있으나,4) 영업비밀보호법에는 과실의 추정에 관하여는 별다른 규정이 없다.

영업비밀보호법과 마찬가지로 과실의 추정규정이 없는 상표법에 대하여, 판례는 상표권의 존재 및 그 내용은 상표공보 또는 상표등록원부 등에 의하여 공시되어 일반 공중도 통상의 주의를 기울이면 이를 알 수 있고, 업으로서 상표를 사용하는 사업자에게 해당 사업 분야에서 상표권의 침해에 대한 주의의무를 부과하는 것이 부당하다고 할 수 없으며, 또한 타인의 특허권, 실용신안권, 디자인권을 침해한 자는 그 침해행위에 대하여 과실이 있는 것으로 추정되는데도 상표권을 침해한 자에 대하여만 이와 달리 보아야 할 합리적인 이유가 없으므로, 타인의 상표권을 침해한 자는 그 침해행위에 대하여 과실이 있는 것으로 추정되고, 그럼에도 타인의 상표권을 침해한 자에게 과실이 없다고 하기 위하여는 상표권의 존재를 알지 못하였다는 점을 정당화할 수 있는 사정이 있다거나 자신이 사용하는 상표가 등록상표의 권리범위에 속하지 아니한다고 믿은 점을 정당화할 수 있는 사정이 있다는 것을 주장·증명하여야 한다고 판시한 바 있다.5)

그러나 영업비밀보호법에 대하여는 공시제도를 두고 있지 않은 영업비밀에 대하여 과도한 보호가 오히려 영업비밀 거래의 안정성 내지 자유로운 기술개발 활동을 저해할 수 있다는 판단에서 비롯된 것이므로, 침해자의 고의·과실을 피해자가 주장·증명하여야 한다고 한다.6)

불법행위의 성립요건으로서는 고의·과실을 구별할 실익이 없으나 침해자에게 고의 또는 중대한 과실이 없을 때에는 법원은 손해배상액을 산정함에 있어서 이를 고려할 수 있다.7) 이는 실시료 상당액 이상의 배상을 청구하는 경우에 경과실 밖에 없는 침해자에게 이를 모두 배상케 하는 것은 가혹하므로 법원의 재량에 의하여 배상액을 경감할 수 있도록 한 것이다.

---

3) 특허법 제130조, 디자인보호법 제116조.
4) 실용신안법 제30조.
5) 대법원 2013. 7. 25. 선고 2013다21666 판결.
6) 윤선희·김지영, 「영업비밀보호법」, 법문사(2012), 167면.
7) 영업비밀보호법 제14조의2 제4항 2문.

3. 소멸시효

비록 영업비밀보호법에 손해배상청구권의 소멸시효에 관한 규정은 없으나, 앞서 살펴본 바와 같이 손해배상책임에 관한 제11조는 민법 제750조의 특칙이므로 민법 제766조에 의하여 피해자나 그 법정대리인이 그 손해 및 가해자를 안 날로부터 3년간 이를 행사하지 아니하거나, 불법행위를 한 날로부터 10년을 경과한 때에 시효로 인하여 소멸한다.

Ⅲ. 손해액의 추정 규정

1. 입법경위

현행 영업비밀보호법 제14조의2의 규정을 신설한 1998. 12. 31. 일부 개정된 법률 제5621호의 개정이유에는 "부정경쟁행위 또는 영업비밀 침해행위로 인한 손해배상을 청구하는 경우 당해 행위를 한 자가 그로 인하여 이익을 받은 때에는 그 이익의 액을 청구인의 손해의 액으로 추정하도록 하는 등 부정경쟁행위 또는 영업비밀 침해행위로 인하여 영업상의 이익을 침해당한 자가 손해배상청구소송을 용이하게 수행할 수 있도록 함"이라고 기재되어 있고, 2001. 2. 3. 일부 개정된 법률 제6421호의 개정이유에는 "부정경쟁행위 또는 영업비밀 침해행위와 관련된 소송을 보다 용이하게 진행하여 부정경쟁행위 등으로 인하여 영업상의 이익을 침해당한 자의 손해를 효과적으로 보전할 수 있도록 하기 위하여 손해액 산정방식을 개선하는 등 현행 규정의 시행상 나타난 일부 미비점을 개선·보완하려는 것임"이라고 기재되어 있다.

2. 다른 지적재산권법과의 관계

특허법의 경우 1990. 1. 13. 개정으로 현행 영업비밀보호법 제14조의2 제2 내지 4항과 동일한 내용을, 2001. 2. 3. 개정으로 현행 영업비밀보호법 제14조의2 제1, 5항과 동일한 내용을 특허법 제128조에 신설하였고, 실용신안법 제30조에서는 특허법 제128조를 준용하고 있다.

상표법의 경우 1973. 2. 8. 개정으로 현행 영업비밀보호법 제14조의2 제2, 3항과 유사한 내용을, 1990. 1. 13. 개정으로 현행 영업비밀보호법 제14조의2 제2 내지

4항과 동일한 내용을, 2001. 2. 3. 개정으로 현행 영업비밀보호법 제14조의2 제1, 5
항과 동일한 내용을 상표법 제67조에 신설하였고, 2016. 2. 29. 법률 제14033호로
전부 개정됨에 따라 기존 제67조가 문구만 일부 수정되어 제110조로 변경되었다.

　　디자인보호법의 경우 1990. 1. 13. 법률 제4208호로 전부 개정된 의장법 제64
조에서 문구는 다소 상이하지만 영업비밀보호법 제14조의2 제2 내지 4항과 사실상
동일한 내용의 규정이 신설되었고, 2001. 2. 3. 법률 제6413호로 일부 개정되면서
영업비밀보호법 제14조의2 제1항과 유사한 규정이 제64조 제1항에, 영업비밀보호
법 제14조의2 제5항과 유사한 규정이 제64조 제5항에 각각 신설되고, 기존 제1 내
지 3항이 제2 내지 4항으로 옮겨졌으며, 2004. 12. 31. 법률 제7289호로 의장법이
디자인보호법으로 개정되면서 기존 규정의 '의장권'이 '디자인권'으로 변경되었고,
2013. 5. 28. 법률 제11848호로 전부 개정됨에 따라 기존 제64조가 문구만 일부 수
정되어 제115조로 변경되었다.

　　또한, 저작권법 제93조 제1 내지 3항은 영업비밀보호법 제14조의2 제2, 3항 및
제4항 제1문과 동일한 체계로 구성되어 있다.

　　따라서 이하에서 살펴볼 내용은―그 결론은 각 보호법익, 재산적 가치 등의
특징에 따라 다소 상이할 수 있으나― 기본적으로 위 각 법률에서도 동일하게 논의
될 수 있을 것이므로, 이하에서는 필요한 범위 내에서 다른 지적재산권법에서의 논
의내용을 함께 살펴보기로 한다.

3. 영업비밀 침해행위로 인한 손해배상청구의 유형

　　영업비밀보호법 제14조의2는 손해3분설 중 소극적 재산손해에 관한 규정으로
서,[8] 피침해자로서는 ① 민법 제750조에 의한 손해배상청구 외에, 증명의 부담을
덜기 위하여 ② 제14조의2 제2항에 의하여 침해자의 침해행위로 인한 이익액을,
③ 대법원 1997. 9. 12. 선고 96다43119 판결[9] 및 그 이후에 신설된 제14조의2 제1
항에 의하여 침해자의 물건 양도수량에 피침해자의 단위수량당 이익액을 곱한 금
액을 각 청구할 수도 있고, 이러한 증명조차도 곤란할 경우 ④ 제14조의2 제3항에
의하여 통상실시료 상당액을 청구하거나 ⑤ 법원에서 인정하는 상당한 손해액을

---

8) 李均龍, "商標權侵害로 인한 禁止請求 및 損害賠償請求訴訟에 관한 小考", 법조 제420호,
　법조협회(1991), 67면; 김병일, "상표권침해로 인한 손해배상", 창작과 권리 제15호, 세창출판사
　(1999), 98면.
9) [공1997. 10. 15.(44), 3083].

청구할 수도 있는데,10) 이 경우 각 항마다 소송물이 달라지는지 여부가 문제될 수 있다.

살피건대 소극적 손해를 청구하는 한 소송물이 달라지는 것은 아니므로, 만약 제14조의2 제2항에 기한 청구 또는 민법 제750조에 기한 청구를 하였다가 청구기 각 판결 받아 확정되었다면 다시 제14조의2 제3항에 기한 청구를 하는 것은 기판 력에 저촉된다.11)

4. 당사자의 주장과 규정의 적용

법원은 제14조의2 각 항을 적용할 때 당사자가 주장하는 항에 구속되는지, 아 니면 당사자가 명시적으로 주장하지 않은 항도 적용할 수 있는지 여부가 문제된다.

특허법 제128조 및 상표법 제110조에 관한 학설로는, 대법원은 손해배상책임 이 인정되는 한 손해액에 관하여는 법원이 적극적으로 석명권을 행사하고 증명을 촉구하여야 하며 경우에 따라서는 직권으로 손해액을 심리판단할 필요가 있다는 입장을 취하고 있으므로 법원은 당사자의 주장이 없더라도 직권으로 다른 유형의 계산방법에 따라 손해액을 산정할 수 있다거나,12) 변론의 전 취지에 의하여 명시적 으로 주장하지 않은 항에 대한 주장이 있다고 선의로 해석하여 적용을 인정할 수 있다거나,13) 제5항의 경우에는 당사자의 주장이 없더라도 법원이 직권으로 심리·적용할 수 있다는14) 취지로 당사자가 주장하는 항에 구속되지 않는다는 견해15)와 민사소송법상의 변론주의와 관련하여, 원고가 주장책임을 지는 이상 그러한 문언이 어떠한 형태로든 전혀 주장되어 있다고 해석되지 않는 경우에는 당사자가 주장하 지 않은 항을 적용할 수 없으나 가능한 석명권을 적절하게 행사하여 주장을 정리할 수 있도록 하여야 한다는 견해16)가 있다.

---

10) 이는 통상적으로 예비적 주장에 의하여 청구하는 경우가 대부분일 것이다.
11) 상표법 제110조에 관한 학설로는 全孝淑, "商標權 侵害로 인한 損害賠償請求의 要件事實", 民事裁判의 諸問題 9권, 韓國司法行政學會(1997), 452면; 李均龍, 앞의 논문, 76면; 김병일, 앞의 논문, 96면.
12) 상표법 제110조에 관한 학설로서 全孝淑, 앞의 논문, 453면.
13) 상표법 제110조에 관한 학설로서 김병일, 앞의 논문, 97면.
14) 정희엽, "부정경쟁행위로 인한 손해배상액의 산정 - 서울중앙지방법원 2012. 5. 15. 선고 2011 가합1779 판결 -", Law & Technology 제8권 제3호, 서울대학교 기술과법센터(2012), 124면.
15) 특허법 제128조에 관한 학설로는 이상경, 「지적재산권소송법」, 육법사(1998), 311면; 權澤秀, "特許權 侵害로 인한 損害賠償 - 특히 일실이익의 산정과 관련하여 -", 民事裁判의 諸問題 11 권, 韓國司法行政學會(2002), 577면; 안원모, 「특허권의 침해와 손해배상」, 세창출판사(2005), 243 - 244면.

대법원은 구 영업비밀보호법(2007. 12. 21. 법률 제8767호로 개정되기 전의 것, 이하 '구 영업비밀보호법'이라 한다) 제14조의2 제1항의 적용을 주장하는 원고에 대하여 제2, 3항을 적용하여 산정한 손해액이 더 적음을 이유로 피고가 제2, 3항의 적용을 주장할 수 있는가의 문제에 관하여, "구 영업비밀보호법 제14조의2 제1항은 피침해자가 부정경쟁행위 또는 영업비밀 침해행위가 없었다면 판매할 수 있었던 물건의 수량을 침해자가 부정경쟁행위 또는 영업비밀 침해행위로 양도한 물건의 양도수량에 의해 추정하는 규정으로, 피침해자에 대하여는 자신이 생산할 수 있었던 물건의 수량에서 침해행위가 있었음에도 실제 판매한 물건의 수량을 뺀 수량에 단위수량당 이익액을 곱한 금액을 한도로 하여 부정경쟁행위 또는 영업비밀 침해행위가 없었다면 판매할 수 있었던 물건의 수량 대신에 침해자가 양도한 물건의 양도수량을 증명하여 손해액을 청구할 수 있도록 하는 한편 침해자에 대하여는 피침해자가 부정경쟁행위 또는 영업비밀 침해행위 외의 사유로 판매할 수 없었던 사정이 있는 경우 당해 부정경쟁행위 또는 영업비밀 침해행위 외의 사유로 판매할 수 없었던 수량에 따른 금액을 빼야 한다는 항변을 제출할 수 있도록 한 것이다. 따라서 피침해자가 같은 항에 의하여 손해액을 청구하여 그에 따라 손해액을 산정하는 경우에 침해자로서는 같은 항 단서에 따른 손해액의 감액을 주장할 수 있으나, 같은 항에 의하여 산정된 손해액이 같은 조 제2항이나 제3항에 의하여 산정된 손해액보다 과다하다는 사정을 들어 같은 조 제2항이나 제3항에 의하여 산정된 손해액으로 감액할 것을 주장하여 다투는 것은 허용되지 아니한다"라고 판시한 바 있다.17)

IV. 양도수량에 의한 산정18)

1. 법적 성격

본 조항은 조문 구조상으로는 제2항에 앞서 규정되어 있으나, 그 연혁 및 논리

---

16) 김환수, "영업비밀 침해에 대한 손해배상-서울고등법원 2006. 11. 14. 선고 2005나90379 영업비밀 침해금지 등 사건-" Law & Technology 제3권 제3호, 서울대학교 기술과법센터 (2007), 149면; 특허법 제128조에 관한 학설로는 양창수, "특허권 침해로 인한 손해배상시론-특허법 제128조 제1항의 입법취지와 해석론", 법조 588권, 법조협회(2005), 66-67면; 박성수, 「특허침해로 인한 손해배상액의 산정」, 경인문화사(2007), 363면; 상표법 제110조에 관한 학설로는 李均龍, 앞의 논문, 76면.
17) 대법원 2009. 8. 20. 선고 2007다12975 판결 [공2009하, 1503].
18) 제14조의2 제1항

구조를 보면 먼저 신설된 제2항의 보충규정 내지 특별규정에 해당한다고 할 수 있고 그 법적 성격 내지 추정의 범위 역시 제2항에서의 논의와 궤를 같이 한다고 할 것이다. 따라서 제2항에 대응되는 특허법 제128조 제2항 및 상표법 제110조 제3항에 관한 기존의 논의를 중심으로 살펴보면, 권리자의 현실의 손해액에 관계없이 침해자가 얻은 전 이익의 반환청구권을 새로 인정한 규정이라는 견해,[19] 특별히 규범적 손해개념을 새로 도입한 것이라는 견해[20]도 있으나, 위 규정은 권리자가 침해에 의하여 입은 소극적 손해의 인과관계와 액수를 증명하는 것이 극도로 곤란하다는 점에 비추어 권리자의 증명의 부담을 덜어주기 위해 설정된 규정이라는 견해가 우리나라[21]와 일본[22]의 통설이다. 또한 이를 반증의 제출을 허락하지 않는 간주규정이 아니라 반증에 의하여 그 추정을 깨뜨릴 수 있는 추정규정으로 보는 견해가 다수설이다.[23]

판례도 "상표법 제67조 제1항[24]의 규정은 상표권자 등이 상표권 등의 침해로 인하여 입은 손해의 배상을 청구하는 경우에 그 손해의 액을 입증하는 것이 곤란한 점을 감안하여 권리를 침해한 자가 그 침해행위에 의하여 이익을 받은 때에는 그 이익의 액을 상표권자 등이 입은 손해의 액으로 추정하는 것일 뿐이다"라고 판시하여[25] 통설과 같은 입장이다.

2. 추정의 범위

가. 손해 발생의 추정 여부

먼저 위 규정에 의한 추정의 범위에 손해의 발생까지도 포함되는지 여부에 관하여 살펴보면, 특허법 제128조 제2항에 대해서는 손해의 발생 그 자체까지 추정하는 것은 아니라는 견해가 다수설인데, 이에 관하여는 특허침해가 있으면 특허권자

---

19) 播磨良承, '特許權侵害における民事責任の本質', 時報, 42卷 9號, 149頁, 全孝淑, 앞의 논문, 440면에서 재인용.
20) 田村善之, 「知的財産權と損害賠償」, 弘文堂(1993), 214~215, 全孝淑, 앞의 논문, 440면에서 재인용.
21) 李均龍, 앞의 논문, 68면; 全孝淑, 앞의 책, 440면; 송영식 외 6인, 앞의 책(하), 289-290면.
22) 中山信弘(編) 注解 特許法 (上), 靑林書院 (1994), 860, 862頁; 全孝淑, 앞의 논문, 440면에서 재인용.
23) 박성수, 앞의 책, 214면.
24) 현행 상표법 제110조 제3항.
25) 대법원 1997. 9. 12. 선고 96다43119 판결 [공1997. 10. 15.(44), 3083]; 대법원 2004. 7. 22. 선고 2003다62910 판결 [비공개]; 2009. 10. 29. 선고 2007다22514, 22521(병합) 판결 [공2009하, 1968] 등.

의 기술독점상태가 훼손되므로 손해는 실제로든 아니면 규범적으로든 항상 있다고 해석하여야 하므로, 특허법 제128조 제2항의 추정의 범위가 손해 발생을 포함하는지 여부는 결정적인 것은 아니며, 단지 특허권자가 특허발명을 실시하지 않는 경우에는 손해배상액의 산정에 있어서 이익액의 추정이 상당부분 복멸되는 것뿐이라는 견해가 있다.26) 상표법 제110조에 관한 우리나라의 통설27)은 위 규정의 취지는 손해액에 관한 법률상의 사실추정규정으로서 손해의 발생까지 추정하는 것은 아니므로 위 규정에 의한 손해배상을 구하는 경우에는 상표권자 또는 전용사용권자가 손해의 발생에 관하여 증명하여야 한다고 해석하고 있다.

대법원에서도 "상표법 제67조 제1항28)의 규정은 … 상표권 등의 침해가 있는 경우에 그로 인한 손해의 발생까지를 추정하는 취지라고 볼 수 없으므로, 상표권자가 위 규정의 적용을 받기 위하여는 스스로 업으로 등록상표를 사용하고 있고 또한 그 상표권에 대한 침해행위에 의하여 실제로 영업상의 손해를 입은 것을 주장·입증할 필요가 있다"라고 판시하고 있다.29)

다만 대법원에서는 "영업비밀을 부정취득한 자는 그 취득한 영업비밀을 실제 사용하였는지 여부에 관계없이 부정취득행위 그 자체만으로 영업비밀의 경제적 가치를 손상시킴으로써 영업비밀 보유자의 영업상 이익을 침해하여 손해를 입힌다고 봄이 상당하다"라고 판시한 바 있다.30) 이는 영업비밀 부정취득의 경우 후술하는 바와 같은 경업관계가 당연히 전제되어 있기 때문인 것으로 보인다.

나. 증명의 정도

따라서 피침해자가 위 규정의 적용을 받기 위하여는 영업비밀 침해행위뿐만 아니라 이로 인하여 피침해자가 실제로 영업상의 손해를 입은 사실을 주장·증명할 필요가 있으나,31) 피침해자의 증명책임을 완화하기 위하여 도입된 규정의 취지에 비추어볼 때 손해의 발생에 관한 증명의 정도를 완화할 필요가 있다.

대법원에서는 "특허법 제128조 제2항에서 말하는 이익은 침해자가 침해행위에

---

26) 박성수, 앞의 책, 266면.
27) 全孝淑, 앞의 논문, 441면; 李均龍, 앞의 논문, 68면; 김병일, 앞의 논문, 86면.
28) 현행 상표법 제110조 제3항.
29) 대법원 1997. 9. 12. 선고 96다43119 판결 [공1997. 10. 15.(44), 3083].
30) 대법원 2011. 7. 14. 선고 2009다12528 판결 [공2011하, 1585].
31) 全孝淑, 앞의 논문, 443면.

따라 얻게 된 것으로서 그 내용에 특별한 제한은 없으나, 이 규정은 특허권자에게
손해가 발생한 경우에 그 손해액을 평가하는 방법을 정한 것에 불과하여 침해행위
에도 불구하고 특허권자에게 손해가 없는 경우에는 적용될 여지가 없으며, 다만 손
해의 발생에 관한 주장·증명의 정도에 있어서는 경업관계 등으로 인하여 손해 발
생의 염려 내지 개연성이 주장·증명하는 것으로 충분하다"라고 판시하거나,[32] "위
규정의 취지에 비추어 보면 위와 같은 손해의 발생에 관한 주장·증명의 정도에 있
어서는 손해 발생의 염려 내지 개연성의 존재를 주장·증명하는 것으로 족하다고
보아야 하고, 따라서 상표권자가 침해자와 동종의 영업을 하고 있는 것을 증명한
경우라면 특별한 사정이 없는 한 상표권 침해에 의하여 영업상의 손해를 입었음이
사실상 추정된다고 볼 수 있다"라고 판시한 바 있다.[33]

3. 적극적 요건

가. 침해물건의 양도수량

민법상의 일반불법행위의 원칙인 차액설에 의하여 손해액을 산정하면, 「피침
해자의 감소한 판매량(=침해가 없었다면 판매가능한 판매량－실제 판매량)×피침해
자의 물건 단위수량당 이익액」과 같이 산정할 수 있는데, 이 중에서 '침해가 없었다
면 판매가능한 판매량'을 증명하기가 쉽지 않으므로, 제14조의2 제1항에서는 「침해
물건의 양도수량×피침해자의 물건 단위수량당 이익액」과 같이 산정할 수 있도록
하였다. 이로써 영업비밀보호법 제14조의3에 기한 자료제출명령 등에 의하여 침해
자의 매출전표 등을 제출받아 침해물건의 양도수량을 파악하고 피침해자 물건의
단위수량당 이익액을 스스로 산정하여 손해액을 비교적 쉽게 계산할 수 있다.

특허법 제128조 제1항에 대하여, 위 규정에서는 '침해물건의 양도수량'을 '피
침해자의 감소한 판매량'으로 추정하는 논리구조를 가지고 있으므로 침해물건의
양도수량이 침해로 인한 피침해자의 매출 감소를 추인할 수 있는 사정이 존재할
것을 요한다면서, 비교적 시장구조가 단순하고 침해자가 1인인 경우 피침해자의
물건과 침해물건 이외에 대체물건이 없어 상호경쟁관계에 있는 경우에 특히 이 방
식이 합리성을 띠게 된다는 견해가 있으나,[34] 만일 침해자의 양도수량이 침해로

---

32) 대법원 2006. 10. 12. 선고 2006다1831 판결 [공2006, 1889].
33) 대법원 2013. 7. 25. 선고 2013다21666 판결 [공2013하, 1596]; 대법원 1997. 9. 12. 선고 96
　　다43119 판결 [공1997. 10. 15.(44), 3083].
34) 송영식 외 6인, 앞의 책(상), 666면.

인한 피침해자의 매출액 감소를 추인할 수 있을 정도의 사정이 존재한다면 굳이 특허법 제128조 제1항을 신설하지 아니하더라도 특허권 침해로 인한 일실이익의 산정에 관한 종전의 방식에 의하여 권리자의 매출감소로 인한 일실이익의 배상을 인정할 수 있을 것이므로 위와 같은 해석은 이 규정을 무의미하게 만드는 것이라고 판단된다.[35)]

나. 단위수량당 이익액

단위수량당 이익액의 의미에 관하여, 침해가 없었다면 증가하였을 것으로 상정되는 대체제품의 단위당 매출액으로부터 그것을 달성하기 위하여 증가하였을 것으로 상정되는 단위당 비용을 공제한 액, 즉 한계이익이라고 보는 견해가 특허법 제128조 제1항에 관한 다수설인데,[36)] 이는 제품판매액에서 변동경비는 공제하되, 고정경비는 추가 생산과는 상관없이 지출하는 것이므로 공제하지 않는 것으로 파악하는 견해이다.[37)]

판례[38)]도 구 의장법(2004. 12. 31. 법률 제7289호 디자인보호법으로 개정되기 전의 것, 이하 같다) 제64조 제1항 본문에서 말하는 '단위수량당 이익액'은 침해가 없었다면 의장권자가 판매할 수 있었을 것으로 보이는 의장권자 제품의 단위당 판매가액에서 그 증가되는 제품의 판매를 위하여 추가로 지출하였을 것으로 보이는 제품 단위당 비용을 공제한 금액을 말한다고 판시하여 한계이익설을 취하고 있다.

4. 손해배상액의 상한(권리자의 생산능력)

손해액은 피침해자가 생산할 수 있었던 물건의 수량에서 실제 판매한 물건의 수량을 뺀 수량에 단위수량당 이익액을 곱한 금액을 한도로 한다. 즉, 피침해자의 생산능력을 벗어난 범위에서 침해자가 생산, 판매한 경우에는 그 범위는 손해배상액 산정의 기초로 할 수 없는 것인데, 그 증명책임은 피침해자측에 있다.[39)]

---

35) 박성수, 앞의 책, 227면.
36) 박성수, 앞의 책, 231-232면; 安元模, 앞의 책, 169면; 梁彰洙, 앞의 논문, 60-61면.
37) 김상국, "의장권침해로 인한 손해배상액의 산정", 판례연구 19집, 부산판례연구회(2008), 631면.
38) 대법원 2006. 10. 13. 선고 2005다36830 판결 [공2006하, 1906].
39) 박성수, 앞의 책, 239면; 梁彰洙, 앞의 논문, 64면.

5. 소극적 요건

피침해자가 침해행위 외의 사유로 침해자의 양도수량 전부 또는 일부를 판매할 수 없었던 사정이 있는 때에는 침해행위 외의 사유로 판매할 수 없었던 수량에 따른 금액을 빼야한다. 침해행위 외의 사유로 침해자의 양도수량 전부 또는 일부를 판매할 수 없었던 사정에는 예컨대 침해물건의 기술적 우수성, 침해자의 영업노력 등으로 침해물건이 많이 팔렸다는 사정,[40] 시장에서의 대체품의 존재,[41] 등이 해당할 수 있고, 이러한 사정은 감액 요소로서 침해자가 주장, 증명하여야 한다.[42] 아울러 침해자는 위와 같은 사정이 존재하는 것뿐만 아니라 그러한 사정에 의하여 판매할 수 없었던 수량에 대하여도 증명하여야 한다.[43]

대법원에서도 "의장권 등의 침해로 인한 손해액의 추정에 관한 구 의장법 제64조 제1항 단서의 사유는 침해자의 시장개발 노력·판매망, 침해자의 상표, 광고·선전, 침해제품의 품질의 우수성 등으로 인하여 의장권의 침해와 무관한 판매수량이 있는 경우를 말하는 것으로서, 의장권을 침해하지 않으면서 의장권자의 제품과 시장에서 경쟁하는 경합제품이 있다는 사정이나 침해제품에 실용신안권이 실시되고 있다는 사정 등이 포함될 수 있으나, 위 단서를 적용하여 손해배상액의 감액을 주장하는 침해자는 그러한 사정으로 인하여 의장권자가 판매할 수 없었던 수량에 의한 금액에 관해서까지 주장과 증명을 하여야 한다"라고 판시한 바 있다.[44]

6. 적용의 효과

침해물건의 양도수량에 피침해자가 그 침해행위가 없었다면 판매할 수 있었던 물건의 단위수량당 이익액을 곱한 금액을 피침해자의 손해액으로 할 수 있다. 이는 앞서 본 바와 같이 반증의 제출을 허락하지 않는 간주규정이 아니라 반증에 의하여 그 추정을 깨뜨릴 수 있는 추정규정으로 보는 견해가 다수설이다.[45]

다만 소극적 요건이 존재하는 것으로 인정되는 경우 당해 침해행위 외의 사유

---

40) 김철환, "特許權侵害로 인한 損害賠償額의 算定方法", 12면.
41) 尹宣熙, "特許權侵害에 있어 損害賠償額의 算定―특허법 제128조 제1항의 이해―", 126면.
42) 박성수, 앞의 책, 244면; 尹宣熙, 特許法(제5판), 법문사(2012), 814면 등.
43) 安元模, 앞의 책, 180면.
44) 대법원 2006. 10. 13. 선고 2005다36830 판결 [공2006하, 1906].
45) 박성수, 앞의 책, 214면.

로 판매할 수 없었던 수량에 따른 금액을 빼야 하는데, 그 부분에 대하여 제14조의
2 제3항의 적용을 주장하여 제3항의 실시료 상당액의 청구가 가능한 것인지 문제
된다. 특허법 제128조의 해석에 있어서는 제1, 2항에 의한 청구가 인정되지 않는
부분에 대하여 제3항의 적용을 긍정하고 있다.[46]

V. 침해자의 이익에 의한 추정[47]

1. 추정의 성질과 그 복멸사유

가. 추정의 성질

제2항은 불법행위의 요건사실인 '침해행위와 인과관계 있는 손해액'을 증명하
는 대신에 이보다 증명이 용이한 '침해자가 침해행위로 얻은 이익액'을 증명함에
의하여 '침해행위와 인과관계 있는 손해액'이 증명된 것으로 인정한다는 규정으로
서 법률상의 사실추정에 해당한다.[48] 이러한 추정은 그 효과를 주장하는 피침해자
에 대해서는 증명주제의 선택을 허용하고, 이를 복멸하고자 하는 침해자에게는 반
대사실을 증명할 책임을 부담시킨다. 즉 피침해자는 손해배상을 청구할 때 직접
'침해행위와 인과관계 있는 손해액'을 증명하거나, '침해자가 침해행위로 얻은 이익
액'을 증명하여 이에 대신할 수도 있다. 한편 이를 다투는 침해자는 '침해자가 침해
행위로 얻은 이익액'의 증명을 진위불명의 상태로 만들어 본항의 추정을 면할 수
있는데, 이는 추정의 복멸이 아니라 추정규정의 적용배제이고, 이 때 침해자가 내
세우는 증거는 반증이다. 또한 '침해자가 침해행위로 얻은 이익액'이 피침해자에 의
하여 증명된 경우에도 침해자는 '침해행위와 인과관계 있는 손해액'의 부존재를 증
명하면 손해배상을 면할 수 있는데, 이는 추정의 복멸이고, 이 때 침해자가 내세우
는 증거는 반증이 아니라 본증으로서 법관을 확신시킬 정도에 이르러야 한다.[49]

나. 인과관계의 추정

일반적으로 불법행위로 인한 손해배상을 청구하기 위하여는 피침해자가 침해
행위와 손해의 발생 사이에 인과관계가 있다는 것을 증명할 책임을 부담하는 것이

---

46) 박성수, 앞의 책, 259-260면.
47) 제14조의2 제2항.
48) 全孝淑, 앞의 논문, 443면; 김병일, 앞의 논문, 86면.
49) 全孝淑, 앞의 논문, 443면.

원칙인데, 엄격한 인과관계를 요구할 경우 이 규정의 실효성을 사실상 부인하는 결과에 이를 수 있으므로, 제14조의2 제2항은 침해행위와 손해의 발생 사이에 인과관계가 존재한다는 점까지도 추정하는 것이다.[50]

대법원에서는 상표권 침해에 관하여, "상표권자 또는 전용사용권자가 이 규정에 의하여 상표권 침해자에 대하여 손해배상을 청구하는 경우 그 자가 침해행위에 의하여 이익을 받았을 때에는 그 이익의 액은 상표권자가 받은 손해액으로 추정되므로 상표권자 또는 전용사용권자는 상표권 침해자가 취득한 이익을 입증하면 되고 그 밖에 침해행위와 손해의 발생 간의 인과관계에 대하여는 이를 입증할 필요가 없다"라고 판시한 바 있다.[51]

다. 추정복멸 사유

손해의 불발생이 추정복멸 사유인지에 관하여, 손해의 발생까지 추정되는 것은 아니라는 다수설에 의하면 '손해의 불발생'은 부인에 해당할 것이나, 손해의 발생까지 추정되는 것은 아니라고 하면서도 '손해의 발생'은 손해발생의 염려 내지 개연성의 존재만으로 족한 것이므로 구체적 손해의 불발생은 침해자가 증명책임을 부담한다는 견해도 있다.[52] 한편 손해의 발생까지 추정되는 것이라는 견해에 의하면 손해의 불발생은 추정복멸사유에 해당할 것이다.[53]

대법원에서는 상표권 침해에 관하여, 상표법 제67조 제2, 3항[54]이 손해의 발생이 없는 것이 분명한 경우에까지 침해자에게 손해배상의무를 인정하는 취지는 아니므로, 침해자도 권리자가 동종의 영업에 종사하지 않는다는 등으로 손해의 발생이 있을 수 없다는 것을 주장·증명하여 손해배상책임을 면하거나 또는 적어도 그와 같은 금액을 얻을 수 없었음을 주장·증명하여 위 규정의 적용으로부터 벗어날 수 있다고 판시하였다.[55]

---

50) 저작권법에 관하여 黃贊鉉, "손해배상책임에 관한 현행법의 규정과 입법론적 검토", 정보법학 제3호, 한국정보법학회(1999), 312면.
51) 대법원 1992. 2. 25. 선고 91다23776 판결 [공1992. 4. 15.(918), 1124].
52) 小野昌延(編), 注解商標法, 靑林書院(1994), 620, 全孝淑, 앞의 논문, 444면에서 재인용.
53) 全孝淑, 앞의 논문, 444면.
54) 현행 상표법 제110조 제3, 4항.
55) 대법원 2008. 3. 27. 선고 2005다75002 판결 [비공개], 원고 회사가 닭고기를 공급하는 회사로서 업으로 통닭용 양념을 제조하여 판매한 바는 없고, 통닭용 양념의 공급선이나 판매망을 따로 갖춘 것도 아니며, 단지 양념 공급업 알선을 소극적으로 한 사실이 인정되므로 피고 주식회사 한국식품이 원고의 이 사건 등록상표권 또는 등록서비스표권을 침해하는 동종의 영업을

제14조의2 제1항 제2, 3문에서의 피침해자의 생산능력의 한계나, 소극적 요건인 침해행위 외에 판매할 수 없었던 사정, 즉 침해물건의 기술적 우수성, 침해자의 영업노력 등으로 침해물건이 많이 팔렸다는 사정, 시장에서의 대체품의 존재, 저렴한 가격, 광고·선전, 지명도 등의 사유는 추정복멸사유에 해당할 수 있으나, 침해자는 위와 같은 사정이 존재하는 것뿐만 아니라 그러한 사정에 의하여 피침해자의 실제 손해액이 추정액보다 적다는 것을 증명하여야 추정이 복멸된다.

대법원에서도 상표권 침해에 관하여, 상표법 제67조 제2항[56]은 침해행위에 의하여 침해자가 받은 이익의 액으로 권리자가 받은 손해액을 추정하는 것으로서, 침해자의 상품 또는 서비스의 품질, 기술, 의장 상표 또는 서비스표 이외의 신용, 판매정책, 선전 등으로 인하여 침해된 상표 또는 서비스표의 사용과 무관하게 얻은 이익이 있다는 특별한 사정이 있는 경우에는 위 추정과 달리 인정될 수가 있고, 이러한 특별한 사정에 침해자가 침해한 상표 또는 서비스표 이외의 다른 상표 또는 서비스표를 사용하여 이익을 얻었다는 점이 포함될 수 있으나, 그에 관한 증명책임은 침해자에게 있다고 할 것이라고 판시한 바 있다.[57]

2. 이익의 범위

침해자의 이익액은 「침해물건의 매상고×침해자의 이익률」 또는 「침해물건의 판매수량×침해물건의 단위수량당 이익액」의 방법으로 산정할 수 있는데, 여기서 말하는 침해자의 이익액을 어떻게 산정할 것인지 문제된다.

가. 학   설
1) 순이익설
침해자의 이익액은 당해 제품의 매상액에서 제조원가 외에 매출액을 높이기 위하여 업무상 지출된 비용(일반관리비, 판매비, 발송운송비, 광고선전비, 제세공과금 등 필요한 경비)을 공제함으로써 산정된 금액으로 보는 견해이다.[58] 이를 침해자의

한다고 보기 어렵다고 보아, 피고 주식회사 한국식품의 이 사건 등록상표권 또는 등록서비스표권 침해에 관하여 상표법 제67조 제2항(현행 상표법 제110조 제3항) … 을 적용하지 아니한 원심의 인정과 판단은 위 법리와 기록에 비추어 정당하다고 판시하였다.
56) 현행 상표법 제110조 제3항.
57) 대법원 2008. 3. 27. 선고 2005다75002 판결.
58) 특허법 제128조에 관한 학설로는 裵大憲, 特許權侵害와 損害賠償, 96-97면; 김철환, 앞의 논문, 14면; 저작권법 제93조에 관한 학설로는 정상조·박준석, 「지식재산권법」, 홍문사(2013),

이익에서 고정비용(감가상각비, 일반관리비 등을 판매수량에 비율적으로 대응한 금액)과 변동비용(재료비, 판매비 등)을 공제한 것으로 설명하기도 한다.[59] 순이익설은 일반불법행위로 인하여 발생한 손해 중 일실이익은 본래의 필요경비를 제외한 순이익 상당의 손실액을 가리키는 것이고, 위 규정은 단순히 증명책임의 경감을 위한 손해액의 추정규정에 불과할 뿐 어떤 제재적 의미를 가지는 것은 아니라고 할 것이므로, 이 규정에 의해 피침해자의 손해액으로 추정되는 침해자의 이익액도 순이익액으로 해석하여야 한다고 한다.[60] 이 견해에 의하면 피침해자가 침해자의 순이익이 얼마인지를 증명하여야 한다.[61]

2) 총이익설(粗利益說[62])

침해자의 이익액은 당해 제품의 매상액으로부터 제조원가, 판매원가 외에 침해자가 침해행위로 제조, 판매를 한 것에 직접 필요하였던 제경비(일반관리비의 공제를 하지 않는다)만을 공제한 액으로 보는 견해인데, 이에 대하여는 오로지 침해자측의 사정만을 고려의 대상으로 하여 피침해자측의 사정을 판단요소로 하지 않는점에서는 종래의 순이익설과 기본적으로 발상을 같이 한다는 평가가 있다.[63]

3) 한계이익설

침해자의 이익액은 재무회계상의 이익개념에 의할 것이 아니라 침해자의 매상액에서 생산증가에 따른 변동경비(원료비, 제품의 제조·판매를 위해 직접 추가적 지출을 요하는 인건비, 기타 경비의 증가분)만을 공제한 금액이라고 이해하는 견해이다.[64] 이 견해에 따르면 침해물건의 개발비, 일반관리비, 제품의 매출과 관계없이 고정적으로 지출되는 인건비, 제조관리비는 공제대상에서 제외되는데, 즉, 물건의 생산에 새로운 설비투자나 고용원 채용, 훈련 등의 필요가 없는 경우라면 변동경비만 공제하면 충분하고 고정비적 성격의 경비는 공제할 필요가 없다고 보는 것으로서, 결국

521면.
59) 박성수, 앞의 책, 275면.
60) 김철환, 앞의 논문, 14면; 裵大憲, 앞의 논문, 95면; 黃贊鉉, 앞의 논문, 314면.
61) 裵大憲, 앞의 논문, 96면.
62) 田村善之「特許權侵害に対する損害賠償(四·完)」法協108卷10号1頁(108卷1539頁), 小野昌延(編), 注解商標法(新版) 下卷, 靑林書院(2005), 938頁에서 재인용.
63) 박성수, 앞의 책, 277면.
64) 최정열·이규호, 부정경쟁방지법, 진원사(2015), 401면; 특허법 제128조에 관한 학설로는 박성수, 앞의 책, 277면; 상표법 제110조에 관한 학설로는 全孝淑, 앞의 논문, 436면; 한편 송영식 외 6인, 앞의 책(상), 667면에서도 한계이익설을 최근의 유력한 견해로 소개하고 있다.

원가를 변동비와 고정비로 나누고 고정비는 공제할 수 없다고 하는 한정원가에 의하여 일실이익이 확대되는 결과가 된다.65)

만일 순이익설의 방식대로 고정비용을 공제하게 되면 공제되는 만큼의 비용이 결국 타제품에 할당되어 그 이익액이 줄어들게 되고 피침해자에게는 회복할 수 없는 손해가 남게 되므로 이 규정의 이익액은 한계이익으로 보는 것이 논리적으로 정당하고,66) 순이익설에 의하면 피침해자는 침해자가 얻은 순이익을 주장·증명해야 하는데 피침해자가 침해자의 당해 제품에 관한 필요경비를 주장·증명하는 것은 현실적으로 곤란한 경우가 많아서 주장·증명책임을 피침해자에게 완전히 부담시키는 경우에는 이 규정의 추정을 받을 수 없게 되고 증명책임 경감이라는 제14조의2의 입법취지에 반하게 되는 반면,67) 한계이익설을 취할 경우 순이익설과 비교하여 상대적으로 일실이익이 늘어나게 되므로 부수적으로 침해에 대한 제재적인 효과도 거둘 수 있다는 점을 근거로 한다.68)

4) 절 충 설

일반적으로 순이익으로 보아야 할 것이나, 이렇게 되면 계산이 복잡하게 되어 손해액의 증명을 용이하게 하려고 한 제14조의2의 기본취지에 어긋나므로, 기본적으로 순이익설에 의거하면서도 피침해자가 총이익액을 증명한 때에는 침해자가 감액요소, 즉 침해자가 그 이익 중에 자기의 노력과 출자에 기초한 것을 주장·증명하지 않으면 총이익을 피침해자의 손해액으로 인정하는 것이 상당하다는 견해이다.69)

나. 판   결

1) 대법원 판결

가) 대법원 1992. 2. 25. 선고 91다23776 판결70)

타인의 상표권을 침해한 자가 침해행위에 의하여 이익을 받았을 때에는 그 이익의 액을 상표권자가 받은 손해액으로 추정하는데 피고가 1987. 4.말부터 1988. 11.초순경까지 사이에 원고의 등록상표와 유사한 상표가 들어 있는 포장지를 사용

---

65) 송영식 외 6인, 앞의 책(상), 668면.
66) 全孝淑, 앞의 논문, 436면.
67) 李相京, 앞의 책, 299면.
68) 全孝淑, 앞의 논문, 436면.
69) 송영식 외 6인, 앞의 책(상), 667면; 김병일, 앞의 논문 90면.
70) [공1992. 4. 15.(918), 1124].

하여 분와사비 70,000포를 판매한 사실 및 피고가 분와사비를 판매하여 얻은 순이익이 1포당 금 288원인 사실은 당사자 사이에 다툼이 없고 위 기간 이후에도 1989. 1. 30.부터 같은 해 3.말까지 분와사비 2,520포를 더 판매한 사실이 인정된다 하여 피고는 원고에게 합계금 20,885,760원(=72,520포×288원)을 배상할 의무가 있다고 판시하였다.

나) 대법원 1997. 9. 12. 선고 96다43119 판결[71]

상표권자가 현행 디자인보호법 제115조 제3항과 같은 내용의 구 상표법 제67조 제1항에 의하여 상표권을 침해한 자에 대하여 손해배상을 청구하는 경우에, 침해자가 받은 이익의 액은 침해 제품의 총 판매액에 그 순이익률을 곱하거나 또는 그 제조판매수량에 그 제품 1개당 순이익액을 곱하는 등의 방법으로 산출함이 원칙이라 할 것이나, 통상 상표권의 침해에 있어서 침해자는 상표권자와 동종의 영업을 영위하면서 한편으로 그 상표에 화체된 상표권자의 신용에 무상으로 편승하는 입장이어서, 위와 같은 신용을 획득하기 위하여 상표권자가 투여한 자본과 노력 등을 고려할 때, 특별한 사정이 없는 한 침해자의 위 순이익률은 상표권자의 해당 상표품 판매에 있어서의 순이익률보다는 작지 않다고 추인할 수 있으므로, 침해자의 판매액에 상표권자의 위 순이익률을 곱하는 방법으로도 침해자가 받은 이익의 액을 산출할 수 있다고 할 것이고, 위와 같이 산출된 이익의 액은 침해자의 순이익액으로서, 그것이 상표권자가 상표권 침해로 인하여 입은 손해액으로 추정된다고 보아야 할 것이라고 전제하고, 상표권 침해가 있었던 1990년부터 1993년경까지의 피고 2가 경영하는 소외 회사의 총 매출액은 합계 금 945,311,750원이고, 그 중 1/5 정도가 위 유사한 표장을 부착한 상품의 매출액이며, 한편 같은 기간 동안의 원고 회사의 영업이익률은 7.608% 정도인 사실을 인정한 다음, 특별한 사정이 없는 한 위 유사한 표장을 부착한 상품의 매출액에 원고 회사의 위 영업이익률을 곱하는 방법으로 산정한 금액이 피고들의 위 상표권 침해로 인한 이익의 액이라고 보아 이를 원고가 입은 손해의 액으로 추정하는 원심의 판단은 정당하다고 판시하였다.

위 판결에 대하여 순이익설을 취한 것으로 이해하면서 우리나라의 주류적인 판결례가 순이익설을 취하고 있다는 견해가 있으나,[72] 이에 대하여 위 96다43119 판결은 순이익률이나 순이익액이라는 표현을 사용하고 있으면서도 비용으로 공제

---

71) [공1997. 10. 15.(44), 3083].
72) 尹宣熙, 앞의 논문, 119면.

하는 항목이 구체적으로 무엇인지, 다시 말해서 일반관리비를 공제한 것인지 아닌
지에 대하여는 명시적으로 밝힌 바 없으므로 이 판결을 가지고 순이익설을 채택하
였다고 단정하기 어렵다는 견해,73) 위 판결은 침해자 이익에 대하여 판단한 것일
뿐만 아니라 상표권자인 원고회사 자신이 침해자인 피고의 순이익률이 그의 '영업
이익률'보다 작지 않다고 주장하여 이를 기준으로 침해자 이익을 산정한 것을 그대
로 수긍한 것에 그친다는 견해가 있다.74)

다) 대법원 2008. 3. 27. 선고 2005다75002 판결75)

상표법 제67조 제2항76)은 권리를 침해한 자가 그 침해행위에 의하여 이익을
받은 때에는 그 이익의 액을 권리자가 받은 손해의 액으로 추정한다고 규정하고
… 있으므로, 상표권자 혹은 전용사용권자로서는 침해자가 상표권 침해행위로 인
하여 얻은 수익에서 상표권 침해로 인하여 추가로 들어간 비용을 공제한 금액, 즉
침해자의 이익액을 손해액으로 삼아 손해배상을 … 청구할 수 있다고 판시하였는
데,77) 위 판결에 대하여 한계이익설을 채택한 것으로 이해하는 견해가 있다.78)

2) 하급심 판결

가) 서울민사지방법원 1992. 2. 21. 선고 90가합36831 판결79)

실용신안권에 관한 사안으로서, 총제품매출액에서 총제품매입원가를 공제하여
매출총이익을 계산하는 방식으로 산출된 피고들의 이익을 원고의 손해로 보아 손
해배상액을 산정하였는데, 이 판결을 조이익설(총이익설)에 가까운 판결로 평가하
는 견해가 있다.80)

나) 서울지방법원 2004. 2. 13. 선고 2002가합30683 판결81)

특허법 제128조 제2항에 기하여 손해배상을 청구한 사안인데, 손해배상액을
산정함에 있어 침해자의 총매출액 중 침해된 특허를 이용한 사료나 그 관련 제품의

---

73) 박성수, 앞의 책, 279면.
74) 梁彰洙, 앞의 논문, 63면.
75) [비공개].
76) 현행 상표법 제110조 제3항.
77) 위 판결의 원심인 서울고등법원 2005. 11. 8. 선고 2004나91900 판결에서는 "이 경우 이익은 매출액에서 일반관리비 등을 제외한 순이익을 의미한다."라고 판시하였다.
78) 정상조·박성수 공편, 특허법 주해Ⅱ, 박영사(2010), 230면(박성수 집필부분).
79) [비공개].
80) 全孝淑, 앞의 논문, 436면.
81) [비공개], 서울고등법원 2004나21659로 항소되었다가, 2006. 7. 28. 피고의 항소취하로 확정되었다.

228 제4장 민사적 구제

매출액이 차지하는 비율에 따른 매출총이익액에서 같은 비율에 따른 판매 및 일반관리비(다만, 그 특허를 이용한 매출과 관계없이 고정적으로 지출되리라고 보이는 임원급여와 감가상각비는 제외한다)를 공제하는 방식[= 매출총이익×사료 관련 매출액/매출총액 - (판매 및 일반관리비 - 고정비용)×사료 관련 매출액/매출총액]으로 계산함이 상당하다고 판시함으로써, 명시적으로 한계이익설을 채택하였다.[82]

Ⅵ. 통상실시료 상당 손해액의 인정[83]

1. 법적 성격

피침해자는 부정경쟁행위 또는 제3조의2 제1항이나 제2항을 위반한 행위의 대상이 된 상품 등에 사용된 상표 등 표지의 사용 또는 영업비밀 침해행위의 대상이 된 영업비밀의 사용에 대하여 통상 받을 수 있는 금액에 상당하는 금액을 자기의 손해액으로 하여 손해배상을 청구할 수 있다고 규정하고 있는데, 특히 손해불발생의 항변이 가능한지와 관련하여 위 규정의 법적 성격이 문제된다.

가. 손해액법정설

손해발생을 전제로 하여 실시료 상당액을 최저한도의 손해액으로 법정한 것이므로 피침해자로서는 손해의 발생을 요건사실로 증명할 필요가 없고 영업비밀 침해행위로 인한 영업상의 이익침해 및 실시료 상당액만 주장·증명하면 족하며 손해의 불발생은 항변사유로서 침해자에게 주장·증명책임이 있다는 견해이다.[84] 이 설에 의하면 손해의 발생이 있을 수 없는 경우를 제외하고는 최소한 실시료 상당액의 손해는 인정되나 피침해자가 실제로 부정경쟁행위의 대상인 상표 또는 영업 표지 등을 사용하여 영업을 하고 있지 않은 경우에는 손해가 있을 수 없기 때문에 배상을 하지 않아도 된다고 한다.[85]

---

82) 박성수, 앞의 책, 281면.
83) 제14조의2 제3항.
84) 상표법 제110조에 관한 학설로는 全孝淑, 앞의 논문, 448면; 李均龍, 앞의 논문, 74-75면; 文容宣, "상표권 침해로 인한 손해배상청구에 관한 구 상표법 제67조 제2항의 취지", 대법원판례해설 제42호, 법원도서관(2002), 182면; 송영식 외 6인, 앞의 책(상), 668-669면; 저작권법 제125조 제2항에 관한 학설로는 오승종, 저작권법(제3판), 박영사(2013), 1438면.
85) 文容宣, 앞의 논문, 179면.

나. 손해발생의제설

제14조의2 제3항은 단순히 손해액만을 추정하는 것이 아니라, 손해의 발생은 물론 침해행위와 손해 사이의 인과관계까지도 추정함으로써, '영업비밀 보유자가 영업비밀의 사용에 대하여 통상받을 수 있는 금액'을 최저배상액으로 의제하는 성격의 규정이라고 해석하여야 한다는 견해로서, 영업비밀 보유자로서는 영업비밀이 침해되었다는 사실만 증명하게 되면 위 규정에 따라 손해의 발생과 인과관계 및 손해액까지도 추정받을 수 있게 된다고 한다.[86] 이 견해에 의할 경우 손해의 불발생을 항변사유로 주장할 수는 없게 된다. 영업비밀은 공개되지 아니할 때 그 존재 의의를 갖고 있으므로, 만약 그것이 공개되었다면 제품생산 등에 이용되지 아니하였다고 하더라도 존재의의를 상실하는 것이며, 특히 영업비밀이 경쟁업체에 제공되었다면 더욱 침해정도가 중하다고 하여야 하기 때문에 적어도 통상사용료의 배상을 명하는 것이 정의에도 부합한다는 견해도[87] 같은 취지로 이해된다. 이 규정과 동일한 규정인 특허법 제128조 제5항, 저작권법 제125조 제2항의 법적 성격에 대하여는 손해발생의제설이 다수설이다.[88]

다. 판 례

대법원에서는 상표법 제110조 제4항에 관하여, 제110조 제3항과 마찬가지로 불법행위에 기한 손해배상청구에 있어서 손해에 관한 피해자의 주장·증명책임을 경감하는 취지의 규정이고, 손해의 발생이 없는 것이 분명한 경우까지 침해자에게 손해배상의무를 인정하는 취지는 아니라 할 것이므로, 제110조 제4항의 규정에 의하여 상표권자 등이 상표권 등을 침해한 자에 대하여 침해에 의하여 받은 손해의 배상을 청구하는 경우에 상표권자 등은 손해의 발생사실에 관하여 구체적으로 주장·증명할 필요는 없고, 권리침해의 사실과 통상 받을 수 있는 금액을 주장·증명하면 족하다고 할 것이지만, 침해자도 손해의 발생이 있을 수 없다는 것을 주장·증명하여 손해배상책임을 면할 수 있는 것이라고 판시하고,[89] 이러한 전제하에 상표

---

86) 송재섭, "영업비밀보호에 관한 법률 제14조의2 제3항의 성격 – 서울고등법원 2006. 11. 14. 선고 2005나90379 판결", 법률신문 제3520호, 법률신문사(2007), 13면.

87) 김환수, 앞의 논문, 148면.

88) 특허법 제128조 제5항에 관한 학설로는 박성수, 앞의 책, 292 – 293면; 鄭熺章, "特許權等 侵害로 因한 損害賠償請求權, 不當利得返還請求權", 428면; 李相京, 앞의 책, 309면; 저작권법 제125조 제2항에 관한 학설로는 鄭載勳, "著作權侵害에 대한 損害賠償", 法曹 46卷 3號(1997), 103면; 黃贊鉉, 앞의 논문, 317면.

권자에게 손해의 발생이 인정되지 아니하는 경우에는 민법 제750조에 기한 손해배상청구권 역시 인정될 수 없다고 판시하여90) 손해불발생의 항변을 인정하고 있다.

한편, 대법원에서는 "저작권법 제93조 제2항91)에서는 저작재산권을 침해한 자가 침해행위에 의하여 이익을 받았을 때에는 그 이익의 액을 저작재산권자 등이 입은 손해액으로 추정한다고 규정하고 있고, 그 제3항92)에서는 저작재산권자 등은 제2항의 규정에 의한 손해액 외에 그 권리의 행사로 통상 얻을 수 있는 금액에 상당하는 액을 손해액으로 하여 그 배상을 청구할 수 있다고 규정하고 있는바, 이는

89) 대법원 2002. 10. 11. 선고 2002다33175 판결 [공2002, 2705], 위 판결에서는 이 같은 취지에서 "원고가 1994.경 이래로 수건 제조업 또는 판매업을 하고 있지 않을 뿐 아니라, 1997. 10. 15.부터 1999. 3. 11.까지 김경암에게 원고의 등록상표(이하 '이 사건 상표'라 한다)에 대한 전용사용권을 부여함으로써 위 전용사용권이 미치는 범위 내에서는 이 사건 상표를 사용할 수 없는 점에 비추어 보면, 피고의 이 사건 상표 사용으로 인하여 전용사용권자인 김경암에게 영업상의 손해가 발생하였는지 여부는 별론으로 하고, 상표권자인 원고에게 손해가 발생하였다고는 볼 수 없으므로, 피고가 이 사건 상표를 사용함으로써 원고에게 손해가 발생하였음을 전제로 한 원고의 위 주장은 더 나아가 살필 필요 없이 이유 없다고 판단하고 있는바, 위에서 본 법리와 기록에 비추어 보면 원심의 위와 같은 판단은 그 설시에 있어서 다소 적절하지 못한 점이 없지 아니하나 원심이, 원고가 이 사건 상표를 사용하여 수건 제조업 또는 판매업을 하고 있지 않거나 전용사용권을 설정함으로써 그 범위 내에서는 피고의 이 사건 상표 사용으로 인하여 원고에게 손해가 발생하였다고 볼 수 없다는 이유로 원고의 청구를 배척한 것은 결론에 있어서 정당한 것으로 수긍할 수 있고, 거기에 상고이유로 주장하는 바와 같이 상표법 제67조 제2항(현행법 제110조 제4항)에 관한 법리오해 또는 심리미진으로 인한 이유불비의 위법이 있다고 할 수 없다"라고 판시하였다.
90) 대법원 2004. 7. 22. 선고 2003다62910 판결 [비공개], 위 판결에서는 이 같은 취지에서 "원심은 서울 중구 신당동 소재 광희시장에서 의류판매업에 종사하는 피고가 2001. 8.경부터 2001. 11. 20.까지 사이에 원고가 의류 등을 지정상품으로 하여 일본 및 대한민국 특허청에 각 등록한 상표인 X-GIRL(이하 '이 사건 상표'라고 한다)에 대한 정당한 사용권한 없이 이를 위조한 상표가 부착된 티셔츠 등 의류를 일본 보따리상들에게 판매하여 온 사실, 원고는 피고의 이 사건 판매행위 기간 동안 일본 내에서는 위 상표를 부착한 제품을 생산·판매하여 왔지만 대한민국 내에서는 그 생산·판매 등 영업활동을 하지 아니한 사실 등을 인정한 다음, 피고의 이 사건 판매행위 기간 동안 원고가 대한민국 내에서 위 상표를 사용하여 제품을 생산·판매하는 등의 영업활동을 한 바가 없는 이상 그에 따른 영업상 손해도 없었다 할 것이고, 원고가 대한민국에서 이 사건 상표권을 등록하고 그 침해행위에 대한 단속활동을 벌여 왔다 해도 이를 제품의 생산·판매 또는 그와 유사한 내용의 영업활동에 해당하는 것으로 볼 수 없다 할 것이며, 따라서 피고의 이 사건 판매행위로 인하여 원고에게 영업상 손해가 발생하였음을 전제로 하는 원고의 한국 상표권에 기한 손해배상청구는 이유 없다고 판단한 다음, 나아가 원고가 이 사건 상표에 관한 대한민국 내 위조품 단속을 위하여 지출하였다고 주장하는 비용은 원고 직원들이 대한민국 내에서 불특정 다수인을 상대로 위조품 단속을 하는 과정에서 일반적으로 지출된 것일 뿐 피고의 이 사건 판매행위 단속에 직접 소요된 것이라고 볼 수 없다는 이유로 위 지출비용 상당의 손해배상청구도 배척하였다. 앞서 본 법리를 기초로 이 사건 기록을 살펴보면, 위와 같은 원심의 사실인정 및 판단은 정당한 것으로 수긍할 수 있고 거기에 상고이유에서 주장하는 바와 같은 법리오해 및 심리미진 등의 위법이 있다고 할 수 없다"라고 판시하였다.
91) 현행 저작권법 제125조 제1항.
92) 현행 저작권법 제125조 제2항.

피해 저작재산권자의 손해액에 대한 입증의 편의를 도모하기 위한 규정으로서 최소한 제3항의 규정에 의한 금액은 보장해 주려는 것"이라고 판시한 바 있는데,[93] 최소한의 보장이라는 표현에 무게를 둔다면 대법원도 이 규정을 간주규정에 가깝게 보는 것이라고 하여 손해발생의제설에 따른 것으로 해석하는 견해가 있다.[94]

　　영업비밀에 관한 하급심에서는 "영업비밀은 그 속성상 공연히 알려지지 아니하여야 그 가치를 가지는 것이라 할 것이므로, 그것이 실제로 사용되든 또는 사용되지 아니하든 상관없이 영업비밀 보유자 이외의 타인에게 공개되는 것만으로 재산적 가치가 감소되는 것인바, 부정하게 영업비밀을 취득하고 이를 공개하였다면 특별한 사정이 없는 한 그것만으로도 영업비밀 보유자는 침해행위자에게 영업비밀보호법 제14조의2 제3항에 따라 '영업비밀의 사용에 대하여 통상 받을 수 있는 금액에 상당하는 액'을 손해배상으로서 구할 수 있다"라고 판시한 예가 있다.[95]

라. 검　토

　　부정경쟁행위 또는 제3조의2 제1항이나 제2항을 위반한 행위의 경우에는 상표권과 유사하게 보아 손해불발생의 항변을 인정할 수 있을 것이지만, 영업비밀 침해행위의 경우에는 상표법 제110조 제4항에 관한 대법원 판결이 그대로 적용될 수 있다고 보기는 어렵다.[96] 이는 우리 법체계가 상표권에 대하여 가지는 평가와 영업비밀, 특허권 등에 대하여 가지는 평가가 다르기 때문이다.[97] 특허권은 기술의 발전이라는 점에서 그 자체로 재산적 가치를 가지고, 영업비밀은 그 속성상 공연히 알려지지 아니하여야 그 가치를 가지는 것임에 비하여, 상표는 설령 그 창작을 위한 노력과 투자가 큰 경우에 있어서도 영업표지로서 사용에 의하여 업무상 신용이나 고객흡인력을 축적해 나가는 것이기 때문에 이러한 신용이나 고객흡인력이 화

---

93) 대법원 1996. 6. 11. 선고 95다49639 판결 [공1996, 2121].

94) 정상조·박성수 공편, 앞의 책, 240면.

95) 서울고등법원 2006. 11. 14. 선고 2005나90379 판결 [비공개], 상고기간 도과로 확정되었다. 이 판결에 대하여는 "달리 이 사건 영업비밀에 대하여 통상사용료를 얻을 가능성조차 전혀 없다는 점에 관한 피고들의 주장·입증이 없는 이상" 피고들에게 위 영업비밀보호법 규정에 따른 손해배상책임이 있다고 설시하여, 반대사실의 입증을 통해 위 규정에 의한 추정의 효과를 복멸시킬 수 있는 여지를 남겨 두고 있는 것으로 보인다는 견해가 있다(송재섭, 앞의 논문, 13).

96) 특허법 제128조 제3항에 관한 논의로는 정상조·박성수 공편, 앞의 책, 240-241면.

97) 朴晟秀, "구 상표법 67조 2항의 법적 성격", 한국정보법학회 편, 정보판례백선(Ⅰ), 博英社 (2006), 240면.

체되지 아니한 불사용상표의 객관적 가치는 매우 미미하거나 없을 수도 있다.98)

2. 실시료 상당액의 산정

가. 통상적으로 받을 수 있는 금액의 의미

통상적으로 받을 수 있는 금액이란 침해자에게 실시를 허락하였다면 받을 수 있었을 액이 아니라 일반적으로 타인에게 실시허락을 하였다면 받을 수 있었을 액을 의미한다. 실시권이 설정되어 있는 경우에는 그 실시료를 참고할 수 있을 것이지만,99) 실시권이 설정되어 있지 않을 경우에는 피침해자가 주장하는 액수의 범위 내에서 법원이 감정이나 사실조회 등의 증거조사방법을 통하여 이를 결정하게 될 것인데, 실시료율이나 단위당 실시료의 액수는 피침해자의 증명이 없어도 법원이 현저한 사실이나 변론 전체의 취지로부터 인정할 수 있으나, 침해자의 판매수량과 판매가액에 관하여는 피침해자가 주장증명책임을 부담한다.100)

다만 영업비밀의 경우에는 다른 지식재산권과 달리 그 거래·이전 사례나 실시료 산정을 위하여 참고할 수 있는 유사한 기술거래 사례가 없는 경우가 대부분이고 그 보호범위가 확실하지 않으며, 보호되는 것 역시 어떤 기술의 가치보다 비밀로서 유지됨으로써 향유할 수 있는 경제적 가치를 의미하게 되는 경우가 많기 때문에, 이 조항에 의한 실시료 상당액을 인정하기는 쉽지 않다.101)

나. 실시료 상당액 산정의 기준시

특허의 실시료 상당액 산정의 기준시에 관하여는, 원칙적으로 사후적으로 보아 객관적으로 상당한 액으로 해석하여야 한다는 견해,102) 실시료 상당액의 기준은 침해시를 기준으로 하면 배상액이 소액에 그치게 되어 불공평하므로 사실심 변

---

98) 全孝淑, 앞의 논문, 448면.
99) 특허법에 관한 판례로서, 대법원 2006. 4. 27. 선고 2003다15006 판결 [집54(1)민, 143; 공 2006. 6. 1.(251), 879]에서는 특허법 제128조 제3항에 의하여 특허발명의 실시에 대하여 통상 받을 수 있는 금액에 상당하는 액을 결정함에 있어서는, 당해 특허발명에 대하여 특허권자가 제3자와 사이에 특허권 실시계약을 맺고 실시료를 받은 바 있다면 그 계약 내용을 침해자에게 도 유추적용하는 것이 현저하게 불합리하다는 특별한 사정이 없는 한 그 실시계약에서 정한 실시료를 참작하여 위 금액을 산정하여야 하며, 그 유추적용이 현저하게 불합리하다는 사정에 대한 입증책임은 그러한 사정을 주장하는 자에게 있다고 판시한 바 있다.
100) 李均龍, 앞의 논문, 75-76면.
101) 윤선희·김지영, 「부정경쟁방지법」, 법문사(2012), 358면.
102) 孫京漢 編, 「新特許法論」, '特許權侵害로 인한 損害賠償', 法英社(2005), 817면(全孝淑 집필 부분).

론종결시를 기준으로 하고 그간의 모든 사정을 고려하여 결정하여야 한다는 견해,103) 상당한 실시료 산정의 기준시점은 침해행위시를 기준으로 하되, 사실심의 변론종결시에 명확하게 밝혀진 침해기간 중의 특허발명의 가치에 관한 전체의 증거를 참작하여 합리적인 당사자라면 침해행위 개시 시에 합의하였을 실시료액을 기준으로 하여야 한다는 견해104) 등이 있다. 한편, 상표의 사용료 상당액 산정의 기준시에 관하여는 불법행위시인 침해행위가 발생한 때로 보는 견해105) 외에는 국내에서는 별다른 논의가 없다.

대법원에서는 특허법 제128조 제3항에 의하여 변론종결시까지 변론과정에서 나타난 여러 가지 사정을 모두 고려하여 객관적, 합리적인 금액으로 결정하여야 한다고 판시하였다.106)

3. 실시료 상당액 산정에 관한 판결

가. 대법원 판결107)

1) 대법원 2006. 4. 27. 선고 2003다15006 판결

특허법 제128조 제3항에 의하여 특허발명의 실시에 대하여 통상 받을 수 있는 금액에 상당하는 액을 결정함에 있어서는, 특허발명의 객관적인 기술적 가치, 당해 특허발명에 대한 제3자와의 실시계약 내용, 당해 침해자와의 과거의 실시계약 내용, 당해 기술분야에서 같은 종류의 특허발명이 얻을 수 있는 실시료, 특허발명의 잔여 보호기간, 특허권자의 특허발명 이용 형태, 특허발명과 유사한 대체기술의 존재 여부, 침해자가 특허침해로 얻은 이익 등 변론종결시까지 변론과정에서 나타난 여러 가지 사정을 모두 고려하여 객관적, 합리적인 금액으로 결정하여야 하고, 특히 당해 특허발명에 대하여 특허권자가 제3자와 사이에 특허권 실시계약을 맺고 실시료를 받은 바 있다면 그 계약 내용을 침해자에게도 유추적용하는 것이 현저하게 불합리하다는 특별한 사정이 없는 한 그 실시계약에서 정한 실시료를 참작하여 위 금액을 산정하여야 하며, 그 유추적용이 현저하게 불합리하다는 사정에 대한 입증책임은 그러한 사정을 주장하는 자에게 있다고 판시하였다.

---

103) 송영식 외 6인, 앞의 책(상), 669면; 박성수, 앞의 책, 305면.
104) 安元模, 앞의 책, 255면.
105) 김병일, 앞의 논문, 94면.
106) 대법원 2006. 4. 27. 선고 2003다15006 판결 [집54(1)민, 143; 공2006. 6. 1.(251), 879].
107) [집54(1)민, 143; 공2006. 6. 1.(251), 879].

2) 대법원 2008. 4. 24. 선고 2006다55593 판결[108]

구 저작권법(2006. 12. 28. 법률 제8101호로 개정되기 전의 것) 제93조 제2항에 따라 손해액을 산정함에 있어 그 권리의 행사로 통상 얻을 수 있는 금액에 상당하는 액이라 함은 침해자가 저작물의 이용허락을 받았더라면 그 대가로서 지급하였을 객관적으로 상당한 금액을 말하는 것으로, 저작권자가 침해행위와 유사한 형태의 저작물 이용과 관련하여 저작물이용계약을 맺고 이용료를 받은 사례가 있는 경우라면, 특별한 사정이 없는 한 그 이용계약에서 정해진 이용료를 저작권자가 그 권리의 행사로 통상 얻을 수 있는 금액으로 보아 이를 기준으로 손해액을 산정함이 상당하다는 전제 하에 원심이 원고와 피고 사이에 2000. 5. 23. 체결된 이 사건 3곡에 대한 저작권 이용료를 기준으로 이 사건 3곡에 대한 저작권 침해로 인한 손해액을 산정하였음은 옳다고 판시하였다.

3) 대법원 2001. 11. 30. 선고 99다69631 판결[109]

저작권자가 침해행위와 유사한 형태의 저작물 사용과 관련하여 저작물사용계약을 맺고 사용료를 받은 사례가 있는 경우라면, 그 사용료가 특별히 예외적인 사정이 있어 이례적으로 높게 책정된 것이라거나 저작권 침해로 인한 손해배상청구소송에 영향을 미치기 위하여 상대방과 통모하여 비정상적으로 고액으로 정한 것이라는 등의 특별한 사정이 없는 한, 그 사용계약에서 정해진 사용료를 저작권자가 그 권리의 행사로 통상 얻을 수 있는 금액으로 보아 이를 기준으로 손해액을 산정함이 상당하다고 판시하였다.

4) 대법원 2003. 3. 11. 선고 2000다48272 판결[110]

이 사건 등록고안에 관하여 원고 임동순이나 원고들이 체결한 기존의 각 실시허락계약을 보면 매출금액의 3%를 통상실시료로 지급하기로 약정하였고 위 실시료율 3%는 이 사건 등록고안의 기술내용과 기여도 등을 고려하여 정한 것으로 보이며, 달리 위 실시료율이 부당하다고 볼 만한 자료를 기록상 찾아보기 어려운 이상, 통상실시료 상당의 금액을 손해배상으로 구하는 이 사건에 있어서 피고들이 배상할 손해액은 위 실시료율에 의하여 산정함이 상당하다고 판시하였다.

---

108) [비공개].
109) [공2002. 1. 15.(146), 160].
110) [공2003. 5. 1.(177), 959].

나. 하급심 판결

1) 부산고등법원 1996. 6. 27. 선고 95나3886 판결[111]

피고가 원고의 의장권의 권리범위 내에 속하는 제품 합계 금 1,556,774,710원 (1,505,622,610원＋51,152,100원) 상당을 납품한 사실은 앞서 인정한 바와 같고, 증거를 종합하면 등록의장권자의 실시료는 통상 매출액의 3% 내지 5%인 사실을 인정할 수 있으므로, 원고는 피고의 위 의장권침해행위로 인하여 적어도 피고가 납품한 위 제품들에 대하여 3%의 실시료에 상당하는 금 46,703,241원(1,556,774,710원×3/100)의 손해는 입었다고 판시하였다.

2) 대구고등법원 2013. 2. 1. 선고 2011나6183 판결[112]

일반적으로 사용료는 기존에 상표권 사용계약이 있었으면 그에 따르고, 사용계약이 없는 경우에는 업계의 통상적인 사용료 등에 거래의 개별사정을 고려하여 적정하게 산정한 사용료율에 침해물건의 판매가격을 곱하는 방식에 의하여 산정하는 것이 보통이라는 전제 아래, 감정결과에 의하여 원고가 피고로부터 2004년부터 2007년까지 받을 수 있었던 원고 상표의 통상사용료율[113]을 0.5%로 인정하였다.

3) 서울중앙지방법원 2009. 5. 6. 선고 2007가합46652 판결[114]

피고 1은 원고 2와 이 사건 가맹계약을 체결하면서 월 카드매출액의 1%에 해당하는 금액을 로열티로 지급하기로 한 점, 원고 1은 원고 2의 대표이사로서 피고 1과 이 사건 가맹계약을 직접 체결한 점 등을 감안할 때, 피고들이 원고 1에게 이 사건 서비스표 사용의 대가로 통상 지급하여야 할 금원은 '월 카드매출액의 1%에 해당하는 금액'이라고 판시하였다.

4) 광주지방법원 2008. 9. 4. 선고 2007가합10766 판결[115]

① 원고는 2006. 3. 15. A 주식회사에게 2005. 11. 28.부터 2006. 11. 27.까지 사이에 이 사건 특허권 및 이 사건 디자인권에 관하여 통상실시권을 설정함에 있어서 A 주식회사와 사이에 보강토 옹벽용 블록 및 보강토 옹벽의 마감형 블록에 관하여는 개당 각 금 2,000원, 블록 연결용 투 핀에 관하여는 개당 금 500원의 실시료를

---

111) [비공개] 상고되었으나 대법원 1997. 2. 14. 선고 96다36159 판결로 상고기각되었다.
112) [비공개], 대법원 2013. 7. 25. 선고 2013다21666 판결 [공2013하, 1596]로 상고기각되었다.
113) 통상사용료율＝기업가치×상표기여도/총매출액.
114) [비공개], 항소기간 도과로 확정되었다.
115) [비공개] 항소되었으나 항소취하로 확정되었다.

각 지급받기로 약정한 사실, ② 그 후 원고는 2008. 1. 16. A 주식회사에게 2008. 1. 16.부터 2009. 1. 15.까지 사이에 이 사건 디자인권에 관하여 실시권을 설정함에 있어서 A 주식회사와 사이에 ①항 기재와 같은 금액의 실시료를 지급받기로 약정한 사실을 인정할 수 있는바, 위 인정사실에 의하면, 피고에게 위 실시료를 유추 적용함이 현저하게 불합리하다는 사정을 찾아볼 수 없는 이 사건에 있어서 위 실시료를 원고가 받은 손해액을 산정함에 있어서 기준으로 삼음이 상당하다고 판시하였다.

Ⅶ. 상당한 손해액의 인정[116]

1. 취   지

이는 자유심증주의하에서 손해가 발생된 것은 인정되나 손해액을 증명하기 위하여 필요한 사실을 증명하는 것이 해당 사실의 성질상 극히 곤란한 경우에는 증명도·심증도를 경감함으로써 손해의 공평·타당한 분담을 지도원리로 하는 손해배상제도의 이상과 기능을 실현하고자 하는 데 취지가 있는 것이지, 법관에게 손해액 산정에 관한 자유재량을 부여한 것은 아니다.[117]

2. 적용요건

본 조항을 적용하기 위하여는 손해의 발생이 인정되어야 하고, 그 손해액을 증명하기 위하여 필요한 사실을 증명하는 것이 해당 사실의 성질상 극히 곤란한 경우에 해당하여야 한다. 손해 발생에 관한 증명책임은 피침해자에게 있다. 손해액을 증명하기 위하여 필요한 사실을 증명하는 것이 해당 사실의 성질상 극히 곤란한 경우의 예로 '침해자가 매입·매출관계 서류를 전혀 작성치 않았거나 제출하지 아니한 경우',[118] '특허침해의 규모를 알 수 있는 자료가 모두 폐기되어 그 손해액을 증명하기 위하여 필요한 사실을 증명하는 것이 어렵게 된 경우'[119] 등을 들 수 있다.

상표권에 관한 대법원 2005. 1. 13. 선고 2002다67642 판결[120]에서는, 증거에 의하여 산정한 피고의 이익 금액에는 이 사건 등록상표권의 침해행위에 의하여 얻

---

116) 제14조의2 제5항.
117) 대법원 2011. 5. 13. 선고 2010다58728 판결 [공2011상, 1156].
118) 송영식 외 6인, 앞의 책(상), 670면.
119) 대법원 2006. 4. 27. 선고 2003다15006 판결 [집54(1)민, 143; 공2006. 6. 1.(251), 879].
120) [비공개].

은 이익과 무관한 정상적인 영업이익 및 피고가 종래부터 구축한 영업망이나 경영 수완에 의한 이익 등의 기여요인에 의한 이익이 포함되어 있기 때문에 그 이익 전부를 곧바로 침해행위에 의하여 얻은 것이라고 할 수 없지만, 달리 침해행위에 의하여 얻은 이익액을 인정할 증거가 없고, 이 사건 등록상표의 통상사용료를 산정할 자료도 없어, 결국 피고의 이 사건 등록상표권의 침해행위로 인한 손해액을 증명하기 위하여 필요한 사실을 증명하는 것이 해당 사실의 성질상 극히 곤란한 경우에 해당한다고 판시한 바 있다.

3. 적용 효과

가. 적정손해배상

법원은 변론 전체의 취지와 증거조사의 결과에 기초하여 상당한 손해액을 인정할 수 있다. 법원이 구체적 손해액을 판단할 때에는 손해액 산정 근거가 되는 간접사실들의 탐색에 최선의 노력을 다해야 하고, 그와 같이 탐색해 낸 간접사실들을 합리적으로 평가하여 객관적으로 수긍할 수 있는 손해액을 산정해야 한다.[121] 특허법 제128조에 관한 분석이기는 하나, 일응 제2항 또는 제3항을 적용하되 보충적으로 제5항을 함께 적용한 사건[122]이나 형식상 제5항에 의하여 손해액을 인정하였으나 사실상 제2항에 따른 산정방식에 의한 금액을 그대로 인정한 사건[123]의 인용률(청구금액 대비 인용금액의 비율)은 평균 73%로 오히려 전체 사건의 인용률 평균보다 높았으나, 순수하게 제5항만에 의하여 산정된 사건의 인용률은 평균 44.9%로 전체 사건의 인용률 평균보다 낮았는데, 이러한 점에 비추어보면 비록 보충적으로 제5항에 의하여 손해액 산정을 하더라도 충실한 증거조사가 중요하고 할 것이다.[124] 실무에서는 제1 내지 4항에 따라 손해액을 산정하기 곤란한 경우 제5항에 따른 손해액의 인정이 폭넓게 이루어지고 있는데, 제5항에 따라 손해액을 인정함에 있어서 종래에는 손해액의 구체적인 인정 근거를 밝히지 않은 채 단순히 결론만을 설시한 예가 많았으나, 최근에는 그와 같이 손해액을 인정하게 된 이유를 구체적으로 설시

---

121) 대법원 2011. 5. 13. 선고 2010다58728 판결 [공2011상, 1156].
122) 예컨대, 서울중앙지방법원 2013. 8. 23. 선고 2012가합76619 판결; 서울중앙지방법원 2013. 12. 20. 선고 2012가합68717 판결 등(판결내용은 다음의 관련 판결례 참조).
123) 예컨대, 서울중앙지방법원 2014. 4. 11. 선고 2012가합107636 판결(판결내용은 다음의 관련 판결례 참조).
124) 염호준, "특허침해소송에서의 적정 손해액 산정을 위한 개선방안 검토", The 2nd Asia Pacific IP Forum, 서울대학교 기술과법센터(2014), 62−63면, 65−66면.

하는 사례가 점차 증가하고 있다.125)

어느 정도가 상당한 손해액에 해당하는지에 관하여 이를 사회통념상 침해된 손해액으로 이해하는 견해도 있으나,126) 이는 결국 개별 사건에서 법원이 구체적으로 판단할 사항이다.

나. 관련 판결례

1) 대법원 판결

가) 대법원 2006. 4. 27. 선고 2003다15006 판결127)

피고의 특허침해기간이 약 8년 반 정도였는데 이 중 소송 제기 전 5년 반 정도에 대해서는 특허법 제128조 제3항에 의한 실시료 상당액이 청구되고, 그 전 3년 정도에 대해서는 제5항에 의한 상당한 손해액이 청구된 사안이었는데, 원심인 서울고등법원은128) 문서제출명령에 대하여 피고가 매입, 매출 관계 서류의 보존기한은 5년이라는 회사의 내규에 따라 앞의 3년 정도에 해당하는 매출관계서류는 폐기하였다고 주장하자, 자료가 없는 3년간의 기간에 대하여 특허법 제128조 제5항을 적용하여 상당한 손해액을 인정하였다.

나) 대법원 2005. 1. 13. 선고 2002다67642 판결129)

피고가 (가)호 표장 또는 (나)호 표장을 부착한 위 상품의 수입, 판매 수량은 265,752상자(1상자당 24캔)이고, 그 상품의 수입단가는 1상자에 최대 7,000원, 피고가 도매상에 판매하는 가격은 1상자에 최소 8,000원에 이르는 사실을 인정한 다음, 이러한 사실을 토대로 산정한 피고의 이익 금액인 265,752,000원{265,752상자×(8,000원-7,000원)}에는 이 사건 등록상표권의 침해행위에 의하여 얻은 이익과 무관한 정상적인 영업이익 및 피고가 종래부터 구축한 영업망이나 경영수완에 의한 이익 등의 기여요인에 의한 이익이 포함되어 있기 때문에 그 이익 전부를 곧바로 침해행위에 의하여 얻은 것이라고 할 수 없지만, 달리 침해행위에 의하여 얻은 이익액을 인정할 증거가 없고, 한편, 이 사건 등록상표의 통상 사용료를 산정할 자료

---

125) 정희엽, 앞의 논문, 120면.
126) 전수진, "특허침해에 있어서 손해배상액의 산정에 관한 연구", 연세대학교 법무대학원 석사학위논문(2003), 94면.
127) [집54(1)민, 143; 공2006. 6. 1.(251), 879].
128) 서울고등법원 2003. 2. 10. 선고 2001나42518 판결.
129) [비공개].

도 없어, 결국 피고의 이 사건 등록상표권의 침해행위로 인한 손해액을 증명하기 위하여 필요한 사실을 증명하는 것이 해당 사실의 성질상 극히 곤란한 경우에 해당하므로, 상표법 제67조 제5항[130])을 적용하여 그 증거조사 결과에 나타난 이 사건 등록상표의 인지도, 피고가 (가)호 표장 및 (나)호 표장을 피고의 상품에 사용하게 된 경위, 원고와 피고의 사업규모, 수요자와 유통경로의 이동(異同), 기타 변론에 나타난 제반 사정 등을 종합하여 원고의 손해액은 위에서 추산된 피고의 이익 중 60%에 해당하는 금액인 159,451,200원(=265,752,000원×60%)이라고 봄이 상당하다고 판시하였다.

다) 대법원 2005. 5. 27. 선고 2004다60584 판결[131])

상표사용료 상당액의 합계가 133,155,798원이고, 이와 별도로 피고들이 1999. 12.부터 2000. 9.까지 '오리리화장품'이라는 상호를 표시하여 생산·판매한 제품의 총매출액이 804,380,774원에 이르는 점, 피고들이 이 사건 각 등록상표 및 피고들 상표를 사용하게 된 배경, 원고들과 피고들의 상품 및 영업의 동종성, 상표권침해 및 부정경쟁행위의 기간, 그동안 피고들이 보여준 태도와 권리침해의 고의성, 기타 이 사건 변론에 나타난 제반 사정 등을 종합하여, 이 사건 상표권침해 및 부정경쟁 행위로 인하여 피고들이 원고에게 배상하여야 할 손해액을 1억 7천만 원으로 정하였는바, 원심의 이러한 조치는 위 각 규정에 따른 것으로서 정당하며, 그 손해액 또한 비교적 적정하다고 판시하였다.

2) 하급심 판결

가) 서울고등법원 2006. 11. 14. 선고 2005나90379 판결[132])

영업비밀은 그 속성상 공연히 알려지지 아니하여야 그 가치를 가지는 것이라 할 것이므로, 그것이 실제로 사용되든 또는 사용되지 아니하든 상관없이 영업비밀 보유자 이외의 타인에게 공개되는 것만으로 재산적 가치가 감소되는 것인바, 부정하게 영업비밀을 취득하고 이를 공개하였다면 특별한 사정이 없는 한 그것만으로도 영업비밀 보유자는 침해행위자에게 영업비밀보호법 제14조의2 제3항에 따라 '영업비밀의 사용에 대하여 통상 받을 수 있는 금액에 상당하는 액'을 손해배상으로서 구할 수 있다고 보아야 한다. … 다만, 영업비밀의 성격상 이를 타인에게 사용

---

130) 현행 상표법 제110조 제6항.
131) [공2005. 7. 1.(229), 1035].
132) [비공개], 상고기간 도과로 확정되었다.

하도록 하고 그 사용료를 받는 사례는 찾아보기 어려우므로, 이 사건에서 위 영업비밀의 사용에 대하여 통상 받을 수 있는 금액을 입증하는 것이 성질상 극히 곤란한 경우에 해당한다 할 것인바, 피고 1, 2의 원고 회사에서의 근무기간과 직책 및 역할, 위 피고들의 영업비밀 침해행위의 태양, 위 침해된 영업비밀의 성질과 내용, 위 침해된 영업비밀과 피고 회사가 현재 생산하고 있는 백색 LED의 제조방법이 상이한 점 등 이 사건 변론 전체 취지와 증거조사 결과를 기초로 할 때 그 손해배상액을 5,000만 원으로 정함이 상당하다.

　　나) 서울중앙지방법원 2013. 8. 23. 선고 2012가합76619 판결[133]

　　이 법원에 제출된 증거들을 모두 종합하여 보더라도, 위 피고 제품 2,292개의 1개당 평균 판매 가격 및 위 피고 제품 2,292개를 제조 및 판매하는 데 지출된 비용을 산정할 수 없고, 달리 이를 인정할 자료가 없는바, 이는 특허권 침해로 원고에게 손해가 발생한 사실은 인정되나 원고가 입은 손해액을 산정하기 어려운 경우에 해당한다고 할 것이므로, 일응 원고가 구하는 바에 따라 특허법 제128조 제2항에 의하여 원고의 손해액으로 추정되는 피고의 이익액을 산정하되, 보충적으로 같은 조 제5항을 함께 적용하여 판단하기로 한다.

　　다) 서울중앙지방법원 2013. 12. 20. 선고 2012가합68717 판결[134]

　　원고는 이 사건 특허발명에 관한 제품 1개당 통상실시료가 3,000원이라고 주장하나, 증거들만으로는 이 사건 특허발명에 관한 제품 1개당 통상실시료가 3,000원에 이른다고 인정하기에 부족하고 달리 이 사건 특허발명에 관하여 실시료 상당액으로서 객관적으로 상당한 액을 산정할 만한 증거가 없다. 이는 특허권 침해로 원고에게 손해가 발생한 사실은 인정되나 원고가 입은 손해액을 산정하기 어려운 경우에 해당한다고 할 것이므로, 원고가 구하는 바에 따라 특허법 제128조 제3항에 의하여 그 특허발명의 실시에 대하여 통상 받을 수 있는 금액에 상당하는 액을 손해의 액으로 하되 보충적으로 특허법 제128조 제5항을 함께 적용하여 손해액을 산정해 보건대, 증거들을 종합하여 인정되는 다음과 같은 사정 즉, ① 2011년경 피고 제품이 일반수요자들에게 50,000~70,000원에 판매된 점, ② 통상실시권의 실시료율이 일반적으로 2%~5% 정도로 정해지는 점 등 이 사건 변론에 나타난 제반 사정을 모두 종합해 보면, 이 사건 특허발명에 대한 통상실시권의 실시료 상당액을 제

---

133) [비공개], 서울고등법원 2013나61376호로 항소되었고 2014. 4. 18. 강제조정되었다.
134) [비공개], 서울고등법원 2014나6826호로 항소되었다가 2014. 9. 15. 항소취하로 확정되었다.

품 1개당 1,500원(=50,000원×3%)으로 정함이 상당한바, 결국 피고 1, 2의 공동침해행위로 인한 원고의 손해액은 134,595,000원(=89,730개×1,500원), 피고 1, 3의 공동침해행위로 인한 원고의 손해액은 2,097,000원(=1,398개×1,500원), 피고 1의 침해행위로 인한 원고의 손해액은 74,494,500원(=49,663개×1,500원)이 된다.

라) 서울중앙지방법원 2014. 4. 11. 선고 2012가합107636 판결[135]

피고가 설립 이후 2013년경까지 피고 제품을 주식회사 롯데리아에 판매하여 얻은 매출액은 921,518,790원(= 피고의 총 매출액 6,981,202,960원 × 피고 제품의 비율 13.2%, 원 미만은 버림, 이하 같다) 정도인 사실, 국세청이 고시하는 '연소기 및 관련기기'(코드번호 : 291401) 제조업의 단순경비율은 2010년부터 2012년까지 88.6%인 사실을 인정할 수 있으나, 위 단순경비율은 국세청이 해당 업종의 매출액 또는 수입액에서 신고자의 편의 또는 소득세 부과의 편의를 위해 통계자료를 바탕으로 규범적 판단을 거쳐 결정하는 것으로, 위 단순경비율을 제외한 나머지 11.4%를 피고 제품에 대한 이익률이라고 단정할 수는 없다. 그런데 이 사건의 경우 손해가 발생한 사실은 인정되나 손해액 산정을 위한 기초자료(특히 영업이익률을 산정할 수 있는 자료)가 침해자인 피고에게 편중되어 있어 그 손해액을 증명하기 위하여 필요한 사실을 증명하는 것이 성질상 극히 곤란한 경우에 해당하므로, 특허법 제128조 제5항에 따라 법원이 변론 전체의 취지와 증거조사의 결과에 기초하여 상당한 손해액을 인정할 수 있다. 앞서 인정한 피고 제품에 대한 매출액, 피고 제품이 속하는 '연소기 및 관련기기' 제조업의 표준소득률(100%에서 단순경비율을 공제한 비율이다), 피고의 실제 영업이익률이 위 표준소득률보다 현저히 낮다고 볼 만한 사정이 보이지 않는 점과 기타 이 사건 변론 과정에서 나타난 여러 사정을 고려하면, 피고가 피고 제품을 생산, 판매함으로써 원고가 입은 손해는 피고 제품을 주식회사 롯데리아에 판매하여 얻은 매출액 921,518,790원에 '연소기 및 관련기기' 제조업의 표준소득률 11.4%를 곱한 105,053,142원이라고 봄이 상당하다.

---

135) [비공개], 항소기간 도과로 확정되었다.

제 4 절   영업비밀침해금지 가처분

박창수(김앤장 법률사무소 변호사)

Ⅰ. 서   론

영업비밀 침해금지가처분은 영업비밀을 침해하거나 침해할 우려가 있는 자에게 금지청구권에[1] 기한 본안결정에서 명하게 될 침해금지의 부작위의무를 미리 부과하는 점에서 임시의 지위를 정하기 위한 가처분에 속하며, 가처분에서 명하는 부작위의무가 본안소송에서 명할 부작위의무와 내용상 일치하는 이른바 만족적 가처분에 속한다.[2]

영업비밀 침해금지가처분은 기술사상 등을 내용으로 한다는 점에서 특허권침해금지가처분과 유사한 면이 있으나, 비교적 단기간인 영업비밀 침해금지기간의 설정으로 인하여 통상 특허권침해금지청구보다 급박하게 처리되어야 할 경우가 많고, 다른 한편 같은 이유로 인하여 가처분이 인용될 경우 채무자로서는 불복의 기회를 갖기 어렵게 될 수 있다는 점에서 다른 어떤 유형의 사건보다도 신속, 적정이라는 민사소송의 두 가지 이상의 적절한 조화가 요구된다.

영업비밀 침해금지의 가처분이 인용되면 채무자는 사안에 따라 다를 수 있겠으나, 대개는 경제활동이 전면적으로 금지되거나 치명적인 손해를 입을 우려가 있으므로 영업비밀을 침해하는 행위만을 엄격히 특정한 후 신중하게 발령하여야 한다. 따라서 일반의 지적재산권 침해금지가처분 사건과 마찬가지로 영업비밀침해금지 가처분 사건도 심문기일을 지정하는 것이 거의 대부분이고, 단순하게 서면심리만으로 가처분을 발령하는 경우는 없다.[3]

---

1) 부정경쟁방지 및 영업비밀보호에 관한 법률(이하 '부경법') 제4조.
2) 법원행정처, 법원실무제요 「민사집행 Ⅳ」, 2003, 310면.
3) 법원행정처, 법원실무제요 「민사집행 Ⅳ」, 2003, 320면, 민사집행법 제304조.

영업비밀침해금지가처분은 실질적으로 사건을 종국시키는 경우가 많으므로, 신중을 기할 필요는 있으나, 침해가 인정되더라도 침해금지 기간이 단기간에 그치는 사정을 감안하면 본안소송과 같은 정도와 시간을 들여 과도한 심리를 하는 것은 적절치 않은 측면이 있다.

Ⅱ. 피보전권리 및 보전의 필요성

1. 피보전권리

영업비밀 침해금지가처분의 피보전권리는 채권자의 영업비밀에 기한 금지청구권 및 채무자의 침해금지 부작위의무라는 권리의무 관계의 존재이다. 피보전권리의 존부는 결국 채무자의 행위가 영업비밀 침해행위를 구성하느냐에 달려 있다(침해여부 판단에 관하여는 침해금지청구 부분을 참조).

영업비밀침해금지청구의 요건사실은 ① 채권자가 영업비밀 보유자일 것, ② 채무자가 영업비밀 침해행위를 하거나 하려는 자일 것, ③ 채무자의 침해행위로 인하여 영업상의 이익이 침해되거나 침해될 우려가 있을 것이고, 손해배상청구와 달리 고의나 과실이 필요하지는 않다. 금지청구권자는 영업비밀의 보유자 등이고 이에는 영업비밀의 최초 개발자, 정당한 양수인, 사용허락을 받은 사용자 등이 포함된다. 금지청구의 상대방은 영업비밀을 침해하는 자 또는 침해하고자 하는 자로서, 침해행위를 현재 진행 중인 자 또는 착수하였거나 착수할 개연성이 상당히 높은 자이다.

만족적 가처분의 특성과 제한적 심리로 인하여 본안소송에서 금지청구나 손해배상을 할 수 있는 사안임에도 피보전권리의 소명이 부족하다는 이유로 가처분신청이 배척되는 경우가 드물지 않게 발생한다.

2. 보전의 필요성

영업비밀 침해금지가처분의 피보전권리가 인정되면 보전의 필요성은 따로 판단하지 않는 것이 실무경향이다. 영업비밀 침해금지기간이 2~3년 사이의 비교적 단기간으로 설정되기 때문에 본안소송이 종료될 무렵에는 기산일(침해일 또는 침해 발생의 우려일)로부터 침해금지의 기간이 이미 종료될 가능성이 높기 때문이다.

다만, 침해행위가 있었더라도 다른 경로로 영업비밀이 알려져 더 이상 금지하는 것이 부당히 경쟁을 제한하는 결과를 초래할 수 있다면 보전의 필요성은 부정될 수 있다. 채권자가 침해행위 등을 안 날로부터 상당한 기간이 경과한 시점에서 영업비밀침해금지 가처분을 제기하였다 해도, 이미 영업비밀 침해금지기간이 경과한 경우를 제외하고는 그러한 사정만으로 보전의 필요성을 부정하는 것은 바람직하지 않다.

영업비밀침해금지가처분은 현저한 손해를 피하거나 급박한 위험을 막기 위하여 또는 그 밖의 필요한 이유가 있을 경우에 하여야 할 것이고(민사집행법 제300조 제2항), 만족적 가처분에 속하기 때문에 보전의 필요성에 관하여 보다 고도의 소명을 필요로 한다. 채권자나 채무자의 영향, 본안의 승소가능성, 공공복리에 미치는 영향 등이 고려 대상이 된다.[4] 이하 영업비밀에 국한된 것은 아니지만, 대법원 판례에 나타난 보전의 필요성의 판단기준에 대하여 살펴본다.

가. 채권자가 입은 피해의 정도[5]

가처분 신청이 기각될 경우 본안결정의 선고나 확정시까지 채권자가 입게 될 손해, 시장점유율의 감소, 매출의 감소, 판매가격의 저하, 판매경비의 증가에 따른 재산적 손해와 침해행위로 인한 명예, 신용의 훼손 등 정신적 손해가 모두 포함될 수 있다. 영업비밀을 개발하기 위해서 투여한 연구개발비나 노력, 시간의 규모가 크고, 당해 분야에서 경쟁이 치열하고, 기술이나 경영 정보의 변화의 속도가 빠를수록 보전의 필요성이 높아진다.

한편, 시장점유율의 감소, 신용 저하 등과 같이 금전적 배상으로 충분치 않거나, 방치하면 회복하기 어려운 손해가 예상될 때에도 보전의 필요성이 커진다. 따라서 채무자의 자력이 담보된다거나, 금전적 배상이 가능하다는 것은 영업비밀침해금지 가처분을 기각할 정당한 사유가 되지 아니한다.

채권자가 영업비밀의 침해사실을 알고도 상당한 기간이 경과하도록 가처분 신청 등 적극적인 조치를 하지 않은 사실은 보전의 필요성에 부정적 요소로 작용할 수 있으나, 채권자가 다른 수단으로 영업비밀의 침해를 최소화 하기 위한 노력을 기울인 사정 등이 엿보일 때에는 보전의 필요성을 부정하기는 어려울 것이다.

---

4) 대법원 1993. 2. 12. 선고 92다40563 판결.
5) 법원행정처, 법원실무제요 「민사집행 IV」, 2003, 317면.

나. 영업비밀의 실시 여부

채권자가 영업비밀을 실시하고 있지 않다면 보전의 필요성은 인정받기가 쉽지 아니하다.[6] 그러나 채권자가 영업비밀을 실시하고 있는 경우라도 채권자의 실시상황과 채무자의 실시상황을 비교하여 채권자의 사용실태가 극히 미미하다면 사안별로 보전의 필요성은 달리 판단될 수 있다.[7] 그리고 채무자가 영업비밀을 더 이상 사용하거나 침해하고 있지 아니하고, 앞으로도 사용할 우려가 적다는 정황도 보전의 필요성을 판단함에는 중요한 요소가 될 수 있다.

다. 채무자가 입게 될 손해

가처분의 인용으로 채무자가 입게 될 손해 역시 보전의 필요성에서 당연히 고려될 수 있다. 다만 그것이 채무자가 고의나 과실로 자초한 것인지 감안하여야 하고, 채무자가 입게 될 손해가 채무자의 사업 비중에서 낮다면 보전의 필요성은 보다 쉽게 인정 가능할 것이다.[8]

라. 본안에서의 승소가능성과 공공복리에 미치는 영향

본안소송에서의 승소가능성은 실무상 보전의 필요성을 판단하는 매우 중요한 요소이고, 가처분으로 인하여 본안결정의 확정시까지 공공복리에 심각한 위해가 발생할 우려가 있다면 그러한 공익적 요소까지 고려하여 보전의 필요성 유무를 판단하게 될 것이다.[9]

예를 들어, 영업비밀로 주장되고 있는 것이 단순한 사치품이나 기호품에 대한 것이 아니라, 일반 공중의 일상생활과 밀접한 생활필수품이나 의약품 등에 관한 것이거나 쉽게 대체하기 어려운 것과 관련된 것이라면, 채권자가 입을 손해와 채무자가 입을 손해뿐만 아니라 공공에 미치는 영향까지 고려하여 나중에 본안에서 영업비밀침해로 판단되더라도 금전적 배상으로 충분히 회복이 가능하다면 쉽사리 보전의 필요성을 인정하기는 어려울 것이다.

---

6) 미실시의 이유, 미실시의 기간, 구체적인 실시계획의 존재 등을 종합적으로 검토하여 위와 같은 미실시를 정당화 할 만한 특별한 사정이 있는 경우에는 보전의 필요성을 인정할 수 있다.
7) 법원행정처, 법원실무제요 「민사집행 IV」, 2003, 318면.
8) 법원행정처, 법원실무제요 「민사집행 IV」, 2003, 319면.
9) 법원행정처, 법원실무제요 「민사집행 IV」, 2003, 319면.

Ⅲ. 신청에 대한 재판 및 집행

대법원은 특별한 사정이 없는 한 영업비밀의 침해금지가처분 결정에 금지 기간을 정하지 않았다 하여 위법하다고 할 수 없다고 보고 있다.10)

1. 영업비밀침해금지 가처분 신청의 관할

가. 본안의 관할법원 또는 다툼의 대상이 있는 곳을 관할하는 지방법원

가처분 재판은 본안의 관할법원 또는 다툼의 대상이 있는 곳을 관할하는 지방법원이 관할한다(민사집행법 제303조). 본안의 관할법원은 본안소송이 계속 중이거나 장차 제기될 제1심 법원을 말하고(동법 제311조 본문), 본안이 제2심에 계속된 때에는 그 계속된 법원을 말한다(동조 단서). 본안이 상고심에 계속 중이면 그 소송이 제기된 제1심 법원이 가처분사건의 관할법원이 된다.11) 본안사건에 대하여 결정이 선고된 후 항소나 상고로 기록 송부 전이면 기록이 있는 법원이 본안법원이 된다.12)13)

영업비밀침해금지 가처분에서 본안의 관할법원이란 금지청구소송이 계속 중이거나 금지청구소송을 관할할 수 있는 법원만을 말한다. 예를 들어, 영업비밀 보유자가 자신의 주소지 관할법원에 본안소송으로 손해배상청구소송만 제기한 상태에서 그 법원에 침해금지가처분신청을 제기하면 그 주소지 관할법원은 침해금지 가처분신청사건에 대한 관할이 없으므로, 침해금지청구사건의 관할법원인 채무자, 즉 영업비밀 침해행위자의 주소지 관할법원으로 이송하여야 한다.14) 영업비밀침해금

---

10) 대법원 2009. 3. 16.자 2008마1087 결정. 위 결정은 종전의 대법원 1996. 12. 23. 선고 96다16605 판결의 취지(영구적인 금지조치 부인)와 상반된다고 보기는 어렵다.

11) 구 민사소송법(2002. 1. 26. 법률 제6626호로 전부개정되기 전의 것) 제715조(현행 민사집행법 제301조), 제706조(현행 민사집행법 제288조)에 의하면 사정변경에 의한 가처분취소사건의 관할법원은 본안이 계속된 때에는 본안법원이라 할 것이고, 그 관할은 전속관할이라 할 것이며, 구 민사소송법 제722조(현행 민사집행법 제311조)의 규정에 의하면 위의 본안 관할법원은 제1심 법원이고 본안이 제2심에 계속한 때에는 그 계속법원이라 할 것이나, 그 본안이 상고심에 계속된 때에는 제1심 법원이 위의 소정 본안법원이라 할 것이다(대법원 1969. 3. 19.자 68스1 결정). 같은 취지의 결정으로는 대법원 2002. 4. 24.자 2002즈합4 결정.

12) 본안사건의 제2심에서 이미 판결 선고가 된 후 그 법원에 가처분신청이 되었다 하더라도 기록이 동 법원에 있는 동안은 아직 위 본안사건은 계속 중이라 할 것이므로 그 가처분명령 신청사건의 전속관할법원이 된다(대법원 1960. 6. 30.자 4293민재항115 결정).

13) 본안사건에 대하여 제1심 법원에서 결정이 선고된 후 가처분신청이 있는 경우에 당시 위 본안사건은 아직 기록이 동 법원에 있었다면 위 가처분신청사건의 전속관할법원은 신청 당시에 본안이 계속되어 있던 제1심 법원이다(대법원 1971. 9. 28. 선고 71다1532 판결).

14) 가처분신청사건을 이송하려면 어느 정도 시간이 소요되므로, 가처분이 급박한 경우 통상 채

지 가처분 신청사건은 지적재산권 침해금지 가처분신청 사건과 마찬가지로 전속관할이므로(민사집행법 제21조), 합의관할이나 응소관할이 성립할 여지가 없다.

나. 관련재판적에 기한 가처분 관할의 인정 여부

손해배상청구의 관할법원에 해당하는 채권자 주소지 관할법원에 영업비밀침해금지가처분신청을 제기하였더라도, 본안소송인 침해금지청구소송이 손해배상청구소송과 함께 위 주소지 관할법원에 제기되어 본안에 관한 관련재판적이 발생하면, 침해금지가처분의 관할도 당연히 인정되므로 관할위반의 문제는 발생하지 않는다.

관할위반 여부는 소의 제기시를 기준으로 판단하므로(민사소송법 제33조), 가처분신청 시점에 관할이 적법하면 나중에 관할에 변화가 있어도 이미 발생한 가처분의 관할에는 영향이 없다. 한편 가처분신청이 본안소송에 대한 관할권이 없는 법원에 제기되었더라도 가처분 신청이 각하나 이송결정되기 전에 본안소송(금지청구소송)이 위 법원에 제기되면 관할위반의 하자는 치유된다.15)

다. 주관적 병합

영업비밀침해금지 가처분의 채무자가 수인이고 그 중 1인에 대해서만 토지관할이 인정되더라도, 관련재판적(민사소송법 제25조 제2항, 제65조 전단)이 인정되면 공동채무자에 대한 관할이 인정될 수 있다.

2. 금지의 대상인 영업비밀의 특정

영업비밀침해금지가처분에서 법원의 금지명령이 집행되기 위해서는 금지명령은 금지를 명하는 내용과 대상을 간단·명료하게 기재하여 당사자 및 집행기관이 이를 명확하게 이해할 수 있도록 하여야 할 뿐만 아니라 집행이 가능하도록 하여야 하고, 금지명령을 구하는 가처분의 신청 취지 역시 그렇게 작성되어야 한다.

가. 금지청구의 대상

영업비밀 침해금지 가처분에서 금지되는 것은 채무자의 현재 또는 임박한 영업비밀 침해행위이므로, 신청취지에서 금지나 예방을 구하는 채무자의 실제 침해행

권자에게 가처분신청을 취하하고 관할법원에 다시 가처분신청을 할 것을 권유한다.
15) 법원행정처, 법원실무제요 「민사집행 IV」, 2003, 24면 참조.

위16)를 구체적·개별적17)·사실적으로 특정하여야 한다.18) 금지명령은 피고에게 구체적·개별적 사실행위의 부작위를 명하는 것이지 특별한 사정이 없는 한 적극적 작위의 이행을 구하는 금지청구는 인용될 수 없다.

나. 침해행태의 특정

영업비밀 침해의 경우, 부정경쟁방지법에서 사용하고 있는 취득·사용·공개 등의 용어는 규범적·추상적·포괄적 개념이어서 가능한 한 사실적 용어를 사용하여 채무자의 영업비밀 침해행태를 구체적·개별적·사실적으로 특정하는 것이 바람직하다.19) 따라서 법률용어나 기능적 용어, 추상적 용어 등을 사용하여 추상적·규범적·포괄적으로 특정하여서는 아니 된다.

다. 금지대상이 되는 영업비밀의 특정

1) 특정의 정도

금지대상은 원칙적으로 집행기관이 별도의 판단 없이 그 식별에 지장이 없도록 구체적·개별적·사실적으로 특정되어야 한다.20) 채권자는 신청취지에서 집행기관이 별도의 판단 없이 그 식별에 지장이 없도록 금지대상인 채무자의 제품, 방법, 표장, 배치설계, 종자·작물, 저작물이나 콘텐츠, 상품·영업의 출처표지, 취득·사용

---

16) 채무자가 과거부터 해 오거나 곧 실행에 착수하려는 실제 침해행위를 말한다.

17) 부정경쟁방지법 제4조 제1항은 '부정경쟁행위로 인하여 자신의 영업상의 이익이 침해되거나 침해될 우려가 있는 자는 부정경쟁행위를 하거나 하려는 자에 대하여 법원에 그 행위의 금지 또는 예방을 청구할 수 있다'라고 규정(같은 법 제10조 제1항 영업비밀 침해행위에 대한 금지청구도 같은 형식이다)하는 점에 비추어, 금지되는 것은 채무자가 실제로 행하는 개별적 행위를 의미한다고 봄이 타당하다. 또한, 주문은 명확성·일의성(一意性)을 충족하여야 하므로, 이러한 점에서도 채무자의 침해행위는 명확성·일의성을 충족할 수 있을 정도로 구체적·개별적으로 특정되어야 한다.

18) 금지명령의 내용이 추상적일 경우 금지명령을 위반하였는지 여부를 두고 제2의 분쟁이 생길 수 있고, 너무 구체적일 경우 채무자의 결정 회피 행위로 인하여 그 실효성이 떨어질 수 있다.

19) 대법원은 "영업비밀의 사용은 영업비밀 본래의 사용 목적에 따라 이를 상품의 생산·판매 등의 영업활동에 이용하거나 연구·개발사업 등에 활용하는 등으로 기업 활동에 직접 또는 간접적으로 사용하는 행위로서 구체적으로 특정이 가능한 행위를 가리킨다"고 판시하고 있다(대법원 1998. 6. 9. 선고 98다1928 판결, 대법원 2009. 10. 15. 선고 2008도9433 판결 등 참조).

20) 만약 채무자의 제품이나 생산방법을 채권자의 특허발명이나 고안과 대비될 수 있는 정도의 기술적 특징만을 가지고 특정한다면, 집행기관이 결정을 집행함에 있어서 채무자의 구체적 제품이나 생산방법이 그러한 기술적 특징을 포함하고 있는지 여부를 판단하여야 하는데, 당사자 사이에 그러한 기술적 특징의 포함 여부에 대하여 다툼이 있는 경우에는 결국 결정의 집행이 곤란해질 수 있다.

하는 영업비밀, 도메인이름 등을 구체적·개별적·사실적으로 특정하여야 한다.

영업비밀 특정을 지나치게 요구할 경우 이로 인하여 영업비밀이 비밀성을 상실할 우려가 있다. 반면에 가처분결정의 주문은 집행력의 범위를 정하는 근거가 되기 때문에 영업비밀이 구체적으로 기재되어야 할 필요가 있다. 비록 공소사실의 특정에 관한 사안이기는 하나, 대법원 2008. 7. 10. 선고 2006도8278 판결은 "공소사실에 영업비밀이라고 주장된 정보가 상세하게 기재되어 있지 않다고 하더라도, 다른 정보와 구별될 수 있고 그와 함께 적시된 다른 사항들에 의하여 어떤 내용에 관한 정보인지 알 수 있으며, 또한 피고인의 방어권 행사에도 지장이 없다면 그 공소제기의 효력에는 영향이 없다"라고 판시하였고, 영업비밀의 특정의 정도에 참고할 만 한다.

예를 들면, 근로자가 회사의 특정 업무에 종사하면서 지득한 것으로 제한하여 '…를 만드는 기술, …의 배합비율, …를 조절하는 기술' 정도면 특정되었다고 보고, 예컨대 ○○성분 00%, □□성분 00% 등의 구체적인 배합비율, 조절방법 등의 특정까지 상세히 기재할 필요는 없다.

영업비밀의 특정은 신청취지에서 인용하는 별지에 기재하는 방식으로 특정하고 있다.

2) 권리별 특정 방법[21]

영업비밀 침해금지청구에 있어서 법원의 실무는 신청취지에 채권자의 영업비밀을 특정하는 것이 일반적이다. 종래에 영업비밀을 신청취지나 신청취지에 특정하여 적는 방식을 예를 들면 아래와 같다.

순번	신청취지의 기재
1	채무자는 1. 2016. 0. 00.까지 별지 목록 기재 영업비밀을 사용 또는 공개하여서는 아니 되고, 2. 채무자의 사무실, 공장 또는 그 이외의 장소에 보관되어 있거나 채무자 소유의 컴퓨터에 보관되어 있는 위 영업비밀에 관한 문서, 파일 등 일체의 기록물을 폐기하고, 3. 위 영업비밀을 사용하여 제품의 제조, 생산, 판매, 광고, 양도, 증여 등의

---

21) 성창호, "지적재산권침해금지가처분", 「재판실무연구(3) 보전소송」, 한국사법행정학회(2008), 384~385면 및 401~402면 참조.

	행위를 하여서는 아니 되며, 4. ○○○으로 하여금 위 영업비밀을 사용한 제품의 제조, 판매 및 그 보조업무에 종사하게 하여서는 아니 된다.
2	1. 채무자 ○○○는 2011. 4. 12.까지 채무자 ×××에 취업하거나 기타의 방법으로 위 회사에 근로를 제공하여서는 아니 된다. 2. 채무자 ×××는 채무자 ○○○을 채용하거나 기타의 방법으로 근로를 제공하게 하여서는 아니 된다. 3. 피고들은 별지 목록 기재 각 영업비밀을 채권자 이외의 자에게 공개하거나 이를 사용하여서는 아니 된다.
3	채무자는 1. 별지 목록 기재 영업비밀을 취득하거나, 그 취득한 영업비밀을 사용하거나 이를 채권자 이외의 자에게 제공 또는 공개하여서는 아니 되고, 2. 채무자의 사무실 또는 그 이외의 장소에 보관되어 있거나 채무자 소유의 컴퓨터에 저장되어 있는 위 영업비밀에 관한 문서, 파일 등 일체의 기록물을 폐기하라.
4	채무자는 2017. 0. 00.까지 별지 목록 제1항 기재 영업비밀을 사용하여 별지 목록 제2항 기재 거래처를 상대로 영업을 하여서는 아니 된다.
5	채무자는 2018. 0. 00.까지 ××× 및 부산에서 인쇄업(원고와 동종 업종)에 종사하여서는 아니 된다.
6	채무자는 1. 2014. 0. 00.까지 별지 목록 기재 도면 및 기술표준 등을 취득, 사용하거나, 이를 제3자에게 공개하여서는 아니 되고, 2. 2011. 0. 00.까지 채무자의 모델명 XXX 항공기용 엔진, 반제품 모듈(CKD, Complete Knock-Down Kit) 등 반제품 및 부품을 생산 또는 생산의뢰하거나, 위와 같이 생산된 제품의 양도, 판매, 대여, 수출 등 일체의 처분행위를 하여서는 아니 되며, 3. 사무소, 공장, 창고, 영업소, 매장에서 보관 또는 전시 중인 제2항 기재 반제품 및 부품을 폐기하라.

영업비밀 특정을 지나치게 요구할 경우 이로 인하여 채권자의 영업비밀이 비밀성을 상실할 우려가 있다는 이유로 집행상 의문을 남기지 아니하는 범위 내에서 개괄적으로 특정하는 것이 불가피하다. 그러나 채무자가 영업비밀을 침해하는 태양이나 구체적인 행태를 정확히 파악하기 어려운 현실적인 문제가 항상 도사리고 있으므로, 너무 구체적인 특정을 요구하는 것은 자칫 결정의 형해화를 가져올 수 있어서 바람직하지 않을 수도 있다. 다만 영업비밀 금지청구를 인용하는 경우에 영업

비밀 침해금지의 범위를 넘어 영업 자체를 금지하는 것은 허용되어서는 곤란하다.

3) 금지대상 특정을 위한 증명 방법

영업비밀침해금지 대상에 대한 자료는 대체로 채무자에게 편재되어 있어, 실제 소송에서 금지대상을 특정하는 것이 매우 어렵다. 보전처분의 특성상 즉시 조사할 수 있는 자료가 아니면 감정이나 증인을 소환하여 증거조사하는 것이 제한되기 때문에, 영업비밀의 특정이 곤란한 특별한 사정이 있는 경우에는 우선 채무자에게 임의의 협력을 구하도록 재판부에 요청을 구하고, 이에 채무자가 응하지 않을 경우에는 재판부에 문서제출명령 및 검증 등의 강제적인 방법을 요청하는 것이 순서상 바람직할 것이다. 그 과정에서 채무자가 자신의 영업비밀 노출을 우려하여 문서제출명령이나 감정, 현장검증 등에 소극적으로 나오거나 이를 거부할 경우에는 민사소송법 제163조 제1항 제2호의 열람, 등사제한 규정을 활용하거나, 재판부가 지정한 자로 한정해서 in camera 절차와 같은 방법으로 재판부가 증거 조사할 수 있도록 신청하는 방법도 가능하다.

3. 영업비밀침해금지 청구의 범위

가. 금지명령 기간

영업비밀 침해금지청구를 제외한 다른 지적재산권 침해금지청구의 경우에는 신청취지나 가처분결정의 주문에서 금지기간을 특정하지 않는 것이 일반적이다(다만, 부정경쟁방지법 제2조 1호 자목의 상품형태 모방의 경우에는 시제품 제작일로부터 3년으로 보호기간이 한정되어 있으므로, 금지기간의 종기가 특정되는 것이 일반적이다).

1) 영업비밀이 보호되는 시간적 범위(전직금지 포함)

대법원 1996. 12. 23. 선고 96다16605 판결에서는 "영업비밀 침해행위를 금지시키는 것은 침해행위자가 그러한 침해행위에 의하여 공정한 경쟁자보다 '유리한 출발(headstart)' 내지 '시간절약(lead time)'이라는 우월한 위치에서 부당하게 이익을 취하지 못하도록 하고, 영업비밀 보유자로 하여금 그러한 침해가 없었더라면 원래 있었을 위치로 되돌아갈 수 있게 하는 데에 그 목적이 있다 할 것이므로, 영업비밀 침해행위의 금지는 이러한 목적을 달성함에 필요한 시간적 범위 내에서 기술의 급속한 발달상황 및 변론에 나타난 침해행위자의 인적·물적 시설 등을 고려하여 침해행위자나 다른 공정한 경쟁자가 독자적인 개발이나 역설계와 같은 합법적인 방법에 의하여 그 영업비밀을 취득하는 데 필요한 시간에 상당한 기간 동안으로 제한하여야 하고, 영구적인 금지는 제재적인 성격을 가지게 될 뿐만 아니라 자유로운 경쟁을 조장하고 종업원들이 그들의 지식과 능력을 발휘할 수 있게 하려는 공공의 이익과 상치되어 허용될 수 없다"라고 판시하였다.

그 후 대법원 1998. 2. 13. 선고 97다24528 판결에서는 "영업비밀 침해행위의 금지는 공정하고 자유로운 경쟁의 보장 및 인적 신뢰관계의 보호 등의 목적을 달성함에 필요한 시간적 범위 내로 제한되어야 하고, 그 범위를 정함에 있어서는 영업비밀인 기술정보의 내용과 난이도, 영업비밀 보유자의 기술정보 취득에 소요된 기간과 비용, 영업비밀의 유지에 기울인 노력과 방법, 침해자들이나 다른 공정한 경쟁자가 독자적인 개발이나 역설계와 같은 합법적인 방법에 의하여 그 기술정보를 취득하는 데 필요한 시간, 침해자가 종업원(퇴직한 경우 포함)인 경우에는 사용자와의 관계에서 그에 종속하여 근무하였던 기간, 담당 업무나 직책, 영업비밀에의 접근 정도, 영업비밀보호에 관한 내규나 약정, 종업원이었던 자의 생계 활동 및 직업 선택의 자유와 영업활동의 자유, 지적재산권의 일종으로서 존속기간이 정해져 있는 특허권 등의 보호기간과의 비교, 기타 변론에 나타난 당사자의 인적·물적 시설 등을 고려하여 합리적으로 결정하여야 한다"라고 판시하였다.

결국, 금지기간은 영업비밀 보유자가 아니라 영업비밀의 침해행위자가 독자적으로나 역설계에 의하여 적법하게 개발하는 데 소요되는 기간을 기준으로 해야 하고, 그 기간의 장단은 근로자의 업무, 노트, 기술의 발전 속도 등을 고려하여야 할 것이다.22)

실무는 영업비밀에 대한 침해금지기간과 종업원의 전직금지기간을 별개로 취급하여 서로 상이한 기간을 설정하는 경향을 보이고 있다.23) 전직금지기간에는 헌법상 직업선택의 자유 등 문제가 결부되어 있기 때문이다. 전직금지의무를 부과하는 것은 종전에 근무하던 직장의 영업비밀을 보호하기 위한 것이므로 영업비밀의

---

22) 과거에는 2년 가량이 일반적이었으나, 최근에는 정보통신 등 최신기술에 관한 영업비밀의 경우 1년, 짧게는 6개월 등 단기간으로 정하는 경우도 늘어나고 있다.

23) 대법원은 영업비밀에 해당하는 기술정보 사용 등의 침해행위 관련하여 금지기간은 여러 사정을 고려하여 합리적으로 정해야 한다는 입장이므로, 상대방에게 영업비밀의 영구적인 금지를 허용하는 것으로는 보이지 아니한다. 그런데 사안에 따라 금지기간을 구체적으로 설정하기 어려운 사건이 있을 수 있는바, 결정 주문에 금지기간이 특정되어 있지 않더라도 영구적 금지명령으로 해석할 것은 아니라는 견해가 있다. 이 견해는 상대방이 더 이상 영업비밀이 아니라는 사정을 증명하여 금지명령의 집행력을 배제하기 위하여 청구이의의 소 등을 제기하여 집행력을 배제하기 전까지 한시적으로 효력이 있다는 것을 전제로 한다고 한다.

존속기간을 넘어서 전직을 금지하는 것은 바람직하지 않다.

2) 판례의 구체적인 금지기간

대법원 2003. 3. 14. 선고 2002다73869 판결은 영업비밀침해금지 가처분기간은 3년, 전업금지기간은 1년으로 그 기간을 달리 인정한 사례가 있고,[24] 대법원 1998. 2. 13. 선고 97다24528 판결은 다이아몬드 톱(Diamond Saw)의 팁(Tip) 제조 공정 중 핵심적인 영업비밀에 대하여 기술정보를 사용할 수 없는 기간을 퇴직 후 3년간 이라고 인정한 것이 현저하게 불합리하지 않다고 인정하였으며,[25] 대법원 2003. 7. 16.자 2002마4380 결정은 전직금지기간도 영업비밀침해금지기간과 같이 채무자가 영업비밀 취급업무에서 실질적으로 이탈한 2000. 3. 29.부터 1년간이라고 인정한 원심을 수긍한 사례가 있다.[26] 그 외 서울고등법원에서는 영업비밀로서 보호될 수 있는 기간을 퇴직 후 2년 정도로 정한 제1심 판단을 수긍하거나,[27] 경업금지를 퇴직 후 1년으로 정한 사례가 있다.[28] 1심 법원에서도 전직 및 영업비밀의 사용 또는 공개를 금지하는 기간으로 근로자들의 각 퇴직일로부터 4개월 내지 9개월로 각각 산정한 사례가 있다.[29]

위 기간 산정의 차이는 개별적인 사정들, 즉 영업비밀 기술이 동종 업계에 얼마나 널리 알려져 있는가, 관련 분야의 기술 발전 속도, 상대방 회사의 기술 수준 등을 사건마다 고려하였기 때문으로 보인다.[30]

대법원 1998. 2. 13. 선고 97다24528 판결이 "영업비밀이 보호되는 시간적 범위는 당사자 사이에 영업비밀이 비밀로서 존속하는 기간이므로 그 기간의 경과로 영업비밀은 당연히 소멸하여 더 이상 비밀이 아닌 것으로 된다"라고 한 것에 대해서는 "두 당사자 간에 영업비밀로서의 존속기간이 종료하였으면 둘 사이에서 영업비밀이 소멸되고, 제3자에 대하여는 경우에 따라 영업비밀 침해금지를 주장할 수는 있을 것이다"고 찬성하는 견해[31]와, "법원이 설정한 침해금지기간은 당시의 사정을

---

24) 대법원 2003. 3. 14. 선고 2002다73869 판결.
25) 대법원 1998. 2. 13. 선고 97다24528 판결.
26) 대법원 2003. 7. 16.자 2002마4380 결정.
27) 서울고법 2003. 4. 23. 선고 2002나42935 판결.
28) 서울고법 1998. 10. 29. 선고 98나35947 판결.
29) 서울지법 남부지원 2002. 10. 11.자 2002카합1269 결정.
30) 장홍선, "판례상 나타난 영업비밀침해금지기간과 전직금지기간 및 그 기간 산정의 기산점에 관하여", 판례연구 제16집(2005), 부산판례연구회, 783면 이하.
31) 장홍선, 위의 논문, 835면.

기초로 영업비밀이 언제쯤 공개되어 소멸할 것인지 예측한 결과에 불과하므로 그 기간이 도과하였다고 하여 자동적으로 영업비밀에 관한 권리가 소멸하는 것으로 취급하여서는 곤란하다"는 견해,32) "계약기간의 경과로 퇴직한 종업원의 비밀유지 의무가 소멸되었다고 주장할 수는 있을지 모르지만 제3자에 대해서는 여전히 영업 비밀로 존재할 수 있는 것이다"고 비판하는 견해33)도 있다.

나. 금지기간의 기산점과 종기

원칙적으로 영업비밀 침해금지기간의 기산점은 영업비밀을 침해하거나 침해할 우려가 있는 시점으로 삼아야 할 것이다.34) 종래 하급심이나 대법원 결정 중에는 결정선고일이나 결정확정일을 금지기간의 기산일로 삼은 것이 있지만, 결정확정일 로부터 금지기간을 기산하게 되면, 당해 영업비밀 자체의 성질, 거래사정 등과 무 관한 결정확정이라는 소송절차적인 요소에 의하여 영업비밀 보호기간이 달라지고, 결정이 지체되는 경우에는 결정확정시에 이미 영업비밀성을 상실하여 보호되지 말 아야 할 정보에 대하여도 금지를 하게 되는 불합리가 발생할 여지가 있으므로, 바 람직하지 않다고 본다. 그러나 결정선고시를 기산점으로 하는 경우는 사실심 결정 이 영업비밀이 보호될 전체기간을 산정하여 결정선고시로부터 기산하여 그 금지기 간의 종기를 정하게 되므로, 결정확정시를 기준으로 하는 경우보다는 불합리가 덜 하므로, 사안에 따라서 적절히 활용할 수 있다는 생각이 든다.35) 한편, 영업비밀 침해금지청구의 경우, 금지명령의 종기를 특정하는 것이 일반적이다.

다. 폐기청구

폐기청구는 금지청구에 부대해서 청구하여야 하고 독립적으로 청구할 수는 없 다. 폐기 대상물을 구체적·개별적·사실적으로 특정하여야 하고,36) 폐기청구는 폐

---

32) 박준석, "영업비밀 침해금지청구에 대한 우리 법원의 태도", 「저스티스」114호(2009년 12월), 185~186면. 영업비밀의 특성을 들어 장래 일정 시점에서 다시 심리하여 추가적인 침해금지명 령을 내리는 것이 가능하다고 주장한다.

33) 정상조, "영업비밀 침해금지청구권의 시간적 범위", 「상사판례연구」제V권, 박영사(2000), 300면.

34) 실무는 침해금지의 가처분결정일 등을 기준으로 하거나 본안결정확정시를 기산점으로 하는 사례도 있다.

35) 이 문제를 언급한 것으로는 장흥선, 앞의 논문 829면 이하 참조.

36) '채무자는 별지 목록 기재 제품을 생산하는 데에 제공된 일체의 시설을 폐기하라'는 식의 신 청취지는 부적법하다.

기 대상물의 소유자를 피고로 하여야 한다. 실무상 신청취지에서 폐기 대상물의 소재지를 지정하면서 '공장, 사무실, 영업소, 창고 … 그 밖의 장소에 보관 중인'이라는 개괄적인 표현을 사용하는 경우가 많은데, '그 밖의 장소'라는 표현 또는 '기타의 장소'라는 표현은 불특정 개념이어서 부적법하고, 반제품도 같은 맥락에서 역시 마찬가지이다.37)

4. 신청에 대한 재판

가. 신청을 배척하는 재판

가처분신청이 소송요건(당사자능력, 소송능력, 당사자적격, 법정대리권 등)을 흠결하였거나 법원이 명한 담보를 제공하지 아니한 때에는 신청을 각하하고, 피보전권리나 보전의 필요성이 없는 때에는 신청을 기각한다.

나. 가처분을 명하는 재판

재판은 결정으로 한다(민사집행법 제301조, 제281조 제1항). 결정은 이유의 기재를 생략한 채 상당한 방법으로 고지하면 되지만(민사소송법 제221조 제1항, 제224조 제1항), 적어도 가처분신청을 기각하는 경우에는 항고심 법원으로 하여금 쟁점 및 판단의 근거를 파악할 수 있도록 이유를 기재하여 주는 것이 일반적이다.

채무자의 부작위의무 위반에 대비한 간접강제신청을 함께 하는 경우가 있는데, 인용되는 경우는 실무상 많지 아니하다.

가처분 신청원인이 인정되는 경우에 법원은 신청목적을 이루는 데 필요한 처분을 직권으로 정하고(민사집행법 제305조 제1항), 인용의 범위가 신청취지와 양적, 질적으로 다른 경우에는 일부 기각의 주문을 내는 것이 당연하다.

가처분의 내용은 필요 최소한에 그쳐야 하므로 점유 해제 및 집행관 보관형 가처분이 가능한 경우에 폐기형 가처분을 하는 것은 허용되지 아니하고, 집행관 보관형 가처분을 하는 경우에도 그 대상물건을 채무자의 실시와 무관한 물건에까지 확장하여서는 아니 된다. 생산설비, 금형의 집행관 보관은, 제품의 생산·판매금지만을 명하여서는 가처분의 실효성이 없을 것으로 예상되는 특별한 사정이 없는 이상 쉽게 인정하지 아니한다.

---

37) '반제품(완성품의 구조를 구비하고 있는 것으로 아직 완성에 이르지 아니한 물건)'이라는 식으로 기재하는 것은 실무상 허용되고 있다.

침해제품의 생산 및 영업 관련 서류 등의 집행관 보관을 구하는 경우도 있으나 채무자의 영업비밀이 포함되어 있을 우려가 높고 특정되었다고 보기도 곤란하므로 실무상 위와 같은 신청은 받아들이지 아니하는 경향이 있다.

다. 보   증

법원은 침해금지가처분에 대하여 실무상 담보제공을 명하는 것이 보통이다(민사집행법 제301조, 제280조 제3항). 가처분결정에 앞서 담보제공명령을 별도로 발하지 않고, 담보제공을 조건으로 하여 가처분결정을 내리는 경우가 대부분이다.

보증금액은 법원이 제반사정을 참작하여 재량으로 정하는데, 가처분 발령 후 본안결정시까지 채무자가 당해 실시품의 생산 중단 등으로 인하여 입게 될 예상 손해액을 기본적인 기준액으로 삼고, 여기에 채권자의 자력과 소명의 정도, 본안에서의 승소가능성 등을 종합적으로 고려하여 구체적인 사안에 따라 적절하게 증감한 금액을 보증금으로 정하게 된다.

5. 집   행

가. 집행관 보관형 명령의 집행

가처분에 대한 재판의 집행은 채권자에게 재판을 고지하거나 송달한 날부터 2주 내에 하여야 한다(민사집행법 제301조, 제292조 제2항). 채권자는 그 기간 이내에 집행대상물 소재지의 지방법원 소속 집행관에게 가처분 결정정본을 제시하여 집행관 보관형 가처분을 집행할 수 있다. 집행관은 가처분 결정정본을 근거로 집행대상물에 대한 채무자의 점유를 배제하고, 자신이 이를 점유한 다음, 적당한 방법으로 그 취지를 공시한다.

나. 실시금지명령의 집행

실시금지명령은 집행을 따로 요하지 않는 부작위를 명하는 가처분이므로 원칙적으로 집행기간의 문제가 생기지 않는다. 그러나 위에서 본 집행이 완료된 후 채무자가 실시제품을 재차 생산하는 경우에는 법원의 실시금지명령을 구체적으로 위반한 것이므로 채권자는 그 제거 또는 방지를 구할 수 있다(민사집행법 제260조, 민법 제389조 제3항). 즉, 채권자는 민사집행법상 대체집행의 방법에 의하여 채무자의 비용으로 집행대상물을 제거할 수 있고(민사집행법 제260조), 채무자가 실시기술을 계속하여 실시하는 것에 대응하여 그 중단 시까지 금전의 지급을 명하는 간접강제의 방법을 취할 수 있다(민사집행법 제261조). 이 경우에 민사집행법상 집행기간 규정이 적용되는데, 기산점은 채무자의 명령위반 행위시로 보는 것이 일반적이다.38)

다. 집행정지

민사집행법 제309조는 "소송물인 권리 또는 법률관계가 이행되는 것과 같은 내용의 가처분을 명한 재판에 대하여 이의신청이 있는 경우에, 이의신청의 이유로 주장한 사유가 법률상 정당한 이유가 있다고 인정되고 주장사실에 대한 소명이 있으며, 그 집행에 의하여 회복할 수 없는 손해가 생길 위험이 있다는 사정에 대한 소명이 있는 때에는, 법원은 당사자의 신청에 따라 담보를 제공하게 하거나 담보를 제공하게 하지 아니하고 가처분의 집행을 정지하도록 명할 수 있고, 담보를 제공하게 하고 집행한 처분을 취소하도록 명할 수 있다"고 규정하고 있다. 위 규정에 따라 영업비밀을 포함한 지적재산권침해금지가처분에 대하여도 집행정지가 가능한지가 문제되는데, 견해가 대립하고 있다.39)

6. 심리 – 재판의 공개

재판의 심리와 결정은 공개되어야 한다는 공개재판주의에 입각한 소송구조 때문에 소송이 진행 중인 영업비밀이 당사자는 물론 일반인에게까지 공개될 위험이 있다.

2002년 개정 민사소송법 제163조에서는 영업비밀 등의 보호를 위하여 소송기록의 열람 등의 제한규정을 신설하였고, 위 규정에 따라 소송기록 중 비밀이 적혀

---

38) 법원행정처, 법원실무제요 「민사집행 IV」, 2003, 172면.
39) 부정설은 실무상 특허권침해금지 가처분 신청에 대하여는 그 피보전권리와 보전의 필요성을 매우 엄격하게 심사하여 발령하고 있어서 이에 대한 집행정지를 인정한다면 침해금지가처분 제도의 존재 의의 자체를 멸각시킬 우려가 있고, 위 민사집행법 규정의 입법취지가 특허권침해금지가처분을 염두에 둔 것이 아니라는 입장이고, 긍정설은 특허권침해금지가처분도 민사집행법 제309조 소정의 "소송물인 권리 또는 법률관계가 이행되는 것과 같은 내용의 가처분"(이행적 가처분)에 해당하고, 특허권침해금지가처분의 경우 채무자는 모든 영업활동이 중지되고 기업이 존폐의 위기에 처하게 되는 점에서 집행정지의 필요성도 있으므로 집행정지가 인정되어야 한다고 주장한다. 참고로 민사집행법 개정 전의 대법원 2002. 5. 8.자 2002그31 결정은 특허권침해금지가처분에서 집행정지를 부정하는 입장이었고, 이는 이른바 만족적 가처분 중에서 이행적 가처분, 즉 실제로 이행이 이루어지는 가처분에 대해서만 집행정지를 인정하고 부작위를 명하는 형성적 가처분에 대해서는 집행정지를 인정하지 아니하였던 입장이었다고 보인다. 부정설은 민사집행법이 위 대법원 결정의 취지를 그대로 입법하였다는 주장이다.

있는 부분에 대한 제3자의 열람·복사, 정본·등본·초본의 교부의 제한 또는 제한 결정의 취소에 관하여 필요한 사항을 규정하기 위하여 '비밀보호를 위한 열람 등의 제한 예규'(재일 2004-2)를 신설하였다.

영업비밀침해금지청구의 경우 채무자의 공장이나 생산시설에 대한 채권자의 검증신청은 자칫 침해자의 영업비밀을 침해하는 결과가 될 수 있어 쉽게 받아들여지지 아니한다. 우선적으로 양 제품의 비교, 개발에 소요되는 기간, 전직 근로자의 업무 등 정황적인 증거들을 통하여 영업비밀성 등을 증명하도록 하여야 한다.

Ⅳ. 시   효

부경법 제14조는 영업비밀침해금지 또는 예방청구권은 그 침해행위에 의하여 영업상의 이익이 침해되거나 침해될 우려가 있는 사실 및 침해행위를 안 날부터 3년 간 또는 침해행위가 시작된 날부터 10년을 경과하면 시효로 인하여 소멸한다고 규정하고 있다.

법 제14조 전문의 소멸시효(3년)가 진행하기 위해서는 일단 침해행위가 개시되어야 하고, 나아가 전단의 경우에는 영업비밀 보유자가 그 침해행위에 의하여 자기의 영업상의 이익이 침해되거나 또는 침해될 우려가 있는 사실 및 침해행위자를 알아야 한다. 따라서 채무자가 채권자의 영업비밀을 이용하여 제품을 생산·판매하려고 회사를 설립하였고 채권자가 그 사실을 알고 있었다고 하더라도, 그와 같은 사정만으로는 회사를 설립한 시점에 바로 침해행위가 개시되었다고 단정할 수 없으므로 회사가 설립된 때부터 바로 소멸시효가 진행된 것으로 볼 수 없다.[40]

---

40) 대법원 1996. 2. 13.자 95마594 결정.

제 5 절   신용회복, 부당이득, 비밀유지명령, 선의자 특례

박태일(대전지방법원 부장판사)

I. 신용회복

1. 의   의

영업비밀 침해행위에 대한 민사적 구제수단의 한 가지로서, 부정경쟁방지 및 영업비밀보호에 관한 법률(이하 '부정경쟁방지법'이라 한다) 제12조는 "법원은 고의 또는 과실에 의한 영업비밀 침해행위로 영업비밀 보유자의 영업상의 신용을 실추시킨 자에게는 영업비밀 보유자의 청구에 의하여 제11조에[1] 따른 손해배상을 갈음하거나 손해배상과 함께 영업상의 신용을 회복하는 데에 필요한 조치를 명할 수 있다"라고 하여 '신용회복청구권'을 인정하고 있다.

지식재산권 침해행위에 대한 민사적 구제로서 과거의 침해에 대해서는 금전을 통한 손해배상이 원칙이고, 현재 또는 장래의 임박한 침해에 대해서는 침해금지가 원칙이라고 할 것이나, 경우에 따라서는 과거의 침해에 대하여 금전적인 손해배상만으로는 구제가 충분하지 않을 수 있다. 손해의 액을 산정하는 것도 매우 어려운 일이지만, 금전적으로 손해의 크기를 재는 것 자체가 어려운 성질의 손해도 있을 수 있고, 그 대표적인 것이 지식재산권 침해로 인하여 권리자가 입게 될 수 있는 업무상의 신용이 손상되는 경우의 손해이다.[2] 이는 영업비밀 침해행위에 대해서도 마찬가지이다. 예를 들면 침해행위의 결과 품질이 조악한 물건이 출하되는 등으로 영업비밀 보유자가 영업상의 신용에 손상을 입는 경우를 생각할 수 있다. 이러한 경우의 구제를 위하여, 또한 특허법[3] 등 다른 지식재산권법에서도 신용회복청구권

---

1) 부정경쟁방지법 제11조(영업비밀 침해에 대한 손해배상책임) 고의 또는 과실에 의한 영업비밀 침해행위로 영업비밀 보유자의 영업상 이익을 침해하여 손해를 입힌 자는 그 손해를 배상할 책임을 진다.
2) 정상조·박성수 공편, 「특허법 주해 Ⅱ」, 박영사(2010), 315면(박성수 집필부분) 참조.

을 구제수단으로 채택하고 있음을 감안하여 영업비밀 침해행위에 대해서도 같은 취지의 규정을 둔 것이다.[4][5]

2. 적용요건

영업비밀 침해자에게 신용회복을 위한 조치를 청구하기 위해서는 행위자의 고의 또는 과실에 의할 것, 영업비밀 침해행위가 있을 것, 영업비밀 보유자의 영업상의 신용이 실추될 것, 손해배상 외에 별도의 신용회복조치가 필요할 것 등의 요건을 충족하여야 한다.[6]

여기의 고의 또는 과실은 영업비밀 침해에 대한 고의 또는 과실을 의미하는 것이지 신용 실추의 결과에 대한 고의 또는 과실이라고 새길 것은 아니다.[7]

또한 영업비밀 침해사건은 아니나, 상표권 침해 또는 부정경쟁행위에 기한 신용회복청구에 관하여 대법원 2008. 11. 13. 선고 2006다22722 판결은 "상표권 또는 전용사용권의 침해행위나 구 부정경쟁방지법(2004. 1. 20. 법률 제7095호로 개정되기 전의 것) 제2조 제1호 가목에서 정하는 상품주체의 혼동행위가 있었다고 하여도 그것만으로 상표권자 또는 전용사용권자나 상품주체의 영업상의 신용이 당연히 침해되었다고 단언하기 어려우므로, 그와 같은 경우 상표법 제69조(현행 조문으로는 제113조를 말한다) 또는 구 부정경쟁방지법 제6조에 정한 신용회복을 위해 필요한 조치를 명하기 위하여는 상표권 또는 전용사용권의 침해행위나 상품주체혼동행위가 있었다는 것 외에 그와 같은 행위에 의하여 상표권자 또는 전용사용권자나 상품주체의 영업상의 신용이 실추되었음이 인정되어야만 한다"라는 법리를 설시하고 있다. 이러한 법리는 영업비밀 침해에 대해서도 마찬가지로 적용된다고 할 것이다. 결국 신용회복청구를 인정받기 위해서는 업무상의 신용이 실추되었다고 인정할 수

---

3) 특허법 제131조(특허권자 등의 신용회복) 법원은 고의나 과실로 특허권 또는 전용실시권을 침해함으로써 특허권자 또는 전용실시권자의 업무상 신용을 떨어뜨린 자에 대해서는 특허권자 또는 전용실시권자의 청구에 의하여 손해배상을 갈음하여 또는 손해배상과 함께 특허권자 또는 전용실시권자의 업무상 신용회복을 위하여 필요한 조치를 명할 수 있다.

4) 황의창·황광연, 「부정경쟁방지 및 영업비밀보호법(6정판)」, 세창출판사(2011), 267면.

5) 참고로 실용신안법은 제30조에서 특허법 제131조를 준용하고 있다. 또 상표법은 제113조에서, 디자인보호법 제117조에서, 부정경쟁행위에 대해서는 부정경쟁방지법 제6조에서 각각 신용회복청구권에 관하여 정하고 있다. 한편 저작권법 제127조에서 저작인격권 침해의 구제수단으로서 명예회복을 위하여 필요한 조치를 청구할 수 있도록 규정하고 있다.

6) 윤선희·김지영, 「영업비밀보호법」, 법문사(2012), 181면.

7) 특허권 침해의 경우에 대하여 정상조·박성수 공편, 앞의 책, 319면(박성수 집필부분) 참조.

있는 구체적인 사실의 주장·증명이 필요하다.

영업비밀 침해로 인한 영업상의 신용 실추의 예를 살펴보면 다음과 같다. 먼저 '기술상의 영업비밀'에 대한 침해행위의 경우로서, 제조 노하우를 사용하여 만든 상품이 조악품이고, 그 조악품의 생산자가 타사의 제조 노하우를 사용하여 만든 것처럼 선전하고 있는 경우 또는 조악품의 외관·형상 등이 진정품의 외관·형상 등과 같아서 혼동을 일으키는 경우 등 조악품과 진정품과의 혼동으로 인하여 영업비밀 보유자의 영업상의 신용훼손이 일어날 수 있는 경우를 생각할 수 있다.8) 그리고 '경영상의 영업비밀'에 대한 침해행위의 예로서, 타사의 고객명부를 사용하여 저질 잡지를 송부하는 행위, 타사의 영업 매뉴얼을 사용하여 통신판매 등 타사의 영업활동과 같은 형태로 조악품을 판매하는 경우 등 타사의 영업활동과 혼동되게 하여 영업비밀 보유자의 영업상의 신용을 실추시키는 것도 생각할 수 있다.9)

한편 대법원 2008. 2. 29. 선고 2006다22043 판결은 부정경쟁행위에 관한 사안에서 "금지청구를 인정할 것인지의 판단은 사실심 변론종결 당시를 기준으로 하며, 손해배상청구 및 신용회복청구를 인정할 것인지의 판단은 침해행위 당시를 기준으로 하여야 한다"라고 그 판단기준 시점을 정립하였는데, 이러한 법리 역시 영업비밀 침해에 대해서도 마찬가지로 적용된다고 할 것이다.

3. 조치의 내용

신용회복을 위하여 필요한 조치의 내용으로는 민법상의 유사한 규정인 명예회복처분의 예를 참조할 수 있다. 민법 제764조는10) 불법행위에 대한 구제방법은 금전배상에 의한다는 원칙(민법 제763조, 제394조)에 대한 예외로서 명예훼손의 경우에는 명예회복처분, 즉 원상회복도 명할 수 있음을 규정하고 있다. 위 규정에 의하여 법원이 명할 수 있는 처분으로서 종래 우리나라에서는 주로 사죄광고가 활용되었고, 유사한 규정을 둔 일본 등 다른 나라에서는 그 밖에도 사죄장의 교부, 공개법

---

8) 황의창·황광연, 앞의 책, 268면.
9) 위의 책, 268면.
10) 민법 제394조(손해배상의 방법) 다른 의사표시가 없으면 손해는 금전으로 배상한다.
   제763조(준용규정)
   제393조, 제394조, 제396조, 제399조의 규정은 불법행위로 인한 손해배상에 준용한다.
   제764조(명예훼손의 경우의 특칙) 타인의 명예를 훼손한 자에 대하여는 법원은 피해자의 청구에 의하여 손해배상에 갈음하거나 손해배상과 함께 명예회복에 적당한 처분을 명할 수 있다.

정에서의 사죄, 취소광고의 게재, 피해자승소판결의 신문 등에의 공고 등이 활용된다고 한다.[11]

그런데 사죄광고에 대해서는, 헌법재판소가 양심의 자유를 침해하는 동시에 인격권을 침해한다는 이유로 민법 제764조의 '명예회복에 적당한 처분'에 사죄광고를 포함시키는 것은 헌법에 위반된다고 결정하였으므로(헌법재판소 1991. 4. 1. 선고 89헌마160 결정), 영업비밀 침해행위에 대한 사죄광고를 명하는 것은 허용되지 않는다. 다만 침해행위를 한 피고로 하여금 그 사실과 함께 법원의 판결을 그대로 방송 또는 보도할 것을 명령하는 것은 객관적 사실의 고지를 명하는 취지이므로 양심의 자유에 반하지 않는 적절한 구제조치에 해당된다.[12] 이러한 구제조치를 '해명광고'라고 부를 수 있다. 원고가 영업비밀 침해로 인한 손해배상에 갈음하거나 손해배상과 함께 신용회복을 위하여 필요한 조치로서 신문 등 정기간행물에의 해명광고 등을 구하는 경우에는 청구취지에서 광고문의 내용, 전체적 크기와 글자 크기 등을 구체적으로 특정하여야 한다.[13]

Ⅱ. 부당이득

1. 의   의

법률상 원인 없이 타인의 재산 또는 노무로 인하여 이익을 얻고 이로 인하여 타인에게 손해를 가한 자는 그 이익을 반환하여야 한다(민법 제741조). 민법은 공평의 이념에 입각한 당사자 간의 이익 조절이라는 관점에서 부당이득반환제도를 두고 있다.[14] 영업비밀과 관련하여 부정경쟁방지법이 별도로 규정을 두고 있지 않으나, 법률상 원인 없이 타인의 영업비밀을 이용한 경우 일반법인 민법상 부당이득반환 규정이 적용될 수 있다. 즉 법률상 원인 없이 타인의 영업비밀로 인하여 이

---

11) 곽윤직 편집대표, 「민법주해[ⅩⅣ]」, 박영사(2005), 334면(김황식 집필부분).
12) 정상조, 「지적재산권법」, 홍문사(2004), 454면.
13) 주문 예로서, "피고는 이 사건 판결 확정일부터 1개월 이내에 조선일보, 동아일보, 중앙일보, 매일경제신문, 한국경제신문의 각 경제면 광고란에 별지 기재 해명서를 가로 13㎝, 세로 18㎝ 의 규격으로, 제목은 32급 신명조체 활자로, 원고와 피고의 명칭은 각 20급 고딕체 활자로, 본문은 14급 신명조체 활자로 하여 각 1회씩 게재하라." 정도를 들 수 있다. 여기서 별지 해명서의 내용은 대체로 피고가 원고의 영업비밀을 침해함을 이유로 법원으로부터 침해행위 금지 및 손해배상을 하라는 취지의 판결을 받은 사실이 있다거나 피고의 행위가 원고의 영업비밀 침해에 해당한다는 취지의 판결을 받은 사실이 있다는 취지를 담으면 될 것이다.
14) 윤선희, 「특허법(제5판)」, 법문사(2012), 824면.

익을 얻고 그로 인하여 영업비밀 보유자에게 손실을 가한 자는 그 이익을 반환하여야 한다.

2. 적용요건

부당이득반환청구가 인정되기 위해서는, 영업비밀 이용자에게 고의 또는 과실이 없을 것, 법률상의 원인이 없을 것, 영업비밀 보유자의 영업비밀로 인하여 이익을 얻을 것, 영업비밀 보유자에게 손실이 발생할 것 등의 요건이 필요하다. 이러한 요건이 갖추어지면 영업비밀 보유자는 이용자에게 그 손실보전을 위하여 그 손실을 한도로 이득의 반환을 청구할 수 있다.[15)]

3. 부당이득의 반환

부당이득의 반환은 현물반환이 원칙이지만 이것이 곤란한 경우에는 금전으로 환산하여 반환하여야 한다. 부당이득 반환액 산정에 관하여 특별규정은 마련되어 있지 않으므로 민법 규정이[16)] 적용된다. 다만 이용자의 이득은 단순히 영업비밀에 의해서만 얻어지는 것이 아니고 여러 요소가 관련되어 있기 때문에 그 인과관계의 증명이 쉽지 않을 것이다. 이에 부당이득의 반환청구에서도 현실적으로는 실시료 상당액을 청구하는 경우가 많을 것이다.[17)]

---

15) 황의창·황광연, 앞의 책, 269면.

16) 민법 제747조(원물반환불능한 경우와 가액반환, 전득자의 책임) ① 수익자가 그 받은 목적물을 반환할 수 없는 때에는 그 가액을 반환하여야 한다.

② 수익자가 그 이익을 반환할 수 없는 경우에는 수익자로부터 무상으로 그 이익의 목적물을 양수한 악의의 제삼자는 전항의 규정에 의하여 반환할 책임이 있다.

제748조(수익자의 반환범위) ① 선의의 수익자는 그 받은 이익이 현존한 한도에서 전조의 책임이 있다.

② 악의의 수익자는 그 받은 이익에 이자를 붙여 반환하고 손해가 있으면 이를 배상하여야 한다.

17) 윤선희, 앞의 책, 826면은 특허권의 경우에 관하여 위와 같이 설명하고 있는데, 영업비밀의 경우에도 마찬가지로 볼 수 있다고 생각된다.

최근 대법원 2016. 7. 14. 선고 2014다82385 판결은 저작물의 무단이용에 따른 부당이득액의 산정 방법에 관하여 '저작권자의 허락 없이 저작물을 이용한 사람은 특별한 사정이 없는 한 법률상 원인 없이 이용료 상당액의 이익을 얻고 이로 인하여 저작권자에게 그 금액 상당의 손해를 가하였다고 보아야 하므로, 저작권자는 부당이득으로 이용자가 저작물에 관하여 이용허락을 받았더라면 이용대가로서 지급하였을 객관적으로 상당한 금액의 반환을 구할 수 있다. 이러한 부당이득의 액수를 산정할 때는 우선 저작권자가 문제 된 이용행위와 유사한 형태의 이용과 관련하여 저작물 이용계약을 맺고 이용료를 받은 사례가 있는 경우라면 특별한 사정이 없는 한 이용계약에서 정해진 이용료를 기준으로 삼아야 한다. 그러나 해당 저작물에 관한 이용계약의 내용이 문제 된 이용행위와 유사하지 아니한 형태이거나 유사한 형태의 이용계약이 부당이득반환청구권은 영업비밀 침해가 고의 또는 과실에 의한 것이 아닌 경우에도 인정될 수 있고, 3년의 단기 소멸시효 적용을 받지 않는다는 점에서 손해배상청구권과는 다른 실익이 있다.

Ⅲ. 비밀유지명령

1. 도입 경위와 취지

가. 민사소송법상 소송절차를 통한 영업비밀 누출 방지 대책

영업비밀 침해행위로 인한 영업상 이익의 침해에 관한 소송에서, 당사자의 주장을 증명하기 위한 자료 또는 피해자의 손해액 산정에 필요한 자료에 영업비밀이 포함되는 경우가 있다. 이 경우 소송절차를 통해 영업비밀이 누출되는 문제가 발생할 수 있다.[18] 이러한 부작용을 막기 위한 민사소송법상 대책으로서 '기술 또는 직업의 비밀에 속하는 사항'에 관한 증언거부 및 문서제출거부(민사소송법 제315조 제1항 제2호, 344조 제1항 제3호 단서 다목),[19] 문서제출신청과 관련한 비밀심리절차(같

더라도 그에 따른 이용료가 이례적으로 높게 책정된 것이라는 등 이용계약에 따른 이용료를 그대로 부당이득액 산정의 기준으로 삼는 것이 타당하지 아니한 사정이 있는 경우에는, 이용계약의 내용, 저작권자와 이용자의 관계, 저작물의 이용 목적과 이용 기간, 저작물의 종류와 희소성, 제작 시기와 제작 비용 등과 아울러 유사한 성격의 저작물에 관한 이용계약이 있다면 그 계약에서 정한 이용료, 저작물의 이용자가 이용행위로 얻은 이익 등 변론과정에서 나타난 여러 사정을 두루 참작하여 객관적이고 합리적인 금액으로 부당이득액을 산정하여야 한다.'는 법리를 최초로 설시하였다. 이러한 법리는 영업비밀의 경우에도 참조가 될 것이다.

18) 이는 특허권 등 다른 지식재산권 관련 민사소송절차 일반에서도 마찬가지이다. 즉 권리자나 침해자 등이 보유하는 제품의 구조나 제조방법, 판매방법, 고객명부 등 영업비밀에 관하여 주장·증명할 필요가 있는데, 소송진행 중에 제시된 증거나 소송자료에 영업비밀이 포함되어 있는 경우 상대방에게 개시되고, 공개된 법정에서 제3자가 방청하거나 판결문이 공개됨으로써 일반인에게도 영업비밀이 알려질 수 있다. 재판공개원칙(헌법 제109조)의 예외로서 국가의 안전보장 또는 안녕질서를 방해하거나 선량한 풍속을 해할 염려가 있는 경우 법원의 심리를 공개하지 않을 수 있지만, 영업비밀이 관련되었다는 것만으로 위 예외에 해당한다고 단정할 수 없고, 심리를 비공개로 하는 경우에도 판결의 선고만은 공개되어야 하므로 비밀이 누설될 가능성이 높다[이상의 내용은 전효숙, "지식재산소송절차와 비밀유지명령 제도", 「법학논집(제17권 제2호)」, 이화여자대학교(2012), 35면 참조].

19) 제315조(증언거부권) ① 증인은 다음 각호 가운데 어느 하나에 해당하면 증언을 거부할 수 있다.
    2. 기술 또는 직업의 비밀에 속하는 사항에 대하여 신문을 받을 때
    제344조(문서의 제출의무) ① 다음 각호의 경우에 문서를 가지고 있는 사람은 그 제출을 거부하지 못한다.
    3. 문서가 신청자의 이익을 위하여 작성되었거나, 신청자와 문서를 가지고 있는 사람 사이의 법률관계에 관하여 작성된 것인 때. 다만, 다음 각목의 사유 가운데 어느 하나에

은 법 제347조 제4항),[20] 소송기록의 열람 등의 제한(같은 법 제163조 제1항 제2호, 제 2항)[21] 등의 제도가 있다.

나. 민사소송법상 대책의 한계

먼저 증언거부 및 문서제출거부 사유로서 '기술 또는 직업의 비밀에 속하는 사항'이 규정되어 있기는 하나, 단순히 영업비밀이 포함되어 있다고 해서 무조건적으로 증언이나 문서의 제출을 거부할 수 있는 것은 아니다.[22] 증언거부할 수 있는 기술 또는 직업의 비밀에 해당하기 위하여는 첫째로 증언거부권이 인정될 정도의 보호가치가 있는 비밀이어야 하고(따라서 보호가치가 없는 도박영업상의 비밀, 매춘알선업의 비밀 등 국가적 사회적으로 용인하지 않는 직업상의 비밀은 이에 해당하지 않는다) 그 비밀이 공개되면 기업, 또는 기술을 갖는 자가 받는 타격(사익의 침해)이 심각 중대하여 그 재판의 공정(공익)을 희생하여서라도 그러한 결과를 회피할 필요성이 있는 것이어야 한다.[23] 다시 말하면 비밀을 공개하지 않음으로써 기업이 누리는 이익과 증언을 얻음으로써 특정의 구체적 사건에 있어서의 법원의 심리판단이 보

해당하는 경우에는 그러하지 아니하다.
　다. 제315조 제1항 각호에 규정된 사항 중 어느 하나에 규정된 사항이 적혀 있고 비밀을 지킬 의무가 면제되지 아니한 문서
20) 제347조(제출신청의 허가여부에 대한 재판)
　④ 법원은 문서가 제344조에 해당하는지를 판단하기 위하여 필요하다고 인정하는 때에는 문서를 가지고 있는 사람에게 그 문서를 제시하도록 명할 수 있다. 이 경우 법원은 그 문서를 다른 사람이 보도록 하여서는 안 된다.
21) 제163조(비밀보호를 위한 열람 등의 제한)
　① 다음 각호 가운데 어느 하나에 해당한다는 소명이 있는 경우에는 법원은 당사자의 신청에 따라 결정으로 소송기록중 비밀이 적혀 있는 부분의 열람·복사, 재판서·조서중 비밀이 적혀 있는 부분의 정본·등본·초본의 교부(이하 "비밀 기재부분의 열람 등"이라 한다)를 신청할 수 있는 자를 당사자로 한정할 수 있다.
　　2. 소송기록 중에 당사자가 가지는 영업비밀(부정경쟁방지및영업비밀보호에관한법률 제2조제2호에 규정된 영업비밀을 말한다)이 적혀 있는 때
　② 제1항의 신청이 있는 경우에는 그 신청에 관한 재판이 확정될 때까지 제3자는 비밀 기재부분의 열람 등을 신청할 수 없다.
22) 이는 특허법 제132조의 문서제출명령에서의 '제출을 거절할 정당한 이유'의 해석에서도 마찬가지이다. 즉 영업비밀이라는 점만으로는 제출 거부의 정당한 이유에 해당하지 않는다고 해석된다[오충진, "문서제출명령의 대상이 되는 문서의 범위", 한국특허법학회 편, 「특허판례연구(개정판)」, 박영사(2012), 841면 이하; 정상조·박성수 공편(박성수 집필부분), 앞의 책, 348면 이하 각 참조]. 또한 이 조문은 실용신안법 제30조에 의하여 준용되고 있고, 상표법 제70조, 디자인보호법 제118조, 부정경쟁방지법 제14조의3에도 같은 취지의 규정이 있는데, 마찬가지로 해석된다고 볼 수 있다.
23) 김이수, "증언거부권", 「재판자료(제25집)」, 법원도서관(1985), 484 – 485면.

다 충실한 것이 되고 국가가 한층 더 바른 재판을 할 가능성을 일반적·추상적으로 주민에게 보장한다고 하는 공익의 배반충돌이 있는 경우에 그것을 비교형량하여 어느 쪽이 중한가에 따라 증언거부할 수 있는 기업의 비밀인지 아닌지를 결정하여 야 한다.24) 이러한 논의는 문서제출거부에 관하여도 마찬가지라고 할 것이다.25) 실제 사례로서 서울고등법원 2010. 4. 16.자 2010라86 결정도26) 비밀이 공개됨에 따라 문서소지인이 받게 될 불이익과 문서제출이 거부됨에 따라 구체적 소송에서 발생할 진실발견과 재판의 공정에 관한 불이익을 비교형량하여, 후자가 더 큰 경우 라면 비록 영업비밀이 포함되어 있더라도 그 제출을 거부할 수 없다는 취지를 밝히 고 있다.27) 이러한 법리적 입장에 따라, 위 결정은, 통화옵션계약(이하 '키코계약'이 라 한다)에 관한 풋옵션 및 콜옵션에 대한 프리미엄의 계산금액 및 그 계산내역이 명시된 문서와 이에 대한 계약 당시의 근거 서류(이하 '프리미엄 계산서류'라고 한다) 에 대하여 문서제출명령을 신청한 사안에서, 위 키코계약에 관한 프리미엄 계산서 류가 제출됨에 따라 피신청인인 금융기관이 받게 될 불이익과 그 제출이 거부될 경 우 관련 소송에서 진실발견과 재판의 공정에 관하여 신청인에게 생길 불이익을 비 교형량하여 볼 때, 프리미엄 계산서류에 적혀 있는 정보는, 그 정보가 공개될 경우 피신청인의 직업 수행이 현저히 곤란하게 되어 진실발견의 요청을 희생하여서라도 보호할 만한 가치가 있다고 보기 어려우므로, 직업의 비밀에 해당한다고 할 수 없 다고 판단하였다.28)

---

24) 위의 논문, 485면.
25) 이무상, "문서제출 명령의 요건으로서의 관련성과 문서제출 거부사유로서 기술·직업 비밀", 「법학논총(제33권 제1호)」, 단국대학교(2009), 505면.
26) 재항고 없이 확정되었다.
27) 그대로 인용하면 "민사소송법 제344조 제2항이 민사소송에서 증거의 구조적 편재를 해소하 고 실체진실의 발견을 통한 공정한 재판을 보장하기 위하여 문서제출의무의 대상 범위를 확대 하고 있는 입법 취지에 비추어 볼 때, 문서제출의 거절 사유는 진실발견의 요청을 희생하여서 라도 보호할 만한 가치가 있는 경우에 한하여 예외적으로 인정되어야 한다. 이러한 관점에서 문서제출의 거부 사유로서 직업의 비밀이란, 그 비밀이 공개되면 해당 직업의 수행에 심각한 영향을 주어 그 이후 직업의 수행이 현저히 곤란하게 되는 사정이 있어 진실발견의 요청을 희 생하여서라도 보호할 만한 가치가 있는 것을 말하고, 이에 해당하는지 여부는 그 정보의 내용 및 성질, 해당 사건에서 정보가 증거로서 필요한 정도, 그 정보의 제출이 정보보유자에게 미칠 영향 등 제반 사정을 고려하며, 그 비밀이 공개됨에 따라 문서소지인이 받게 될 불이익과 문서 제출이 거부됨에 따라 구체적 소송에서 발생할 진실발견과 재판의 공정에 관한 불이익을 비교 형량하여 판단하여야 한다."라고 판시하였다.
28) 위와 같은 최종 판단에 앞서, 일반적으로는 금융기관이 판매하는 금융상품의 원가와 마진 등에 관한 정보는 그것이 공개될 경우 다른 금융기관에 대하여 경쟁상의 이익을 주고 해당 금 융기관에게 큰 불이익을 초래하는 등 해당 금융기관의 업무에 심각한 영향을 주고 그 이후의

이와 관련하여 서울고등법원 2007. 5. 8.자 2006라1271 결정은 회계원장(매입매출장, 현금출납장, 계정별원장, 거래처별원장, 미수금내역) 및 재무제표와 예금통장 등이 영업상의 비밀을 담고 있다는 이유로 그 문서에 대한 제출을 거부할 수 있다고 판단한 바 있으나, 그 재항고심인 대법원 2008. 4. 14.자 2007마725 결정은 위 문서들이 '기술 또는 직업의 비밀에 속하는 사항'에 관한 문서제출거부사유에 해당한다고 보기 어렵다고 보아 원심결정을 파기하였다.29)30)

또한 문서제출신청과 관련한 비밀심리절차가 마련되어 있기는 하나, 이 제도는 서증제출의무의 존부를 판단하기 위한 경우에만 이용할 수 있어 적용범위 자체가 한정된다. 뿐만 아니라 그 위반행위에 대한 제재도 분명하지 않아서 기본적인 한계가 있다.31)

업무 수행을 곤란하게 할 수 있으므로, 금융기관이 가지는 직업의 비밀에 해당한다고 볼 수 있다고 보았다.

29) 다만 그 구체적인 이유를 밝히고 있지는 않다. 위 대법원 결정은 2002년 민사소송법 개정으로 문서제출의무를 일반의무화 한 후 문서제출명령의 요건으로서의 관련성과 문서제출거부사유를 쟁점으로 하는 사안에서 대법원의 견해를 밝힌 것으로 의의가 있고, 특히 증언 및 문서제출을 거부할 수 있는 '기술 또는 직업의 비밀에 속하는 사항' 해당 여부 판단에 관한 선례로서 중요한 가치가 있는 사례였으나, 그 구체적인 내용에까지 나아가 판단되지 않은 것이 아쉬운 점이다[이무상, 앞의 논문, 488면 참조]. 또한 위 대법원 결정은 법원이 문서제출명령을 하기 위하여는 먼저 당해 문서의 존재와 소지가 증명되어야 하고, 그 입증책임은 원칙적으로 신청인에게 있다는 점도 명시적으로 밝히고 있다는 점에서도 의의가 있다[김원준, 「특허판례연구」, fides(2012), 382면 참조].

30) 더 최근 사례로서 서울고등법원 2013. 9. 26.자 2013라856 결정은 다른 회사의 회계자료나 각종 지출내역 등이 직업상 비밀이라고 볼 수 없다고 보았고 대법원 2013마1955호로 재항고되었으나 심리불속행되었다. 나아가 대법원 2015. 12. 21.자 2015마4174 결정은 여기의 직업상 비밀에 관하여 "직업의 비밀은 그 사항이 공개되면 해당 직업에 심각한 영향을 미치고 이후 그 직업의 수행이 어려운 경우를 가리키는데, 어느 정보가 이러한 직업의 비밀에 해당하는 경우에도 문서 소지자는 위 비밀이 보호가치 있는 비밀일 경우에만 문서의 제출을 거부할 수 있다 할 것이다. 나아가 어느 정보가 보호가치 있는 비밀인지를 판단함에 있어서는 그 정보의 내용과 성격, 그 정보가 공개됨으로써 문서 소지자에게 미치는 불이익의 내용과 정도, 그 민사사건의 내용과 성격, 그 민사사건의 증거로 해당 문서를 필요로 하는 정도 또는 대체할 수 있는 증거의 존부 등 제반 사정을 종합하여 그 비밀의 공개로 인하여 발생하는 불이익과 이로 인하여 달성되는 실체적 진실 발견 및 재판의 공정을 비교형량하여야 한다"라고 법리를 설시하면서, 수출거래 매매계약 관련 정보가 담긴 문서의 제출명령을 수긍하였다. 이 결정은 영업비밀에 해당하는 기술상 정보라는 이유로 제출을 거부할 수 있는지를 판단한 경우는 아니나 그 법리는 같은 취지로 적용된다고 할 것이다.

31) 전효숙, 앞의 논문, 37면 참조.
또한 문서제출거부사유가 존재하는지 여부를 판단하기 위한 심사단계에서 상대방을 배제시킨 것일 뿐 이후의 서증조사 자체가 상대방을 배제한 채 행해지는 것은 아니므로, 진정한 의미에서 in camera제도(소송에서 당사자 일방이 상대방 당사자에게 자신의 영업비밀 등이 노출되는 것을 꺼려하거나 상대방 당사자가 경쟁사인 제3자에게 그 비밀을 전달할 위험이 있다고 우려되는 경우에 재판의 기초가 된 일정한 증거조사의 내용 등에 대해 상대방 당사자에게 비밀로 부치

　　나아가 소송기록의 열람 등의 제한 조치를 통하여 영업비밀이 기재된 소송기록을 제3자가 열람하거나 복사하는 등의 행위를 막을 수는 있지만, 이는 어디까지나 제3자에 대한 조치일 뿐 상대방 당사자의 열람·복사 등을 금지할 수는 없다.

　　따라서 소송절차를 통한 영업비밀 누출의 방지를 위한 민사소송법상의 대책만으로는 영업비밀이 충분히 보호된다고 할 수 없다.

다. 한·미 FTA 협정의 수용에 의한 입법

　　위에서 본 바와 같이 영업비밀이라 하더라도 증거로 제출하도록 하는 가운데 해당 영업비밀을 보호하는 제도가 필요하다는 지적이 이루어졌다.[32] 또한 한·미 FTA 협정 제18.10조 11.(나)에는 "소송절차에서 생성되거나 교환된 비밀정보의 보호에 관한 사법명령의 위반에 대하여, 민사 사법절차의 당사자, 변호인, 전문가 또는 법원의 관할권이 미치는 그 밖의 인에게 제재를 부과할 수 있는 권한"에 관한 규정이 마련되어 있는데,[33][34] 이를 국내법으로 수용하기 위한 입법이 필요한 상황이었다. 이러한 이유로 2011. 12. 2. 법률 제11112호에 의한 개정을 통해 비밀유지명령제도가 도입되었다.

　　부정경쟁방지법상 비밀유지명령제도 도입에 관한 국회 의안자료인 지식경제위원회 전문위원 문병철 작성의 검토보고서(2011. 10.)에 따르면, "위 제도 도입 시 소송절차에서 알려지게 된 영업비밀이 보호됨에 따라 기업의 경영활동 위축을 막을 수 있고, 서류제출 거부를 남용하는 사례가 대폭 감소하여, 손해 입증이 용이해지고, 심리의 충실을 도모할 수 있을 것으로 보인다"라고 검토하고 있다. 또한 위 입법을 추진한 특허청 산업재산보호팀 작성의 개정법률(비밀유지명령 중심) 설명자료

　　는 절차)라고 보기보다는 이를 반영한 것이라 할 수 있다[정선주, "영업비밀보호와 in camera 제도", 「Law & technology(제9권 제2호)」, 서울대학교 기술과법센터(2013), 4면].

32) 윤선희·김지영, 앞의 책, 183면 참조.

33) 영문 협정문으로는 "impose sanctions on parties to a civil judicial proceeding, their counsel, experts, or other persons subject to the court's jurisdiction, for violation of judicial orders regarding the protection of confidential information produced or exchanged in a proceeding."이다.

34) 미국의 소송절차상 영업비밀(trade secret)뿐만 아니라 기타 기밀 연구(confidential research), 개발(development) 또는 공개되지 않았거나 특정한 방식으로만 공개되는 상업적 정보(confidential information)에 대한 보호명령(protective order)제도가 마련되어 있다. 이는 미국 민사소송의 일반적인 제도로서 영업비밀 관련 소송에 독특한 것은 아니다[윤선희·김지영, 앞의 책, 183면 각주 26; 박성수, "소송절차상 영업비밀의 특정", 「국제규범의 현황과 전망」, 법원행정처(2011), 100−101면 각 참조].

(2011. 11.)에는 위 제도의 취지에 관하여 아래와 같이 설명하고 있다.

영업비밀 관련 소송에서 위법행위 여부 판단이나 손해액 산정을 위해 필요한 자료이지만 당사자의 영업비밀에 해당하는 경우, 자료 제출이 곤란한 상황이 발생할 수 있다. 소송 과정에서 상대방의 영업비밀 정보를 알게 된 자가 비밀을 누설하는 경우, 자료 제출 당사자의 피해가 우려된다. 또한 현행 법률의 영업비밀 보호 규정들의 경우 부정한 방법 등으로 취득한 경우의 금지청구·손해배상 등을 규정할 뿐, 소송절차에서 취득한 영업비밀에 대해서는 보호하지 않는다. 따라서 침해 및 손해의 증명을 원활히 하기 위하여 제출된 영업비밀 등이 소송 외의 목적 등 대외적으로 누출되는 것을 방지하고 당사자의 입장에서는 영업비밀을 유지하기 위하여, 한－미 FTA의 지식재산권 집행분야 합의사항인 비밀유지명령제도의 도입이 필요하다.

개정법률에 따라 비밀유지명령제도 도입 시, 소송과정에서의 준비서면, 증거조사에서 영업비밀이 공개될 경우, 소송당사자의 신청에 의해 법원은 당해 영업비밀에 대하여 소송수행 외의 목적으로 사용 금지 및 공개 금지를 명할 수 있다. 법원은 비밀유지명령제도를 근거로 민사소송절차에서 영업비밀 등을 적극적으로 제출하도록 유도하여 영업비밀보호는 물론 침해행위의 입증을 용이하게 하고, 법원의 침해 여부 및 손해에 대한 정확한 판단에 기여할 수 있을 것으로 예상된다.

나아가 위 지식경제위원회 전문위원 검토보고서는 비밀유지명령의 내용에 관하여 "해당 소송 수행 목적으로의 해당 영업비밀의 사용에 대해서는, 비밀 유지 명령의 대상에서는 제외되어 있다. 이는 소송 당사자의 방어권을 확보하기 위해서 이와 같은 사용을 인정할 필요가 있는 점에 기인한 것으로 보인다. 한편, 소송 수행 목적으로의 해당 영업비밀의 공개는 금지되며, 비밀유지명령의 대상이다(단, 비밀유지명령을 받은 자에게는 공개 가능하다). 이것은 소송 수행 목적이라 하더라도 해당 영업비밀이 공개되었다면, 영업비밀의 요건 중 하나인 비공지성이 결여되어 그 가치가 두드러지게 손상되기 때문인 것으로 생각된다"라고 검토하고 있다.

2. 비밀유지명령 발령의 요건

가. 법률규정

법원은 영업비밀 침해행위로 인한 영업상 이익의 침해에 관한 소송에서 그 당사자가 보유한 영업비밀에 대하여 ① 이미 제출하였거나 제출하여야 할 준비서면 또는 이미 조사하였거나 조사하여야 할 증거에 영업비밀이 포함되어 있다는 것, ②

위 ①의 영업비밀이 해당 소송 수행 외의 목적으로 사용되거나 공개되면 당사자의 영업에 지장을 줄 우려가 있어 이를 방지하기 위하여 영업비밀의 사용 또는 공개를 제한할 필요가 있다는 것이라는 두 가지 사유를 모두 소명한 경우에는 그 당사자의 신청에 따라 결정으로 다른 당사자(법인인 경우에는 그 대표자), 당사자를 위하여 소송을 대리하는 자, 그 밖에 해당 소송으로 인하여 영업비밀을 알게 된 자에게 그 영업비밀을 해당 소송의 계속적인 수행 외의 목적으로 사용하거나 그 영업비밀에 관계된 이 항에 따른 명령을 받은 자 외의 자에게 공개하지 아니할 것을 명할 수 있다(부정경쟁방지법 제14조의4 제1항 본문 및 각 호).

다만, 그 신청 시점까지 다른 당사자(법인인 경우에는 그 대표자), 당사자를 위하여 소송을 대리하는 자, 그 밖에 해당 소송으로 인하여 영업비밀을 알게 된 자가 위 ①의 준비서면의 열람이나 증거 조사 외의 방법으로 그 영업비밀을 이미 취득하고 있는 경우에는 그러하지 아니하다(부정경쟁방지법 제14조의4 제1항 단서).

나. 대상사건의 범위

본 항의 규정은 금지청구와 손해배상청구 모두에 대하여 적용되는 것이고, 금지청구를 본안으로 하는 보전처분인 가처분 소송에서도 그대로 적용될 수 있을 것이다.35)36)

다. 이미 제출한 준비서면이나 이미 조사한 증거에 포함된 영업비밀에 대해서도 비밀유지명령이 가능한지

조문의 문언상으로는 이미 제출한 준비서면이나 이미 조사한 증거에 포함된 영업비밀에 관하여도 비밀유지명령의 신청이 가능한 것으로 보인다. 그러나 그렇게 해석하면 부정경쟁방지법 제14조의4 제1항 단서에 해당하는지의 판단이나 비밀유지명령발령 후 위반행위가 있었는지의 판단이 곤란해지므로, "이미 제출한"이라든가 "이미 조사한"이라는 문언은, 비밀유지명령의 수령인을 사후적으로 추가하는 경

---

35) 최정열·이규호, 「부정경쟁방지법 - 영업비밀보호법제 포함 - 」, 진원사(2015), 342면.
36) 이와 관련하여 우리와 유사한 규정을 두고 있는 일본에서는 비밀유지명령의 대상 사건에 보전소송은 포함되지 않는다는 하급심 재판례가 있었으나 2009. 2. 5. 최고재판소가 침해금지가처분절차에서도 영업비밀에 관한 보호이익을 부여할 필요성이 본안소송과 마찬가지로 존재한다고 판단하여 이 문제를 정리하였다고 한다[상세한 내용은 정상조·박준석, "영업비밀의 사법적 보호에 관한 비교법적 연구", 대법원 용역보고서(2009. 4), 33-34면 참조].

우를 상정하는 것이고, 원칙적으로 제출 후 또는 조사 후의 사항에 관한 신청은 허용되지 않는다고 해석하여야 한다고 설명된다.37)38)

또한 위 견해는 조문의 문언상 '소장'에 기재된 영업비밀은 비밀유지명령의 대상이 되지 아니한다고 설명한다. 물론 조문이 '준비서면'이나 '증거'라고만 규정하고 있고 '소장'은 규정하고 있지 않기는 하지만, 이 문제는 이러한 법문보다는 '이미 제출한 준비서면이나 이미 조사한 증거에 포함된 영업비밀에 대해서도 비밀유지명령이 가능한지'와 보다 깊은 관련이 있다고 생각된다. 나아가 아래에서 살펴볼 '영업비밀 침해소송의 청구원인으로 원고 스스로 주장하는 영업비밀은 비밀유지명령의 대상이 되지 아니한다고 볼 것인지'를 검토하여 결정할 문제이다.

라. 영업비밀 침해소송의 청구원인으로 원고 스스로 주장하는 영업비밀은 비밀유지 명령의 대상이 되지 아니한다고 볼 것인지

부정경쟁방지법 제14조의4 제1항 단서는 '준비서면의 열람이나 증거 조사 외의 방법으로 그 영업비밀을 이미 취득하고 있는 경우'를 비밀유지명령의 대상에서 제외하고 있다. 위 규정의 해석론으로, "비밀유지명령은 소송절차에서 개시된 영업

---

37) 전효숙, 앞의 논문, 45면 참조. 위 논문은 유사한 규정을 두고 있는 일본의 해석론[東海林保, "秘密保持命令(特許法105條の4)をめぐる實務上の諸問題", 飯村敏明, 設樂隆一(編,) 「知的財産關係訴訟」(靑林書院, 2010), 260頁]을 논거로 들고 있다.

38) 다만 조문의 문언에도 불구하고 위와 같이 제한적으로 해석하는 것이 온당한가에 대해서는 이론이 제기될 여지도 있다고 본다. 현재까지 이 문제에 대한 국내의 뚜렷한 논의는 발견하기 어렵다.

이 문제는 '비밀유지명령 신청 전에 제출한 준비서면이나 조사한 증거에 포함된 영업비밀은 그 자체로 영업비밀성을 상실하여 비밀유지명령의 대상이 될 수 없다고 볼 것인가'와도 관련이 있다고 할 것이다. 일응 '보호조치도 없이 서증제출되어 서증조사가 이루어진 이상 공지된 것으로 보아야 하므로 영업비밀성을 상실하여 비밀유지명령의 대상이 되지 아니한다는 견해'를 상정할 수 있으나, 한편으로는, 아래와 같은 이유로 여전히 영업비밀성을 상실하지 아니하였다고 볼 여지가 있다는 입론도 가능하다고 생각된다. 즉 영업비밀 침해를 원인으로 하는 소송절차에서 소송당사자 사이에는 상대방이 제출한 영업비밀을 누설하거나 소송수행 목적 외의 용도로 사용하지 아니할 '신의칙상 비밀유지의무'가 있다고 볼 여지가 있다는 측면에서 '비공지성' 상실을 부정하는 견해를 상정할 수 있다. 또한 스스로 영업비밀을 증거로 제출한 원고로서도 소송 수행을 위해서 한 행위이니만큼 증거 제출행위에도 불구하고 여전히 해당 영업비밀을 비밀로서 관리하고 있는 것으로 봄이 합리적이고, 만일 그와 같이 보지 아니하면 소송수행을 위해 증거를 제출하여야 함에도 증거 제출 행위로 인하여 비밀관리성을 부정하는 불합리가 발생한다는 측면에서 '비밀관리성' 상실을 부정하는 입론도 생각할 수 있다. 이러한 견해에 선다면, 부정경쟁방지법 제14조의4 제1항 제1호에서 "이미 제출하였거나", "이미 조사하였거나"라고 규정한 것은 비밀유지명령 없는 상태에서 이미 제출한 준비서면 또는 이미 조사한 증거에 포함되어 있는 영업비밀이 여전히 영업비밀성을 상실하지 않아 사후적으로 비밀유지명령의 대상으로 될 수 있음을 전제로 한 태도라고 해석할 수도 있을 것이다.

비밀을 보호함을 목적으로 하여 도입된 것이고, 소송절차와 관계없이 당사자가 취득한 영업비밀은 그러한 목적과는 관계없기 때문에 제외한 것이다. 따라서 자기의 영업비밀을 상대방이 부정하게 취득하여 사용하고 있다는 등의 이유로 사용의 금지나 손해배상을 구하는 사건에서, 원고의 영업비밀은 비밀유지명령의 대상이 아니다. 원고는, 소송제기 전에 피고가 이미 원고의 영업비밀을 취득하고, 또는 개시를 받았다는 것을 전제로 하여, 해당 소송을 제기하고 있는 것이기 때문이다. 만약 위와 같은 비밀에 관하여, 소송절차 중에 피고에 대하여 제3자에의 개시를 금지하는 명령을 하면, 해당 소송에서 원고가 구하고 있는 청구(금지청구)를 심리에 앞서서 실현하는 것이 되고, 원고에 대하여 만족적가처분을 초과하는 보호를 부여하는 결과가 된다"라고 설명된다.[39]

이 문제에 관하여, 대법원 2015. 1. 16.자 2014마1688 결정도 "위 규정에 따른 비밀유지명령은 소송절차에서 공개된 영업비밀의 보호를 목적으로 하는 것으로서 소송절차와 관계없이 다른 당사자 등이 이미 취득하고 있는 영업비밀은 위와 같은 목적과는 아무런 관련이 없으므로, 영업비밀 침해소송에서 자기의 영업비밀을 다른 당사자 등이 부정하게 취득하여 사용하고 있다고 주장하면서 그 영업비밀에 대하여 한 비밀유지명령 신청은 받아들일 수 없다고 보아야 한다"라고 판시하여 위에서 본 견해와 같은 태도를 보여주고 있다.[40]

마. 입법론적 보완의 필요성

1) 서   언

부정경쟁방지법 제14조의4 제1항의 규정으로부터 도출되는 발령 요건에 의하

---

39) 전효숙, 앞의 논문, 46면 참조. 위 논문은 유사한 규정을 두고 있는 일본의 해석론[高部眞規子, "知的財産權訴訟における秘密手續の現狀と課題", 「ジュリスト」(2006. 8), No.1317, 190頁]을 논거로 들고 있다.

40) 위 대법원결정은, 재항고인은 신청외 1이 재항고인의 직원으로 근무하면서 취득한 영업비밀인 작업지시서(Work Instruction) 기재 관련 정보를 A에게 공개하고, A는 이를 취득, 사용함으로써 재항고인의 영업비밀을 침해하였다고 주장하면서, 신청외 1과 A를 상대로 영업비밀 침해행위의 금지와 조성물 등의 폐기, 손해배상을 청구하는 소송을 제기한 사실, 재항고인은 위 소송에서 작업지시서 발췌본을 갑 제00호증으로 제출하면서 '작업지시서(Work Instruction) 발췌본 중 1~5면의 Work Instruction INDEX를 제외한 나머지 문서 전체'에 대하여 이 사건 비밀유지명령을 신청한 사실관계를 전제로 한다. 이러한 사실관계를 기초로 하여, 위 대법원결정은, 재항고인은 이 사건 비밀유지명령 신청의 대상인 영업비밀, 즉 작업지시서 기재 관련 정보를 신청외 2와 A가 취득, 사용하고 있다고 주장하면서 그 영업비밀에 대하여 비밀유지명령을 신청하고 있으므로, 그 신청은 받아들일 수 없다고 보아야 한다고 판단하였다.

면, 영업비밀 침해소송에서 자기의 영업비밀을 다른 당사자 등이 부정하게 취득하여 사용하고 있다고 주장하면서 그 영업비밀에 대하여 한 비밀유지명령 신청은 받아들일 수 없다고 한 대법원 2015. 1. 16.자 2014마1688 결정의 설시는 당연하다고할 수 있다. 그러나 이는 애초에 비밀유지명령제도 도입의 취지와는 맞지 않는 부정경쟁방지법 제14조의4 제1항 단서 규정의 결과이고, 아래와 같은 점에서 입법론적 보완이 필요하다고 생각된다.

2) 부정경쟁방지법방 영업비밀 관련 소송절차에서의 영업비밀 누출방지의 필요성
가) 원고의 입장에서 본 필요성

영업비밀 관련 소송절차에서 원고는 그의 영업비밀을 특정하여야 하는 까닭에 원고의 영업비밀이 소송절차를 통해 공개될 위험에 직면한다는 본질적인 문제가 있다. 또한 영업비밀 침해를 주장하는 원고로서도 본안 소송 심리가 충분히 이루어지기 전까지는 실제로 피고가 원고의 영업비밀을 이미 취득하였는지 여부, 취득하였다고 하더라도 어느 범위까지 취득하였는지를 원고 스스로 제대로 알고 있지는 못하다는 특성이 있다.

이에, 영업비밀 관련 소송절차에서 원고의 주장·증명을 통해 ① 원고의 영업비밀 자체가 비로소 피고(그 대리인을 포함한다. 이하 같다)에게 누출될 수도 있고, ② 이미 피고가 취득하고 있는 영업비밀의 범위를 넘어서는 새로운 영업비밀이 추가로 누출될 위험도 상존한다.[41] 따라서 원활한 소송진행을 위해 원고로 하여금 적극적으로 주장·증명을 하도록 하려면, 원고가 침해되었다고 청구원인으로 주장하는 사항을 포함하여 원고의 영업비밀이 소송절차를 통하여 추가로 누출되는 상황이 벌어지지 않도록 방지할 필요성이 있는 것이다.

나) 피고의 입장에서 본 필요성

원고가 영업비밀 침해를 주장하는 데 대하여 피고로서는 소극적인 방어에 그치지 않고, 피고 자신이 실시하고 있는 기술이 피고 스스로 보유하고 있는 영업비밀임을 주장·증명하는 것이 훨씬 효과적인 대응책이 될 수 있다. 그런데 이와 같은 대응을 할 경우에는 피고의 주장·증명을 통해 피고의 영업비밀이 원고(그 대리인을

---

41) 이에 더하여 소송기록이 소송당사자 아닌 제3자에게도 열람될 가능성이 있음을 고려하면 이미 피고가 취득하고 있는 영업비밀의 범위 내에서만 주장·증명이 이루어졌다고 하더라도 소송절차를 통해 피고 외의 제3자까지 그 영업비밀을 알게 될 수 있다는 위험도 생각할 수 있다. 다만 이러한 위험은 비밀유지명령이 아니라 민사소송법 제163조가 정하는 '비밀보호를 위한 열람 등의 제한'을 통해 방지할 수 있을 것이다.

포함한다. 이하 같다)에게 누출될 수 있다는 위험이 발생한다.

따라서 원활한 소송진행을 위해 피고로 하여금 적극적으로 주장·증명을 하도록 하려면, 피고의 영업비밀이 소송절차를 통하여 누출되는 상황이 벌어지지 않도록 방지할 필요성이 있는 것이다.

3) 부정경쟁방지법상 영업비밀 관련 소송절차에서의 비밀유지명령제도의 입법취지: 다른 지식재산법상 비밀유지명령제도와의 차이

비밀유지명령제도는 부정경쟁방지법 외에 특허법,[42] 디자인보호법,[43] 상표법,[44] 저작권법[45] 등 다른 지식재산법에서도 같은 취지로 규정되어 있는데, 이렇듯 청구원인이 '영업비밀 침해'가 아닌 이미 공개된 산업재산권이나 저작권인 경우에는 위 2)의 가)의 원고의 영업비밀 누출 방지는 원칙적으로 문제되지 아니하므로[46] 위 2)의 나)의 피고의 영업비밀 누출 방지에 주안점을 두고 규정을 마련하면 족하다고 할 것이다.

그러나 부정경쟁방지법상 영업비밀 관련 소송절차에서 비밀유지명령제도를 운용할 때에는 위 2)의 나)의 피고의 영업비밀 누출 방지뿐만 아니라 위 2)의 가)의 원고의 영업비밀 누출 방지 역시 매우 중요하게 고려할 수밖에 없다.

4) 비밀유지명령 신청에 대한 재판의 특성

한편 비밀유지명령신청은 원칙적으로, 준비서면이나 증거를 제출하기에 앞서 제출할 준비서면이나 증거에 자신의 영업비밀이 포함되어 있고, 이것이 소송 수행 외의 목적으로 사용되거나 공개되면 영업비밀 보유자의 영업에 지장을 줄 우려가 있음을 주장·소명하면서 이루어지게 된다. 즉 비밀유지명령의 대상이 되는 영업비밀의 내용은 최소한도로만 특정할 수밖에 없고,[47] 법원으로서는 아직 비밀유지명령의 신청 대상인 사항이 과연 영업비밀인지 여부조차 명확하게 확인하기는 어려운 상태에서 '소명'에 의존하여 발령 여부를 결정하게 된다.

---

42) 제224조의3.
43) 제217조.
44) 제227조.
45) 제129조의3.
46) 다만 원고가 손해액 증명을 위한 내부자료를 제출하기에 앞서 비밀유지명령을 신청하는 등의 상황은 부정경쟁방지법 외에 다른 법률이 적용되는 경우에도 마찬가지로 일어날 수 있을 것이다.
47) 조문상 '이미 제출한 준비서면이나 증거'에 포함되어 있는 영업비밀도 비밀유지명령의 대상이 될 수 있기는 하나, 그 의미에 관하여는 앞서 언급한 바와 같이 논란의 여지가 있다.

만일 비밀유지명령이 내려졌으나 이것이 그 요건을 구비하지 못한 것이었다거나 발령 후 그 요건을 결하게 된 경우에는 비밀유지명령을 신청한 자 또는 발령받은 자의 신청에 의하여 비밀유지명령 취소 재판이 이루어질 수 있다(부정경쟁방지법 제14조의5).

5) 영업비밀 관련 소송에서 비밀유지명령 발령요건의 합리적 설정

위에서 살펴본 입법 관련 자료 등으로부터 확인되는 입법취지, 원·피고 양측에서의 영업비밀 누출 방지의 필요성, 기본적으로 비밀유지명령에 대한 재판은 '소명'에 의하여 이루어지고 사후에 그것이 발령요건을 결한 경우 등에는 취소절차가 마련되어 있는 점 등을 종합적으로 고려하면, 비밀유지명령의 신청인이 본안에서 영업비밀 침해를 청구원인으로 주장하는 원고인 경우 위 조항의 비밀유지명령의 발령요건은 아래와 같이 설정함이 합리적이라고 생각된다(비밀유지명령의 신청인이 피고인 경우에도 같은 취지로 해석할 수 있고 특별히 문제되는 사항은 없다고 보이므로, 원고가 신청인인 경우를 중심으로 서술한다).

신청인이 부정경쟁방지법 제14조의4 제1항 본문 및 각 호 해당 사유를 주장·소명하면 법원으로서는 원칙적으로 비밀유지명령을 발령함이 타당하다.

다만 비밀유지명령 신청 시점까지 이미 제출된 주장·증명에 비추어 이미 비밀유지명령 피신청인측이 신청인이 주장하는 영업비밀을 해당 준비서면의 열람이나 증거조사 외의 방법으로 이미 취득하고 있다고 인정되는 경우에는 비밀유지명령을 발령하지 아니한다. 이러한 예외사유에 해당하려면 '신청인이 주장하는 영업비밀을 해당 준비서면의 열람이나 증거조사 외의 방법으로 이미 취득하고 있다고 인정'되어야 한다. 즉 신청인이 원고인 경우 단순히 그가 본안의 청구원인으로 당해 영업비밀 침해 자체를 주장하고 있다는 것만으로는 부족하고, 피고 스스로 이미 그 영업비밀을 취득하고 있음을 인정하거나, 그렇지 않다고 하더라도 증거 등에 의하여 이러한 사정이 인정되어야 한다고 설정함이 타당하다.

이와 달리 비밀유지명령의 신청인인 원고가 본안의 청구원인으로 당해 영업비밀의 침해를 주장하였다는 사유만으로 그에 대해서는 비밀유지명령이 발령될 수 없다고 보는 해석이 가능한 현재의 부정경쟁방지법 제14조의4 제1항 단서 규정은 비밀유지명령제도를 도입한 입법목적과 맞지 않다고 생각된다.[48][49] 나아가 이러

---

48) 부정경쟁방지법상 비밀유지명령제도 도입은 한·미 FTA 협정문 제18장 지식재산권 내용을 국내법으로 수용하기 위한 입법의 일환이었는데, 위 협정문 가운데 비밀유지명령에 관한 내용

한 해석에 따르면, 원고가 본안에서 해당 영업비밀을 피고가 이미 부정하게 취득하여 알고 있다고 주장하면서 침해된 영업비밀을 특정하기 위해 그 내용이 포함된 증거를 제출하였는데, 이에 대한 비밀유지명령신청은 배척된 상태로 본안 심리가 이루어진 결과 실제로는 피고가 원고의 해당 영업비밀을 취득하였다고 인정되지 않은 경우에는, 원고로서는 본안 소송에서 패소하여 청구원인으로 주장한 영업비밀의 침해금지청구도 인용받지 못하고, 소송절차를 통해 자신의 영업비밀이 포함된 증거를 피고에게 제시함으로써 피고로 하여금 비로소 그 내용을 취득하도록 하면서도 비밀유지명령조차 인용받지 못하는 부당한 결과가 발생하게 된다.

3. 비밀유지명령 발령의 절차

가. 신청인과 상대방

신청인은 영업비밀을 보유한 당사자이지만, 상대방은 다른 당사자(법인인 경우에는 그 대표자), 당사자를 위하여 소송을 대리하는 자, 그 밖에 해당 소송으로 인하여 영업비밀을 알게 된 자이다(부정경쟁방지법 제14조의4 제1항 본문).

나. 신청서의 기재사항

비밀유지명령의 신청은 아래 기재사항을 적은 서면으로 하여야 한다(부정경쟁방지법 제14조의4 제2항).

을 보면 "소송절차에서 '생성되거나 교환된' 비밀정보의 보호"를 규정하고 있어 그 대상 범위가 넓다.

또 위에서 살펴본 특허청 산업재산보호팀 작성의 개정법률 설명자료에는 "영업비밀 관련 소송에서 '위법행위 여부' 판단이나 손해액 산정을 위해 필요한 자료이지만 당사자의 영업비밀에 해당하는 경우, 자료 제출이 곤란한 상황이 발생할 수 있음", "'침해 및 손해의 증명을 원활히 하기 위하여 제출'된 영업비밀 등이 소송 외의 목적 등 대외적으로 누출되는 것을 방지", "법원은 비밀유지명령제도를 근거로 민사소송절차에서 영업비밀 등을 적극적으로 제출하도록 유도하여 영업비밀보호는 물론 '침해행위의 입증을 용이'하게 하고, 법원의 침해 여부 및 손해에 대한 정확한 판단에 기여할 수 있을 것으로 예상됨" 등을 입법목적으로 명시하고 있다.

49) 아울러 이 제도의 취지에 관하여 구체적으로 설명하고 있는 국내 문헌으로서 윤선희·김지영, 앞의 책, 182면 이하 역시 "영업비밀 관련 소송을 비롯하여 여러 형태의 소송에서, '침해를 주장하는 과정에서' 제출하고자 한 준비서면이나 증거의 내용에 영업비밀이 포함되는 경우가 있는데, 이 경우 당해 영업비밀을 보유한 당사자는 상대방 당사자에 의하여 이를 소송 수행 목적 이외의 목적에서 사용되거나 제3자에게 공개되는 것으로 인하여 사업 활동에 지장이 발생할 우려가 있다. 이러한 우려에서 당해 영업비밀을 소송에서 표현하는 것을 주저하여 '충분한 주장·입증'을 다할 수 없는 사태가 발생할 수 있다"라고 설명하고 있다.

1) 비밀유지명령을 받을 자

비밀유지명령을 받을 자는 비밀유지명령의 대상이 되는 영업비밀의 내용을 충분히 이해하고 소송수행에 이바지 하는 자가 아니면 의미가 없다.50) 또한 비밀유지명령의 발령 후에 소송절차를 원활하게 진행하기 위하여는, 상대방의 소송대리인 가운데 적어도 1명 이상의 자를 수령인으로 할 필요가 있다.51) 비밀유지명령을 신청하기 전 본안 사건의 당사자간의 협의가 필요한데, 이러한 사전협의는 소송 외에서 임의로 행할 수도 있겠지만, 본안 사건의 변론준비절차 등에서 법원의 관여하에 행하는 것이 바람직하다.52)

2) 비밀유지명령의 대상이 될 영업비밀을 특정하기에 충분한 사실

신청인으로서는 가능한 한 상대방에게 영업비밀이 상세하게 알려지기를 원하지 않을 것이므로 지나치게 엄격한 기준을 요할 수는 없을 것이고, 영업비밀이 어떠한 것인지를 수령인이 알 수 있는 정도면 된다고 하겠다.53)54)

3) 부정경쟁방지법 제14조의4 제1항 각 호의 사유에 해당하는 사실

위에서 살펴본 비밀유지명령의 발령요건에 해당하는 사실을 구체적으로 특정하여야 한다.

다. 심문절차

비밀유지명령신청에 대한 심리절차가 특별히 규정되어 있지는 아니하나, 그 수명자로 본안 소송의 당사자 아닌 제3자도 지정될 수 있고, 비밀유지명령이 그 위반에 대하여 형사처벌까지 수반되는 재판임을 고려하면 발령 전에 피신청인을 위

---

50) 전효숙, 앞의 논문, 46면.
51) 위의 논문, 46면.
52) 위의 논문, 46–47면.
53) 위의 논문, 47면. 위의 논문은, 東海林保, 前揭論文, 261頁을 각주로 들면서, 일본에서는, 신청서에 제출 예정인 준비서면이나 증거를 특정한 다음, 당해 준비서면 내지 증거에서의 기재 위치를 특정하여 인용하는(예컨대, "평성 17년 9월 25일자의 준비서면 3면 4행부터 5면 8행까지에 기재된 비밀", "을 제9호증의 8면 7행부터 9면 5행까지 기재된 비밀" 등으로 특정) 방법이 권유된다고 소개하고 있다.
54) 한편 위의 논문은, 영업비밀 기재 문서를 신청서에 첨부하면, 신청서부본이 상대방에게 송달되기 때문에, 아직 발령도 하지 않은 채 상대방에게 영업비밀의 내용이 알려지고 말 염려가 있고, 또 신청이 각하되거나 취하한 후에도 신청서가 열람등사될 가능성이 있으므로, 신청서에 영업비밀 기재 문서를 첨부하거나 정식으로 소명자료로서 제출하는 것은 적절하지 않다고 한다[東海林保, 前揭論文, 262頁에 근거한 설명이다].

한 절차보장의 필요성이 크므로 심문을 거침이 바람직하다고 할 것이다.[55)]

라. 결   정

적법한 신청으로서 비밀유지명령발령의 요건을 모두 갖추었으면 인용결정을, 소송요건을 결하는 등 신청이 부적법한 경우에는 각하결정을, 적법한 신청이지만 비밀유지명령의 발령요건을 갖추지 못한 경우에는 기각결정을 하게 될 것이다.[56)57)]

---

55) 위의 논문, 48면도 같은 취지이다.
   또한 박익환, "민사소송절차와 영업비밀보호 - 부정경쟁방지법상 비밀유지명령을 중심으로 -"「정보법학(제16권 제1호)」, 한국정보법학회(2012), 174면 및 각주 29는 일본 부정경쟁방지법상 비밀유지명령제도에 관하여 "비밀유지명령을 받을 자는 당사자등과 소송대리인 또는 보좌인이다. 이들 중 구체적으로 누구를 명령을 받아야 할 주체로 정하기 곤란한 경우도 생긴다. 소송과정에서 해당 영업비밀을 알게 되는 사람의 범주를 정하는 문제이다. 소송대리인 또는 보좌인이 사내의 기술담당종업원과 함께 비밀에 대해 검토할 필요가 있는 경우에는 동 종업원("당사자등"에 포함된다)을 비밀보호명령의 수신인으로 할 것이며, 사외의 전문가를 통해서 비밀에 대해 검토할 필요가 있다면 동 전문가를 당사자의 대리인으로 비밀유지명령의 수신인으로 할 수 있다. 영업비밀의 보유자인 당사자로서는, 비밀유지명령을 받는 사람의 범위에 한정된다는 전제 아래에서, 영업비밀이 기재되는 준비서면이나 서증을 제출하게 된다. 원고와 피고 사이에서 의견조정을 통하여 정할 필요가 있으며, 법원으로서는 미리 진행협의기일 내지 준비절차기일에 어떤 범위의 사람에게 공개하는가를 당사자 쌍방 사이에 합의시킨 다음 합의된 사람을 대상으로 한 비밀유지명령을 신청시키는 운용을 하게 될 것이다. 당사자 간 사전합의가 곤란한 경우에는 일단 비밀유지명령의 수령인을 소송대리인으로 한정하여 신청하고, 동인의 의견을 들어본 다음 다시 비밀유지명령의 수령인이 되어야 하는, 영업비밀이 공개되어야 할 사람을 확대하는 식으로 운용될 것이다."라고 설명하고 있어, 그 발령 전에 심문 절차에 준하는 절차가 운용될 것이라는 취지를 밝히고 있다.

56) 전효숙, 앞의 논문, 48-49면은, 高部眞規子, 前揭論文, 193頁을 각주로 들면서, 일본에서는 인용 주문의 형식으로, "상대방 등은, 별지 영업비밀 목록 기재의 영업비밀을, 본건 소송수행 목적 이외의 목적으로 사용하거나 또는 본 결정과 같은 내용의 명령을 받은 자 이외의 자에게 개시하여서는 아니 된다"고 하고, 별지목록에는 [평성 18년 8월 1일자 피고 준비서면 2정 1행부터 4정 8행까지 기재된 비밀] [을 제7호증의 3정 1행부터 5정 5행까지 기재된 비밀] 등으로 기재한다고 소개하고 있다.

57) 비밀유지명령신청을 인용하는 결정서에 영업비밀 기재 문서를 첨부할 것인지에 관하여 일본에서는 적극설과 소극설이 있다고 한다. 적극설은, 비밀유지명령이 취소되지 않는 한, 형사벌이 있을 수 있는 것이므로, 수령인에 대하여 비밀유지의 대상을 명확하게 해 둘 필요가 있다는 것, 기록이 폐기된 후의 비밀유지명령의 취소를 신청할 때에도 유지해야 할 영업비밀의 범위가 명확할 필요가 있다는 것 등을 이유로 하고 있는 것으로 추측된다고 한다. 소극설은, 결정서에 영업비밀기재문서를 첨부하면 그것이 수령인의 수만큼 사회에 나돌기 때문에, 영업비밀 누설의 위험이 높다는 것, 수령인이 사망한 경우에 상속인이 그 중요성에 유의하지 않고, 부주의하게 개시할 위험성이 있다는 것, 비밀유지명령의 취소나 형사벌의 관계에서도, 법원이 결정원본을 보존할 때 해당 영업비밀기재문서를 동시에 보존하는 것으로 처리하면 충분하다는 것 등을 이유로 한다(이상의 내용은 전효숙, 앞의 논문, 49면 참조).

마. 송달 및 불복절차

법원은 비밀유지명령이 결정된 경우에는 그 결정서를 비밀유지명령을 받은 자에게 송달하여야 한다(부정경쟁방지법 제14조의4 제3항).

비밀유지명령의 신청을 기각 또는 각하한 재판에 대하여는 즉시항고를 할 수 있다(같은 조 제5항). 그러나 비밀유지명령이 내려진 결정은 바로 확정되고, 다만 발령의 요건을 갖추지 못하였음을 이유로 아래에서 보는 비밀유지명령의 취소를 신청할 수 있다.

4. 비밀유지명령의 효과

비밀유지명령은 그 결정서가 비밀유지명령을 받은 자에게 송달된 때부터 효력이 발생하고(부정경쟁방지법 제14조의4 제4항), 취소될 때까지 존속한다.

비밀유지명령이 내려지면, 그 영업비밀을 해당 소송의 계속적인 수행 외의 목적으로 사용하는 행위 또는 그 영업비밀에 관계된 비밀유지명령을 받은 자 외의 자에게 공개하는 행위가 금지된다.

국내외에서 정당한 사유 없이 비밀유지명령을 위반한 자는 5년 이하의 징역 또는 5천만원 이하의 벌금에 처한다(부정경쟁방지법 제18조의4 제1항). 이 죄는 비밀유지명령을 신청한 자의 고소가 필요한 친고죄이다(같은 조 제2항). 다만 양벌규정의 적용은 받지 않는다(같은 법 제19조 참조).[58]

5. 비밀유지명령의 취소

비밀유지명령을 신청한 자 또는 비밀유지명령을 받은 자는 부정경쟁방지법 제14조의4 제1항에 따른 요건을 갖추지 못하였거나 갖추지 못하게 된 경우 소송기록을 보관하고 있는 법원(소송기록을 보관하고 있는 법원이 없는 경우에는 비밀유지명령을 내린 법원)에 비밀유지명령의 취소를 신청할 수 있다(부정경쟁방지법 14조의5 제1항).

법원은 비밀유지명령의 취소 신청에 대한 재판이 있는 경우에는 그 결정서를 그 신청을 한 자 및 상대방에게 송달하여야 한다(같은 조 제2항). 비밀유지명령의 취소 신청에 대한 재판에 대하여는 즉시항고를 할 수 있다(같은 조 제3항). 비밀유

---

58) 이는 부정경쟁방지법 외에 특허법, 디자인보호법, 상표법에서도 마찬가지이다. 다만, 저작권법은 비밀유지명령위반죄에 대하여 징역형과 벌금형을 병과할 수 있도록 하고(저작권법 제136조 제1항 제2호), 양벌규정의 적용도 받도록 정하고 있다(저작권법 제141조 참조).

지명령을 취소하는 재판은 확정되어야 그 효력이 발생한다(같은 조 제4항).

비밀유지명령을 취소하는 재판을 한 법원은 비밀유지명령의 취소 신청을 한 자 또는 상대방 외에 해당 영업비밀에 관한 비밀유지명령을 받은 자가 있는 경우에는 그 자에게 즉시 비밀유지명령의 취소 재판을 한 사실을 알려야 한다(같은 조 제5항).

6. 소송기록 열람 등의 청구 통지 등

위에서 본 바와 같이 민사소송법 제163조에 의하여 소송기록의 열람 등의 제한이 이루어질 수 있으나, 당사자에 의한 열람 등은 금지되지 않으므로, 예컨대 법인이 당사자인 경우 비밀유지명령을 받지 않은 종업원이 법인으로부터 위임을 받아 사실상 자유롭게 소송기록의 열람 등을 통하여 영업비밀을 알게 될 가능성이 있다.59) 이에 비밀유지명령의 실효성 유지를 위하여 부정경쟁방지법은 다음과 같은 규정을 두어, 추가로 비밀유지명령이 내려질 수 있도록 조치를 취하고 있다.

비밀유지명령이 내려진 소송(모든 비밀유지명령이 취소된 소송은 제외한다)에 관한 소송기록에 대하여 민사소송법 제163조 제1항의 결정이 있었던 경우, 당사자가 같은 항에서 규정하는 비밀 기재 부분의 열람 등의 청구를 하였으나 그 청구절차를 해당 소송에서 비밀유지명령을 받지 아니한 자가 밟은 경우에는 법원서기관, 법원사무관, 법원주사 또는 법원주사보(이하 이 조에서 "법원사무관등"이라 한다)는 민사소송법 제163조 제1항의 신청을 한 당사자(그 열람 등의 청구를 한 자는 제외한다. 이하 제3항에서 같다)에게 그 청구 직후에 그 열람 등의 청구가 있었다는 사실을 알려야 한다(부정경쟁방지법 제14조의6 제1항). 제1항의 경우에 법원사무관등은 제1항의 청구가 있었던 날부터 2주일이 지날 때까지(그 청구절차를 행한 자에 대한 비밀유지명령신청이 그 기간 내에 행하여진 경우에는 그 신청에 대한 재판이 확정되는 시점까지) 그 청구절차를 행한 자에게 제1항의 비밀 기재 부분의 열람 등을 하게 하여서는 아니 된다(같은 조 제2항). 다만 제2항은 제1항의 열람 등의 청구를 한 자에게 제1항의 비밀 기재 부분의 열람 등을 하게 하는 것에 대하여 민사소송법 제163조 제1항의 신청을 한 당사자 모두의 동의가 있는 경우에는 적용되지 아니한다(같은 조 제3항).

---

59) 윤선희·김지영, 앞의 책, 186면.

Ⅳ. 선의자 특례

1. 의 의

거래에 의하여 영업비밀을 정당하게 취득한 자가 그 거래에 의하여 허용된 범위에서 그 영업비밀을 사용하거나 공개하는 행위는 금지청구나 손해배상청구, 신용회복청구의 대상이 되지 않는다(부정경쟁방지법 제13조 제1항). 영업비밀보호제도는 영업비밀 보유자의 비밀관리를 전제로 하여 영업비밀을 보호하는 것이고, 공시방법도 없기 때문에 제3의 선의의 취득자에게는 대항할 수 없도록 하여 영업비밀 보유자와 선의의 제3자의 이해관계 조화를 도모할 필요가 있다.60) 이에 부정경쟁방지법은 선의자에 관한 특례 규정을 두어, 영업비밀 취득 시에 그 영업비밀의 부정공개사실 또는 부정취득행위나 부정공개행위가 개입된 사실을 중대한 과실 없이 알지 못하고 거래에 의하여 해당 영업비밀을 취득한 자가 그 거래에 의하여 허용된 범위 안에서 그 영업비밀을 이용하거나 공개하는 행위에 대해서는 영업비밀 침해행위로 보지 않도록 한 것이다.61)

2. 적용요건

선의자 특례가 인정되기 위해서는, 취득당사자가 영업비밀이 부정하게 공개된 사실 또는 영업비밀의 부정취득행위나 부정공개행위가 개입된 사실을 중대한 과실 없이 알지 못할 것, 취득이 계약이나 대가지급 등 정상적인 거래에 의해 정당하게 이루어질 것, 취득 후 피해자의 경고에 의하여 악의자가 되어도 취득 시의 거래행위에 의하여 허용된 범위 안에서만 그 영업비밀을 사용하거나 공개할 것 등의 요건이 갖추어져야 한다.62)

선의자 특례는 '거래에 의한' 영업비밀 취득의 경우에만 적용된다. 여기서의 '거래'에는 매매 기타의 양도계약, 라이선스계약, 증여계약, 대물변제 등에 의한 경우를 모두 포괄하며, 법률상의 전형적인 거래뿐만 아니라 비전형적인 사실상의 거래를 포함한다.63) 반면 상속이나 합병에 의한 취득과 같이 법률의 규정에 의하여 그 취득의 효과가 발생하는 경우는 적용되지 않는다.64) 종업원이나 임원이 전직하

---

60) 황의창·황광연, 앞의 책, 288면.
61) 윤선희·김지영, 앞의 책, 118면.
62) 황의창·황광연, 앞의 책, 288-289면.
63) 윤선희·김지영, 앞의 책, 119면.

면서 맺게 되는 고용계약은 일반적으로 영업비밀 관련 정보를 취득하는 거래로는 해석하기 힘들다. 다만 정보의 취득을 목적으로 한 경우라면 예측가능성을 보호할 필요가 있다는 점에서 선의자 특례를 적용할 수 있다는 논의가 일본에서 이루어진다고 한다.65) 그러나 종업원 등이 부담하는 비밀유지의무 등에 대하여 취득 시에 이미 악의 또는 중과실일 가능성이 높다는 점에서 실제 본조의 적용을 받기는 힘들 것이다.66)67)

'중대한 과실'이란 거래에서 평균적으로 요구되는 통상의 주의의무를 다하면 쉽게 부정행위의 개입이 판명되는데도 그 의무를 현저하게 태만히 함으로써 알아차리지 못한 경우 등을 말한다.68) 여기의 선의, 무중과실은 선의자 특례 적용을 주장하는 자가 증명책임을 진다고 보아야 할 것이다.

영업비밀 취득자가 선의로 보호받는 범위는 '그 거래에 의하여 허용된 범위 내에서'이다. 여기서 '거래'는 매매 기타의 양도계약, 라이선스 계약, 증여계약 등을 모두 포함하며 법률상의 전형적인 거래뿐만 아니라 비전형적인 사실상의 거래 행위를 포함한다.69) 한편 계약내용을 확대운영하거나 계약에 없는 행위를 할 경우는 부정경쟁방지법 제2조 제3호 다목, 바목의 규정에70) 의한 침해행위를 구성하게 되

---

64) 위의 책, 119면.
65) 위의 책, 120면.
66) 위의 책, 120면.
67) 이와 관련하여 전직하려고 하는 임직원은 현재의 직장에서 알게 된 지식을 다음 직장에서 사용할 가능성이 있는 경우, ① 그 정보가 자신에게 귀속하는 정보라는 점, ② 해당 정보가 영업비밀의 요건을 만족시키지 않는다는 점, ③ 그 사용이 영업비밀 보호의무 위반이나 기업의 이익을 침해하려는 목적이 아니라는 점을 입증할 수 있는 사실을 수집해 두는 것이 좋다고 하면서, 이와 같은 예방적 입증의 방법으로 페이퍼 트레일(자신의 행동을 기록한 문서의 연속체를 말하는 것으로, 엔지니어라면 개발노트, 영업사원이라면 영업일지 등), 클린 룸(개발 엔지니어 등으로부터 문제가 될 만한 타사의 영업비밀에 접근한 적이 없다는 내용의 서약서를 받은 후 개발에 참여시켜, 개발 중에도 그러한 영업비밀에 접근하지 않았다는 것을 페이퍼 트레일로 입증하도록 하는 방법)을 제시하는 설명이 있다[이윤원, 「영업비밀보호법」, 박영사(2012), 225 – 226면]. 위 설명은 페이퍼 트레일을 나중에 고쳤다는 오해를 받지 않도록 잉크를 사용하는 필기구로 작성함이 좋고, 핵심이 되는 정보는 공증을 받아두거나 자신에게 등기우편으로 발송한 후 개봉하지 않는 등의 방법으로 그 시점에 자신이 소유하고 있었다는 것을 입증하는 수단을 강구하는 것이 바람직하다는 점도 덧붙이고 있다.
68) 황의창·황광연, 앞의 책, 290면.
    위의 책은 예를 들어 신원 미상의 브로커로부터 유난히 싼 값으로 가치 있는 정보가 입수된 때에는 일단 의심해 보는 것이 당연하며, 이를 아무런 주의도 조사도 하지 않고 취득하는 것은 중대한 과실로 인정될 수 있을 것이라고 설명한다.
69) 김성화, 「영업비밀보호법의 이해」, 한국학술정보(2011), 151면.
70) 부정경쟁방지법 제2조(정의) 이 법에서 사용하는 용어의 뜻은 다음과 같다.
    3. "영업비밀 침해행위"란 다음 각 목의 어느 하나에 해당하는 행위를 말한다.

고 선의자 특례는 인정받지 못한다.

3. 관련문제

일정 수준 이상의 공개행위가 이루어진 경우에는 영업비밀의 비공지성이 상실되게 되고 그 결과 해당 정보가 영업비밀이 아니게 되어, 영업비밀 보유자는 다른 이용자에 대하여 금지청구권도 행사할 수 없게 되는 불이익을 입게 될 수 있다는 점을 고려하면, 입법론으로는 본조가 '사용'뿐만 아니라 '공개'행위도 허용하는 것은 문제라는 지적이 있다.[71] 아직 선의자 특례에 관한 실제 사례가 많지 않아 본격적으로 문제되고 있지는 않지만, 향후 이 점에 대한 논의가 활성화 될 필요가 있다고 생각된다.

다. 영업비밀을 취득한 후에 그 영업비밀에 대하여 부정취득행위가 개입된 사실을 알거나 중대한 과실로 알지 못하고 그 영업비밀을 사용하거나 공개하는 행위

라. 계약관계 등에 따라 영업비밀을 비밀로서 유지하여야 할 의무가 있는 자가 부정한 이익을 얻거나 그 영업비밀의 보유자에게 손해를 입힐 목적으로 그 영업비밀을 사용하거나 공개하는 행위

바. 영업비밀을 취득한 후에 그 영업비밀이 라목에 따라 공개된 사실 또는 그러한 공개행위가 개입된 사실을 알거나 중대한 과실로 알지 못하고 그 영업비밀을 사용하거나 공개하는 행위

71) 윤선희·김지영, 앞의 책, 121면.

제 6 절   소멸시효, 제척기간

윤태식(서울중앙지방법원 부장판사)

I. 시효 규정 및 입법 취지

1. 법 규정

영업비밀의 보유자는 영업비밀 침해행위를 하거나 하려는 자에 대하여 그 행위에 의하여 영업상의 이익이 침해되거나 침해될 우려가 있는 경우에는 법원에 그 행위의 금지 또는 예방을 청구할 수 있다(부정경쟁방지 및 영업비밀보호에 관한 법률 제10조 제1항).

그러나 이에 따라 영업비밀 침해행위의 금지 또는 예방을 청구할 수 있는 권리는 영업비밀 침해행위가 계속되는 경우에 영업비밀 보유자가 그 침해행위에 의하여 영업상의 이익이 침해되거나 침해될 우려가 있다는 사실 및 침해행위자를 안 날부터 3년간 행사하지 아니하면 시효(時效)로 소멸한다(부정경쟁방지 및 영업비밀보호에 관한 법률 제14조 전문). 그 침해행위가 시작된 날부터 10년이 지난 때에도 시효로 소멸한다(부정경쟁방지 및 영업비밀보호에 관한 법률 제14조 후문).

2. 입법 취지

타인이 다른 사람의 영업비밀을 사용하여 생산, 판매, 연구개발을 진행하거나 사업 활동을 활발히 하는 상태에서 영업비밀 보유자에 의해 금지청구권이 행사되면 그는 사업활동을 중단할 수밖에 없어 고용, 금융, 거래관계 등에 큰 영향을 받는다. 비록 영업비밀 침해행위가 있다고 하여도 그러한 행위가 오랜 기간 지나고 그 행위로 인하여 새로 형성된 법률관계를 안정적으로 유지하기 위하여 시효제도를 도입할 필요가 있다.

또한 영업비밀은 그 보유자가 비밀관리의 노력을 기울이지 않으면 그 보호요건을 상실한다는 특성을 가지고 있고 본 법도 그와 같은 보유자의 노력을 전제로 침해행위로부터 영업비밀을 보호한다는 목적을 가지고 있다. 그와 같은 관점에서 볼 때 오랫동안 침해행위를 방치하고 있는 보유자를 시간 제한없이 보호해 줄 필요는 적다.

이와 같은 이유로 영업비밀에 관한 금지청구권의 행사는 일정기간이 지난 경우 그 행사를 제한할 필요가 있지만 민법의 일반불법행위에 대한 손해배상청구권의 소멸시효 규정(민법 제766조)을 해석론상 당연히 영업비밀 침해행위에 적용할 수 있다고 보기는 어려워 본 법에서 시효 규정을 두게 되었다.[1]

Ⅱ. 본조 연혁

1961. 12. 30. 법률 제911호로 제정된 부정경쟁방지법은 부정경쟁행위에 대한 보호규정만 두었을 뿐이고 영업비밀 침해행위에 대한 보호규정은 없었다.

1991. 12. 31. 법률 제4478호로 개정된 부정경쟁방지법은 영업비밀 침해행위에 관한 규정을 도입하면서 제14조에서 "제10조 제1항의 규정에 의하여 영업비밀 침해행위의 금지 또는 예방을 청구할 수 있는 권리는 영업비밀 침해행위가 계속되는 경우에 영업비밀 보유자가 그 침해행위에 의하여 영업상의 이익이 침해되거나 침해될 우려가 있는 사실 및 침해행위자를 안 날부터 1년간 이를 행사하지 아니하면 시효로 인하여 소멸한다. 그 침해행위가 시작된 날부터 3년을 경과한 때에도 또한 같다"라고 규정하였다.

1998. 12. 31. 법률 제5621호로 개정된 부정경쟁방지및영업비밀보호에관한법률 제14조에서 "침해행위자를 안 날부터 1년간"을 "침해행위자를 안 날부터 3년간"으로, "침해행위가 시작된 날부터 3년"을 "침해행위가 시작된 날부터 10년"으로 기간을 연장하였다.

2007. 12. 21. 법률 제8767호로 개정된 부정경쟁방지 및 영업비밀보호에 관한 법률 제14조는 "규정에 의하여"를 "규정에 따라"로, "경과한"을 "지난" 등으로 일부 내용 중 자구를 수정하였을 뿐 내용에 큰 변화는 없었고 이후 같은 내용으로 현재에 이르고 있다.

---

1) 특허청, 「부정경쟁방지 및 영업비밀보호에 관한 법률 조문별 해설서」, 2008, 124~125 참조.

Ⅲ. 내 용

1. 본 조가 적용되는 부정경쟁행위의 대상

부정경쟁방지 및 영업비밀보호에 관한 법률은 제2조 제3호 가목 내지 바목에 걸쳐 영업비밀 침해행위를 정의하고 있다. 이에 따른 영업비밀 침해행위는 크게 영업비밀의 부정취득행위, 부정사용행위, 부정공개행위의 태양으로 분류된다.

본 조는 영업비밀 침해행위의 금지 또는 예방을 청구할 수 있는 권리에 대해 시효가 적용됨을 규정하고 있으나 영업비밀 침해행위의 3가지 유형 중에서 계속적인 성격을 가진 부정사용행위가 주된 대상이 된다. 영업비밀 침해행위 중 부정취득행위나 부정공개행위에 대하여는 행위 자체에 계속성이 없기 때문이다

2. 본 조가 적용되기 위한 요건

본 조는 소멸시효가 적용되기 위하여 '침해행위가 계속되거나 반복될 우려가 있는 경우'를 요건으로 하고 있다. '침해행위가 계속되는 경우'를 요건으로 한 것은 영업비밀 부정사용행위가 정지되어 있는 상태에서는 영업비밀 보유자도 이에 대해 금지청구권을 행사할 가능성이 적고 이 기간을 소멸시효에 넣는 것은 적당하지 않다는 점을 고려한 것으로 보인다.

그리고 영업상의 이익이 침해되거나 침해될 우려가 있다는 사실 및 그 침해행위자를 안 날이라 함은 영업상의 이익이 침해되거나 침해될 우려가 있는 사실 및 그 침해행위자를 현실적이고도 구체적으로 인식하는 것을 말한다.

영업비밀 침해행위의 금지 또는 예방을 청구할 수 있는 권리의 소멸시효가 진행하기 위하여는 일단 침해행위가 시작되어야 하고, 나아가 영업비밀 보유자가 그 침해행위에 의하여 자기의 영업상의 이익이 침해되거나 침해될 우려가 있는 사실 및 침해행위자를 알아야 한다. 따라서 피고가 원고의 영업비밀을 이용하여 제품을 생산·판매하려고 회사를 설립하고 원고가 그 사실을 알고 있었다고 하더라도, 그와 같은 사정만으로는 회사를 설립한 시점에 바로 침해행위가 개시되었다고 단정할 수 없으므로 회사가 설립된 때부터 바로 소멸시효가 진행된 것으로 볼 수 없다.[2]

위 3년은 소멸시효 기간이다. 불법행위에 의한 손해배상청구권(민법 제766조)에서 손해 및 가해자를 안 날로부터 3년이라는 소멸시효가 이미 규정되어 있어서

---

2) 대법원 1996. 2. 13.자 95마594 결정 참조.

불법행위법의 연장선상에 있는 영업비밀 침해행위에 대한 금지청구권에 대하여도 같은 관점에서 3년간으로 정하였다. 3년의 소멸시효는 영업비밀 보유자가 침해 및 침해행위자를 안 날로부터 진행하므로 이 시효의 진행은 권리를 행사할 수 있는 때로부터 진행한다는 일반원칙(민법 제166조 제1항)의 예외가 된다. 불법행위가 있었더라도 영업비밀 보유자가 침해 발생이나 침해행위자를 알지 못하는 수가 있기 때문에 영업비밀 보유자의 입장을 고려한 것이다.

침해를 안다는 것은 침해의 발생 사실을 아는 것뿐만 아니라 그 침해행위가 불법행위로서 손해배상을 청구할 수 있다는 사실까지를 아는 것을 의미한다.3)4)

'가해행위가 불법행위로서 손해배상을 청구할 수 있다는 사실'까지 알 것을 요구하는 이유는 침해 발생을 안다는 것과 침해행위의 위법성을 안다는 것은 별개의 문제로서 영업비밀 보유자가 침해를 알게 되었다고 해서 당연히 침해행위의 위법성까지를 알았다고 할 수 없기 때문이다.

다만 이와 같이 침해의 발생 및 침해행위가 불법행위임을 아는 것으로 충분하고 그 불법행위로 법률상 어떠한 손해배상청구권이 발생하였는가까지 알아야 할 필요는 없다.5)

---

3) 대법원 1996. 8. 23. 선고 95다33450 판결, 대법원 1999. 3. 23. 선고 98다30285 판결 등.
　대법원 1989. 9. 26. 선고 89다카6584 판결은 피해자가 도리어 가해자로서 형사소추를 받고 있었다면 그의 손해배상청구가 사실상 가능하게 된 상황을 고려하여 피해자에 대한 무죄판결이 확정된 때가 가해자를 안 날에 해당한다고 하였고, 대법원 2010. 12. 9. 선고 2010다71592 판결은 경찰관들로부터 폭행을 당한 사람이 그 경찰관들을 폭행죄로 고소하였으나 오히려 무고죄로 기소되어 제1심에서 징역형을 선고받았다가 상고심에서 무죄로 확정된 사안에서 무고죄에 대한 무죄판결이 확정된 때부터 손해배상청구의 소멸시효가 진행된다고 하였다.
4) 대법원 1994. 1. 25. 선고 93다55845 판결은 "대법원이 1988. 6. 28. 이 사건 책상용 명패의 고안이 원고가 양수한 실용신안권의 권리범위에 속한다는 이유로 특허청 1987. 5. 26.자 86항당157 심결을 파기하고 사건을 특허청 항고심판소에 환송하는 판결(87후83)을 선고하였을 때, 원고가 피고들이 자신의 실용신안권을 침해한 사실과 그로 인한 손해 및 가해자들을 현실적 구체적으로 알았다고 본 원심의 판단은 정당한 것으로…"라고 판시하였다.
　대법원 1997. 2. 14. 선고 96다36159 판결은 "불법행위에 의한 손해배상청구권의 단기소멸시효의 기산점이 되는 민법 제766조 제1항 소정의 '손해 및 가해자를 안 날'이라 함은 현실적으로 손해의 발생과 가해자를 알아야 할 뿐만 아니라 그 가해행위가 불법행위로서 이를 이유로 손해배상을 청구할 수 있다는 것을 안 때라고 할 것인데, 원고가 피고 및 소외 회사에 대하여 이 사건 의장권침해물품의 제조, 판매 등의 중지요청에 대하여 피고와 위 소외 회사는 자신들이 제조, 판매하는 물품은 원고의 이 사건 의장권을 침해한 것이 아니라고 주장하면서 위 소외 회사는 특허청 심판소에 그러한 내용의 소극적 권리범위확인심판과 원고의 이 사건 의장권의 등록무효심판을 청구한 상황을 고려하면 원고는 대법원에서 위 심판이 확정된 때에 비로소 피고와 소외 회사의 불법행위를 알았다고 봄이 상당하므로 그 날부터 손해배상청구권의 단기소멸시효가 진행한다."고 판시하였다.
5) 대법원 1967. 1. 24. 선고 66다2270 판결, 대법원 1993. 8. 27. 선고 93다23879 판결.

침해행위자를 안다는 것은 직접 침해행위를 한 자를 알게 되는 것을 말한다. 대법원은 불법행위로 인한 손해배상청구권의 단기소멸시효의 기산점이 되는 민법 제766조 제1항 소정의 '손해 및 가해자를 안 날'이라 함은 손해의 발생, 위법한 가해행위의 존재, 가해행위와 손해의 발생 사이에 상당인과관계가 있다는 사실 등 불법행위의 요건사실에 대하여 현실적이고도 구체적으로 인식하였을 때를 의미하고, 피해자 등이 언제 불법행위의 요건사실을 현실적이고도 구체적으로 인식한 것으로 볼 것인지는 개별 사건에서의 여러 객관적 사정을 참작하고 손해배상청구가 사실상 가능하게 된 상황을 고려하여 합리적으로 인정하여야 한다고 하였는데,6) 이러한 법리는 본 조에도 그대로 적용된다.

침해 및 침해행위자를 안 시기는 시효이익을 주장하는 자가 이를 증명하여야 한다.

본 조는 영업비밀 침해행위의 금지 등을 청구할 수 있는 권리의 소멸시효에 대하여 규정하고 있으나 소멸시효의 소급효, 중단사유 등에 대하여는 별도로 규정하고 있지 않다. 이 법에서 규정하고 있지 아니한 사항에는 일반법인 민법 제167조 이하의 규정들을 적용한다.

법 제14조 후문의 10년은 불법행위가 발생한 날인 영업비밀 침해행위가 시작된 시점을 기준으로 두고 권리관계를 확정시키는 점에서 제척기간이다. 위 10년의 제척기간에 대하여도 계속적인 불법행위에 관하여서는 역시 각각의 침해가 발생한 날부터 기산한다. 위 10년은 제척기간으로서 소멸시효와 달리 시효중단 등이 없고 재판에서 당사자가 제척기간이 지났다고 주장하지 않아도 변론을 통해 나타난 자료에 의해 제척기간이 지났다는 사정이 인정된다면 법원은 권리가 소멸한 것으로 판단한다.

Ⅳ. 효 력

영업비밀 침해행위의 금지 또는 예방을 청구할 수 있는 권리는 영업비밀 침해행위가 계속되는 경우에 영업비밀 보유자가 그 침해행위에 의하여 영업상의 이익이 침해되거나 침해될 우려가 있다는 사실 및 침해행위자를 안 날부터 3년간 행사하지 아니하거나 그 침해행위가 시작된 날부터 10년이 지난 때에 시효(時效)로 소

---

6) 대법원 2008. 4. 24. 선고 2006다30440 판결, 대법원 2012. 3. 29. 선고 2011다83189 판결.

멸한다. 따라서 그 후에는 영업비밀 보유자는 영업비밀 침해행위의 금지 또는 예방을 청구할 수 없다.

V. 관련 문제

1. 소멸시효기간 완성과 제척기간 경과 후의 손해배상청구권 관계

영업비밀 침해행위의 금지 또는 예방을 청구할 수 있는 권리가 시효로 소멸한 후에도 그 영업비밀 침해행위로 인하여 생긴 손해에 대한 배상책임의 유무가 문제될 수 있다. 본 법에는 배상청구를 할 수 있는 손해배상기간의 제한규정을 두고 있지 않다.

민법에서 불법행위가 계속적으로 행하여지는 결과 손해도 역시 계속적으로 발생하는 경우에는 특별한 사정이 없는 한 그 손해는 날마다 새로운 불법행위에 기하여 발생하는 손해이므로, 민법 제766조 제1항에서 정한 불법행위로 인한 손해배상청구권의 소멸시효는 그 각 손해를 안 때부터 각별로 진행된다는 원칙에 따라 판단하는데7) 이러한 법리는 본 법에도 그대로 적용된다.

2. 상당한 기간이 경과한 시점에서의 보전의 필요성 유무 판단

실무상 영업비밀 침해금지 가처분의 경우 피보전권리가 인정되면 보전의 필요성은 따로 판단하지 않는 경향이 있다. 영업비밀 침해금지기간이 비교적 단기간으로 설정되기 때문에 가처분이 아닌 본안소송을 통하여는 손해배상을 구할 수 있을 뿐 침해금지를 구한다는 것은 거의 불가능에 가깝기 때문이다.

다만 침해행위가 있었다고 하더라도 이미 채무자의 행위가 아닌 다른 경로를 통하여 영업비밀이 알려져 이제 더 이상 금지하는 것이 오히려 경쟁을 부당히 제한하는 결과가 되는 경우 보전의 필요성은 인정될 수 없다.

그리고 법 제14조의 영업비밀 침해금지 또는 예방청구의 시효가 '침해사실 등을 안 날로부터 1년, 침해행위가 시작된 날로부터 3년'에서 '안 날로부터 3년, 침해행위가 시작된 날로부터 10년'으로 개정된 경위에 비추어 비록 채권자가 침해행위

---

7) 대법원 1966. 6. 9. 선고 66다615 전원합의체 판결, 대법원 1999. 3. 23. 선고 98다30285 판결, 대법원 2008. 4. 17. 선고 2006다35865 전원합의체 판결, 대법원 2014. 8. 20. 선고 2012다6035 판결 등 참조.

등을 안 날로부터 상당한 기간이 경과한 시점에서 가처분을 제기하였더라도 이미 영업비밀 침해금지기간이 경과하였다고 보이는 경우를 제외하고는 보전의 필요성이 없다고 단정할 수 없다.[8]

---

8) 특허청, 「부정경쟁방지 및 영업비밀보호에 관한 법률 조문별 해설서」, 2008, 126.

제 5 장

행정적 구제

제 1 절   행정기관의 조사제도

곽준영(특허청 계측분석심사팀 팀장)

Ⅰ. 중소기업청의 조사제도

중소기업청은 대기업과 중소기업 간의 수탁·위탁 거래 과정에서 공정한 거래를 할 수 있도록 「대·중소기업 상생협력 촉진에 관한 법률1)」(이하 '상생협력법'이라 한다)을 운영하고 있다.

위탁기업은 물품 등의 제조 방법, 생산 방법, 그 밖에 영업활동에 유용하고 독립된 경제적 가치가 있는 기술자료를 정당한 사유 없이 수탁기업에게 요구할 수 없다. 다만, 위탁기업이 정당한 사유가 있어 수탁기업에게 기술자료를 요구할 경우에는 요구목적, 비밀유지에 관한 사항, 권리귀속 관계 및 대가 등에 관한 사항을 수탁기업과 미리 협의하여 정한 후 그 내용을 적은 서면을 수탁기업에게 주어야 한다.

중소기업청장은 위탁기업이 수탁기업에 물품등의 제조를 위탁할 때 지켜야 할 준수사항(상생협력법 제25조)의 준수 여부를 연 1회 이상 조사하여 개선이 필요한 사항에 대하여는 해당 기업에 개선을 요구하고 요구에 응하지 아니하는 경우에는 공표하여야 한다.

또한 중소기업청장은 준수사항을 위반한 위탁기업에 대하여 그 위반 및 피해 정도에 따라 벌점을 부과할 수 있으며, 그 벌점이 10점을 초과하는 경우에는 「국가를 당사자로 하는 계약에 관한 법률」 제27조에 따른 입찰참가자격 제한을 관계 행정기관의 장에게 요청할 수 있다.

한편 위탁기업과 수탁기업은 위탁기업과 수탁기업 간에 분쟁이 생겼을 때에는 중소기업청장에게 분쟁 조정을 요청할 수 있고, 중소기업청장은 조정을 요청받으면 그 내용을 검토하여 시정을 할 필요가 있다고 인정될 때에는 해당 위탁기업·수탁

---

1) 대·중소기업 상생협력 촉진에 관한 법률: 제25조(준수사항), 제27조(수탁·위탁기업 간 불공정거래행위 개선), 제28조(분쟁의 조정)

기업에 그 시정을 권고하거나 시정명령을 할 수 있고, 상기 시정명령을 받은 위탁
기업·수탁기업이 명령에 따르지 아니할 때에는 그 명칭 및 요지를 공표하여야 한다.

그리고 중소기업청은 위탁기업과 수탁기업 간 분쟁의 자율적 조정을 지원하기
위하여 대·중소기업협력재단에 「수·위탁 분쟁조정협의회」를 설치하고 각계의 전
문가를 조정위원으로 선임하여 당사자 간에 자율적으로 조정할 수 있도록 지원하
고 있다.

Ⅱ. 공정거래위원회의 조사제도

공정거래위원회는 원사업자와 수급사업자 간의 수직적 관계에서 나타나는 불
공정한 거래 관행으로부터 하도급 거래질서를 회복하고 원사업자와 수급사업자 간
의 수평적 협력관계를 확립하기 위해서 「하도급거래 공정화에 관한 법률2)」(이하
'하도급법'이라 한다)을 운영하고 있다.

원사업자는 상당한 노력에 의하여 비밀로 유지된 제조·수리·시공 또는 용역
수행 방법에 관한 자료, 그 밖에 영업활동에 유용하고 독립된 경제적 가치를 가지
는 기술자료를 수급사업자 또는 제3자에게 제공을 요구하여서는 아니 된다. 다만,
원사업자가 정당한 사유를 증명한 경우에는 요구할 수 있는데, 이 경우에는 요구목
적, 비밀유지에 관한 사항, 권리귀속 관계, 대가 등의 사항을 수급사업자와 미리 협
의하여 정한 후 그 내용을 적은 서면을 수급사업자에게 주어야 한다. 또한 원사업
자는 취득한 기술자료를 당초 취득 목적 및 합의된 사용범위를 벗어나 자신 또는
제3자가 이익을 얻거나 수급사업자에게 손해를 입힐 목적으로 사용하는 유용을 하
여서는 아니 된다(제12조의3).

상기 규정을 위반한 사실이 인정될 때에는 누구든지 그 사실을 공정거래위원
회에 신고할 수 있고, 공정거래위원회는 신고가 있거나 하도급법에 위반되는 사실
이 있다고 인정할 때에는 필요한 조사를 할 수 있다.

공정거래위원회는 기술자료 제공 요구 금지(제12조의3) 규정을 위반한 원사업
자에 대하여 법 위반행위의 중지, 향후 재발방지, 그 밖에 시정에 필요한 조치를 권

---

2) 하도급거래 공정화에 관한 법률: 제2조 15항(기술자료), 제12조의3(기술자료 제공 요구 금지
   등), 제22조(위반행위의 신고 등), 제22조의2(하도급거래 서면실태조사), 제24조(하도급분쟁조
   정협의회의 설치 및 구성 등), 제25조(시정조치), 제25조의3(과징금), 제30조(벌칙).

고하거나 명할 수 있고, 이러한 시정명령을 받은 원사업자에 대하여 시정명령을 받았다는 사실을 공표할 것을 명할 수 있다(제25조).

또한 공정거래위원회는 기술자료 제공 요구 금지(제12조의3) 규정을 위반한 원사업자에 대하여 수급사업자에게 제조 등의 위탁을 한 하도급대금이나 원사업자로부터 제조 등의 위탁을 받은 하도급대금의 2배를 초과하지 아니하는 범위에서 과징금을 부과할 수 있다(제25조의3).

Ⅲ. 무역위원회의 조사제도

무역위원회는 불공정한 무역행위와 수입의 증가 등으로 인한 국내산업의 피해를 조사·구제하는 절차를 정함으로써 공정한 무역질서를 확립하고 국내산업을 보호하기 위하여 「불공정무역행위 조사 및 산업피해구제에 관한 법률3)」(이하 '불공정무역조사법'이라 한다)을 운영하고 있다.

영업비밀을 침해하는 물품 등을 수입하거나 수입된 영업비밀 침해 물품 등을 국내에서 판매하는 행위와 영업비밀 침해 물품 등을 수출하거나 수출을 목적으로 국내에서 제조하는 행위와 같은 불공정무역행위의 사실이 있다고 인정되면, 누구든지 이를 조사하여 줄 것을 무역위원회에 서면으로 신청할 수 있다.

상기 조사신청은 불공정무역행위가 있었던 날로부터 1년 이내에 하여야 하며, 무역위원회의 조사 기간은 조사개시결정 시점 직전 3개 사업년도부터 당해 사업연도 기간 중 위원회가 정하는 기간까지를 원칙으로 한다.

무역위원회는 신청인의 신청서 등을 검토하여 불공정무역행위의 혐의가 있다고 인정하는 경우에는 20일 이내에 조사개시 여부를 결정한다. 무역위원회는 조사개시가 결정되면 피신청인에게 불공정무역행위 혐의에 대한 내용을 알려주고, 조사와 관련한 서면질의서를 발송하게 되며, 피신청인은 상기 질의서를 송부 받은 날로부터 30일 이내에 혐의사실에 대한 의견과 답변서를 제출하여야 한다. 또한 무역위원회는 불공정무역행위의 혐의가 있어 이를 조사할 필요성이 있으면 직권으로 조사 할 수도 있다.

---

3) 불공정무역행위 조사 및 산업피해구제에 관한 법률: 제4조(불공정무역행위의 금지), 제5조(불공정무역행위의 조사신청 및 조사개시 결정), 제6조(직권조사), 제7조(잠정조치), 제9조(판정 및 통지 등), 제10조(시정조치), 제11조(과징금) 제14조의2(지식재산권침해물품등의 확인).

무역위원회는 조사개시를 결정한 날부터 6개월 내에 조사를 끝내고 판정하는데, 무역위원회는 피신청인의 행위가 영업비밀 침해라고 판정한 경우, 수출·수입·제조·판매 행위를 중지, 반입배제 또는 폐기처분, 정정광고, 사실공표 등의 시정조치를 명할 수 있고, 조사대상기간 연평균 거래금액의 30%를 초과하지 않는 범위 내에서 과징금을 부과할 수도 있다.

무역위원회에 조사를 신청하였거나 무역위원회가 직권으로 조사 중인 불공정무역행위 조사건으로 회복할 수 없는 피해를 입고 있거나 입을 우려가 있는 자는 무역위원회에 해당 불공정무역행위의 중지나 그 밖에 피해 예방조치(잠정조치)를 하여 줄 것을 신청할 수 있다. 다만, 잠정조치는 일방적인 임시 제재조치이므로 최종판정으로 피신청인의 손해를 보전해야 하는 경우를 대비하기 위해 신청인은 잠정조치 결정전까지 무역위원회에 담보를 제공하여야 한다.

표 1	불공정무역행위 조사 절차 개요

조사신청
(신청인 ⇨ 무역조사실)
· 누구든지, 서면신청(조사신청서＋증빙자료)
· 불공정무역행위가 있었던 날부터 1년 이내 신청가능

.... **직권조사** · 불공정무역행위혐의가 있어 조사가 필요한
경우

조사개시 결정
무역조사실 / 위원회보고
① 신청기간, 신청서류 구비요건 검토, 보완
② 조사신청 후 20일 내 결정

.... **잠정조치**
① 신청인의 잠정조치 신청(담보제공)
② 무역위원회가 시행여부 결정
③ 피신청인에게 잠정조치 명령

불공정무역행위 조사

무역조사실
· 서면조사 원칙, 면접 또는 현지조사 가능
· 외부전문가 감정, 기술설명회 등
· 사유발생 시 조사 중지 및 종결
· 이용 가능한 자료에 근거한 조사 · 판정

.... **의견수렴** · 판정 전, 제재조치(안)에 대한 (피)신청인의
의견수렴(행정절차법 제21조, 제22조)

최종판정

무역위원회
① 조사개시 후 6월 내 판정(2월씩 2회 연장 가능)
· 불공정무역행위 여부 판정
· 제재조치 수단 및 수준 결정
② 지재권 침해 기판정 물품 확인

제재조치 시행
무역위원회 ⇨ 피신청인
· 시정조치 명령(시정조치 미 이행시 이행강제금 부과)
· 과징금 부과

이의신청
(피)신청인 ⇨ 무역위원회
· 처분을 통지받은 날부터 30일 내

이의신청 심의 · 결정
무역위원회
· 신청일로부터 60일 내 결정(30일 연장 가능)

[출처 : 무역위원회 홈페이지(www.ktc.go.kr)]

제2절 기타 행정상 제도

곽준영(특허청 계측분석심사팀 팀장)

행정부에서는 영업비밀 침해에 해당되는 기술유용을 예방하기 위해 기술임치제, 영업비밀 원본증명제(www.tradesecret.or.kr), 기술증명제(www.kescrow.or.kr) 등과 같은 기술자료 등록제도를 운영하고 있다. 이에 대해서는 제10장에서 자세히 설명된다.

그리고 특허청 산하의 특허정보서비스 전문기관인 한국특허정보원 내의 영업비밀보호센터(www.tradesecret.or.kr)에서는 영업비밀 보호·관리가 취약한 기업을 대상으로 영업비밀 통합관리 지원 프로그램(All-in 서비스)을 제공하고 있다.

상기 영업비밀보호센터는 상기 프로그램을 통해 기업이 보유한 중요 기술자료 및 경영자료를 효율적으로 관리하고 영업비밀 유출 시 분쟁대응이 가능하도록 영업비밀과 관련한 교육, 영업비밀의 관리실태 진단, 영업비밀 관리용 시스템 제공, 영업비밀 보유시점 인증 지원 등의 종합적인 서비스를 제공한다.

또한 이와 연계된 서비스로 한국산업기술보호협회(www.kaits.or.kr)는[1] '중소기업기술지킴' 서비스를 제공하는데, 상기 중소기업기술지킴 서비스에는 중소기업의 보안 이상 징후를 24시간 감시하는 보안관제 서비스, 온라인 및 저장매체(USB, HDD)를 통한 핵심기술유출 시도를 감시하는 내부정보 유출방지 서비스와 해킹, 악성코드 감염으로 인한 기술유출을 예방하고 감시하는 악성코드탐지 서비스 등을 제공하고 있다.

---

[1] 산업기술의 유출방지 및 보호에 관한 법률 제16조(산업기술보호협회의 설립 등)에 근거하여 국가 핵심기술의 유출을 방지하고 보호하기 위해 2007년 10월에 산업통상자원부와 국가정보원의 도움을 받아 설립되었다.

제6장

상대방의 방어수단

제 6 장 상대방의 방어수단

김병국(특허법원 판사)

I. 서   설

영업비밀에 관한 권리자의 침해소송이 제기되면 상대방(민사사건의 경우는 피고 또는 피신청인, 형사사건의 경우는 피고인)은 다양한 방어방법을 모색할 수 있다.

먼저 소송법적 요건으로서 원고가 구하는 청구취지 및 청구원인이나 공소사실 등에 영업비밀이 특정되어 있지 않음을 문제삼을 수 있다. 나아가 보다 적극적으로 해당 영업비밀이 보호받을 수 있는 요건으로서 비공지성이나 비밀관리성의 요건을 갖추지 못하였음을 다툴 수도 있다. 또한 민사사건에서는 영업비밀 침해가 성립하기 위해서는 법 제2조 제3호 규정의 어느 하나의 행위에 해당하여야 하므로, 자신의 행위가 각 호의 행위 유형에 해당하지 않는다고 다툴 수도 있다. 또한 침해금지명령을 구하는 권리자의 주장에 대하여 침해금지명령이 발령될 수 있는 경우가 아니라든가, 권리자가 구하는 침해금지명령의 기간의 단축을 주장할 수 있다. 한편 전직한 종업원인 경우라면 전직금지약정의 무효를 주장하거나 문제된 정보가 일반적 지식이나 기술이라는 점을 주장할 수 있을 것이다. 한편 상대방은 자신이 입수한 영업비밀이 적법한 역설계에 의한 것이라든지 또는 자신이 법에 의해 보호받는 선의자라고 주장할 수도 있을 것이다. 아래에서는 항을 바꾸어 상대방이 선택할 수 있는 유효한 방어방법을 하나씩 살펴보기로 한다.

II. 영업비밀의 특정에 관한 방어

소송절차에서 영업비밀을 어느 정도로 특정하여야 하는지는 실무에서도 상당히 다투어지는 쟁점이다. 권리자로서는 비밀누설의 우려 등으로 영업비밀을 가급적 추상적, 개략적으로 특정하고자 하는 경향이 많은데, 이는 영업비밀이 어느 정도의 모호함을 가지고 있다는 본질적 속성에서 기인하는 바도 크다. 한편 상대방은 자신의 방어권 보장이나, 권리자가 영업비밀성의 요건을 갖추지 못한 정보에 기초하여 부당하게 소송을 제기하였다는 등의 이유로 이를 문제 삼을 수 있다. 이 점을 논의함에 있어서는, 1) 침해금지 청구소송에서의 소송물로서의 특정 또는 영업비밀침해로 인한 부정경쟁방지법위반죄의 공소사실에서 영업비밀이 특정되어야 하는지 여부의 문제와, 2) 소송물이나 공소사실에서는 구체적 내용이 개시되지 않았다 하더라도 적어도 변론 절차에서는 공격방어방법을 통해 구체적 내용이 개시되어야 하는지 여부의 두 가지 문제를 구별하여 살펴야 할 것이다.

제4장 제1절에서 소송에서 영업비밀의 적정한 특정의 정도에 관하여 자세히 설명하였다(자세한 내용은 해당 부분 설명 참조).

따라서 상대방 또는 피고인으로서는 권리자나 검사가 해당 정보에 관하여 '다른 정보와 구별될 수 있고, 어떤 내용에 관한 정보인지를 알 수 없을 정도로, 즉 해당 정보에 이름을 붙일 수 없을 정도로' 특정하고 있는 경우, 이를 지적하여 영업비밀 소송에서 요구되는 최소한의 특정도 하지 못한다고 방어할 수 있을 것이다.

또한 제4장 제1절에서는 영업비밀의 증명 문제가 영업비밀의 특정과는 구분되는 다른 문제라는 점 및 필요한 증명의 정도에 관하여서도 자세히 설명하였다(자세한 내용은 해당 부분 설명 참조).

이 점과 관련하여, 원고나 검사가 영업비밀성의 상실을 우려하여 해당 정보의 내용을 법원에 제출하거나 그 내용을 밝히는 것을 거부하는 경우, 상대방은 이는 영업비밀의 존재나 영업비밀성에 대한 증명책임에 관한 문제임을 지적하여, 권리자나 검사가 요건사실이나 공소사실을 충분히 증명하지 못하고 있다고 방어할 수 있을 것이다.

Ⅲ. 금지기간에 관한 방어

1. 개   요

침해금지명령이나 침해예방명령(이하에서는 통틀어 '침해금지명령'이라고만 한다)을 발령하는 경우에 금지기간이 부가되지 않는다면 상대방은 위 판결의 집행력을 배제하기 위해 청구이의의 소를 제기하는 등 별도의 절차를 밟아야 하는 번거로움이 있다. 따라서 상대방으로서는 침해금지청구 소송에서 부당하게 긴 금지기간이 정해지지 않도록 방어할 수 있다. 금지기간과 관련하여서는 이를 침해금지명령에 부가하여야만 하는 것인지, 부가한다면 금지기간을 어떠한 기준에 의해 산정할 것인지 등이 문제되는데 아래에서 이를 살펴본 후에 상대방의 구체적 방어방법을 살펴보기로 한다.

2. 금지기간을 부가하여야 하는지 여부

특허 등 다른 지적재산권 침해와 달리 영업비밀 침해의 경우에는 법원이 침해금지명령을 발령하는 경우 금지기간을 부가하는 경우가 많다. 물론 특허나 저작권 등도 보호기간이 법에 정해져 있으므로 그 보호기간의 범위를 부가하여야 한다는 주장도 있고 이를 반영한 판결도 있기는 하나, 존속기간을 부가하는 것이 크게 실효성이 있다고 생각되지는 않는다. 이와 달리 영업비밀의 경우에는 실무상 금지명령의 기간이 수년 이내의 비교적 단기간으로 정해지는 경우가 많으므로, 금지기간을 부가할 것인지, 금지기간을 어느 정도로 정할 것인지 여부는 영업비밀 보유자와 상대방 모두에게 상당히 중요한 문제이다.

금지기간을 부가하는 것은 미국의 형평법적 구제수단인 금지명령을 발령하는 경우에 영구한 금지를 제한하기 위하여 금지기간을 부가한 판결례와 이러한 판결례를 수용하여 정해진 UTSA(Uniform Trade Secrets Act)[1] 제2조를 우리 실무가 참조한 것으로 보인다(자세한 내용은 침해금지 부분 참조).

우리의 경우 금지기간을 부가하여야 하는지의 문제는 법원의 판례로 정리된 것으로 보인다. 판례는 다음과 같다.

① 「영업비밀 침해행위를 금지 시키는 것은 침해행위자가 그러한 침해행위에 의하여 공정한 경쟁자보다 유리한 출발(headstart) 내지 시간절약(lead time)이라는 우월한 위치에서 부당하게 이익을 취하지 못하도록 하고, 영업비밀 보유자로 하여금 그러한 침해가 없었더라면 원래 있었을 위치로 되돌아갈 수 있게 하는 데에 그 목적이 있다 할 것이므로, 영업비밀 침해행위의 금지는 이러한 목적을 달성함에 필

---

[1] 영업비밀은 미국의 각 주에서 주법을 통해 독립적으로 규율되고 있었는데, 1979년 통일법위원회(Uniform Law Commission)가 미국 전역에 걸친 영업비밀에 관한 통일적 규율을 위해 발간한 법률 모델이다. 그 자체로는 효력이 없고 각 주에서 입법 등을 통해 주법으로 수용하여야만 효력을 가지는데, 미국 대부분의 주에서 이를 그대로 또는 일부 변형하여 주법으로 수용하고 있다. 2016년 현재 이를 수용하지 않고 있는 주는 뉴욕과 메사추세츠주 뿐이다(노스캐롤라이나주가 이를 도입한 것인지는 논쟁의 여지가 있다).

요한 시간적 범위 내에서 기술의 급속한 발달상황 및 변론에 나타난 침해행위자의 인적·물적시설 등을 고려하여 침해행위자나 다른 공정한 경쟁자가 독자적인 개발이나 역설계와 같은 합법적인 방법에 의하여 그 영업비밀을 취득하는데 필요한 시간에 상당한 기간 동안으로 제한하여야 하고, 영구적인 금지는 제재적인 성격을 가지게 될 뿐만 아니라 자유로운 경쟁을 조장하고 종업원들이 그들의 지식과 능력을 발휘할 수 있게 하려는 공공의 이익과 상치되어 허용될 수 없다. 그러나 가처분에 의한 채권자의 권리는 본안과는 달리 종국적인 것이 아니라 잠정적·임시적인 것에 불과하고, 가처분은 그 성질상 신속히 이루어져야 할 뿐 아니라 피보전 권리가 소멸하는 등의 사정변경이 있는 때에는 언제든지 그 취소를 구할 수 있다는 점 등을 고려할 때 특별한 사정이 없는 한 영업비밀의 침해행위를 금지하는 가처분을 함에 있어 그 금지의 기간을 정하지 아니하였다 하여 이를 위법하다고 할 수 없다.」2)

② 「영업비밀 침해행위를 금지시키는 것은 침해행위자가 침해행위에 의하여 공정한 경쟁자보다 유리한 출발 내지 시간절약이라는 우월한 위치에서 부당하게 이익을 취하지 못하도록 하고, 영업비밀 보유자로 하여금 그러한 침해가 없었더라면 원래 있었을 위치로 되돌아 갈 수 있게 하는 데에 그 목적이 있으므로 영업비밀 침해행위의 금지는 공정하고 자유로운 경쟁의 보장 및 인적 신뢰관계의 보호 등의 목적을 달성함에 필요한 시간적 범위 내로 제한되어야 하고, 그 범위를 정함에 있어서는 영업비밀인 기술 정보의 내용과 난이도, 영업비밀 보유자의 기술정보 취득에 소요된 기간과 비용, 영업비밀의 유지에 기울인 노력과 방법, 침해자들이나 다른 공정한 경쟁자가 독자적인 개발이나 역설계와 같은 합법적인 방법에 의하여 그 기술정보를 취득하는데 필요한 시간, 침해자가 종업원(퇴직한 경우 포함)인 경우에는 사용자와의 관계에서 그에 종속하여 근무하였던 기간, 담당업무나 직책, 영업비밀에의 접근 정도, 영업비밀 보호에 관한 내규나 약정, 종업원이었던 자의 생계활동 및 직업 선택의 자유와 영업활동의 자유, 지적재산권의 일종으로서 존속기간이 정해져 있는 특허권 등의 보호기간과의 비교, 기타 변론에 나타난 당사자의 인적·물적 시설 등을 고려하여 합리적으로 결정하여야 한다」3)

위 ① 판례의 요지는 영업비밀 침해금지명령을 발령하는 경우 영구적 금지는 허용되지 않으므로, 원칙적으로 금지기간을 산정하여야 하나 가처분은 임시적, 잠정

2) 대법원 2009. 3. 16.자 2008마1087 결정.
3) 대법원 1998. 2. 13. 선고 97다24528 판결.

적 조치이므로 금지기간을 산정하지 않아도 된다는 것이다. 그렇다면 가처분 결정이 아닌 판결로써 선고하는 경우에는 금지기간을 반드시 정하여야만 한다는 것인지 문제된다. 법원이 금지기간이 부가되지 않은 금지명령을 발령하더라도 사후에 영업비밀 보유자의 영업비밀성이 상실된 경우 등에는 침해금지명령을 받은 사람은 청구이의의 소를 제기하는 방법으로 침해금지명령을 취소할 수 있다. 또한 뒤에서 보는 바와 같이 판례는 '영업비밀 침해로 인한 금지기간은 당사자 사이에 영업비밀이 비밀로서 존속하는 기간'으로 보고 있는데, 이러한 기간을 법원이 침해행위가 없었다고 가정하여 이 기간을 정확하게 산정하는 것은 여간 어려운 것이 아니므로, 금지기간을 설정하지 않은 채 판결로서 금지명령을 발령하더라도 위 판례의 취지에 반한다고는 생각되지 않는다. 참고로 미국의 경우에도 UTSA 제2조에서 침해금지명령을 발령하는 경우 금지기간을 반드시 부가하도록 정하고 있지는 않고, 영업비밀성이 소멸한 경우로서 신청이 있는 경우 법원이 금지명령을 취소하도록 정하고 있으며,[4][5] 일본의 경우에는 침해금지기간을 정하지 않는 경우가 일반적인 것으로 보인다.[6]

3. 금지기간의 산정

금지기간을, 보유자를 보호하고, 침해자로 하여금 침해의 과실(果實)을 박탈하는데 필요한 기간보다 길어서는 안 되는 것은 명백하나,[7] 문제는 이 기간을 산정하는 것은 쉬운 문제가 결코 아니라는 것이다. 침해금지기간을 산정함에 있어서 가장 중요한 고려요소인 역설계에 소요되는 기간을 비전문가인 법관이나, 심지어 해당 분야의 전문가라고 하더라도 영업비밀을 모르는 사람이 이를 적법하게 확보하는데 어느 정도의 기간이 소요될 것인지 산정하는 것은 결코 쉬운 일이 아니다.

금지기간을 정함에 있어서, 금지기간의 본질이 무엇인지를 먼저 논의할 필요가 있다. 이와 관련된 판례가 있는데 위 ② 판례의 다른 설시 부분이다. 「영업비밀이 보호되는 시간적 범위는 당사자 사이에 영업비밀이 비밀로서 존속하는 기간이므로 그 기간의 경과로 영업비밀은 당연히 소멸하여 더 이상 비밀이 아닌 것으로

---

4) Section 2. (a) Actual or threatened misappropriation may be enjoined. Upon application to the court, an injunction shall be terminated when the trade secret has ceased to exist, but the injunction may be continued for an additional reasonable period of time in order to eliminate commercial advantage that otherwise would be derived from the misappropriation.
5) 같은 의견으로는 James Pooley, supra, 7-35면.
6) 小松一雄 偏執, 不正競爭訴訟の實務, 新日本法規(2005), 319-322頁.
7) 같은 취지로는 James Pooley, supra, 7-33면.

된다고 보아야 하는바, 그 기간은 퇴직 후 부정한 목적의 영업비밀 침해행위가 없는 평온·공연한 기간만을 가리킨다거나, 그 기산점은 퇴직 후의 새로운 약정이 있는 때 또는 영업비밀 침해행위가 마지막으로 이루어진 때라거나, 나아가 영업비밀 침해금지기간 중에 영업비밀을 침해하는 행위를 한 경우에는 침해기간만큼 금지기간이 연장되어야 한다고는 볼 수 없다」8)

위 판례에서는 '금지기간이란 당사자 사이에서 영업비밀이 비밀로서 존속하는 기간'이라고 해석하고 있는데, 위 ① 판례에서 든 금지기간을 정하는 기준 즉 '침해행위자나 다른 공정한 경쟁자가 독자적인 개발이나 역설계와 같은 합법적인 방법에 의하여 그 영업비밀을 취득하는데 필요한 시간에 상당한 기간'으로 이해한다면, <영업비밀이 비밀로서 존속하는 기간＝적법한 역설계에 소요되는 시간＝금지기간>의 등식이 성립할 수 있고, 이는 논리상 타당하다.9) 그러나 문제는 역설계에 소요되는 시간을 당사자가 증명하거나, 법원이 산정하는 것이 현실적으로 어려운 경우가 많다는 것이고, 실무에서 역설계 소요시간이 다투어지는 경우가 빈번하지는 않다는 점이다. 예를 들면 코카콜라 회사의 제법을 적법한 역설계에 의하여 얻는데 어느 정도의 시간이 소요될지를 산정하는 것이 현실적으로 가능할지 의문이다. 이렇듯 역설계 소요 시간만으로 금지기간을 정하는 것은 현실적인 어려움이 있으므로, 앞서 본 ② 판례에서는 이 요소 외에도 '영업비밀의 내용과 난이도, 영업비밀 보유자가 들인 기간과 비용, 영업비밀의 유지에 기울인 노력과 방법, 종업원으로서 근무하였던 기간, 담당업무나 직책, 영업비밀에의 접근 정도, 영업비밀 보호에 관한 내규나 약정, 종업원이었던 자의 생계활동 및 직업 선택의 자유와 영업활동의 자유, 특허권 등의 보호기간과의 비교, 당사자의 인적·물적 시설' 등 대단히 다양한 요소를 고려하여 산정하여야 한다고 하여 ① 판례를 보완하고 있는 것이다. 이러한 ② 판례의 태도는 그러한 점에서 이해할 수 있고 타당하다. 위와 같이 다양한 요소를 고려하여 금지기간을 정하는 것은 형평법적 관점에서 출발한 것으로 보인다. 즉, 적어도 그 정도의 기간이라면 head start, 즉 침해자가 얻게 될 부당한 시간적 이득을 박탈하기에 족할 것이고, 다른 한편으로는 가치가 낮은 영업비밀로 경쟁자의 경업의 자유나, 종업원의 전직의 자유를 옥죄는 것 역시 규제할 필요가 있다는

---

8) 대법원 1998. 2. 13. 선고 97다24528 판결.
9) 이러한 입장으로는 정상조·박준석, 앞의 논문, 90면; 이성호, "영업비밀 침해금지 기간과 관련하여", 2008. 3. 28. 법원코트넷 게시글 등.

사고가 근저에 깔려있다고 볼 수 있다. 이러한 측면에서 본다면, 금지기간이란 '영구하게 정해질 수 있는 금지기간을 형평법적으로 제한하기 위한 기간'이라고 이해할 수도 있을 것이다.[10]

따라서 금지기간이란, 역설계 소요 시간을 산정하는 것이 가능하다면 이를 상한으로 하되, 그렇지 않은 경우 위에서 든 여러 요소를 종합적으로 고려하여 정하는 것이 타당하다. 다만, 실무에서는 역설계에 소요되는 시간을 산정하기 위한 시도를 특별히 하지 않는 것으로 보이는데, 이 점은 보다 개선할 필요가 있다. 참고로 미국은 역설계 소요 시간을 산정함에 있어서는, 전문가들의 의견이나 타경쟁자들의 경험을 듣는 것이 적절하다고 하는데,[11] 전문가 증인을 채택하여 역설계 기간에 대한 의견을 청취하는 것도 유용한 심리방법이 될 수 있지 않을까 생각된다.

보통 실무에서는 침해금지기간은 수년 이내의 비교적 단기간으로 정해지는 경우가 많고, 미국의 경우는 7년,[12] 16개월,[13] 6개월[14] 등으로 정해진 사례가 있다.

4. 구체적인 방어방법

상대방은 해당 영업비밀이 제3자에 의해 적법하게 역설계에 의해 개발되었으며 그에 어느 정도의 기간이 소요되었음을 증명하거나, 영업비밀 보유자가 이를 개발하는데 들인 시간과 비용이 적다거나, 영업비밀 보유자가 비밀유지에 들인 노력이 적다거나, 자신이 영업비밀 보유자의 지배 하에 근무한 기간이 짧다는 등의 사정을 주장하여 짧은 금지기간이 정하여 지도록 방어할 수 있을 것이다.

IV. 영업비밀성에 관한 방어

1. 개 요

영업비밀 침해가 주장된 소송에서 상대방은 보다 적극적으로 영업비밀 보유자가 주장하는 영업비밀이 법상 보호받을 수 있는 요건을 갖추지 못하였다고 주장함

---

10) 이는 손해배상액을 산정하면서 금액이 과다한 경우 형평법적으로 책임비율을 제한하는 법원의 실무와도 닿아 있다.
11) Restatement (Third) of Unfair Competition Section 44, comment f.
12) General Electric Co. v. Sung, 843 F.Supp. 776, 780-781 (Third Circuit).
13) Anaconda Co. v. Metric Tool & Die Co., 485 F.Supp. 410, 431 (First Circuit).
14) Chemetall GmbH v, ZR Energy, Inc,. 138 F.Supp.2d 1079, 1086 (Seventh Circuit).

으로써 방어할 수 있다. 영업비밀로서 보호받기 위하여서는 비공지성, 비밀관리성, 경제적 유용성의 요건을 갖추어야 하는데, 실무상 주로 비공지성과 비밀관리성이 다투어지는 경우가 많다. 아래에서는 항을 바꾸어 비공지성과 비밀관리성 요건 중 주로 다투어지는 쟁점에 관하여 살펴보기로 한다.

2. 비공지성에 관한 방어

가. 개 요

비공지성이란 그 내용이 일반에 공공연히 알려져 있지 않다는 의미이다(상세한 설명은 비공지성 부분 참조). 비공지성을 다투는 경우에 문제되는 것은 판단의 주체가 누구인지, 공지기술과 어느 정도의 차이가 있어야 비공지라고 판단되는지, 이와 관련하여 해당 영업비밀이 공지된 정보의 조합이거나, 역설계 가능한 상태에 있는 경우 비공지성이 인정되는지 여부, 침해자가 영업비밀을 공개한 경우에 비공지성이 어떻게 되는지 등이다(역설계에 관한 내용은 이 장의 역설계 부분 설명 참조). 이하 항을 바꾸어 하나씩 살피기로 한다.

나. 판단의 주체

비공지성을 판단할 때에 그 주관적인 기준이 누가 되어야 하는지가 문제된다. 일반 공중을 기준으로 한다는 견해도 있으나, 영업비밀이 속하는 분야에 종사하는 평균인을 기준으로 하여야 할 것으로 생각된다. 영업비밀은 해당 업계에서의 경제적 활동과 관련된 정보라는 점에서 그 가치를 가지는 것이므로, 일반 공중에게 알려져 있지 않다고 하더라도, 해당 정보가 속하는 분야에서 용이하게 입수가능하다면 보호가치가 있다고 보기 어렵기 때문이다.[15] 우리 법원도 '국내에서 사용된 바 없더라도, 국외에서 이미 공개나 사용됨으로써 그 아이디어의 경제적 가치를 얻을 수 있는 자에게 알려져 있는 상태는 영업비밀이 아니다'는 취지로 판단한 바 있다.[16] 미국의 실무도 동일한데, USTA 제1조 주석(comment)에서는 정보가 비공지성을 상실하기 위하여서는 반드시 일반 공중에서 알려질 필요는 없고, 그 정보를 습득함으로써 경제적 이익을 얻을 수 있는 사람이 이를 알고 있는 것으로 족하다고 설명하면서, 금속 주조 방법이 일반 대중에게는 알려지지 않더라도 주물 산업계에

---

15) 같은 취지로는 정상조·박준석, 앞의 논문 42면.
16) 서울고등법원 1998. 7. 21. 선고 97나15229 판결.

서는 잘 알려져 있음을 예로 들고 있다.17)

다. 비공지의 내용과 정도

대법원은 '공연히 알려져 있지 아니하다'는 것은 그 정보가 간행물 등의 매체에 실리는 등 불특정 다수인에게 알려져 있지 않기 때문에 보유자를 통하지 아니하고는 그 정보를 통상 입수할 수 없는 것을 말한다고 판시하고 있다.18) 이에 의하면 영업비밀과 동일한 정보가 공개되어 있고, 이를 평균적 지식 가진 사람이 쉽게 접근할 수 있다면 비공지성이 없게 된다. 다만 동일한 정보가 공개되어 있더라도 접근하는 것이 현실적으로 어렵다면 비공지성은 유지된다. 예를 들면 소송 도중에 영업비밀과 동일한 정보가 담긴 책이 특정 지역의 도서관 1곳에 있다는 것이 밝혀졌는데, 그 곳에 그러한 책이 있다는 것이 평균인에게 알려져 있지 않았다면 위 정보는 비공지성이 유지된 것으로 보아야 할 것이고 이러한 점에서 특허법의 신규성과는 차이가 있다.

용이하게 입수가능한(readily ascertainable) 상태도 비공지성이 없다고 보아야 하는지 문제된다. 미국의 예를 참조하면, UTSA 제1조에서는 영업비밀을 정의하면서 '일반적으로 알려지지 않고, 역설계 등과 같은 적법한 수단에 의해 용이하게 입수가능하지 않은 상태에 있는 정보'라고 규정하여, 용이하게 입수가능한 상태를 비공지성을 상실한 것으로 정하고 있다.19) 다만 캘리포니아 주에서는 위 UTSA를 수용하면서 보유자로 하여금 소극적인 요건을 증명하게 하는 것은 너무 과도한 증명책임을 지우는 것이라고 판단하여 용이하게 입수가능하지 않은(not readily ascertainable)이라는 부분을 삭제하였는데, 그 위 조항에 대한 주석(comment)에서는 피고가 이

---

17) The language "not being generally known to and not being readily ascertainable by proper means by other persons" does not require that information be generally known to the public for trade secret rights to be lost. If the principal person persons who can obtain economic benefit from information is are aware of it, there is no trade secret. A method of casting metal, for example, may be unknown to the general public but readily known within the foundry industry.

18) 대법원 2009. 10. 29. 선고 2007도6772 판결.

19) UTSA Section 1: "Trade secret" means information, including a formula, pattern, compilation, program, device, method, technique, or process, that: (i) derives independent economic value, actual or potential, from not being generally known to, and not being readily ascertainable by proper means by, other persons who can obtain economic value from its disclosure or use, and (ii) is the subject of efforts that are reasonable under the circumstances to maintain its secrecy.

요건을 증명하여 항변할 수 있음을 명백히 하고 있다.20) 우리 대법원 판례는 비공지성의 의미에 대하여 '그 정보가 간행물 등의 매체에 실리는 등 불특정 다수인에게 알려져 있지 않기 때문에 보유자를 통하지 아니하고는 그 정보를 통상 입수할 수 없는 것을 말한다.'고 해석하고 있지만,21) 상당한 비용과 시간을 들여 역설계를 통해 취득한 영업비밀, 즉 용이하게 입수가능하지 않은 영업비밀은 비공지성을 유지하는 것으로 판단하고 있으므로,22) 미국의 실무와 마찬가지로 '용이하게 입수가능하지 않은 상태' 역시 비공지성이 유지되는 영역에 있는 것으로 보고 있다고 할 수 있다.

이와 관련하여 영업비밀과 대응되는 정보가 공지 상태에 있기는 하나 그 구체성에 있어서는 다소의 차이가 있는 경우 영업비밀이 용이하게 입수가능하지 않은 상태라고 볼 수 있을지가 문제된다. 가령 영업비밀로 주장되는 기술정보가 어떠한 물질의 제법공정에 관한 것으로 여기에 각 공정별로 특정한 수치(투입되는 물질의 종류와 양, 온도의 범위, 압력의 범위, 시간 등)가 적시되어 있는 반면, 공지된 정보에는 그러한 제법공정의 원리 및 각 세부공정에 이용되는 물질의 종류 등에 대하여는 나타나 있으나, 이러한 구체적 수치까지 나타나 있지 않은 경우를 상정할 수 있다(실제로 제법 관련 기술정보에 관한 소송실무에서는 이러한 문제가 핵심쟁점으로 부각되는 경우가 종종 있다). 이 문제를 판단함에 있어서는 다음과 같은 영업비밀보호제도의 특성을 고려하여야 할 것으로 생각된다. 첫째, 영업비밀로서 갖추어야 할 요건인 경제적 유용성이란 특허법상의 진보성과 달리 기존 기술과 차별되는 정도의 기술적 진보(inventive step)을 요구하는 것이 아니라, 어느 정도의 효용만 있으면 충족되는 정도의 낮은 수준의 것이라는 점이다. 둘째, 영업비밀 침해행위는, 영업비밀 보유자가 상당한 노력을 들여 비밀로 관리해 왔음에도 침해자가 이를 불법적인 방법이나, 비밀준수의무를 위반하여 유출하거나 사용하는 등 행위 자체에 상당한 불법성이나 배신성을 내포하고 있다는 것이다. 이러한 점에서 본다면 비록 기술분야의 평균적 지식을 가진 사람이 위와 같이 기존에 공지된 기술로부터 연구개발을 하면 그러한 수치에 도달하거나 더 최적화된 수치를 얻는 것이 가능하다고 하더라도,

20) James Pooley, The Uniform Trade Secrets Act: California Civil Code Section 3426, Santa Clara Computer & High Tech L.J. 193, 198–199 (1985).
21) 대법원 2009. 7. 9. 선고 2006도7916 판결. 공지된 잉크를 역설계하여 잉크에 관한 영업비밀을 보유하게 된 사건인데, 자세한 내용은 역설계 설명 부분 참조.
22) 대법원 1996. 12. 23. 선고 96다16605 판결.

이를 위해 상당한 시간과 노력이 필요하다거나, 위 정보의 보유자 측에서 그러한 수치를 얻기 위해 상당한 노력과 시간을 투입하였고, 그러한 수치의 공정을 통해 유용한 결과가 도출된다면(예컨대, 위 수치범위의 공정에 의하여 의도한 물성치를 가진 물질을 제조할 수 있다면), 기존의 공지 정보로부터 용이하게 입수가능하지 않은 상태라고 판단하여야 할 것으로 본다. 이러한 취지에서 대법원도「피고인들이 반출한 자료들 중 검사가 상고이유서에서 적시한 자료들, 즉, '에프비(FB, Fiber Block의 약자) 접착제 실험 진행보고', '뉴 에폭시(New Epoxy)를 적용한 에프비의 고온다습특성시험 결과', '에프비 고온다습 특성시험 II', '이엠아이(EMI) 접착 실험(Adhesive test)', '광섬유블록(Fiber Block)의 온도에 따른 편광의존손실(Polarization Dependent Loss, PDL) 특성', '광섬유블록의 가혹시험(PCT) 결과(3~5차)', '광섬유블록 온도 시험 후 단면분석 결과', '광섬유블록 및 커넥터(connector) 가혹시험 결과' 등과 '광섬유블록 관리공정도', '광섬유블록 에칭(Etching) 공정작업표준', '광섬유블록 실장공정 향후 개선 방향' 등의 자료들은 다양한 실험조건 아래서 여러 가지 특성을 갖춘 시료들로 실제 실험을 하여 얻은 결과치를 포함한 자료들이거나 각 생산 단계의 공정을 시계열에 따라 배열하고 투입재료, 장비, 담당자, 중점관리사항 등을 표시한 자료 또는 특정 단계 공정에 관하여 피해자 회사가 채택한 규격화된 표준 또는 현재의 연구개발공정에 대하여 향후 개선방향을 구체적으로 정리한 자료로서, 피해자 회사는 그 어느 것도 이를 외부에 공개한 적이 없으며, 오히려 피고인들을 포함한 근로자들에게서 보안서약서를 받고 상세한 정보보호규정을 제정하여 시행하는 등 그 유출 방지를 위한 면밀한 조치를 취한 바 있음을 알 수 있다. 그렇다면 위 자료들은 일반적으로 알려져 있지 아니한 채 피해자 회사의 상당한 노력에 의하여 비밀로 유지·관리되고 있는 정보로 봄이 상당하고, 피고인들이 원심에서 내세운 주장들, 즉 세계 어느 업체나 공통적으로 시행하고 있는 내용으로 다른 업체들이 그러한 실험 결과를 공개하고 있다느니, 여러 학술지나 그 학술적·이론적 근거가 공개되어 있다느니, 공개된 외국의 특허출원서류에 그 설계 개념이 포함되어 있다느니, 타 회사 제품이나 실험에 사용된 시료 등의 카탈로그, 인터넷 홈페이지 등에 그 물성이나 용법·주의사항 등이 개괄적으로 포함되어 있다느니, 그 제품의 규격이 표준화되어 있어 피해자 회사뿐 아니라 10여 개의 국내업체와 30개 이상의 해외업체들이 이를 생산하고 있고 그 공정의 내용 또한 기초적인 것으로 인터넷에 공개되어 있는 수준을 넘지 않는다느니 하는 정도의 사정들만으로 위 자료들이 일반적으로

잘 알려진 것이라고 단정하기는 어렵다」23)거나, 「위 회로도에 표시된 소자의 선택
과 배열 및 소자값 등에 관한 세부적인 내용이 공연히 알려져 있지 아니한 이상,
다른 업체들이 공소외 주식회사 제품과 기능이 유사한 제품들을 생산하고 있다거
나 타 회사 제품의 데이터시트(data sheet) 등에 그 제품의 극히 개략적인 회로도가
공개되어 있다는 등의 사정만으로 공지된 것으로 볼 수 없다」24)고 판시한 바 있
다. 상당한 시간과 비용이 어느 정도로 이르러야 비공지성이 인정될 것인가를 정하
는 것은 어려운 문제인데, 역설계에서도 문제되므로 상세한 설명은 아래의 역설계
설명부분에서 하기로 한다.

라. 공지된 정보의 조합

영업비밀이 여러 정보의 조합으로 이루어진 경우로서, 해당 정보들이 모두 공
지상태인 경우에 영업비밀의 비밀성이 있다고 볼 수 있는지가 문제된다. 가령 A＋
B＋C 조합으로 이루어진 영업비밀이 있다고 할 때, A, B는 공개된 특허공보에 기
재된 내용이고, C는 업계에서 일반적으로 알려진 정보인 경우이다. 앞의 3)부분에
서 설명한 판단기준, 즉 "기술분야의 평균적 지식을 가진 사람이 공지된 기술로부
터 연구개발을 하면 영업비밀과 동일하거나 더 높은 수준의 정보를 얻는 것이 가능
하다고 하더라도, 그 과정에 상당한 시간과 비용이 필요하거나, 위 정보의 보유자
측에서 영업비밀인 정보를 얻기 위해 상당한 노력과 시간을 투입하였고 위 정보를
통해 경제적 유용성 있는 결과가 도출된다면 기존의 공지 정보로부터 용이하게 입
수가능하지 않은 상태이다"라고 판단한다면, 공지된 기술을 조합하는 것이 위 평균
인에게 자명한 경우가 아닌 한, 비공지성이 유지된다고 보아야 할 것으로 생각된다.
미국에서 이 점이 다투어진 사건 중 참고할만한 사례25)가 있어서 소개한다. 첫 번째
사례는 육고기 포장방법에 관한 노우하우의 비공지성이 다투어진 사건으로, 특허 등
에 공지된 정보의 조합이 비밀성을 가질 수 있는지 여부이다. 원고는 자신의 영업비
밀로서 ① 2004년에 공개된 Tewari 무산소(zero－oxygen) 공정과 결합된 3종류의
가스의 혼합물(tri－gas mixture), ② 2006 특허출원에 개시된 것으로, 소정의 환경 조
건 아래에서 신속하게 작용하는 산소제거제, ③ 위 ①과 ②의 조합, ④ 위 Tewari

---

23) 대법원 2005. 3. 11. 선고 2003도3044 판결.
24) 대법원 2009. 10. 29. 선고 2007도6772 판결.
25) Tewari De－Ox Systems v. Mountain States (5th Cir. 2011).

공정을 개방노즐시스템에 적용하는 방법에 대한 지식(이는 이상적인 초기 산소 레벨과 이를 성취하는 방법에 대한 지식 및 산소레벨을 모니터하는 최선의 방식에 대한 지식을 포함한다), ⑤ 산소 레벨에 있어서 소량 포장 시에 육류가 놓여지는 폼트레이의 중요성에 대한 지식이라고 주장하였다. 1심법원은 원고가 주장하는 위 영업비밀은 이미 공지된 정보와 대비하여 차별되는 요소는 단순한 고객맞춤변형(customization) 및 시행착오 공정에 불과하므로 비밀성이 없다고 판단하였으나, 항소심 법원은 위 1심 법원의 판단에 대하여, "기존에 존재하는 장치나 공정에 비하여 단순하고 자명한 변형은 영업비밀이 될 수 없기는 하나, 영업비밀은 모두 공지된 영역에 있는 여러 구성요소의 조합으로 이루어질 수 있는데, 위와 같이 조합된 공정이나 디자인 및 작동이 경쟁적 우위(competitive advantage)를 제공한다면 보호받을 수 있는 영업비밀이라고 판단하여 1심법원이 판단에 있어서 오류가 있다"고 보아 파기환송하였다. 다른 사례[26]는 폴리에틸렌을 만드는 반응기(reactor)에 관한 영업비밀인데, 대부분의 구성요소는 이미 공지 상태에 있음에도, 법원은 "한데로 모아진 설계, 프로세스 및 작동과정, 즉 모든 주요한 특징들이 서로 연관된 방식이나, 그것이 행하여진 노우하우 등은 여전히 비밀이다"는 취지로 판단한 바 있다. 이렇듯 미국의 실무는 공공의 영역에서 가용한 아이디어와 데이터를 결합시켜 유용한 어떤 결과물을 만드는 행위가 새로운 가치를 가질 수 있다고 일관되게 판단하고 있다고 한다.[27]

마. 증명책임

비공지성을 증명할 책임은 원고 또는 검사에게 있으므로 영업비밀 보유자가 이를 증명하여야 할 것이나, '공공연히 알려져 있지 않다'는 소극적 요건을 증명하는 것은 '악마의 증명'이라고 불릴 정도로 현실적으로 쉽지 않다. 따라서 비밀보유자 측에서 비밀의 내용을 특정하고 이를 비밀로서 관리하고 있음을 증명하는 경우, 침해자 측에서 공지되었음을 알 수 있는 자료를 제출하면, 비밀보유자 측에서 그럼에도 불구하고 공지되지 않았음을 적극적으로 증명하는 방식으로 운영하는 것이 타당할 것으로 생각되고, 실무의 대부분은 이러한 방식으로 처리되고 있는 듯하다.[28]

한편 특허출원된 발명에 대하여 영업비밀을 주장하는 자로서는 그 특허출원된

---

26) Imperial Chemical Industries Limited v. National Distillers and Chemical Corp., 342 F.2d 737, 740, 742 (2nd Cir. 1965).
27) James Pooley, supra, 4 - 20면.
28) 법원행정처, 「지적재산권 재판실무편람」, 2005년 개정판, 140면.

내용 이외의 어떠한 정보가 영업비밀로 관리되고 있으며 어떤 면에서 경제성을 갖고 있는지를 구체적으로 특정하여 주장·증명하여야 한다.[29]

3. 비밀관리성에 관한 방어

가. 개 요

영업비밀인 정보는 '합리적인 노력에 의하여 비밀로 유지되어야 할 것'이 요구되는데(법 제2조 제2호) 이를 비밀관리성이라고 부른다. 실무에서 비밀관리성이 다투어지는 경우는 상당히 많다. 대법원 판례는 비밀관리성을 「그 정보가 비밀이라고 인식될 수 있는 표시를 하거나 고지를 하고, 그 정보에 접근할 수 있는 대상자나 접근방법을 제한하거나 그 정보에 접근한 자에게 비밀준수의무를 부과하는 등 객관적으로 그 정보가 비밀로 유지·관리되고 있다는 사실이 인식가능한 상태인 것을 말한다」고 해석하고 있다.[30] 판례에서도 적시하고 있는 바와 같이 비밀관리성이 인정되기 위해서는 ① 해당 정보의 보유자가 이를 비밀로서 관리할 의사가 있어야 하고, ② 이러한 비밀관리의사를 객관적으로는 인식시킬 수 있는 조치가 필요하다. 이러한 요건은 우리나라뿐만 아니라, 일본, 미국[31] 모두에 공통된 것이기도 하다. 소송에서는 ① 요건을 증명하는 것은 쉽지 않기 때문에, 주로 ② 요건에 증명의 촛점이 맞춰져서, 객관적 조치가 어느 정도 이루어 졌는지에 따라 비밀관리성의 충족 여부가 좌우되는 경우가 많은 듯하다.

비밀관리성을 충족하기 위해 요구되는 조치의 수준은 절대적인 수준은 아니고, 법규정이나 판례에 명시되어 있는 바와 같이 합리적인 수준에 이를 것이 요구된다(부정경쟁방지법은 2015. 1. 28. 법률 제13081호로 개정되어 구법의 '상당한 노력에 의하여'가 '합리적인 노력에 의하여'로 변경되었다. 위 개정취지에 관하여 국회의사록에는 자금사정이 좋지 않은 중소기업이 영업비밀제도의 보호를 받을 수 있도록 하기 위해 '상당한 수준의 노력'에서 '합리적인 수준의 노력'으로 완화하기 위함이라고 설명되어 있다. 그

---

29) 대법원 2007. 11. 15. 선고 2007도7484 판결; 대법원 2004. 9. 23. 선고 2002다60610 판결.
30) 대법원 2008. 7. 10. 선고 2008도3435 판결.
31) 김연학, "부정경쟁방지 및 영업비밀보호에 관한 법률상 영업비밀(A Trade Secret)의 개념과 요건", 2008, 사법논집에서 재인용, Arco Industries Corp. v. Chemcast Corp., 633 F.2d 435 (6th Cir. 1980): 비밀유지의 노력은 어떤 정보를 비밀로 유지하려는 주관적인 인식을 하는 것만으로 충분하지 않고, 보유자는 실제로 종업원 또는 제3자가 인식할 수 있도록 어떤 객관적인 조치를 취하여야만 한다; USTA 제1조 comment: reasonable efforts to maintain secrecy have been held to include advising employees of the existence of a trade secret, limiting access to a trade secret on "need to know basis", and controlling plant access.

러나 기존 판례에서도 비밀관리성의 기준을 일률적으로 정하여 적용하지 않고 보유자의 경제적 능력이나 규모 등에 따라 상당한 노력을 기울였는지를 판단하고 있었으므로, 위 문언의 변경에도 불구하고 그 정도에 대한 해석이 크게 달라질 것으로 보이지는 않는다). 미국 역시 대부분의 주에서 채택한 UTSA에서 합리적인 수준의 조치를 요구하고 있다.[32] 다만, 일본의 부정경쟁방지법에서는 우리 법 규정과 달리 '비밀로 관리되고 있는 정보'라고만 법문에 되어 있을 뿐 '합리적인 노력에 의하여'라는 요건이 부가되어 있지는 않다. 그러나 아래의 판례에서 보는 바와 같이 절대적인 수준의 관리가 요구되는 것이 아니며, 비밀관리성에 대하여 정보의 성질, 접근가능한 인적 범위, 침해의 태양 등과의 상관관계를 가지는 상대적 개념이라고 이해하는 것이 일반적인 견해이며,[33] 판례 역시 해당 정보의 구체적인 관리 상황을 가능한 상세하게 인정하고 나서, 비밀관리성의 인정에 유리하게 작용하는 사정과 불리하게 작용하는 사정을 비교 검토한 후 비밀관리성의 유무를 판단하는 판단과정을 이용하고 있다고 한다.[34] 다만 일본에서는 현재 우리나라 등 다른 국가들에 비하여 비밀관리성의 수준이 지나치게 높아서 영업비밀에 대한 법적 보호가 미흡하다는 반성론도 제기되고 있는 상황이라고 한다.[35]

어느 정도가 '합리적인 수준'인지에 관하여 본다. 이 수준이 높아진다면 정보의 보유자가 취하여야 할 객관적인 조치의 수준도 함께 높아질 수밖에 없다. 그렇게 되면, 보유자는 비밀관리를 할 전담직원을 배치하고 접근 가능한 인원을 최소한으로 제한하거나, 영업비밀에 해당하는 정보를 특정하여 특정장소에 모아 보관하면서 영업비밀에 대한 접근을 통제하거나, 해당 컴퓨터에 패스워드를 부여하여 패스워드를 주기적으로 변경하는 등의 조치를 취하여야 하는 등 비밀로 유지하기 위해 더 많은 조치가 요구되게 된다. 그러나 이와 반비례하여 필연적으로 해당 기업의 내부에서는 해당 정보의 사용이나 활용은 경직될 수밖에 없을 것이고, 이러한 정도가 심해질 경우 보유자인 기업 입장에서는 기업경영의 자유가 저해되며, 영업비밀로부터 보유자가 얻는 사회적 이익보다 비밀유지조치를 취하기 위하여 보유자가 투입할 비용이 더 커지게 되는 결과로 이어질 수 있다. 즉 영업비밀 보유자에 대하여

---

32) UTSA Section 1(4)(ii): Trade secrets . . . is the subject of efforts that are reasonable under the circumstances to maintain its secrecy.
33) 小野昌延, 「新註解不正競爭防止法」, 第3版(下), 靑林書院, 2012, 834頁.
34) 松村信夫, "營業秘密をめぐる判例分析", 「jurist」, 2014. 7., 35頁.
35) 小泉直樹 等 5人, "營業秘密をめぐる現狀と課題", 「Jurist」, 2014. 7., 24頁.

법적 보호를 부여하기 위해 오히려 보유자의 경영활동에 불이익이 초래되는 모순된 결과로 귀결될 수 있는 것이다. 또한 규모가 큰 기업에 비하여 규모가 영세한 사업자나 개인은 이러한 수준의 관리시스템을 유지하는 것이 어려울 것이므로 법의 보호를 받지 못할 수 있다. 따라서 합리성의 수준은 당해 정보에 대한 보유자의 비밀관리의사, 즉 '당해 정보는 보유자가 비밀로서 관리하고 있음'을 객관적으로 충분히 나타낼 수 있는 정도에 이르러야 하나, 해당 정보의 내부에서의 사용에 지나친 제한을 야기하거나 보유자로 하여금 과도한 비용을 투입하여야 하는 정도에 이르러서는 안 된다. 따라서 상당성의 수준은 보유자인 기업의 업종, 규모, 종업원의 수, 해당 영업비밀이 속한 기술분야 또는 성질, 침해방법의 수단과 방법, 영업비밀이 사용되는 업무의 특징, 침해자와 보유자 회사의 관계 등 제반 사정을 종합하여 사안별로 판단할 수밖에 없는 문제이다.

이하에서는 우리나라와 다른 나라의 실제 사례를 참조하여 비밀관리성의 구체적 판단기준에 관하여 살펴보기로 한다.

나. 주요 판례 및 사례

1) 우리나라

① 유산균 이중코팅기술 사건[36]

「원심판결 이유와 원심이 적법하게 채택한 증거들에 의하면, 다음과 같은 사실 및 사정들을 알 수 있다. ① 피고인 1은 1999. 3.경 유산균 제조업체인 공소외 1 주식회사(이하 '피해자 회사'라고 한다)에 입사하여 이사 겸 공장장 등으로 근무하면서 유산균 시험분석 및 제품 생산업무 등을 총괄하던 중 2007. 11. 30.경 퇴사한 직후 공소외 2 주식회사를 설립하여 대표이사로 재직하고 있다 … ④ 피고인 1이 피해자 회사를 퇴직할 때 피해자 회사에 '재직 중 취득한 피해자 회사의 유산균주에 대한 정보의 무단사용, 재직 중 취득한 회사 및 업무에 관한 제반 정보를 제3자에게 누설하거나 활용을 돕는 행위, 재직 중 취득한 피해자 회사의 사업 내용에 대한 누설, 피해자 회사가 영위하는 사업과 유사한 유산균 관련 사업체에 입사하거나 관련 사

---

36) 대법원 2012. 6. 28. 선고 2012도3317 판결. 이 사건은 해당 영업비밀에 대하여 보유자 회사가 직적 비밀표시를 하고 엄격히 관리하지는 않은 사건인데, 대법원은 피해자 회사에서 해당 기술이 차지하는 중요성, 피고인이 이사겸 공장장으로서 회사의 비밀을 관리하던 지위에 있었던 점, 피해자 회사가 해당 영업비밀을 체계적, 조직적 관리보다는 인적 유대와 신뢰에 기초하여 관리해 온 점 등을 인정하여 비밀관리성을 긍정하였다.

업체를 영위하는 행위, 재직 중 습득한 유산균을 활용한 각종 제품 개발 및 이를 상업화하는 행위'를 하지 않을 것이며, 그러한 행위를 할 경우 민·형사상 책임을 진다는 내용의 확인서를 작성해 주었다. ⑤ 피해자 회사는 팀장들을 통하여 비정기적이지만 직원들에게 피해자 회사의 유산균 제품 생산 및 영업에 관한 정보가 외부로 유출되지 않도록 보안교육을 실시해 왔고, 이메일을 통하여 피해자 회사의 정보가 누출되거나 개인적인 용도로 활용하는 사항이 발각될 경우에 그에 따른 징계조치를 시행할 예정임을 공지하기도 하였다. ⑥ 피해자 회사는 비밀문서의 경우 그 사실을 '대외비' 등으로 표시하였고, 외부로 유출되어서는 안 되는 자료들을 분류하여 잠금장치가 된 문서보관함에 보관하였으며, 2004년경 전산망에 방화벽을 설치하여 외부의 전산공격을 방어함은 물론 내부 정보들이 외부로 유출되는 것을 방지하도록 조치하는 등 문서의 발송, 배부, 보관에 있어서 관리체계를 구축하였던 것으로 보이고, 거래처에 기술이 유출되지 않도록 담당직원들을 관리하였다. ⑦ 피해자 회사는 그 규모, 연혁, 산업적 특성에 비추어 체계적, 조직적 관리보다는 인적 유대와 신뢰에 기초하여 영업비밀을 관리해 온 것으로 보인다. ⑧ 피해자 회사는 독특한 유산균 제조기술(다당류로 이중코팅하여 안정성 있는 고농도의 유산균을 대량 생산하는 기술)이 가장 중요한 자산이므로 그에 관한 사항이 외부로 유출되어서는 안 된다는 사실은 임직원 누구나 알 수 있었던 것으로 보이는데, 피고인 1은 피해자 회사의 비밀을 관리하는 지위에 있었던 자이므로 피해자 회사가 비밀로 관리하는 정보가 있다는 사실을 누구보다도 잘 알면서 그러한 정보에 용이하게 접근할 수 있었을 것으로 보인다. ⑨ 이 사건 정보들은 유산균 제조기술과 영업에 관한 것으로서 위와 같이 보안교육의 대상이 되는 정보이거나 외부로 유출되어서는 안 된다는 것을 임직원 누구나 알 수 있었던 정보였고, 피해자 회사도 이를 대외비로 분류하거나 잠금장치가 된 문서보관함에 보관하는 등 외부로 유출되어서는 안 되는 정보로 취급한 것으로 보인다. 위와 같은 사실과 사정들을 앞서 본 법리와 기록에 비추어 살펴보면, 피해자 회사의 규모나 종업원 수, 이 사건 정보들의 성격과 중요성 등 피해자 회사가 처한 구체적인 상황 아래서 피해자 회사는 특허등록된 유산균 이중코팅기술과는 별개의 것으로서 특정·구별되는 이 사건 정보들에 대하여 비밀이라고 인식될 수 있는 표시를 하거나 고지를 하고, 그 정보에 접근할 수 있는 대상자나 접근 방법을 제한하고 그 정보에 접근한 자에게 비밀준수의무를 부과하는 등 피해자 회사 나름의 합리적인 노력을 기울임으로써 객관적으로 그 정보들이 비밀로 유지·관리되고 있다는 사실이 인식 가능한 상태에 있게 되었음을 알 수 있으므로, 이 사건 정보들은 피해자 회사의 상당한 노력에 의하여 비밀로 유지된 부정경쟁방지법 제2조 제2호 소정의 영업비밀에 해당한다고 할 것이다.」

② PTMEG 제조방법 사건[37]

「기록에 비추어 살펴보면, 공소외 주식회사(이하 '피해 회사'라고 한다)는 제조공정 도면, 설계도면 등에 대하여는 관리담당자의 임명, 열람·대출의 제한 및 절차 등에 관한 엄격한 관리규정에 따라 관리했지만, 도면 이외의 문서에 대하여는 일반적인 문서관리규정만을 두어 관리하였는데, 위 문서관리규정에는 비밀문서의 경우 비밀표시를 하도록 하고 있음에도 원심 판시 [별지] 범죄일람표 순번 1번의 '(이하 생략) 개발진행 보고서'와 순번 49번의 'PTG PILOT TEST 결과'(이하 이들 문서를 합하여 '이 사건 각 보고서'라고 한다)에는 비밀표시가 되어 있지 아니하였던 점, 이 사건 각 보고서는 피해 회사의 연구개발팀 및 기술개발팀 사무실 내의 잠금장치가 없는 유리책장이나 책꽂이에 보관되어 있었는데, 위 각 사무실에는 출입자를 제한하지 아니하여 다른 직원들과 화공약품이나 시험기구 상인들과 같은 외부인들까지 자유롭게 출입할 수 있었던 점 등을 고려할 때, 이 사건 각 보고서는 상당한 노력에 의하여 비밀로 유지되었다고 보기 어려우므로 영업비밀에 해당한다고 할 수 없다. 같은 취지의 원심[38])의 인정과 판단은 정당하고, 거기에 영업비밀에 관한 법리를 오해하거나 논리와 경험의 법칙에 반하여 자유심증주의의 한계를 벗어난 위법이 없다.」

③ 모바일 게임제안서 사건[39]

「 ... 이 사건 각 문서가 원고 회사의 영업비밀에 해당하는지에 관하여 보건대, 우선 이 사건 각 문서 중 제1항 문서는 원고 회사가 고객들에게 자신을 소개하기 위해 작성한 모바일 게임 사업제안서로서 위 문서에는 해외 영업망 구축에 관하여 우위를 점할 수 있는 정보가 포함되어 있고 그 정보의 취득을 위해 상당한 정도의 노동력과 비용이 투입될 것으로 보이며, 문서 하단에 비밀표시가 되어 있고, 피고 1이 원고 회사의 주요 업무를 담당하면서 위 문서를 작성·보관하고 있었던 점을 고려하면 비밀관리성도 인정되므로 원고 회사의 영업비밀에 해당한다. 다음으로,

---

37) 대법원 2012. 6. 28. 선고 2011도3657 판결.
38) 서울고등법원 2011. 2. 24. 선고 2010노2160 판결.
39) 대법원 2011. 7. 14. 선고 2009다12528 판결.

이 사건 각 문서 중 제10, 11항 문서는 원고 회사가 자신과 모바일 콘텐츠 판매대행계약을 체결한 엠크레스(Mcres)사의 게임 비즈니스 모델을 수출하는 과정에서 작성한 문서로서 엠크레스(Mcres)사의 게임을 판매함에 있어 제시할 수 있는 가격 등 주요정보에 관한 몇 가지 비즈니스 모델 등을 포함하고 있고 그 내용은 향후 이 제품 또는 이와 유사한 제품을 다른 회사에 판매하는 경우에 유용하게 활용될 정보로서 경쟁업체가 이를 입수할 경우 가격정책 수립 등에서 시간과 비용을 상당히 절약할 수 있을 것으로 보이며, 문서 하단에 비밀표시가 되어 있고, 피고 1이 원고 회사의 주요 업무를 담당하면서 위 문서를 작성·보관하고 있었던 점을 고려하면 비밀관리성도 인정되므로 원고 회사의 영업비밀에 해당한다. 그러나 이 사건 각 문서 중 제1, 10, 11항 문서(이하 '이 사건 영업비밀문서들'이라고 한다) 이외의 나머지 문서는 경제적 유용성이 없거나 비밀로 관리되고 있지 않아서 원고 회사의 영업비밀에 해당하지 아니한다. 그럼에도 원심은 이 사건 영업비밀문서들이 원고 회사의 영업비밀에 해당하지 않는다고 판단하였으니, 이러한 원심의 판단에는 영업비밀문서에 관한 법리를 오해하여 판결에 영향을 미친 잘못이 있다. 이점을 지적하는 상고이유는 이유 있다.」

④ 광통신 소자 파일 사건40)

「원심은 … 피고인들 중 일부가 피해자 회사에 입사할 때 '업무상 기밀사항 및 기타 중요한 사항은 재직 중은 물론, 퇴사 후에도 누설하지 않는다'는 내용의 일반적인 영업비밀 준수 서약서를 작성한 사실은 있으나, 피해자 회사에서 업무와 관련하여 작성한 파일에 관하여 보관책임자가 지정되어 있거나 별다른 보안장치 또는 보안관리규정이 없었고, 업무파일에 관하여 중요도에 따라 분류를 하거나 대외비 또는 기밀자료라는 특별한 표시를 하지도 않았으며, 연구원뿐만 아니라 생산직 사원들도 자유롭게 접근할 수 있어 파일서버 내에 저장된 정보를 열람·복사할 수 있었고, 방화벽이 설치되지 않아 개개인의 컴퓨터에서도 내부 네트워크망을 통한 접근할 수 있는 등 이 사건 파일들이 상당한 노력에 의하여 비밀로 유지되었다고 보기 어려운 점을 종합하여 보면, 이 사건 파일은 영업비밀에 해당하지 않는다고 판단하였다. 앞서 본 법리와 기록에 비추어 살펴보면, 원심의 위와 같은 사실인정 및 판단은 정당하고, 거기에 상고이유로 주장하는 바와 같은 채증법칙 위반, 부정경쟁방지법 소정의 영업비밀에 관한 법리오해 등의 위법이 없다.」

40) 대법원 2008. 7. 10. 선고 2008도3435 판결.

⑤ 잉크제조 원료 사건[41]

「원심[42]은 거시 증거를 종합하여, 이 사건 기술정보는 잉크제조의 원료가 되는 10여 가지의 화학약품의 종류, 제품 및 색깔에 따른 약품들의 조성비율과 조성방법에 관한 것인데, 이는 원고 회사와 같은 필기구 제조업체에 있어서 가장 중요한 경영요소 중의 하나로서 원고 회사가 짧게는 2년, 길게는 32년의 시간과 많은 인적, 물적 시설을 투입하여 연구·개발한 것이고, 원고 회사가 생산하는 제품 중의 90% 이상의 제품에 사용하는 것으로서 실질적으로 원고 회사의 영업의 핵심적 요소가 되고 있는 기술정보로서 독립한 경제적 가치가 있으며, 그 내용이 일반적으로 알려져 있지 아니함은 물론 원고 회사의 연구소 직원들조차 자신이 연구하거나 관리한 것이 아니면 그 내용을 알기 곤란한 상태에 있어 비밀성이 있고, 원고 회사는 공장 내에 별도의 연구소를 설치하여 관계자 이외에는 그 곳에 출입할 수 없도록 하는 한편 모든 직원들에게는 그 비밀을 유지할 의무를 부과하고, 연구소장을 총책임자로 정하여 이 사건 기술정보를 엄격하게 관리하는 등으로 비밀관리를 하고 있는 사실을 인정한 후, 따라서 이 사건 기술정보는 부정경쟁방지법 소정의 영업비밀에 해당하고, 원고 회사가 외국의 잉크제품을 분석하여 이를 토대로 이 사건 기술정보를 보유하게 되었다거나, 역설계가 허용되고 역설계에 의하여 이 사건 기술정보의 획득이 가능하다고 하더라도 그러한 사정만으로는 이 사건 기술정보가 영업비밀이 되는 데 지장이 없다고 판단하였다. 기록과 부정경쟁방지법 제2조 제2호의 규정내용에 비추어 살펴보면, 원심의 위와 같은 사실인정과 판단은 정당하고, 거기에 영업비밀에 관한 법리오해의 위법은 없다. 원심이 영업비밀의 범위를 지나치게 넓게 인정하였다는 상고이유의 주장은 받아들일 수 없다. 논지는 이유 없다.」

2) 미   국

합리적인 노력은, 보유자의 규모와 성질, 추가적인 조치에 대한 비용, 이러한 조치가 비밀공개의 위험을 낮추는 정도 등을 계량하여 판단하여야 할 문제이다. 어떤 사례에서는 합리적인 조치라고 볼 수 있는 것이, 다른 사례에서는 반드시 합리적이지 않을 수도 있다.[43] 비밀유지조치는 비밀정보의 경제적 가치와 그 속성에

---

41) 대법원 1996. 12. 23. 선고 96다16605 판결.
42) 서울고등법원 1996. 2. 29. 선고 95나14420 판결.
43) Innovative Construction Systems, Inc., 793 F.2d 875, 884 (7th Cir. 1986)(James Pooley, supra, 4-27면에서 재인용).

따라 달라지는데, 어떤 비밀은 적은 노력으로도 광범위한 노력을 들인 다른 비밀보다 더 쉽게 보호될 수 있다.

따라서 채택된 보안기술이 합리적인 정도라면(reasonably prudent) 가장 높은 수준의 보안기술을 채택하지 않았다고 하여 비밀성이 부정되는 것은 아니다.44) 화학공장의 공정과 관련한 영업비밀이 문제된 사건으로서 침해자는 보유자의 공장 건축물에 대한 항공촬영을 통해 영업비밀을 취득하였는데, 외부의 시선을 차단하기 위한 통상적인 펜스나 지붕은 반드시 갖추어져야 하나, 예견가능하지 않거나, 탐지되지 않거나 방지될 수 없는 염탐행위에 대한 방지책을 갖춰야 하는 것은 아니며, 그러한 조치를 보유자에게 요구하는 것은 지나치게 많은 비용부담을 지우는 것이라면서 영업비밀성을 인정한 사례가 있다.45)

보유자 회사가 민감한(sensitive) 자료에 비밀표시를 하는 등의 권장되는 보안조치를 항상 취한 것은 아니고, 그러한 자료가 종종 잠그지 않은 연구시설 내에 남겨져 있었다고 하더라도, 법원은 전체적으로 보아 보유자 회사가 비밀성을 보호하기 위해 광범위한 조치를 취하였다고 판단한 사례도 있다.46) 이에 반해, 보유자 회사가 자신이 스스로 정한 영업비밀 보호조치를 따르지 않은 경우로서, 모든 보안도면과 자료들은 그 자료들의 비밀성에 관하여 제한 경고 표시를 하여야 함에도 불구하고, cvd furnace와 관련한 설계도면에 제한 표시가 전혀 이루어지지 않은 경우에 비밀관리성이 충족되지 않았다고 판단한 사례도 있다.47)

비밀관리성의 요건으로서 ① 종업원에 대해 영업비밀이라는 사실을 고지하고 비밀보호계약을 체결하였는지 여부, ② 공장 및 제조설비의 중요한 지역에 대한 방문객의 출입을 제한하고 있는지 여부, ③ 중요한 부분이나 제조공정을 중심설비로부터 분리하였는지 여부, ④ 비밀서류를 보관하는 시설이 되어 있는지 여부, ⑤ 정보의 배부를 필요한 곳에 한정하도록 하고 있는지 여부 등을 거시한 경우도 있다.48)

---

44) Milgrim, Trade Secrets, Section 1.04. (James Pooley, supra, 4−27면에서 재인용).

45) E.I. duPont de Nemours & Co. v. Christopher, 431 F.2d 1012, 1016 (5th Cir. 1970). 이 사건은 1970년대에 사건이었으므로 당시 법원이 영업비밀성을 인정하였지만, 구글 어스나 다른 인터넷 사이트에서 항공지도를 쉽게 구할 수 있는 오늘날에는 비밀관리성에 앞서 비공지성 자체가 인정되지 않는다는 취지의 견해도 있으나(David Quinto·Stuart Singer 공저, 앞의 책, 19면). 항공지도를 통해 해당 정보를 얻는 것에 얼마나 시간과 비용이 소요되는지 여부에 따라 비공지성이 판단되어야 할 문제이고, 비밀관리성에 관한 위 법원의 판단은 여전히 유효하다고 생각된다.

46) Syntex Pphthalmics, Inc. c, Tsuetaki, 701 F.2d. 677 (7th Cir. 1983).

47) CVD, Inc. v. Raytheon Co,. 769 F.2d 842, 853 (1st Cir. 1985).

영업비밀 보유자와 침해자 사이에 신뢰관계가 강하고 정보의 비밀성이 높으면 비밀유지의 정도는 완화될 것이고, 만일 영업비밀 보유자가 비밀유지를 위한 노력을 해태한 것이 침해의 원인이 아니라면, 그러한 부주의로 인해 보호가 거부되지 않는다고 판단된 사례도 있다.[49]

장기간 비밀이 유출된 적이 없다는 사실이 증명되면 비밀유지조치가 부족했다는 점은 판단에 있어서 큰 요소로 작용하지는 않으며,[50] 펜실베니아주 대법원은 이러한 취지를 '대문을 잠그지 않았다고 해서 지나가는 사람을 들어오라고 초대한 것은 아니다'는 재미있는 비유를 들어 설명한 바 있다.[51]

영업비밀에 접근하는 것이 허용된 종업원에 대하여는 비밀유지약정 등을 통해 보유자의 의사에 반하여 영업비밀을 공개하거나 사용하지 않을 의무를 부과하여야 한다.[52] 다만 반드시 약정을 문서화 하여야 하는 것은 아니고, 회사가 종업원들에게 구체적 정보가 회사의 영업비밀이라는 점을 주지시켜 왔다면 구체적으로 해당 정보의 구성부분을 특정하여 비밀표시를 하거나 서명을 받지 않더라도 비밀유지조치는 충분하다.[53] 모든 배포된 자료는 비밀이라고 일방적으로 고지하는 것은 비밀유지의무를 발생시키지 않고 따라서 합리적인 비밀관리조치를 하지 않았다고 해석된다.[54] 명시적으로 비밀유지약정을 체결하지 않았더라도 정보의 성질 자체에 의해 종업원이 비밀임을 알 수 있다고 본 경우도 있고,[55] 영업비밀이 당연히 공개될 수밖에 없는 실험실의 조수들은 그곳에서 얻은 정보를 이용하지 않거나 공개하지 않을 계약상의 의무는 없다고 하더라도 여러 정황상 비밀유지의무를 알고 있었다고 판단한 경우도 있다.[56]

---

48) Surgidev Co. v. Eye Technology, Inc. 828 F.2d. 452 (8th Circuit 1987)(최병규, "부정경쟁방지법연구", 「한국산업재산권법학회지」, 제6호, 14면에서 재인용).

49) Syntex Ophthalmics, Inc. v. Tsuetaki, 701 F.2d 677 (7th Cir. 1983)(James Pooley, supra, 4-28면에서 재인용).

50) Wyeth v. Natural Biologics, Inc., 395 F.3d 897 (8th Cir. 2005)(김연학, 앞의 논문, 42면에서 재인용).

51) Pressed Steel Car Co. v. Standard Steel Car Co., 210. Pa. 464 (1904).

52) Motorola, Inc. v. Fairchild Camera & Instrument Corp., 366 F.Supp. 1173 (D.C.Ariz. 1973); Buffets, Inc. v. Klinke, 73 F.3d 965 (9th Cir. 1996)(김연학, 앞의 논문, 43면에서 재인용).

53) Vermont Microsystems, Inc. v. Autodesk, Inc., 88 F.3d 142 (2nd Cir. 1996)(김연학, 앞의 논문, 43면에서 재인용).

54) N.E. Coating Techs., Inc. v. Vacuum Metallurgical Co., 684 A.2d 1322, 1324 (Me. 1996)(David Quinto, Stuart Singer 공저, Trade Secrets, Law & Practice, 2009, 173면에서 재인용)

55) Johns-Manville Corp. v. Gurardian Industries Corp., 586 F. Supp. 1034 (E.D.Mich. 1983)(김연학, 앞의 논문, 43면에서 재인용).

알 필요가 없는 종업원들에게까지 정보를 광범위하게 개시한 경우는 비밀관리 조치를 합리적으로 취하지 않았다고 판단된 사례가 있다.57)

비밀관리성이 인정된 사례들은 다음과 같다.58)

서면으로 영업비밀 보호 계획을 수립하고 이를 이행한 사건; 영업비밀이 담긴 서면을 종업원에게 교육시키고 이들 서류를 잠금장치가 된 방에 보관한 사건; 외부 인으로부터 차단된 클린룸에서 비밀을 사용하고, 종업원에게 위 정보의 비밀성을 교육시키고 그들로 하여금 비밀준수약정에 서명할 것을 요구한 사건; 영업비밀을 담고 있는 컴퓨터 툴에 접근하지 못하도록 하고(컴퓨터 제조사도 포함하여), 소프트 웨어의 배포를 제한한 사건; 종업원으로 하여금 컴퓨터에 접근하는 것을 제한하고, 종업원들에게 접근하는 것을 제한하며, 종업원의 핸드북에 해당 정보의 경쟁에 있 어서의 중요성을 주로 강조한 사건; 모든 영업비밀 서류에 소유자 표시(proprietary legends)를 하고, 시설에 물리적 접근을 제한하며, 방문자 제한조치를 취하고, 도면 과 특허출원서의 복사본을 잠금장치 있는 서류함에 보관한 사건; 종업원들로 하여 금 비밀준수약정에 서명할 것을 요구하고, 컴퓨터시스템에 접근을 제한하며, 소프 트웨어에 소유자 표시를 하고, 라이선스 약정에 비공개 조항을 넣고, 소스코드 출 력물을 분쇄한 사건; 소프트웨어에 비밀표시를 하고, 접근권한 없는 접근을 차단하 기 위해 패스워드를 요구하고, 정보를 제한된 저장공간에 저장한 사건; 생산공정과 설비 구역에 접근을 제한하고, 종업원들로 하여금 비밀준수약정에 서명하도록 요구 하고, 종업원 식별 배지를 발행하고, 영업비밀의 공급자를 고지한 사건; 서면이나 구두 의사소통에서 화학식을 나타내는 암호(code)를 사용하고, 원재료(raw material) 에 암호로 라벨을 붙이고, 비밀준수약정을 사용한 사건; 영업비밀과 관련된 기계를 물리적으로 시설내에서 차단된 장소에 보관하고, 소수의 종업원에게만 위 기계를 가동하도록 허용하고, 외부자가 있는 곳에서 기계를 가동하지 않은 사건; 제3자가 방문한 동안에 영업정보가 노출되지 않도록 하고, 특별한 책에 가격표시를 하고, 컴퓨터 접근에 비밀번호를 사용하고, 다른 정보들을 잠금장치된 곳에 보관한 사건;

---

56) Development Corp. v. Atlantic Advanced Metals, Inc., 172 U.S.P.Q. 595 (Mass. Sup. 1971) (김연학, 앞의 논문, 43면에서 재인용).
57) Allied Supply Co. v. Brown, 585 So. 33, 36 (Ala. 1991)(David Quinto·Stuart Singer supra, 173면에서 재인용)
58) David Quinto, Stuart Singer, supra, 19－21면. 편의상 사건별로 사건번호를 표시하는 것은 생략한다.

영업비밀서류에 전자센서를 부착한 사건; 공정을 여러 단계로 쪼개고, 각 단계별로 일하는 부서들을 분리시켜 내부적인 비밀을 유지한 사건; 성분에 이름을 붙이지 않거나 암호를 사용한 사건; 실험실 샘플과 구내의 서류를 없앤 사건; 보안시스템을 도입하여 물리적인 접근을 차단하고, (방문자가 있는 경우) 회사 직원이 동행하거나 방문자 배지를 요구한 사건 등이다.

3) 일   본

일본의 판례의 동향은 각주59)의 글에 잘 소개되어 있어서 이를 일부 번역하여 소개하기로 한다. 문제되는 정보에 대하여 비밀로서 지정하거나 비밀표시도 하지 않고, 보관장소 등을 특정하지 않고, 보관장소에 출입하는 사람이라면 누구라도 접근가능한 상태로 두었다거나, 보유자 회사가 제3자에게 정보를 예탁하면서 특단의 비밀유지계약 등을 체결하지 않는 등 통상 요구되는 정도의 비밀관리를 행하지 않는 경우에는 정보의 성질을 묻지 않고 비밀관리성이 인정되지 않는 것이 원칙이다.

정보의 성질이 기술정보인지 영업정보인지를 구별하여, 기술정보는 보유자 아래에서 창작된 것이고, 유용성의 정도가 높은 정보라면 당해 보유자의 종업원 등의 관계에서는 비밀유지의 필요성이나 비밀의 대상으로 되는 정보의 범위가 비교적 명확한 경우가 많으므로, 일반적인 경향은 영업정보 보다 관리되는 정도가 낮다고 하더라도 비밀관리성이 인정되는 경우가 많다.60)61)62)63)64)65)66) 특히 보유자가 연구개발형 기업이고, 기업규모가 작으며 종업원의 대다수가 해당 정보에 관련된 기계설계업무에 관여하고 있는 경우에는 해당 정보에 대하여 '비밀'이라고 표시하지는 않고, 대부분의 종업원이 각자의 단말 컴퓨터에서 사내의 LAN을 통하여 해당 정보에 접근하는 것이 가능하다고 하더라도 비밀관리성이 인정된 사례가 있다.67) 이에 대하여 보유자 기업의 규모가 크고, 해당 정보가 보관되어 있는 서버에 영업직원도 접근가능한 경우에는, 종업원이 사외의 고객의 요구에 따라 해당 정보가 기

---

59) 松村信夫, 營業秘密をめぐり判例分析, ジュリスト, 2014. 7., 35-38頁.
60) 大阪地裁 平成 6年 12月 26日 4(ネ)460号.
61) 大阪地裁 平成 10年 12月 22日 5(ワ)8314号.
62) 大阪地裁 平成 15年 2月 27日 13(ワ)10308号.
63) 大阪地裁 平成 19年 5月 24日 17(ワ)4418号.
64) 名古屋地裁 平成 20年 3月 13日 17(ワ)3846号.
65) 東京地裁 平成 22年 4月 28日 18(ワ)29160号.
66) 知財高裁 平成 23年 9月 27日 22(ネ)10039号.
67) 大阪地裁 平成 15年 2月 27日 13(ワ)10308号.

재된 도면을 위 고객에게 개시(開示)하는 경우에 책임자의 허락을 얻는 등의 관리가 행하여 졌는지 여부에 따라 비밀관리성의 유무를 판단한 경우가 있는 반면,68) 해당 정보의 사업활동에 있어서 중요성을 고려하여 각 정보의 관리방법에 다소의 차이가 있다고 하더라도 비밀관리성을 인정한 판결69)도 있다. 또한 보유자가 거래처 등 사외의 고객에게 해당 정보의 일부를 개시하는 경우에, 위 고객 등과의 사이에서 비밀유지계약의 체결 등 특단의 조치가 행하여지지 않은 경우에도, 이점이 보유자와 종업원 사이에 있어서 비밀관리성의 유무에 영향을 미치지 않는다고 명시한 판결도 있다.70)

해당 정보가 경영정보인 경우에는 해당 정보의 성질, 내용 외에 그 취득경위, 보유자의 영업에 있어서 이용상황, 접근가능한 종업원의 수, 보유자와 접근가능한 사람 사이의 관계 등 다양한 요소가 고려되기 때문에, 요구되는 관리의 정도도 일정하지 않다. 해당 정보의 내용, 존재형식이 명백하고, 기업규모가 소규모이고 종업원의 수도 적은 경우에는 매우 단순한 관리 방법이 취해진 경우에도 비밀관리성이 인정된 판결71)도 있으나 이는 특수한 사례이고, 다른 사례에서는 비교적 소규모인 기업이고, 접근가능한 종업원의 수가 한정되어 있는 경우라 하더라도, 비밀로서의 표시가 불충분하게 이루어 졌다거나, 접근을 제한하기 위한 조치가 이루어지지 않았다는 등의 이유로 비밀관리성이 부정되고 있다.72)73)74)75) 기업규모뿐만 아니라, 접근가능한 종업원의 숫자나 그 직종이 다양하면 전체의 직원에 대하여 해당 정보를 비밀로서 인식시키기 위하여 필요한 관리의 정도도 높아지게 된다. 따라서 비밀로서 취급하는 대상을 특정하기 위하여 매체 등에 표시가 필요함에도 이를 하지 않았다거나,76)77) 영업담당자에게 배포된 해당 정보가 담긴 복제물의 회수폐기조치를 불충분하게 한 경우 등과 같이 부분적인 관리체제의 흠결이 비밀관리성을 부정하는 원인으로 된 경우도 있다.78)79)80) 영업정보의 대부분을 차지하는 것은 고객정

---

68) 大阪地裁 平成 19年 5月 24日 17(ワ)4418号.
69) 名古屋地裁 平成 20年 3月 13日 17(ワ)3846号.
70) 名古屋地裁 平成 20年 3月 13日 17(ワ)3846号.
71) 大阪地裁 平成 8年 4月 16日 6(ワ)4404号.
72) 大阪地裁 平成 11年 9月 14日 10(ワ)1403号.
73) 東京地裁 平成 16年 4月 13日 15(ワ)10721号.
74) 東京地裁 平成 16年 9月 30日 15(ワ)16407号.
75) 東京高裁 平成 17年 2月 24日 16(ワ)5334号.
76) 大阪地裁 平成 12年 7月 25日 11(ワ)933号.
77) 東京高裁 平成 12年 9月 28日 8(ワ)15112号.

보인데, 고객정보 중에서도 보유자의 업무면에서, 현재도 중요한 거래를 해오고 있고 이후로도 계속적으로 거래를 할 것으로 기대할 수 있는 고객의 주소, 거래이력 등의 정보와, 단순히 거래권유의 대상으로 될 수 있는 고객에 관련된 정보는 중요도에 있어서 차이가 있으므로 요구되는 관리의 정도도 다를 것으로 생각되나, 적어도 판례상에서는 명확한 차이가 존재하는 것으로 보이지는 않는다고 한다.

고용관계인 사용자와 종업원 사이에서, 종업원이 해당 정보를 창작, 형성 또는 수집, 축적함에 있어서 중요한 역할을 한 경우에도 사용자가 해당 정보를 스스로 보유, 관리하는 영업비밀로 주장하는 것이 가능할 것인지 여부 또는 그 경우에 사용자 자신이 취하여야 할 비밀관리의 정도가, 사용자 자신이 수집 또는 창작한 정보와 동일할 것인지 여부도 문제된다. 종업원이 수집한 고객정보를 사용자의 아래에서 집약하여 '고객명부' 등의 집약적 정보로서 보관하고 있는 경우로서, 해당 종업원이 퇴직한 후에 해당 정보를 사용하는 경우에 사용자가 종업원에 대하여 제소하는 경우가 늘고 있다. 이러한 경우에 관하여, 당해 비밀이 사용자가 보유하는 비밀이라고 할 수 있는지, 즉 당해 비밀의 귀속의 유무에 따라 부정경쟁행위의 성립 여부도 정해진다는 견해와 이러한 정보는 사용자로부터 종업원에게 개시된 것으로 볼 수 없으므로 부정경쟁행위가 성립하지 않는다는 견해가 대립하고 있다. 최근의 하급심 판결 중에서는 사용자가 행한 비밀관리의 내용이나 정도와 관련시켜 비밀관리성을 부정함으로써 이 문제를 해결한 판결이 있는 반면,[81] 이와 동종의 사건에 관하여 해당 고객정보가 사용자에게 귀속되는 것을 당연한 전제로 삼아 사용자의 비밀관리성을 긍정한 판결[82]도 존재하므로 위 판례와 같은 입장이 판례의 일반적인 경향이라고 말할 수는 없다고 한다.

정보의 보유형태와 관련하여, 해당 정보가 고객명부, 설계도 등과 같은 서류매체상에 문자, 수식, 도형 등으로 기록되어 있는 경우(이하, '서류 정보')와 컴퓨터 내부 또는 외부의 기억매체에 자기적 정보로서 기록되어 있는 경우(이하, '디지털 정보')로 대별할 수 있다. 두 경우 모두에 대하여, ① 해당 정보가 비밀로서 특정되어 있는지 여부, ② 해당 정보에 대하여 접근 제한조치가 취해져 있는지 여부를 구체

---

78) 東京地裁 平成 16年 4月 13日 15(ワ)10721号.
79) 大阪地裁 平成 17年 5月 24日 15(ワ)7411号.
80) 大阪高裁 平成 19年 12月 20日 19(ネ)733号.
81) 大阪地裁 平成 22年 10月 21日 20(ワ)8763号.
82) 東京地裁 平成 23年 11月 8日 21(ワ)24860号.

적 관리방법에 있어서 인정할 수 있는지 여부가 핵심 쟁점으로 된다. ①과 관련하여 통상 위 서류 정보에 비밀이라는 표시를 하고, 디지털 정보라면 그 매체나 디지털 정보 자체에 같은 취지의 표시를 하고 파일을 여는 경우에 비밀번호를 설정하는 등 접근에 있어서 인증을 요구하는 등과 같이 해당 정보가 비밀로서 관리되고 있다는 것을 인식시키는 방법으로 관리되는 것이 요구된다.[83][84][85] ②와 관련하여 서류 정보라면 위 서류를 열쇠가 채워져 있는 보관장소에 보관하거나, 정보관리자가 일원적으로 관리하고 관리자의 허가 없이 서류 정보 자체에 접근이 가능하지 않도록 하기 위한 물리적, 인적 또는 조직관리를 해오고 있다면 비밀관리성이 인정된 경우가 많다.[86] 이에 대하여 디지털 정보의 경우 다양한 관리형태가 고려될 수 있는데, 디지털 정보를 입력한 매체를 열쇠가 채워져 있는 보관장소에 보관하여 정보관리자의 책임 하에 일원적으로 관리하는 방법,[87] 정보가 입력된 컴퓨터를 네트워크에 접속시키지 않고 조작하는 사람을 한정하는 방법, 네트워크에 접속하는 경우에 ID나 패스워드를 부여한 접근 허용자만이 접근가능하도록 시스템을 구축하는 등의 방법이 고려될 수 있다. 비밀정보가 서류정보와 디지털 정보의 형태 모두를 가지고 있는 경우에는 원칙적으로 모든 형태의 정보에 관하여 위와 같은 관리가 요구된다. 또한 서류형태의 정보와 디지털 형태의 정보 중 그 전부나 일부가 다른 매체로 복제된 경우에는, 매체 복제물에 관하여도 원칙적으로 동일한 정도의 비밀관리가 필요하다. 따라서 원본인 정보매체의 관리에는 변경이 없더라도(비밀관리를 하여 왔더라도), 업무의 필요에 따라 복제된 정보의 회수, 폐기 등을 해태한 경우에는 비밀관리성이 부정되는 경우가 있다.[88] 또한 접근이 허용된 사람과 관련하여, ID, 패스워드를 부여하는 것에 의해 접근 제한을 행하고 있더라도, 당해 ID, 패스워드 자체의 관리가 이루어지지 않거나, 접근이 허용된 종업원이 퇴직한 후에도 위 사람에게 부여된 ID, 패스워드를 변경하지 않고 방치된 것이 참작되어 비밀관리성이 부

---

83) 名古屋地裁 平成 20年 3月 13日 17(ワ)3846号.

84) 東京地裁 平成 22年 3月 4日 20(ワ)15238号.

85) 知財高裁 平成 23年 9月 27日 22(ネ)10039号.

86) 부정된 예로는 大阪地裁 平成 14年 9月 26日 13(ワ)13897号, 大阪地裁 平成 16年 5月 20日 14(ワ)3030号, 大阪地裁 平成 19年 5月 24日 17(ワ)2682号.

87) 부정된 예로는 大阪地裁 平成 12年 7月 25日 11(ワ)933号, 大阪高判 平成 14年 10月 11日 12(ネ)2913号.

88) 부정된 예로는 大阪地裁 平成 14年 9月 26日 13(ワ)13897号, 東京地裁 平成 16年 4月 13日 15(ワ)10721号, 東京地裁 平成 19年 5月 31日 17(ワ)27477号, 大阪高裁 平成 19年 12月 20日 19(ネ)733号.

정된 사례도 있다.89)

　　기업의 규모와 관련하여, 다수의 판례가 비밀보유자인 기업규모 등을 판결에서 인정하여 설시하지는 않고 있기 때문에 기업규모가 비밀관리성의 유무에 어느 정도로 영향을 미치는지는 명확하지 않다. 다만 전술된 바와 같이, 당해 접근자가 정보의 성질 등으로부터 당해 정보가 비밀로 될 수밖에 없는 정보라는 것을 용이하게 인식할 수 있었는지 여부를 판단함에 있어서, 보유자인 기업의 규모나 접근가능자의 인원수가 고려되고, 나아가 접근가능자의 당해 기업에서의 지위나 담당업무가 고려되는 경우가 있다.

　　정보에 접근하여 이를 이용하는 사람과 보유자의 관계와 관련하여, 정보에 접근하여 이를 이용하는 사람이 종업원, 파견노동자, 출장근무자 등 보유자의 지휘감독 아래에서 그 업무에 종사하는 자(이하, '내부자'로 통칭함)인 경우와, 보유자와의 사이에서 노우하우 라이센스계약, 공동연구개발계약 등의 다양한 계약에 기초하여 정보를 지득하여 이를 이용하는 자(이하, '외부자'로 통칭함)인 경우에서, 보유자에게 요구되는 비밀관리성의 정도에서 차이가 있는지가 문제 된다. 판례에 나타난 영업비밀 침해사례의 대다수는 내부자가 관여된 경우이고, 외부자가 관여된 사례는 소수이기 때문에 양자를 단순하게 비교하는 것은 불가능하다. 다만 외부자가 관여된 사례 중에 당해 정보가 노우하우 라이센스계약 등 비밀정보가 이용의 대상인 경우에, 통상 계약서나 그 외의 거래문서에 라이센스 즉 개시의 대상으로 되는 정보의 범위가 명시되어 있다면 비밀정보의 범위가 쟁점으로 되는 경우는 없다. 계약상 그 범위가 불명확한 경우에는 라이센서(licensor)가 비밀로 관리한 정보가 비밀유지의무의 대상으로 되는 것으로 해석되어, 당해 정보의 관리상황이 문제도 되는 경우도 있다.90) 이에 대하여 당해 정보의 개시와 비밀유지가 계약의 직접 목적이 아닌 공동사업의 상대방이나 거래의 상대방에 대하여 계약에 수반하여 비밀정보를 개시하는 경우에는, 당해 정보의 특정과 함께 상대방에 대하여 명확한 비밀유지의무의 부과가 없다면, 계약상의 비밀유지의무가 생기지 않는 것은 아니지만, 계약상의 상대방 이외의 제3자와의 관계에서 영업비밀로서 요건인 비공지성이나 비밀관리성이 상실될 가능성이 있다는 것에 주의하여야 한다.91)

---

89) 東京地裁 平成 15年 5月 15日 13(ワ)26301号, 大阪地裁 平成 20年 6月 12日 18(ワ)5172号.
90) 大阪地裁 平成 10年 7月 7日 6(ワ)4677号, 거래계약에 기초하여 제공된 고객정보에 관하여 비밀유지의무의 범위에 관한 사례로는 大阪地裁 平成 16年 5月 20日 14(ワ)3030号, 知財高裁 平成 23年 6月 30日 23(ネ)10019号.

다. 비밀관리성 판단요소

앞서 본 판례에서 판단한 요소들을 모아보면 다음과 같은데, 이러한 요소를 종합적으로 참작하여 판단하여야 할 것이다.

비밀관리실태와 관련한 요소로는, 특정 정보를 직원에게 비밀이라고 고지하고 있는지 여부; 비밀로서 관리하는 정보에 비밀표시가 되어 있는지 여부; 영업비밀인 정보가 그렇지 않은 정보와 구별되어 관리되는지 여부; 접근권한 없는 접근을 제한하기 위해 해당 정보에 대한 물리적인 접근통제 시스템이 마련되어 있는지 여부; 해당 정보의 사용자에게 자에게 비밀유지의무가 부여되어 있는지 여부; 종업원과 비밀유지약정을 체결하였는지 여부; 종업원에게 보안교육을 실시하고 있는지 여부; 해당 정보가 사용되는 직무와 무관한 종업원이 해당 정보에 접근하는 것을 제한하고 있는지 여부; 실험실 등에서 사용된 영업비밀과 관련된 자료나 샘플, 도면 등을 사용 필요가 없는 즉시 폐기하도록 조치하고 있는지 여부; 영업비밀 보호를 위한 내부보안규정을 두고 있고, 이를 준수하고 있는지 여부; 방문자로부터 영업비밀이 노출되는 것을 방지하는 조치를 취하고 있는지 여부; 컴퓨터 시스템에 비밀번호를 사용하고, 영업비밀인 정보를 별도의 공간에서 보관하고 있는지 여부; 영업비밀과 관련된 정보에 암호를 사용하고 있는지 여부; 영업비밀이 담긴 자료를 복제하는 것을 제한하거나, 복제물을 사후적으로 관리하고 있는지 여부; 영업비밀에 관한 보안책임자가 지정되어 있고 영업비밀 관리를 하고 있는지 여부 등이 있다.

그 외 특수한 사정과 관련한 요소로는, 침해자가 영업비밀의 관리권한이 있거나 해당 정보를 직접 창작한 사람인지 여부; 해당 정보가 보유자 회사의 영업에서 차지하는 비중이 높은지 여부(예: 특정분야에 특화된 기업이고 해당 영업비밀이 이에 기여하는지 여부); 보유자 회사와 침해자 사이에 인적 신뢰관계가 강한지 여부; 보유자 회사가 소규모 회사인지 여부(예: 가족 운영회사); 해당 영업비밀이 장기간 동안 유출된 적이 없는지 여부 등이 있다.

---

91) 京都地裁 平成 13年 11月 1日 11(ワ)903号, 名古屋地裁 平成 20年 3月 13日 17(ワ)3846号
  이에 대하여 외부자에 대하여 비밀유지계약이 없더라도 내부자에 대하여 비밀관리성이 인정된
  사례로는 大阪地裁 平成 19年 5月 24日 17(ワ)2682号.

V. 행위태양에 관한 방어

1. 개   요

영업비밀 침해가 성립하기 위해서는 영업비밀성 외에 법에서 정한 유형의 침해행위에 해당되어야 하는데, 상대방은 이 점을 방어할 수도 있다. 법 제2조 제3호에서는 영업비밀 침해행위를 규정하고 있는데, 가호부터 다호는 절취 등 부정한 수단으로 취득한 행위와 관련된 행위태양을, 라호부터 바호는 비밀유지의무 위반과 관련된 행위태양을 각 적시하고 있다(침해행위의 상세한 내용은 해당부분 설명 참조).

다툼의 소지는 고용이나 기억을 통한 영업비밀의 취득이 부정한 수단에 의한 취득이 되는 것인지, 종업원이 창작한 영업비밀을 해당 종업원이 퇴사 후에 사용하는 것이 라목 규정의 침해행위에 해당하는지 등이 있는데 항을 바꾸어 살펴보기로 한다.

2. 부정한 수단에 의한 취득이 문제되는 경우

법문에서는 '절취, 기망, 협박 그 밖의 부정한 수단'이라고 규정하고 있다. 판례[92]는 「부정한 수단이라 함은 절취·기망·협박 등 형법상의 범죄를 구성하는 행위뿐만 아니라 비밀유지의무의 위반 또는 그 위반의 유인 등 건전한 거래질서의 유지 내지 공정한 경쟁의 이념에 비추어 위에 열거된 행위에 준하는 선량한 풍속 기타 사회질서에 반하는 일체의 행위나 수단을 말한다」고 해석하고 있다. 고용이나 기억(memorization)을 통한 취득이 문제되는 경우가 많다.

가. 고   용

영업비밀 보유자의 영업비밀을 아는 종업원을 고용하는 경우가 부정한 수단에 해당하는지가 문제되는 경우가 많다. 판례[93] 중에는 「... 피고회사는 자신의 직원인 소외 조○○, 박○○을 통하여 원고회사에서 14년 넘게 근무하여 오면서 당시 원고회사 연구소의 제1연구실장으로 있어 유성잉크 제조에 관하여 많은 지식과 경험을 가지고 있을 뿐만 아니라 원고 회사의 유성잉크의 제조 방법에 관한 중요한 기밀 사항을 너무나 잘 알고 있고, 수성잉크, 사무용 풀 등의 제조방법에 관하여서까

---

92) 대법원 1996. 12. 23. 선고 96다16605 판결.
93) 주 104 판례와 같다.

지 이를 습득할 수 있는 피고 이○○을 원고 회사에서 보다 높은 직위와 급여를 주기로 하는 등 스카우트 조건에 관하여 협의한 후 피고 회사가 위 직원으로 채용한 점, 피고 이○○이 1993. 1. 8. 신병 치료와 사출공장을 하는 동생을 돕겠다는 이유로 원고 회사를 퇴사하였으나 실제로는 같은 달 1.자로 피고 회사에 입사하고서도 원고 회사에 대하여서는 위 전직 사실을 숨긴 점, 피고 회사가 별다른 연구, 개발 실적이 없이 피고 이○○을 스카웃한 후 단기간이 지난 1994. 11. 2. 내지 같은 달 5.까지 사이에 한국종합 전시장에 원고 회사의 제품인 염료 타입 메모리 펜과 그 성분이 동일 또는 본질적으로 유사하다고 보여 지는 형광펜6색을 생산하여 '이미지'라는 상표를 붙여 전시한 점 등에 비추어 볼 때, 피고 회사는 단지 피고 이○○이 원고 회사에서 다년간 근무하면서 지득한 일반적인 지식, 기술, 경험 등을 활용하기 위하여 그를 고용한 것이 아니라 피고 이○○이 비밀유지의무를 부담하면서 원고회사로부터 습득한 특별한 지식, 기술, 경험 등을 사용하기 위하여 그를 고용하여 이러한 비밀을 누설하도록 유인하는 등 부정한 수단으로 원고 회사가 보유하는 이 사건 기술 정보를 취득하였다고 봄이 상당하다」고 판시한 경우나, 「류○○는 신청인 회사의 대표이사로 근무하였고, 노○○ 등 3인은 신청인 회사의 핵심 직원 및 기술자로서 신청인 회사에 입사할 때에 위와 같은 비밀준수서약을 하였고, 신청인 회사의 취업규칙에 위와 같은 규정이 있으므로, 신청인 회사와 위 신청외인들의 인적 신뢰관계의 특성 등을 고려하여 볼 때, 신청외인들은 계약관계 및 신의성실의 원칙상 신청인 회사에서 퇴사한 후에도 상당기간 위 영업비밀에 관한 비밀유지의무를 부담한다. 그런데 류○○는 그 영업비밀을 이용하여 시간적·경제적인 면에서 이익을 얻기 위하여 피신청인 회사를 설립하였고 신청외인들은 피신청인 회사에 스핀팩 필터 제조기술을 공개하고 신청인 회사와 같은 제품을 생산하여 왔으므로, 위 신청외인들의 이러한 행위는 공정한 경쟁의 이념에 비추어 선량한 풍속 기타 사회질서에 반하는 부정한 이익을 얻을 목적으로 행하여 진 것으로서 부정경쟁방지법 제2조 제3호 라목이 정하는 영업비밀 침해행위에 해당한다. 한편 피신청인 회사는 그 대표이사인 류○○가 신청인 회사의 공동대표 이사로 근무하다가 퇴직하고 난 직후 피신청인 회사를 설립하고 신청인 회사의 핵심직원들을 퇴사시켜 피신청인 회사에 입사하게 한 후 신청인 회사로부터 습득한 스핀팩 필터 제조기술 및 지식, 경험 등을 사용하여 제품을 생산하게 함으로써 위 제조기술을 누설하도록 유인하는 등 부정한 수단으로 신청인 회사가 보유하는 이 사건 기술 및 업정보를 취득하였다고 봄이 상당하므로, 이는 부정경쟁방지법 제2조 제3호 가목 전단이 정하는 영업비밀 침해행위에 해당한다.」고 판시하여,[94] 고용을 통한 영업비밀 취득 역시 부정한 수단에 의한 취득이 될 수 있다고 본 바 있다.

경쟁이 치열한 업계에서는 기술직에 종사하는 직원의 전직이나 창업이 활발하게 이루어지고 있는데, 이러한 전직이나 창업은 타인의 영업비밀을 큰 비용 없이 취득하여 영업비밀 보유자로 하여금 상당한 노력을 통해 구축한 경쟁우위의 지위를 상실하게 한다는 단점도 있지만, 다른 한편으로는 경쟁을 장려하여 기술개발경쟁을 촉진하여 전체적인 기술향상으로 이어지게 한다는 장점도 분명히 존재한다. 더욱 중요하게는 종업원 개인의 직업선택의 자유라는 헌법적 기본권이 결부되어 있기도 하다. 따라서 단순히 기술직이나 영업직에 종사한 직원이 다른 회사에 전직하였다고 하여 이러한 행위를 고용을 통한 영업비밀 취득행위라고 단정할 것은 아니다. 종업원이 보유하고 있는 것이 일반적 지식이나 경험과 구별될 수 있는 정도의 구체적인 정보인지 여부, 위 정보가 영업비밀로서의 요건을 갖추었는지 여부, 전직한 회사에서 위 종업원에게 제시한 대가나 조건이 통상적인 수준보다 과다한 것인지 여부, 전직의 경위나 동기, 위 회사에서 종업원을 고용한 주된 목적이 영업비밀 취득을 위한 것인지 여부, 해당 정보가 해당 업계의 경쟁환경에서 어느 정도의 우위를 가져오게 하는지 여부, 피해자 회사에서 어느 정도의 노력과 비용을 들여 위 정보를 취득한 것인지 여부, 위 종업원이 위 영업비밀에 관하여 피해자 회사 내에서 차지하고 있는 위치, 재직 중이나 퇴사한 후에 위 종업원이 비밀유지약정을 하였는지 여부, 전직 후에 전직한 회사가 영업비밀과 관련된 제품을 내놓은 때까지 소요된 시간, 종업원 개인의 행위가 법 제2조 제3호 라목 소정의 침해행위에 해당하는지 여부 등을 종합적으로 고려하여 판단하여야 할 것이다.

나. 기억을 통한 취득

기억(memorization)을 통해 취득하는 것 역시 부정한 취득이 될 수 있다. 미국의 실무 역시 마찬가지인데, 영업비밀의 취득에 있어서 그것이 절취 등의 수단을 통한 것인지, 아니면 기억을 통한 것인지를 구분하지 않는다고 한다. 미국 법원의 표현이기는 하나 '도면의 복제본이 피고의 손에서 나온 것인지 아니면 그의 머리에서 나온 것인지는 문제되지 않는다'고 판시한 바 있다.[95] 또한 전 직장의 영업비밀

---

94) 대법원 1998. 6. 9. 선고 98다1928 판결.

인 제조기술과 고객정보를 이용하여 동종 회사를 설립하여 동종 제품을 판매한 사건에서는 피고가 서류를 훔치지 않고 머릿속으로 기억해서 퇴직 후 이용한 경우에도 영업비밀 침해 책임을 면할 수 없다고 판시한 바 있다.[96]

다만 이 문제는 후술하는 '일반적인 기술, 지식, 경험'과 구별하여야 한다. 일반적인 지식, 기술, 경험은 이를 종업원이 기억하고 있어서 영업비밀로서 보호하지 않는 것이 아니라, 종업원의 직업선택의 자유나 정책적 이유 때문에 영업비밀로 보호하지 않는 것이다(자세한 내용은 후술하는 '일반적 기술, 지식, 경험' 부분 참조).

3. 종업원이 창작한 영업비밀과 라목 규정의 적용 여부[97]

영업비밀을 창작한 종업원이 퇴사 후에 이를 공개, 사용하는 행위가 라목 규정에 저촉되는 침해행위가 되는지 여부가 문제된다. 라목 규정의 침해행위가 성립되기 위해서는 ① 계약관계 등에 따라 영업비밀을 비밀로서 유지하여야 할 의무가 있는 자일 것, ② 종업원이 부정한 이익을 얻거나 그 영업비밀의 보유자에게 손해를 입힐 목적을 가질 것, ③ 그 영업비밀을 사용하거나 공개할 것이 요구된다. 이 문제를 해결하기 위해서는 종업원이 창작한 영업비밀에 관하여 누구를 보유자로 볼 것인지를 정하여야 하고, 만일 종업원이 이를 사용, 공개하는 경우에 부정한 이익이나 가해 목적이 인정될 것인지를 판단하여야 한다. 하나씩 살펴보기로 한다.

가. 종업원이 창작한 정보에 관하여 보유자를 정하는 기준

영업비밀의 보유자는 영업비밀에 관한 사용 및 처분권한을 가지는 사람일 것은 분명하다. 그런데 사용자에 고용된 종업원이 업무상 창작한 영업비밀에 관하여 누가 사용 및 처분권한을 가진다고 하여야 할 것인가가 문제된다. 단순히 사용자를 보유자로 본다면, 이는 영업비밀이 기술정보로서 발명진흥법의 적용대상이 되는 경우 원칙적으로 창작자인 종업원에게 처분권한을 부여하는 입장과 부합하지 않는 문제가 생긴다. 그렇다고 종업원이 보유자라로 보는 것은, 사회현실과 부합하지 않으며 많은 비용과 투자를 하여 종업원으로 하여금 창작업무에 종사하도록 한 사용

95) Sperry Rand Corp. v. Rothlein, 241 F.Supp. 549, 563 (D. Conn. 1964).
96) Allen v. Johar 301 Ark. 45,823 S.W.2d 824 (1992)(정상조, 「지적재산권법」, 홍문사, 2004, 611면에서 재인용).
97) 이 내용도 이 부분 집필자인 김병국의 개인 견해이지, 학회의 공식 견해가 아님을 미리 밝혀둔다.

자에게 너무 가혹한 결과가 될 것이다. 그리하여 이 문제를 해결하기 위해 종업원이 창작한 영업비밀의 보유자를 정하는 기준을 확립할 필요가 있다.

이 기준을 정하는 것은 생각보다 쉽지 않다. 가장 큰 이유는 영업비밀의 범주에는 매우 다양한 내용이 포함될 수 있는데, 위 기준은 이들을 모두 포섭하여야 하는 어려움이 있기 때문이다. 예컨대 영업비밀 중에는, 화학제품, 약품, 음식 등의 제법이나 공식, 배합비율, 산업공정, 특허받거나 받지 않은 발명들의 실제 적용과 관련된 기술정보 등과 같이 특허나 실용신안의 대상이 될 수 있는 것도 있고, 설계도, 고객정보에 관한 데이터베이스나 컴퓨터프로그램 등 저작권법의 보호대상이 될 수 있는 것도 있으며, 공급원, 가격결정정보, 판매자나 공급자의 신원, 고객명단 등 순수한 경영정보 등도 포함된다. 그런데, 특허나 고안에 관하여 적용되는 발명진흥법이나 저작권법 등의 개별법에서는 발명이나 저작물에 관하여 종업원과 사용자 사이의 법률관계를 규율하는 규정들을 이미 두고 있는데,98) 문제는 그 입장이 서로 일치하지 않는다는 것이다. 즉 발명진흥법은 원칙적으로 발명자주의를 취하여 창작물에 대한 권리를 종업원에게 귀속시키는 입장에 서 있는 반면, 저작권법은 원칙적으로 사용자주의를 취하여 창작물에 대한 권리를 사용자에게 귀속시키는 서로 상반된 입장을 취하고 있으므로 이러한 개별법의 규정과 조화를 이루면서 위와 같이 다양한 유형의 영업비밀에 대하여 보편타당하게 적용될 수 있는 기준을 확립하는 것은 여간 어려운 일이 아닐 것이다. 특히, 영업비밀이 발명의 성격과 저작물의 성격을 모두 가지고 있는 경우99) 그 어려움은 더욱 커진다.

이와 관련하여 국내 학설에는 ① 특단의 사정이 없는 한 영업비밀을 개발한 종업원에게 당해 영업비밀이 일차적으로 귀속된다고 해석하여야 하고, 개별 계약에 의해 정당한 대가가 지급된 경우가 아니라면, 단지 회사의 직무발명규정에 따라야 한다는 이유만으로 당해 영업비밀이 기업체에 전속된다고는 볼 수 없다는 견해,100) ② 종업원이 해당 영업비밀의 개발을 위해 고용되었고 개발된 영업비밀이 종업원의 업무 영역 내에 속하는 경우에는 그 영업비밀은 사용자에게 속한다고 보는 견해,101) ③ 종업원이 창작한 영업비밀의 성격, 당해 영업비밀의 창작시에 발안

---

98) 발명진흥법 제10조 이하, 저작권법 제9조, 반도체집적회로의 배치설계에 관한 법률 제5조 등.
99) 새로운 종류의 기계에 대한 설계도, 컴퓨터프로그램을 사용하는 기계에 관한 기술적 노우하우 등이 그러한 예일 것이다.
100) 송영식·이상정·황종환 공저, 「지적소유권법 하권」 9판, 육법사, 470면.
101) 이재철, "영업비밀의 법적보호에 관한 연구 ─ 비밀관리성을 중심으로", 한양대학교 석사 학

자나 종업원의 공헌도, 영업비밀개발에 소요된 예산의 조달 등 제반 사정에 따라 그 귀속을 정하여야 한다는 견해,102) ④ 영업비밀의 보유자란 '비밀의 내용을 아는 것에 관하여 고유하고 정당한 이익을 가진 자'라고 하면서, 사용자가 종업원과의 계약에 따라 정하거나, 종업원이 직무상 발명 또는 식물의 품종에 관하여 특허권 등을 취득하면 사용자는 법률상 실시권 등의 사용수익권을 가지게 되므로, 이러한 권리에 기하여 사용자를 영업비밀의 양수인이나 사용권자로서 보유자라고 보아야 하고, 창작물이 저작물의 성격을 가지는 경우에는 저작권법 제9조103)의 요건이 만족된다면 사용자가 저작권자로 되기 때문에 사용자만이 영업비밀의 보유자로 된다는 견해104) 등이 주장되고 있다.

일본의 학설로는 ⓐ 영업비밀의 보유자란 '비밀의 내용을 아는 것에 관하여 고유의 정당한 이익을 가지는 자'라고 파악하는 입장으로서,105) 영업비밀의 보유자에는 영업비밀을 직접 창작, 작성 또는 수집 등을 한 본래의 보유자, 영업비밀의 양수인 또는 사용권자, 정당한 취득권자 등이 속한다고 보며, 일정한 경우 즉, 창작된 영업비밀이 직무발명인 경우에는 종업원과 사용자 모두가 보유자가 될 수 있다고 보는 견해, ⓑ 직무발명의 귀속규정이나 업무상 저작물의 귀속규정에 따라 영업비밀의 보유자를 결정해야 한다는 견해,106) ⓒ 종업원이 영업비밀을 창작한 경우 영업비밀이 사업자의 발의에 따른 것이고, 그 영업비밀이 사업자의 업무범위에 속하며, 그 창작이 종업원의 직무에 관련된 것이면, 사업자가 영업비밀의 보유자라고 추정하되, 개발 또는 창작 시의 상황이나 종업원의 공헌정도 등을 종합적으로 고려하여 결정해야 한다는 견해,107) ⓓ 영업비밀의 보호는 권리적인 보호가 아니라 불법행위적인 보호이므로 원시적으로 영업비밀이 누구에게 귀속되는지 등을 고려하는 것은 의미가 없고, 종업원이 창작한 영업비밀이 직무발명이라 하여 사용자만이 보유자가 되고, 종업원이 그 보유자가 아니라고 할 필요는 없다고 하여 양자 모두

위 논문.
102) 황의창·황광연, 「부정경쟁방지 및 영업비밀보호법」 제5판, 세창출판사, 232면.
103) 법인 등의 명의로 공표되는 업무상저작물의 저작자는 계약 또는 근무규칙 등에 다른 정함이 없는 때에는 그 법인 등이 된다. 다만, 컴퓨터프로그램저작물의 경우 공표될 것을 요하지 아니한다.
104) 차상육, "영업비밀의 보호—부정경쟁방지 및 영업비밀의 보호에 관한 법률 제2조 제3호 라.목을 중심으로", 산업재산권 제23호.
105) 渋谷達紀, 「知的財産法講義 Ⅲ」, 有斐閣, 2005, 126頁.
106) 小野昌延, 「不正競爭防止法」, 新版, 靑林書院, 511頁.
107) 山本庸幸, 「要說 不正競爭防止法」 2版, 發明協會, 157頁.

보유자가 될 수 있다고 보는 견해108) 등이 주장되고 있다.

미국에서는 종업원이 창작한 발명의 귀속 문제에 관하여 오랜 시기에 걸쳐 많은 논의가 있어 왔고 그 결과가 common law로서 확립되어 있다. common law에 의하면 고용기간 중에 종업원이 발명을 구상하여 이를 현실화하였다면 발명자인 종업원 개인이 이에 특허에 관한 권리를 보유하는 것을 원칙으로 하되, 이에 대한 2가지 예외로 ⓐ 사용자와 종업원 사이에 명시적인 계약이 이루어진 경우와, ⓑ 종업원이 발명이나 어떠한 문제의 해결을 위해 고용되어 발명에 이른 경우로서, 이때에는 그 발명에 관련된 재산권을 사용자에게 귀속시키고 있다고 한다.109) 나아가 위와 같은 예외 사유에 해당하지 않는 경우라 하더라도, 종업원이 사용자의 자재나 설비를 사용하여 어떤 발명을 하였다면, 그에 관한 권리를 종업원에게 귀속시키면서도 사용자에게는 이에 대한 무상의 사용수익권(shop right라 부른다)을 인정하고 있다.

영업비밀에 대하여 사용자에게 아무런 권리를 부여하지 않고 종업원이 원시적 창작자로서 이를 보유한다고 한다면 사용자의 투자의욕의 저하를 불러올 것은 충분히 예상되는 일이고, 이는 투자를 촉진시켜 연구개발 등을 장려하여 산업기술의 발전을 유도한다는 발명진흥법, 특허법 등의 입법목적과는 결코 부합하지 않은 결과이다. 뿐만 아니라 종업원은 사용자로부터 급여를 받아, 사용자가 제공한 시설과 장소를 활용하였음에도 사용자에게 그에 대한 아무런 권리도 인정하지 않는다면 이는 형평의 원칙에도 반하는 결과이다. 따라서 일정한 경우 사용자에게 종업원이 창작한 영업비밀에 관한 권리를 부여할 필요가 있다. 생각건대 영업비밀에 관하여 보유자가 누리는 권한 중 핵심은 이를 자유롭게 사용 또는 실시할 수 있는 권한(이하 '사용수익권한'이라 한다)이므로 개별법에서 사용자에게 창작물에 대한 통상실시권 등과 같은 사용수익권한을 부여하고 있다면 부정경쟁방지법의 입장에서도 그에 대한 영업비밀의 보유자 지위를 인정하는 것이 옳지 않을까 생각된다(처분권한은 사용수익권한을 포함하므로 처분권한이 있다면 보유자가 됨은 당연하다). 한편 종업원의 입장에서 보면, 기술정보인 경우에 발명진흥법의 요건을 갖추면 종업원이 기술정보에 대한 처분권한까지 부여받게 될 것이므로, 그에 대한 보유자가 될 것이다. 여기

---

108) 中山信弘, 營業秘密の 保護に 關する 不正競爭防止法 改正の 經緯と 將來の 課題, 小野昌延, 前揭書, 511면.
109) 서태환, "미국에서의 직무발명의 취급",「특별법 연구」7권, 박영사.

에서 주목하여야 할 점은 기술정보로서 사용자가 통상실시권만을 가지게 되는 경우(이 경우는 종업원이 처분권한을 가지게 된다)에는 사용자와 종업원 모두가 보유자 지위를 가지게 된다. 이런 점에서 우리나라의 ④ 견해와 일본의 ⓐ, ⓓ 견해는 상당히 주목할 필요가 있다.

　물론 종업원이 영업비밀의 보유자로서의 지위를 가지는 경우에도 종업원의 권한은 다른 관련법에 의하여 제한되는 경우가 있을 수 있는데, 예컨대 종업원이 창작한 영업비밀이 발명진흥법상의 직무발명이나, 산업기술의 유출방지 및 보호에 관한 법률에서 정한 산업기술에 해당하는 경우, 종업원으로는 이를 비밀로서 유지하여야 할 의무를 부담하는 경우가 있을 수 있다.110)

　문제는 영업비밀의 성질이 발명진흥법이나 저작권법 등 개별법의 적용대상이 아닌 경우, 즉 고객명단과 같은 경영정보의 경우에 사용자가 사용수익권한을 가지는지를 어떠한 기준에 의하여 정할 것인가이다. 이 문제의 해결을 위한 단초는 발명진흥법, 저작권법 규정에서 찾을 수 있다. 즉 발명진흥법과 저작권법은 서로 상반된 입장을 취하고 있음에도 불구하고 사용자에게 창작물에 관한 권리(특허를 받을 수 있는 권리, 특허권, 통상실시권, 저작권 등)를 부여하기 위한 요건은 상당히 공통되며, 이러한 공통의 요건이 충족된다면 창작된 영업비밀이 발명진흥법이나 저작권법 등의 개별법의 적용대상이 아닌 경우에도 이를 준용하여 사용자에게 사용수익권한을 부여하여도 큰 무리가 없을 것이다. 공통된 요건은, ㉠ 사용자가 그 창작을 위하여 상당한 비용과 노력을 들였거나, 그 창작에 관하여 기획하였을 것, ㉡ 종업원의 창작업무가 그 직무에 속할 것, ㉢ 창작된 영업비밀이 사용자의 업무범위에 속할 것,111) ㉣ 계약 등에 다른 정함이 없을 것112) 등이다. 이 경우 종업원은 창작물인 정보에 관하여 어떠한 권리를 가질 것인지가 문제되는데, 발명진흥법의 입장에 따르자면 종업원에게 창작물에 관한 처분권한까지 부여하여야 하는 반면, 저작권법의 입장을 따르자면 종업원은 어떠한 권리도 갖지 못하게 된다. 생각건대 기

---

110) 발명진흥법 제19조, 산업기술의 유출방지 및 보호에 관한 법률 제34조.
111) 이 요건은 발명진흥법에서만 요구될 뿐 저작권법에서 요구되는 요건은 아니나, 종업원이 창작한 영업비밀에 관하여 사용자에게 사용수익권한을 부여하기 위해서는 이 요건이 당연히 충족되어야 할 것이다.
112) 저작권법에서는 업무상 저작물에 관하여 '사용자의 명의로 공표될 것'을 요구하는데, 이 요건이 만족된다면 영업비밀성이 상실되어 버리기 때문에 논의의 필요성 자체가 사라지게 되고, 이 요건은 저작인격권을 법인에게 귀속시키고, 제3자에 대한 공시수단의 필요성 때문에 요구되는 것이므로 구태여 이 요건까지 요구할 필요는 없다고 생각된다. 발명진흥법상의 직무발명이나, 저작권법상의 컴퓨터프로그램의 경우에는 위 요건이 요구되지 않는다.

술정보로서 발명진흥법이나, 프로그램 등 저작권법의 적용대상도 아닌 고객명단과 같은 경영정보에 대하여까지 종업원에게 그러한 권한을 부여야 할 필요까지는 없지 않을까 생각된다. 즉, 종업원이 그러한 정보를 생성하는 것이 종업원의 직무에 속한다면, 종업원이 사용자의 시설과 비용을 이용하면서, 사용자의 지시나 감독을 받아 그러한 정보를 창작하기에 이르렀다면 사용자에게 전적인 권리를 부여하는 것이 타당할 것으로 생각된다. 물론 고용계약 또는 근로규칙 등에서 종업원의 권한을 배제한 경우 또는 개별법에서 종업원에게 영업비밀의 사용수익권한을 부여하지 않는 경우(예컨대 직무발명을 창작하였는데 사용자와 사이에 체결된 사전승계약정에 따라 발명에 관한 모든 권리가 사용자에게 귀속되어 종업원이 보상금청구권만을 가지는 경우, 종업원이 저작권법의 적용대상인 컴퓨터프로그램을 업무상 창작한 경우 등) 등에는 당연히 종업원은 아무런 권한을 가질 수 없음은 당연할 것이다.

이상의 논의를 영업비밀의 유형별로 검토하면 다음과 같다.

1) 기술정보인 경우

발명진흥법상의 직무발명의 요건을 만족하는 경로서 사용자와 사이에 체결된 사전승계약정이 없다면 사용자는 특허출원 여부와 관계없이 그에 대한 사용수익권한을 가지므로[113] 영업비밀에 대하여 보유자 지위를 가지고, 영업비밀을 직접 발명한 종업원 역시 특허를 받을 권리 등 사용수익권을 포함한 발명에 대한 모든 권리를 가지므로 양자 모두에게 창작된 영업비밀에 대한 보유자 지위가 인정된다. 한편 사전승계약정이 있는 경우라면 종업원에게는 보상금청구권 정도만 인정될 뿐 사용수익권한까지는 인정되지 않으므로 보유자 지위가 인정될 수 없다. 영업비밀이 업무발명이나 자유발명의 성격을 가지는 경우에는 사용자가 위 요건 ㉠ 내지 ㉣을 충족시킬 수 없기 때문에 사용자에게 창작된 영업비밀에 대한 보유자의 지위를 인정할 수 없음은 당연하다.

2) 저작권법의 적용대상인 경우

저작권법에서 정한 업무상 저작물의 성립요건을 충족하면서 영업비밀성까지

---

113) 발명진흥법에 의하면 창작된 발명에 대하여 종업원이 특허출원하여 특허권이 설정되면 사용자에게는 무상의 법정실시권이 인정되어 사용자는 이를 자유롭게 실시할 수 있는데, 그 취지는 창작에 상당한 기여를 한 사용자를 보호하기 위한 형평적 고려라는 점에 비추어 볼 때, 특허권이 설정되기 전이라도 사용자는 자유롭게 이를 실시할 수 있다고 보아야 할 것이므로, 사용자는 종업원의 특허출원 여부와 관계없이 창작된 결과물에 대하여 사용수익권한을 가지게 된다.

모두 충족하는 경우114)에는 사용자만이 보유자로 되고, 종업원은 보유자로 되지 못함은 앞서 살핀 바와 같다.

3) 경영정보 등의 경우

사용자가 위 ㉠ 내지 ㉣의 요건을 충족한다면 사용자만이 보유자가 된다. 그러나 위 요건을 충족하지 못하면 종업원만이 보유자가 된다.

이상의 결과를 표로 정리하면 다음과 같다(○는 보유자, ×는 보유자 아님).

영업비밀의 성질	사용자		종업원
기술정보	발명진흥법상 요건 충족 시	○	○(개별약정115)이 없는 경우)
	발명진흥법상 요건 불충족 시	×	
저작물	저작권법상 요건 충족 시	○	×
	저작권법상 요건 불충족 시	×	○(개별약정이 없는 경우)
그 외 경영 정보	㉠ 내지 ㉣ 요건 충족 시	○	×(개별약정이 없는 경우)
	㉠ 내지 ㉣ 요건 불충족 시	×	○(개별약정이 없는 경우)

나. 라목 규정에 저촉되는지 여부

종업원이 창작한 영업비밀에 관하여 사용자만이 보유자로서의 지위를 가지는 경우에, 종업원이 영업비밀을 사용하거나 제3자로 하여금 사용하거나 공개하는 경우 그 행위는 라목 규정 소정의 침해행위에 해당하는 것은 분명하다. 문제는 종업원 역시 보유자의 지위를 가지는 경우인데, 종업원이 자신이 창작한 영업비밀에 대하여 처분권한을 가지는 경우에도 이를 사용하거나 공개하는 행위가 라목 규정 소정의 침해행위로 되는지 여부는, 종업원이 '계약관계 등에 따라 비밀유지의무를 부담하는 자'에 해당하는지, '부정한 이익을 얻거나 손해를 가할 목적이 인정되는지' 여부에 달려 있다.

라목 규정의 주된 입법취지가 종업원이 그 보유자인 사용자로부터 적법하게 영업비밀의 내용을 지득한 후에 종업원이 이를 임의로 사용하는 행위를 규제하기

---

114) 미공표 저작물이지만 앞으로 공표될 예정에 있는 경우, 컴퓨터프로그램 저작물의 경우 등이 이에 해당한다.
115) 사전승계약정, 사용금지약정, 비밀유지약정 등.

위함이라는 점을 감안하면,116) 종업원이 영업비밀을 스스로 창작하여 그 보유자로
되는 경우 종업원이 이를 사용하거나 공개하는 행위를 모두 라목 규정 소정의 침해
행위로 보아 이를 일률적으로 금지하는 것은 입법자가 예정한 라목 규정의 취지를
다소 벗어나는 것으로 생각된다. 뿐만 아니라 종업원에게 보유자 지위를 인정한다
는 것은 사용자가 종업원과 사이에 종업원의 사용수익권한을 배제하기 위한 구체
적인 약정을 체결하지 않았다는 것을 의미하므로 종업원의 사용수익행위를 허용하
더라도 이를 사용자로서는 예견치 못한 불이익이라고 볼 수 없는 점을 감안할 때
종업원에게 영업비밀에 대한 보유자 지위를 인정하면서도 이를 사용수익하는 행위
를 모두 라목 규정 소정의 침해행위로 보아 이를 규제하는 것은 논리모순일 것이
다. 따라서 원칙적으로 자신이 창작한 영업비밀에 대하여 보유자 지위가 인정되는
종업원이 퇴직한 후에117) 자신의 사업체를 만들어 영업비밀을 사용하거나 제3자로
하여금 사용하게 하는 행위는 영업비밀의 보유자로서의 정당한 이익추구행위라 할
것이어서, 여기에 부정한 목적이나 사용자에게 손해를 가할 목적이 있다고 보기는
어려울 것이므로 이를 라목 소정의 침해행위로 볼 수는 없다고 생각된다. 하급심
판결이기는 하나 사용자에 의해 고용되어 있는 기간에 인쇄용 제판기계에 관한 기
술을 개발한 후 다른 회사를 설립하여 위 기술로써 동종의 기계를 제조·판매한 사
건118)에서 법원은, 「기업체 임직원이 영업비밀을 직무상 개발한 경우 특별한 사정
이 없는 한 그 영업비밀은 개발자에게 일차적으로 귀속되고, 이와 같은 본원적 보
유자 자신의 행위에 대하여는 부정경쟁방지법 제2조 제3호 라목 규정이 적용되지
않는다.」고 판시한 바 있는데, 타당한 결론이다.

VI. 역설계(Reverse Engineering)

1. 개   요

상대방은 자신이 역설계를 통해 타인의 영업비밀에 관한 정보를 입수한 경우
이를 적극 주장 및 증명하여 방어할 수 있다. 역설계 주장은 소송에서 여러 측면에

---

116) 황의창·황광연, 앞의 책, 218면.
117) 고용계약이나 근로규칙에서 종업원에 대한 재직 중의 경업금지의무를 두고 있는 것이 일반
    적이고, 그렇지 않더라도 재직 중에는 신의칙상 경업금지의무가 인정될 수 있다고 생각되므로
    종업원이 사용자에 의하여 고용되는 동안에는 큰 문제가 없다고 생각된다.
118) 서울서부지원 1995. 12. 27. 선고 95가합3594 판결.

서 의미를 가질 수 있다. 영업비밀이 용이하게 역설계가 가능한 상태에 있다는 주
장은 비공지성을 다투는 성격을 가지고, 역설계에 소요되는 기간은 침해금지명령의
금지기간의 상한을 정하는 기준이 되며, 역설계를 통하여 정보를 입수하였다는 취
지의 주장은 상대방이 침해행위가 아닌 적법하게 입수한 것이라는 취지의 다툼119)
의 성격을 가진다.

　　역설계란 무엇인지, 어떠한 경우에 적법한 역설계라고 할 수 있는지, 영업비밀
이 역설계를 가능한 상태에 있는 경우 영업비밀성, 특히 비공지성에는 어떠한 영향
을 미치고 다른 제3자와의 관계는 어떻게 되는지 등이 문제되는데 아래에서 살펴
보기로 한다.

2. 역설계의 의미

　　우리 법에는 역설계의 의미에 관하여 뚜렷한 정의 규정이 없다. 미국의 예를 참
고하면 역설계란 '공지된 물건으로부터 시작하여, 그 물건의 개발이나 제조에 도움
이 된 공정을 알아내기 위하여 거꾸로 연구하는 것(starting with the known product
and working backward to divine the process which aided in its development or
manufacture)'이라고 정의된다.120)

　　특허의 경우는 상대방이 권리자가 판매한 제품으로부터 역설계를 통해 정보를
입수하였다고 하더라도 그 기술을 업으로서 실시하는 것은 특허권의 배타적 효력
에 의하여 금지되지만, 영업비밀의 경우 금지되는 행위태양이 법에 열거되어 있는
특정 행위유형에 한정되고(법 제2조 제3호 각목),121) 여기에 역설계를 통한 취득은
속하지 않으므로, 상대방이 역설계를 통해 영업비밀 보유자의 영업비밀을 알아내고
이를 사용하거나 공개하더라도 침해가 성립하지 않게 된다. 산업기술의 발달을 통
한 국가 전체의 후생증가라는 정책목표를 달성하기 위해서는 연구개발 및 이로 인
한 경쟁으로 인한 혁신이 활발하게 이루어져야 하고, 혁신의 핵심 요소는 경쟁자의

---

119) 소송법상 항변은 아니고 부인(否認)이라고 보아야 할 것이다. 항변이 되기 위해서는 상대방
　　의 주장사실에 대한 자백이 포함되고 이와 양립 가능한 별개 사실의 주장이어야 하나, 역설계
　　주장은 그 정보의 취득 과정이 침해행위를 통한 것이 아니라는 상대방 주장에 대한 다툼을 전
　　제로 하고 있기 때문이다.
120) Kewanee Oil Co. v. Bicron Corp., 416 U.S. 470, 476 (1974). 이를 수용한 UTSA 제1조의
　　정의 규정도 크게 다르지 않다.
121) 가.나.다.목은 절취 등 범죄행위와 결부된 취득 등의 행위를, 라.마.바.목은 비밀유지의무를
　　준수하지 않은 배신행위와 결부된 취득 등의 행위를 규정하고 있다.

제품을 분석하여 기술을 알아내는 경우가 많으므로, 역설계는 사실은 규제되기 보다는 권장되어야 하는 것이다.

역설계는 실제로 행하여졌는지 여부에 따라 가상의 역설계(theoretical reverse engineering)와 실제로 행해진 역설계(actual reverse engineering)로 분류될 수 있다. 전자는 '실제로 상대방이 역설계를 통해 입수한 것은 아니지만, 문제된 영업비밀이 역설계에 의해 입수가능한 상태에 있었고 자신도 역설계를 통해 입수할 수 있었다'는 것으로 영업비밀의 비공지성을 다투거나 침해금지명령의 금지기간을 정하는데 의미가 있고, 후자는 '상대방이 실제로 역설계를 통해 입수하였다'는 것으로 침해주장에 대하여 적법한 과정에 의해 취득하였다는 방어수단으로서 기능한다.

실제로 행해진 역설계의 요건을 갖추기 위해서는 출발점이 된 공지된 물건을 입수하는 것 자체가 정당하여야 한다. 가령 시중에 판매되거나, 영업비밀 보유자가 공공의 장소에 설치한 물건으로부터 정보를 추출하는 경우가 이에 해당할 것이다. 참고할 만한 미국의 판례 중에는 컴퓨터 시스템에 접근 권한을 부여받지 않거나, 라이센스 약정의 조건을 위반하여 정보를 수집한 경우는 허용되지 않는다고 판단한 경우가 있고,122) 컴퓨터 칩에 담긴 정보를 알아내기 위해 적층(layers)을 벗겨내고 입수된 소스코드를 사용하여 분석한 경우에, 적층을 벗겨내는 것은 적절하지만, 위 소스코드를 소송에 필요하다는 등의 방법으로 저작권청(Copyright Office)을 기망하여 입수한 경우에는 역설계 전체의 과정이 오염되어 부적법하다고 판단한 경우123)가 있다.

3. 역설계와 비공지성의 관계

앞서 본 바와 같이 해당 영업비밀이 역설계 가능한 상태에 있다는 취지의 주장은 영업비밀성 중 비공지성을 다투는 부인(否認)의 성격을 가진다. 그런데 역설계가 가능한 상태에 있다는 것만으로 바로 영업비밀이 비공지성을 상실하는 것은 아니고, 역설계에 어느 정도의 시간과 노력이 들어가는지 여부에 따라 판단되어야 할 문제이다. 가령 판매된 제품으로부터 특별한 노력을 하지 않거나, 적은 시간과 노력을 들여 해당 정보를 취득할 수 있다면 '영업비밀 보유자를 통하지 않고서도

122) Telerate Systems, Inc, v, Caro, 689 F.Supp. 221, 233 (S.D.N.Y 1988); Technicon Data Sys. Corp. v. Curtis 1000, Inc., 224 U.S.P.Q.(BNA) 286, 288 (Del, Ch. 1984).
123) Atari Games Corp. v. Nintendo of America Inc., 975 F.2d 832, 843−844 (Fed. Cir. 1992).

입수가능한 상태에 있다'고 보아 비공지성이 부인될 것이지만, 상당한 비용과 노력이 투입되어야 한다면, 영업비밀의 비공지성은 유지되어야 한다고 볼 것이다. 참고할 사건으로는, 무선통신 중계기의 회로도에 대한 영업비밀 침해를 주장한 사건이 있었다. 법원은 피고인의 역설계가 가능하므로 비공지성이 없다는 취지의 주장에 대하여 「피해자 회사(영업비밀 보유자)가 지정한 장소에 설치한 이 사건 회로도가 적용된 무선중계기는 제3자가 그 내부를 전혀 알 수 없고, 공소외2 주식회사의 관계자라도 위 무선중계기가 운용되고 있는 이상은 역설계를 위하여 분해하기는 어려운 점, 피해자 회사가 공소외3 주식회사에 납품한 위 무선중계기는 도급계약에 의하여 납품한 제품이어서 역설계를 위해 합법적인 방법으로 시중에서 구하기 어려운 점 등의 역설계를 위해 합법적인 방법으로는 위 무선중계기에 접근하기 어려운 사정, 이 사건 회로도가 그 회로 구성이 간단하다고 하더라도 기계장치와는 달리 완성된 제품에서 판독 가능한 회로도를 역설계하는 데에는 일반적으로 많은 시간과 노력이 들고, 각 소자 사이의 연결 관계를 추출해 내더라도 각각의 소자가 어떠한 기능과 역할을 하는지 등의 작동과정을 알아내는 데에도 상당한 시간이 소요되는 점 등을 고려하여」피고의 주장을 배척하였다.124)

  만일 경쟁자가 적법한 역설계를 통해 영업비밀을 입수하였다면, 그 사람 역시 비밀상태로 유지하는 한 새로운 영업비밀 보유자가 되어 제3자의 침해행위에 대하여 권리를 행사할 수 있게 될 것이다. 역설계를 통해 입수한 제법의 영업비밀성이 문제된 사건에서 법원은 「원심은 … 이 사건 기술정보는 잉크 제조의 원료가 되는 10여 가지의 화학약품의 종류, 제품 및 색깔에 따른 약품들의 조성 비율과 조성 방법에 관한 것인데, 이는 원고회사와 같은 필기구 제조업체에 있어서 가장 중요한 경영요소 중의 하나로서 원고 회사가 짧게는 2년, 길게는 32년의 시간과 많은 인적, 물적 시설을 투입하여 연구·개발한 것이고, 원고 회사가 생산하는 제품 중의 90% 이상의 제품에 사용하는 것으로서 실질적으로 원고 회사의 영업의 핵심적 요소가 되고 있는 기술정보로서 독립한 경제적 가치가 있으며, 그 내용이 일반적으로 알려져 있지 아니함은 물론 원고 회사의 연구소 직원들조차 자신이 연구하거나 관리한 것이 아니면 그 내용을 알기 곤란한 상태에 있어 비밀성이 있고, 원고 회사는

---

124) 대법원 2008. 2. 29. 선고2007도9477 판결. 위 사안은 역설계를 항변으로 주장한 것이 아니라, 회로도가 역설계 가능한 상태에 있으므로 피해자 회사의 영업비밀의 비공지성이 상실되었다는 취지로 가상의 역설계를 주장한 것이다.

공장 내에 별도의 연구소를 설치하여 관계자 이외에는 그 곳에 출입할 수 없도록 하는 한편 모든 직원들에게는 그 비밀을 유지할 의무를 부과하고, 연구소장을 총책임자로 정하여 이 사건 기술정보를 엄격하게 관리하는 등으로 비밀관리를 하고 있는 사실을 인정한 후, 따라서 이 사건 기술정보는 부정경쟁방지법 소정의 영업비밀에 해당하고, 원고 회사가 외국의 잉크 제품을 분석하여 이를 토대로 이 사건 기술정보를 보유하게 되었다거나, 역설계가 허용되고 역설계에 의하여 이 사건 기술 정보의 획득이 가능하다고 하더라도 그러한 사정만으로는 이 사건 기술 정보가 영업비밀이 되는데 지장이 없다고 판단하였다. … 원심의 위와 같은 사실인정과 판단은 정당하고, 거기에 영업비밀에 관한 법리 오해의 위법은 없다」125)고 판단한 바 있다. 미국의 실무 역시 동일하다. USTA 제1조의 comment에서는 '역설계에 오랜 시간과 많은 비용이 소요된다면 역설계를 통해 해당 영업비밀을 입수한 사람은 영업비밀의 보유자가 될 수 있다'고 해석하고 있다.126)

어려운 문제는 역설계에 필요한 비용과 시간이 어느 정도에 이를 때에 비공지성이 유지되는 것으로 볼 것인가의 문제, 즉 비공지성이 유지되는 영역과 비공지성이 상실되는 영역의 경계를 어떻게 정할 것인가 하는 것이다. 미국 대부분의 주의 실무에서는 역설계에 필요한 시간과 비용이 적어서 비공지성이 상실된다고 보는 구간을 '용이하게 입수 가능한(readily ascertainable) 영역'으로, 그렇지 않고 비공지성이 유지되는 구간을 '역설계 가능한(reverse engineerable) 영역'으로 구분하고 있다. 미국 대부분의 주가 채택하고 있는 UTSA 제1조에서는 영업비밀을 정의하고 있는데, '일반적으로 알려지지 않고, 역설계와 같은 적법한 수단에 의해 용이하게 입수가능하지 않은 상태에 있는 정보'라고 규정하여, 용이하게 입수가능한 영역을 비공지성을 상실한 것으로 정하고 있다.127) 우리 대법원 판례는 비공지성의 의미에 대하여 '그 정보가 간행물 등의 매체에 실리는 등 불특정 다수인에게 알려져 있지

---

125) 대법원 1996. 12. 23. 선고 96다16605 판결.
126) USTA Section 1. Commissioners's Comment : if reverse engineering is lengthy and expensive, a person who discovers the trade secret through reverse engineering can have a trade secret in the information obtained from reverse engineering.
127) UTSA 제1조: "Trade secret" means information, including a formula, pattern, compilation, program, device, method, technique, or process, that: (i) derives independent economic value, actual or potential, from not being generally known to, and not being readily ascertainable by proper means by, other persons who can obtain economic value from its disclosure or use, and (ii) is the subject of efforts that are reasonable under the circumstances to maintain its secrecy.

않기 때문에 보유자를 통하지 아니하고는 그 정보를 통상 입수할 수 없는 것을 말한다.'고 해석하고 있지만,128) 앞서 본 판례129)에서는 상당한 비용과 시간을 들여 역설계를 통해 취득한 영업비밀은 비공지성을 유지하는 것으로 판단하고 있으므로, 미국의 실무와 마찬가지로 '용이하게 입수가능하지 않은 상태' 역시 비공지성을 유지하는 영역에 있는 것으로 보고 있다고 할 수 있다.

어려운 문제는 이 영역의 경계를 어떻게 정할 것인가인데, 사안별로 판례를 통해 기준을 확립할 수밖에 없을 것으로 생각된다. 참고할 만한 미국의 판례로는 역설계에 최소한 30시간 이상, 거의 4달 가량 소요될 것으로 여겨지는 경우를 용이하게 입수가능하지 않다고 본 사건,130) 가축 사료 성분의 영업비밀성이 문제된 사건에서 20분의 현미경 관찰에 의해 조성물 성분을 확인할 수 있고, 화학적 분석에 4~5일이 소요되는 경우를 용이하게 입수가능한 상태라고 판단한 사건,131) 제한 없이 시중에 판매되거나 대여된 카메라로부터 수일(several days) 내에 영업비밀인 정보를 역설계 가능한 경우를 용이하게 입수가능하다고 판단한 사건132) 등이 있다. ILG Industries, Inc. v. Scott 사건133)에서 피고는 fan 부분의 설계를 위해 원고 회사에서 훔친 설계도면을 사용하였지만, 각 부분의 치수나 공차는 시중에 판매되는 fan으로부터 역설계 될 수 있는 상태에 있다고 주장하였다. 법원은 그러한 역설계는 상당한 시간이 소요되었을 것이라고 판단하여 피고의 주장을 받아들이지 않았다. Coca-Cola Co. v. Reed Industries, Inc. 사건134)에서도 법원은 '시중에 있는 음료수 자판기로부터 공차나 재료의 spec과 같은 정보는 용이하게 역설계 될 수 없었을 것이고, 따라서 원고의 정보는 영업비밀이다'는 취지로 판단한 바 있다.

4. 구체적인 방어방법

상대방은 자신이 역설계를 통해 영업비밀과 같은 정보를 입수하였다면, 출발 물건, 역설계한 과정 등을 증거로 제출할 수 있다. 한편 영업비밀 보유자가 시중에

128) 대법원 2009. 7. 9. 선고 2006도7916 판결.
129) 대법원 1996. 12. 23. 선고 96다16605 판결.
130) Kubik, Inc. v. Hull, 56 Mich. App. 335, 224 N.W.2d 80, 93 (Mich App. 1974).
131) Weins v. Sporleder, 569 N.W.2d 16, 21 (S.D. 1997).
132) Wesley-Jessen, Inc. v. Reynolds, No. 72 C 1677. 182 U.S.P.Q.(BNA) 135, 144-145 (N.D. Ⅲ. 1974).
133) ILG Indus., Inc. v. Scott, 49 Ⅲ. 2d 88, 273 N.E.2d 393 (1971).
134) Coca-Cola Co. v. Reed Indus., Inc., 21,10 U.S.P.Q. 2d(BNA) 1211, 1217 (N.D.Ga. 1988).

판매하거나, 설치한 물건에서 역설계 가능한 상태에 있다면 감정 등의 증거방법을 통하여 역설계에 소요되는 시간과 비용 등을 증명하여 비공지성을 다투거나 금지 기간의 단축을 주장할 수 있다.

Ⅶ. 선의자에 관한 특례

1. 개   요

우리 법은 영업비밀에 관한 거래의 안전을 보호하기 위하여 선의자 특례규정을 두고 있으므로(법 제13조), 상대방은 이에 해당하는 경우 위 요건을 주장 및 증명함으로써 영업비밀 보유자의 권리행사로부터 방어할 수 있다.

2. 요   건

문제되는 영업비밀이 누군가의 부정취득행위나, 비밀유지의무 위반에 따른 공개·사용행위가 결부되어 있다고 하더라도, 이를 '거래에 의하여 정당하게 취득한 사람'은 그 영업비밀과 관련된 거래에 의하여 허용된 범위에서 계속 사용 또는 공개할 수 있다. '정당하게 취득한 사람'이란, 제2조 제3호 다목 또는 바목에서 영업비밀을 취득할 당시 부정취득행위 또는 부정공개행위가 개입된 사실을 중과실 없이 알지 못하고 취득한 사람을 의미한다(제13조 제2항).

영업비밀을 거래에 의하여 취득한 후, ① 사후에 해당 영업비밀에 대하여 부정취득행위가 있었음을 알거나, 중과실로 알지 못한 사람이 계속 사용하거나 공개하는 행위(제2조 제3호 다목)와 ② 사후에 해당 영업비밀이 비밀유지의무 있는 사람의 비밀유지의무 위반행위로 인해 공개된 사실 등을 알거나 중과실로 알지 못하고 사용하거나 공개하는 행위(제2조 제3호 바목)는 영업비밀 침해행위가 되지만, 이러한 경우에도 거래의 안전을 보호하기 위해 적어도 영업비밀을 취득할 당시에 그러한 사정을 몰랐다면 거래조건에 따라 계속 사용 또는 공개할 수 있도록 하는 것이다.

거래라 함은, 매매, 증여, 대물변제, 경매, 라이센스계약뿐만 아니라 영업비밀의 이전이나 사용허락을 포함하는 어떠한 유형의 계약도 이에 포함된다. 고용계약에 의해 영업비밀을 알고 있는 사람을 고용함으로써 영업비밀을 취득한 경우도 이에 해당하는지 여부가 문제될 수 있는데, 이는 영업비밀 취득은 고용한 결과에 지나지 않고, 영업비밀 자체를 거래에 의해 취득한 것은 아니므로 위 요건에는 해당되지 않는다는 일본의 견해가 있다[135](다만, 거래 요건에는 해당될 수 있다고 하더라도 아래의 무중과실의 요건을 충족하기는 쉽지 않을 것으로 생각된다). 유상거래에 한정된다는 견해도 있으나,[136] 굳이 유상계약에 한정할 것은 아니라고 생각된다.

취득 당시 부정취득행위나 비밀유지의무 위반으로 부정공개된 사실을 중대한 과실 없이 알지 못하여야 하고, 이를 알지 못한 것에 중과실이 없어야 한다. 중과실이란 거래에 있어서 평균적으로 요구되는 통상의 주의의무를 다하면 이러한 사정을 쉽게 알 수 있었음에도 그러한 주의를 현저히 게을리 한 것을 의미한다.[137]

위와 같은 요건이 갖추어지면 선의자는 거래에 의하여 허용된 범위 내에서 취득한 영업비밀을 계속 사용 또는 공개할 수 있으며, 그 범위에서 영업비밀 보유자의 권리행사를 받지 않게 된다(제13조 제1항). 가령 라이센스 계약을 통해 영업비밀을 취득한 경우로서 라이센스 기간이 정해져 있다면, 라이센스 기간 동안 사용 또는 공개하는 것은 무관하나 그 기간이 만료되면 더 이상 사용 또는 공개할 수 없다. 반면, 매매계약을 통해 영업비밀을 취득하였다면, 매매계약이 해제 또는 취소되지 않는 범위에서는 매수인이 영업비밀 보유자로 되므로 계속 영업비밀을 사용·공개할 수 있을 것이다.

VIII. 퇴사한 종업원의 방어수단

종업원이 퇴사 후에 동종 회사를 설립하거나 동종 경쟁회사에 전직하는 경우에, 이전 사용자는 경업금지약정이나, 영업비밀 누설을 주장하면서 전직금지 또는 경업금지 등을 주장할 수 있다. 이에 대하여 종업원은 경업금지약정의 무효를 주장하거나, 이전 사용자가 주장하는 정보가 영업비밀이 아닌 일반적 기술, 지식, 경험 등으로서 자신에게 귀속되어야 하는 것임을 주장하거나, 불가피한 개시 주장에 대하여 법리적인 이유를 들어 다툴 수 있을 것이다. 이하 항을 바꾸어 하나씩 살피기로 한다.

---

135) 松村信夫, 前揭書, 449면.
136) 김국현, 앞의 책, 193면.
137) 정상조·박준석, 앞의 논문, 72면.

1. 경업금지약정의 무효주장

자세한 내용은 이 책의 퇴사한 종업원의 관계 부분에서 다루고 있으므로 해당 부분 설명을 참고하면 될 것이다.

영업비밀을 보호하기 위한 전직금지약정이 유효하기 위한 요건으로서는 대법원 판례138)에서 「사용자와 근로자 사이에 경업금지약정이 존재한다고 하더라도, 그와 같은 약정이 헌법상 보장된 근로자의 직업 선택의 자유와 근로권 등을 과도하게 제한하거나 자유로운 경쟁을 지나치게 제한하는 경우에는 민법 제103조에 정한 선량한 풍속 기타 사회질서에 반하는 법률행위로서 무효라고 보아야 하며, 이와 같은 경업금지약정의 유효성에 관한 판단은 보호할 가치 있는 사용자의 이익, 근로자의 퇴직 전 지위, 경업제한의 기간·지역 및 대상 직종, 근로자에 대한 대가의 제공 유무, 근로자의 퇴직 경위, 공공의 이익 및 기타 사정 등을 종합적으로 고려하여야 하고, 여기에서 말하는 '보호할 가치 있는 사용자의 이익'이라 함은 부정경쟁방지법 제2조 제2호에 정한 '영업비밀'뿐만 아니라 그 정도에 이르지 아니하였더라도 당해 사용자만이 가지고 있는 지식 또는 정보로서 근로자와 이를 제3자에게 누설하지 않기로 약정한 것이거나 고객관계나 영업상의 신용의 유지도 이에 해당한다」고 기준을 밝히고 있으므로 이에 따라 판단하면 될 것이다.

또한 경업금지약정의 기간이 과다한 경우에는 유효인 일부기간만을 초과한 나머지 부분은 무효로 하여 기간을 제한하는 것이 판례의 입장이므로,139) 종업원은 이 점을 적극 다툴 수도 있을 것이다.

2. 일반적 기술, 지식, 경험(General Skill, Knowledge and Expertise)

종업원이 보유자 회사에 근무하면서 축적하게 되는 일반적인 기술, 지식, 경험, 고객과의 친분관계 등은 비록 보유자 회사에 근무하면서 보유자의 비용으로 축적하게 된 것이라고 하더라도 종업원 개인의 것으로 귀속되어야 할 것이지, 보유자 회사의 영업비밀로 하여야 할 성질의 것은 아니다.140)

판례141)는 방론에서이기는 하나 「피고 회사는 단지 피고 이○○이 원고 회사

---

138) 대법원 2010. 3. 11. 선고 2009다82244 판결.
139) 서울고등법원 2002. 11. 27. 선고 2002나37247 판결(상고기각 확정); 대구지방법원 2003. 11. 26. 선고 2003나4595 판결(상고기각 확정); 서울고등법원 2006. 10. 13.자 2006라746 결정.
140) 같은 취지로는 정상조·박준석, 앞의 논문, 45면.

에서 다년간 근무하면서 지득한 일반적인 지식, 기술, 경험 등을 활용하기 위하여 그를 고용한 것이 아니라 피고 이ㅇㅇ이 비밀유지의무를 부담하면서 원고 회사로 부터 습득한 특별한 지식, 기술, 경험 등을 사용하기 위하여 그를 고용하여 이러한 비밀을 누설하도록 유인하는 등 부정한 수단으로 원고 회사가 보유하는 이 사건 기술정보를 취득하였다고 봄이 상당하다」고 판시하여, 일반적인 지식, 기술, 경험 등은 영업비밀의 보호범위에 포함되지 않음을 설시한바 있고, 다른 사건142)에서는 '해당 정보가 근로자가 당해 전문직에 종사하면서 스스로 체득하게 된 것이므로 이런 지식을 사용해 동종업계에 근무하는 것을 부정경쟁방지법 위반이라고 볼 수 없다'고 판시한 바 있다.

　일반적 지식, 경험 등이 영업비밀 제도의 보호범위에서 제외되는 이유에 관하여는 이러한 정보는 성질상 비공지성 요건을 충족하지 못하기 때문이라는 견해도 있으나,143) 종업원이 스스로 체득한 노우하우를 자신만의 비밀로 유지하는 경우도 있을 수 있어 일반적 지식, 경험 등을 일률적으로 공지된 상태의 것이라고 할 수는 없으므로 찬성하기 어렵다. 오히려, 이러한 영역에 해당하는 정보를 종업원의 것으로 귀속시키는 이유는 이것이 헌법상 기본권인 직업선택의 자유의 한 내용이기 때문이라고 보아야 할 것으로 생각된다. 직업선택을 위해 다른 직장으로 옮길 때 자신이 이전 직장에서 체득한 일반적 지식, 기술, 경험 등을 활용할 수 없다면 직업선택의 자유가 본질적으로 침해되는 결과가 될 것이다. 미국의 다수의 판례144)에서도, '종업원이 가장 잘 훈련받은 분야에서 특정한 직업을 추구하는 권리는 가장 근본적인 권리이다. 우리 사회는 매우 유동적이고(mobile), 우리의 자유경제는 경쟁에 기초하고 있다. 특정한 분야에서 종사한 종업원은 그의 뇌에서 자신의 경험을 통해 축적한 모든 일반적인 기술, 지식, 경험을 삭제할 것을 강요받지 않는다.'고 판시하여 이러한 입장을 취하고 있는 것으로 보인다.

　어려운 문제는 일반적 지식, 경험 등과 영업비밀을 구분하는 것이다. 하나의 기준은 정보가 존재하는 형식을 확인할 필요가 있다. 가령 전 소속 회사에서 이러한 정보를 영업비밀로 분류하여 서면, 편집물 등으로 관리하고 있으면 경험을 통하

---

141) 대법원 1996. 12. 23. 선고 96다16605 판결.
142) 대법원 2008. 7.자 2008마701 결정(정상조·박준석, 앞의 논문, 45면에서 재인용).
143) 정상조·박준석, 앞의 논문, 45면.
144) LG industries, Inc. v. Scott, 49 Ⅲ.2d 88, 273 N.E.2d 393, 396 (Ⅲ. 1971); Sarkes Tarzian, Inc. v. Audio Devices, Inc., 166 F.Supp. 250, 262−263 (S.D. Cal. 1958).

여 이러한 정보를 알게 되고 이를 기억하게 되었다고 하더라도 이는 전 소속 회사의 영업비밀로 볼 가능성이 크지, 일반적 지식, 경험 등으로 보기는 어려울 것이다.145) 또한 가령 어떠한 재료가 충분히 익었는지 또는 다음 공정으로 진행해도 되는지 여부를 판단하기 위한 느낌 등 감각과 관련된 정보라면, 일반적 지식, 경험으로 분류될 가능성이 더 클 것이다. 해당 정보가 담긴 서면, 자료 등을 종업원이 가지고 갔다면 이러한 정보는 일반적 지식, 기술 등으로 판단될 가능성이 낮아질 것이다.

미국에서의 구분의 예를 소개하면, 종업원이 영업비밀 보유자에 입사하기 전에 해당 분야에서 상당히 많은 경험을 가지고 있을 때, 법원이 영업비밀 주장에 더욱 인색하게 되고, 주장된 비밀이 영업비밀 보유자의 사업에 상당히 특화되었거나 독특한 것이라면 영업비밀로 판단될 가능성이 크고, 반면 더 일반적이고 일반적으로 알려진 것이라면 일반적 지식이나 기술이라고 판단될 가능성이 클 것이다. 또한 어떤 정보가 기량(matters of skill)과 분리되는 정도에 따라 쉽게 분리된다면 영업비밀로, 종업원의 기술과 밀접하게 관련된다면 일반적인 기술로 판단될 가능성이 클 것이다.146)

일반적 지식, 경험에 속하는지 영업비밀에 속하는지를 판단하기 위해서는 먼저 영업비밀 보유자가 특정한 영업비밀의 내용이 어떠한 것인지를 파악한 후에 판단하여야 할 것이다.

3. 불가피한 누설 이론(Inevitable Disclosure Doctrine)에 대한 방어

종업원이 동종 다른 업체로 전직하게 되면 영업비밀이 누설될 우려가 있는 경우에 영업비밀 보유자인 이전 사용자는 경업금지를 구하기 위해서는 종업원이 영업비밀을 부정한 수단으로 취득하였다거나, 비밀유지의무에 위반하여 공개, 사용하였거나, 그러한 점이 임박하였음을 증명하여야 한다. 그러나 이러한 증명 없이도, 새로운 직장에서 수행할 업무의 성격상 종업원이 이전 직장에서 취득한 영업비밀이 불가피하게 누설될 것이 예상된다고 주장하면서 전직금지를 한 경우 이를 인정할 수 있다는 이론이 불가피한 누설이론으로 미국의 경우 과거에는 여러 주의 법원

---

145) 같은 취지의 미국 판례로는 Fleming Sales Co., Inc. v. Bailey, 611 F. Supp. 507, 514 (N.D. Ⅲ. 1985); AMP Inc. v. Fleischhacker, 823 F.2d 1199, 1205 (7th Cir. 1987).
146) James Pooley, supra, 4-10면.

이 이 이론을 충실하게 받아들여 전직금지를 명하는 가처분 명령을 허용하였다고 한다. 대표적인 예가 PepsiCo Inc. v. Redmond 사건147)인데, PepsiCo에서 general manager로 근무한 Redmond가 경쟁사인 Quaker사148)로 전직을 하자, PepsiCo에서 전직금지 가처분을 신청하였는데, 주장의 요지는 Redmond가 PepsiCo의 가격결정, 고객, 새로운 배달시스템과 같은 영업비밀을 알고 있으므로, 경쟁사에서 이러한 정보가 불가피하게 누설되어 사용될 것이라는 것이다. 법원은 이 주장을 받아들여 Redmond로 하여금 Quaker사에서 음료수 가격결정, 마케팅과 분배와 관련된 업무에 종사하는 것을 금지시켰다.

그러나 이 이론은 종전 사용자와 근로자와의 명시적인 약정 없이도 새로운 사용자를 위해 일하는 것을 금지시킬 수 있도록 함으로써 종업원의 전직의 자유에 대한 심각한 제한으로 작용할 수 있다는 지적이 있었고, 이 이론에 의해 전직을 구속하고 속박하기 보다는 전직의 자유를 보장하는 것이 기술발전에 도움이 된다는 비판론이 제기되고 있고,149) 이에 따라 일부 주는 명시적으로 위 이론의 채택을 거부한 한면 다른 일부 주는 아무런 거리낌 없이 이를 채택하고 있고, 법원의 입장역시 혼란스러운 것으로 보인다.150) 이에 대한 거부입장을 정한 대표적인 주가 California인데 대표적인 사건으로 Car-Na-Var Corp. v. Moseley 사건151)으로 사건 내용은 위 PepsiCo Inc. v. Redmond와 크게 다르지 않다. California 대법원은 '피고인 Moseley가 원고와의 고용관계를 끝낼 당시에 원고의 제품의 제조방법(formulae)을 알고 있다는 사실만으로는 그가 다른 새로운 고용주를 위해 그러한 제조방법을 사용하였다거나, 사용할 의사가 있다는 결론을 이끌어내기에 불충분하다'는 이유로 원고의 청구를 기각하였다.

현재 미국의 정책 및 입법방향은 이 이론의 적용을 배제하는 방향으로 나아가고 있는 것이 분명해 보인다. UTSA는 '실제의 유용행위 또는 임박한 유용행위(threatened misappropriation)'가 있는 경우에만 금지명령이 발령될 수 있다고 정함으로써 금지명령이 발령되기 위해서는 영업비밀을 취급하던 종업원의 전직사실 외에 유용행위에 관한 증명을 요하고 있음을 분명히 하고 있다.152) 또한 2016. 5. 11.

---

147) PepsiCo Inc. v. Redmond, F.3d 1262 (7th Cir. 1995).
148) Gatorade의 제조사이다.
149) 정상조·박준석, 앞의 논문, 102, 103면 참조.
150) David Quinto, Stuart Singer, supra, 91-100면 참조.
151) Continental Car-Na-Var Corp. v. Moseley, 24 Cal. 2d 104, 107, 148 P.2d 9, 11 (1944).

자로 시행된 연방법인 DTSA에서는153) 종업원의 전직의 자유를 보장하기 위해, 불가피한 개시이론을 채택하지 않음을 명백하게 천명하였다. 즉 DTSA는 퇴직한 종업원에 대하여 발령되는 금지명령은, 그 종업원이 특정한 정보를 단지 알고 있다는 사실에 기초하여서는 아니 되고, 영업비밀 정보에 대한 임박한 부정행위의 증거에 기초하여야 한다고 규정하고 있다.154) 따라서 DTSA 위반의 연방법원 사건이거나, UTSA의 취지를 충실히 반영하고 있는 주에서 심리되는 영업비밀 침해사건에서는 영업비밀을 취급하던 종업원이 단순히 경쟁사로 전직하였다는 것만으로는 부족하고, 그 외에 부정하거나 부적절한 수단(대가의 공여, 유인, 영업비밀의 개시 등)이 있었음에 관하여 객관적 증거에 의한 증명이 이루어져야만 범죄행위 또는 부정행위가 성립할 수 있다.

EU의 경우에도 마찬가지로 영업비밀 지침(EU Directive on Trade Secrets)에서는 각 회원국에 종업원의 전직의 자유를 보장하도록 규정할 것을 요구하고 있다. 그 내용은 다음과 같다.

> 채택배경 (13)
> 본 지침은 노동조합법에서 규정하고 있는 종업원의 창업의 자유, 자유로운 이동이나 전직의 자유를 제한하기 위한 근거를 제공하는 것으로 해석되어서는 안 된다. 또한 본 지침은 종업원과 사용자 사이에서 경업금지약정을 포함시킬 가능성에 영향을 주기 위한 의도를 가지고 있지 않다.
> 본 지침은 종업원의 전직의 자유를 제한하기 위한 근거를 제공하는 것으로 해석되어서는 아니 된다. 특히 이와 관련하여, 본 지침은 (a) 제2조 (1)에 정의된 바에 따라 영업비밀로서의 요건을 충족하지 못하는 정보를 종업원이 사용하는 것을 제한하거나, (b) 종업원이 고용관계에서 정상적으로 습득한 일반적인 지식과 경험을 사용하는 것을 제한하거나, (c) 고용계약에서 노동조합법 또는 각국의 법률에 의해 부가되는 제한 외에 추가적인 제한을 부가하는 것으로 해석되어서는 아니 된다.155)

---

152) UTSA Section 2(a)
153) Defend Trade Secrets Act.
154) DTSA Section (3) Remedies : In a civil action brought under this subsection with respect to the misappropriation of a trade secret, a court may (A) grant an injunction (i) to prevent any actual or threatened misappropriation described in paragraph (1) on such terms as the court deems reasonable, provided the order does not (I) prevent a person from entering into an employment relationship, and that conditions placed on such employment shall be based on evidence of threatened misappropriation and not merely on the information the person knows;

우리 대법원은 종업원의 전직의 자유를 고려하여 영업비밀이나 그에 미치지 못하더라도 '보호할 가치 있는 사용자의 이익'이 없는 경우 종업원과 사용자 사이에 체결된 경업금지약정의 효력을 부정하였고,156) 최근에는 퇴사한 종업원은 업무상 배임죄의 주체가 되지 않는다고 판단함으로써157) 퇴사한 종업원에 대한 이전 사용자의 과도한 제재를 제한하고 있는데, 이러한 판례의 입장은 타당하다고 생각되고, 이는 앞의 미국과 EU 지침의 입장과도 부합하는 것이기도 하다. 종업원의 전직의 자유에 대한 과도한 제한은 산업분야 전체적으로 보면 기술인력의 활발한 이동을 저해함으로써 선의의 경쟁조차 제한될 수 있는데, 이는 오히려 영업비밀의 존재가 장려되어야 할 경쟁에 대한 장애물로서 활용되는 것이다.

불가피한 누설이론의 위험성은 판단자로 하여금 종업원이 경쟁사에 전직한 것

---

155) This Directive should not be understood as restricting the freedom of establishment, the free movement of workers or the mobility of workers as provided for in Union law. Nor is it intended to affect the possibility of concluding non−competition agreements between employers and employees, in accordance with applicable law.

Nothing in this Directive shall be understood to offer any ground for restricting the mobility of employees. In particular, in relation to the exercise of such mobility, this Directive shall not offer any ground for: (a) limiting employees' use of information that does not constitute a trade secret as

defined in point (1) of Article 2; (b) limiting employees' use of experience and skills honestly acquired in the normal course of their employment; (c) imposing any additional restrictions on employees in their employment contracts other than restrictions imposed in accordance with Union or national law.

156) 사용자와 근로자 사이에 경업금지약정이 존재한다고 하더라도, 그와 같은 약정이 헌법상 보장된 근로자의 직업선택의 자유와 근로권 등을 과도하게 제한하거나 자유로운 경쟁을 지나치게 제한하는 경우에는 민법 제103조에 정한 선량한 풍속 기타 사회질서에 반하는 법률행위로서 무효라고 보아야 하며, 이와 같은 경업금지약정의 유효성에 관한 판단은 보호할 가치 있는 사용자의 이익, 근로자의 퇴직 전 지위, 경업 제한의 기간·지역 및 대상 직종, 근로자에 대한 대가의 제공 유무, 근로자의 퇴직 경위, 공공의 이익 및 기타 사정 등을 종합적으로 고려하여야 하고, 여기에서 말하는 '보호할 가치 있는 사용자의 이익'이라 함은 부정경쟁방지 및 영업비밀보호에 관한 법률 제2조 제2호에 정한 '영업비밀'뿐만 아니라 그 정도에 이르지 아니하였더라도 당해 사용자만이 가지고 있는 지식 또는 정보로서 근로자와 이를 제3자에게 누설하지 않기로 약정한 것이거나 고객관계나 영업상의 신용의 유지도 이에 해당한다(대법원 2010. 3. 11. 선고 2009다82244 판결).

157) 회사직원이 퇴사한 후에는 특별한 사정이 없는 한 그 퇴사한 회사직원은 더 이상 업무상배임죄에서 타인의 사무를 처리하는 자의 지위에 있다고 볼 수 없고, 위와 같이 반환하거나 폐기하지 아니한 영업비밀 등을 경쟁업체에 유출하거나 스스로의 이익을 위하여 이용하더라도 이는 이미 성립한 업무상배임 행위의 실행행위에 지나지 아니하므로, 그 유출 내지 이용행위가 부정경쟁방지 및 영입비밀보호에 관한 법률 위반(영업비밀누설등)죄에 해당하는지 여부는 별론으로 하더라도, 따로 업무상배임죄를 구성할 여지는 없다고 보아야 한다(대법원 2017. 6. 29. 선고 2017도3808 판결).

자체만으로도 구체적인 부정행위의 증명을 대신할 수 있다는 오류를 은연 중에 범하게 할 수 있다는 점에 있기도 하다. 이 이론을 적용하게 되면 영업비밀보유자나 검사 입장에서는 종업원의 구체적인 부정행위에 대한 증명부담을 덜 수 있어서 편리할 수는 있을 것이다. 따라서 종업원의 지위에 대한 고려와 함께, 불가피한 누설이론의 위험성에 관하여 보다 많은 주의를 기울여야 하는 측은 고시를 제정하는 행정청이나 개별법을 제정하는 입법자보다는 구체적인 사건을 심리하는 법원이라고 생각된다. 법원은 침해행위나 범죄행위의 요건사실에 대한 증명이 충분히 이루어졌는지를 면밀하게 검토하지 않으면 안 되는데, 이러한 요건을 제대로 검토하지 않으면 이는 불가피한 누설이론을 적용하는 결과가 되기 때문이다. 예를 들어, 영업비밀 침해를 원인으로 전직금지 등의 가처분 명령이나 침해금지명령을 발령하거나, 종업원을 형사처벌하기 위해서는 퇴직 및 전직한 종업원이 보유자의 영업비밀을 알고 있고, 유사한 경쟁업체에 전직하여 유사한 업무를 맡게 되었거나, 경쟁자가 경쟁제품을 출시하였다는 사실만으로는 부족하고, 그 직원이 절취 등 부정한 수단에 의해 영업비밀을 취득하였다거나, 비밀유지약정을 체결하였음에도 이를 위반하였다는 등의 요건사실이 객관적 증거에 의해 증명이나 입증이 이루어져야 한다. 따라서 영업비밀성이 당사자 사이에 주된 쟁점이 되어 그에 대하여만 심리의 초점이 맞추어진 나머지, 행위태양에 관한 요건에 대한 충분한 검토가 이루어지지 않는 심리방식을 법원으로서는 경계하여야 하는 것이다.

따라서, 소송에서 상대방으로서는 '전직하는 직원이 영업비밀을 알고 있으므로 불가피하게 누설될 우려가 있다는 취지에 주장'에 대하여는 위와 같은 점을 설명하여 적극 방어할 수 있을 것이다.

제 7 장

경업금지

제 1 절 경업금지, 전직금지 법리 개요

박정희(법무법인 태평양 변호사)

우리 상법에서는 상업사용인(상법 제17조), 영업양도인(상법 제41조), 주식회사 또는 유한회사의 이사(상법 제397조, 제567조)에 대하여 경업금지의무를 부과하고 있으나, 이 규정들이 직접적으로 부정경쟁방지법상의 영업비밀을 보호하기 위하여 마련된 규정이라고 보기는 어렵고,[1] 근로자에 대하여는 이사 등에서와 같이 경업 금지의무를 부과하는 별도의 규정이 마련되어 있지도 않다. 그러나 근로자는 근로 기준법상 단체협약, 취업규칙과 근로계약을 지키고 성실하게 이행할 의무가 있으므 로(근로기준법 제5조), 이와 같은 근로기준법상의 성실의무나, 인적·계속적 관계라 는 근로계약의 성질상 근로계약관계 존속 중에는 별도의 경업금지약정[2]이 없다고 하더라도 근로자에게 사용자의 영업비밀을 침해할 우려가 있는 경업을 하지 말아 야 할 의무가 있다고 보아야 할 것이다.[3][4]

이처럼 근로계약관계 존속 중인 근로자 등에게는 근로기준법이나 근로계약의 성질 등을 근거로 영업비밀을 침해할 우려가 있는 경업금지의무를 부과할 수 있으 나, 근로자 등이 퇴직한 후에는 근로계약관계 등이 단절되어 근로기준법이나 근로 계약의 성질 등을 근거로 경업금지의무를 부과할 수 없는바, 이와 관련하여 별도의 경업금지약정이 없는 상황에서 영업비밀 보호를 근거로 근로계약관계 종료 후의 경업금지의무, 즉 전직금지의무를 부과할 수 있는지 여부가 문제로 된다.

이에 대하여 우리 대법원은 2003. 7. 16.자 2002마4380 결정에서, "근로자가

---

1) 상업사용인이나 이사의 경업금지의무를 정한 규정들은 상업사용인이나 이사에 대하여 영업 비밀 보호에 대한 근거규정으로도 기능을 할 수 있을 것이다.
2) 경업금지약정은 근로자가 사용자와 경쟁관계에 있는 업체에 취업하거나 스스로 경쟁업체를 설립, 운영하는 등의 경쟁행위를 하지 아니할 것을 내용으로 하고(아래 대법원 2002마4380 결 정 참조), 이는 근로계약관계가 존속 중일 때의 경업금지에 대한 약정과 근로계약관계가 종료 한 이후의 경업금지에 대한 약정으로 구분할 수 있는데, 이중 근로계약관계 종료 이후의 경업 금지에 대한 약정을 전직금지약정이라고 구분하여 부르기도 한다.
3) 이는 상업사용인이나 이사도 마찬가지라고 할 것이다.
4) 田村善之, 「不正競爭法槪說(第2版)」, 有斐閣, 462頁도 같은 취지이다.

전직한 회사에서 영업비밀과 관련된 업무에 종사하는 것을 금지하지 않고서는 회사의 영업비밀을 보호할 수 없다고 인정되는 경우에는 구체적인 전직금지약정이 없다고 하더라도 부정경쟁방지 및 영업비밀보호에 관한 법률 제10조 제1항에 의한 침해행위의 금지 또는 예방 및 이를 위하여 필요한 조치 중의 한 가지로서 그 근로자로 하여금 전직한 회사에서 영업비밀과 관련된 업무에 종사하는 것을 금지하도록 하는 조치를 취할 수 있다"라고 판시하여 부정경쟁방지법 제10조 제1항을 근거로 근로계약관계가 종료한 이후에도 근로자가 전직한 회사에서 영업비밀과 관련된 업무에 종사하는 것을 금지할 수 있다고 보고 있다.[5]

그런데 실제 실무에서는 단체협약이나 취업규칙 또는 개별 계약 등의 근로계약에서 별도로 근로계약관계 종료 후의 전직금지의무에 관한 규정을 두는 경우가 많은데, 이처럼 근로계약에서 명시적으로 전직금지의무에 대하여 정하고 있다고 하더라도, 이러한 전직금지약정이 모두 유효한 것이 아니라, 그 유효성에는 일정한 제한이 있다. 즉 대법원 2010. 3. 11. 선고 2009다82244 판결에서, "사용자와 근로자 사이에 경업금지약정이 존재한다고 하더라도, 그와 같은 약정이 헌법상 보장된 근로자의 직업선택의 자유와 근로권 등을 과도하게 제한하거나 자유로운 경쟁을 지나치게 제한하는 경우에는 민법 제103조에 정한 선량한 풍속 기타 사회질서에 반하는 법률행위로서 무효라고 보아야 하며, 이와 같은 경업금지약정의 유효성에 관한 판단은 보호할 가치 있는 사용자의 이익, 근로자의 퇴직 전 지위, 경업 제한의 기간·지역 및 대상 직종, 근로자에 대한 대가의 제공 유무, 근로자의 퇴직 경위, 공공의 이익 및 기타 사정 등을 종합적으로 고려하여야 하고, 여기에서 말하는 '보호할 가치 있는 사용자의 이익'이라 함은 부정경쟁방지 및 영업비밀보호에 관한 법률 제2조 제2호에 정한 '영업비밀'뿐만 아니라 그 정도에 이르지 아니하였더라도 당해 사용자만이 가지고 있는 지식 또는 정보로서 근로자와 이를 제3자에게 누설하지 않기로 약정한 것이거나 고객관계나 영업상의 신용의 유지도 이에 해당한다 할 것이다"라고 밝힌 바와 같이 '보호할 가치 있는 사용자의 이익'이 있는 것을 전제로

---

5) 이와 같은 대법원 판례에 대하여는, 부정경쟁방지법 제10조 제1항이 경업금지의 근거규정이라고 보기 어렵고, 경쟁업체가 소규모 회사로서 오로지 특정 경쟁제품에 관한 단일한 사업만을 영위하여 그와 구분되는 다른 업무를 상정하기 어려운 경우와 같이 전직 자체를 금지하지 않고서는 영업비밀 침해행위를 방지할 수 없다고 인정되는 극히 예외적인 사안에서만 약정이 없는 경우에도 전직금지의무를 부과할 수 있다고 보아야 한다는 반대견해도 있다고 한다{사법연수원, 「부정경쟁방지법(2011)」, 129면}.

여러 사정을 종합적으로 고려하여 전직금지약정의 유효성을 판단하여야 한다.

앞서 본 바와 같이 전직금지약정이 헌법상 보장된 근로자의 직업선택의 자유와 근로권 등을 과도하게 제한하거나 자유로운 경쟁을 지나치게 제한하는 경우에는 민법 제103조에 정한 선량한 풍속 기타 사회질서에 반하는 법률행위로서 전부 무효에 해당할 수 있으나, 앞서 든 대법원 판례에서 든 제반 사정을 고려하였을 때 전직금지약정에서 정한 전직금지기간이 과도하게 장기인 점이 문제로 될 때에는 그 전직금지약정 자체는 유효로 보되 적당한 범위를 넘는 전직금지기간만을 무효로 보아 전직금지기간을 제한할 수도 있다.6)

한편 앞서 든 부정경쟁방지법상의 영업비밀보호를 위한 전직금지와 전직금지약정에 따른 전직금지는 별개의 요건사실이므로, 전직금지약정을 체결한 근로자 등이 사용자의 영업비밀을 침해하거나, 침해할 우려가 있는 경우에는 사용자는 전직금지약정과 부정경쟁방지법 제10조 제1항 모두를 청구(신청)원인으로 하여 전직금지를 구할 수도 있다.

---

6) 대법원 2007. 3. 29.자 2006마1303 결정.

제 2 절 본원적 보유자에 대한 경업금지 여부 및 법률관계

김동진(인천지방법원 부장판사)

Ⅰ. 비밀보호의 원리

회사나 영업자가 어떤 '비밀'에 대하여 독점권을 향유할 수 있는 법적인 힘을 얻기 위해서는, 그러한 비밀이 건전한 경쟁질서와 관련하여 보호가치가 있는 것이라는 점에 대하여 사회적 승인이 있어야 한다. 즉, 비밀을 비밀로서 승인하는 것은 사회적 합의에서 출발한다.[1]

가령 법률규정상의 영업비밀 요건을 문언상 모두 충족하는 경우라고 하더라도 오염물질의 방류나 탈세에 관한 정보 등 그 내용이 사회정의에 반하는 것인 경우에는, 그 회사나 업체의 내부자가 사회를 향하여 고발하거나 언론기관이 이를 취재하여 보도하는 행위 등에 대하여 '영업비밀'이라는 이유로 법률상 금지의 대상으로 삼지는 않는다.[2]

또한 국가나 지방자치단체 기타 공공기관이 보유한 '정보'의 경우에는 그것이 설령 부정경쟁방지 및 영업비밀의 보호에 관한 법률(이하 '부경법'이라고 약칭한다)의 영업비밀에 관한 법률요건을 문언상 충족하는 듯한 외관을 갖추었다고 하더라도, 헌법상의 '알권리' 및 공공기관의 정보공개에 관한 법률의 '정보공개청구권'의 취지에 비추어 볼 때 그러한 해당 정보는 법률상 독점의 대상이 되지 않는다. 그리고 이와 관련된 정보를 일반 국민들에게 공개할 것인지, 말 것인지 여부는 그 정보가 속한 공공역무의 특수성을 고려하는 가운데 입법적으로, 또는 사법적으로 '가/부'의 결정을 하는 것이다.

부경법 제2조 제2호에는 영업비밀의 객체성(客體性)에 관하여 "... <u>생산방법,</u>

---

1) 小野昌延, 「신·주해 부정경쟁방지법[신판, 하권]」, 靑林書院(2007년), 785면.
2) 일본의 "영업비밀에 관한 입법보고서" 제18항.

판매방법, 그 밖에 영업활동에 유용한 기술상 또는 경영상의 정보”라고 규정되어 있다. 부경법에서 규정한 이러한 ‘정보’는 일반인들이 자유이용의 권한을 갖고 있는 퍼블릭도메인(public domain)의 대상정보가 아니라는 전제, 즉 공공역무에 관한 것이거나 또는 일반인들에게 공개된 것이 아닌 ‘비공중적인 업무(nonpublic business)’에 속하는 정보의 범주 내에서 독점관계를 규율하는 것으로 이해된다.3)

　　한편 영업비밀보호의 기본원리로서, 해당 업계에 속하는 일반적인 지식, 경험, 기억, 숙련 등을 이용하는 것은 피용자가 자연스럽게 할 수 있는 영역에 해당한다는 원리가 있다. 그렇지만 일반적 지식과 특별한 지식을 명확하게 구별하는 기준이 확립되어 있지는 않다. 위와 같은 영업비밀보호의 기본원리는 헌법상 ‘영업의 자유’ 또는 ‘자유경쟁원리’라는 법적 가치에 내재하는 제한원리에 해당한다.4)

　　따라서 지나치게 확장된 영업비밀보호는 근로자의 권리를 침해할 가능성이 있으므로 신중을 기하여야 하는바, 한편으로 근로자는 자신이 속한 직역에서 일반적인 지식, 경험, 기억, 숙련 등을 계속적으로 향상시킬 수는 있지만, 다른 한편으로 근로자는 자기가 아닌 타인의 노력을 부당하게 잠탈하는 방법을 이용하면서 사용자와 대적하는 경업자의 지위에 서서 사용자를 압도하거나, 또는 사용자의 경업자와 연합하여 사용자의 회사를 몰락시키는 행위를 감행하는 것을 용인하는 것은 지나치게 근로자의 보호에만 치우친 것으로 합당치 않다.5)

　　그러므로 의심스러운 경우에는 ‘영업의 자유’, ‘노동의 자유’를 존중해야 하지

---

3) 그럼에도 불구하고 최근의 판결로서 지방선거와 관련된 출구조사결과에 대하여 이를 영업비밀로 파악한 판결{서울중앙지방법원 2015. 8. 21. 선고 2014가합43866 판결(항소)}은 상당히 흥미롭다. 공직선거법상의 출구조사결과는 그 속성상 반나절 동안 공법상 필요에 의하여 해당 정보가 비밀로 유지되며 투표종료 시점이 경과됨과 동시에 일반 국민들에게 ‘공표(公表)’될 성질의 정보에 해당하는데, 이렇게 반나절 만에 공표될 운명이며 공공성이 강한 성질의 정보에 대하여 과연 회사나 영업자의 이윤추구적인 영업행위 및 독점권과 관련된 부경법의 잣대를 들이대는 것이 온당한 태도인지는 의문이다.

　　참고로 미국은 수정헌법 제1조에 따라 출구조사가 보장되어 있는바, 1967년 최초의 출구조사가 실시된 이래 여러 방송사들이 각각 출구조사를 시행하여 경쟁이 과열되었고, 1980년 대통령선거 때는 동부 지역 유권자가 투표한 내용이 서부 지역에서 투표를 시작하기 전에 보도되어 서부 유권자들이 동부의 투표형태를 그대로 따르는 현상이 나타나는 등 문제점이 드러나게 되자, 미국의 의회는 공익상 필요에 의하여 여러 방송사들이 연합한 출구조사만을 합법적인 출구조사로 허용하게 되었다.

　　돌이켜 보건대, 출구조사결과는 데이터베이스의 형식을 갖추었는바, 데이터베이스 제작자와 방송기관 상호간의 권리의무 관계를 세부적으로 규율한 저작권법 제2조, 제93조, 제94조 등의 적용 여부를 주된 쟁점으로 삼아 쌍방이 공방을 전개하는 것이 올바른 방향이라고 생각한다.

4) 小野昌延, 前揭書, 785면.

5) 小野昌延, 前揭書, 785면.

만, 회사나 업체의 경영에 있어서 중요한 부분을 차지하는 정보는 '특별한 지식'에 해당할 가능성이 높으며, 또한 회사나 업체의 경쟁능력상 결정적이지 않은 정보는 '일반적 지식'에 해당할 가능성이 높다는 취지로 접근함으로써 사용자와 피용자 사이의 정보이용관계에 대한 조화를 꾀하여야 할 것이다.6)

Ⅱ. 영업비밀소유자, 영업비밀보유자 및 본원적 보유자

1. 개념의 정리

부경법에서는 영업비밀을 보유하는 사업자를 가리켜 '보유자'라고 표현한다. 영업비밀은 무형의 정보로서 그 속성상 배타성이 없기 때문에 일반적인 민법상의 '소유'라는 용어와 구별하여 부경법에서는 '보유'라는 용어를 주로 사용한다. 이러한 '보유'를 둘러싼 대륙법상의 법이론 및 용어체계는 다음과 같다.

가. 비밀에 대하여 처분권을 가진 자를 가리켜 '비밀소유자(Geheimnissherr)'라고 한다. 비밀소유자의 처분권이라 함은, 비밀을 계속 비밀로서 보유할 것인지, 그렇지 않고 일반인들에게 해당 정보를 공개할 것인지 여부를 결정할 수 있는 권리를 의미한다.

나. 비밀에 대하여 이를 보유하면서 사용, 수익할 수 있는 권리를 가진 자를 가리켜 '비밀보유자(Geheimnisstrager)'라고 한다. 비밀보유자는 비밀소유자와 마찬가지로 해당 정보를 비밀로 유지하면서 사용, 수익할 수는 있지만 이것을 공개하거나 다수의 거래상대방들에게 정보를 제공하거나 확산시키는 등의 처분행위는 허용되지 않는다는 점에서 비밀소유자와 구별된다.

다. 비밀을 알고는 있지만 이러한 비밀에 대하여 보유할 의사나 권한이 없는 자, 즉 자신의 이익이나 계산으로써 해당 정보를 사용, 수익할 수 없는 자를 가리켜 '비밀관지자(秘密關知者, mitwisser)'라고 한다.

라. 한편, 비밀에 대하여 아무것도 모르는 자를 가리켜 '제3자(Aussenstehender)'라고 한다.

이상에서 본 바와 같은 영업비밀을 둘러싼 당사자 및 관계인들의 각각의 지위는 절대적·고착적인 것이 아니라 구체적인 상황 여하에 따라 상대적인 성질 및 양상으로 나타날 수 있다. 가령 일본의 하급심판결7)에 의하면, 제약회사인 X가 약품

---

6) 小野昌延, 前揭書, 785면.

도매업체인 Y와 사이에 약품매매계약을 체결함에 있어 약품도매가격에 관하여 비밀이라고 하면서 외부에 공개하지 않기로 약정한 경우에 있어서, 그럼에도 불구하고 Y가 이를 거래업체에 공개한 사안에 관하여 도쿄지방재판소는, "Y가 X와 사이에 비밀유지약정을 하였다고 하더라도 이러한 도매가격정보는 매수인이 자기의 지위에 기하여 원시적으로 취득하는 '고유정보(固有情報)'에 해당하는 것이며, Y가 본래적으로 자기의 관장 영역에 있는 정보에 대하여 계약에 의하여 그 공개를 제한하기로 약속한 것에 머무는 것이므로, Y의 정보공개행위에 대하여 X가 계약상의 책임을 물을 수는 있을지언정 이에 대하여 부경법상의 부정경쟁행위라는 점을 내세워 법적 책임을 물을 수는 없다"라고 판시하였다.8)

2. 본원적 보유자

일본의 부경법 제2조 제1항 제7호에는 "영업비밀을 보유하는 <u>사업자로부터</u> 그 영업비밀이 <u>표시된</u> 경우에 있어서 부정경업의 목적 또는 보유자에게 손해를 줄 목적으로 그 영업비밀을 사용하거나 개시하는 행위"를 가리켜 부정경쟁행위라고 규정하고 있다.

우리나라의 부경법과 다른 특징은 '사업자로부터… 표시된'이란 문구가 명확하게 존재한다는 점인데, 이는 법률상 영업비밀로서 보호되는 기술상 또는 경영상의 특별한 정보가 애당초 사용자(회사)에게 귀속되어 있었다가 근로자나 그 밖의 타인에게 '표시되었다'라는 관념이 내포되어 있다는 특징이 있다.

위 법률규정에 관하여 일본의 학계에서는 다음과 같은 논의가 있어 왔다. (ⅰ) 먼저 위 법률규정의 신설 당시부터, 스스로 영업비밀이 될 수 있는 정보를 개발한 근로자는 그 내용을 이미 알고 있기 때문에 그것을 회사에 귀속시킨 후에도 그 타인으로부터 '표시된' 지위는 없으며, 회사에 해당 정보가 귀속하게 된 후의 근로자가 해당 정보를 개시하는 등의 행위를 가리켜 위 7호의 적용이 있다고 볼 수는 없다는 견해{그 후 渋谷 교수는 「지적재산권법강의Ⅲ(2005년)」 130면에서, 영업비밀을 창작·수집한 근로자가 영업비밀의 사용·수익·처분권을 상실하지 않고 있으면 '표시된' 자가 아니고, 이것을 상실하고 있으면 그 사용·개시행위의 배신성에 착안하여 영업비밀을 누설한 자와 동등하게 취급하여 해당 부정경쟁행위 법률규정을 유추적용할 수 있다는

---

7) 東京地裁 2002. 2. 5. 선고 平成13년 제10472호 판결.
8) 비교상표판례연구회, 「상표판례백선」, 박영사(2011년), 632~638면.

해석론을 제시하였다},9) (ⅱ) 다음으로 위 7호의 해당성을 영업비밀에 대한 사용·수익·처분권의 '귀속'의 문제로 취급하면, 근로자의 입장에서는 무엇이 이용가능한 정보이며 무엇이 이용불가능한 정보인지 분명하지 않게 된다는 문제점을 지적하면서, 근로자가 재직 중에 개발한 기술상 또는 경영상의 정보를 이용하는 경우에는 '표시된'의 요건을 결하고, 위 7호의 대상이 되는지 여부는 '개시행위'가 있었는지 여부에 의하여 결정되어야 한다는 견해10) 등은 창작적 공헌도가 있는 근로자의 기술상 또는 경영상 정보에 대한 사용·수익권을 긍정하는 입장을 취하고 있다. 한편 (ⅲ) 사용자인 회사가 영업비밀로 '관리'하고 있는 이상 그 정보는 종업원에 있어서 '표시된' 영업비밀에 해당하며, 근로자가 경쟁업체에 취업하여 해당 기술상 또는 경영상 정보를 이용하거나, 또는 처분하는 등의 행위는 모두 영업비밀 침해행위에 해당한다는 견해도 있다.11)12)

돌이켜 보건대, 앞서 설명한 바와 같이 근로자는 자신이 속한 직역에서 일반적인 지식, 경험, 기억, 숙련 등을 계속적으로 향상시킬 수 있으며 이렇게 습득한 정보들을 직업을 바꾸는 전직과정에서 자유롭게 이용할 수 있는데, 근로자의 자유이용이 제한되는 특별한 정보 즉, 사용자의 영업비밀에 속하는 정보라고 하더라도 그러한 정보의 창작, 개발, 수집 과정에서 해당 근로자가 크나큰 공헌을 한 장본인인 경우에는 그러한 창작자인 근로자에 대하여는 아무런 보상도 없이 '정보의 자유이용'을 제한하는 것이 온당치 않다.

사용자인 회사가 어떤 기술상 정보를 영업비밀로서 보호받을 것인지, 그렇지 않으면 특허로서 보호받을 것인지 여부는 사업전략상의 필요에 의하여 선택할 수 있는 사항인데, 만약 특허로서 보호받는 방안을 선택하는 경우에 있어서 그 직무발명을 둘러싼 법률체계에 의하면 해당 발명의 독점권은 원칙상 그것을 창작, 개발한 근로자에게 있는 것이며, 사용자인 회사는 발명진흥법에 의거한 정당한 보상과 소정의 절차를 거친 이후라야만 비로소 기술상 정보에 대한 독점권을 취득할 수 있다. 특허를 둘러싼 직무발명의 법리가 이러할진대, 사용자인 회사가 해당 기술상

---

9) 澁谷達紀, "영업비밀의 보호—부정경쟁방지법의 해석을 중심으로", 曺時(45권 2호), 353면.
10) 田村善之, 「부정경쟁법개설(제2판)」(2003년), 342면; 竹田稔, "지적재산권침해요론 부정경업편(개정판)"(2003년) 162면의 견해도 위 7호의 적용에 소극적인 입장을 취한다.
11) 牧野利秋 감수, 飯村敏明 편, "부정경쟁방지법을 둘러싼 실무적 과제와 이론"(2005년) 중 茏琦英男의 발언, 177면.
12) 비교상표판례연구회, 「상표판례백선」, 박영사(2011년), 635면(재인용).

정보를 자신의 영업비밀이라고 주장하는 경우에 있어서도 만약 그러한 특별한 정
보를 진정으로 창작하고 개발한 자가 어떤 근로자에 해당한다면 사용자인 회사가
정당한 보상 및 합의도 없이 그 근로자에 대하여 해당 기술정보의 사용을 금지시킬
만한 정당한 권리를 갖지는 못한다는 맥락이 있다.

    따라서 일본의 부경법상 위 '사업자로부터... 표시된'이란 문구는, 해당 정보의
창작, 개발, 수집 등의 과정에서 그 해당 정보의 발생에 대하여 결정적인 공헌을 하
여 이에 대한 사용, 수익권을 취득하게 된 근로자에 대하여는 어떤 회사가 사용자
라고 하더라도 그 근로자에 대하여 영업비밀에 의거한 독점권을 주장하지는 못한
다는 의미가 내포되어 있다. 그리고 이러한 경우의 창작자인 근로자를 가리켜 '본
원적 보유자(本源的 保有者)'라고 칭하는 것이다.

    우리나라의 부경법에는 이러한 '사업자로부터... 표시된'이란 문구가 없기는 하
지만, 발명진흥법을 비롯한 여러 가지 법률체계를 종합적으로 고려하여 볼 때 본원
적 보유자에 해당하는 근로자에 대하여 회사가 단지 사용자라는 점만을 내세우면
서 해당 기술상 정보의 독점 및 사용금지를 주장할 수는 없다고 보는 것이 타당하
다. 우리나라에서 실정법상의 법률문언은 없지만 특허, 직무발명, 발명진흥법, 영업
비밀 등을 둘러싼 법률체계와 전체적인 법이론에 비추어 볼 때, 일본의 경우와 마
찬가지로 '본원적 보유자'에 대한 사용자의 상호관계를 깊이 있게 고찰하여 이를
판례로서 규범화하는 것이 필요하다.

3. 창작자의 판단기준

    기술상 정보의 완성과정에 여러 사람이 관여한 경우에는 과연 누구를 발명자
로 보아야 할지 어려운 문제가 생긴다. 이 경우에는 기술개발의 경위에 있어서 발
명의 특징적 부분 즉, 종래의 기술과 대비하여 볼 때 당해 기술 분야에서 문제되고
있는 기술적 과제의 해결수단 완성에 창작적으로 기여한 자가 발명자로 인정된다.

    예컨대, 발명의 특징적 부분을 착상(着想)하였다든지, 그 착상을 구체화(具體
化)시킨 자는 발명의 완성과정에 창작적으로 기여한 자에 해당하여 발명자에 해당
하지만, (i) 구체적 착상을 교시함이 없이 단지 해결할 과제만을 설정하거나 또는
막연한 아이디어만을 제공한 자, (ii) 일반적인 조언만을 한 자(단순 관리자), (iii)
주어진 조건에 따라 실험을 하거나 단지 데이터를 수집, 기록한 자(단순 보조자),
(iv) 단순한 자금 제공자 내지 설비의 제공자(단순 후원자, 위탁자) 등은 발명과정에

창작적으로 기여한 자가 아니어서 발명자에 해당하지 않는다. 그리고 위와 같은 맥락에서 발명자로 인정될 수 있는 근로자는 그 해당 발명이 특허출원 및 등록됨이 없이 사용자인 회사의 영업비밀로서 보유, 관리되고 있는 경우에 있어서, 그 영업비밀에 대한 본원적 보유자에 해당하여 그 기술상 정보에 대한 사용, 수익권을 가진다고 봄이 타당하다.[13)]

한편 대법원 판례[14)]에 의하면, "공동발명자가 되기 위해서는 발명의 완성을 위하여 실질적으로 상호 협력하는 관계가 있어야 하므로, 단순히 발명에 대한 기본적인 과제와 아이디어만을 제공하였거나, 연구자를 일반적으로 관리하였거나, 연구자의 지시로 데이터의 정리와 실험만을 하였거나, 자금·설비 등을 제공하여 발명의 완성을 후원·위탁하였을 뿐인 정도 등에 그치지 않고, 발명의 기술적 과제를 해결하기 위한 구체적인 착상을 새롭게 제시·부가·보완하건, 실험 등을 통하여 새로운 착상을 구체화하거나, 발명의 목적 및 효과를 달성하기 위한 구체적인 수단과 방법의 제공 또는 구체적인 조언·지도를 통하여 발명을 가능하게 한 경우 등과 같이 기술적 사상의 창작행위에 실질적으로 기여하기에 이르러야 공동발명자에 해당한다. 한편 실험의 과학이라고 하는 화학발명의 경우에는 당해 발명 내용과 기술수

---

13) 拙稿, "직무발명소송에 있어서 발명자의 판단기준", Law & technology(2007년 7월), 142~ 144면.

　서울고등법원 2007. 5. 8. 선고 2006나62159 판결(확정); 피고회사의 CA 생산팀의 담당기술자 甲이 본건 가스켓 및 ESC를 단독으로 개발한 경위를 상세하게 인정한 다음, 원고가 생산팀장으로서 영국의 Y회사와 접촉하여 테프론 샘플을 송부받는 한편, 담당기술자 甲으로부터 기술보고를 받을 당시 누구나 손쉽게 지적할 수 있는 기술적 사항을 언급한 행위 등은 생산팀장으로서 해야 할 통상적인 관리감독업무에 불과하므로, 이러한 사실만으로 본건 특허발명에 창작적으로 기여하였다고 볼 수는 없다고 하였다. 또한 원고는 본건 특허발명의 핵심적인 기술내용을 잘 모르고 있었고, 당면한 기술개발의 어려움을 타개할 만한 새로운 아이디어를 연구, 제공하지도 않았을 뿐만 아니라, 甲이 기술개발을 할 당시 촉매물질 실험의 위험성을 이유로 실험금지를 명하고 甲을 질책하는 등 소극적인 태도를 견지한 사실 및 원고가 특허출원에 관한 구체적인 법적 절차를 자신의 뜻에 따라 주도적으로 행한 사실 등을 고려하여 보면, 원고가 특허출원서 및 특허등록원부에 발명자로 기재되어 있다거나, 근무규정 등에 의한 포상금을 받았다는 사실만으로 본건 특허발명에 대하여 실제로 창작적인 기여를 하였다고 볼 수는 없다고 판단함으로써 원고의 항소를 기각하였다.

14) 대법원 2011. 7. 28. 선고 2009다75178 판결; 甲이 乙 주식회사에게서 피리벤족심(Pyribenzoxim) 등의 제품화를 맡아달라는 제안을 받고 乙 회사에 '제초제 PL(Project Leader)'로 입사하여 피리벤족심의 본격적인 상업화 단계에서 필요한 각종 시험에 직접 관여하는 등 기여하고, 丙 화학연구소 연구팀이 제조한 제초제 후보물질이 약해가 심하여 제품화가 중단된 사실을 알고 위 연구팀에 공동연구를 제안하여 약해 극복 아이디어 등을 제안하고 실험과정에 관여한 결과, 乙 회사 연구팀이 제초성 유제조성물에 관한 특허발명과 제초성 피리딘술포닐우레아 유도체에 관한 특허발명을 완성한 사안에서, 甲이 위 발명들의 공동발명자에 해당한다고 본 원심판단을 수긍한 사례.

준에 따라 차이가 있을 수는 있지만 예측가능성 내지 실현가능성이 현저히 부족하여 실험데이터가 제시된 실험예가 없으면 완성된 발명으로 보기 어려운 경우가 많이 있는데, 그와 같은 경우에는 실제 실험을 통하여 발명을 구체화하고 완성하는 데 실질적으로 기여하였는지의 관점에서 공동발명자인지를 결정해야 한다"라고 판시하였다.

위와 같은 소송 등에 있어서 근로자로서는 실험일지 내지 기술보고서 등의 증거를 통하여 해당 발명의 개발경위와 자신이 창작적으로 기여한 내용 및 정도를 적극적으로 주장 및 증명함으로써 발명자나 창작자, 또는 본원적 보유자 등의 지위를 인정받을 수 있다. 그리고 해당 증거들이 사용자인 회사의 생활영역에 있는 경우에는 근로자로서는 문서제출명령을 신청하는 방법으로 증명할 수 있으며, 이 경우 사용자인 회사의 신청에 의하여 법원은 영업비밀의 공개제한 등의 조건을 붙여 해당 증거를 심리 및 판단할 수 있다. 만약 사용자인 회사가 문서제출명령에 대하여 고의적으로 불응하는 등 소송상의 증명을 방해하는 경우에는 해당 문서의 존재 및 원고가 증명하는 바의 사실에 대한 민사소송법상의 효력이 발생한다.

Ⅲ. 본원적 보유자에 대한 경업금지 여부 및 법률관계

1. 근로자의 창작적 공헌도에 대한 고려[15]

회사의 기획과 투자하에 근로자가 정신적 노동력을 제공하여 개발한 정보가 법률상 영업비밀의 요건을 갖춘 경우에는 영업주체인 회사는 정보보유자로서 법적인 보호를 받는다. 따라서 대외적인 관계에서 경쟁자가 산업스파이 등의 부정한 방법으로 해당 영업비밀을 탐지·취득·사용하거나, 또는 대내적인 관계에서 회사의 임원이나 근로자가 배신적인 방법으로 해당 영업비밀을 유출·취득·사용하는 등의 경우에는 그 경쟁자나 임직원 등은 정보보유자인 회사에 대하여 영업비밀의 침해책임을 면할 수 없다. 특히 협의의 노하우의 경우에는 정보보유자인 회사가 오랫동안 연구개발을 거듭한 끝에 높은 가치의 기술정보를 스스로 축조·집적한 경우에 해당하므로, 회사의 임직원이 해당 정보를 개인적으로 유출·취득·사용하는 등의 경우에는 영업비밀의 침해로 파악하는 것이 타당하다.

---

15) 拙稿, "퇴직근로자의 정보사용과 업무상배임죄—영업비밀분쟁에 관한 새로운 해결방법", 법조(2011년 6월), 148~151면 (재인용).

그런데 회사의 기획·투자와 근로자의 노동력이 결합되어 완성된 정보(영업비밀)들 중에는 담당 근로자의 창작적 공헌도가 회사 측의 공헌도보다 훨씬 큰 경우가 있는바, 이러한 경우에 그 근로자가 나중에 회사를 퇴직하면서 자신이 개발했던 해당 정보를 가지고 나와 통상적인 방법으로 사용하는 것이 과연 법적으로 금지되는지 여부가 문제된다.

예컨대, A로펌에서 근무하는 변호사 갑이 인수합병(M&A)과 관련된 각종 분쟁유형의 대처방안에 관하여 경제적 가치가 높은 매뉴얼을 직무상 개발하였는데, A로펌은 그 매뉴얼파일에 대하여 '대외비'라고 표시하는 등 접근제한조치를 취하면서 다른 로펌으로 유출되지 않도록 영업비밀로 유지한 가운데 그 정보를 회사의 인수합병에 관한 구체적인 소송이나 컨설팅 등의 실무에 사용하였다고 가정해 보자. 이 경우 B로펌이 소송의 상대방 지위에 있으면서 A로펌의 대응조치를 사전에 탐지하기 위하여 변호사 갑에게 부정한 청탁을 하여 위 매뉴얼파일 및 해당 정보를 입수하였다면, 이와 관련된 갑의 정보유출행위는 영업비밀보호법이 금지하는 '건전한 거래질서를 저해하는 행위'에 해당하므로 영업비밀 침해에 해당한다고 볼 것이지만, 그 반면에 변호사 갑이 A로펌의 보수체계에 불만을 품고 회사를 퇴직하면서 새로운 직장으로 전직할 때에 자신이 개발한 해당 매뉴얼파일을 가지고 나와 그때그때 법률업무를 수행하면서 매뉴얼상의 정보를 사용하는 경우라면, 이러한 정보사용행위에 대하여는 영업비밀의 침해에 해당한다고 보기가 어려울 것이다.

위와 같은 사례는 비단 자격증이 부여된 전문직종의 근로자에게만 발생하는 일은 아니다. 현대사회는 세계적으로 '벤처회사'란 이름하에 새로운 업종이 많이 등장하게 되었는데, 그 중 컴퓨터에 관한 프로그래밍(programming), 캐드(CAD), 설계 등의 영역에 있어서는 간혹 회사가 투자를 통해 집적한 데이터(data)가 주된 공헌을 하여 완성된 기술정보도 있지만, 군소업체들이 난립하는 업종분야의 경우에는 오히려 근로자 개인이 지닌 경력직 업무자로서의 역량과 그 개인이 시간을 투입하여 제공한 정신적 노동력의 공헌도가 훨씬 큰 경우가 많다. 이러한 유형에 대하여는 원칙적으로 기술정보의 창작자 겸 주된 공헌자인 근로자에게 개인적인 정보의 취득 및 사용을 허용하여 주되, 다만 회사에 대한 관계에서 배신적인 성질을 띠는 행위에 대하여는 영업비밀 침해로 보아 이를 규제해야 할 것이다.

한편, 우리나라의 판례와 소송실무는 영업비밀소송에 있어서 '정보개발의 공헌도 및 사용관계'라는 논점에 대하여는 특별하게 고려하지 않는 것 같다. 가령 회사의 기술담당 연구소장이 퇴직하면서 자신이 개발한 증권분석프로그램의 소스코드 (source code)를 가지고 나와 새로운 영업에 사용한 판례나,16) 대학교 연구팀이 경영진의 분쟁이 발생한 회사에서 이탈하면서 스스로 연구·집적한 광통신기술정보에 관한 컴퓨터파일을 가지고 나온 판례17) 등은 그 제반 정황에 비추어 볼 때 연구직 근로자의 창작적 공헌도가 매우 높은 사례들인 것으로 생각된다. 그럼에도 불구하고 대법원은 단순히 '비밀관리성' 요건에 관한 엄격한 기준을 적용함으로써 해당 정보가 영업비밀이 아니라고 판단할 뿐이며, 창작적 공헌도가 높은 근로자가 회사를 퇴직한 이후에 해당 정보를 사용하는 것이 전면적으로 금지되는지 여부에 대하여는 침묵하고 있다.

물론 특정한 기술정보가 비밀관리성이 결여되어 영업비밀에 해당되지 않는다고 보는 경우에는, 그러한 정보는 일반공중의 자유이용영역에 속하게 되므로 퇴직 근로자가 그 정보에 대한 사용권을 갖는지 여부를 별도로 논의할 필요는 없다고 할 것이다. 그러나 판례와 소송실무가 비밀관리성 요건에 천착(穿鑿)하는 경향에 대하여는, "분쟁의 핵심쟁점이 창작 근로자의 정보사용권 여부인 경우가 빈번함에도 불구하고, 이에 대한 법적 판단이 어렵기 때문에 애써 비밀관리성 요건으로 회피하는 것이 아닌가?"라는 의문을 지울 수 없다. 이러한 경향은 다음과 같은 사회적 부작용을 양산할 위험이 높다.

무릇 영업비밀의 비밀관리성이란 요건은 외형적·형식적인 사항에 불과하여

---

16) 대법원 2010. 7. 15. 선고 2008도9066 판결(증권분석프로그램 사건); 피고인 갑은 증권분석프로그램의 개발·제공업을 영위하는 A회사의 연구소장인데, A회사를 퇴직하고 경쟁업체인 B회사를 설립하면서 갑 자신이 개발한 증권분석프로그램(PointTrade pro-WinStation)의 소스코드(source code) 파일 등을 가지고 나와 그 정보를 새로운 영업에 사용한 사안에 대하여, 대법원은 "갑이 비밀유지서약서를 제출하기는 하였지만, A회사가 이 사건 프로그램 파일에 '대외비' 등의 표시를 하지 않았으며 별다른 보안규정, 보안장치, 접근제한조치 등을 취하지도 않았으므로, 이 사건 프로그램 파일에 수록된 정보는 상당한 노력에 의하여 비밀로 유지된 것이라고 볼 수 없다"라고 판단하면서 영업비밀 침해를 부정하였던 항소심판결을 그대로 유지하였다.

17) 대법원 2008. 7. 10. 선고 2008도3435 판결(광통신기술 파일사건); 피고인 갑은 딥프리 (Dip-free, 순간정전보상장치)의 설치업을 영위하는 A회사의 기술차장인데, A회사를 퇴직하고 경쟁업체인 B회사의 대리점을 새로이 개설하면서 딥프리에 관한 기술시방도면과 고객정보 데이터베이스 등의 정보가 수록된 씨디(CD) 4장을 가지고 나와 그 정보를 새로운 영업에 사용한 사안에 대하여, 대법원은 "A회사가 갑의 퇴직 전날에 비밀유지서약서를 제출받기는 하였지만, 이 사건 기술상 또는 영업상 정보는 A회사의 직원인 을의 컴퓨터에 저장되어 있던 것으로서 누구든지 특별한 비밀번호를 입력하지 않은 채 내부전산망 등을 통해 쉽게 접근하여 해당 정보의 열람 및 복제가 가능하였던 사실을 인정할 수 있으므로, A회사가 상당한 노력에 의하여 이 사건 정보를 비밀로 유지하였다고 보기는 어렵다"라고 판단하면서 영업비밀 침해를 긍정하였던 항소심판결에 대하여 무죄 취지로 파기환송을 하였다.

회사가 어느 정도의 노력을 기울이면 이에 관한 소송상의 사실을 갖출 수 있으며, 또한 회사에 소속된 근로자의 입장에서는 자신의 창작적 공헌도가 매우 높은 기술정보라고 할지라도 회사가 요구하는 비밀관리성에 대한 관련 서류의 제출을 거부할 수 없는 것이 사회현실이다. 우리 사회의 여러 가지 흐름에 비추어 볼 때, 회사가 비밀관리성에 관한 요건을 구비하기란 한층 수월해졌다. 이러한 상황에서 판례와 실무가 창작 근로자의 정보사용권 여부에 대하여는 도외시한 채 오로지 비밀관리성 등의 성립요건에만 초점을 맞추어 영업비밀 침해 여부를 판단하는 경우에는, 마치 "액자의 소유자는 그 액자 속에 있는 작품(그림)의 소유권 및 지적재산권을 당연히 모두 갖는다"라는 식의 형식논리 하에서 회사의 정보독점 영역을 부당하게 확장시킴으로써, 개인의 헌법상 기본권을 조화롭게 고려할 것이 요청되는 '균형의 저울추'를 상실하게 될 우려가 있다.

요컨대, 영업비밀에 해당하는 기술상 또는 경영상의 정보개발에 대하여 어떤 근로자의 창작적 공헌도가 상당히 높은 경우에는, 그러한 지위의 근로자에 대하여 정보의 사용·수익권을 제한하는 결정을 하거나, 전직을 제한하는 경업금지결정을 발령하는 등의 사법적 조치에 대하여는 각별히 신중을 기하여야 할 것이다.

2. 배신행위의 징표 및 금지[18]

가. 부정한 대가를 받은 정보유출

회사의 임직원이 경쟁업체로부터 부정한 대가를 받고서 회사의 영업비밀을 유출하는 경우에는 그 임직원의 창작적 공헌도가 높은지 여부를 불문하고 영업비밀의 침해에 해당한다. 이러한 행위는 건전한 거래질서를 저해하는 것이므로 영업비밀보호법이 규제하는 내용이라고 봄이 타당하기 때문이다. 특히 국내기업의 근로자가 외국의 기업에게 첨단기술에 속하는 영업비밀을 거액을 받고 유출하는 경우에는, 이러한 행위는 국가경제에도 심각한 타격을 입히는 것이므로 형사상 규제의 필요성이 매우 높다. 이 유형의 영업비밀 침해에 대하여는 행위자가 형사재판에 회부되는 실무예가 많다.[19]

---

18) 拙稿, "퇴직근로자의 정보사용과 업무상배임죄—영업비밀분쟁에 관한 새로운 해결방법", 법조(2011년 6월), 163~171면 (재인용).

19) 이와 관련된 구체적인 내용에 대하여는, 이성호, "근로자에 대한 경업금지약정의 효력과 전직금지가처분의 허용 여부", 민사재판의 제문제(11권), 민사실무연구회(2002), 833—867면; 정상조, 「지적재산권법」, 홍문사(2004), 622—636면 등.

나. 팀의 빼가기

회사의 임직원이 퇴직을 한 후에 단순히 개인적인 차원에서 회사 설립 내지 전직을 하는 것이 아니라, 특정한 프로젝트를 겨냥한 영업 및 기술분야의 조직화된 팀을 일체로서 빼가는 경우에는 배신행위의 징표가 나타난다. 현대사회의 기업들은 영업비밀의 보호정책을 단순히 법률과 소송에만 의존하는 것이 아니라 '기업의 조직 및 운영'이라는 측면에서 그 실질적인 방안을 강구하고 있는바, 회사의 어떤 근로자가 단독으로 다른 회사에 전직하는 경우에는 영업비밀 침해가 불가능하도록 프레임화 된 업무조직을 운영하는 것이 보통이다. 이러한 상황에서 누군가 팀의 빼가기를 시도하는 것은, "해당 회사의 주력업종이나 장래의 육성업종에 관하여 영업비밀을 침해하려고 한다"라는 징표적인 간접사실이 된다. 이 유형의 영업비밀 침해에 대하여는 회사가 경쟁회사와 전직근로자들을 상대로 영업비밀침해금지 및 전직금지가처분소송을 제기하는 실무예가 많다.

우리나라에서 퇴직 임직원의 전직행위와 관련하여 영업비밀보호를 이유로 전직행위를 불허한 최초의 판례로는 주식회사 삼성전자가 퇴직 연구원들에 대하여 제기한 전업금지가처분 신청에 관한 수원지방법원 2000. 6. 7.자 2000카합102 결정이 있다. 우리나라는 2000년대 초반에 벤처열풍이 불면서 대기업의 연구팀이 집단으로 퇴직하여 동종의 벤처기업을 설립하는 경향이 나타났다. 그런데 이러한 경향은 기존의 기업들이 21세기의 첨단산업을 목표로 장기간 투자와 노하우를 집적한 노력을 수포로 만드는 것이었으므로, 정의 관념이나 사업기회의 가로채기라는 측면에서 볼 때 많은 문제점을 지닌 사회현상이었다. 하지만 다른 한편으로, 회사의 근로자들이 회사의 요구에 따라 작성하여 제출한 전직금지약정서에 기하여 근로자의 전직행위 자체를 금지시키는 조치는 헌법상 '직업선택의 자유'라는 측면에서 볼 때 사회적인 부작용을 노정할 수 있는 것이다. 따라서 이 유형의 분쟁에 대하여는 법원이 균형감각을 발휘하여 어느 한 쪽으로 치우치지 않는 합리적인 조치를 취하는 것이 매우 중요하다.

다. 회사기회유용 및 사업기회의 가로채기

회사기회유용(usurpation of corporate opportunity)이라 함은, 회사의 임원이나 지배주주 등이 직무상 알게 된 회사의 정보를 이용하여 배신적인 방법으로 개인적인 이익을 취득하는 경우에 회사와 그 일반 주주를 보호하기 위하여 일정한 요건하에 그와 같은 부정한 이익의 취득을 금지시키는 법리이다. 이는 1900년에 미국의 Largarde 판결20)을 출발점으로 하여 약 100여 년 동안 미국의 판례이론에 의하여 축조된 것이다.

우리나라에서 일반인에게 미국의 회사기회유용 이론이 알려진 것은, 2006년에 대기업의 출자총액제한에 관한 법적 규제를 폐지하는 것21)에 대응하여 이에 대한 보완책으로서 참여연대 등의 시민단체들이 기업의 임원, 지배주주 및 근로자 등에 대하여 회사기회유용 이론에 입각한 상법상의 규제를 해야 한다는 주장에서 비롯되었다. 우리나라는 회사기회유용 이론의 입법화에 관하여 2006년 당시에는 재계의 반대로 무산되었다가, 그 후 여러 가지 우여곡절을 겪은 끝에 2011. 4. 14. 개정된 상법 제397조의2에 의하여 '회사의 기회 및 자산의 유용 금지' 규정이 신설되었다.22)

회사기회유용의 최초 판례인 1900년의 Largarde 판결에서는, "회사의 임원이 배신적인 방법에 의하여 가로채기를 한 회사의 기회라고 함은, 당해 회사가 계약상의 권리로 갖는 현존이익을 의미한다"라고 판단하였다. 그런데 이러한 기준은 '회사의 기회'라는 보호범위를 너무 좁게 해석함으로써 회사가 새로운 분야에 사업을 확장하는 경우에 대하여는 적절한 규제를 못한다는 비판이 있었다. 그리하여 1939년에 델라웨어주 대법원에서 있었던 Guth 판결23)에서는, 현실적인 경제상황에 맞는 구체적·체계적인 판단기준을 정립하는 중요한 판결이 선고되었다. Guth 판결의 개요는 다음과 같다.

원고 로프트(Loft) 회사는 뉴욕 롱아일랜드시티에서 사탕, 시럽, 음료 및 식료품을 제조·판매하는 회사인데, 로프트사의 사장(이사) 겸 기술전문가인 피고 구스(Guth)에게 펩시콜라 회사의 파산관재인 메가젤(Megargel)로부터 펩시콜라 음료시

---

20) Largarde v. Anniston Lime & Stone Co., 126 Ala. 496, 28 So. a199, 201 (Ala, 1900).

21) 2006년 당시의 독점규제 및 공정거래에 관한 법률 제10조에는 순자산 25%의 출자총액제한 제도를 규정하고 있었는데, 대기업의 투자확대를 통한 사회전체의 경제활성화를 도모한다는 기치아래 위 출자총액제한 제도를 폐지하게 되었다.

22) 제397조의2(회사의 기회 및 자산의 유용 금지) ① 이사는 이사회의 승인 없이 현재 또는 장래에 회사의 이익이 될 수 있는 다음 각 호의 어느 하나에 해당하는 회사의 사업기회를 자기 또는 제3자의 이익을 위하여 이용하여서는 아니 된다. 이 경우 이사회의 승인은 이사 3분의 2 이상의 수로써 하여야 한다.
   1. 직무를 수행하는 과정에서 알게 되거나 회사의 정보를 이용한 사업기회
   2. 회사가 수행하고 있거나 수행할 사업과 밀접한 관계가 있는 사업기회
   ② 제1항을 위반하여 회사에 손해를 발생시킨 이사 및 승인한 이사는 연대하여 손해를 배상할 책임이 있으며 이로 인하여 이사 또는 제3자가 얻은 이익은 손해로 추정한다.

23) Guth v. Loft., Inc., 23 Del. Ch. 255, 5 A.2d 503, 505 (Del. 1939).

럽의 비밀제조기법과 그 상표사용권을 구입할 용의가 있는지에 대한 제안이 들어 왔다. 그 당시 로프트사는 코카콜라사로부터 음료시럽을 제공받고 있었는데, 코카 콜라는 그 공급단가가 높았으며 사업상의 안정성도 없었으므로 로프트사로서는 펩 시콜라사의 위와 같은 영업비밀양도 및 상표라이선스에 관한 사업확장의 제의를 수용할 기대가능성이 있었다. 그럼에도 불구하고 로프트사의 사장인 구스는 펩시콜 라사의 위와 같은 사업제의를 개인적인 영업활동의 영역으로 사용하였고, 그 대가 로 펩시콜라사의 주식을 구스와 특별관계에 있는 사람의 명의로 취득하였다. 로프 트사는 구스가 취득한 위 펩시콜라사의 주식은 로프트사의 사장인 구스가 회사의 기회를 유용하여 얻은 부정한 이익에 해당한다고 주장하면서 위 주식에 대한 반환 청구권이 로프트사에 있다는 주장을 하였고, 법원은 로프트사의 청구를 인용하였다.

피고 구스가 상고를 제기한 위 사건에서 델라웨어주 대법원은, ① 로프트사의 사장인 구스에게 제안된 기회는 구스라는 개인의 자격에서 주어진 것이 아니라 로 프트사의 사장이라는 자격에서 주어진 기회이기 때문에 바로 로프트사의 기회라고 할 수 있고, ② 로프트사의 사장인 구스에게 제안된 기회는 로프트사의 사업에 필수 적인 것이며, ③ 로프트사는 위와 같은 기회에 대하여 현존하는 이익은 없더라도 기 대가능성(interest or expectancy)이 있으며, ④ 로프트사는 위 기회를 수용할 만큼 충 분한 재정적인 여력이 있었으며, ⑤ 펩시콜라사가 제안한 사업은 로프트사가 영위하 고 있는 사업의 연장선(line of business)에 있다는 점을 근거로 삼아 결국 구스가 영 위한 사업은 로프트사의 사업기회를 가로채기한 것에 해당한다고 인정하여 구스는 펩시콜라사의 주식을 로프트사에게 이전해야 할 의무가 있다고 판단하였다.[24]

회사기회유용에 관한 최초 판례인 Largarde 판결에서는 '계약상의 현존이익'이 보호대상이 된다고 하였으나, 위 Guth 판결에서는 회사가 기회를 수용할 재정적인 여력이 있으며 그것이 사업의 연장선에 있는 것이라면 비록 계약상의 현존이익이 아니더라도 보호대상이 된다고 인정함으로써 '사업확장성' 기준을 중요한 판단기준 으로 삼았다. 앞에서 본 우리나라의 2006년도 상법개정안은 위 Guth 판결의 판단 기준을 모델로 한 것이다.

그러면 이러한 회사기회유용은 영업비밀의 침해와 어떤 관련이 있는 것일까? 구체적인 분쟁상황에서 위 양자의 요소는 병존할 수도 있으며 그렇지 않은 경우도

---

24) 백정웅, "미국의 회사기회유용이론과 우리 상법", 상사법연구(52호), 한국상사법학회(2006), 363~372면.

있겠지만, 기업의 퇴직근로자가 종전 회사의 정보를 사용하는 과정에서 그 회사의 사업기회를 유용 내지 가로채기하는 경우에는 배신행위적 성질을 띠게 되어 영업비밀의 침해책임을 긍정하는 중요한 근거가 될 수 있다고 본다. 즉, 회사의 임직원이 퇴직할 당시에 자신의 창작적 공헌도가 높은 스스로 개발한 정보를 가지고 나와 새로운 직장에서 통상적인 방법으로 사용하는 행위에 대하여는 원칙적으로 이를 허용하는 것이 타당하지만, 그와 같은 정보(영업비밀)의 사용이 종전 회사의 사업기회를 유용 내지 가로채기를 하는 방식으로 행해지는 경우에는 건전한 거래질서를 저해하는 배신행위에 해당하여 영업비밀의 침해를 인정할 수 있는 것이다. 나아가 구체적인 소송에서 사업기회의 가로채기에 해당하는지 여부를 판단할 때에는, 헌법상의 자유경쟁질서와 개인의 기본권 등의 조화에 비추어 볼 때 그 적용범위를 함부로 확정해서는 아니 될 것인바, 가령 회사가 특정한 사업주체와 사이에 구체적인 사업내용에 관하여 계약교섭을 벌이고 있거나, 또는 회사가 기존 사업의 연장선(line of business)에서 당연히 할 것으로 기대되는 사업상의 기회가 시기적으로 임박한 상황에서, 그 업무를 직접적 또는 간접적으로 담당했던 임직원이 회사를 퇴직하면서 해당 사업기회를 개인적인 목적에서 유용하는 등의 경우를 의미한다고 봄이 상당하다. 대법원판례 중에서는 냉각탑제조·설계기술에 관한 '대법원 2009. 7. 9. 선고 2009도250 판결'이 그 예에 해당한다.25)

---

25) 대법원 2009. 7. 9. 선고 2009도250 판결(냉각탑 사건); K회사는 냉각탑에 관하여 미국냉각기술협회(Cooling Technology Institute)의 인증을 받은 국내유일의 업체로서 연간 매출액이 약 200억 원 정도에 이르고, 외국의 업체와 경쟁하여 인천공항의 대형 냉각탑을 수주·제조할 정도로 탁월한 영업성과를 거두어 왔다. 그런데 K회사는 중국의 A회사와 냉각탑의 설계·제조에 관한 기술협력계약을 모색하던 중 계약교섭이 결렬되었다. 그 무렵 K회사의 해외사업 담당직원인 피고인 갑은 냉각탑개발 담당직원인 을과 함께 K회사를 퇴직하고 새로이 X회사를 설립하면서 냉각탑제조에 관한 기술상 정보가 수록된 이 사건 설계도파일 등을 가지고 나왔다. 그 후 갑은 X회사의 경영자로서 중국의 A회사에 다시 접촉하여 낮은 공급가격으로 기술 협력계약을 체결함으로써 K회사의 사업기회를 가로채기하였다. 본건 사안에 대하여 대법원은, "영업비밀로서의 요건을 갖추었는지 여부 및 영업비밀로서 특정이 되었는지 등을 판단함에 있어서는 정보보유자가 주장하는 영업비밀 자체의 내용뿐만 아니라 근로자의 근무기간, 담당업무, 직책, 영업비밀에 대한 접근 가능성, 퇴사 후에 담당하는 업무의 내용과 성격 등 여러 사정을 고려하여야 한다"라고 전제한 다음, "K회사는 공신력 있는 인증이나 매출액, 수주실적 등의 측면에서 탁월한 영업성과를 거두어 왔는데, 이러한 성과는 위 회사가 오랫동안 연구개발을 해서 축조해 온 기술상 노하우에서 비롯된 것으로 보이며, 또한 이 사건 설계도파일 등에 접근하기 위해서는 회사직원이 아이디(ID)와 비밀번호를 입력해야 하며 보안책임자가 로그 파일 등을 관리하는 등 비밀로 유지하였으므로, 이 사건 냉각탑설계도 등에 수록된 기술상 정보는 영업비밀에 해당한다고 봄이 상당하다"라고 판단하면서 영업비밀 침해를 부정하였던 항소심판결에 대하여 유죄 취지로 파기환송하였다.

3. 영업비밀에 대한 사용·수익권 및 처분권의 구별

우리나라의 부경법과 소송실무에 의하면 영업비밀에 대하여 권리를 갖는 회사나 영업자를 가리켜 오로지 '영업비밀 보유자'라고만 칭하고 있는데, 실제의 법적 지위는 '비밀소유자(Geheimnissherr)' 및 '비밀보유자(Geheimnisstrager)'의 위상이 다소간에 다르게 나타나고 있으므로, 이와 관련하여서는 좀 더 세밀한 접근이 필요하다.

이 문제와 관련하여 최근의 흥미로운 하급심 판결례로서 서울고등법원 2015. 11. 27. 선고 2014나12203 판결(상고)이 있는바, 그 주요 내용은 다음과 같다.

『대상사건은 "공동발명자 중 일부가 다른 공동발명자를 배제한 채 특허출원을 하여 특허등록을 마침으로써 특허등록에서 배제된 공동발명자의 '특허를 받을 권리'를 침해한 경우 그 특허등록에서 배제된 공동발명자가 입은 재산상 손해액은 그 공동발명자가 발명진흥법 제15조의 규정에 의하여 받을 수 있었던 정당한 보상금 상당액이다"[26]라는 법리 아래, 피고 회사의 대표이사인 피고 2가 공동발명자인 원고를 배제한 채 자신의 단독발명으로 출원·등록한 행위로 인한 손해배상액을 직무발명 보상금 상당액으로 계산한 사례이다.[27]

다만 원고가 그 이전에 피고 회사의 영업비밀을 침해한 데 대하여 처벌 및 손해배상의무를 지는 판결이 대법원에서 확정된 바 있는데, 이 사건에서 원고를 공동발명자로 보는 경우 위 확정판결과 배치된다는 피고들의 주장을 다음과 같은 2가지 이유를 들어 배척하였다.

첫째, 피고 회사의 영업비밀로 인정된 기술상 정보들은 대상사건 발명의 기술적 사상과 관련된 더 구체적인 기술상 정보가 포함될 수 있으므로, 이들의 범위나 내용이 동일한 것으로 단정하기 어려운 것인바, 가령 대상사건 발명의 경우 '갭조절 수단, 감속기, 스토퍼' 등을 그 구성으로 포함하고 있는데, 피고 회사의 영업비밀에는 이러한 구성과 관련하여 최적의 작용효과를 도출하기 위한 구체적인 수치, 모양, 배치, 설계 및 작동의 노하우(know-how) 등 영업활동에 유용한 기술상 정보가 포함되는 것이므로, 대상사건 발명의 기술적 사상을 원고가 단독으로 창작하였

---

26) 대법원 2008. 12. 24. 선고 2007다37370 판결 등.
27) 피고 2는 상법 제401조에 의하여, 피고 회사는 상법 제389조 제3항, 제210조에 의하여 연대하여 손해배상책임이 있다고 한다.

다고 가정하더라도 이와 관련된 위와 같은 구체적인 기술상 정보까지 모두 원고의 단독적인 권리로 귀속되는 것은 아니다. 그리고 대상사건 발명의 기술적 사상이 특허출원 등으로 공지되었다고 하여서 위와 같은 구체적인 기술상 정보까지 함께 공지되게 되는 것도 아니다.

둘째, 어떤 회사의 근로자들에 의하여 공동으로 창작된 기술상 정보(특허발명이 될 수 있는 기술적 사상을 포함한다)가 그 회사의 영업비밀로 관리되고 있는 상황이라면, 설령 그 공동창작자 중 한 명이 직무발명에 관한 특허법상의 권리를 갖고 있다고 하더라도 그러한 사정만으로 곧바로 위 기술상 정보를 자유롭게 처분할 수 있는 지위에 있다고 볼 수는 없으므로, 이러한 지위에 있는 당사자가 해당 기술상 정보를 <u>무단으로 사용하거나 공개</u>[28]하는 경우에는 그 회사의 영업비밀을 침해한 것으로 된다.』[29]

위 하급심판결문상의 이유 설시는 특허법상의 공동발명자와 부경법상의 회사 및 본원적 보유자 사이의 법률관계를 언급하는 것으로서 의미가 있다. 여기서 중요한 점은, 특허법상의 공동발명자의 경우에는 발명진흥법상의 법리에 의하여 직무발명에 대한 보상금 상당액을 받을 권리가 있으나, 이로써 곧바로 해당 기술상 정보를 공개하거나 그것에 준할 정도의 정보 확산행위를 할 수는 없다는 취지의 법률관계를 시사하고 있다는 점이다.

다만 판결이유의 마지막 부분은 다소 문제가 있어 보이는데, 즉 공동발명자 내지 직무발명자에 준하는 법적 지위를 갖고 있는 본원적 보유자(本源的 保有者)에게는 강학상의 비밀소유자(Geheimnisherr)에게나 긍정될 수 있는 '정보에 대한 처분권'까지 귀속되는 것은 아니므로 해당 기술상 정보에 대하여 본원적 보유자가 이를 일반인에게 공개하거나 그것에 준할 정도의 정보 확산행위를 하여서는 안 된다는 취지의 이유 설시까지는 이해가 되지만, 이러한 근거를 토대로 삼아 본원적 보유자에게 '정보에 대한 사용'까지 금지된다는 취지로 선뜻 설시하여 버린 점에는 잘못이 있다고 생각된다.

돌이켜 본원적 보유자를 둘러싼 일본의 학설 동향을 살펴보면(이 논문 II의 2.), 본원적 보유자에 대하여 기술상 정보에 대한 '처분' 및 '사용'을 모두 일거에 금지시

---

28) 해당 판결문상에는 '무단으로 사용' 및 '무단으로 공개'하는 2가지 경우를 모두 나열하고 있으나, 처분권의 결여에서 나오는 효과는 '무단공개의 금지'일 뿐 '무단사용의 금지'에까지 당연히 미치는 것은 아니라고 생각된다.

29) 법원 코트넷 지적재산권 판결자료실 2015. 12. 11.자 게시 글 (재인용).

켜버리자는 견해가 없지는 않지만 이는 소수설에 불과하고,30) 오히려 다수설에 의하면 정보에 대한 이용행위 및 처분행위(정보의 확산행위 포함)를 구별한 가운데 본원적 보유자에 대하여 전자는 허용하되 후자를 금지시키는 견해가 주류를 이루는 것으로 파악된다.

한편, 위 대상사건의 사안은 상당히 복잡하기 때문에 본원적 보유자에 상응하는 전형적인 사례인지 여부에 대하여 필자로서는 정확히 알 수가 없는바, 현재 해당 사건은 대법원에서 상고심재판이 계류 중에 있으므로 나중에 어떤 결론 및 판례가 나올 것인지에 대하여는 관심을 가져볼 필요가 있다.

Ⅳ. 맺 음 말

이상의 글에서는, "회사에서 발생한 기술상 정보 또는 경영상 정보에 대하여 창작적인 공헌도가 있는 본원적 보유자에 대하여 회사의 법적 지위에 대응하여 어떤 권리와 의무를 인정할 것인가?" 라는 문제를 검토하여 보았다.

우리나라의 소송실무와 판례의 흐름은 영업비밀의 객체성, 그 중에서도 영업비밀의 '비밀관리성'에 대하여 지나치게 천착하는 경향이 있는데, 이처럼 한 쪽으로 치우친 사법상의 흐름이 누적되다 보면 권리의무에 관한 법률관계의 균형적인 설정 및 규범화를 저해하는 왜곡과 오류의 부작용이 발생하게 된다. 즉, 법조계와 사법부로서는 '기술상 정보 및 경영상 정보의 독점 여부와 이용관계'라는 문제에 대하여 '비밀관리성'이라고 하는 손쉬운 방법을 선택할 것이 아니라 정확한 이유를 근거로 삼아 정확한 결론을 내리는 노력이 필요한 것이다. 이러한 과제를 실천하기 위하여 법조계와 사법부는 영업비밀을 둘러싼 논의의 외연을 좀 더 실질화시킬 필요가 있으며, 그 출발점은 새롭게 창작된 기술상 정보 또는 새롭게 만들어진 경영상 정보의 실체적인 권리의무 및 법률관계가 이해당사자들, 즉 "회사와 근로자 및 일반공중(一般公衆)들 사이에서 어떻게 이용권한이 분장될 것인가?" 라는 근본적인 문제에 대하여 좀 더 진솔하며 납득할 만한 논의가 전개되는 것이 필요하다.

'본원적 보유자'라는 법률용어는 이러한 논의의 전개를 위한 단초가 되는 법적 개념을 갖고 있는바, 우리나라의 부경법상에는 비록 명문의 규정이 없지만 일본에

---

30) 牧野利秋 감수, 飯村敏明 편, "부정경쟁방지법을 둘러싼 실무적 과제와 이론"(2005년) 중 苫琦英男의 발언, 177면.

서 전개되는 학계와 판례의 흐름을 고려하여 볼 때, 본원적 보유자를 둘러싼 정보 이용 및 처분에 대한 권리의무관계에 대하여 이를 합리적으로 규범화하는 것이 필요하다고 생각된다.

제 3 절　전직·경업금지 가처분

장현진(특허법원 판사)

I. 의　　의

　　전직·경업금지 가처분이란 사용자가 당사자 사이의 약정에 기해 또는 부정경쟁방지 및 영업비밀보호 등에 관한 법률(이하 '부정경쟁방지법'이라 한다) 상의 영업비밀 침해행위에 대한 금지청구권 등에 기해, 퇴직한 종업원을 상대로, 사용자와 경쟁관계에 있는 업체에 취업하거나 사용자로부터 얻은 지식 등을 이용하여 사용자의 영업과 경쟁적인 업무에 종사하지 아니할 것을 구하는 가처분이다. 전직·경업금지 가처분은 다툼이 있는 권리관계에 대해 본안소송에서 확정될 때까지의 사이에 가처분 권리자가 현재의 현저한 손해를 피하거나 급박한 위험을 막기 위하여 허용되는 응급적·잠정적 가처분이며, 가처분에서 명하는 부작위 의무가 본안소송에서 명할 부작위 의무와 일치하는 이른바 만족적 가처분에 속한다.

　　전직 또는 경업을 금지하기로 약정한 기간이나 영업비밀의 보호를 위해 전직 또는 경업을 금지해야 할 필요성이 인정되는 기간이 대부분 단기간이기 때문에 본안소송으로 금지청구를 할 경우 재판 과정에서 이미 그 기간이 경과하여 목적을 달성할 수 없게 될 가능성이 크므로 전직·경업금지에 관한 분쟁이 발생할 경우 대부분 본안소송을 하기보다는 가처분 신청을 하게 된다.

　　일단 전직 또는 경업을 금지하는 가처분이 인용되면 종업원은 해당 기간 동안 취업이나 영업을 하지 못하게 될 가능성이 크고, 반대로 기각되면 사용자는 본안청구에서 판단을 받기 전에 전직·경업금지 기간이 도과하여 사실상 권리를 구제받지 못할 가능성이 크므로, 전직·경업금지 가처분의 경우 특히 사용자와 근로자의 이해득실관계 등 제반 사정을 종합적으로 고려하여 신중하게 결정할 필요가 있다.

II. 전직·경업금지 가처분의 허용 요건

1. 피보전권리

전직·경업금지 가처분은 임시의 지위를 정하기 위한 가처분(민사집행법 제300조 제2항)으로서 원칙적으로 민사소송에 의하여 보호를 받을 권리에 관하여 현존하는 위험이 있어야 하므로, 사용자(채권자)에게 종업원(채무자)을 상대로 전직이나 경업의 금지를 구할 유효한 약정상의 또는 법률상의 권리가 인정되어야 한다. 전직·경업금지 가처분의 대부분은 당사자 사이의 전직·경업금지약정에 기해 또는 부정경쟁방지법상의 영업비밀 침해행위에 대한 금지청구권 등에 기해 청구된다.[1]

전직·경업금지 가처분의 경우 가처분으로 본안판결 전에 사용자의 권리가 종국적으로 만족을 얻는 것과 동일한 결과에 이르게 되는 반면, 종업원으로서는 본안소송을 통해 다투어볼 기회를 가져보기도 전에 현재 직장에서 근무할 수 없게 되어 생계를 위협받게 될 위험이 있으므로, 법원은 전직·경업금지 가처분의 피보전권리 및 보전의 필요성에 관하여 통상의 보전처분의 경우보다 높은 정도의 소명을 요구하고 있다.[2]

가. 전직·경업금지약정에 기한 신청

사용자가 종업원과의 사이에 종업원이 근로관계의 존속 또는 종료 후에 사용자와 경쟁적 관계에 있는 동종 영업을 스스로 영위하거나 사용자와 경쟁적 관계에 있는 동종 업체[3]에 근무 또는 자문을 제공하는 등의 경업행위를 하지 않기로 하는 약정을 체결한 경우 이러한 약정에 근거하여 전직 또는 경업의 금지를 구하는 가처분을 구할 수 있다.

법원은 사용자와 종업원 사이에 전직·경업금지 약정이 있더라도, 보호할 가치 있는 사용자의 이익, 근로자의 퇴직 전 지위, 경업제한의 기간·지역 및 대상 직종, 근로자에 대한 대가의 제공 유무, 근로자의 퇴직 경위, 공공의 이익 및 그 밖의 사

---

1) 영업양도계약 또는 가맹계약상의 경업금지약정, 영업양수인의 경업금지의무(상법 제41조) 등에 기해 경업금지 가처분을 신청하는 경우도 많으나 이 글에서는 경업금지 가처분 중 영업비밀의 보호와 관련된 사건에 대해서만 논하기로 한다.
2) 2010. 1. 1. 이후 결정된 전직금지 등 가처분 신청사건 136건 중 인용된 사건은 47건에 불과하다(대법원 판결문검색시스템에 등록된 사건 기준).
3) 동종의 영업이란 동일한 영업뿐만 아니라 경쟁관계, 대체관계에 있는 영업도 포함한다(대전지방법원 천안지원 2011. 10. 17.자 2011카합122 결정).

정 등을 종합적으로 고려하여 해당 약정이 유효한지 여부를 판단한다.4)

실무상 보호할 가치 있는 사용자의 이익이 없거나 미약한 경우, 보호할 가치 있는 사용자의 이익이 있다고 하더라도 종업원의 퇴직 전 지위 등에 비추어 볼 때 종업원이 그에 관하여 접근하였을 가능성이 없는 경우,5) 전직에 의해 사용자의 이익이 침해될 가능성이 낮은 경우,6) 사용자의 귀책사유로 근로관계가 종료된 경우7) 등에는 전직·경업금지약정의 효력을 대부분 부인하고 있다.8) 그러나 종업원의 직급이 낮다거나 대가의 제공이 없었다는 사정은 전직·경업금지약정의 효력을 판단하는데 중요한 요소로 작용하지만 그러한 사정만으로 곧바로 전직금지약정이 무효라고 보지는 않는 것이 다수의 실무이다.9) 또한 업종이나 업무의 제한을 두지 않은 경우 전체 신청을 기각하기보다는 피보전권리와 보전의 필요성이 소명되는 업종이나 업무로 금지신청의 인용 범위를 제한하고 있다.10)

전직·경업금지약정을 유효하게 인정하더라도 보호할 가치 있는 사용자의 이익, 그와 같은 이익이 해당 근로자의 전직에 따라 실제 침해될 개연성의 정도, 근로자의 퇴직 전 지위, 퇴직 경위, 대가의 지급 여부 등의 제반 사정을 고려하여 약정한 전직·경업 금지 기간이 과도하게 장기라고 인정할 경우 적당한 범위로 전직·경업 금지기간을 제한하고 있고,11) 실무상 퇴직일로부터 1년으로 기간을 제한하는 경

4) 대법원 2010. 3. 11. 선고 2009다82244 판결.
5) 서울중앙지방법원 2015. 11. 24.자 2015카합1065 결정(대리 직급으로 근무한 채무자가 중요한 경영상의 지식이나 정보에 접근할 권한이 없었고 근무기간도 15개월에 불과하며, 전직금지의 대가도 지급받지 않았다는 등의 사정을 들어 전직금지약정을 무효로 본 사례).
6) 수원지방법원 2011. 11. 17.자 2011카합225 결정(채권자 회사에서 근무한 기간이 5개월에 불과하고, 담당업무의 속성상 파일 등을 유출하지 않은 이상 영업비밀이 침해될 가능성이 낮다고 본 사례).
7) 수원지방법원 안산지원 2012. 6. 19.자 2012카합44 결정.
8) 법원행정처, 「임시의 지위를 정하기 위한 가처분」(재판실무편람, 2016), 257면.
9) 서울중앙지방법원 2012. 2. 28.자 2011카합1715 결정 등 다수. 한편 최근 결정된 서울고등법원 2017. 2. 17.자 2016라21261 결정에서는 "퇴직 후 근로자의 경업이 중요한 영업비밀의 누설을 동반하는 등 사용자에게 배신적인 경우에는 경업금지에 대한 대가조치가 없더라도 사용자를 구제하여야 할 경우가 생길 수 있지만, 경업금지의무는 근로자의 직업활동의 자유를 직접적으로 제약하는 강력한 의무이므로 근로자에게 일방적으로 그 의무를 부담시키는 방향으로 해석하는 것은 적절하지 않고, 퇴직 후에 근로자는 스스로 경험과 지식을 활용해서 자유롭게 경업을 영위하는 것이 헌법 제15조의 취지이며, 이와 같은 기본적인 자유를 제한하기 위해서는 원칙적으로 근로자가 그 계약에 따라 입는 손해를 전보하기에 충분한 정도의 반대급부(대가)가 필요하다"고 판시하였다.
10) 인천지방법원 2014. 5. 26.자 2014카합10093 결정(채권자가 전직금지약정에 기해 취업금지 등을 구한 사안에서, 채권자 회사에서 담당했던 업무 외의 업무에 종사한다면 시급하게 경업금지를 명할 보전의 필요성이 없다는 점을 들어 담당했던 업무의 제공 금지만을 명한 사례).

우가 많다.12)

　　한편, 사용자와 종업원 사이에 체결한 약정에서 명시적으로 종업원에게 전직금지의무를 부과하지 않고 근로관계에서 얻은 영업비밀을 제3자에게 누설하지 않기로 하는 내용을 약정을 체결한 경우에도 이러한 약정에 근거하여 영업비밀 침해의 금지 또는 예방을 위해 전직 또는 경업의 금지를 구할 수 있는지에 대해 논란이 있을 수 있다.13) 영업비밀 보호에 관한 약정에 전직 또는 경업의 금지에 대한 합의까지 당연히 포함되어 있다고 볼 수는 없으므로, 영업비밀의 보호를 위해 전직 또는 경업까지 금지할 필요성이 인정되어야 하고, 사용자의 보호받을 이익도 영업비밀로 제한해서 해석되어야 할 것이다.

나. 영업비밀 침해행위 금지청구권에 기한 신청

　　당사자 사이에 전직·경업금지 약정이 없더라도 종업원으로 하여금 영업비밀과 관련된 업무에 종사하는 것을 금지하지 않고는 회사의 영업비밀을 보호할 수 없다고 인정되는 경우에는 부정경쟁방지법 제10조 제1항에 기하여 영업비밀 침해행위의 금지 또는 예방 및 이를 위해 필요한 조치 중의 하나로서 전직한 회사에서 영업비밀과 관련된 업무에 종사하는 것을 금지할 수 있다.14) 한편, 영업비밀과 관련된 업무에 종사하는 것을 금지하는 것을 넘어 전직 자체를 금지하기 위해서는, 종업원이 담당했던 업무의 내용이나 성질, 컴퓨터디스켓 등 영업비밀에 관한 자료를 가져간 사실이 있는지, 상대방 회사에서 담당하는 업무의 성질, 기타 관련 분야의 기술 발전 속도와 상대방 회사의 기술 수준 등 제반 사정을 고려하여 종업원의 전직 자체를 금지하지 않고는 사용자의 영업비밀의 유출을 방지할 수 없는 구체적인 필요성이 인정되어야 할 것이다.15)

---

11) 대법원 2007. 3. 29.자 2006마1303 결정.
12) 각주 8, 257면.
13) 하급심 판결례는 "영업비밀을 이용하여 창업하거나 경쟁사에 취업하지 않는다"는 약정을 문언내용대로 해석하여 경쟁사에의 취업 자체를 금지한 것이 아니라고 보아 전직금지 부분을 기각한 사례(서울중앙지방법원 2012. 4. 2.자 2011카합3031 결정, 서울중앙지방법원 2016. 1. 20.자 2015카합81147 결정)도 있고, "영업비밀을 경쟁업체나 제3자에게 공개하거나 누설하지 않고 그들을 위해서 사용하지 않겠다"는 취지로 약정한 이상 비밀보호를 위해 필요한 범위에서는 전직금지도 가능하다고 본 사례(수원지방법원 2011. 1. 24.자 2010카합390 결정)도 있다.
14) 대법원 2003. 7. 16.자 2002마4380 결정.
15) 영업비밀과 관련된 다수의 전산파일을 다운로드한 직후 퇴사하여 경쟁업체로 이직한 사안에서 전직 자체를 금지하지 않고는 영업비밀 침해행위를 방지할 수 없다고 본 사례로는 창원지방법원 2010. 10. 29.자 2010카합481 결정.

영업비밀 침해금지 청구권에 기해 전직 또는 경업의 금지를 구하는 경우에도 일반적인 영업비밀침해금지소송과 마찬가지로 법원의 심리와 상대방의 방어권 행사에 지장이 없도록 그 비밀성을 잃지 않는 한도에서 가능한 한 영업비밀을 구체적으로 특정하여야 하고, 영업비밀성이 인정되어야 한다. 판례는 상당한 정도의 기술력과 노하우를 가지고 경쟁사로 전직하여 종전의 업무와 동일, 유사한 업무에 종사하는 근로자를 상대로 영업비밀침해금지를 구하는 경우 사용자가 주장하는 영업비밀이 영업비밀로서의 요건을 갖추었는지와 영업비밀로서 특정이 되었는지 등을 판단함에 있어서, 사용자가 주장하는 영업비밀 자체의 내용뿐만 아니라 근로자의 근무기간, 담당업무, 직책, 영업비밀에의 접근 가능성, 전직한 회사에서 담당하는 업무의 내용과 성격, 사용자와 근로자가 전직한 회사와의 관계 등 여러 사정을 종합적으로 고려한다.16)

영업비밀 침해금지기간에 대해서, 원칙적으로 영업비밀 침해행위의 금지를 영구적으로 명할 수는 없고, 금지기간을 정하여야 하나, 가처분의 경우에는 영업비밀 침해금지기간을 정하지 않아도 위법하지 않다.17) 판례는 영업비밀인 기술정보의 내용과 난이도, 영업비밀 보유자의 기술정보 취득에 소요된 기간과 비용, 영업비밀의 유지에 기울인 노력과 방법, 침해자들이나 다른 공정한 경쟁자가 독자적인 개발이나 역설계와 같은 합법적인 방법에 의하여 그 기술정보를 취득하는 데 필요한 시간, 침해자가 종업원(퇴직한 경우 포함)인 경우에는 사용자와의 관계에서 그에 종속하여 근무하였던 기간, 담당 업무나 직책, 영업비밀에의 접근 정도, 영업비밀보호에 관한 내규나 약정, 종업원이었던 자의 생계 활동 및 직업선택의 자유와 영업활동의 자유, 지적재산권의 일종으로서 존속기간이 정해져 있는 특허권 등의 보호기간과의 비교, 기타 변론에 나타난 당사자의 인적·물적 시설 등을 종합적으로 고려하여 금지기간을 정한다.18)

영업비밀 침해금지 청구권에 기해 또는 영업비밀 침해금지 청구권과 전직·경업금지 약정 각각에 의해 전직 또는 경업의 금지를 명하는 경우, 실무는 영업비밀에 대한 침해금지 기간과 종업원의 전직금지 기간을 별개로 취급하여 기간을 설정하고 있다.19)20) 이는 전직금지의 경우 종업원의 직업선택의 자유를 제한하므로 금

---

16) 대법원 2003. 7. 16.자 2002마4380 결정.
17) 대법원 2009. 3. 16.자 2008마1087 결정.
18) 대법원 1998. 2. 13. 선고 97다24528 판결.
19) 법원행정처, 법원실무제요 「민사집행 Ⅳ」, 408면.

지 기간을 설정함에 있어 이러한 사정까지 고려해야 하기 때문이다.[21] 판례는 퇴직한 근로자에 대하여 전직금지의무를 부과하는 것은 종전에 근무하던 직장의 영업비밀을 보호하기 위한 것이므로 특별한 사정이 없는 한 영업비밀의 존속기간을 넘는 기간까지 전직을 금지할 수는 없다고 한다.[22]

2. 보전의 필요성

임시의 지위를 정하는 가처분에 있어서 판례는 "가처분채무자에 대하여 본안판결에서 명하는 것과 같은 내용의 부작위의무를 부담시키는 이른바 만족적 가처분일 경우에 있어서는, 이러한 가처분을 필요로 하는지의 여부는 당해 가처분신청의 인용 여부에 따른 당사자 쌍방의 이해득실관계, 본안소송에 있어서의 장래의 승패의 예상, 기타의 제반 사정을 고려하여 법원의 재량에 따라 합목적적으로 결정하여야 할 것"이라고 하고 있다.[23] 그런데 전직·경업금지 가처분의 경우에는 대부분 피보전권리가 존재하는지 여부에 따라 허용 여부가 결정되며, 피보전권리는 인정되나 보전의 필요성이 부정된다고 보아 가처분신청을 기각한 사례는 찾아보기 어렵다. 이는 실무상 피보전권리를 비교적 엄격하게 인정하고 있고, 피보전권리가 인정되는 경우에도 전직경업의 금지를 인정하는 기간이 퇴직일로부터 1년 정도여서 본안소송에 이르기 전에 기간이 도과하는 경우가 많으며, 일단 영업비밀 등 전직·경업금지를 통해 보호하고자 하는 정보가 유출되고 나면 이를 원상복구하는 것이 거의 불가능하다는 사정 등 가처분을 하지 않으면 채권자가 권리를 구제받지 못할 가능성이 크다는 점을 고려한 것으로 보인다.

전직 또는 경업으로 인해 사용자에게 급박한 위험이나 현저한 손해가 발생할

---

20) 하급심은 사안에 따라, 영업비밀 침해금지와 전직금지에 대해 동일한 기간을 정하거나(서울중앙지방법원 2011. 1. 25.자 2010카합1678 결정, 수원지방법원 2012. 1. 26.자 2011카합381 결정), 상이한 기간을 정하고 있으며(수원지방법원 2011. 7. 7.자 2011카합102 결정), 영업비밀 침해금지에 대해서는 기간을 정하지 않고 전직금지 기간은 명시하기도 하고 있다(서울중앙지방법원 2014. 1. 27.자 2013카합2478 결정).

21) 각주 19, 408면.

22) 대법원 1996. 12. 23. 선고 96다16605 판결, 대법원 1998. 2. 13. 선고 97다24528 판결. 같은 취지로 서울중앙지법 2010. 10. 29.자 2010카합2199 결정(전직금지약정 및 부정경쟁방지법 상의 영업비밀 침해금지 청구권에 기해 전직금지를 구한 사안에서, "사용자와 근로자가 전직금지약정을 통해 전직금지기간을 합의한 경우 근로자가 영업비밀이 담긴 컴퓨터 파일이나 보고서를 유출하였다는 등의 특별한 사정이 없는 이상 부정경쟁방지법에 기해 전직금지약정상의 기간보다 더 장기간의 전직금지를 구하는 것은 허용되지 않는다.").

23) 대법원 1993. 2. 12. 선고 92다40563 판결.

우려가 없는 경우, 전직 또는 경업을 금지함으로써 종업원이 입는 손해가 금지하지 못함으로써 사용자가 입는 손해에 비해 현저히 크고, 사용자가 입는 손해에 대해 향후 손해배상청구소송 등을 통해 회복 가능한 경우에는 보전의 필요성이 부인될 수 있을 것이다.24) 다만 전직금지기간이 얼마 남지 않았다는 이유만으로 보전의 필요성이 부정되지 않는다.25)

Ⅲ. 신청에 대한 재판

1. 당 사 자

전직·경업금지 가처분은 보통 퇴직한 종업원을 채무자로 하여 제기되는데, 종업원이 전직하여 근무하고 있는 회사를 채무자로 삼아 신청하는 경우도 있다. 전직·경업금지약정은 당사자 간에만 효력이 있는 것이므로, 제3자의 채권침해에 의한 불법행위가 성립하고 불법행위에 기한 금지청구권까지 인정되는 매우 예외적인 경우가 아니면 약정에 기해 상대방 회사에 대한 가처분신청이 인용되기는 어렵다.26) 그러나 부정경쟁방지법상 영업비밀 침해금지·예방 청구권에 기해서는 상대방 회사를 상대로 퇴직한 종업원의 채용 등의 금지를 신청할 수 있다.27)

전직·경업금지 가처분 사건에서 퇴직한 종업원을 고용하였거나 고용하고자 하는 제3자(상대방 회사)가 보조참가신청을 하는 경우가 종종 있다. 대립하는 당사

---

24) 보전의 필요성을 부정한 사례를 살펴보면, ① 상대방 회사에서의 근무를 금지하지 않더라도 신청인 회사에 급박한 위험이나 현저한 손해가 발생할 우려가 없다는 이유로 보전의 필요성을 부정한 사례(서울중앙지방법원 2012. 2. 28.자 2011카합1715 결정), ② 채권자 학원에서 상당 거리 떨어진 곳에서 학원강사로 근무하는 행위로 인해 채권자에게 회복할 수 없는 손해가 발생한다고 보기 어렵다는 이유로 보전의 필요성을 부정한 사례(대전지방법원 2012. 12. 12.자 2012카합1057 결정), ③ 가처분 심리종결일 현재 상대방 회사가 국내외 시장에서 채권자와 경쟁관계를 형성하지 않은 점 등을 들어 보전의 필요성을 부정한 사례(수원지방법원 성남지원 2016. 8. 25.자 2016카합50079 결정), ④ 채권자가 채무자가 상대방 회사로 전직한 사실을 알고도 상당 기간 이를 문제삼지 않다가 상대방 회사와의 협력관계가 깨지자 전직금지가처분을 구한 사안에서 가처분으로 시급하게 전직을 금지할 만한 급박한 위험이 없다고 본 사례(창원지방법원 2014. 9. 1.자 2014카합165 결정) 등이 있다.

25) 각주 8, 258면.

26) 이러한 이유로 상대방 회사에 대한 신청을 기각한 사례로는, 서울중앙지방법원 2015. 5. 4.자 2015카합80050 결정, 인천지방법원 2016. 5. 3.자 2015카합10318결정 등.

27) 서울중앙지방법원 2011. 1. 25.자 2010카합1678 결정(상대방 회사를 채무자로 하여 퇴직한 종업원을 특정 업무에 종사하지 않도록 하는 경업금지가처분을 신청한 사안에서, 상대방 회사에 대해 "2011. 5. 25.까지 A로 하여금 ○○업무를 직접 담당하거나 그 관련업무 또는 보조업무에 종사하게 하여서는 아니된다"고 결정한 사례).

자의 구조를 갖지 못하는 결정절차에서 제3자는 보조참가 신청을 할 수 없다고 판단한 판례에[28] 따라 보조참가를 허용하지 않는 실무례도 있으나, 임시의 지위를 정하기 위한 가처분 사건은 필요적 심문을 거치고 있어 대립하는 당사자 구조를 취하고 있고, 실제 당사자들의 첨예한 이해관계를 다루기 위해 신중하게 그 심리절차를 진행하고 있는데다가, 보조참가인이 가처분결정에 적지 않은 영향을 받으므로, 이를 허용하는 것이 일반적이다.[29]

2. 가처분결정

가. 주   문

전직·경업금지 가처분을 인용하는 경우 주문례를 살펴보면, ① 회사를 특정하여 전직 또는 경업금지를 명한 사례, ② 영업이나 담당 업무의 종류를 특정하여 전직 또는 경업금지를 명한 사례,[30] ③ 기타 침해예방에 필요한 행위(다른 직원에 대한 이직권유 금지[31] 등)를 포함하여 금지를 명한 사례 등이 있다.

전직 대상 법인을 구체적으로 특정하지 않고 포괄적으로 전직·경업금지를 신청한 경우 실무는 신청취지가 특정되지 않거나 보전의 필요성에 대한 소명이 부족하다고 보아 그 부분 신청을 일부 기각하고 있다.[32]

---

28) 대법원 1973. 11. 15.자 73마849 결정, 대법원 1994. 1. 20.자 93마1701 결정(모두 부동산경락허가결정에 관한 사안).

29) 각주 8, 11면; 의정부지방법원 고양지원 2013. 11. 14.자 2013카합5001 결정.

30) 공개·사용을 금지하는 영업비밀을 퇴직일자 기준으로 사용자가 제품 생산에 적용하던 정보로 한정한 사례(서울중앙지방법원 2010. 10. 29.자 2010카합2199 결정), 채권자가 신청한 정보의 범위가 추상적이고, 채무자가 그 정보를 모두 지득할 수 있는 지위에 있지 않았다고 보아 특정 정보에 관한 업무로 한정한 사례(창원지방법원 2016. 10. 11.자 2016카합10217 결정) 등.

31) 서울중앙지방법원 2013. 4. 29.자 2013카합231 결정(전직금지약정의 내용에 권유행위 금지가 포함되었던 사례). 한편, 채권자 회사의 영업직원들에 대한 전직권유행위금지 신청에 대해 채무자가 전직을 권유하였다거나 전직 권유가 위법하다는 점에 대한 소명이 없다는 이유로 일부 기각한 사례도 있다(서울서부지방법원 2014. 12. 19.자 2014카합50177 결정).

32) ① "기타 경쟁관계에 있는 업체" 부분을 일부 기각한 사례(수원지방법원 안산지원 2010. 6. 8.자 2010카합8 결정), ② "B회사가 출자하여 국내외에 설립하는 법인" 부분을 "출자"의 기준이 명확하지 아니하여 대상 법인이 너무 확대될 우려가 있다는 이유로 일부 기각한 사례(서울남부지방법원 2010. 5. 25.자 2010카합188 결정), ③ "계열회사" 부분을 일부 기각한 사례(서울중앙지방법원 2012. 4. 2.자 2011카합3031 결정), ④ "A회사가 속해 있는 그룹의 계열사" 부분을 일부 기각한 사례(광주고등법원 2013. 12. 30.자 2013라99 결정), ⑤ "채권자 이외의 제3자" 부분을 일부 기각한 사례(창원지방법원 2010. 10. 29.자 2010카합481 결정) 등.

나. 간접강제

가처분결정 시점을 기준으로 전직금지기간이 수개월 정도 남아 있거나 경쟁회사에서 이미 근무하고 있는 등의 사정이 있어 가처분결정의 실효성을 확보하기 위해 필요한 경우 법원은 채권자의 신청에 따라 전직·경업금지 가처분을 인용하면서 동시에 간접강제를 명한다(민사집행법 제261조). 이때 간접강제금액은 채권자의 피해 정도 및 피해회복의 곤란성, 채무자의 수입, 경쟁회사에서 이미 근무하고 있는지 여부 등을 참작하여 정해지는데, 1일 50~100만 원 정도로 정하는 경우가 많다.[33]

다. 보 증

전직·경업금지 가처분을 허용함에 있어서 법원은 종업원이 본안판결 확정시까지 가처분 발령으로 인하여 입게 될 손해를 담보하기 위해 담보의 제공을 명할 수 있다(민사집행법 제301조, 제280조 제3항). 실무상 일반적으로 담보 제공을 명하고 있고, 특별한 사정이 없는 한 지급보증위탁계약 체결문서의 제출로 갈음할 수 있도록 하고 있다. 담보액수는 본안소송의 결과가 나올 때까지 채무자가 입게 될 예상 손해액을 기준으로 하여 채권자의 자력과 소명의 정도, 본안에서의 승소가능성 등을 종합적으로 고려하여 정해진다.[34]

3. 즉시항고 및 가처분이의·취소

가처분 신청이 각하 또는 기각된 경우, 사용자(채권자)는 원심법원에 즉시항고를 제기할 수 있다(민사집행법 제301조, 제281조 제2항). 항고권자는 재판을 고지받은 날로부터 1주 내에 항고장을 제출해야 하고, 위 기간은 불변기간이다(민사집행법 제23조, 민사소송법 제444조).

가처분신청이 인용된 경우, 종업원(채무자)은 가처분이 유효하게 존재하고 취소·변경을 구할 이익이 있는 한 언제든지 가처분이의·취소신청을 제기할 수 있다. 가처분 인용결정과 함께 그 의무위반에 대비한 간접강제결정이 동시에 발령된 경우 간접강제결정에 대해 불복하는 경우 가처분이의취소 절차가 아닌 즉시항고에 의하여야 한다(민사집행법 제261조 제2항).

가처분에 대해 이의취소신청이 있더라도 가처분의 집행력이 당연히 정지되는 것

---

33) 각주 8, 259면.
34) 각주 8, 32면.

은 아니다(민사집행법 제283조 제3항, 제301조, 제49조). 전직·경업금지가처분과 같이 부작위를 명하는 형성적 가처분에 대해 민사집행법 제309조 제1항에 따라 집행정지를 명할 수 있는지에 대해 허용되지 않는다고 보는 견해가 실무상 다수설이다.[35]

---

35) 각주 19, 149-150면.

제 4 절 경업금지 또는 전직금지를 위한 보상

강경태(김앤장·법률사무소 변호사)

I. 문 제 점

근로자와 사용자 사이에 체결하는 경업금지약정이나 전직금지약정은 한편으로 사업주의 영업비밀을 보호하는 긍정적인 면이 있는 반면, 근로자에게는 헌법상 보장된 직업선택의 자유를 제한함으로써 생계에 상당한 지장을 초래할 수 있는 부정적인 면도 있다.1) 근로자는 기존의 근로관계가 종료될 경우에는 그동안 익힌 기술이나 노하우를 바탕으로 새로운 직업을 찾을 수밖에 없고, 이와 관련이 없는 새로운 직업에 종사하기 위해서는 상당한 노력과 시간을 들여 교육을 받아야하기 때문에, 정당한 보상이 없다면 당장 발생할 수 있는 근로의 공백기 동안 생계가 문제될 수 있다. 따라서 경업금지나 전직금지를 위해서는 상당한 보상이 수반되는 것이 바람직하고, 상당한 보상이 수반되지 않는 경업금지계약이나 전직금지계약의 효력을 부정하여야 하는 것 아닌지 검토할 필요가 있다.2)

나아가 경업금지약정이나 전직금지약정을 체결하면서 어느 정도의 보상을 약정하는 것이 정당하고 상당한 보상인지, 보상은 어떤 형태로 이루어질 수 있는지에 관한 논의도 필요하다. 또한 과도한 금지기간이나 금지의 범위를 설정하면서도 그에 비하여 너무 적은 보상을 약정하거나 아예 보상규정을 두지 않는 경우의 해결방법에 관한 논의도 필요하다.

---

1) 경업금지약정은 근로자가 사용자와 경쟁관계에 있는 업체에 취업하거나 스스로 경쟁업체를 설립, 운영하는 등의 경쟁행위를 하지 아니할 것을 내용으로 하므로 직업선택의 자유를 직접적으로 제한할 뿐만 아니라, 자유로운 경쟁을 저해하여 일반 소비자의 이익을 해칠 우려도 적지 아니하고, 특히 퇴직 후의 경쟁업체로의 전직금지약정은 근로자의 생계와도 직접적인 연관이 있으므로 사용자와 근로자 사이에 전직금지약정이 있는지에 관하여는 이를 엄격하게 판단하여야 할 것이다(대법원 2003. 7. 16.자 2002마4380 결정).
2) 차상육, "퇴직후 경업금지약정과 영업비밀의 보호(우리나라와 미국의 판례를 중심으로)", 경북대학교 법학연구원 법학논고 제49집(2015. 2.), 635면.

II. 보상의 정도

경업금지나 전직금지에 대한 보상은 일정한 금액으로 정하는 것이 일반적이다. 그러나 경업에 해당하지 아니하는 취업의 기회를 제공하거나 금융편의, 가맹계약의 제공 등 금전이 아닌 방식으로 보상을 하는 것도 얼마든지 가능하다. 문제는 그 정도인데, 금지의 대상이 되는 업종의 범위와 금지기간에 상응하는 보상이 이루어지는 것이 바람직하다.

경업금지나 전직금지에 대한 보상의 상당성은, 금지의 대상이 되는 영업이나 관련 업종의 범위 및 지역적 범위에 따라 달라질 수 있다. 사업주의 영업비밀을 보장하기에 충분한 업종에 대한 경업금지나 전직금지가 필요하겠지만, 그 범위가 넓을수록 보상의 정도는 커져야 하는 것이 당연하다. 또한, 금지기간이 길수록 보상 역시 커져야 하는 것 역시 당연하다. 보상의 적절성 내지 상당성은 금지기간 동안 근로자가 영업을 하거나 근로를 하였을 경우 얻을 수 있었던 이익이나 보수가 일응의 기준이 될 수 있다.

보상의 상당성을 판단함에 있어서 함께 검토할 것은, 경업금지약정이나 전직금지약정에서 정한 보상이 적절하고 정당한 것인지를 판단하기 위하여, 기존에 제공된 대가가 근로관계가 종료된 이후의 경업금지나 전직금지에 대한 선보상으로서의 의미를 가지는지도 검토할 필요가 있다. 예를 들어, 영업비밀을 취급하는 근로자의 업무 성격이나 개인의 능력에 비하여 높은 직책을 부여하고 많은 보수를 지급한 경우 등이다. 이러한 혜택이 먼저 주어진 것으로 볼 수 있을 경우에는 이러한 선지급 보상까지 포함하여 보상의 적절성 여부를 판단하는 것이 필요하다.

III. 보상이 없거나 정당한 보상에 못미치는 계약의 효력

경업금지약정이나 전직금지약정을 하면서도 보상에 관한 규정을 아예 두지 않거나, 금지의 범위나 기간에 비하여 적절한 보상이 규정되어 있지 않은 경우, 즉 불공정한 경업금지나 전직금지약정은 무효로 볼 수 있다.3) 대법원은 경업금지약정의

---

3) 사용자와 근로자 사이에 경업금지약정이 존재한다고 하더라도, 그와 같은 약정이 헌법상 보장된 근로자의 직업선택의 자유와 근로권 등을 과도하게 제한하거나 자유로운 경쟁을 지나치게 제한하는 경우에는 민법 제103조에 정한 선량한 풍속 기타 사회질서에 반하는 법률행위로서 무효라고 보아야 한다(대법원 2010. 3. 11. 선고 2009다82244 판결).

유효성에 관한 판단은, 보호할 가치 있는 사용자의 이익, 근로자의 퇴직 전 지위, 경업 제한의 기간·지역 및 대상 직종, 근로자에 대한 대가의 제공 유무, 근로자의 퇴직 경위, 공공의 이익 및 기타 사정 등을 종합적으로 고려하여야 한다고 판시하여,4) 보상 여부와 그 정도는 경업금지약정이나 전직금지약정의 유효성 판단에 관한 하나의 요소가 될 수 있다.

통상 경업금지약정이나 전직금지약정을 무효로 보는 근거로, 사회질서 또는 공서양속에 반하는 것으로 보고 있으나, 경업금지약정이나 전직금지약정이 약관에 해당하는 경우에는 불공정한 약관으로 무효화할 수 있다.5)

Ⅳ. 명시적 약정이 없을 경우 보상청구는 가능할 것인지?

경업금지약정이나 전직금지약정에 명시적으로 보상에 관한 규정이 없을 경우에도 근로자는 사업주에게 보상청구가 가능할지의 문제도 생각해 볼 수 있겠지만, 명시적인 약정이 없는 한 보상금을 청구할 권원이 마땅하지 않다. 근로자로서는 보상규정이 없음에도 과도한 경업금지나 전직금지를 설정한 규정을 무효화하는 것으로 대응할 수밖에 없을 것이다.

---

4) 대법원 2010. 3. 11. 선고 2009다82244 판결.
5) 약관규제에 관한 법률 제6조
   ① 신의성실의 원칙을 위반하여 공정성을 잃은 약관 조항은 무효이다.
   ② 약관의 내용 중 다음 각 호의 어느 하나에 해당하는 내용을 정하고 있는 조항은 공정성을 잃은 것으로 추정된다.
     1. 고객에게 부당하게 불리한 조항
     2. 고객이 계약의 거래형태 등 관련된 모든 사정에 비추어 예상하기 어려운 조항
     3. 계약의 목적을 달성할 수 없을 정도로 계약에 따르는 본질적 권리를 제한하는 조항

제 5 절   경업금지약정

차상욱(경북대학교 법학전문대학원 교수)

I. 서   언

영업비밀의 보호와 관련하여 영업비밀 보유자 내지 사용자는 피해기업의 입장에서 사업상 비밀정보를 널리 보호하기 위한 방법으로 해당 비밀정보를 알고 있는 근로자 내지 종업원과 사이에 비밀유지약정과 더불어 경업금지약정을 체결한다. 이러한 약정을 바탕으로 근로자 내지 종업원에게 해당 정보에 관해서 비밀유지의무를 지우게 하거나 또는 나아가 퇴직 후 경업금지의무를 부담하게 하는 방식으로 동종업계의 다른 회사에 취업이나 전직 자체를 금지하고 있다. 그런데 실무에서는 영업비밀보호라는 필요성과 대비할 때 상당히 광범위하고 과도한 범위에 걸쳐서 퇴직 후 경업금지의무를 규정한 약정이 체결되는 관행이 있음을 판례 등을 통하여 확인할 수 있다. 이러한 약정의 효력을 있는 그대로 인정하면 이로 인하여 근로자 내지 종업원 개인의 헌법상 직업선택의 자유를 침해할 여지가 있어서 문제가 있다. 즉, 퇴직 후 경업금지약정의 개별적 내용에 따라서는 근로자 개인 내지 노동시장의 경제적 유연성 내지 이동성을 감소시키고, 근로자 개인이 바람직한 삶의 과정을 추구할 자유를 제한할 수 있다.[1] 그 때문에 후술하듯이 우리 판례의 큰 흐름은 사용자와 근로자 사이에 경업금지약정이 존재한다고 하더라도, 그와 같은 약정이 헌법상 보장된 근로자의 직업선택의 자유와 근로권 등을 과도하게 제한하거나 자유로운 경쟁을 지나치게 제한하는 경우에는 민법 제103조에 정한 선량한 풍속 기타 사회질서에 반하는 법률행위로서 무효라고 보고 있다.

이처럼 근로관계 종료 후의 경업금지약정이나 전직금지약정은 근로자의 입장

---

1) Paul Goldstein · R.Anthony Reese, *Copyright, Patent, Trademark And Related State Doctrines: Cases and materials on the law of intellectual property*, Foundation Press, Revised 6th edition, 2010, p. 104.

에서는 헌법상 직업선택의 자유를 침해당할 우려가 있고, 기업간의 경쟁의 자유라는 측면에서 볼 때 노동력과 정보의 유출은 불가피한 측면도 있다.2) 직업선택의 자유 내지 영업의 자유와 관련하여 퇴직한 종업원이 종전의 사업장에서 지득한 영업비밀을 새로운 사업장에서 활용할 수 있는지 여부가 특히 문제된다.3) 종업원이 퇴직 후에도 영업비밀유지의무를 부담하는지 그리고 퇴직 후에도 비밀유지의무를 부담한다면 위 의무의 시간적 · 장소적 범위는 어떻게 되는지에 대한 판단은 아주 어려운 해석의 문제 내지 정책적 판단의 문제를 내포하고 있다. 즉, 종업원의 비밀유지의무가 계약상 명시적으로 퇴직 후에까지 적용되는 것으로 규정되어 있지 않는 한, 근로계약의 일부로서 당연히 그 시간적 효력범위도 근로계약기간과 마찬가지로 판단되어야 할 것인지, 아니면 비밀유지의무의 특성상 퇴직 후에까지 비밀을 사용 또는 공개해서는 안 된다는 내용의 의무로 해석해야 할 것인지, 그리고 영업비밀 보유자의 배타적 권리의 속성상 퇴직한 종업원도 일정한 영업비밀유지의무를 부담하는지 등에 대하여 다수의 쟁점이 있다.4) 나아가 퇴직 후의 경쟁업체에의 취직을 금지하거나 또는 경쟁적인 영업의 수행을 금지하는 이른바 경업금지의무에 관한 계약조항(non competition clause)이 있는 경우에 그러한 경업금지조항이 유효한 것인지가 문제된다. 특히, 경업금지의무의 기간이나 보상 여부 또는 지역 또는 영업의 범위 등이 제한되어 구체화되어 있지 않는 경우에는 그러한 경업금지의무의 강제로 인하여 직업선택의 자유가 침해될 수 있고, 따라서 그 유효성이 의문시된다. 여기서 어려운 문제는 경업금지의 합리적 기간이나 지역적 범위를 정하는 기준의 설정을 어떻게 합리적으로 도출할 것인가 하는 것이다.5) 이와 같이 근로관계 종료 후 경업금지약정의 유효성 판단은 헌법상 근로자의 직업선택의 자유 혹은 퇴직자의 영업의 자유와 본질적으로 충돌하게 되므로, 근로관계가 계속 중인 경우와 동일한 요건하에 경업금지의무를 인정하기 어렵고 보다 엄격한 요건을 요한다 할 것이다.6)

　이하에서는 이러한 문제의식 아래, 특히 퇴직근로자의 경우 경업금지약정의

---

2) 사법연수원, 「부정경쟁방지법」, 2012, 127면.
3) 정호열, 「부정경쟁방지법론」, 삼지원, 1993, 278면.
4) 정상조, 「부정경쟁방지법 원론」, 2007, 115면.
5) 정상조, 위의 책, 119~120면.
6) 차상육, "영업비밀의 보호: 부정경쟁방지 및 영업비밀보호에 관한 법률 제2조 제3호 라.목을 중심으로", 「산업재산권」 제23호, 한국지식재산학회(구, 한국산업재산권법학회), 2007, 117면.

유효성 및 그 판단기준과 관련한 영업비밀보호의 문제를 중심으로 살펴본다. 그 방법론으로서 미국 및 일본, 그리고 우리 판례를 대비적으로 비교한 후,7) 시사점을 찾아본다.

Ⅱ. 경업금지약정의 유효성 및 판단기준에 관한 비교법적 고찰

1. 미   국8)

가. 경업금지약정의 존재시기와 '약인'(consideration)의 해석 문제

퇴직 후의 경업금지약정은 언제 체결해야 하는지, 즉 경업금지합의의 존재시기가 문제된다. 이 약정 내지 합의의 시기문제는 미국법상 약인(consideration; 締約原因, 이하 '약인'이라 함)의 이론과 관련된다. 경업금지약정이 노동자가 고용되기 이전에 이루어진 때는 그 약정은 사용자의 고용의무에 따라서 지지 내지 확인되므로 대가관계 있는 약인이 존재하게 된다. 이와 달리 경업금지약정이 노동자가 고용된 후에 이루어진 때는 사용자는 노동자에 대하여 경업금지약정과 대가관계에 있는 금전 기타의 무엇인가의 약속을 쉽게 주지는 않게 되고, 그러한 경업금지약정을 이유로 사용자 자신에게 불이익을 초래할 위험성은 적게 한다. 그 결과, 노동자가 고용된 이후 체결된 경업금지약정은 약인(consideration)이 없는 것으로 평가되므로 유효하게 성립하지 않게 될 우려가 있다. 따라서, 경업금지약정의 존재시기의 문제는, 결국 사용자와 노동자의 계약교섭에 있어서 힘의 격차 내지 힘의 불균형과 대상조치(代償措置)의 결여 및 가혹한 합의(oppressive agreement)를 강요당하기 쉽다는 경업금지약정의 특수성과 관련이 있다. 직업을 얻어야 하는 긴박성 및 선택의 여지가 거의 없는 상태에서 노동자는 목전의 이익을 위하여 퇴직 후의 경업금지약정을 아무런 고려 없이 체결하는 경우가 많다. 이러한 성급한 약속은 종종 퇴직 후 노동자로 하여금 생활을 힘들게 만들고 수입을 얻는 수단을 빼앗기게 되는 결과를 야기

---

7) 비교법적 고찰에 관한 선행문헌으로서, 신권철, "퇴직근로자의 경업규제의 비교법적 고찰—미국과 일본의 판례를 중심으로", 「노동법연구」 상반기 제20호, 서울대학교노동법연구회, 2006, 183~216면; 정영훈, "근로관계종료후의 경업금지의무에 관한 고찰—독일과 일본의 논의를 중심으로—", 「노동법학」 제29호, 한국노동법학회, 2009.3, 75~130면; 이달휴, "근로자의 경업금지의무와 계약", 「노동법학」 제34호, 2010, 33~62면; 차상육, 위의 논문, 91~130면 등 참조.
8) 차상육, "퇴직후 경업금지약정과 영업비밀의 보호", 『법학논고』 제49집, 경북대학교 법학연구소, 2015, 645~654면. 이하 미국의 비교법적 고찰에 따른 내용의 각주는 이 글에서 재인용함.

한다. 그래서 미국 법원은 불필요하다면 힘의 불균성과 대상조치의 결여 등을 바탕으로 체결된 경업금지약정을 이유로 노동자의 전직의 자유는 제한해서는 안 된다고 통상적으로 판단한다.9)

위와 같이 미국 계약법의 가장 큰 특징은 계약의 성립에 약인(consideration)이 존재해야 한다는 것이다. 애초 19세기 영국법에서는 합의가 비록 유효한 체약의사를 갖고 맺어진 경우에도 날인증서(deer under deal)에 의하거나 약인(consideration)에 의해 지지되는 경우에만 법적 구속력이 인정된다는 체약원인의 법리(doctrine of consideration)을 계약법상의 계약원칙으로 확립하였다.10) 이러한 약인법리의 기초 사상은 상호성(reciprocity)으로서 수락자(promisee)는 그가 받은 약속과 교환하여 그 자신에게 불이익이 되거나 또는 약속자(promisor)에게 이익이 되는 것을 제공하여야 한다. 미국에서 약인이론의 상호성 개념은 약속에 대하여 거래상 부여된 대가로 보는 대가교환이론(bargain theory of consideration)으로 변경되었다. 이은영 교수는 미국 계약법 리스테이트먼트에 대해서 Williston 교수의 위와 같은 대가교환 이론을 기본으로 하고 있다고 한다(제71조).11)

이처럼, 미국에서는 계약은 의사의 합치만으로는 유효하게 성립하지 않고, 당사자의 의사의 합치에 더하여 약인(consideration)이 필요하다. 약인(consideration)이란 어떤 약속과 교환되는 것이고, 미국 계약법 제2 리스테이트먼트 제71조 제1항에 의하면, 약인을 구성하기 위해서는 약속에 대한 이행이나 반대약속이 대가로 교환되어야 한다.12) 즉, 약인의 구성요소인 대가는 반드시 금전일 필요는 없고, 무엇인가 당해약속과 교환되는 것이면 좋다. 이러한 미국 계약법상 약인법리는 고용계약에서도 마찬가지로 적용된다. 더구나 고용계약의 특성상 계약체결상 양당사자간의 교섭력이 균등하다고 말하기 어렵고, 그러한 경우 체결된 경업금지약정은 사회적으로 보호되어야 한다는 법리의 문제가 존재한다.

문제는 특히 기간의 정함이 없는 고용계약의 경우이다. 우선 퇴직 후 경업금지합의가 고용되기 전에 이루어진 경우 장래의 노동자는 사용자에 대하여 퇴직 후

---

9) Arthur Murray Dance Studios of Cleveland, Inc. v. Witter, 62 Ohio L. Abs. 17, 45-46, 105 N.E.2d 685, 704 (C.P. Cuyahoga County 1952).
10) 이은영, "계약구속력의 근거", 사법연구회 편, 「사법연구 3: 계약법의 제문제」, 고시계, 1988, 40~41면.
11) 이은영, 위의 논문, 41면.
12) THE RESTATEMENT (SECOND) OF CONTRACTS § 71 (1981).

경업금지를 약속하는 것과 교환으로 일을 얻을 수 있으므로 퇴직 후 경업금지약정을 지지하는 약인(consideration)은 고용 그 자체이다. 그러나 경업금지합의가 고용된 후에 이루어진 경우 이것을 지지하는 새로운 약인이 없는 한 경업금지약정은 당사자에게 구속력을 가지지 않는다. Maintenance 사건13)은 구두계약으로 고용관계에 들어간 노동자가 고용된 후 5개월 뒤에 경업금지합의를 포함한 서면의 고용계약을 회사와 체결하였는데 고용조건의 변경은 이루어지지 않았던 사안이었다. 펜실베니아주(州)법원은 노동조건이 유리하게 변경되는 등과 같은 새로운 약인(consideration)에 의하여 경업금지합의가 지지되었다면 경업금지약정은 유효하지만, 이 사건의 경우 이러한 노동조건의 유리한 변경은 인정되지 않으므로 경업금지약정은 무효라고 설시하였다.14) 따라서, 퇴직 후의 경업금지에 관한 합의가 고용된 후에 이루어진 경우는 이러한 합의가 유효하기 위해서는 그것을 지지하는 새로운 약인(consideration)이 필요하고, 그 약정의 제한을 받은 노동자가 경업금지약정에 대응한 이익 또는 지위상의 변경(change of employment status)을 대가로서 향수하지 않으면 그 경업금지약정은 그 구속력을 가지지 않는다.15) 위 Maintenance 사건의 판결취지와 마찬가지로, Mona Electric Group 사건16)에서도 버지니아동부지방법원은 노동자가 퇴직 후 경업금지약정을 체결한 후 6개월 정도 지나서 다른 경쟁회사로 전직한 사안에서, 6개월간의 고용계속만으로는 경업금지약정을 지지하는 약인(consideration)으로서 인정되기에는 충분하지 않다고 판시하였다.

경업금지약정이 유효하게 성립하려면 일정기간에 걸친 고용계속의 사실, 금전적인 급부, 승진 또는 승급 등의 고용상의 지위변경 조치가 복합적으로 취해지는 것을 요건으로 한다. 예컨대 펜실베니아 대법원은 Insulation 사건17)에서 연간 2,000

---

13) Maintenance Specialties, Inc. v. Gottus, 455. Pa. 327, 314 A.2d 279 (Pa 1974). (이 Maintenance 사건에서 Jones, C.J. 수석법관의 보충의견에 의하면, "경업금지의 합의가 애초 고용계약에 포함되어 있는 경우에는 당해 경업금지의 합의를 지지하는 약인은 고용 그 자체다"라고 한다).
14) Id. at 281.
15) Id. at 282.
16) Mona Electric Group, Inc. v. Truland Service Corp., 193 F. Supp. 2d 874 (E.D. Va. 2002), aff'd, 56 Fed. Appx. 108, 2003 U.S. App. LEXIS 83 (4th Cir. Va. 2003).
17) Insulation Corporation of America v. Brobston, 446 Pa. Super. 520, 529, 667 A.2d 729, 733 (Pa. Super. 1995). [http://o.b5z.net/i/u/10129025/f/Restrictive_CovenantsArticle31.pdf] (holding that $2,000 annual raise and "change of employment status from 'at-will' to a written year-to-year term upon signing the agreement was adequate consideration" for a non-compete between an insulation manufacturer and its national account manager).;

달러의 봉급인상($2,000 annual raise)과 함께 기간의 정함이 없는 고용계약에서 기간의 정함이 있는 고용계약으로 전환한 점을 약인(consideration)으로 인정하였다. 그렇지만, Insulation 사건에서는 단지 고용계속의 사실만으로는 약인을 충족하지는 못한다고 판시하였다.18) 또 뉴저지(New Jersey) 항소법원은 Horgan 사건19)에서는 노동자가 퇴직 후 경업금지약정을 한 후 고용이 사실상 일정한 기간에 걸쳐서 계속된 때는 약인(consideration)의 존재를 인정하였다. 즉, 노동자가 경업금지약정을 한 후 3년간 고용을 계속하였기 때문에 퇴직 후 소비자유인을 하지 않는다는 경업금지약정을 지지하는 약인은 존재한다고 판시하였다.20) 즉, 일정기간의 고용계속은 경업금지약정을 지지하는 약인으로서 충분하다는 것이다. 또 미네소타주법원은 Davies 사건21)에서, 노동자는 경업금지약정 후 10년간 근무를 계속하였고 또 경업금지약정을 하지 않았다면 발탁되지 않았을 지위에까지 승진할 수 있었다. 미네소타주법원은 "고용의 단순한 계속을 약인으로 한다면 강제적인 합의까지 유효한 것으로 인정할 우려가 생긴다"고 설시한 뒤, 이 사건에서는 노동자는 경업금지약정과 교환으로 전 사용자로부터 "실질적인 경제상 또는 직업상의 이익"을 얻었으므로 경업금지약정을 지지하는 충분한 약인이 존재한다고 판시하였다.22) 부언하면, Davies 사건에서 미네소타주법원은 바로 즉각적인 고용이 개시되었다 할지라도, 새롭고 독립한 약인은 존재해야 한다고 판시한 후, 단지 경업금지약정에 대해

Lawrence F. Carnevale, Contractual Restraints on Employee Conduct, June 24, 2010, p. 3 [http://www.clm.com/docs/6603465_3.pdf].

18) 펜실베니아 대법원의 Insulation 사건이 또 다른 주목을 받는 이유는, 해고된 근로자에 대한 경업금지약정과 자발적인 퇴직 후 경업금지약정을 구별함으로써, 법원이 해고정황을 고려하여 경업금지약정을 부분적으로 강제할 수 없으므로 그 효력을 감축하였다는 점이다(신권철, 앞의 논문, 193면).

19) Horgan v. Bergen Brunswig Corp., 153 N.J. Super. 37 (App. Div. 1977). Horgan 사건의 사실관계를 요약해보면 이하와 같다. 즉, 사용자(원고)는 노동자(피고)를 1950년부터 1974년까지 24년간 고용하였다. 그런데 1974년 사용자와 노동자 사이에 노동자가 고용종료 후 사용자의 고객을 유인하지 않는다는 취지의 경업금지약정을 체결하였다. 노동자는 해고된 후 1977년 사용자와 경업을 시작하였다. 이에 사용자는 경업금지약정을 위반하였다는 이유로 노동자를 상대로 경업금지를 구하는 소를 제기하였다. 뉴저지 항소법원은 이 사건에서 경업금지약정을 지지하는 약정이 존재하는지 여부에 대하여 판단하면서, 노동자가 경업금지약정을 한 후 3년간 고용을 계속하였으므로 경업금지약정의 성립요건으로서 약인은 존재한다는 취지로 판시하였다. 또 뉴저지 항소법원은 근로자의 즉시해고 또는 그러한 위협은 제안된 경업금지에 근로자의 서명거부를 암시하는 결과라고 판시하였다.

20) *Id*. at 43.
21) Davies & Davies Agency, Inc. v. Davies, 298 N.W.2d 127 (Minn. 1980).
22) *Id*. at 131.

서 근로자에게 통지는 하였지만, 근로자가 일을 개시하기 이전에 그 계약의 일환으로 하지 않은 경우 사용자는 통상 법적으로 강제하기 위해서는 별개의 독립한 약인을 제공할 필요가 있다고 판시하였다. 이 사건에서 미네소타주법원은 고용의 계속이 일반적으로 충분한 약인으로 간주되지는 않는다고 판시한 후, 또 약인은 근로자가 이미 누리는 지위에 있는 것이 아니라, 실제로 이익을 향수할 수 있는 것이어야 한다고 판시하였다. 예를 들면, 약인은 봉급인상, 보너스, 책임의 증가 또는 승진 등이어야 한다. 또 미네소타주법원은 충분한 약인으로 간주하기 위해서는 그러한 이익들은 경업금지약정과 동시에 근로자에게 제공되어야 하며, 경업금지약정에 서명한 자와 그렇지 않은 자에게 주어지는 이익은 구별되어야 한다고 판시하였다. 텍사스주민사항소법원은 Chenault 사건23)에서 휴직기간 중의 근속년수의 산입방법이나 복직 후의 임금의 산정방법 및 기타 보수의 산정에 관련한 우대조치가 보장된 경우 이러한 우대조치는 경업금지약정을 지지하는 약인으로 될 수 있다고 판시하였다. 부언하면, Chenault 사건에서 경업금지약정은 사용자와 근로자의 공통의 목적을 증진함에 있어서 근로자와 비밀정보를 공유할 뿐만 아니라 그러한 근로자에게 사용자의 투자를 장려하는 것과 같이 유익한 경제적 목적을 제공할 수 있어야 한다고 판시하였다.24) Vermont 사건25)에서는 주방(kitchen)의 설계 및 판매에 종사하는 노동자에 관하여, 러트랜드(Rutland)군에서 5년간에 걸쳐서 주방의 설계, 판

---

23) Chenault v. Otis Eng'g Corp., 423 S.W.2d 377, 383 (Tex. Civ. App. — Corpus Christi 1967, writ ref'd n.r.e.). Chenault 사건의 개요를 살펴본다. 노동자(피고)는 사용자(원고)의 빅토리아지역사무소에서 14년간 근무한 후, Corpus 지역사무소로 전근을 명받았다. 노동자는 전근명령에 따르지 않고 1년간 휴직을 신청하였는데, 사용자는 이것을 승낙하였다. 사용자와 노동자는 다음과 같은 경업금지약정을 체결하였다. (1) 노동자는 1년의 휴직기간이 만료하기까지 복직을 희망하면 사용자는 노동자를 다시 고용할 것, (2) 노동자가 복직한 경우에는 휴직기간은 근속년수에 산입할 것, 이러한 계산에서 얻은 근속년수에 기하여 기타 다양한 보수를 산정할 것, (3) 근로자는 이 계약이 체결된 날부터 3년간에 걸쳐서 빅토리아지역을 중심으로 100마일의 범위내에서 어떠한 형식으로든 사용자와는 경쟁하지 않을 것. 이 사건에서 텍사스주항소법원은 휴직기간 중에 근로자의 년공상의 이익 및 기타 보수의 산정에 관련한 이익이 보장되었으므로 이 사건 경업금지약정을 지지하는 약인은 존재한다고 판시하였다.

24) Chenault, 423 S.W.2d at 381; DeSantis v. Wackenhut Corp., 793 S.W.2d 670, 682 (Tex.1990); Matt Sheridan, "Who dimmed the light?: How Marsh USA Inc. v. Cook impacts covenants not to compete in Texas". 65 BAYLOR LAW REVIEW 378, 380 (2013). [http://www.baylor.edu/content/services/document.php/199302.pdf]

25) Vermont Electric Supply Co. v. Andrus, 132 Vt. 195, 315 A.2d 456 (1974). 한편, 버몬트주대법원(Supreme Court of Vermont)은 쌍방 항소된 사건의 상고심에서 원고에게 경업금지약정의 위반에 대한 손해배상을 명하였으나 경업금지약정의 시간적 범위의 연장에는 거절하였다.{Vermont Electric Supply Co. v. Andrus, 373 A.2d 531 (1977)}. [http://law.justia.com/cases/vermont/supreme-court/1977/102-76-0.html].

매 및 전시 등의 업무에 종사하지 않는다는 취지를 정한 계약이 체결되었지만, 그 보상으로 사용자는 노동자에게 주방의 설계와 판매에 관련된 교육을 받을 기회를 주었는데, 버몬트주법원은 교육을 받을 기회가 경업금지약정을 지지하는 약인이라고 판시하였다.26) Basicomputer 사건27)에서 사용자에게 근무하기 시작한 10일 후에 이루어진 경업금지약정을 지지하는 약인의 존재 여부가 다투어졌는데, 제6순회 연방항소법원은 현재 고용된 노동자가 고용을 계속하기 위한 전제조건으로서 경업금지약정의 체결을 요구한 사안과 이 사건은 그 기초적 사실관계가 다르다고 지적한 후, "이 사건과 같이 노동자가 경업금지약정의 체결이 노동조건의 하나로 되는 것을 인식한 뒤에 근무가 시작된 때 가령 당해 경업금지약정의 서명이 근무 후에 이루어졌다 하더라도 약인은 충분히 존재한다28)"고 판시하였다.

요컨대, 미국 판례는 퇴직 후 경업금지약정이 유효하게 성립하려면 그것을 지지하는 약인이 존재하여야 한다. 경업금지약정이 고용되기 전에 이루어진 때는 고용 그 자체가 당해 합의를 지지하는 약인으로 될 수 있지만, 경업금지약정이 고용된 후에 이루어진 때는 그것을 지지하는 새로운 약인이 없으면 당해 약정은 통상 구속력을 가지지 않는다. 다만 이 경우 경업금지의 합의가 고용되기 전에 이미 예상된 경우는 제외한다. 결국 미국은 퇴직 후 경업금지약정에 관해서 약인을 중시한 결과, 당사자의 합의만으로는 계약이 유효하게 성립하지 않고, 또 약인이 없는 경업금지약정은 당사자를 구속하지 않는다는 것이 판례법의 기본법리라 할 수 있다.

나. 경업금지약정의 유효성 판단기준

미국의 경우, 근로자의 퇴직 후 경업을 금지하는 취지를 정한 계약은 일반적으로 퇴직 후의 경업금지약정(Post-employment Non-compete Agreements)으로서 논해지고 있고, 보통법(common law)상 원리인 영업제한의 법리(Restraint of Trade)29)

---

26) *Id.* at 199-200.

27) Basicomputer Corp. v. Scott, 973 F.2d 507 (6th Cir. 1992). 제6순회연방항소법원은 부정경쟁의 결과인 손해와 소비자신용의 손실은 계산하기 어렵고 회복할 수 없는 손해를 구성할 수 있다고 판시하였다(*Id.* at 511.). 같은 취지 판례로서는, AmeriGas Propane, Inc. v. Crook, 844 F. Supp. 379, 390 (M.D. Tenn. 1993).

28) *Id.* at 511.

29) THE RESTATEMENT (SECOND) OF CONTRACTS §§ 186~188 (1981). 즉 "제186조[Promise in Restraint of Trade] (1) 약속이 불합리하게 거래를 제한하는 것이라면 그 약속은 공공정책을 근거로 강제할 수 없다. (2) 약속의 이행이 어느 업종에서든 경쟁을 제한하거나 약속자의 영업활동을 제한하게 된다면 그 약속은 거래를 제한한다.", "제187조[Non-Ancillary Restraint

에 입각하고 있다.30) 미국의 몇 개 주(州)에서는 경업금지약정의 효력에 관한 입법
적 규제를 하고 있으며, 그 규제내용은 주(州)마다 크게 다름에도 불구하고, 그 기
초되는 법이론에는 보통법상의 영업제한법리가 기초로 된 점에서 공통적이다. 이러
한 영업제한법리에 의하면, 사용자를 보호하기 위한 합리적인 필요가 없다면 그러
한 경업금지약정은 불공정한 영업제한특약에 해당하고, 또 공공정책(public policy)
에 위반하는 것으로서 일응 무효로 추정하고 있다.31) 다만, 이 추정이 번복되기 위
해 필요한 3가지 요건 즉, 영업비밀보호의 측면에서 경업금지약정의 유효성 판단기
준으로서는, ① 정당한 이익의 존재(사용자가 경업금지약정에 의하여 지켜야 할 정당
한 이익을 가지고 있어야 함), ② 제한의 합리성(특약의 내용이 장소적 범위, 제한기간,
제한되는 행위의 형태 등에 관해서 합리적으로 사용자의 정당한 이익을 보호하는 것에
필요한 범위로 좁게 한정되어 있어야 함), 또 ③ 공중에 대하여 손해를 주지 않을 것
등이 필요하다.32) 물론 경업금지약정의 유효성 판단기준은 앞서 언급한 대로, 퇴직
후 경업금지약정을 지지하는 충분하고 적절한 약인(consideration)의 존재를 전제로
한다.33)

---

on Competition] 다른 경우라면 유효할 거래나 관계에 부수하는 것이 아닌 제한을 부과하는
불경쟁의 약속은 불합리하게 거래를 제한하는 것이다", "제188조[Ancillary Restraint on Com-
petition] (1) 다른 경우라면 유효할 거래나 관계에 부수하는 제한을 부과하는 불경쟁의 약속
은 (a) 그 제한이 수락자의 합법적 이익을 보장하는데 필요한 정도를 초과하는 경우, (b) 수락
자의 요구보다 약속자의 곤경과 공중에 대한 침해 개연성이 우월한 경우의 어느 하나에 해당
하는 경우에는 불합리한 거래제한이 된다. (2) 유효한 거래나 관계에 부수하는 제한을 부과하
는 약속들에는 (a) 영업의 양도인이 매매된 영업의 가치를 해하는 방법으로 양수인과 경쟁하
지 않겠다는 약속, (b) 종업원 기타 대리인이 사용자 기타 본인과 경쟁하지 않겠다는 약속, (c)
조합원이 소속조합과 경쟁하지 않겠다는 약속 등이 포함된다."
30) Kathryn J. Yates, "Consideration for Employee Noncompetition Covenants in Employments
at Will", 54 Fordham L. Rev. 1123, 1125 (1986).
31) William Cornish & David Llewelyn, *Intellectual Property: Patents, Copyrights, Trademarks
and Allied Rights* (6th ed.), London: Sweet & Maxwell, 2007, p. 326.
32) RESTATEMENT (SECOND) OF CONTRACTS § 186, 188(1) (1981); Solari Industries Inc.
v. Malady, 55 N.J. 571, 264 A2d 53 (1970), and Whitmyer Bros. Inc. v. Doyle, 58 N.J. 25,
274 A 2d 577 (1971).
33) 이와 관련하여 경업금지약정의 유효성 판단기준으로서 '약인'(consideration)을 다른 판단기
준과 같은 요소로서 병렬적으로 검토하는 견해가 있다. 예컨대, Kathryn J. Yates, op.cit., p.
1125에서는, 경업금지약정의 유효성 판단기준으로, ① 유효한 기존의 고용계약에 부수하거나
혹은 이에 갈음하여 충분한 약인에 의하여 독립적으로 지지될 것, ② 기간과 지역의 특정성
(구체성), ③ 사용자의 합법적인 사업상 이익의 보호 필요성, ④ 근로자에 대하여 부담이 과도하
지 않아야 하며 그리고 공공의 이익도 손상하지 않아야 할 것 등 4가지를 기준으로 하고 있다.
[1] ancillary to a valid existing employment contract or, alternatively, separately supported
by adequate consideration; 2) specific as to time and territory; 3) necessary for protection

2005년 Community Hospital Group, Inc. v. More 사건 판결에서, 뉴저지주대법원은 건강관리분야(health care field)에서 경업금지약정은 그 자체로 합리적이지 않다는 피고의 주장을 배척하고, 전통적인 3가지 판단기준 즉 (1) 사용자의 법률상 정당한 이익의 보호필요성 여부, (2) 경업금지약정의 시행으로부터 근로자의 과도한 부담(unduly harsh) 존부, 그리고 (3) 공중이나 공공의 이익에의 손해 여부 등 테스트를 적용하였다.34) 뉴저지주대법원은 병원과 의사 사이의 경업금지약정은 그 자체로 비합리적이거나 구속력이 없는 것은 아니지만, 이 사건에서 지역적 제한은 너무나 과도하여 공공의 이익에 해를 끼치는 것은 피해야 한다고 판시하면서, 결국 지역적 제한의 범위를 제외한 나머지 요소는 3가지 테스트에 의하면 정당하므로, 지역적 제한 범위를 줄여야 한다고 판시하였다. 한편, 이 사건에서 뉴저지의 가장 큰 의사조직인 뉴저지의사회(The Medical Society of New Jersey (MSNJ))의 법정의견서(Amicus Curiae)에 의하면, 이 사건의 경업금지약정은 기간과 지역적 제한 모두 너무 과도하므로 만약 그 약정이 법적 구속력이 있다면, 합리적이기 위해서는 블루펜슬되어야("blue penciled") 한다고 주장하였다.35) 이른바 '블루펜슬링(blue-pencilling)'이란36) 법원이 재량으로 경업금지약정에 대하여 그 일부분만 강제하는 것으로서, 지역적 또는 기간적 제한이 정당성이 있을 정도로 까지 압박하거나 감축하는 것을 말한다. 이 사건에서 뉴저지주대법원의 판결 내용은 위 뉴저지의사회(MSNJ)의 법정의

---

of the employer's legitimate business interests; and 4) neither unduly harsh toward the employee nor injurious to the public.]. 한편, 신권철, 앞의 논문, 186~190면에서는, 경업금지특약의 유효요건으로서, ① 사용자의 합법적 보호이익, ② 근로자의 과도한 부담여부(기간과 지역의 제한), ③ 공공의 이익, ④ 대상조치(보상, consideration)의 유무 등 4가지 기준을 들고 있다.

34) Community Hospital Group, Inc. t/a JFK Medical Center v. More. 183 N.J. 36, 869 A.2d 884, 897 (2005).["We turn now to apply the principles of Karlin that are "now known as the Solari/Whitmyer test[,] for determining whether a noncompete agreement is unreasonable and therefore unenforceable." Maw v. Advanced Clinical Communications, Inc., 179 N.J. 439, 447, 846 A.2d 604 (2004). That test requires us to determine whether (1) the restrictive covenant was underline{necessary to protect the employer's legitimate interests} in enforcement, (2) whether it would cause underline{undue hardship to the employee,} and (3) whether it would be underline{injurious to the public.}"](밑줄 필자).

35) "MSNJ asserts that both the temporal and geographic scope of the restraints imposed are grossly excessive. Therefore, even if enforced, MSNJ urges that the covenant must be "blue penciled" in order for it to be found reasonable."

36) "Blue Penciled" refers to a court's partial enforcement of a restrictive covenant. As the Court stated in Karlin, supra, courts "may compress or reduce the geographical areas or temporal extent of their impact so as to render the covenants reasonable."

견서에서 제시된 블루펜슬링(blue-pencilling)의 법리 주장을 부분적으로 반영한 것이라 사료된다. 한편, 이러한 블루펜슬링의 법리에 대해서는 일부 주법원이 지나친 경업금지약정에 대해서 허용하고 있다. 예컨대, National Interstate Ins. Co. v. Perro 사건 판결37)에서 오하이오북부지방법원은, 경업금지약정에 비합리적인 제한이 있을 때에는 법원이 사용자의 법적인 정당한 이익을 보호하기 위하여 필요한 범위까지 수정하여야 하고, 그리고 그렇게 수정된 약정은 법적구속력이 있다고 판시하였다.38) 다만, 알래스카주대법원은 이러한 블루펜슬링 법리를 기계적으로 받아들일 수 없다고 판시하고 있다고 한다.39) 이처럼 블루펜슬링 법리는 위에서 살펴본 New Jersey, Ohio를 비롯하여, Connecticut, Illinois, Indiana, New York, North Carolina, Pennsylvania, Rhode Island, 그리고 West Virginia 등 여러 주에서 채택하여, 합리적이지 않은 경업금지약정에 적용을 계속하고 있다. 다만, 이 법리는 경업금지약정을 합리적으로 만들기 위하여 향후에도 여러 법원에 의해 사안별로 적용함에 있어서 그 법리적 발전을 계속할 것으로 보인다.40)

미국계약법 제2 리스테이트먼트 제188조(1)항에서는 경업금지약정에 의한 제한이 受約者(promisee)의 합법적인 이익을 보호하기 위하여 필요한 정도를 초과한 때, 혹은 約束者(promisor)가 받은 곤경 등의 영향(impact) 및 공중에의 침해개연성 즉 공공의 이익에 야기될 수 있는 침해가 수락자(受約者)의 요구보다 더 우월한 때는 당해 계약은 영업(거래)에 대한 부당한 제한이기 때문에 무효라고 규정하고 있다.41) 요컨대, 이와 같은 3가지 요건은 미국판례상 경업금지약정의 유효성 판단기준 즉, 경업금지약정의 효력의 판단기준이라고 할 수 있다.

한편, 퇴직 후 경업금지약정의 성립 및 효력에 관해서 미국판례는, 계약자유의 원칙이 있음에도 불구하고, 퇴직 후 경업금지약정에 대하여 그 성립요건 내지 효력요건을 상대적으로 엄격하게 심사하고 있다. 경업금지약정에 관한 미국의 판례이론

---

37) National Interstate Ins. Co. v. Perro, 934 F. Supp. 883, 890 (N.D. Ohio 1996).
38) Henry H. Perritt, Jr., *Trade Secret: A Practitioner's Guide*, Second Edition, Practicing Law Institute, 2007, §6:6.3, 6-42.
39) 신권철, 앞의 논문, 191면.
40) Kevin B. Fisher, "Post Employment Restraints: An Analysis of Theories of Enforcement, and a Suggested Supplement to the Covenant Not to Compete", 17 Tulsa L. J. 155, 162~163 (1981).
41) RESTATEMENT (SECOND) OF CONTRACTS §§ 188(1) (1981). 여기서는 약인을 구성하기 위해서는 "약속에 대하여 이행 또는 반대약속이 교환적으로 거래되어야 한다"라고 한다.

은 영업의 자유를 제한하는 것이라 하더라도 영업양도의 경우 양도인과 양수인 사이의 경업금지약정과 달리, 사용자와 노동자 사이의 경업금지약정은 또 다른 관점에서 효력을 판단하고 있다. 즉 미국 판례는 계약의 효력의 판단에서 사용자와 노동자 사이의 경업금지약정에 대하여 보다 엄격하고 자세한 조사를 하고 있다.42) 이러한 미국판례의 태도와 마찬가지로, 우리나라에서도 경업금지의무를 부과하는 계약은 영업양도에 따른 유사계약보다 더 엄격하게 판단될 수 있을 것이라는 견해가 있다.43)

2. 일   본

가. 일본 부정경쟁방지법상 경업금지약정의 규제의 개요

일본의 경우 부정경쟁방지법은 1990년 개정 이후 근로계약관계의 존속 중 내지 종료 후에 근로자가 행한 영업비밀의 부정한 사용·개시에 관하여 금지청구 등 민사상의 구제조치를 두었다. 결국 근로자가 사용자로부터 제시된 영업비밀을 부정한 이익을 얻을 목적으로 또는 그 보유자에게 손해를 가할 목적(図利加害目的)으로 사용 내지 개시하는 행위는 부정경쟁의 하나의 유형으로 규정하였다(부경법 제2조1항7호). 그리고 사용자는 이러한 영업비밀의 사용·개시행위에 대하여 금지(부경법 제3조1항), 손해배상(부경법 제4조), 침해행위를 조성한 물건의 폐기 또는 침해행위에 제공한 설비의 제거(부경법 제3조2항), 신용회복(부경법 제14조)을 각 청구할 수 있다.

일본 부경법 제2조 제6항에서는 영업비밀이란 '비밀로서 관리되고 있는 생산방법, 판매방법 기타 사업활동에 유용한 기술상 또는 영업상의 정보로서 공연하게 알려지지 않은 것'이라고 정의하고 있다. 여기서 정의되는 3요건은 ① 비밀관리성, ② 유용성, ③ 비공지성의 3요건에 관하여는 1990년 개정에서 도입된 이후 아직 변경되지 않고 있다.44) 이 유형의 부정행위는 신의칙상의 수비의무(守秘義務) 위반행위로 자리매김하고 있고, 여기서 신의칙은 계약종료 후에도 작용하기 때문에, 채권관계에 있었던 자는 계약종료 후에도 계약 상대가 계약관계에 있었기 때문에 부당하게 불이익을 입지 않도록 할 의무가 존재한다고 풀이된다.45)

---

42) Central Water Works Supply, Inc. v. Fisher, 240 Ⅲ. App. 3d. 952, 956 (1993).
43) 황의창·황광연, 「부정경쟁방지 및 영업비밀보호법」 4정판, 세창출판사, 2006, 216~217면.
44) 經濟産業省知的財産政策室編著, 『逐条解説 不正競争防止法』 平成23·24年改正版, 有斐閣, 2012, 41頁.

일본 부경법상 형사제재로서 특히 중요한 것은 재직 중의 근로자와 퇴직자에 의한 영업비밀의 부정사용·개시 등에 관한 형사벌이다. 즉 재직 중의 근로자의 수비의무위반(부경법 제21조1항5호) 및 퇴직근로자의 영업비밀의 부정사용·개시에 대한 처벌규정이 그것이다(부경법 제21조1항6호).[46] 일본 부경법상 영업비밀침해에 관한 형사벌의 대상으로 되는 것은 제21조1항 제1호에서 제7호 사이에 규정하고 있는데, 이들은 영업비밀에 관한 부정경쟁에 관하여 민사상 금지청구 등의 대상으로 되는 것과 비교하여 특히 위법성이 높다고 인정되는 침해행위에 관하여 2003년 개정에 따라 형사벌(영업비밀침해죄)이 도입되기에 이르렀고, 그 후 퇴직자처벌규정의 도입(2005년 개정), 법정형 인상(2006년), 처벌대상범위의 재검토(2009년) 등의 개정이 단계적으로 이루어졌다.[47]

최근 개정된 2015년 개정부정경쟁방지법(공포 2015년 7월 10일, 2016년 1월 1일 시행)에서는, 영업비밀의 누설의 실태나 산업의 국제경쟁력의 강화를 도모할 필요성의 증대 등을 배경으로 영업비밀의 보호를 형사·민사의 양면에서 한층 강화한 것에 주안이 두어졌다.[48]

민사면에서는 우선 부정사용행위에 따라 생긴 물건을 양도, 인도, 양도 또는 인도를 위한 전시, 수출, 수입 또는 전기통신회선을 통하여 제공한 행위가 부정경쟁에 추가되었다(부경법 제2조1항10호). 또한 침해의 증명부담의 경감이 도모되었다. 즉 고의·중과실에 의해 기술상의 비밀에 관하여 영업비밀을 취득한 행위인 경우에 있어서 그 행위를 한 자가 당해 기술상의 비밀을 사용하는 행위에 의해 생기는 물건의 생산 등을 한 경우는 그 자는 영업비밀을 사용하고 생산 등을 한 것으로 추정한다(부경법 제5조의2). 그 외 부경경쟁 중, 영업비밀을 사용하는 행위에 대한 금지를 청구하는 권리는 사실을 안 때로부터 3년, 그 행위의 개시의 때로부터 20년(개정전 10년)으로 소멸시효에 걸리게 된다(부경법 제15조).

형벌면에서는 영업비밀침해행위에 관한 벌금액이 종래 개인에 관하여 최고 1000만 엔, 법인에 관하여 최고 3억 엔에서, 법인에 관하여 최고 5억 엔(일본 부경

45) 通商産業省知的財産政策室監修, 『営業秘密─逐条解説 改正不正競争防止法』, 有斐閣, 1990, 89頁.
46) 土田道夫, 『労働契約法』, 有斐閣, 2008, 108頁 및 616頁.
47) 經濟産業省知的財産政策室編著, 前揭書, 181頁.
48) 일본 경제산업성 웹페이지 참조; http://www.meti.go.jp/policy/economy/chizai/chiteki/unfair
 ─competition.html#kaisei(2016. 1. 15. 최종접속).

법 제31조1항)으로 인상되었다. 또 해외중과에 따라서, 영업비밀을 해외로 누설한
데 대한 벌금은 개인에게 최고 3000만 엔(동법 제21조3항), 법인에게 최고 10억 엔
(동법 제22조1항1호)으로 개정되었다. 종래의 법률에서는 영업비밀을 부정하게 취
득·누설한 자와 그것을 알면서 영업비밀을 그 자로부터 직접 개시를 받은 자(2차적
인 취득자)까지만 처벌의 대상으로 포함하였다. 이에 대하여 2015년 개정부경법에
서는 전전하여 부정하게 유통한 영업비밀을 취득·사용·개시한 자도 처벌의 대상
으로 하였다(동법 제21조1항8호). 종래의 영업비밀침해죄는 피해자의 고소를 기초로
행해지는 친고죄이었지만, 이것이 고소하지 않아도 기소할 수 있는 비친고죄로 개
정되었다. 그리고 미수행위도 새롭게 형사벌의 대상으로 되었다(동법 제21조4항).
그리고 일본국내에서 사업을 행한 보유자의 영업비밀을 일본국외에서 부정하게 취
득한 행위등이 처벌의 대상으로 되었다(동법 제21조3항3호). 기타 영업비밀침해에
따라서 생긴 재산등의 몰수도 가능하게 되었다(동법 제21조10항).

나. 일본 재판례의 구체적 분석[49]

최근의 일본의 재판례의 경향은 퇴직 후의 경업피지의무에 관해서는 근로자의
직업선택의 자유에 비추어 제한의 기간·범위를 필요 최소한도로 그치게 하고 있는
점이나 일정한 代償措置를 요구하는 등 엄격한 태도를 보이고 있다.[50] 요컨대 해
석론으로서, 일본의 판례의 태도는, 퇴직 후 경업피지계약의 유효요건으로는 ① 경
업피지기간의 합리성, ② 경업피지의 지리적 범위의 합리성 및 ③ 代償의 供與(代
償措置)의 3요건의 충족을 요구한다.[51][52] 일본의 판례의 태도를 보다 잘 이해하기

---

49) 차상육, 앞의 논문(2007), 119~123면. 이하 일본 판례의 내용 관련 각주는 이 글에서 재인용함.
50) 예컨대, 동경리갈마인드(東京リーガルマインド)事件(東京地決平成7年10月16日, 勞判690号
75頁), 쿄우시스템(キョウシステム)事件(大阪地判平成12年6月19日, 勞判791号8頁 — 前사용
자로부터 손해배상청구기각), 다이오즈사비시즈(タダイオーズサービシーズ)事件(東京地判平
成14年8月30日 勞判838号32頁 — 기간·지역·행위를 한정한 특약의 효력을 인정하고, 이를
근거로 손해배상청구를 인정하였다.), 新日本科學事件(大阪地判平成15年1月22日 勞判846号
39頁 — 1년간의 경업피지약정에 대해 필요성이 적고, 代償措置도 불충분하다고 하여, 경업피
지의무부존재확인청구를 인용).
51) 입법례로서, 미국 미시건 주의 독점규제법은, 퇴직 후의 종업원의 영업비밀누설 등의 금지
또는 경업금지를 내용으로 하는 계약조항은 그 금지기간, 지역적 제한, 금지하는 영업의 종류
등을 고려해 볼 때 합리적이라고 판단되는 경우에 한하여 유효하고, 불합리하다고 판단되는
한도에서는 법원이 합리적으로 판단되는 내용으로 당해 계약조항의 효력을 제한할 수 있는 재
량을 가지도록 규정하고 있다고 한다(정상조, 앞의 책, 627-628면 참조).
52) 이 요건 중 ③代償의 供與(代償措置)의 요건은 비밀유지계약의 유효성의 요건으로 될 수 있
는지는 의문이다. 그런 점에서 비밀유지의무와 경업피지의무는 별개의 개념이다.

위하여「포세코재팬(フォセコ·ジャパン)事件判決(奈良地判昭和45年10月23日判時624
号78頁)」과「日進ケミカル工業事件判決(大阪地判平成10年12月22日最高裁HP)」을 비
교분석한 글을 항을 바꾸어 소개하면서 재음미하고자 한다.

1) 일본의 대비적 판례

발명이 영업비밀인 것에 의한 법적 효과에 기하여 경합행위의 제한 혹은 금지
와 그 법적 효과를 내포하는 경업피지계약에 의한 경합행위의 제한 혹은 금지와의
관계에 관해서 대표적인 재판례로서, 이하의 2가지 例를 들수 있다.

가) 유효성 긍정례—포세코재팬(フォセコ·ジャパン)事件判決[53]

「경업의 제한이 합리적 범위를 초과하여, 채무자들의 직업선택의 자유 등을 부
당하게 구속하고, 동인의 생존을 위협하는 경우에는, 그 제한은 公序良俗에 반하여
無效로 되는 것은 말할 것도 없지만, 이런 합리적 범위를 확정함에 있어서는, 제한
의 기간, 장소적 범위, 代償의 유무 등에 관해서, 채권자의 이익(기업비밀의 보호),
채무자의 불이익(轉職, 再就職의 부자유) 및 사회적 이해(독점집중의 우려, 그것에 수
반하는 일반소비자의 이해)의 3가지의 시점에 서서 신중히 검토를 요한다는 것은 요
구하는 바(判旨①), 본건 계약은 제한시간은 2년간 혹은 비교적 단기간이고, 제한의
대상직종은 채권자의 영업목적인 金屬鑄造用副資材의 제조판매와 경업관계에 있는
기업이기 때문이어서, 채권자의 영업이 화학금속공업의 특수한 분야인 것을 고려하
면 제한의 대상은 비교적 좁은 것, 장소적으로는 무제한이지만, 이것은 채권자의
영업의 비밀이 技術的 秘密인 이상 불가피하다고 생각되고, 퇴직 후의 제한에 대한
代償은 지급되지 않았지만, 재직 중 기밀유지수당이 채무자에게 지급되었던 것은
이미 판시한 대로이고(判旨②), 이러한 사정을 총합할 때는, 본건 계약의 경업의 제
한은 합리적 범위를 초과하였다고는 말하기 어렵고, 달리 채무자들의 주장사실을
인정하기에 족한 疎明은 없다. 따라서 본건 계약은 아직 무효라고 말할 수 없다.」

나) 유효성 부정례—일진케미컬(日進ケミカル)工業事件判決[54]

「회사의 임원 혹은 종업원에게 퇴직 후의 경업피지의무를 부과한 것은, 직업선
택의 자유를 제한하는 것이기 때문에, 무제한으로 인정되는 것은 아니고, 합리적인
범위 내의 것이 아니면 안 된다. 이것을 본건에 관해서 보면, 확실히, 원고의 사업
은 특수한 기술분야에 속하는 것이고, 특히 본건 know-how가 문제로 된 불소수

---

53) 奈良地判昭和45年10月23日判時624号78頁.
54) 大阪地判平成10年12月22日最高裁判所ホームページ知的財産權裁判例集.

지시트라이닝(フッ素樹脂シートライニング)의 기술을 이용한 耐食容器의 제조는, 업자의 수도 많지 아니하고, 그럼에도 불구하고 원고는 지금까지 인정한 바대로 영업비밀로서 법적보호에 가치있는 know-how를 보유하고, 그 기술력은 업계에서도 높이 평가되고 있는 것이기 때문에, 원고로서는, 그 보유한 영업비밀을 보호하기 위하여, 또한, 업계에서의 우위성을 유지하기 위해서도, 그 임원 혹은 종업원에 대하여 경업피지의무를 부과할 필요가 있는 것은, 긍정되지 않는 것은 아니다. 그러나, 본건 서약서의 경업피지의 조항의 내용을 검토하면, 본건 know-how에 관련한 불소수지 시트라이닝의 기술에 관계한 직종에 한정되는 것은 아닌 것은 물론인 것, 원고의 「회사의 영업의 부류에 속한 사업을 영위하는 다른 기업에로의 근무 또는 자가영업을 행하지 않는다」로 하여, 극히 광범위한 것으로 되어있고, 지역적인 한정도 없이, 그 기간도 5년간으로 상당히 길게 되어 있다(判旨①). ...(略) ... 퇴직 후의 경업피지의무의 약정의 합리성을 고려할 때로서는, 마땅한 代償措置를 회사가 취하는가 아닌가도 고려할 필요가 있지만, 피고 B 및 피고 C에 관해서는, 원고의 퇴직금규정보다 상당히 적은 액의 퇴직금의 지급밖에 받지 않았고, 원래 위의 퇴직금규정에 기한 퇴직금은, 근무 중의 노동의 대가로서의 의미를 가진 것이어서, 도대체 퇴직금의 경업피지의무에 대한 대상조치로서의 성질을 가진 것으로도 말할 수 없다.」

「본건 서약서에 의한 경업피지의 약정은, 그 대상에 관하여 비정상적으로 광범한 것, 장소적 한정이 없는 것, 기간이 장기인 것, 대상조치가 없거나 불충분한 것을 고려하면, 영업비밀의 개시, 사용의 금지 이상으로 경업금지를 인정할 합리성이 부족하고, 공서양속에 반하여 무효라고 인정하는 것이 상당하다(判旨②)」

2) 일본 판례의 검토

포세코재팬(フォセコ・ジャパン)事件과 일진케미컬(日進ケミカル)工業事件은, 모두 前사용자등의 종업원이 前사용자 등에서 퇴직한 후에 다른 회사에 轉籍하고, 다른 회사에서 前사용자 등의 영업비밀을 사용하여 前사용자 등과 경합하는 사업을 행한 것에 관하여, 前사용자 등이 퇴직종업원에 대하여 그 경합하는 사업에 종사하는 것의 금지를 구하는 사안이어서, 분쟁의 구도는 동일하다{다만, 일진케미컬공업사건에서는, 前사용자 등은 이적처(移籍先)회사에 대하여도, 영업비밀에 관한 발명의 실시의 금지를 청구하고 있다}.

포세코재팬(フォセコ・ジャパン)事件判決은, 경업피지계약의 효력에 관한 리딩

케이스(leading case)라고도 말할 수 있는 판결이고, 경업피지계약의 유효성기준에 관하여 동 판결이 판시한 ① 경업피지기간의 합리성, ② 경업피지의 지리적 범위의 합리성 및 ③ 代償의 공여의 3요건{포세코재팬(フォセコ・ジャパン)事件判決判旨①}은, 동경리갈마인드(東京リーガルマインド)事件決定(東京地決平成7年10月16日判時1556号 33頁・判夕894号73頁)을 비롯한 각 재판례에 답습되었고, 일진케미컬공업사건판결도 포세코재팬사건판결취지①에 따른 것이다.

포세코재팬사건판결은, 前사용자 등이 기밀유지수당을 가지고 代償으로 평가하고 있지만(포세코재팬사건판결판지②), 기밀유지수당을 가지고 경업피지의 대상으로 하기에는 무리가 있다. 왜냐하면, 代償이란 노동기회상실이 야기하는 임금의 상실 혹은 低下分의 補償이기 때문에, 임금의 전액은 아니더라도 그 半額이라든가 6割이상의 임금이 되지 않으면 안 되지만, 기밀유지수당 정도로는 그 액에는 도저히 미치지 않는 것이기 때문이다(또, 기밀유지수당의 액은 인정되지 않았다) 즉, 포세코재팬사건판결과 일진케미컬공업사건판결은 경업피지계약유효성요건에 관해서는 동일한 사고 방법에 서 있음에도 불구하고, 포세코재팬사건판결은 지리적 범위의 한정과 대상의 공여가 없더라도 동사건의 경업피지계약은 유효하다고 판단하고 있는 것에 대하여, 일진케미컬공업사건판결은 지리적범위의 한정과 대상의 공여가 없는 것을 가지고 동사건의 경업피지계약은 무효라고 판단하고 있다(일진케미컬공업사건판지②)라고 할 수 있다. 그러나, 양 판결의 이러한 차이는, 양 판결의 견해의 차이에 기한 것은 아니고, 양 판결의 법제도환경의 차이에 원인이 있다.

3) 유효성 긍정례와 부정례 대비 양 판결 차이점의 분석

포세코재팬사건판결 당시는 부정경쟁방지법에 의한 영업비밀보호법제도는 입법화되어 있지 않았기 때문에, 전사용자 등이 보유한 비밀정보인 발명을 사용하여 전사용자 등의 사업과 경업하는 사업의 금지청구의 근거는 경업피지계약으로 요구하는 외에는 없었기 때문이다. 만약, 포세코재팬사건판결 당시에 영업비밀보호법제도가 입법화되었다면, 경업피지의 지리적 범위의 한정과 대상의 공여를 문제로 할 것까지 없이, 퇴직종업원이 이적처 기업에 전사용자 등이 보유한 비밀정보인 발명을 사용하는 이적처 기업의 사업에 종사하는 것에 관해서도, 또 이적처 기업이 그 발명을 사용하여 행하는 사업에 관해서의 금지청구는 인정된다. 사실, 일진케미컬공업사건에 있어서의 청구원인은 ① 경업피지계약에 기한 금지청구와 ② 영업비밀을 이유로 한 금지청구이고, 영업비밀을 이유로 한 금지청구는 인정되었다.

이상과 같이 포세코재팬사건판결과 일진케미컬공업사건판결을 비교검토하면, 오늘날의 재판례가 경업피지계약의 유효성을 문제로 하고 있는 부분은, 경업피지계약 중 발명이 영업비밀인 것에 의한 법적 효과를 초과하여 당사자가 경업피지계약에 의하여 합의하고 창설한 경합행위를 제약하는 부분이고, 당해 초과부분의 유효성은 포세코재팬사건판결이 판시한 경업피지계약 유효성 3요건을 충족하고 있는가 아닌가에 따라서 판단하고 있다고 결론지어도 좋다.

다. 일본의 판례의 정리

지금까지 일본의 판례의 정리를 통하여 재직 또는 퇴직 후 경업금지의무의 요건과 효과를 해명하고 이후 이론적 과제를 검토하였다. 그 요점은 이하와 같다.

우선 재직 중 근로자는 신의칙상 또는 성실의무 중 하나로서 비밀유지의무를 지지만 그러나 신의칙상 수비의무(守備義務)는 근로계약의 종료와 함께 종료한다. 일본 부정경쟁방지법에 의해 재직 중이든 퇴직 후이든 묻지 않고 도입된 신의칙상 수비의무와는 별개로 근로계약 여후효(余後效)로서 신의칙상 의무가 남았다는 것은 정합성을 결하고 명확한 근거 없이 퇴직 후도 구속이 계속되는 것은 근로자보호의 관점에서도 의문이다. 만일 신의칙상 수비의무가 예외적으로 생기더라도 그것은 직업선택의 자유 등과 저촉하지 않는 한에서 대상도 고객의 개인정보나 중요한 기업비밀에 한정되어야 한다.

다음으로 근로자는 재직 중이라면 신의칙상 경업금지의무를 부담한다. 그러나 경업금지의무는 수비의무(守備義務)와 대비하여 직업선택의 자유를 강제로 제약하고 생계의 길을 박탈할지 모르기 때문에 퇴직 후 경업금지의무를 부과하는 것은 명시적 근거가 강하게 요구된다. 일본 부경법상 영업비밀의 부정사용·개시를 규제하는 입법은 어디까지나 비밀유지의무에 관한 것이므로, 근로계약종료 후 경업금지의무를 근거지우는 것으로는 해석되지 않는다. 또 퇴직 후 경업금지의무에 관해서는 취업규칙의 규제대상인 근로조건 해당성에 대한 의문 혹은 제한을 받는 근로자의 권리의 중요성 등에 비추어 원칙적으로 명확한 개별특약에 의해야 한다.

이러한 퇴직 후 경업금지특약의 내용은 직업선택의 자유 등에 대한 제약의 강도에 비추어 필요최소한에 그치고 또 적정한 대상조치가 불가결한 요건으로 된다고 해야 한다. 적정한 대상조치로서는 기본적으로 제한기간 중 경업제한을 받지 않으면 얻게 되는 이익의 총액으로부터 같은 기간 중 경업제한범위 밖의 활동에 따라서 얻게 될 이익의 총액을 공제한 액으로 대체로 맞추는 내용이 요구될 것이다.

　　퇴직 후 경업금지의무위반에 대하여 손해배상청구 이외, 실제상 퇴직금의 감액 등이 이용되는 것이 많지만, 기본적으로 재직 중의 노동 등의 대상인 퇴직금을 퇴직 후 경업을 이유로 감액 등 하는 것은 일관되지 않다. 퇴직금의 감액·부지급조항은 적정한 대상(代償)을 결하여 경업금지의무의 특약으로서 기본적으로 무효로 간주된다. 판례법리를 전제로 하더라도 퇴직금의 감액 등은 그 실질적인 손해전보기능을 고려하고, 경업행위의 태양이나 경위, 사용자의 손해, 근로자의 근무태도나 공헌도 등을 감안하여 실손해액을 상한으로 하여, 제한되어야 한다. 또 위약금 혹은 손해배상액 예정은 퇴직 혹은 재취직의 자유를 제약하고, 과대한 손해부담의 부과를 야기할 우려가 강하므로 기본적으로 일본 노동기준법 제16조에 위반한다고 해석된다. 또 同條에 저촉되지 않더라도 법원은 공서양속이나 신의칙 등을 근거로 위약금 등을 감액하는 것이 가능할 것이다.

　　그리고 2015년 일본 개정부정경쟁방지법에 의해 영업비밀의 보호는 대폭적으로 강화되었고, 이로써 사용자가 영업비밀 등을 보호하는 법적 환경은 상당히 정비되었다. 고용의 유동화가 진전되고, 퇴직근로자의 직업선택의 자유가 한층 더 중요한 의미를 가지기에 이른 작금의 상황에서 보면 이후는 사용자의 정당한 이익을 일탈하여 불필요하게 전직의 자유를 억지할 우려가 있는 경업금지의무는 보다 엄격한 규제 아래 두어야 할 것이다. 한편 보호되어야 할 사용자의 정당한 이익을 배후에 가지는 일본부경법 혹은 수비의무특약을 이용함으로써 영업비밀과 직업선택의 자유나 공정한 경쟁과의 조정이 도모되어야 할 것이다.55)

　　마지막으로 일본의 경우도 풀어야 할 과제가 없지 않다. 퇴직 후 신의칙상 비밀유지의무, 경업금지특약의 합리성심사에 있어서 대상조치(代償措置)의 요건성 혹은 그 내용, 경업행위 등에 대한 대항수단으로서 손해배상청구, 퇴직금의 감액, 위약금 등의 심사기준 등 그 논의가 충분하지 않는 쟁점들이 남아 있다. 또 2015년 개정 부경법의 해석의 바람직한 방향 등에 관해서는 추후 판례의 집적을 기다려 검토할 과제가 있으리라 사료된다.

---

55) 土田道夫, "競業避止義務と守秘義務の関係について －労働法と知的財産法の交錯", 『労働関係法の現代的展開 →中嶋士元也先生還暦記念論集』, 信山社, 2004, 207頁; 小泉直樹·清水節·田村善之·長澤健一·三村量一, "座談会／営業秘密をめぐる現状と課題", ジュリスト1469号, 2014, 30頁(田村善之).

Ⅲ. 우리 법원의 태도와 비판적 검토[56]

1. 우리 법원의 태도

가. 허용 여부 및 경업금지의무의 발생근거

우리 법원은 원칙적으로 경업금지 및 전직금지가처분신청사건에서 명시적인 약정이 있는 경우에만 허용하고,[57] 예외적으로 영업비밀 침해를 방지하는 데 있어 필수적이고 불가피한 방법이라고 볼 만한 사정이 있는 경우에만 명시적인 약정이 없더라도 허용하고 있는 태도[58]를 취하고 있다.[59]

대법원[60]은 근로자가 전직한 회사에서 영업비밀과 관련된 업무에 종사하는 것을 금지하지 않고서는 회사의 영업비밀을 보호할 수 없다고 인정되는 경우에는 구체적인 전직금지약정이 없다고 하더라도 부정경쟁방지법 제10조 제1항에 의한 침해행위의 금지 또는 예방 및 이를 위하여 필요한 조치 중의 한 가지로서 그 근로자로 하여금 전직한 회사에서 영업비밀과 관련된 업무에 종사하는 것을 금지하도록 하는 조치를 취할 수 있다는 태도를 취하고 있다.

대법원은 "영업비밀의 보유자는 부정경쟁방지및영업비밀보호에관한법률(다음부터 '부정경쟁방지법'이라 한다) 제10조 제1항에 따라 영업비밀 침해행위를 하거나 하고자 하는 자에 대하여 그 행위로 인하여 영업상의 이익이 침해되거나 침해될 우

---

56) 차상육, 앞의 논문(2015), 654~665면.
57) 서울고등법원 2012. 5. 16.자 2011라1853 결정[전직금지가처분](확정). 이 사건에서 신청인과 피신청인은 2010. 9. 1. 이 사건 협약에 따른 근로계약을 체결하고 입사한 다음, 같은 날 영업 비밀 등 보호계약(이하 '이 사건 전직금지약정'이라 한다)을 체결하였는데, 이 사건 전직금지약정 제10항은 이하와 같다. "10. 피신청인은 피신청인의 업무가 신청인의 영업비밀과 밀접한 관련이 있음을 감안하여 신청인의 영업비밀보호를 위하여 적어도 퇴직일로부터 1년 동안은 신청인의 사전 동의 없이는 퇴직일 현재 신청인이 생산하고 있는 제품과 동일하거나 유사한 제품을 생산하는 업체를 스스로 창업하거나 이와 같은 업체에 취업하지 않는다." 나아가 이 사건에서 법원은 "피신청인의 전직금지 기간을 퇴사일로부터 1년 동안으로 정한 이 사건 전직금지약정은 비록 근로자인 피신청인의 직업선택 자유와 근로권을 제한하고 있지만, 이 사건 기록에 의하여 인정되는 다음과 같은 사정들을 종합적으로 고려하여 볼 때 민법 제103조에서 정한 선량한 풍속 기타 사회질서에 반하는 법률행위로서 무효라고는 볼 수 없다."고 판시하였다.
58) 서울고법 2011. 10. 20. 선고 2009나92854 판결. 이 사건은 퇴직 후 경업금지약정에 관한 사례는 아니지만, 법원은 이 사건 협약이나 관계 법령에 원고의 주장과 같은 철도청의 경업금지의무 내지 영업권보장의무에 관한 명시적인 규정은 없지만, 민법상 계약해석의 원칙 즉, 처분문서상 문언의 객관적인 의미가 명확하게 드러나지 않는 경우 계약 내용의 해석 방법(대법원 2008. 3. 14. 선고 2007다11996 판결)에 따라서, 이 사건의 경우 묵시적인 경업금지약정 등을 인정하였다.
59) 사법연수원, 앞의 책, 127~128면.
60) 대법원 2003. 7. 16.자 2002마4380 결정.

려가 있는 때에는 법원에 그 행위의 금지 또는 예방을 청구할 수 있고, 같은 조 제
2항에 따라 영업비밀 침해행위의 금지 또는 예방을 청구하면서 침해행위를 조성한
물건의 폐기, 침해행위에 제공된 설비의 제거 기타 침해행위의 금지 또는 예방을
위하여 필요한 조치를 함께 청구할 수 있으며, 근로자가 전직한 회사에서 영업비밀
과 관련된 업무에 종사하는 것을 금지하지 않고서는 회사의 영업비밀을 보호할 수
없다고 인정되는 경우에는 부정경쟁방지법 제10조 제1항에 의한 침해행위의 금지
또는 예방 및 이를 위하여 필요한 조치 중의 한 가지로서 그 근로자로 하여금 전직
한 회사에서 영업비밀과 관련된 업무에 종사하는 것을 금지하도록 하는 조치를 취
할 수 있을 것이다"라고 판시하고 있다.[61]

한편, 이에 대하여, 부정경쟁방지법 제10조 제1항을 위와 같은 조치의 근거규
정이라고 보기는 어렵고 경쟁업체가 소규모 회사로서 오로지 특정 경쟁제품에 관
한 단일한 사업만을 영위하여 그와 구분되는 다른 업무를 상정하기 어려운 경우와
같이 전직 자체를 금지하지 않고서는 영업비밀 침해행위를 방지할 수 없다고 인정
되는 극히 예외적인 사안에서만 전직금지가처분을 인용할 수 있다고 보아야 한다
는 유력한 반대견해가 있다고 한다.[62]

나. 경업금지약정의 유효성의 여부

대법원[63]은, "경업금지약정은 근로자가 사용자와 경쟁관계에 있는 업체에 취
업하거나 스스로 경쟁업체를 설립, 운영하는 등의 경쟁행위를 하지 아니할 것을 내
용으로 하므로 직업선택의 자유를 직접적으로 제한할 뿐만 아니라, 자유로운 경쟁
을 저해하여 일반 소비자의 이익을 해칠 우려도 적지 아니하고, 특히 퇴직 후의 경
쟁업체로의 전직금지약정은 근로자의 생계와도 직접적인 연관이 있으므로 사용자
와 근로자 사이에 전직금지약정이 있는지에 관하여는 이를 엄격하게 판단하여야
할 것이다"고 판시하였다.

또, 대법원은 근로자 갑이 을 회사를 퇴사한 후 그와 경쟁관계에 있는 중개무
역회사를 설립·운영하자 을 회사 측이 경업금지약정 위반을 이유로 하여 갑을 상
대로 손해배상을 청구한 사안에서,[64] "사용자와 근로자 사이에 경업금지약정이 존

61) 대법원 2003. 7. 16.자 2002마4380 결정.
62) 사법연수원, 앞의 책, 128면.
63) 대법원 2003. 7. 16.자 2002마4380 결정.
64) 대법원 2010. 3. 11. 선고 2009다82244 판결. 이 사안의 기초적 사실관계는 이하와 같다. 즉,

재한다고 하더라도, 그와 같은 약정이 헌법상 보장된 근로자의 직업선택의 자유와 근로권 등을 과도하게 제한하거나 자유로운 경쟁을 지나치게 제한하는 경우에는 민법 제103조에 정한 선량한 풍속 기타 사회질서에 반하는 법률행위로서 무효라고 보아야" 한다고 판시하였다.

이와 달리, 하급심의 경우,65) "사용자와 피용자 사이에 체결되는 전직금지약정은 일종의 경업금지약정으로서, 그 체결된 배경이나 그 내용 및 기간에 합리성이 인정되는 경우에는 헌법상 보장된 직업선택의 자유를 침해하지 않는 것으로서 공서양속 위반으로 볼 수 없다"고 판시하면서, 나아가 "경업금지약정의 목적이 피용자로 하여금 퇴사 후 그가 취직 중 알게 된 판매 방법 등에 관한 정보 및 고객 명단 등을 이용하여 동종의 영업 분야에서 일하거나 다른 경쟁 판매회사 등에 취업함으로써 결국 그가 소속했던 회사에 손해를 끼치는 행위를 막기 위한 것이라는 점, 금지기간이 1년으로서 그 피용자에게 과도한 제약이 되지 아니하는 점을 고려하여, 그 약정을 유효하다"고 한 사례가 있다.

다. 경업금지약정의 유효성 판단기준

대법원66)은, "경업금지약정의 유효성에 관한 판단은 보호할 가치 있는 사용자의 이익, 근로자의 퇴직 전 지위, 경업 제한의 기간·지역 및 대상 직종, 근로자에 대한 대가의 제공 유무, 근로자의 퇴직 경위, 공공의 이익 및 기타 사정 등을 종합적으로 고려하여야 하고, 여기에서 말하는 '보호할 가치 있는 사용자의 이익'이라

피고가 2002. 9. 30. 원고와 사이에 "피고가 원고를 퇴직 후 2년 이내에는 원고와 경쟁관계에 있는 회사에 취업하거나 직·간접 영향을 미쳐서는 안 된다"는 내용이 포함된 연봉·근로계약 (이하 '이 사건 경업금지약정'이라 한다)을 체결하였고, 피고는 2004. 2. 28. 원고를 퇴직한 후 2004. 4. 30.경 '(상호 생략)'라는 중개무역회사를 설립, 운영하면서 중국 업체에 도급을 주어 원고가 미국의 배셋(BASSET)사에 납품한 바 있는 손톱깎이 세트, 손톱미용 세트 등과 일부 유사한 제품을 배셋사에 납품하였다. 이 대법원 판결과 같은 취지의 하급심 판결로서는, 서울고법 2012. 5. 16.자 2011라853 결정(확정) 참조.

65) 서울지방법원 1997. 6. 17.자 97카합758 결정은 "피신청인이 신청인 회사에 입사하면서 체결한 이 사건 경업금지약정의 목적이 피신청인으로 하여금 퇴사 후 그가 취직 중 알게 된 판매 방법 등에 관한 정보 및 고객 명단 등을 이용하여 동종의 영업 분야에서 일하거나 다른 경쟁 제약판매회사 등에 취업함으로써 결국 신청인 회사에 손해를 끼치는 행위를 막기 위한 것이라는 점, 금지기간이 1년으로서 피신청인에게 과도한 제약이 되지 아니하는 점을 고려하면 이 사건 약정은 유효한 경업금지약정으로 보아야 하고, 피신청인이 신청인 회사가 수입·판매하고 있는 것과 같은 복막투석액 수입 판매를 하는 위 신청외 회사의 국내 사무소에서 그 책임자로서의 일을 하고 있는 이상, 그 경업 금지를 구하는 신청인의 이 사건 신청은 이유 있다"고 판시하였다.

66) 대법원 2010. 3. 11. 선고 2009다82244 판결; 서울고법 2012. 5. 16.자 2011라1853 결정(확정).

함은 부정경쟁방지 및 영업비밀보호에 관한 법률 제2조 제2호에 정한 '영업비밀'뿐만 아니라 그 정도에 이르지 아니하였더라도 당해 사용자만이 가지고 있는 지식 또는 정보로서 근로자와 이를 제3자에게 누설하지 않기로 약정한 것이거나 고객관계나 영업상의 신용의 유지도 이에 해당한다 할 것이다"라고 판시하였다.

라. 경업금지의 합리적 기간 또는 지역적 범위

대법원67)은, "경업금지약정은 직업선택의 자유와 근로자의 권리 등을 제한하는 의미가 있으므로, 근로자가 사용자와의 약정에 의하여 경업금지기간을 정한 경우에도, 보호할 가치 있는 사용자의 이익, 근로자의 퇴직 전 지위, 퇴직 경위, 근로자에 대한 대상(代償) 제공 여부 등 제반 사정을 고려하여 약정한 경업금지기간이 과도하게 장기라고 인정될 때에는 적당한 범위로 경업금지기간을 제한할 수 있다"고 판시한 후, " ...(중략)... 기록에 나타난 제반 사정을 종합하여 보면, 약정에 따른 피신청인들에 대한 경업금지기간은 피신청인들의 직업선택의 자유와 생존권을 과도하게 침해할 우려가 있다고 하여 이를 각각 퇴직 후 1년간으로 제한하는 것이 합리적"이라고 판단하였다.

한편 대법원68)은, 피고가 2002. 9. 30. 원고와 사이에 "피고가 원고를 퇴직 후 2년 이내에는 원고와 경쟁관계에 있는 회사에 취업하거나 직·간접 영향을 미쳐서는 안 된다"는 내용이 포함된 연봉·근로계약(이하 '이 사건 경업금지약정'이라 한다)을 체결하였고, 피고는 2004. 2. 28. 원고를 퇴직한 후 2004. 4. 30.경 '(상호 생략)'라는 중개무역회사를 설립, 운영하면서 중국 업체에 도급을 주어 원고가 미국의 배셋(BASSET)사에 납품한 바 있는 손톱깎이 세트, 손톱미용 세트 등과 일부 유사한 제품을 배셋사에 납품한 사안에서, "피고가 이 사건 경업금지약정의 체결로 인해 특별한 대가를 수령한 것으로는 보이지 않는데도 퇴직 후 2년이라는 긴 시간 동안 경업이 금지되어 있는 점" 등을 비롯하여 제반 사정을 종합적으로 고려한 후, "이 사건 경업금지약정이 피고의 위와 같은 영업행위까지 금지하는 것으로 해석된다면 근로자인 피고의 직업선택의 자유와 근로권 등을 과도하게 제한하거나 자유로운 경쟁을 지나치게 제한하는 경우에 해당되어 민법 제103조에 정한 선량한 풍속 기타 사회질서에 반하는 법률행위로서 무효라고 할 것이고, 따라서 이 사건 경업금지

---

67) 대법원 2007. 3. 9.자 2006마1303 결정.
68) 대법원 2010. 3. 11. 선고 2009다82244 판결.

약정이 유효함을 전제로 하는 위 약정 위반으로 인한 손해배상청구는 이유 없다"고 판시하였다.

최근 확정된 하급심판결69)에서는, 시스템 반도체 개발업체인 갑(甲) 주식회사가 을(乙) 대학교 산학협력단과 맺은 협약에 따라 을(乙) 대학교 대학원생이던 병(丙)과 근로계약을 체결하면서 영업비밀을 보호하기 위하여 병(丙)은 퇴직일로부터 1년 동안 경쟁업체에 취업하지 않는다는 내용의 전직금지약정을 체결하였는데, 그 후 병(丙)이 갑(甲) 회사를 퇴직한 다음 퇴직일로부터 1년이 경과하기 전에 경쟁업체인 정(丁) 주식회사에 입사하여 근무하자, 갑(甲) 회사가 전직금지가처분을 신청한 사안에서, 병이 갑 회사 소속 근로자로서 알게 된 정보가 보호할 가치 있는 사용자의 이익에 해당하는 점, 병은 보호할 가치가 있는 사용자의 이익을 해할 가능성이 있는 지위와 업무에 종사한 점, 퇴직일로부터 1년이라는 전직금지약정 기간이 과도하다고 볼 수 없는 점, 갑 회사가 협약에 따라 지원한 자금 중 상당 부분이 병에게 전달되는 등 전직금지의 대가70)가 지급된 것으로 볼 수 있는 점 등 여러 사정에 비추어 볼 때, 전직금지약정은 민법 제103조에서 정한 선량한 풍속 기타 사회질서에 반하는 법률행위로서 무효라고 볼 수 없으므로, 병은 퇴직일로부터 1년이 되는 날까지 갑 회사와 동일하거나 유사한 제품을 생산하는 정 회사에 취업하여 근무하거나 그 업무에 종사하여서는 안 된다고 판시하였다.

위와 같은 판례들에 비추어 우리 법원의 태도를 요약하면, 경업금지약정의 핵심적 요소인 대상조치와 경업금지의 합리적 기간 등 2가지 요소를 중심으로 한 경업금지약정의 효력에 관하여 이하와 같이 정리된다. 즉, 합리적 대상조치가 있는 1년 이내의 경업금지약정은 유효하지만, 이와 달리 합리적 대상조치가 없는 2년 이상의 경업금지약정은 근로자인 피고의 직업선택의 자유와 근로권 등을 과도하게 제한하거나 자유로운 경쟁을 지나치게 제한하는 경우에 해당되어 민법 제103조에 정한 선량한 풍속 기타 사회질서에 반하는 법률행위로서 무효라고 보는 것이 현재

---

69) 서울고등법원 2012. 5. 16.자 2011라1853 결정(확정).

70) 이 사건[서울고등법원 2012. 5. 16.자 2011라1853 결정]에서 판단된 대상조치(代償措置)의 구체적 내용 즉, 근로자에 대한 대가의 제공 유무에 관해서는, "신청인이 이 사건 협약에 따라 광운대학교 산학협력단에 3,600만 원을 지원하였고, 이를 통하여 피신청인에게 29,991,000원이 전달된 사실이 인정되고, 신청인이 피신청인의 고용을 보장하여 실제 사원으로 고용하였다면 신청인과 피신청인 사이에 약정한 급여와 복지수준에 관하여 현재 일부 이견이 있다고 하더라도 전체적으로 1년 동안 전직을 금지하는 대가는 지급된 것으로 볼 수 있다."고 판단하면서, 법원은 퇴직 후 1년간 전직금지약정에 대한 대상조치(代償措置)의 합리성을 인정하였다.

까지 우리 판례의 태도라고 판단된다. 다만, 우리나라의 판례를 살펴보면 경업금지 약정의 합리적 기간이 쟁점으로 된 사안은 다수 있지만, 그 지역적 범위가 주요 쟁 점이 된 사안은 발견하기 어렵다. 이러한 지역적 혹은 장소적 범위에 대한 제한의 합리성문제는 후술하는 미국판례의 분석으로부터 시사점을 도출해 보고자 한다.

한편 이 문제에 관하여, 기술의 발전속도가 빠른 컴퓨터산업이나 생명공학산 업에서의 경업금지의 합리적 기간은 다른 전통적인 산업에서의 합리적인 기간보다 훨씬 더 짧은 것으로 판단된다는 견해가 있다.[71] 나아가 미국 미시건 주(州)의 독 점규제법(Michigan Antitrust Reform Act(MARA)) 제4조 a(1)항에 의하면, 퇴직 후의 종업원의 영업비밀누설 등의 금지 또는 경업금지를 내용으로 하는 계약조항은 그 금지기간, 지역적 제한, 금지하는 영업의 종류 등을 고려해 볼 때 합리적이라고 판 단되는 경우에 한하여 유효하고, 불합리하다고 판단되는 한도에서는 법원이 합리적 이라고 판단되는 내용으로 당해 계약조항의 효력을 제한할 수 있는 재량을 가지도 록 규정하고 있는데,[72] 이러한 입법례에 대하여 특히 주목된다는 견해도 있다.[73]

2. 우리 판례의 비판적 검토

가. 사용자에게 정당한 이익의 존재요건의 판단기준―'영업비밀'과 '일반적 기능 등의 정보'와 구별 문제

1) 경업금지약정의 유효성 판단기준으로서 우선 사용자에게 정당한 이익이 존 재해야 한다는 요건의 검토가 필요하다. 경업금지약정은 노동자에 의한 일반적인 경업에서 전(前)사용자를 지키기 위하여 존재하는 것은 아니므로,[74] 이러한 합의가

---

71) 정상조, 앞의 책, 120면.
72) Section 4(a)(1) of the Michigan Antitrust Reform Act provides: "An employer may obtain from an employee an agreement or covenant which protects an employer's reasonable competitive business interests and expressly prohibits an employee from engaging in employment or a line of business after termination of the employment if the agreement or covenant is reasonable as to its duration, geographical area, and the type of employment or line of business. To the extent any such agreement or covenant is found to be unreasonable in any respect, a court may limit the agreement to render it reasonable in light of the circumstances in which it was made and specifically enforce the agreement as limited." (http://www.legislature.mi.gov/(S(zoofp0fjyqw35rvuhjpwlr2t))/mileg.aspx?page= getObject&objectName=mcl−445−774a).
73) 정상조, 앞의 책, 120면.
74) Josten's Inc. v. A. G. Cuquet, 383 F. Supp. 295,297 (E. D. Mo. 1974); Arthur Murray Dance Studios, Inc. v. Witter, 105 N. E. 2d 685, 694 (Ohio C. P. 1952).

유효하기 위해서 사용자는 정당한 이익의 존재를 증명하여야 한다. 앞서 살펴본 것처럼, 미국판례는 사용자의 정당한 이익에 대해서 '영업비밀'을 사용자의 정당한 이익으로서 들고 있다.75) 근로자의 퇴직 후 경업금지약정에 관하여 미국법으로부터 시사점이라는 관점에서 이러한 판단기준을 살펴보면, 첫째 문제되는 정보가 영업비밀에 해당하는 것인가, 그렇지 않으면 노동자의 '일반적 기능 등 정보'76)에 지나지 않는 것인가에 대한 판단기준에 대한 일응의 해법을 미국판례는 이하와 같이 제시하고 있다. 영업비밀의 범위가 확정되어야 비로소, 경업금지약정에 의한 제약이 합리적인 범위 내에 있는가 여부의 판단이 가능하게 된다. 그 때문에 영업비밀과 일반적 기능 등 정보와 구별은 매우 중요하다. 일반적 기능 등 정보 즉, 종업원의 일반지식과 기술은 계약의 유무와 관계없이 종업원에게 귀속하고 사용자의 영업비밀에 포함되지 않기 때문이다.77)

그런데 영업비밀은 기술정보로부터 영업정보까지 포함한 폭넓은 개념이므로, 결정적인 판단기준이 없고, 너무나 파악하기 어려운 개념이다. 일정한 정보가 영업비밀에 해당하는가 여부는 개별사안마다 판단할 수밖에 없다. 영업비밀의 개념인 그 보호요건의 특정이 어려운 작업이라는 인식에 입각하면 결국 영업비밀의 범위가 명확하지 않기 때문에 영업비밀의 보호를 목적으로 하는 퇴직 후 경업금지약정의 경우 사용자에게 정당한 이익이 존재하는지 여부를 결정하는데 곤란한 문제가 발생하고 판례상 영업비밀의 범위의 획정이 가장 복잡하고 어려운 문제로 남게 된다. 결국 고용관계에서 영업비밀과 노동자의 일반적 기능, 지식, 수련 및 경험으로

---

75) Brunswick Corp. v. Jones, 784 F.2d 271, 276 (7th Cir. 1986) (applying Wisconsin law). ["We therefore conclude, as the district judge did, that the covenant bars employment with any competitor to whom the confidential information acquired by Jones during his employment with Brunswick would reasonably be considered to be useful, and with any third party to become a competitor based on the use of the confidential information to whom Brunswick's confidential information would reasonably be considered to be useful. Thus, the covenant protects Brunswick against a present or potential competitor from using its confidential information. We hold that the covenant is reasonably necessary for the protection of Brunswick."].

76) 대법원 2010. 3. 11. 선고 2009다82244 판결에서는 노동자의 '일반적 기능 등 정보'에 대해서 판시내용에서 "일반적인 지식과 경험"이라고 표현하고 있다. 한편, 정상조, 앞의 책, 111~112면에서는, 종업원의 "일반지식과 기술"(general knowledge and skills)이라고 표현하고 있다. 우리 부정경쟁방지법 제2조에서 영업비밀의 정의 속에 그 보호대상으로서 기술상 정보와 경영상 정보를 특정하고 있는 바, 이에 대비하기 위하여 '정보'라는 표현이 가미된 '일반적 기능 등 정보'라는 개념을 이 글에서는 일단 사용하고자 한다. 향후 법원과 학계에서 통용되는 일반적인 용어로 통일함이 필요하고 앞으로 연구과제로 남겨둔다.

77) 정상조; 앞의 책, 111면.

이루어진 정보(이하 '일반적 기능 등의 정보'이라 함)[78]와 경계선을 긋는 것이 상당히 어려운 문제인 것이다.

이와 같이 사용자의 '영업비밀'과 노동자의 '일반적 기능 등의 정보'의 구별문제에 대해서, 미국판례는 몇 가지 접근방법을 보이고 있다.

즉, 영업을 시작한 노동자가 전사용자의 영업비밀을 사용하고 있는가 아니면 단순히 일반적 지식이나 기능 등의 정보를 이용한 것에 불과한가를 판단하기 위하여, 오하이오남부지방법원은 GTI Corp. v. Calhoon 사건에서, (1) 노동자는 경합제품을 만들기 위하여 필요로 하는 지식을 전사용자와 고용관계로부터 얻은 것인가, 그렇지 않으면 단순히 일반적인 제조기술에 의거한 것인가, (2) 노동자는 전사용자로부터 얻은 지식을 제거하고 이전과 같이 독립적으로 경업을 속행할 수 있는가 여부를 그 판단기준으로 들고 있다.[79] 만약, 경업제품을 만드는 것에 필요한 지식이 단순한 일반적인 제조기술에 지나지 않거나 또는 전사용자로부터 얻은 지식을 제거하고 이전과 같이 독립적으로 경업을 속행할 수 있는 경우에는 노동자는 전사용자의 영업비밀이 아니라 단순히 일반적 기능 등을 사용함에 지나지 않는다는 결론이 도출되는 것이다.[80]

또 제7순회연방항소법원은 AMP Inc. v. Feischhacker 사건에서, 노동자의 일반적 기능 등 정보로부터 용이하게 분리할 수 없는 정보에 관해서는 이러한 정보에 대한 사용자의 권리주장을 소극적으로 인정하는 태도를 가지는 접근방법을 취하고 있다.[81] 노동자가 전사용자로부터 취득한 물리적인 기록이 아니라 스스로의 기억에 기하여 어떤 정보를 이용한 경우에 노동자의 기억행위에 계획성이 없었던 때는

---

78) 정상조, 앞의 책, 118면 및 신권철, 앞의 논문, 186면에서는, 사용자의 영업비밀의 보호범위를 한정짓기 위한 기준으로 근로자의 '일반적인 지식과 기술'(general knowledge and skill)을 들고 있다.

79) GTI Corp. v. Calhoon, 309 F. Supp. 762, 769 (S.D. Ohio 1969) ("In Head Ski Company v. Kam Ski Company, 158 F.Supp. 919 (D. Maryland 1958) the Court posed two tests for determining whether employees who formed a competing business utilized general knowledge and skill instead of trade secrets of the former employer. First, did the employees derive the necessary knowledge to make their products from their employment with plaintiff or from their general knowledge of the arts of manufacture? Second, could the defendants proceed as they did independently of the knowledge gained as plaintiff's employee? If the answer to these tests is in the affirmative, the former employees relied upon general skill and not upon trade secrets of the former employer")(밑줄 필자). [http://law.justia.com/cases/federal/district−courts/FSupp/309/762/2096316/]

80) Ibid.

81) AMP Inc. v. Fleischhacker, 823 F.2d 1199, 1202−07 (7th Cir. 1987).

이러한 정보는 전사용자의 영업비밀이 아니라 노동자의 일반적 기능 등의 정보의 일부에 지나지 않는다는 인정을 받기 쉽다.82) 한편 노동자가 고용관계의 종료전에 고객리스트와 같은 정보를 암기하였다고 하면, 그 정보가 가치를 가지고, 일반적으로 알려지지 않았다고 추인될 수 있기 때문에, 영업비밀에 해당할 가능성이 높다.83) 결국 사용자가 영업비밀을 보호받으려면, 법원은 이른바 '불가피한 개시 원칙'(the doctrine of inevitable disclosure)에 따라서, 사용자가 이하와 같은 3가지 요소를 증명하면 근로자가 새로운 고용을 상정하는 것으로부터 금지하게 할 수 있다고 한다. (1) 근로자가 정당한 영업비밀에 접근할 것, (2) 근로자가 필연적으로 그의 새로운 일을 실행하기 위하여는 그 영업비밀을 개시할 것, (3) 그러한 영업비밀의 개시는 전사용자에게 회복불가능한 손해를 야기할 것 등이다.84)

위와 같이 미국판례는 일반적 기능 등 정보와 영업비밀과 구별을 다루는 접근방법을 몇 가지 제시하고 있지만, 개별사안마다 적용가능한 명확한 기준인지 여부는 단정짓기 어렵다. 그러나, 영업비밀과 일반적 기능 등 정보를 구별하는 문제의 의미는 영업비밀의 보호와 노동인구의 유동화(mobility of employees)라는 관점에서 합리적인 균형을 취하는 것에 있다. 미국판례는 정보가 노동자의 고용경험전체와 밀접하게 뒤얽혀 있고, 사용자에게 그 약정을 통하여 영업비밀보호를 주면 노동자가 전반적인 능력에 알맞은 직업으로 진출하지 못하게 되는 경우 그러한 정보는 통상의 경우 전사용자의 영업비밀로서 보호되지 않게 된다는 태도를 취한다.85)

2) 한국 판례로 되돌아와 살펴보면, 부정경쟁방지법 관련 사안에서 퇴직 후 경업금지약정의 유효성과 관련하여, 사용자의 보호가치 있는 영업비밀과 노동자를 위하여 보호가치 있는 일반적인 지식, 기능 등 정보와 사이의 구별기준을 명백히 제시하지는 않고 있다고 생각된다.

---

82) *Id*. at 1205.

83) RESTATEMENT (THIRD) OF UNFAIR COMPETITION § 42 cmt. d (1995).

84) Jonathan O. Harris, "The Doctrine of Inevitable Disclosure: A Proposal to Balance Employer and Employee Interests", 78 Wash. U. L. Q. 325, 328 (2000) ("Courts following this doctrine will enjoin an employee from assuming new employment if the employer demonstrates three elements: (1) that the employee had access to a legitimate trade secret; (2) that the employee will inevitably disclose that trade secret in the performance of his new job; and (3) that the disclosure of that trade secret will cause irreparable harm to the former employer."). [Available at: http://openscholarship.wustl.edu/law_lawreview/vol78/iss1/7].

85) RESTATEMENT (THIRD) OF UNFAIR COMPETITION § 42 cmt. d (1995).

앞서 본 바와 같이 최근 대법원[86]은, "경업금지약정의 유효성에 관한 판단은 보호할 가치 있는 사용자의 이익, 근로자의 퇴직 전 지위, 경업 제한의 기간·지역 및 대상 직종, 근로자에 대한 대가의 제공 유무, 근로자의 퇴직 경위, 공공의 이익 및 기타 사정 등을 종합적으로 고려하여야 하고, 여기에서 말하는 '보호할 가치 있는 사용자의 이익'이라 함은 부정경쟁방지 및 영업비밀보호에 관한 법률 제2조 제2호에 정한 '영업비밀'뿐만 아니라 그 정도에 이르지 아니하였더라도 당해 사용자만이 가지고 있는 지식 또는 정보로서 근로자와 이를 제3자에게 누설하지 않기로 약정한 것이거나 고객관계나 영업상의 신용의 유지도 이에 해당한다 할 것이다"라고 판시하고 있다. 그러나, 이러한 판례의 태도를 보면, 사용자에게 정당한 이익의 존재 여부를 판단함에 있어서 우리 부정경쟁방지법상 영업비밀보다 그 개념을 확대하고 있어서 문제점이 발견되고, 향후 동종사안의 판단에 있어서 사용자의 노동자 사이의 법익균형성 문제를 해결할 수 있는지에 대해서는 의문이 남는다.

그래서 미국의 판례에 따라서 제시된 판단기준 즉, ① 노동자는 경업행위에 따른 경쟁제품을 만들기 위하여 필요하게 되는 지식을 전사용자의 고용관계로부터 얻은 것인가, 그렇지 않으면 단순히 일반적인 제조기술에 의거한 것에 지나지 않는가, ② 노동자가 전사용자로부터 얻은 지식을 제거하고, 이전과 마찬가지의 경업을 속행할 수 있는가 여부의 판단기준은 한국의 판례법 형성에도 유의미한 시사를 던져준다고 생각한다.

노동자의 일반적 기능 등 정보로부터 쉽게 분리할 수 없는 정보 예컨대 노동자의 머릿속에 남아있는 정보에 관해서, 법원은 이러한 정보에 대한 사용자의 권리주장을 영업비밀의 보호라는 명분 아래 안이하게 인정해서는 곤란하다. 또 영업비밀과 일반적 기능 등 정보와 구별은 비밀정보의 보호와 노동자의 유동성의 합리적인 균형을 취하는 것을 의도한 것이어서, 영업비밀성 여부를 판단할 때 노동자에 대한 부담 내지 불이익을 하나의 요소로 하여 고려하여야 한다는 점이 주목되어야 한다. 요컨대 퇴직근로자에 대한 경업금지약정은 직업선택의 자유를 침해할 우려가 있고 노동정책적으로는 노동인구의 유동화를 억제하여 노동시장의 탄력성을 잃게 할 염려가 있으므로, 그 유효성 판단에 있어 엄격하게 해석할 필요가 있다 할 것이다.[87]

---

86) 대법원 2010. 3. 11. 선고 2009다82244 판결.

87) 황의창·황광연, 앞의 책, 216~217면 참조.

나. 지역적·장소적 범위에 대한 제한의 합리성 문제와 시사점

1) 미국판례로부터의 또 다른 시사점은, 사용자의 정당한 이익 즉, 영업비밀 등을 보호하기 위한 경업제한이 합리적인 범위 내에 있는가의 판단기준이다. 앞서 언급했듯이 경업금지약정에 의한 경업행위제한이 유효하기 위해서는 경업행위를 제한하는 사용자측에 정당한 이익이 존재하고 또, 당해 이익과 합리적으로 결부된 내용(제한기간, 장소적 범위, 제한되는 행위태양)이 특약에 명시되어 있어야 한다는 것을 요한다.

미국판례에 의하면, 비밀의 기술정보가 일단 노동자에 의하여 누설되면 개시장소가 어디라도 경쟁자가 당해 정보를 취득할 수 있기 때문에, 비밀의 기술정보의 보호를 목적으로 하는 특약이 노동자의 퇴직 후 활동을 광범한 지역에 걸쳐서 제한하는 것이라도 당해 특약은 바로 합리성이 없다고 단정지을 수 없다는 것이다. 예컨대, 코네티컷주법원은 Continental 사건[88]에서, 흡입형성공정을 보호하기 위하여 체결한 경업금지약정은 캐나다, 미국, 서유럽 및 일본에 걸쳐서 노동자의 경업행위를 금지하고 있지만, 이들 지역의 시장에서 경쟁력이 있는 병(bottle)을 개발하기 위하여 위 공정을 사용하고 있는 것에 비추어보면, 당해 약정은 합리성을 가진다고 판시하였다. 즉, 코네티컷주법원은 뉴욕주법을 적용하면서 부주의하게 개시될 가능성을 근거로 해당 경업금지약정이 유효하며 집행가능하다고 판시하였다. 역사적으로 뉴욕주법원은 경업금지약정의 유효성을 위한 정당화요건으로 불가피한 개시(inevitable disclosure)법리를 선보였다.[89] 근로자가 새로운 사용자에게 영업비밀정보를 불가피하게 개시하는 것을 방지하기 위하여, 뉴욕주법원은 전사용자에게 미칠 손해가 새로운 직업을 찾을 근로자의 자유를 억제함으로써 야기되는 손해보다 더 커야 한다는 근거 아래 금지명령을 부여하였다.[90] 다시 말해서 뉴욕주법원은 이익형량의 법리를 적용한 것이다. 또 플로리다남부지방법원은 Hekimian Labs 사건[91]에서, 제한지역이 설정되지 않았음에도 불구하고 경업금지약정은 유효하다고 판시하면서, 그것은 전사용자와 당해 노동자를 고용한 새로운 사용자가 사실상 세계적

88) Continental Group, Inc. v. Kinsley, 422 F. Supp. 838, 843 (D. Conn. 1976).
89) Bus. Intelligence Servs., Inc. v. Hudson, 580 F. Supp. 1068, 1072-3 (S.D.N.Y. 1984).
90) James J. Mulcahy & Joy M. Tassin, "Note, Is PepsiCo the Choice of the Next Generation: The. Inevitable Disclosure Doctrine and Its Place in New York Jurisprudence", 21 Hofstra Labor & Employment Law Journal 233, 268 (2003).
91) Hekimian Labs., Inc. v. Domain Sys., Inc., 644 F.Supp. 493, 498 (S. D. Fla. 1987). (one-year period OK; defendant to be paid half of base salary).

인 범위에서 경쟁하고 있기 때문에, 지역적 한정이 없는 특약은 전사용자의 영업비밀(원격 액세스 검사기기에 관련된 기술정보)을 보호하기 위하여 필요한 것에 따른 것이라고 판시하였다. 또, 조지아주법원은 Crowe 사건92)에서, 퇴직 후 경업금지약정이 노동자가 재직 중 영업활동을 하고 있던 범위를 대상으로 경업을 금지하는 것인 때는 당해 경업규제는 일반적으로 합리성을 가지지만, 사용자의 영업범위를 대상으로 경업을 금지하는 때는 당해 경업규제는 일반적으로 합리성을 결한 것이라는 태도를 취한다. 이러한 차이에 관하여, 조지아주법원은 "전자와 같은 규제는 노동자, 고용관계 또는 상점에 사용자의 투자를 지키기 위하여, 필요한 범위를 넘어가지 않는 한도에서 이루어지는 것이라도 볼 수 있다. 후자와 같은 규제는 오히려 경쟁을 제한하기 때문에 광범위하게 걸쳐서 이루어지는 것이면 일반적으로 볼 수 있다"라고 설시하고 있다. 이러한 판례들과 상반된 결론을 내린 판례도 있다. 예컨대, 노동자가 재직 중 영업활동을 행한 것이 아닌 지역까지 퇴직 후 영업활동을 금지하는 특약이었다고 하더라도, 재직 중 취득한 비밀의 고객리스트가 일단 노동자에 의하여 이용되었다면 그것이 어딘가에 있든지 사용자에게 피해를 야기할 때에는 당해 영업규제는 합리성을 가진다고 설시한 판례가 있다.93)

2) 결국 여기서 사용자의 정당한 이익이 영업비밀인 경우 그것과 합리적으로 결부된 장소적 범위는 당해 영업비밀의 비공지성이 인정되는 범위에 비추어 판단되어야 한다. 영업비밀의 비공지성은 정보가 간행물에 기재되어 있지 않는 점 등 보유자의 관리 아래 이외에는 일반적으로 입수할 수 없는 상태를 의미한다. 보유자가 그 노동자나 라이선시에 대하여 영업비밀을 개시한 경우 비밀정보를 지득한 자가 지역적으로 넓다고 하더라도 비밀정보 자체가 공개되지 않는 한 여전히 비공지성이 인정된다. 따라서 비공지성은 비밀의 상태가 지켜지는가 여부가 핵심이어서 애초 장소적 범위에 징표를 붙이는 것은 어렵다. 그 때문에 사용자의 정당한 이익(영업비밀)과 구체적 관련성에서 경쟁제한의 장소적 범위를 검토할 때 비공지성에 초점을 맞추는 것은 적절하지 않다.

구체적으로 보면 영업비밀의 유형화에 따라서 달라진다. 우선 기술정보에 관해

---

92) Crowe v, Manpower Temporary Servs., Inc., 347 S.E.2d 560, 561 (Ga. 1986).
93) John Dwight Ingram, "Covenants Not to Compete", 36 AKRON LAW REVIEW 49, 69 (2002) [https://www.uakron.edu/dotAsset/727411.pdf]; Orkin Exterminating Co. v. Mills, 127 S. E. 2d 796, 797 (Ga. 1962).{전 노동자로부터 사용자의 고객리스트 및 흰개미의 구제(驅除)에 관한 비밀정보를 지득하였다}.

서는 그 유통에 지역적 또는 국가적 장애는 없으므로, 넓은 장소적 범위에 걸쳐서 퇴직 후의 경업행위를 제한하는 특약이더라도 바로 합리성을 결한 것이라고 해서는 안 된다.

문제는 비밀 영업정보의 경우이다. 고객의 취미나 구매능력, 혹은 수강생의 주소, 성적데이터, 수강이력 등에 관한 영업정보 내지 경영정보는 정보 그 자체는 기술정보와 마찬가지로 유통에는 지역적 또는 국가적 장애는 없다. 그렇지만 고객에는 지역성이 존재한다. 고객은 정보와 같이 순간적으로 이동하는 것은 그다지 생각될 수 없기 때문이다. 따라서 가령 소규모 학원시설의 경영에 관한 정보가 문제된 경우, 지켜야 할 전사용자의 이익에는 장소적 한정이 있기 때문에(원격지에 학원시설을 열게 되더라도 불이익은 없다), 지역의 한정이 핵심으로 되고 무제한으로 경업을 제한하는 것은 허용되지 않는다.

이에 반하여 고객에게는 지역성이 인정되는 경우이더라도 전사용자의 이익에는 장소적으로 한정할 수 없는 경우도 있다. 예를 들면, 노동자가 전사용자의 고객정보(고객의 취지나 구매능력에 관한 정보)를 사용하여 전사용자와 마찬가지의 통신판매사업을 개시한 경우는 여기에 해당한다. 이 경우 경업제한이 합리적인 범위내인가 여부에 관해서는 장소적 범위의 요건을 엄격하게 해석하지 않아도 좋다. 오히려, 제한되는 행위태양 즉 노동자의 영업활동에 대한 제한은 고객정보에 실려 있는 고객을 대상으로 한 경업에 한정되어야 하는가 여부를 중시해야 한다. 만약 특약이 전술한 고객정보에 실려져 있는 고객뿐만 아니라 전사용자에 따라서는 잠재적인 고객까지 노동자의 영업활동을 금지하는 것이라면 부정적인 평가를 내려야 할 것이다.

요컨대, 경업금지약정이 비밀 기술정보의 보호를 목적으로 하는 때는 장소를 한정하는 것은 그 목적을 달성할 수 없으므로, 장소적 범위라는 요건은 완화된다. 이에 반하여, 같은 영업비밀이더라도 비밀 영업정보는 비밀 기술정보와는 성격을 달리하므로, 그 보호를 목적으로 하는 경업규제가 합리적인 장소적 범위 내에 있는지 여부에 관해서는 한층 더 세심한 법적 분석이 필요하다.

다. 대상조치(代償措置)와 미국의 약인(consideration)법리의 시사점

1) 미국판례의 또다른 시사점은 미국의 약인의 법리에 있다. 앞서 살펴보았듯이, 미국에서는 약인이 중시된 결과 퇴직 후 경업금지약정은 당사자의 합의만으로는 유효하게 성립하지 않는다. 당사자의 합의에 더하여 약인 즉 대가가 필요하다.

약인법리는 법적으로 구속력을 가지는 합의의 경계를 정하는 주된 도구개념으로 작용한다. 앞서 살펴보았듯이, 경업금지약정이 유효하려면 대상조치가 필요하고, 예컨대 일정기간에 걸친 고용계속의 사실,94) 금전적인 급부, 승진 또는 승급 등의 조치가 복합적으로 취해지는 것도 대상조치의 하나로 볼 수 있다는 것이다.

확실히 한국에는 미국계약법상 계약의 성립과 관련한 약인법리와 달리, 계약 당사자의 의사의 합치만으로 계약은 성립하게 된다. 그러나, 한국에서도 성립하는 모든 계약에 관해서 법률상의 구속력을 인정하지 않고, 강행법규나 공서양속에 반하는 계약의 효력은 부정하고 있다. 예컨대 대법원은 근로자 갑이 을 회사를 퇴사한 후 그와 경쟁관계에 있는 중개무역회사를 설립·운영하자 을 회사 측이 경업금지약정 위반을 이유로 하여 갑을 상대로 손해배상을 청구한 사안에서,95) "사용자와 근로자 사이에 경업금지약정이 존재한다고 하더라도, 그와 같은 약정이 헌법상 보장된 근로자의 직업선택의 자유와 근로권 등을 과도하게 제한하거나 자유로운 경쟁을 지나치게 제한하는 경우에는 민법 제103조에 정한 선량한 풍속 기타 사회질서에 반하는 법률행위로서 무효라고 보아야" 한다고 판시하였다. 결국 우리 판례는 이렇게 퇴직 후의 경업금지약정에서 사용자와 노동자의 이익조정에 대해서 계약의 성립단계가 아니라 계약의 효력요건의 검토단계에서 그 해결책을 모색한다고 평가할 수 있다.

2) 실제로, 경업금지약정은 영업양도와 달리, 사용자와 노동자 사이의 교섭력의 불균형의 산물이고, 사용자는 노동자의 장래 직업의 활동을 부당하게 압박하는 광범한 경업금지조항에 합의하게 하는 것을 볼 수 있다. 일방당사자인 노동자가 가지는 교섭력이 타방당사자인 사용자와 동등하지 않다면, 그 균형을 가지는 방안은 미국에서처럼 약인의 법리에 따라서 계약성립의 단계에서 이익조정을 행하는 것과 마찬가지로, 미국과 법체계가 다른 한국에서는 오히려 계약의 효력발생단계에서 이 문제를 해결하는 방안이 더 타당할지도 모른다. 요컨대, 우리 대법원은 대상(代償)

---

94) 이달휴, 앞의 논문, 56면.
95) 대법원 2010. 3. 11. 선고 2009다82244 판결.{이 사안의 기초적 사실관계는 이하와 같다. 즉, 피고가 2002. 9. 30. 원고와 사이에 "피고가 원고를 퇴직 후 2년 이내에는 원고와 경쟁관계에 있는 회사에 취업하거나 직·간접 영향을 미쳐서는 안 된다"는 내용이 포함된 연봉·근로계약 (이하 '이 사건 경업금지약정'이라 한다)을 체결하였고, 피고는 2004. 2. 28. 원고를 퇴직한 후 2004. 4. 30.경 '(상호 생략)'라는 중개무역회사를 설립, 운영하면서 중국 업체에 도급을 주어 원고가 미국의 배셋(BASSET)사에 납품한 바 있는 손톱깎이 세트, 손톱미용 세트 등과 일부 유사한 제품을 배셋사에 납품하였다}.

조치를 결하거나 또는 현저히 균형을 잃은 낮은 액수의 대상(代償)을 정한 경업금지약정에 대해서 경업금지의무의 요건을 충족하지 않고, 직업선택의 자유나 공서양속에 반하여 무효라고 해석하는 것은 경업금지약정의 효력발생단계에서 노사간의 이익조정을 행하는 것이라고 평가할 수 있고, 이러한 문제해결의 한 가지 방향성을 제시하였다는 점에서 의미를 가진다고 생각된다.

이렇게 대상(代償)을 경업금지약정의 효력요건으로 해석하면, 대상의 구체적인 액수나 형태가 문제된다. 우리의 경우는 해고권남용의 법리에 따라서 사용자의 해고의 자유를 엄격하게 제한하고 있다. 그러므로, 노동자의 경업금지의 약속에 대하여 사용자가 고용의 계속을 약속하더라도, 실제 효과로서는 노동자의 이익이나 또는 사용자의 불이익으로 되지 않는 경우가 많다. 따라서 우리의 경우 미국처럼, 일정기간의 고용계속을 대상(代償)으로 인정하는 판단기준을 채용해서는 곤란하다고 생각된다. 다만 교육훈련의 기회의 부여, 재직 중 기밀유지수당등의 지급에 대하여 그 대상성(代償性)여부는, 노동자의 경업금지의 약속과 교환되는 것이 명확하고 또 노동자에 야기되는 이익이 적정한 경우에는 대상(代償)으로 인정될 수 있을 것이다. 즉, 대상(代償)은 미국의 약인과 마찬가지로, 교환적 거래의 산물인 점 및 법적으로 보호할 가치가 있을 것이라는 요건을 충족하여야 한다. 이 두 가지 요건은 미국에서는 약인이 법적 구속력이 있는 채권채무관계를 식별하는 기능을 부과하기 위한 요건으로 되어 있다. 우리의 경우도 대상조치에 관해서 미국과 동일한 판단기준을 취할 수 있을 것이다. 이렇게 대상조치(代償措置)를 해석하면, 대상조치는 특약의 효력발생단계에서 노사의 이익을 조정하는 역할뿐만 아니라, 애초 경업금지에 관하여 노사의 교섭이 있었는가 여부를 확실하게 하기 위한 수단도 된다.

우리 실무상 퇴직 후의 경업금지약정의 특징으로, 첫째 사용자와 노동자라는 계약당사자 사이에 힘의 격차나 불균형이 존재하고, 둘째 경업금지의무를 노동자가 편무적으로 부담하게 된다는 것이다. 미국의 약인법리(約因法理)는 약인이기 위해서 교환적 거래의 산물일 것 및 법적으로 보호가치 있을 것 등 두 가지 특징에 대응한다. 노사의 교섭의 실질화라는 관점에 서면, 우리의 대상조치(代償措置)에 관해서 미국의 약인법리와 마찬가지로, 특약의 이러한 특징을 눈여겨 보면서 해석을 하여야 한다. 결국, 대상(代償)요건의 충족을 판단하기 위해서는 노동자의 경업금지약속과 교환되는 것이 명확하고, 또 노동자에게 야기되는 이익이 적정하다는 두 가지 요건을 충족하여야 할 것으로 생각된다.

3) 요컨대 미국의 약인법리에서 얻은 시사점은 우리의 경우도 퇴직 후 경업금
지약정의 유효성을 판단하기 위해서, 교환적 거래로 대상(代償)이 결정되고 또 그
대상조치가 적정하고 법적으로 보호가치를 가져야 하며 그러한 전제 아래 경업금
지약정의 유효성 내지 효력요건의 충족 여부를 결정한다는 접근방법을 도출할 수
도 있다는 것이다. 경업금지약정에서는 그 특질로부터 계약당사자의 입장이 대등하
다고 말할 수 없고, 그것이 특약의 성립요건 또는 효력요건의 설정으로 어떻게 편
입되어야 하는 것인가는 항상 고려되어야 한다. 경업금지약정의 특수성은 사회적
공평을 요구하고, 공익에 반하지 않아야 한다. 그러므로, 법익균형 내지 이익균형의
관점에서 대상조치라는 매개를 통하여 이것을 경업금지약정의 유효성 내지 효력의
판단요소로 편입되어야 할 것이고, 나아가 확립된 판례법으로 발전 및 유지하는 것
이 우리 법에 남겨진 과제라고 할 것이다.

라. IT업종에서 경업금지약정의 효력과 캘리포니아주법의 '코드 16600'의 시사점

한편, IT업종에서의 경업금지약정의 효력에 대해서도 다른 업종과 마찬가지로
경업금지약정의 효력을 인정함에 있어서 같은 기준을 채용해야 할 것인가가 문제
된다. 이런 점에서 캘리포니아주법상 관련 규정은 시사점이 적지 않다. 그 규정은
바로 1827년 캘리포니아 시민법에 포함된 Section 16600 of California Business
and Professions Code Section 16600(이하: 코드 16600)라는 조항이다. 이 코드
16600에서는 "개인의 합법적인 취업, 거래, 또는 어떤 종류의 비즈니스를 방해하는
모든 계약은 무효"(every contract by which anyone is restrained from engaging in a
lawful profession, trade, or business of any kind is to that extent void)라고 규정하고
있다.[96][97] 이 코드 16600의 의미에 관하여, Ronald J. Gilson에 의하면, 코드
16600에 의해 육성된 노동자의 이동성 내지 노동유연성(employee mobility)은 다른
주에서의 상대적인 노동비유연성과 대비할 때, 실리콘밸리의 초창기 경제활성화를
설명할 수 있기를 바라는 직업문화를 가능하게 했다고 주장한다.[98] 이에 대하여

---

96) Section 16600 of California Business and Professions Code [§16600. Except as provided
   in this chapter, every contract by which anyone is restrained from engaging in a lawful
   profession, trade, or business of any kind is to that extent void.]

97) Paul Goldstein · R.Anthony Reese, op.cit., pp. 118~119.

98) Ronald J. Gilson, "The Legal Infrastructure of High Technology Industrial Districts:
   Silicon Valley, Route 128, and Covenants Not to Compete," 74 N.Y.U.L. REV. 575, 578
   (August 1998). [Available at SSRN: http://ssrn.com/abstract=124508 or http://dx.doi.org/

실제로는 캘리포니아 노동자들이 '코드 16600'에 규정한 것만큼 전직이 자유로운 것은 아니라는 주장도 있다.99) 이 주장의 근거는 캘리포니아주에서도 통일영업비밀보호법{Uniform Trade Secret Act, Cal. Civ. Code 3426~3426.11(West 1997 & Supp. 2008)}을 채용하고 있고, 그래서 캘리포니아주법원은 다른 주법원에서처럼 전직 종업원에 대한 영업비밀책임을 주장할 수 있다는 것이다.100)

이러한 논의에도 불구하고, 실제 캘리포니아주법원은 최근의 판결들에서 조차 코드 16600에 기하여 퇴직 후 노동자에 대한 경업금지약정은 무효이며 집행불능이라는 취지로 연속하여 선고하고 있다. 예컨대, 캘리포니아주대법원은 2008년 Edwards v. Arthur Andersen LLP.101) 사건판결에서, 캘리포니아주법은 원칙상 퇴직근로자의 경업금지약정과 소비자유인금지약정은 Code 16600(Business and Professions Code §16600)에 기하여 무효라고 선고하였다. 나아가 캘리포니아주항소법원은 2012년 8월 24일 Fillpoint, LLC v. Maas102) 사건 판결에서도 Edwards v. Arthur Andersen LLP. 사건 판결과 마찬가지의 판결을 선고하였다.

이처럼, 미국에서는 주(州)마다 경업금지약정의 규제에 차이가 있지만, 세계적인 IT기업인 구글 등이 본거지 등을 두고 있는 실리콘밸리가 있는 캘리포니아주에서는 경업금지약정(Covenants Not to Compete)의 효력을 가장 엄격하게 판단하고 있다. 이 캘리포니아주법 'Code 16600'에 의하면, 기본적으로는 원래 경업금지합의 자체에 대해서 예외적인 경우를 제외하고는 원칙적으로 무효로 하고 있다. 우리의 산업정책적 관점에서 미국의 캘리포니아주법의 'Code 16600'와 같은 규정의 입법태도로부터 시사점을 얻어야 할 것으로 생각한다.

10.2139/ssrn.124508]

99) Paul Goldstein/R.Anthony Reese, op.cit., p. 119.

100) Civil Code section 3426.1, subdivision (d) and Penal Code section 499c, subdivision (a), paragraph (9) are identical in their wording: "'Trade secret' means information, including a formula, pattern, compilation, program, device, method, technique, or process, that: [¶] (1) Derives independent economic value, actual or potential, from not being generally known to the public or to other persons who can obtain economic value from its disclosure or use; and [¶] (2) Is the subject of efforts that are reasonable under the circumstances to maintain its secrecy." 즉, 캘리포니아주법 Civil Code section 3426.1(d)(2)에 의하면, '해당 상황에서 비밀유지를 위한 합리적 노력'을 영업비밀의 보호요건인 '비밀관리성'의 판단기준으로 하고 있다.

101) Edwards v. Arthur Andersen LLP ((2008) 44 Cal. 4th 937).

102) Fillpoint, LLC, v. Maas et al., Case No. G045057, 2012 Cal. App. LEXIS 914 (Cal. Ct. App. Aug. 24, 2012).

Ⅳ. 결   어

계약관계 등에 의하여 영업비밀의 비밀유지의무가 있는 자가 영업비밀보유자로부터 알게된 영업비밀을 권원없이 사용, 공개하는 행위는 근로관계가 계속 중에는 근로계약이나 취업규칙 혹은 단체협약 등에 명시적으로 비밀유지의무가 규정되어 있지 않은 경우라 하더라도 대개 법률상의 의무(수임자의 선관주의의무, 이사의 비밀유지의무, 혹은 지배인의 선관주의의무 또는 충실의무) 또는 계약상의 의무(비밀유지의무, 使用避止義務)에 위반하는 행위이므로 그 계약의무위반을 이유로 영업비밀의 사용 또는 공개를 금지할 수 있다. 일반 근로자는 근로계약의 부수적 의무인 성실의무의 내용으로서 비밀유지의무를 근거로 영업비밀을 보호할 수 있다. 그러나 부적절하게 종료된 사용허락계약(trade secret license)의 체결교섭 중에 알게 된 영업비밀을 권한없이 사용 또는 공개하는 행위나 특약으로 비밀유지의무를 정하지 아니한 종업원이 퇴직 후 영업비밀을 사용 또는 공개하는 행위 등을 계약법리만으로 금지할 수 있느냐는 단정하기 어려운 점이 있었다. 이에 대응하여 부정경쟁방지법 제2조 제3호 라목은 그러한 행위를 금지대상으로 하는 것이고, 부정한 이익을 얻거나 그 영업비밀의 보유자에게 손해를 가할 목적으로 영업비밀의 사용 또는 공개를 부정경쟁행위로 한 것에 이 규정의 의미가 있다. 퇴직 후 경업금지의무는 원칙상 사용자와 종업원인 근로자 사이에 별도의 약정이 명시적으로 있는 경우에만 인정되어야 할 것이다. 그러한 경우에도 ① 경업금지기간의 합리성, ② 경업금지의 지리적 범위의 합리성, ③ 대상조치 등 3요건의 합리적 한정적 해석이 필요하다고 사료된다. 왜냐하면 경제적 약자인 근로자의 헌법상의 직업선택의 자유 및 영업의 자유를 제한하고 나아가 생존권을 위협할 우려가 있기 때문이다. 따라서 퇴직 후 종업원에 대하여는 명시적 약정이나 단체협약, 취업규칙에 명확가 근거가 없는 경우에는 원칙상 경업금지의무는 특별한 사정이 없는 한 인정되어서는 안 된다. 이러한 해석의 근거는 영업비밀보유자와 퇴직 종업원 및 경쟁자의 이익 사이에 법익균형의 원칙을 유지할 수 있다는 데 있다.103) 이러한 해석은 일본의 학설판례의 주류적 흐름과 다르지 않다고 사료된다.

한편, 미국과 우리나라의 양국의 판례를 대비해 보면 경업금지약정의 유효성 판단에 관한 본질적인 이론구성은 양자를 대비해 볼 때 큰 틀에서는 그다지 다르

---

103) 차상육, 앞의 논문(2007), 126~127면.

지 않다고 볼 수 있다.104) 그렇지만, 경업금지약정의 성립에 있어서 이른바 약인
(consideration)이론이 적용되는지 여부에 관해서는 양국 사이에 상당한 차이가 있
음을 확인하였다. 구체적으로 보면 미국 판례의 경우 영업비밀보호의 측면에서 경
업금지약정의 유효성 판단기준으로서는 전통적으로 3요소테스트를 택하고 있다.
즉, ① 정당한 이익의 존재(사용자가 경업금지약정에 의하여 지켜야 할 정당한 이익을
가지고 있어야 함), ② 제한의 합리성(특약의 내용이 장소적 범위, 제한기간, 제한되는
행위의 형태 등에 관해서 합리적으로 사용자의 정당한 이익을 보호하는 것에 필요한 범
위로 좁게 한정되어 있어야 함), 또 ③ 공중에 대하여 손해를 주지 않을 것 등 3요소
를 경업금지약정의 유효성 판단기준으로써 고려한다. 실무상 미국 법원들은 경업금
지약정을 좁게 해석하고 있다.105)

　이에 대비해 우리 판례의 주류는 경업금지약정의 유효성에 관한 판단기준으로
서 이른바 종합적 고찰방식을 취하고 있다. 즉, 경업금지약정의 유효성 판단에 있
어서는 보호할 가치 있는 사용자의 이익, 근로자의 퇴직 전 지위, 경업 제한의 기
간·지역 및 대상 직종, 근로자에 대한 대가의 제공 유무, 근로자의 퇴직 경위, 공공
의 이익 및 기타 사정 등을 종합적으로 고려하여야 한다고 판시하고 있다. 이처럼
경업금지약정의 유효성 판단기준으로서 미국의 전통적인 3요소테스트와 우리의 종
합적 고찰방식은 큰 틀에서는 차이가 나지 않고 유사하다. 다만, 양국의 판례를 대
비할 때 미국에서는 특히 계약법상 요구되는 약인(consideration)의 존재가 경업금
지약정에서도 성립요건으로 작용한다는 점에서 우리와 차이가 있다. 미국은 퇴직
후 경업금지약정 자체가 유효하게 성립하려면 그것을 지지하는 약인이 존재하여야
한다.106) 이점에서 우리 판례는 미국의 약인(consideration)에 상응하는 요소인 근
로자에 대한 대가의 제공 유무 즉 대상조치(代償措置)의 유무를 경업금지약정의 유

---

104) 정영훈, 앞의 논문, 123면에서는 비교법적으로 볼 때 독일과 일본의 경업금지의무의 유효성
　에 관한 논의구조가 본질적인 측면에서 우리나라의 그것과 비교해도 크게 다르지 않다는 취지
　로 주장한다. 이런 점에서 비추어 경업금지의무의 유효성에 관한 논의구조는 세계적인 추세가
　조화를 이루고 있고 그 쟁점도 맥을 같이하여 전개되고 있다고 보인다.
105) Paul Goldstein·R.Anthony Reese, op.cit., p. 118.
106) 부언하면, 미국에서 계약은 의사의 합치만으로는 유효하게 성립하지 않고, 당사자의 의사의
　합치에 더하여 약인(consideration)이 필요하고, 경업금지약정의 경우에도 마찬가지로 적용된
　다는 점이다. 경업금지약정이 고용되기 전에 이루어진 때는 고용 그 자체가 당해 합의를 지지
　하는 약인으로 될 수 있지만, 경업금지약정이 고용된 후에 이루어진 때는 그것을 지지하는 새
　로운 약인이 없으면 당해 약정은 통상 구속력을 가지지 않는다. 다만 이 경우 경업금지의 합의
　가 고용되기 전에 이미 예상된 경우는 제외한다.

효성판단기준의 하나로써 파악하고 있는 점에서 커다란 차이를 보인다. 다만 미국 판례도 계약자유의 원칙이 있음에도 불구하고, 퇴직 후 경업금지약정에 대하여는 약인(consideration)과 관련한 성립요건에 대해서는 다른 분야 예컨대 상법상 경업금지약정과 대비할 때 상대적으로 엄격하게 심사하고 있다. 당사자간의 힘의 불균형 등 퇴직 후 경업금지약정의 여러 특수성을 고려하고 있다고 판단된다. 요컨대, 미국은 퇴직 후 경업금지약정에 관해서 약인을 중시한 결과, 당사자의 합의만으로는 계약이 유효하게 성립하지 않고, 또 약인이 없는 경업금지약정은 당사자를 구속하지 않는다는 점에서 우리의 판례상 법리와 차이가 있다고 사료된다.

　　미국 판례의 태도와 대비해 볼 때 이러한 우리 법원의 경업금지약정의 유효성 판단기준과 판단방법을 비판적으로 살펴보면, 영업비밀을 보유한 피해기업의 관점에서는 법원의 이러한 종합적인 판단기준과 판단방법에 대해 다소간 명확하지 못하다고 느낄 수 있다는 점에서 법적 안정성에 의문을 품게 한다. 또 피해기업의 입장에서는 경업금지약정이나 합의가 약정 당시의 당사자의 의사에 기하여 유효로 되는지 여부 아니면 사후적 이유로 유효성에 흠이 발생하는지 여부를 사전에 예측하기는 매우 어렵다. 그 때문에 실무상 피해기업 입장에서는 경업금지약정이나 합의를 영업비밀보호의 결정적인 수단으로서 간주하기도 쉽지 않은 실정이다. 이런 점에서, 영업비밀 보유자인 기업의 입장에서는 판례의 경업금지약정의 판단기준 중 대상조치(代償措置)가 반드시 필수적 요건으로서는 이해되기도 쉽지 않다. 결국 경업금지약정의 판단기준으로서 중시되고 있는 대상조치(代償措置)에 대하여, 향후 법원이 구체적이고 일관된 산정기준을 정하여 관련 당사자들에게 제시하는 쪽으로의 전향적인 태도변화가 필요하다고 사료된다.

　　나아가 우리나라의 고용현황을 보면, 비정규직이 오히려 정규직보다 기하급수적으로 늘어나고 있고 비정규직은 임금조차도 정규직에 비하여 상당히 낮은 수준이어서 사회정치적으로 문제가 되고 있다. 또 청년실업률 조차 상당히 높은 것이 현재의 우리나라의 고용실정이라 할 수 있다. 이런 점에서, 일정한 연봉이나 월수입이 충분하지 못한 근로자들에 대해서는 애초부터 경업금지약정의 유효성을 인정하지 않거나 보다 엄격하게 해석하는 방향으로 해석론을 취하여야 할 필요성은 높다고 생각한다.107) 또, 연봉이나 월수입이 낮아 상대적으로 열등한 지위에 있는 근

---

107) 이달휴, 앞의 논문, 56면에서는, 미국 이론의 시사점으로서 경업금지계약이 유효하려면 대상조치가 필요하고 고용도 대상조치의 하나로 볼 수 있으므로, 임금은 보상조치의 성질을 가지

로자의 권리를 충분히 보호하기 위해서는 대상조치(代償措置)와 관련한 구체적인 산정기준을 수치화하는 등 명확한 기준설정이 반드시 필요하다고 사료된다. 그리고 이러한 예측 가능한 기준이나 조건들이 사회적 합의를 바탕으로 노동관계 현장에서 설정되면, 오히려 그러한 경업금지약정에 따른 노사관계의 투명성으로 인하여 영업비밀을 보호하려는 관련 기업의 경쟁력과 국제화 수준을 한 단계 높일 수 있다고 사료된다.

덧붙여 우리 판례에서 제시한 경업금지약정의 유효성에 관한 판단기준으로서, '경업 제한의 대상 직종'이라는 요소를 중시할 필요가 있다. 특히 우리나라와 같이 IT기업의 중요성은 점점 더 높아지고 있고 현 정부의 모토인 창조경제의 견인차로서 지위를 부여받고 있는 실정이다. 이런 점에서 보면, 우리 IT기업 관련 노동시장은 근로자의 유연한 전직의 보장이야말로 오히려 노동시장의 유동화와 탄력성을 이끌어 내고, 해당 근로자들이 보다 적절한 위치에서 자기의 일에 몰두하는 상황을 확보하게 할 수 있다. 그럼으로써 종국적으로는 IT기업의 글로벌화와 산업경제력의 고양에 이바지할 수 있다고 사료된다. 그렇다면 이러한 IT 관련 직종과 산업에서는 오히려 노동할 수 있는 기업을 한정하는 경업금지약정이나 전직금지규정을 광범위하게 유효라 인정해서는 곤란할 것이다. 만약 IT업종의 경업금지약정의 유효성 요건을 엄격하게 해석하지 않으면 IT 관련 직종과 산업의 동력조차 잃게 될지도 모른다. 이런 점에서 앞서 살펴본 캘리포니아주의 관련 법률의 규정(Section 16600 of California Business and Professions Code)은 기본적으로 경업금지합의 자체에 대해서 예외적인 경우를 제외하고는 원칙적으로 무효로 하고 있는 점에서,108) 그 시사점이 적지 않다.

며 고용 중의 임금액이 경업금지계약의 유효성을 판단하는데 상당히 중요하다고 할 수 있다고 주장한다.

108) Section 16600 of California Business and Professions Code 등[16600. Except as provided in this chapter, every contract by which anyone is restrained from engaging in a lawful profession, trade, or business of any kind is to that extent void.].

제6절 경업금지 또는 전직금지 기간

Ⅰ. 전직금지기간 일반론: 논의의 중요성

경업금지 또는 전직금지의 법리나 그 효력에 대하여는 앞서 본 바와 같고, 여기서는 구체적·현실적 중요성을 가진 쟁점으로 전직금지결정이 이루어질 경우 어느 정도의 전직금지기간이 적절한지에 관하여 (그 기산점 논의를 포함하여) 살펴본다. 이는 "A회사에서 상당기간 근무하며 업무상 알게 된 생산원가, 거래처 등 중요한 회사 내부영업정보 혹은 특허출원 전의 최신 생산기술을 습득한 근로자 B는 늘 경쟁사들의 스카웃 대상인데, 급변하는 기술혁신과 영업환경 속에서 그러한 정보는 대개 1~2년 정도의 유효기간을 가지는 경우가 많으므로, B의 전직은 A사에 즉각적인 타격일 수 있는 반면, 만약 B가 1년간 전직을 금지당한다면 B는 사실상 전직의 최적기를 놓칠 수도 있는 불이익을 입게 된다"는 현실세계에서 빈발하는 상황을 상정할 경우 전직금지의 법리는 기산점 논의를 포함한 전직금지기간 논의로 상당 부분 귀결될 개연성이 크다. 그러므로 이에 대한 구체적인 논의는 헌법상의 쟁점(직업선택의 자유, 재산권)을 필두로 특히 지식재산권법 중 영업비밀을 보호하는 부정경쟁방지법,[1] 노동법, 민법(계약법)에서 직접적으로, 나아가 경제법(공정거래법)[2]

---

[1] 제10조(영업비밀 침해행위에 대한 금지청구권 등) ① 영업비밀의 보유자는 영업비밀 침해행위를 하거나 하려는 자에 대하여 그 행위에 의하여 영업상의 이익이 침해되거나 침해될 우려가 있는 경우에는 법원에 그 행위의 금지 또는 예방을 청구할 수 있다. ② 영업비밀 보유자가 제1항에 따른 청구를 할 때에는 침해행위를 조성한 물건의 폐기, 침해행위에 제공된 설비의 제거, 그 밖에 침해행위의 금지 또는 예방을 위하여 필요한 조치를 함께 청구할 수 있다.

[2] 박준석, "한국 지적재산권법과 다른 법률들과의 관계", 법조 687호(2013. 12.), 50면은 독일에서는 부정경쟁방지법(Gesetz gegen den unlauteren Wettbewerb)을 경제법의 일부로 취급하고 있고, 부정경쟁방지법상에 일반조항을 두어 폭넓게 부정경쟁행위 일반을 규제하고 있는 반면 미국에서는 보통법으로부터 발달해온 부정경쟁방지법이 경제법과는 별다른 관련이 없다고 하며, 외국과 달리 한국에서는 경제법과 지적재산권법이 직접 충돌한 사례는 아주 드물지만(경제법상 문제가 되는 독점이려면 시장을 지배하거나 그에 준하는 수준의 거대한 독점에 이르러야 하는데, 한국의 지적재산권 보호가 그간 충분하지 않았던 결과 그런 수준의 독점에

까지도 간접적으로는 관련되어 광범위한 교차영역을 이루고 있다.3)

그런데 이러한 복잡성은 법원4)이 전직을 금지시키는 근거로 당사자 사이의 전직금지약정(이하 '약정') 이외에도 기업의 영업비밀 보호라는 측면에서 부정경쟁방지법(이하 '법')을 인정하고 있어 더욱 가중된다고 할 수 있는데, 법에 근거한 전직금지는 결과적으로 사용자에게 근로자가 업무 과정에서 취득한 영업비밀의 활용을 적극적으로 금지시킬 법적 권한을 부여함으로써 근로자의 직업선택의 자유를 법률에 의하여 제한하는 형태임에 반하여, 약정에 근거한 전직금지는 당사자 간에 자유롭게 체결된 계약의 유효성을 다루는 사적자치의 범위에 개입하는 형태인 점에서

이른 예를 찾기 힘든 것을 이유로 든다) 향후 한국에서 지적재산권 보호가 더욱 숙성하여 시장을 지배하는 수준에 이른 지적재산권 독점이 속속 출현하게 되면 그에 대한 한국 경제법의 발동 사례가 확연히 급증할 것임은 어느 정도 분명하다고 설명한다; 시장경제 전체의 시각에서 볼 때 노동력의 유동성과 정보의 공유에 장벽을 두는 것은 기업간의 자유로운 경쟁을 위축시킬 수 있다는 면에서 쟁점이 될 수 있다. 대법원 2010. 3. 11. 선고 2009다82244 판결에서도 "사용자와 근로자 사이에 경업금지약정이 존재한다고 하더라도, 그와 같은 약정이 헌법상 보장된 근로자의 직업선택의 자유와 근로권 등을 과도하게 제한하거나 자유로운 경쟁을 지나치게 제한하는 경우에는 민법 제103조에 정한 선량한 풍속 기타 사회질서에 반하는 법률행위로서 무효"라고 설시하여 경쟁법적 관점도 병렬적인 기준으로 제시한바 있다.

3) 분야별 최근 논문을 몇 개만 예시하면 다음과 같다. 첫째 부정경쟁방지법적 시각에서 김병일, "영업비밀 침해금지와 금지청구의 기산점", 창작과 권리 53호(2008), 나종갑, "영업비밀유지의무와 전직금지기간", 상사판례연구 제22호 4집(2009.12.), 박준석, "영업비밀 침해금지청구에 대한 우리 법원의 태도 −기술정보 유출을 중심으로−", 저스티스 114호(2009), 장홍선, "판례상 나타난 영업비밀침해금지기간과 전직금지기간 및 그 기간산정의 기산점에 관하여 −대법원 2003. 7. 16.자 2002마4380 결정−", 판례연구 제16집(2005. 2.), 부산판례연구회, 장두영, "전직금지가처분에 관한 소고 − 사용자와 근로자 사이의 전직금지가처분에 있어 전직금지기간을 중심으로", 2015년 상반기 서울중앙지방법원 신청집행실무연구회(2015. 5. 28.) 발표자료; 둘째 헌법 및 노동법적 시각에서 신권철, "근로자의 경업금지의무", 노동법연구 18호(2005. 6.), 서울대학교 노동법연구회, 김태욱, "헌법상 기본권과 근로자의 경업금지의무", 노동판례 비평: 대법원 노동사건 판례 경향 분석 및 주요 판례 평석 제15호(2010년), 정영훈, "근로자의 경업피지의무", 노동판례백선, 박영사, 2015, 이달휴, "근로자의 경영금지의무와 계약", 노동법학 통권34호(2010. 6.), 셋째 민법적 시각에서 이동진, "과도하게 긴 계약상 경업금지기간에 대한 규율 −근로계약상 퇴직 후 경업금지조항을 중심으로−", 민사법학 제54−1호(2011. 6.); 보다 포괄적으로는 임건면, "민법의 해석과 적용에 있어서의 기본권의 영향", 성균관법학 제25권 제2호(2013. 6).

4) 대법원 2010. 3. 11. 선고 2009다82244 판결은 "사용자와 근로자 사이에 경업금지약정이 존재한다고 하더라도, ...경업금지약정의 유효성에 관한 판단은 보호할 가치 있는 사용자의 이익, 근로자의 퇴직 전 지위, 경업 제한의 기간·지역 및 대상 직종, 근로자에 대한 대가의 제공 유무, 근로자의 퇴직 경위, 공공의 이익 및 기타 사정 등을 종합적으로 고려하여야 하고, 여기에서 말하는 '보호할 가치 있는 사용자의 이익'이라 함은 「부정경쟁방지 및 영업비밀보호에 관한 법률」 제2조 제2호에 정한 '영업비밀'뿐만 아니라 그 정도에 이르지 아니하였더라도 당해 사용자만이 가지고 있는 지식 또는 정보로서 근로자와 이를 제3자에게 누설하지 않기로 약정한 것이거나 고객관계나 영업상의 신용의 유지도 이에 해당한다 할 것이다."고 설시한다.

상이하다. 즉 전자는 결국 법률에 의한 기본권 제한의 문제로, 원칙적으로 '사용자의 영업비밀 또는 보호할 가치 있는 이익'을 과잉금지의 원칙상의 주된 법익 비교형량 요소로 삼게 되며 현재 법률의 규정이 명확하지 않은 점에 비추어 기존 법률해석에 있어서 헌법합치적 법률해석이 이루어지고 있느냐의 문제까지 소급할 수 있는 것이고, 후자는 사인간의 기본권 상충에 있어서의 해결책의 일환으로 법원이 과연 계약자유의 원칙을 수정하여 기간을 감축하는 것이 타당한가5)의 문제인데 여기서는 '사용자의 영업비밀 또는 사용자의 보호가치 있는 이익'의 크기가 기본권 상충의 해결책 판단 중 하나의 고려사항이 될 것이다.6) 또한 법에 의할 경우 금지청구를 하는 측에서 증명책임을 부담함에 반하여, 약정에 의할 경우 약정이 무효 혹은 제한되어야 할 정당한 사유를 주로 근로자 측에서 증명하여야 한다는 소송법상의 차이점도 있다.

그리고 어느 경우나 근로자의 직업선택의 자유에 대한 과도한 제한은 방지되어야 한다는 근본적 입장이 유지되어야 할 것으로, 특히 전자의 경우 합헌적 법률해석을 유추해석 또는 확장해석이라는 이름으로 경계할 것은 아니고 법규의 문언적 의미가 갖는 내포와 외연을 모두 고려하여 헌법질서의 테두리 안에서 이루어질 수 있는 합리적인 해석방법이라면 이를 받아들이는 것이 온당하므로7) 현재와 같은 해석이 합헌적인 것을 전제한다고 하더라도 그 금지기간을 어느 정도로 할지는 사안별로 세부적인 조율이 요구되는 것이라 할 것이다. 이에 반하여, 후자의 경우는 전직금지약정이 통상 사용자와 근로자 사이의 상당한 교섭력 차이가 있을 수밖에 없는 현실을 고려8)하여야 하고, 특히 장기근속이라는 전제에서 보면 약정시점에서 길게는 수십 년이 경과한 미래에 그 법적 불이익이 발생할 수 있고, 이 경우 근로

---

5) 이는 기본권의 사인간 효력 문제로 간접적 사인효력설에 따라 사법상의 일반원칙이라는 매개물을 통하여 기본권이 사인간 적용되는바 주2)에서 본 바와 같이 대법원(2009다82244)도 경업금지약정의 유효성을 민법 제103조를 통하여 심사하고 있다.
6) 그 외에 경업금지로 인한 손해보전이 가능한 정도의 '대가의 제공'여부가 소위 규범조화적 해결에 의한 대안이라는 견해도 있다. 이달휴, "근로자의 경영금지의무와 계약"(주3), 50, 53면.
7) 대법원 2006. 6. 22.자 2004스42 전원합의체 결정(보충의견).
8) 즉 이 점이 사적자치와 직업선택의 자유의 상충 판단시 참작되어야 할 중요한 요소이다. 이에 비교되는 것이 상법상 영업양도 약정 중 경업금지약정의 경우인데, 직업선택의 자유가 제한되는 면에서는 사실 전직금지약정과 별 차이가 없지만, 그에 대하여는 훨씬 완화된 수준(상법 제41조 제2항에서는, 영업양도인이 동종영업을 하지 아니할 것을 약정한 때에는 동일한 특별시 · 광역시 · 시 · 군과 인접 특별시 · 광역시 · 시 · 군에 한하여 20년을 초과하지 아니한 범위 내에서 그 효력이 있다고 정하고 있다)에서 통제가 이루어지고 있는바, 교섭력의 차이를 염두에 둘 필요가 없음에 기인한 것이다.

자의 경력, 나이 등에 비추어 전직의 범위가 불가피하게 당해 업종으로 제한되는
경우가 많다는 근로계약의 특수성 역시 고려되어야 할 것이다.

그러므로 비록 아래에서 보듯이 부정경쟁방지법만으로 전직금지를 인용한 사
안은 없지만, 양 논거를 나누어 전직금지기간의 적절성을 살펴볼 필요가 있다.

Ⅱ. 입 법 례[9)]

1. 미   국

전직금지에 관한 규율은 각 주마다 차이가 있지만 대체로 기간제한이 없다고
하여 전직금지약정이 그 자체로 무효가 되는 것은 아니고, 전직금지기간이 보호 대
상인 사용자의 정보 등의 가치존속기간보다 연장될 수는 없다. 판례상 금지기간은
1~2년이 다수이고, 정상적인 상황에서 가장 길게 인정된 것은 5년이라고 한다.[10)]

그리고 전직금지약정이 존재하지 않는 경우에도, 회사가 보유하고 있는 영업비
밀의 보호를 위하여 퇴직한 근로자의 경업을 막아야 할 필요성이 있으면 경업금지
를 명할 수 있다는 내용의 '불가피한 누설 이론'(Inevitability Doctrine 또는 Inevitable
Disclosure Doctrine)이 한때 여러 주 법원에서 받아들여졌으나, 근로자의 전직의 자
유를 심각하게 제한하여 오히려 경제성장을 저해할 수 있다는 비판이 제기되었고,
현재는 미국 법원에서 대체로 이를 따르지 않고 있다고 하는 등,[11)] 미국은 각 주마
다 경업금지에 관한 규율태도가 다르다.[12)]

2. 유   럽

독일에서는 근로계약 종료 후의 전직금지의무는 상법전(HGB) 제74조 이하에

---

9) 이 부분은 장두영, "전직금지가처분에 관한 소고 — 사용자와 근로자 사이의 전직금지가처
   분에 있어 전직금지기간을 중심으로"(주3), 5면 관련문헌 종합정리 부분을 정리하고 이를 보충
   한 것이다. 해당국가의 전반적인 제도는 제2장 주요국의 영업비밀보호법 참조.
10) 장홍선, "판례상 나타난 영업비밀침해금지기간과 전직금지기간 및 그 기간산정의 기산점에
   관하여 —대법원 2003. 7. 16.자 2002마4380 결정—"(주3), 825면.
11) 박준석, "영업비밀 침해금지청구에 대한 우리 법원의 태도 —기술정보 유출을 중심으로—"
   (주3), 188, 189면.
12) 이에 따른 경제적 효과를 대비한 연구도 이루어지고 있다. 예컨대 캘리포니아 주 실리콘밸
   리 지역과 보스턴 인근의 Route 128 지역에서 각 전직금지약정의 유효성 인정 여부에 따른 경
   제발전양상에 관하여 나종갑, "영업비밀보호가 과학기술발전에 미치는 영향에 관한 법제도 연
   구", 법조 633호(2009. 6.).

서 정하는 요건을 갖춘 합의에 의하여만 부과될 수 있다. 전직금지에 대하여 사용자가 영업상의 정당한 이익을 갖지 못하면 당해 전직금지는 구속력이 없고, 사용자의 정당한 이익이 존재한다고 해도 전직금지가 장소적, 시간적, 대상적 측면에서 보아 근로자의 직업생활에 불공정한 곤란을 초래하는 경우에는 구속력을 갖지 못하는데, 이러한 판단에는 보상지불의 액수가 고려된다. 전직금지의 기간은 1914년 상법개정으로 최장 1년을 넘지 못하게 되었고 이는 현행 영업법을 통하여 현 제도의 기초를 이루고 있다고 한다.13)

프랑스에서 초기의 판례는 전직금지약정에 관하여 기간과 장소의 정함만 있으면 그것이 지나치게 넓은지 여부를 묻지 아니한 채 유효로 보았지만 파기원은 1960. 10. 21. 판결에서 과도하게 긴 기간의 감축을 인정하는 제재방법을 도입하였고 그 후 파기원 1992. 5. 14. 판결은 '정당한 기업이익의 보호'를, 2002. 7. 10. 판결은 '근로자에 대한 대가 지급'을 전직금지약정의 효력요건으로 추가하였다. 전체적으로 독일 법제와 큰 차이가 없다고 설명된다.

영국은 장소와 기간이 불필요하게 과도하지 아니할 것을 요구하고 있지만, 계약서에서 흠이 있는 문구를 삭제하여도 나머지 부분의 의미에 영향을 주지 아니하는 경우에 한하여 일부무효가 인정된다(이른바 blue—pencil test)는 의미에서 전직금지약정의 양적 일부무효 내지 효력유지적 축소가 인정된다. 예컨대 "2년간 런던, 잉글랜드, 스코틀랜드, 아일랜드, 웨일즈 기타 대영제국에서 유사한 영업에 종사하지 아니 하겠다"고 약정한 것이 과도하더라도 '잉글랜드' 이하 부분을 삭제할 수는 있지만, 3년을 1년으로 고쳐 쓸 수는 없다고 하여, 결국 과도하게 긴 경업금지기간에 관한 한 전부무효가 원칙이라고 한다.14)

이탈리아는 민법에서 근로자의 퇴직 후 전직금지약정을 원칙적으로 무효로 선언하되, 문서화된 계약 및 임금과 구분되는 별도의 보상규정이 있고, 전직금지의 내용과 장소, 기간이 특정되고, 그 관련성이 있는 경우로 한정하여 유효로 하고 있는데, 전직금지기간의 최장기간을 관리직과 그 외의 경우로 구분하여 관리직의 경우 5년 이하로, 그 외의 근로자의 경우 3년 이하로 정하고 있고, 나아가 법원은 계약에서 정한 기간이 법에서 정한 최장기간 내라 하더라도 비합리적으로 장기간이

---

13) 이동진, "과도하게 긴 계약상 경업금지기간에 대한 규율 —근로계약상 퇴직 후 경업금지조항을 중심으로—"(주3), 45면.
14) 이동진, 위의 글, 54면.

라 판단하면 기간을 감축하고 있다고 한다.

스위스는 1911년 및 1972년 개정을 통하여 스위스 채무법에 퇴직근로자에 대한 전직금지약정에 관하여 정비된 입법규정을 마련하였는데 전직금지약정은 근로자의 경제적 생활을 부당히 곤란하게 하지 않도록 시간, 장소 및 대상에 관하여 적당한 제한이 정하여져 있어야 하며, 기간이 3년을 초과하는 것은 특별한 사정이 있는 경우에 한한다고 한다.

그 외에 벨기에는, 1978년의 개별노동계약에 관한 법에 의하여 퇴직 후 근로자에 대한 전직금지약정을 규율하고 있는데 금지기간은 최대 12개월의 기간 이내로 제한되어야 하고, 사용자가 전직금지기간 동안 통상의 보수의 1/2 이상을 보상으로 지급하여야 한다. 기타 국가의 전직금지의 최장기간에 관하여 보면 스페인은 노동법 제21조에서 기술전문가의 경우 2년, 그 외의 전문가의 경우 6개월로 정하고 있고, 루마니아의 경우 노동법 제20-4조에서 관리자급의 경우 2년, 일반직급의 경우 6개월로 정하고 있으며, 포르투갈의 경우 노동법 제136조에서 원칙적으로 2년, 특히 민감한 정보에 접근할 수 있었던 경우 3년으로 정하고 있다고 한다.

3. 일　본

일본에도 우리나라와 마찬가지로 전직금지약정 자체를 규율하는 입법은 없다. 일본 판례는 퇴직 후 근로자가 신의칙상 당연히 전직금지의무를 부담하지는 않고, 명확한 특약이나 취업규칙이 있을 때 전직금지의무를 부담한다고 보고 있다. 구체적으로는, 근로자의 직위와 직무내용, 사용자의 정당한 비밀·지식의 보호를 목적으로 하는지, 대상 직종, 기간, 지역이 합리적인지, 보상의 유무·내용을 고려하여 전직금지의무의 성립 여부를 판단하고 있고, 고용의 유동화와 같은 경제적 변화를 배경으로 전직금지의무의 요건을 보다 엄격하게 해석하는 경향이 있다고 하는데 6개월, 2년, 기간의 제한이 없는 경우 등 다양한 기간을 인정하고 있다고 한다.15)

한편 전직금지약정이 없는 경우에도 근로자의 행위가 일본 부정경쟁방지법상의 부정경쟁행위에 해당하면, 사용자는 금지청구를 할 수 있는데, 이 조항을 근거로 전직금지를 명한 판례는 많지 않은 것으로 보인다고 한다.

---

15) 이성호, "근로자에 대한 경업금지약정의 효력과 전직금지가처분의 허용여부", 민사재판의 제 문제 제11권, 850~853면.

4. 중 국

중국 노동계약법 제24조에서, "경업제한인력은 고용단위의 고급관리인력, 고급 기술인력 및 그 밖에 비밀유지의무가 있는 인력에 국한한다. 경업제한의 범위, 지 역, 기한은 고용단위와 근로자가 약정하며 경업제한의 약정은 법률, 법규의 규정을 위반해서는 안 된다. 노동계약의 해지 또는 종료 후 상기 규정된 인력은 본 고용단 위와 동류산품(同類産品)을 생산 또는 경영하거나 동종업무의 경쟁관계에 있는 다 른 고용단위에 취업할 수 없다. 또 개업을 통한 동류산품의 생산 또는 경영, 동종업 무종사에 제한을 받는다. 경업제한 기간은 2년을 초과할 수 없다"고 정하고 있다.

한편 중국 부정경쟁방지법에는 부정경쟁행위가 있을 경우 '경영자'의 손해배상 책임을 규정한 제20조 이외에는 민사책임에 관한 규정이 없어서, 전직한 근로자에 대하여 중국 부정경쟁방지법에 근거하여 전직금지를 명하기 어려운 문제가 있다고 한다. 이러한 문제로 인하여 중국 법원은 영업비밀 침해행위에 관한 민사사건에서, 부정경쟁방지법 외에 민법통칙, 계약법 등 관련 법규를 함께 적용하여 영업비밀 침 해행위의 금지 등을 명하고 있는 것으로 보인다.

Ⅲ. 전직금지기간 관련의 실무현황 및 쟁점

1. 전직금지기간의 기산점

기산점에 대한 논의는 무엇보다 실무상 전직금지약정에 대한 효력유지적 축소 해석 등에 따라 기산점의 선택이 전직금지기간의 종기를 결정적으로 좌우하는 것 은 아니라는 점[16]에서 다소 부수적이기는 하나, 이론적인 면에서 쟁점이 있고, 또

---

16) 박준석, "영업비밀 침해금지청구에 대한 우리 법원의 태도 -기술정보 유출을 중심으로-" (주3), 195면 이하는 기산점을 퇴직시보다 판결확정시로 하는 것이 피침해자에게 유리하므로 일반적으로 침해자는 퇴직시를, 피침해자는 아예 본안재판확정시를 기준으로 할 것을 주장하 는데 기술정보의 파악에 어려움을 겪어 재판이 지연될 경우 차이가 나타날 수 있다고 하며, 특 히 우리 판례가 기산점 보다는 금지기간을 'ㅇ년'식으로 먼저 획정하는 잘못된 경향을 보이고 있는 상황에서는 오히려 기산점이 언제인가가 보호가능성에 결정적 영향을 주게 된다고 설명 하고 있다. 그러면서 대법원 2003. 7. 16.자 2002마4380 판결 등을 보면 보호기간을 정한 후 그 기간이 언제부터 시작하느냐의 식으로 앞뒤가 바뀐 논리를 전제하고 있음을 근거로 들면서, 재판시점을 고려하여 기간을 먼저 정한 것이므로 기산점에 좌우되는 것이 아니라는 취지의 옹 호론도 가능하지만 금지기간이 이미 경과하였음을 들어 금지청구권 행사를 부정하고 있음을 보면 그렇게 해석하기도 곤란하다고 비판한다; 그러나 기술정보 등의 평가를 통하여 전직금지 기간 자체의 대략적 폭(예컨대 '2년 이하')을 정한 후 퇴사시를 기산점으로 보았을 때 실효적·

부당한 기산점 약정의 효력을 통제한다는 면에서 의미가 있다.

가. 부정경쟁방지법에 근거한 경우

1) 견해의 대립

뒤에서 보듯이 전직금지약정이 있는 경우 약정 자체에서 기산점을 '퇴직일'로 정하고 있는 경우가 많아 문제가 되는 경우가 적지만 부정경쟁방지법에 근거한 전직금지의 경우에는 법상 그 기산점에 관한 규정이 없어, 영업비밀보호기간이라는 관점에서 관련 논의가 필요하다.

우선 학설은 전직금지기간의 기산점을 영업비밀침해금지기간에 대한 논의와 함께 다루는 것이 일반적으로, 퇴직시 또는 영업비밀을 취급하던 업무에서 실제로 이탈한 시점을 기산점으로 정하고 있는 실무의 경향에 대하여 찬성하는 견해[17]가 많으나, 판결 확정시 등 재판집행시점을 기산점으로 하여야 한다는 반론[18]도 있다.

하지만 영업비밀침해 금지기간의 기산점에 관한 판례의 태도를 살펴보면, 대법원의 입장은 판결확정시설을 취한 것으로 보이는 판결도 있지만 이는 대개 변론에 나타난 제반 사정을 종합하여 구체적 타당성에 합치한다고 보아 원심판결을 지지한 것으로 볼 소지가 있고, 대법원 2003. 7. 16.자 2002마4380 결정에서 "근로자가 회사에서 퇴직하지는 않았지만 전직을 준비하고 있는 등으로 영업비밀을 침해할 우려가 있어서 이를 방지하기 위한 예방적 조치로서 미리 영업비밀침해금지 및 전직금지를 구하는 경우에는 근로자가 회사에서 퇴직하지 않았다고 하더라도 실제로 그 영업비밀을 취급하던 업무에서 이탈한 시점을 기준으로 영업비밀침해금지기간 및 전직금지기간을 산정할 수 있을 것이지만, 근로자가 회사에서 퇴직한 이후 전직금지를 신청하는 경우에는, 전직금지는 기본적으로 근로자가 사용자와 경쟁관

구체적인 전직금지기간을 정하는 것이 재판의 실무에 더 가까운 것이 아닐까 한다.

17) 차상육, "퇴직후 경업금지약정과 영업비밀의 보호", 법학논고 제49집(2015. 2.), 경북대학교 법학연구원, 639면.

18) 정상조, "영업비밀침해금지청구권의 시간적 범위", 상사판례연구 제Ⅴ권(2000), 379면 이하; 한편 김병일, "영업비밀 침해금지와 금지청구의 기산점"(주3), 128, 129면에서는 퇴직시설은 추상적인 금지의 시작과 실제 금지의 불일치로 인하여 그 사이의 기간만큼 침해자에게 다른 합법적인 경쟁자보다 유리한 출발(head start)을 제공해주는 것이어서 문제가 있을 수 있고, 판결확정시설은 영업비밀 침해금지청구의 실효성측면에서는 의미가 있는 주장이지만 그 실효성은 침해행위의 금지기간 여하에 따라 확보되어야 하는 것이지 침해금지기간의 기산점에서 찾아야 하는 것은 아닌바 판결확정시설은 우리 판례도 인정하고 있는 것으로 보이는 미국 판례법상 이론인 'head start 또는 lead time 이론'을 잘못 이해하고 있는 것으로 생각된다고 비판한다.

계에 있는 업체에 취업하는 것을 제한하는 것이므로, 근로자가 영업비밀을 취급하지 않는 부서로 옮긴 이후 퇴직할 당시까지의 제반 상황에서 사용자가 근로자가 퇴직하기 전에 미리 전직금지를 신청할 수 있었다고 볼 특별한 사정이 인정되지 아니하는 이상 근로자가 퇴직한 시점을 기준으로 산정하여야 한다"고 구체적으로 설시한 이후 그 논지와 명시적으로 다른 하급심 재판례는 없다.[19]

2) 쟁점의 정리

일반적으로 영업비밀 침해금지기간은 특정한 영업비밀이 보호되어야 할 규범적·관념적·한정적 기간을 의미하므로, 그 침해가 가능한 최초의 시점을 영업비밀 침해금지기간의 기산점이라고 볼 수 있을 것이며 이는 전직금지기간의 기산점 산정시도 마찬가지라고 할 것이다. 그런 점에서 위 2002마4380 결정이 구체적인 기준시점으로서 전직준비 중인 경우 업무이탈시점을 또 퇴직한 한 이후는 퇴직시점을 제시한 것은 합리적이되, 이에 의할 경우 재판이 늦어짐에 따라 재판 선고시점에 이미 영업비밀 침해금지기간이 도과하여 영업비밀 보유자에 대한 보호가 미흡해 질 수 있다는 비판이 있지만 이는 신속한 심리와 적정한 영업비밀 침해금지기간의 설정으로 해결되어야 할 것으로 생각한다.

나. 전직금지약정에 근거한 경우

전직금지약정이 있는 경우 그 기간의 기산점에 관하여는 전직금지약정에서 정한 바에 따르면 되므로 근본적으로 계약법상의 문제이다. 다만, 전직금지기간에 적용해 온 효력유지적 축소해석을 기산점에까지 적용할 필요성이 있는 사안이 존재할지는 향후 사례를 기다려 볼 필요가 있다. 전직금지약정의 예를 들어 보면 "... '을'은 본 계약이 종료된 후 1년 동안 '갑'이 서면으로 동의한 경우를 제외하고는 '갑'과 경쟁관계에 있는 업체에 종업원, 컨설턴트, 대리인, 독립적 계약자, 그 밖의 자격으로 참여하지 않을 것에 동의한다", "영업비밀을 유출하는 행위를 금지하는 것 외에, 본인이 동종업계 혹은 유사업계에 재취업하거나 창업 혹은 컨설팅하는 등

---

19) 장홍선, "판례상 나타난 영업비밀침해금지기간과 전직금지기간 및 그 기간 산정의 기산점에 관하여"(주3), 830면은 실제 결론에 있어서 퇴직시설을 취하더라도 제반 사정을 고려하여 종기를 좀 더 늦게 잡는 경우도 있는 것 같고, 확정시설을 취하여도 금지기간을 조금 단축하는 경우도 있는 것 같아서, 실제의 결론은 극단적으로 치우치는 것 같지는 않으나, 결론에 영향을 미친 것만은 분명한 것으로 보여, 실무적인 관점에서도 어떤 입장을 취할 것이냐는 중요하다고 하면서 판결확정시설을 퇴직시설의 입장에서 비판하고 있다.

의 일체의 행위를 금지하는 것이 불가피하다는 사실을 인정하며, 이에 따라 본인이 회사에 재직하는 기간은 물론이고, 퇴직 후에도 퇴직일로부터 별지에 설정된 전직금지기간 동안 회사의 승인 없이 동일하거나 유사한 서비스를 제공하는 업체를 창업하거나 이 같은 업체의 임직원 기타 여하한 형태로도 취업, 자문, 컨설팅, 지원 등을 하지 않을 것임을 확약한다" 등이 있다.

2. 구체적인 전직금지기간

앞서 보았듯이 사용자가 아무런 보호이익이 없음에도 피용자를 괴롭힐 목적으로 전직을 금지하는 약정이 맺어진 사안같이 권리남용의 요건에 맞는 특이한 상황 외에 대개 사적 자치의 원칙상 약정 자체의 유효성은 인정될 수 있다. 그리고 그 기산점도 앞서 본 바와 같이 정리가능하다면 대부분의 쟁점은 그 적절한 기간이 얼마인지(영구적 금지도 가능한지를 포함)로 귀결될 것인데 현재 많은 실무가 보여주는 바처럼 '1년'으로 수렴되는 경향은 영업비밀 등의 가치평가, 해당 업계의 발전속도 등의 심리가 어려운 점에서 다분히 타협적이다. 이하에서는 일반적으로 영업비밀 침해금지기간이 특정한 영업비밀이 보호되어야 할 규범적·관념적 기간을 의미한다는 전제하에, 구체적인 전직금지기간의 산정례를 살펴보고, 그 문제점은 항을 바꾸어 논의하기로 한다.

가. 영구적인 금지기간이 허용되는지 여부

전직금지의무를 영구적으로 부과하는 것은 근로자의 직업선택의 자유와의 조화 등을 고려할 때 법에 의하건 약정에 의하건 인정될 수 없고, 설사 영구금지를 약정하였다고 하더라도 일정기간으로 제한하여야 한다는 점에 이견이 없다.[20] 이는 영업비밀의 경우 그 성질상 영업비밀로서 유지되는 한 지속적으로 그 침해금지를 명할 필요가 있다는 점에서 영업비밀유지의무에 관하여 일정한 존속기간을 두는 것에 비판적인 견해[21]가 있는 점과 다른데 이는 관련된 보호이익의 차이에서 나오는 불가피한 결과로 생각된다.

대법원은 일관되게 영구적인 영업비밀 침해행위의 금지는 허용되지 않는다는 취지로 판시하고 있다. 대표적으로 대법원 1996. 12. 23. 선고 96다16605 판결은

---

20) 김병일, "영업비밀 침해금지와 금지청구의 기산점"(주3), 29-134면 등.
21) 나종갑, "영업비밀유지의무와 전직금지기간"(주3), 176, 177면 등.

"영업비밀 침해행위를 금지시키는 것은 침해행위자가 그러한 침해행위에 의하여 공정한 경쟁자보다 '유리한 출발(headstart)' 내지 '시간절약(lead time)'이라는 우월한 위치에서 부당하게 이익을 취하지 못하도록 하고, 영업비밀 보유자로 하여금 그러한 침해가 없었더라면 원래 있었을 위치로 되돌아갈 수 있게 하는 데에 그 목적이 있다 할 것이므로, 영업비밀 침해행위의 금지는 이러한 목적을 달성함에 필요한 시간적 범위 내에서 기술의 급속한 발달상황 및 변론에 나타난 침해행위자의 인적·물적 시설 등을 고려하여 침해행위자나 다른 공정한 경쟁자가 독자적인 개발이나 역설계와 같은 합법적인 방법에 의하여 그 영업비밀을 취득하는 데 필요한 시간에 상당한 기간 동안으로 제한하여야 하고, 영구적인 금지는 제재적인 성격을 가지게 될 뿐만 아니라 자유로운 경쟁을 조장하고 종업원들이 그들의 지식과 능력을 발휘할 수 있게 하려는 공공의 이익과 상치되어 허용될 수 없다"라고 명시하였다. 다만, 대법원 2009. 3. 16.자 2008마1087 결정22)은 가처분에 의한 채권자의 권리는 본안과는 달리 종국적인 것이 아니라 잠정적·임시적인 것에 불과하고, 가처분은 그 성질상 신속히 이루어져야 할 뿐 아니라 피보전권리가 소멸하는 등의 사정변경이 있는 때에는 언제든지 그 취소를 구할 수 있다는 점 등을 고려할 때 특별한 사정이 없는 한 영업비밀의 침해행위를 금지하는 가처분을 함에 있어 그 금지의 기간을 정하지 아니하였다 하여 이를 위법하다고 할 수 없다고 판시하고 있는바, 가처분결정인 점과 전직금지를 직접 명한 결정은 아니라는 점에서 차별화는 가능할 것이나, 부정경쟁방지법에 기한 전직금지신청도 영업비밀침해금지신청의 일종이라고 보면 이에도 적용될 수 있는 여지가 있고, 가처분결정도 그 취소절차가 용이하지 않은 점 등을 고려하며, 기간을 정하지 않은 전직금지명령이 주는 근로자의 생활에의 영향력을 고려하면 위 논리의 일반화에는 부정적 시각이 많다.

나. 부정경쟁방지법에 근거한 경우

우선 위 2002마4380 결정은 "당사자 사이에 구체적인 전직금지약정의 존재가 인정되지 아니하는 이 사건에 있어서는 근로자에 대한 전직금지신청이 헌법상 보장된 근로자의 직업선택의 자유를 필연적으로 제한하는 측면이 있음에 비추어 볼

---

22) 위 사건에서는 영업비밀침해행위로 제작된 산화로를 사용한 산화아연의 생산 및 그 수출, 판매 등을 금지하는 명령만 있었고, 전직금지명령은 별도로 없었다. 하지만 위와 같은 법리는 부정경쟁방지법에 기한 전직금지신청에 있어 전직금지기간을 산정함에 있어서도 적용될 수는 있을 것이다. 부정경쟁방지법에 기한 전직금지신청도 영업비밀침해금지신청의 일종이기 때문이다.

때 원칙적으로 부정경쟁방지법 제10조의 규정만을 근거로 채무자에 대하여 전직금지를 구할 수는 없다"고 판단한 원심에 대하여, '원심이 인정한 사실관계에서는 채무자에 대한 전직을 금지하지 않고서는 채권자의 영업비밀의 침해를 방지할 수 없다고 단정하기 어렵다'는 이유로 원심의 기각판단을 수긍하고 있는바 이에 따르면 '전직금지를 하는 것 이외에는 영업비밀의 침해를 방지할 수 있는 방안이 없다'(이를 편의상 '유일수단성'이라 한다)면 구체적인 전직금지약정이 없어도 전직금지를 명할 수 있는 것으로 이해되므로, 위 판결은 비록 결론적으로 전직금지청구가 기각되었지만 그 가능성을 열어 둔 점에 큰 의미가 있다고 일반적으로 설명된다.

   그러나 이후 전직금지약정 없이 부정경쟁방지법만을 근거로 전직금지를 명한 대법원 판례는 없었고, 하급심에서도 그러한 재판례는 드문데, 이는 부정경쟁방지법에 근거한 전직금지의 요건은 영업비밀성이 증명되어야 하고 판례가 제시한 유일수단성 역시 증명되어야 한다는 점에서 까다로운데, 영업비밀을 보유한 회사들은 대개 근로자들과 전직금지약정23)을 체결하여 두며, 전직금지약정이 있는 경우 당사자는 대부분 전직금지의 근거로 법과 약정을 함께 주장하기 때문에 법원도 영업비밀이 인정되더라도 대부분 전직금지약정에 근거하여 전직금지명령을 하고 있는 것으로 보이고 이러한 적용은 당사자의 의사에도 부합하는 것으로 적절하다고 할 것이다. 부정경쟁방지법에 근거하여 전직금지를 명한 몇몇 사례는 아래와 같다. 이렇듯 사례가 많지 않으나, 인정된 전직금지기간은 대체로 퇴직일 기준으로 1년 안팎으로 인정하여, 아래에서 보는 전직금지약정에 기하여 전직금지를 명하는 경우와 별다른 차이를 보이지 않고 있다.

   첫째 사례를 보면 우선, 채무자가 채권자 회사의 정보보호에 관한 내부규정을 위반하여 채권자 회사의 영업비밀에 해당하는 기술도면, 문서 및 사진자료 등의 전산파일을 다운로드하는 방법으로 채권자 회사의 영업비밀을 침해하였고, 채권자 회사의 영업비밀을 A사 및 기타 채권자 회사와 경쟁관계에 있는 업체에서 파워트레인 사업의 수행을 위하여 사용할 가능성이 높아 채무자가 전직한 회사에서 영업비밀과 관련한 업무에 종사하는 것을 금지하지 않고서는 채권자 회사의 영업비밀을 보호할 수 없다며, 채권자가 부정경쟁방지법 제10조, 제2조 제3호 라목에 기하여

---

23) 김현정, "자사 영업비밀 유출 방지 위한 인력관리 방안", 노동법률(2013. 5.), 78면(근로계약상 의무는 퇴사로 모두 소멸되고, 퇴사 단계에서는 직원이 서약서 작성을 거부할 가능성이 높으므로 입사단계에서 경업금지약정을 체결할 것을 제시한다).

채무자에게 A사 및 기타 채권자 회사와 경쟁관계에 있는 업체에로의 취업 및 파워
트레인 조립기 분야에 관한 연구·개발 업무, 영업 업무 및 그 보조 업무의 종사 금
지를 구한 사례이다. 법원은 사실인정을 통하여 채무자가 다운로드한 전산파일의
영업비밀성을 인정한 후 채권자 회사의 채무자에 대한 전직금지청구권 성립 여부
에 관하여 '채무자가 채권자 회사를 퇴사한 후 얼마 지나지 않아 채권자 회사의 정
보보호정책 등에 위반하여 다운로드한 영업비밀을 보유한 채 채권자 회사와 경쟁
관계에 있거나 향후 경쟁관계로 될 것임이 명백한 A사에 입사하였는바, 채권자 회
사로서는 채무자의 경쟁사로의 전직 자체를 금지하지 않고서는 영업비밀 침해행위
를 방지할 수 없다'고 유일수단성을 인정하고 있다.[24]

　　다음 사례로, 채무자가 2013. 12. 20. 채권자 파일들을 개인 웹하드로 전송한
다음 2013. 12. 23. 경쟁회사인 B사에 취업함으로써 채권자의 영업비밀을 침해하고
이 사건 영업비밀유지서약을 위반하였다고 주장하면서 채권자가 ① 부정경쟁방지
법 제10조 제1항에 의하여 또는 ② 이 사건 영업비밀유지서약에 의하여, 채무자에
대한 2016. 12. 19.까지(3년간) B사으로의 취업 및 동업계약, 고문계약, 자문계약 체
결 등 기타의 방법에 의한 식자재 영업업무의 종사의 금지 및 위 파일들의 공개·사
용의 금지를 구한 사례이다. 법원은 식자재 유통회사의 영업방법 및 영업전략 관련
정보를 영업비밀로 인정하고, 영업업무에 종사하다가 위 정보가 담긴 파일을 유출
한 후 바로 전직한 채무자에 대하여 법에 근거하여 전직금지를 구할 수 있다고 하
면서도, 영업비밀의 내용이 고도의 기술정보라기보다는 사무적 정보로 보이고 보안
수준도 상대적으로 낮은 점, 채무자들이 퇴직 후 현재 7개월 가량 경과한 점 등을
들어, 파일 유출시점으로부터 2년 뒤까지의 전직금지를 명하였다.[25]

다. 전직금지약정에 근거한 경우

　전직금지약정이 유효로 인정된 거의 모든 사안은 종국적으로 구체적으로 약정
서에 기재된 전직금지기간 자체가 적절한지 아니면 대법원 2007. 3. 29.자 2006마
1303 결정에 따른 효력유지적 축소해석[26]이 필요한 사안인지의 쟁점으로 귀결된

---

24) 창원지방법원 2010. 10. 29.자 2010카합481 결정.
25) 서울북부지방법원 2014. 7. 22.자 2014카합20025 결정. 단 이 사례에서는 전직금지약정도 존
　재하였는데, 다른 사례와 달리 부정경쟁방지법에 근거한 신청을 먼저 판단하여 피보전권리를
　인정하였고 이에 덧붙여 이를 고려하면, 영업비밀유지서약의 효력도 유효하다며 경쟁사 취업
　금지의 대상과 기간은 부정경쟁방지법에 의한 금지와 같이 정함이 타당하다고 판시하였다.

다. 즉, 위 대법원 결정 이후 법원에 의한 기간 제한이 활발히 이루어지고 있는데, 그 실태에 관하여 아래에서 구체적인 재판례를 본다.

다만, 전직금지청구에 관하여는 본안사건이 드물고 대부분 신청사건(전직금지 가처분)으로 제기되므로 성격상 대법원에까지 이르는 예가 별로 없고, 있더라도 원심의 결정을 그대로 유지하는 경우가 많으므로 이하에서는 전직금지약정에 관한 하급심 재판례 중 몇몇 '본안사건'과 별지에 정리한 부분(2015. 5. 이후) 이후의 가처분 사례를 정리한다.[27]

순번	사건번호	전직금지기간	고려요소 및 참고사항
1	서울중앙지방법원 2011. 12. 20. 선고 2011가합41067 판결(항소취하 확정)	1년 (약정1년)	- 통신장비, 네트워크 솔루션 제품 및 그 현지화에 관한 연구, 개발, 검증업무를 수행하다가 퇴직 - 업무 경험을 가진 인력을 고용할 필요성에 따른 채용, 약정기간이 짧아 그대로 인정
2	서울고등법원 2015. 1. 15. 선고 2014나2012698 판결(확정)	2년 (약정5년)	- 쥐 및 해충방제에 관한 연구 용역업무, 시스템방제 서비스 등의 목적으로 설립된 회사의 방제팀장 - 피고의 직책이나 근무 경력, 형태 등에 비추어 그 업무과정에서 접근하거나 취득할 수 있었던 기술의 수준이나 그 체화 정도에는 어느 정도 한

26) '경업금지약정은 직업선택의 자유와 근로자의 권리 등을 제한하는 의미가 있으므로, 근로자가 사용자와의 약정에 의하여 경업금지기간을 정한 경우에도, 보호할 가치 있는 사용자의 이익, 근로자의 퇴직 전 지위, 퇴직 경위, 근로자에 대한 대상(代償) 제공 여부 등 제반 사정을 고려하여 약정한 경업금지기간이 과도하게 장기라고 인정될 때에는 적당한 범위로 경업금지기간을 제한할 수 있다'고 일반론을 설시한 후 채무자들이 채권자의 경영진이 교체되는 시기에 정리해고 등에 대한 불안감을 느낀 것도 퇴직 이유 중 하나였을 것으로 보이는 점, 별다른 대가 제공이 없었던 점, 채무자들이 보유하고 있던 영업비밀 내지 영업 관련 정보의 내용 등을 고려하면 퇴직 후 1년으로 전직금지기간을 산정한 원심의 결론(신청인은 피신청인에 따라 2~3년을 주장하였다)은 타당하다고 하였다.

27) 장두영, "전직금지가처분에 관한 소고 – 사용자와 근로자 사이의 전직금지가처분에 있어 전직금지기간을 중심으로"(주3), 16~21면은 전국에서 2015. 5. 4.까지 전직금지가처분 사례 48건을 고려요소 및 참고사항, 전직금지기간으로 표(전체 표를 작성자의 동의하에 별지 첨부한다)로 정리하고 있는데, 유사한 사례가 반복되는 감이 있어서 소개하지 않은 사례가 상당수 있고, 그 표에서 전직금지기간 1년을 명한 사례의 비율(4번 사례를 제외하면, 총 48건 중 27건이다)보다, 소개하지 않은 사례까지 포함한 전체 사례 대비 전직금지기간 1년을 명한 사례의 비율이 더 높은 것으로 보인다고 한다. 그리고 대부분 퇴직일을 기산점으로 산정한 기간이 1년이기 때문에, 재판시점을 기준으로 실제 전직금지가 집행되는 기간은 더 짧고, 경우에 따라 1개월 정도에 불과한 경우도 있다고도 한다.

			계가 있었을 것으로 보이는 점, 원고가 피고에게 지급한 영업보호장려금 등의 수당은 월 급여에 포함하여 지급한 것으로 원고가 주장하는 영업비밀의 보호 대가로 충분한 액수라고 평가하기 어려운 점 및 기타 전직 제한 대상 지역의 범위, 피고의 나이, 경력, 퇴직 경위 등 이 사건 변론에 나타난 제반 사정을 종합
3	인천지방법원 2015. 6. 4.자 2015카합10042	1년 (약정2년)	-전기, 전자기기 제조업, 센서 및 전자부품 제조업 등 -관련업계의 기술개발속도에 비추어 기간제한하여도 채권자 목적달성 가능, 대가지급 없음
4	서울남부지방법원 2015. 7. 15.자 2015카합20093	1년 (약정3년)	-미용실, 네일샵 등 고객 관리 프로그램 개발공급 -영업비밀까지는 이르지 않고, 장기간 근무하여 경쟁관계 없는 회사로 전직하기는 어려운 점, 대가지급 없음
5	서울중앙지방법원 2015. 9. 21.자 2015카합80699	8월 (약정2년)	-광학식 전자펜의 개발, 생산, 판매업 등 -채무자가 채권자에서 과장 정도의 직급이었고 그 근무기간도 1년 5개월 정도에 불과한 점, 채권자가 채무자에게 전직금지의 대가를 전혀 지급하지 않은 점 등
6	서울중앙지방법원 2015. 11. 9.자 2015카합81030	6월 (약정2년)	-회계법인근무 공인회계사 -1) 채무자가 채권자의 이사 직급에 있기는 하였으나 그 상위에 파트너 직급(채권자에는 2015. 7. 31. 기준으로 225명의 파트너가 있고 이사는 236명이다)이 있는 등 채권자의 핵심적인 영업정보에 접근할 수 있는 임원은 아니었다. 2) 채권자는 채무자에게 전직금지의 대가를 별도로 지급하지 않았다. 3) 채무자가 퇴사 직전 이 사건 영업비밀을 USB에 복사하기는 하였으나, 위 USB는 채권자에게 반납되었고, 기록상 채무자가 이 사건 영업비밀을 위 USB 이외에 다른 저장매체에 복사해 두었다거나 삼정 회계법인 등 경쟁업체에 이미 유출하였다고 볼 만한 자료가 없는바, 채권자가 보유한 이 사건 영업비밀이 실제로 침해될 우려는 미미하다고 보인다. 4) 채권자 측에서도 채무자에게, 채무자가 사규 및 법규에 위반하여 이 사건 각 자료 등을 취득하고 유출하였음을 인정하고 퇴직일로부터 6개월

		간 한국산업은행 및 그 임직원을 상대로 영업을 하지 않을 것 등을 조건으로 하여, 삼정 회계법인으로의 전직금지기간을 이 사건 전직금지약정에서 정한 전직금지기간보다 단기간인 퇴직일로부터 3개월로 단축해 주겠다는 취지의 제안을 하기도 하였다. 그러므로 이 사건 전직금지약정은 퇴직일인 2015. 8. 12.부터 6개월이 경과하는 2016. 2. 12.까지의 범위에서 유효하다.
서울서부지방법원 2017. 4. 6.자 2016카합50490	2년 (약정2년)	−퇴직일로부터 [2년] 내에는 재직 중 습득한 제반 기술 및 정보를 이용해 업체를 창업, 동업하거나 경쟁회사와 동종업계에 전직하는 등 자신을 위하거나 경쟁업자 및 기타 제3자를 위하여 회사의 영업비밀을 사용하지 않겠다는 약정 −채무자는 2014. 6월 및 12월경 퇴직의사를 표명하기도 하였으나, 그것이 채권자에게 귀책사유가 있다거나 채무자를 자의적으로 불리하게 처우하였기 때문이라고 보이지는 않는다. 오히려 채권자는 채무자의 퇴직을 만류하면서 계속 근무하기를 요청하기도 하였고, 전직금지의 대가로 2년 치 계약연봉의 70%에 달하는 1억 5,000만 원을 지급하기도 하였다. −채무자는 기술발전 및 변화의 속도가 빠른 반도체 분야에서 2년씩 전직을 금지한다는 것은 근로자의 직업선택의 자유를 과도하게 제한하는 것이므로 이를 6월 내지 1년으로 제한하여야 하는바, 이 사건 전직금지약정은 이미 그 기간이 경과되어 효력이 없다고 주장하나... 반도체 분야가 기술발전 및 변화의 속도가 빠르다는 사정만으로는 2년의 전직금지기간이 근로자의 직업선택의 자유를 과도하게 제한한다고 단정할 수 없으므로, 채무자의 위 주장은 이유 없다.
대전지방법원 2017. 4. 25.자 2017카합50063	2년 (2년)	−이 사건 산학협력계약은 계약의 형식적인 문언에도 불구하고 실질적으로 이 시간 전직금지약정에 대한 반대급부로서 채무자에게 대학교수의 직위 및 2년간의 전직금지에 대한 대가를 지급하기 위한 목적에서 체결된 것임을 부인하기 어렵다. 그렇다면 채무자에게 전체적으로 2년 동안 전직을 금지하는 대가는 지급된 것으로 볼 수 있다.

		-채무자가 사직하게 된 동기에 비자발적인 요소가 있다고 하더라도 이를 채권자 회사의 정당한 사유 없는 해고나 채무자에 대한 자의적인 불리한 처우로 인한 비자발적 퇴직과 동등하게 보기는 어렵다. 나아가 채무자는 채권자 회사를 퇴직할 당시 채권자 회사가 제안한 전적금지약정의 대가로서의 교수 직위 및 연구용역비의 지급을 합의하고 이를 실제로 수령하기도 하였던 이상 위와 같은 퇴직경위로 인하여 이 사건 전적금지약정이 무효로 된다고 볼 수 없다. 이와 더불어 채무자가 부담하는 전적금지 내지 경업금지의무는 일단 채무불이행이 개시되면 손해배상이나 위반결과의 제거 등 사후적인 구제수단만으로는 채권자에게 충분한 손해의 전보가 불가능한 점에 비추어 볼 때, 반도체 분야가 기술발전 및 변화의 속도가 빠르다는 사정만으로는 2년의 전적금지기간이 근로자의 직업선택의 자유를 과도하게 제한한다고 단정할 수 없으므로, 이 사건 전직금지약정은 유효하다.
수원지방법원 성남지원 2017. 9. 7.자 2017카합50099	1년 (1년)	-이 사건의 경우 ① 반도체 설계분야의 치열한 경쟁 환경에 비추어 보면, 채무자가 채권자로부터 취득한 기술정보가 동종업체 내지 경쟁업체들이 장기간 보유하기 어려울 정도로 특화되었거나 앞서 있다고 보기는 어려운 점, ② 채권자가 채무자에게 전직금지의 보상으로서 명시적인 대가를 지급한 자료를 찾아 볼 수 없는 점, ③ 채무자의 전공 및 경력을 고려할 때 채무자가 반도체 관련 분야를 떠나서는 취업하기 어려워 보이는 점 등을 종합하면, 채권자의 보호할 가치 있는 이익의 중요성을 고려하더라도 채무자로 하여금 2년간이나 동종 또는 경쟁업체로의 취업을 금지하는 것은 직업선택의 자유를 과도하게 침해할 여지가 크다 할 것이므로, 이 사건 전직금지약정에 따른 전직금지기간은 퇴직일로부터 1년 이내로 제한함이 타당하다(채권자 역시 이 사건 전직금지약정에도 불구하고 퇴직일로부터 1년 동안의 전직금지만을 구하고 있다).

Ⅳ. 전직금지기간 산정 실무의 평가와 개선책

1. 현황의 정리

앞서 본 우리 법원의 구체적인 전직금지기간 산정에 관한 재판례를 종합하여 현황을 다시 정리하면, 무엇보다 구체적인 전직금지기간 산정 시 영업비밀이 인정된 경우와 그렇지 않은 경우, 법에 의한 경우와 약정에 의한 경우의 처리결과는 유의미한 차이점이 거의 없이 거의 1년으로 인정되는 경향이 크고, 그 영향 등으로 채권자가 스스로 본래 전직금지약정에서 정한 기간보다 감축하여 퇴직일로부터 1년간의 전직금지만 구하기도 하는 등[28] 그 기간이 상당 부분 관행화된 느낌이며, 약정이 없는데 법만을 근거로 전직금지를 명하는 경우는 거의 없고, 특히 심리 결과 영업비밀이 인정되는 경우도 보통 전직금지약정에 근거하여 전직금지를 명하고 있다는 정도이다.[29] 다만, 이러한 실무례는 법에 의한 보호는 현실적으로 아직 약정을 체결하는 관행이 낯선 중소기업 등을 보호하기 위한 고려를 포함하여 최소한의 보호로 작동시키고, 약정을 체결한 경우는 사용자측의 권리남용에 가까운 약정을 제한한다는 면에서 긍정적일 수 있다.

우선 가장 빈번하게 문제가 되는 전직금지약정에 따른 전직금지기간의 제한에 대하여 보면 2006마1303 결정에서 주로 고려 요소로 제시한 ① 보호할 가치 있는 사용자의 이익, ② 근로자의 퇴직 전 지위, ③ 퇴직 경위, ④ 근로자에 대한 대상(代償) 제공 여부가 정치하게 심리·적용되는지에 관하여 비판적인 견해[30]가 지적

---

28) 서울남부지방법원 2016. 11. 16.자 2016카합161 결정(석유화학 관련 기기판매 등 회사인 채권자회사 직원이던 채무자는 퇴사 후 5년간 전직금지약정을 하였으나, 실제 소송에서 채권자회사는 1년 만을 주장하여 모두 인정되었다).

29) 이동진, "과도하게 긴 계약상 경업금지기간에 대한 규율 −근로계약상 퇴직 후 경업금지조항을 중심으로−"(주3), 56~58면은 전직금지의 근거와 관계없이 근로자의 직업선택의 자유 및 자유경쟁과 사용자의 영업비밀 또는 보호할 가치 있는 이익 사이의 형량 문제로만 접근하면, 과도한 경업금지기간 약정이라고 무효로 만들어도 그 빈자리를 부정경쟁방지법이 정확히 메울 것이기 때문에 굳이 무효화할 필요가 없다고 하며, 74면에서는 이러한 하급심의 고착화 경향은 계약자유의 공간을 간과한 것이라고 하면서 계약법의 실질화의 방법과 한계, 무효의 효과 제한이라는 충분히 탐구되지 않는 영역에 대한 모색적 시도가 필요하다고 한다.

30) 장두영, "전직금지가처분에 관한 소고 − 사용자와 근로자 사이의 전직금지가처분에 있어 전직금지기간을 중심으로"(주3), 22면은 "보호할 가치 있는 사용자의 이익이 영업비밀인지, 그 수준에는 이르지 않는지에 따른 별다른 차이를 발견하기 어렵다. 근로자의 퇴직 전 지위가 임원인지 일반직원인지에 따라서도 눈에 띄는 차이는 없으나, 채무자가 여러 명인 경우, 보호할 가치 있는 사용자의 이익에 대한 접근 정도에 따라, 예를 들어 연구직인지 여부 등에 따라서 다소 차이를 두는 것으로 보인다. 퇴직 경위의 경우 전직금지약정이 유효로 판단된 사안에서는 근로자의 퇴직에 사용자의 귀책사유가 있는 경우를 쉽사리 찾기 어렵기는 하나, 사용자의

하듯이 위 요건은 실무상 상당히 추상적·포괄적으로 적용되고 있다. 주로 심리 기간이 제한된 신청사건을 대상으로 분석한 결과이어도 본안사건이 드문 현실에 비추어 볼 때 전반적인 문제점 지적으로 본다 해도 대차가 없을 것이다. 특히 전직금지약정의 유효성 판단에 있어서 가장 크게 다투어지는 부분은 보통 '보호할 가치 있는 사용자의 이익' 유무인데, 이 부분도 실무상 비교적 관대하게 받아들여지는 편이고, 나머지 요소로 인하여 전직금지약정 전부가 무효로 되는 경우는 많지 않아 실무는 약정이 유효함을 전제로 효력유지적 축소해석으로 문제를 해결하는 경향이 있다. 그 결과 통상적으로 근로자들은 '1년의 전직금지'를 받을 개연성이 높은 상태에 이르게 되는데, 이는 비록 근로자의 입장을 고려하여 2~5년의 전직금지약정을 축소한 것이라는 의미를 부여할 수는 있겠지만 대부분의 경우 전직 직후 1년까지 소위 '몸값'이 가장 높은 점, 특히 고도의 기술습득자는 1년여가 경과하면 새로운 기술의 등장으로 습득기술이 이미 낡은 것이 되어버리는 점 등을 고려한다면 1년으로 줄여 준 것에 마냥 고마워 할 것은 아니라고 생각한다.

그리고 이러한 현상은 약정이 없는 경우 영업비밀을 매개로 한 법에 의한 보완적 전직금지를 인정하는 경우에도 비록 '유일수단성' 요건을 제시하는 등 헌법합치적 해석을 통하여 직업선택의 자유에 대한 최소침해를 도모하지만, 결국 1년이라는 기간으로 수렴되는 현상은 유사해 보인다.

특히 최근 "창조경제 생태계 강화를 위한 중소기업 기술보호 종합대책(案)"[31]이 제출되어, 전직금지가 보다 용이해질 수 있는 우려도 생겼다. 이는 비록 대기업(특히 중국 등 외국계 기업)에 의한 중소기업 기술탈취 및 특허분쟁소송 발생 등에 대한 정부대책의 일환이기는 하나 영업비밀 관련 법적 보호장치의 강화조치로 영업비밀 구성요건을 완화('합리적 노력'이 없더라도 '비밀로 유지'된 것에 대해서는 포괄적으로 영업비밀로 인정)하고, 재판의 신속성 확보를 위하여 중소기업 기술유출 사건에 대한 재판을 신속하게 진행하도록 '집중심리제' 도입을 법원에 건의하며, 기술적

귀책사유로 볼 만한 부분이 있을 경우 전직금지기간 산정에 영향을 미치는 것으로 보인다. 근로자에 대하여 전직금지의 대가가 제공되지 않았다는 점은 전직금지기간을 제한하는 근거로 가장 많이 거론되는 사정이지만(각주: 우리 법원에서 대상조치를 상당히 넓게 인정하는 것으로 보임에도, 대가가 지급된 사례는 드물다), 대가가 일부 지급된 것으로 본 재판례와 그렇지 않은 재판례를 비교하여 볼 때 의미 있는 차이가 나타나지는 않는다. 여러 채무자들 중 일부에 대하여만 대가 지급이 있는 경우조차 채무자들 전부에 대하여 동일한 전직금지기간이 설정되기도 한다. 대가 제공 여부를 판단함에 있어 대가의 개념을 상당히 넓게 파악하는 경향이 있다."고 비판한다.

31) 2016. 4. 16. 국가지식재산위원회 심의안건.

쟁점 검토에 장시간 소요에 따른 기술유출 사건처리의 지연을 해소하기 위해, 모든 기술 관련 가처분 사건에 전문인력을 지원하는 등의 방침을 정하고 있다. 또한 비록 직무발명 보상제도 확산을 위하여 기업규모·업종의 특성을 반영한 '직무발명 보상규정 표준모델' 마련을 적극 홍보하지만, 경업금지 표준 매뉴얼 등 보급, 타 사업자의 사업활동방해 행위[32])에 대한 위법성 판단기준 완화 등 '전직'을 기술유출의 일환으로 보는 시각을 강하게 담고 있다.

　이상의 논의를, ① 애초부터 전직금지약정을 하고 영업비밀성도 잘 지켜진 경우 ② 전직금지약정은 있으나 영업비밀성이 약한 경우 ③ 전직금지약정이 없으나 영업비밀성이 강한 경우 ④ 전직금지약정도 없고 비밀성도 약한 경우로 나누고, 이에 부정경쟁방지법에 의한 보호(유일수단성이 충족된 경우를 전제)를 더하여 다음과 같이 도식화하여 본다.

약정＼영업비밀성	강	약
O	C(최소한 B)	주로 A
X	C(최대한 B)	비보호

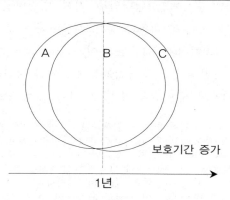

A + B ☞ 부정경쟁방지법에 의한 제한
B + C ☞ 전직금지약정에 의한 제한
B영역에서는 주로 약정에 의하여 보호

---

32) 공정거래법 시행령 제36조 "불공정 거래행위의 유형 중 '인력의 부당유인·채용' 정의 : 다른 사업자의 인력을 부당하게 유인·채용하여 다른 사업자의 사업 활동을 심히 곤란하게 할 정도로 방해하는 행위"

2. 개 선 책

위와 같은 경향에 대하여는 예측가능성을 통한 일반예방이라는 측면에서는 궁정적인 부분이 분명히 있지만 앞서와 같이 지적될 수 있는 문제점, 즉 약정의 유무, 근로형태의 다양성 등에 따른 구체적 타당성 구현이 미흡할 수 있다는 비판에 대한 대책마련[33])을 위하여는 양자의 차이를 준별하고, 향후 실무방향을 구체적으로 세밀화하는 것이 필요하다고 생각된다.[34])

우선, 위 2006마1303 결정에서 전직금지약정 시 기간제한의 고려요소로서 제시한 부분은 "경업금지약정은 직업선택의 자유와 근로자의 권리 등을 제한하는 의미가 있으므로, 근로자가 사용자와의 약정에 의하여 경업금지기간을 정한 경우에도, 보호할 가치 있는 사용자의 이익, 근로자의 퇴직 전 지위, 퇴직 경위, 근로자에 대한 대상 제공 여부 등 제반 사정을 고려하여 약정한 경업금지기간이 과도하게 장기라고 인정될 때에는 적당한 범위로 경업금지기간을 제한할 수 있다"임에 반하여, 위 2002마4380 결정에서 부정경쟁방지법에 근거한 전직금지기간(영업비밀 침해금지기간) 산정의 고려요소로서 제시한 부분은 "사용자가 주장하는 영업비밀 자체의 내용뿐만 아니라 근로자의 근무기간, 담당업무, 직책, 영업비밀에의 접근 가능성, 전직한 회사에서 담당하는 업무의 내용과 성격, 사용자와 근로자가 전직한 회사와의 관계 등 여러 사정을 고려하여야 한다"로 차이가 있는 점에 주목하여야 할 것이다.

구체적인 차이를 보면 우선 전직금지약정에 근거한 전직금지기간 산정의 고려요소로서만 제시된 '대가의 제공 유무'가 있고, 다음 고려요소인 '근로자의 퇴직 전

---

33) 장두영, "전직금지가처분에 관한 소고 ― 사용자와 근로자 사이의 전직금지가처분에 있어 전직금지기간을 중심으로"(주3), 23면은 "이러한 규율태도는, 법원에서 전직금지기간을 적정한 범위 내로 제한함에 있어서, 이를 전직금지의 근거와 관계없이 근로자의 직업선택의 자유와 사용자의 영업비밀 또는 보호할 가치 있는 이익 사이의 형량 문제로 접근하고 있는 데서 비롯된 게 아닌가 싶다. 즉 대체로 1년 정도의 전직금지기간을 설정하면 근로자의 직업선택의 자유와 사용자의 영업비밀 또는 정당한 보호이익 사이의 이익균형이 달성된다는 셈법이 작용하고 있는 것 같다."라고 하면서 부정경쟁방지법에 근거한 전직금지의 경우, 이러한 근로자의 직업선택의 자유와 사용자의 영업비밀 사이의 이익형량 도식이 적합하지만, 전직금지약정에 근거한 전직금지의 전직금지기간을 산정함에 있어서는, 부정경쟁방지법에 근거한 전직금지기간을 산정하는 경우와 달리, 사용자의 영업비밀 또는 보호가치 있는 이익과 근로자의 직업선택의 자유 사이의 이익형량만을 고려할 것이 아니라, 전직금지약정이 계약상 부담의 균형성·비례성 내지 계약자유의 실질화라는 관점에 부합하는지 여부도 충분히 고려될 필요가 있다고 한다.

34) 독일, 이탈리아 등의 입법례에서 본 바와 같은 직접적인 최장기간 제한 조항을 둘 수도 있을 것이나 이미 판례를 통하여 효력유지적 축소해석의 가능성이 확립되어 사회적 관행화된 현재 최장기간 제한을 두는 것이 큰 의미를 갖지는 못할 것으로 보인다.

지위나 퇴직 경위' 역시 부정경쟁방지법에 근거한 경우 '담당업무' 측면에 집중되는 것과 상이하다. 특히 전직금지약정에 대한 제한 여부 판단 시는 '보호할 가치 있는 사용자의 이익'이 폭넓게 인정되는 현실에서 위 2006마1303 결정이 제시한 '근로자의 퇴직 전 지위, 퇴직 경위'에 별다른 특이사항이 없다면, 남은 요소는 '대가의 제공 유무'일 뿐으로 그 중요성이 재고되어야 할 것으로 보인다. 즉 전직금지약정이 주로 입사 초기에 사용자와 근로자라는 현실적으로 평등하지 않은 관계에서, 언제인지 알 수 없는 미래시점을 상정하여, 연봉·보직 등의 주요 요소에 부수하여 체결되는 경우가 많다는 점에서 볼 때 현실적으로 직업선택의 자유에 대한 강력한 제한 요소로 다가오는 전직금지에 대하여 '대가의 제공 유무'는 그 역할을 재고하여 볼 필요가 있는 것이다.35) 그런 면에서 전직금지기간 등에 대하여 상당한 제한을 가하지만 대가의 제공 유무가 큰 고려사항으로 작동하지 않고 있는 실무는 적정한 대가 제공이 있는 경우 약정의 효력을 최대한 존중하되, 대가 제공이 없다면 더욱 강하게 금지기간을 제한(축소)하는 방식으로 변경될 필요가 있어 보인다.36) 이러한 적용은 사적 자치의 원칙은 최대한 존중되어야 함을 재확인하고, 향후 근로계약 체결 시 전직금지에 관하여 당사자 사이에 대가 약정을 포함한 실질적인 교섭과 논의가 이루어지는 계기로 작용할 수 있을 것으로 생각한다.

그리고 구체적으로 전직금지기간을 산정함에 있어서는 약정에 의할 경우는 '보호할 가치 있는 사용자의 이익'의 존부 외에 위 2006마1303 결정이 제시한 다른 요소에 대한 법적 평가는 일반적으로 큰 어려움이 없을 것으로 보이지만, 법에 의할 경우 영업비밀로서 보호될 수 있는 기간을 정함에 있어서 참작하여야 하는 여러 가지 개별적인 문제, 즉 영업비밀 기술이 동종 업계에 얼마나 널리 알려져 있는가, 관련 분야의 기술 발전 속도, 상대방 회사의 기술 수준 등을 사건마다 감정을 거치거나 전문심리위원의 의견을 받는 등 방법이 채택되어야 할 것이다.37) 나아가 신청

---

35) 재판례를 통하여 보면 '대가제공 여부'를 크게 고려하지는 않는 것으로 보이는데 이는 앞서 보았듯이 기본권 상충의 대안으로 유력하다고 보인다. 구체적 실무의 상세는 별도의 장에서 논의한다.

36) 장두영, "전직금지가처분에 관한 소고 - 사용자와 근로자 사이의 전직금지가처분에 있어 전직금지기간을 중심으로"(주3), 26면에서는 대가 제공이 전혀 없는 경우라면, 현재의 주류적인 전직금지기간인 1년보다 단기간의 전직금지기간을 정하여도 무방하지 않을까 생각한다고 의견을 제시하고 있는데, 앞의 표에서 보듯이 실제로 서울중앙지방법원은 2015년 후반기에 내려진 2015카합80699 결정에서는 8개월, 2015카합81030 결정에서는 6개월을 인정한 바 있다. 그리고 앞서 본 2016카합50490 결정에서는 대가제공의 존재를 인정하며 2년 약정을 그대로 인정한 바 있다.

사건인 위 2006마1303 결정 이후에 본안에 관하여 내려진 대법원 2010. 3. 11. 선고 2009다82244 판결은 경업금지약정의 유효성에 관한 판단기준으로 "보호할 가치 있는 사용자의 이익, 근로자의 퇴직 전 지위, 경업 제한의 기간·지역 및 대상 직종, 근로자에 대한 대가의 제공 유무, 근로자의 퇴직 경위, 공공의 이익 및 기타 사정 등을 종합적으로 고려하여야 한다"라고 제시하고 있는데[38] 이는 공공의 이익 등까지 고려하는 등 보다 종합적이고 구체적인 것이어서 이 기준 역시 전직금지기간 산정 시 논의할 가치가 있다고 생각된다.

이상을 논의를 그 근거에 따른 전직금지기간에 관하여 적절한 상태를 표시하면 다음과 같다.

〈적절한 실무제안〉

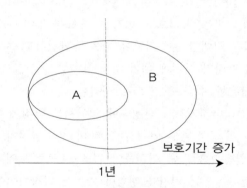

A ☞ 부정경쟁방지법에 의한 제한
B ☞ 전직금지약정에 의한 제한

---

37) 다만, 장두영, "전직금지가처분에 관한 소고 — 사용자와 근로자 사이의 전직금지가처분에 있어 전직금지기간을 중심으로"(주3), 25면은 '가처분 사건의 경우는 그와 같은 증거조사절차를 거치기 곤란한 때가 많고, 가처분절차에서 그러한 증거조사절차를 거치는 것 자체도 권장되지 않는다. 결국 당사자가 주장·소명하는 해당 기술의 최초 개발기간, 동종업계의 전반적인 기술발전 속도, 근로자가 전직하고자 하는 경쟁회사의 기술능력 등을 고려하여 산정하여야 할 것이나, 만일 당사자 사이에 체결한 전직금지약정이 있다면, 그 약정에서 정해놓은 기간도 좋은 참고가 될 수 있다'고 그 한계를 설명하고 있다.
38) 현재 하급심에서의 전직금지약정의 유효성 판단은 위 판결에서 제시된 각 항목별 검토를 통하여 이루어지고 있다.

사적자치의 원칙상 최대한 약정을 존중하여야 하므로 전직금지약정에 의한 금지기간 설정 시 그 장기가 법에 의한 경우보다 길게 되는 것이 불가피할 것이다. 그러나 '보호할 가치 있는 사용자의 이익'이 소멸된 이후까지 전직금지약정이 맺어진 것으로 판단되는 경우는 소멸 이후 기간이 당연히 제한되어야 할 것이고, 대가 제공 약정이 없는 경우는 사용자의 보호가치 있는 이익이 상당히 크더라도 불공정한 약정으로 볼 소지가 크므로 1년보다 단기간의 전직금지기간을 정할 수도 있을 것이다. 그러므로 B는 A보다 금지기간의 폭이 넓은 것이 타당하다고 생각된다.

[별지]　　　　전직금지기간에 관한 하급심 재판례

순번	사건번호	전직금지기간	고려요소 및 참고사항
1	서울고등법원 2007. 2. 16.자 2006라116	1년 (약정 무제한)	- 스캐너 유지·보수업무 관련 정보 - 기술적 고도성의 정도, 채무자의 근무기간, 퇴직경위, 나이
2	서울고등법원 2008. 9. 5.자 2008라807	2년 (약정 무제한)	- 반도체 검사장비 기술정보(영업비밀로 인정) - 관련특허 3건 출원되어 있는 점, 경쟁사가 역설계 등 합법적 방법으로 기술정보 취득하는데 많은 시간 소요될 것으로 보이지 않는 점, 채무자가 다른 생업 찾기 어려운 점
3	부산고등법원 2009. 10. 20.자 2008라438	1년 (약정 2년)	- 태양광발전기 반응기 제작방법 등 - 관련된 업무 취급기간 및 취급범위 제한적이고, 대가 없음
4	서울고등법원 2010. 1. 26.자 2009라610	원결정 송달일부터 1년 (약정 3년)	- 태양광 발전산업 소재인 폴리실리콘 관련 기술정보 - 채무자들이 실제 관련업무에 종사한 기간이 2년 미만, 경쟁업체들도 외국기업과 관련 기술도입계약을 체결한 것으로 보임, 채권자가 채무자들 중 일부에게 전직금지 대가를 지급할 때 향후 1년간 근무할 것을 조건으로 정하기도 함 - 채무자별로 퇴직일이 달라 퇴직일 기준으로 할 경우 전직금지기간이 달라져 채권자에 대한 실질적 보호가 어려울 수 있는 점 고려하여 기산점 정함 ※ 영업비밀 부정하면서도, '경업금지기간은 채무자들의 전직으로 인한 영업비밀 등의 침해로 경쟁업체가 공정한 경쟁자보다 유리한 출발, 즉 시간 절약이라는 부당한 이익을 취하지 못하게 함으로써 공정하고 자유로운 경쟁을 보장하는 데에 필요한 시간적 범위가 어느 정도인지 여부를 중심으로 고려하여야' 한다고 설시
5	서울고등법원 2012. 5. 16.자 2011라1853	1년 (약정 1년)	- 반도체 관련 회로배치 업무 관련 기술정보 - 유효성만 판단 ※ 채권자의 산학협력 연구비 지원금에서, 채무자가 2년간 약 3,000만 원을 받은 부분을 대가로 봄(임금과 별도인지는 불분명)

6	서울고등법원 2012. 9. 20.자 2012라447	1년 (약정 채무자별로 3년 또는 5년)	− 태양광 발전산업 소재인 폴리실리콘 관련 기술정보 − 채무자들 재직기간 1년 5개월 또는 3년 남짓에 불과, 채무자들이 습득한 기술의 구체성 및 수준 높지 않음, 대가 없음
7	서울고등법원 2012. 11. 14.자 2012라1120	1년 (약정 3년)	− 의료기기 수입·판매 관련 가격구조, 국내대리점 현황 관련 정보 − 채권자가 수입업체와의 신뢰관계 유지 위하여 투입한 비용과 노력의 정도, 채무자에게 제공한 보수 수준, 채무자의 경쟁업체 이외 취업 가능한 업체의 범위, 채무자가 가족 생계 책임져야 하는 지위인 점 ※ 채권자가 채무자 퇴직 후 부산 지역 대리점 개설 지원해주기로 하였음, 채무자가 17년간 계속 보수 지급받았고, 영업본부장으로서 월 400만 원의 급여 및 퇴직금 지급받은 것도 대가로 봄
8	서울고등법원 2012. 11. 16.자 2012라1145	1년 (약정 5년)	− 자동포장기계 제작 관련 도면, 거래업체 관련 견적서 및 계약서 − 대가 없고, 채무자들 생계 위협할 정도의 장기간, 채권자 주장 자료 중 상당수는 영업비밀에 해당하지 않음 ※ 일부는 영업비밀에 해당, 해고통지 등으로 퇴직한 근로자들에 대하여는 전직금지약정 효력 자체를 부인함
9	서울고등법원 2013. 1. 14.자 2012라1474	1년 (약정 2년)	− 엘리베이터 설계, 제조, 판매, 유통, 유지·보수 관련 정보 − 경쟁상황이 치열하여 채권자를 비롯하여 어느 한 회사가 현저하게 우월한 경영상 정보 가진 것으로는 보이지 않는 점
10	광주고등법원 2013. 12. 30.자 2013라99	1년 6개월 (약정 2년)	− 철강 생산 관련 기술정보 − 채무자가 다른 업종으로 전직하기 어렵고, 대가 없음
11	서울고등법원 2014. 4. 4.자 2014라92	1년 (약정 1년)	− 스마트폰을 이용한 광고 애플리케이션 관련 영업 정보 − 업종의 역사가 짧고 경쟁업체의 범위가 상당히 제한적이어서 전직의 영향이 크고 직접적일 수 있음 ※ 채무자 근무기간 1년 3개월 정도에 불과, 대가 없음

12	서울고등법원 2015. 1. 15. 선고 2014나2012674	연구직(A) 3년, 서비스 컨설턴트직 (B) 2년 (약정 5년)	−해충방제기술에 관한 정보 및 노하우 −근무기간이 3년 5개월(A), 5년 7개월(B) 정도이고 급여도 월 185만 원 정도(B), 피고들 직책, 근무경력, 형태 비추어 볼 때 취득할 수 있었던 기술 수준이나 체화 정도에 한계 있음, 대가 충분하지 않음, 전직 제한 대상지역의 범위, 퇴직 경위 ※전직금지기간 동안의 영업비밀보호에 대한 보상을 지급하기 위하여 영업비밀보호장려금 약정 체결하고, 채무자별로 약 2년 5개월간 합계 약 260만 원(A), 약 2년 10개월간 합계 약 580만 원(B, B의 경우 라이센스정비수당, 직책경비수당이 함께 포함된 금액임) 지급
13	수원지방법원 2008. 9. 26.자 2007카합516	1년 (약정 3년)	−디지털방송장비 관련 회로도, 기구설계도, 작업지도서, 부품원가 등 파일(영업비밀로 인정) −채권자의 디지털방송장비 시장은 기술개발 속도가 매우 빠른 반면, 후발업체들의 진입장벽이 높다고 보기 어려움, 역설계 방법으로 유사제품 개발하는 데 약 1년 6개월 소요될 것으로 보임, 전직금지기간 제한하더라도 손해배상, 형사처벌, 영업비밀침해금지 통하여 침해방지의 목적 달성 가능하다고 보임
14	대전지방법원 2009. 4. 27. 2009카합288	1년 (약정 2년)	−메탈로센 촉매 상업화 기술 및 중요자료(영업비밀 인정) −채무자가 전직금지약정으로 인하여 얻는 이익이 별로 없음, 신중한 고려 후 전직금지약정하였다고 보기 어려움, 대등한 관계에서 자유로운 의사에 기해 전직금지기간 정했다고 보기 어려움, 관련분야 기술발전의 속도가 매우 빠름
15	서울중앙지방법원 2009. 6. 18.자 2009카합792	2년 (약정 3년)	−무선통신 칩 안테나 관련 기술정보 −대가 없음
16	서울동부지방법원 2009. 8. 5.자 2009카합1442	2년 (약정 무제한)	−LCD 모듈 공정 관련 기술정보(영업비밀 인정) −동종업계에서 기술직 근로자에 대하여 통상 2년 정도 전직 금지하고 있음, 대가 없음, 생계에 상당한 위협

17	대전지방법원 2009. 9. 3.자 2009카합1100	1년 6개월 (약정 3년 또는 무제한)	− 필터 제조, 판매 관련 기술·경영정보(영업비밀 인정) − 채무자들이 전직금지약정으로 얻는 이익 별로 없고, 신중한 고려 후 전직금지약정하였다고 보기 어려움, 무제한의 기간은 직업선택의 자유 지나치게 제한, 대등한 관계에서 자유로운 의사에 기해 전직금지기간 정했다고 보기 어려움, 관련분야 기술발전의 속도가 매우 빠름
18	서울동부지방 법원 2010. 4. 2.자 2010카합238	10개월 (약정 무제한)	− 채권자는 운송주선업 영위 − 퇴직사유가 주로 채권자의 일방적인 임금삭감 때문인 것으로 보임, 대가 없음, 채무자들의 연봉 매우 적음(2009년의 경우 월 80만원 수준)
19	서울중앙지방 법원 2010. 7. 27.자 2010카합1360	2년 (약정 2년)	− LED 제품 관련 경영·기술정보(상당부분 영업비밀로 인정) − 유효성만 판단 ※ 근무기간 동안 매월 보안수당 지급(월 10~25만원), 퇴직 후 7개월간 기본급의 100%에 해당하는 퇴직생활보조금 지급받음
20	서울중앙지방 법원 2010. 11. 9.자 2010카합2873	약 4월 (약정 3년)	− 결혼정보회사의 회원 개인정보 및 연결시스템 관련 정보 − 영업비밀 수준 아닌 점, 대가 없음, 계약서상 근로계약기간보다 훨씬 장기간 전직을 제한하여 채무자에게 일방적으로 불리 ※ 근무기간 약 4개월, 근로계약서상 계약만기일까지로 전직금지기간 제한
21	서울중앙지방 법원 2011. 1. 19.자 2010카합2402	1년 (약정 3년)	− 2차 전지 핵심소재인 LFP 제조기술정보 − 채무자의 근무기간(약 1년 11개월) 길지 않고, 대가 없음
22	서울중앙지방 법원 2011. 1. 25.자 2010카합1678	1년 (약정 1년)	− 북미, 유럽지역 해상 및 내륙 운송업 사업현황, 원가, 전략 등 정보(상당부분 영업비밀로 인정) − 유효성만 판단 ※ 대가 없음
23	서울중앙지방 법원 2011. 4. 7.자 2011카합526	약 6월 (약정 1년)	− 소셜커머스(쿠팡) 영업 관련 정보 및 노하우 − 영업비밀 수준 아닌 점, 근무기간 약 5개월에 불과, 대가 없음

24	인천지방법원 2011. 5. 20.자 2011카합340	1년 (약정 1년)	– 리튬이온전지 제조공정 관련 기술정보 – 채권자의 영업비밀보호와 채무자의 직업선택의 자유가 조화될 수 있는 적절한 기간임 ※ 명시적 대상조치 없어도 임금수준 및 근로환경 등도 대상조치의 일종이라고 판시
25	수원지방법원 2011. 7. 7.자 2011카합102	1년 (약정 2년)	– 반도체 및 평판디스플레이 관련 장비의 기술정보 (영업비밀로 인정) – 채무자의 다른 직종으로의 전직이 용이하지 않음, 금지되는 전직대상이나 지역 등에 구체적인 제한이 없음, 채무자의 근무기간이 2년 4개월 정도에 불과, 대가 없음, 채무자가 채권자에 근무하면서 종전에 체결한 전직금지약정의 전직금지기간이 1년이었음
26	서울중앙지방 법원 2011. 7. 12.자 2011카합749	2년 (약정 2년 또는 20년)	– 부동산중개업의 부동산 관련 정보 및 고객정보 – 채권자의 보호가치 있는 이익(영업비밀 아님)과 고객정보의 성격(업계에서 상당 부분 공유되고 있음), 전직제한지역의 범위, 채무자들의 퇴직 경위, 대가 없음
27	서울중앙지방 법원 2012. 4. 2.자 2011카합3031	1년 (약정 3년)	– 고추장제품의 배합비, 공정도, 제조방법 등에 관한 정보(영업비밀 인정) – 채무자의 근무기간 약 2년 6개월인 점, 채무자의 지위 ※ 대가 없음
28	수원지방법원 2012. 4. 20.자 2011카합465	2년 (약정 2년)	– 유기발광다이오드(OLED) 중 AM OLED 관련 기술 및 영업정보(영업비밀로 인정) – 채권자의 영업비밀보호와 채무자의 직업선택의 자유가 조화될 수 있는 적절한 기간 ※ 전직금지약정 이후 매월 12만 원을 보안비용으로 지급. 채무자가 채권자의 고과(역량, 업적평가)에서 최우수등급을 받았던 점을 대상조치로 봄
29	서울동부지방 법원 2012. 5. 22.자 2012카합658	1년 (약정 3년)	– 기업교육컨설팅 관련 거래처와의 고객관계 – 채권자 스스로 1년으로 한정하여 전직금지 구함 ※ 대가 없음
30	창원지방법원 2012. 9. 27.자	1년 (약정 2년	– 보일러 설계, 제조기술 관련 정보 및 제품 가격 및 원가 설정 등에 관한 정보

제 6 절 경업금지 또는 전직금지 기간 **461**

	2012카합345	또는 3년)	− 보호할 가치 있는 채권자의 이익, 채무자들의 퇴직 전 지위, 전직 제한의 대상 직종, 채무자들의 퇴직 경위, 공공의 이익 ※ 비밀유지수당 별도로 받음(금액은 나타나지 않음)
31	서울중앙지방법원 2012. 10. 12.자 2012카합1807	1년 (약정 2년)	− 유전체 분석 장비 및 시약의 사후관리방법, 국내 고객관리 전략 − 명시적 판단 없음 ※ 대가 없음
32	수원지방법원 2012. 11. 19.자 2012카합311	1년 6개월 (약정 3년)	− 철차 설계 및 품질관리에 관한 정보 − 채무자의 위 정보 유출을 금지하여 경쟁업체가 유출된 정보를 이용하여 공정한 경쟁자보다 유리한 출발 내지 시간절약이라는 우월한 위치에서 부당하게 이익을 취하지 못하도록 하는 목적을 달성함에 필요한 시간적 범위 내에서 기술의 급속한 발달 상황 및 경쟁업체 회사의 인적·물적 시설 등을 고려하여 경쟁회사나 다른 공정한 경쟁자가 합법적인 방법에 의하여 위 정보를 취득하는데 필요한 상당한 기간 내로 제한되어야 한다는 점 고려 ※ 채무자는 채권자 회사 퇴사 이후로도 자문료 형식으로 급여의 80% 수준 금원 지급받고, 퇴직위로금으로 1억 7,000만 원 지급받음 ※ 영업비밀에 해당하지 않는다고 판시하면서도, 영업비밀침해금지기간에 관한 법리를 적용
33	서울서부지방법원 2012. 12. 17.자 2012카합562	1년 (약정 2년)	− 회계법인의 이전가격팀 업무 − 채권자가 신청취지 변경하여 1년으로 감축하여 구함 ※ 전직금지 대가조로 1억 원 지급
34	서울남부지방법원 2013. 1. 14.자 2012카합620	1년 (약정 2년 또는 3년)	− 곡면형 건축물 설계·시공 관련 기술정보, 그 제작 도면 설계 자동화 관련 기술정보 − 동종업계 경쟁이 치열하여 어느 한 회사가 현저하게 우월한 정보와 노하우 가지고 있지 않음, 채권자 회사가 기술 취득 위하여 많은 인력이나 자금 투자한 것으로 보이지 않음, 채무자들은 일반직원들이고 다른 직원들과 비교하여 나은 대우 받지 않음, 대가 없음
35	서울동부지방법원	1년 (약정 3년)	− 태양광발전사업 등 신·재생에너지 개발사업 관련 경영정보, 생산 및 영업자료

	2013. 4. 10.자 2013카합124		−채무자들은 일반직원, 근무기간도 11개월 내지 2 년 6개월 정도 ※대가 없음
36	서울중앙지방 법원 2013. 4. 15.자 2013카합28	2년 (약정 3년)	−석회석 가공제품 판매업 관련 고객관계 −채무자가 10년 이상 근무하다가 퇴직, 대가 없음
37	의정부지방법원 2013. 4. 29.자 2012카합653	1년 (약정 2년)	−의료기기 제조기술 −채무자들이 10년 이상 또는 6년 이상 의료기기 생 산업무에 종사하여 경쟁업체 이외에 다른 업체로 이직하기 어려운 점, 대가 없음
38	청주지방법원 2013. 5. 8.자 2013카합155	1년 (약정 1년)	−LED 원천 소재인 사파이어웨이퍼의 제조, 공정 관 련 기술정보 −유효성만 판단 ※채권자가 직원들에게 우리사주를 할인 취득하도록 하였는데, 채무자도 이를 취득하여 3억 원 상당의 이익을 본 부분 및 채무자가 급여 외에 근속장려 금으로 합계 450만 원 지급받은 부분을 대가로 판 단
39	창원지방법원 2013. 11. 6.자 2013카합411	1년 (약정 3년)	−건설용 볼트, 너트 생산회사의 거래처명단, 판매가 격, 판매계획 −채권자 회사가 생산하는 제품의 가격은 시장상황 에 따라 수시로 변화함, 채무자의 퇴직 전 지위, 대 가 없음
40	울산지방법원 2013. 11. 26.자 2013카합689	10개월 (약정 2년)	−자율형 무인잠수정, 전투체계 분야 기술정보 −채무자는 일반직원, 근무기간 3년 6개월, 경쟁회사 에서 퇴사한 상태인 점 ※전직금지약정에 대한 보상으로 자사주 815주 배정 받음(시가는 불분명)
41	서울중앙지방 법원 2014. 1. 27.자 2013카합2478	1년 (약정 무제한)	−건설회사의 플랜트 사업 관련 내부 회의자료, 추진 중인 입찰현황과 전망, 내부 업무처리절차 등에 관 한 자료(영업비밀로 인정) −대가 없음, 임원으로 근무한 기간(약 1년 8개월)
42	서울중앙지방 법원 2014. 4. 15.자 2014카합80009	1년 (약정 무제한)	−디지털 사진첩 제작기술 −채무자가 사원 정도 직급, 대가 적음 ※연구수당으로 월 20만 원 지급받은 부분 대가로 봄

43	수원지방법원 2014. 8. 1.자 2014카합10025	2년 (약정 3년 또는 10년)	-자동차 플라스틱 내장재 생산 위한 금형제작기술 자료 -채무자들의 이직이 곤란, 별도의 대가 지급 없음
44	서울중앙지방 법원 2014. 9. 15.자 2014카합838	3년 (약정 3년)	-캐스터, 고무바퀴, 운반용 대차 등의 제품 제조, 판매하는 회사의 제품 단가 및 견적 내용, 해외 영업 관련 해외 제조회사의 가격정보, 납품업체별 정보 및 도면, 출고 및 사양 정보 -채무자들이 채권자 회사 퇴사 전 경정업체에 관련 정보를 제공하거나 개인적으로 회사 정보를 보관하여 온 점 ※ 대가 없음
45	서울남부지방 법원 2014. 10. 17.자 2014카합311	1년 6개월 (약정 3년)	-전력용 변압기 및 고압차단기 분야 해외시장 구매자 정보, 과거 입찰 가격정보, 입찰시 필요한 기술 요건 등 -채무자의 직업선택의 자유 과도하게 제한할 여지, 장기간 채권자 회사 근무하여 경쟁관계 있지 않은 회사로의 전직이 어려울 것으로 예상되는 점 ※ 퇴직 직후 위촉계약 체결하여 보수 지급받음(위촉계약에 위촉기간 중 전직금지조항 둠)
46	창원지방법원 2014. 12. 19.자 2014카합316	1년 6개월 (약정 3년)	-금속표면 연마용 쇼트볼 제조판매 관련 영업자료 및 신기술 관련 자료 -채무자가 채권자의 신기술 등에 관한 자료를 외부로 반출하였다고 볼 자료 없음, 대가 없음
47	서울서부지방 법원 2014. 12. 19.자 2014카합50177	1년 6월 (약정 3년)	-초고압케이블 판매영업 관련 원가, 가격, 해외영업 지사 현황, 해외영업 사업전략 등 관련 정보 -영업비밀이라고 보기 어려움, 대가 없음
48	서울중앙지방 법원 2015. 5. 4.자 2015카합80050	1년 (약정 1년)	-국내 전자통신판매업체의 해외 전자통신판매사업 관련 그룹(이베이) 전체의 전자상거래 실적, 소속된 판매자 회원의 실적 정보 -유효성만 판단 ※ 내부적으로 핵심직원으로 특별 관리되고, 추가로 주식 제공받은 부분을 대가로 봄

제 7 절 경업금지약정에서의 대가(반대급부)의 필수성
- 서울고등법원 2016라21261 결정의 파장은? -

정차호(성균관대학교 법학전문대학원 교수)

I. 서 론

경업금지약정이 유효한지 여부를 판단함에 있어서 대가(반대급부, consideration)가 여러 판단요소 중 하나로서 검토되어 왔다.1) 그런데, 법원은 그러한 검토를 하면서도 정작 핵심적인 쟁점에 대하여는 질문 및 답변을 회피하여 왔다고 생각된다. 그 쟁점은 "대가가 없는 경업금지약정은 (특별한 경우를 제외하고는) 무효인지 여부"이다. 경업금지약정에 관한 많은 논문들이 있지만,2) 그 논문들도 정작 가장 중요한 쟁점들 중 하나인 그 쟁점에 대하여는 논하지 않고 있다.3) 이 글은 그 쟁점을 정면으로 다루고자 한다. 그와 관련하여 다음의 여러 쟁점이 순차적으로 떠오른다. 이 글에서는 쟁점1의 질문에 답하는 것을 주목적으로 하면서도 쟁점2 내지 쟁점4도 간단히 다루되, 그 쟁점들을 해결하기 위하여 필요한 범위 이내에서 다른 쟁점들도 살핀다.

---

1) 이전에는 '대가' 대신 '약인', '대상조치' 등의 용어가 사용되기도 하였으나, 이 글은 대상 판결이 사용한 '대가(반대급부)'가 더 적절한 용어라고 생각하여 그 용어를 사용한다.

2) 학술연구정보서비스(RISS)의 국내학술지 논문 DB에서 '경업금지'로 검색한 결과 129건이 검색되었고, '전직금지'로는 49건이 검색되었다. 동 주제가 ① 노동법, 상법, 민법, 지재권법 등 여러 학문분야에 걸친 주제라는 점, ② 이해하고 접근하기가 상대적으로 용이하다는 점, ③ 종업원의 이익을 옹호한다는 일종의 의협심을 발동시킨다는 점 등으로 인해 논문의 인기 주제가 되어 왔다고 생각된다.

3) 대가의 필수성에 대하여 이 글의 취지와 가장 근접한 주장을 한 사례: 김원일, "사용자의 영업비밀 보호를 위한 근로자의 경업(競業), 전직(轉職) 금지와 보상의 필요성", 「인권과 정의」 통권 414호, 대한변호사회, 2011(대가지급을 경업금지약정의 필수요건으로 보거나 유효성 판단의 중요한 요건으로 고려하여야 한다는 주장을 펼친 글). 이 글은 그 주장에서 더 나아가 대가지급을 경업금지약정의 필수요건으로 보아야 한다고 주장하며, 대상 서울고등법원 2016라 21261 결정의 중요성을 강조한다.

> 쟁점1: 대가가 없는 경업금지약정은 (특별한 경우를 제외하고는) 무효인가?
> 쟁점2: 영업비밀임을 이유로 하는 경우 대가가 없는 경업금지약정이 유효인가?
> 쟁점3: 경업금지약정을 유효하게 하는 최소한의 대가는 어느 정도인가?
> 쟁점4: 재직 중 혜택을 경업금지약정에 대한 대가로 인정할 수 있는가?
> 쟁점5: 영업비밀이 아닌 정보(비밀정보)를 보호하기 위한 경업금지약정이 유효인가?
> 쟁점6: 경업금지약정이 없는 경우에도 경업금지를 인정할 것인가?[4]
> 쟁점7: 대상 영업비밀 또는 비밀정보를 채무자 또는 피고(전 종업원)가 창출한 경우
>   에도 경업금지약정이 유효인가?[5][6]

II. 대상 서울고등법원 2016라21261 결정[7]

대상 판결은 다음과 같이 판시하였다.

"퇴직 후 근로자의 경업이 중요한 영업비밀의 누설을 동반하는 등 사용자에게 현저하게 배신적인 경우에는 경업금지에 대한 대가조치가 없더라도 사용자를 구제하여야 할 경우가 생길 수 있지만(다만 현행법질서에서 대부분은 부정경쟁방지 및 영업비밀보호에 관한 법률에 정해진 금지청구로써 위와 같은 부정경쟁행위에 대처하고 비밀을 보호할 수 있다고 할 것이다), 경업금지의무는 근로자의 직업활동의 자유를 직접적으로 제약하는 강력한 의무이므로 근로자에게 일방적으로 그 의무를 부담시키는 방향으로 해석하는 것은 적절하지 않고, 퇴직 후에 근로자는 스스로 경험과 지식을 활용해서 자유롭게 경업을 영위하는 것이 헌법 제15조(직업선택의 자유)의 취지이며, 이와 같은 기본적 자유를 제한하기 위해서는 원칙적으로 근로자가 그 제약에 따라 입는 손해를 전보하기에 충분한 정도의 반대급부(대가)가 필요하다고 할 것이다."

---

4) 이에 대한 설명: 강명수, "전직금지의무에 관한 소고", 「동아법학」 제70호, 2016.
5) 대상 영업비밀 또는 비밀정보가 기술정보인 경우, 해당 기술정보는 직무발명일 가능성이 매우 높고 그렇다면 그 직무발명에 대하여 피고가 직무발명보상금을 얼마나 받았는지를 되물을 수 있다는 설명: 정차호·문선영, "영업비밀보호를 위한 경업금지와 직무발명자에 대한 정당한 보상의 관계", 「성균관법학」 제21권 제2호, 2009.
6) 김동진, 이 책, "제7장 제2절 본원적 보유자에 대한 경업금지 여부 및 법률관계", 370면("요컨대, 영업비밀에 해당하는 기술상 또는 경영상의 정보개발에 대하여 어떤 근로자의 창작적 공헌도가 상당히 높은 경우에는, 그러한 지위의 근로자에 대하여 정보의 사용·수익권을 제한하는 결정을 하거나, 전직을 제한하는 경업금지결정을 발령하는 등의 사법적 조치에 대하여는 각별히 신중을 기하여야 할 것이다.").
7) 서울고등법원 2017. 2. 17.자 2016라21261 결정(확정).

대상 판결은 경업금지약정에 있어서 대가(반대급부)의 필수성을 강조하였다는 점에서 의의가 크다. 이하, 대상 판결을 더 잘 이해하기 위하여 경업금지약정에 있어서의 대가와 관련된 기존의 판례들을 살핀다.

Ⅲ. 기존 판례의 태도

1. 여러 요소 중 하나로 대가를 판단

어떤 경업금지약정이 유효한지 여부에 대하여 다툰 판례가 제법 많다. 경업금지약정이 유효한지 여부를 판단함에 있어서 법원이 여러 요소를 검토한다고 설시하고 그 요소 중 하나에 대가를 포함시킨 사례는 많았다. 대법원 2006마1303 결정은 여러 요소를 제시하고 검토한 후 대상 약정이 유효하다고 판단하였고,[8] 대법원 2009다82244 판결은 여러 요소를 제시하고 검토한 후 대상 약정이 무효하다고 판단하였다.[9] 특히, 2009다82244 판결에서 대법원은 대가지급이 인정되지 않았음에도 불구하고 그 자체로 해당 약정이 무효라고 판단한 것이 아니라, ① 금지기간이 비교적 장기(2년)인 점, ② 해당 정보가 '보호할 가치가 있는 사용자의 이익'도 아닌 점[10] 등을 종합적으로 고려하여 해당 약정이 무효라고 보았다. 이러한 대법원의 두 판결의 문언적 해석은 대가가 없다는 이유만으로 경업금지약정이 무효라고 바로 판단할 수는 없다는 것이다. 즉, 대가는 검토되는 여러 요소 중 그저 하나에 불과한 것이다.

2. 대가가 존재하지 않음에도 유효하다고 판단한 많은 사례

어떤 경업금지약정에서 대가가 존재하지 않음에도 불구하고 해당 약정이 유효한 것으로 판단된 사례는 (일일이 열거할 가치를 느끼지 못할 정도로) 매우 많다.[11]

---

8) 대법원 2007. 3. 29. 자 2006마1303 결정(보호할 가치 있는 사용자의 이익, 근로자의 퇴직 전 지위, 퇴직 경위, 근로자에 대한 대상 제공 여부 등을 고려한 후 대상 약정이 유효라고 판단한 사례).

9) 대법원 2010. 3. 11. 선고 2009다82244 판결(보호할 가치 있는 사용자의 이익, 퇴직 전 지위, 기간·지역 및 대상 직종, 대가의 제공, 퇴직 경위, 공공의 이익 및 기타 사정 등을 고려한 후 대상 약정이 무효라고 판단한 사례).

10) "이 사건 각 정보는 이미 동종업계 전반에 어느 정도 알려져 있던 것으로, 설령 일부 구체적인 내용이 알려지지 않은 정보가 있었다고 하더라도 이를 입수하는데 그다지 많은 비용과 노력을 요하지는 않았던 것으로 보이므로, 이 사건 경업금지약정에 의해 보호할 가치가 있는 이익에 해당한다고 보기 어렵거나 그 보호가치가 상대적으로 적은 경우에 해당한다고 할 것이고 …".

그런 많은 판례들도 대가가 없다는 이유만으로 경업금지약정이 무효라고 판단할 수는 없다고 말한다. 그러한 하급심 판결들이 위 대법원 2006마1303 결정 및 대법원 2009다82244 판결의 취지를 따르고 있다고 생각된다.

3. 대가가 지급된 사례

경업금지약정에서 대가를 지급하는 사례가 많지 않은 것이 사실이다. 그래서 동 약정에서 대가를 지급하는 사례는 없는 정도라고 추측되기도 한다.[12] 그러나, 조금 더 검색을 해보면 동 약정에서 대가를 지급한 여러 사례가 발견된다.

<대가가 명시된 경업금지약정의 사례>

사건번호	대가의 내용
서울서부지방법원 2017. 4. 6.자 2016카합50490 결정	2년 치 계약연봉의 70%에 달하는 1억 5,000만 원을 2년치 대가로 지급하여(즉, 연봉의 35%를 대가로 지급하여), 약정에서의 2년이 그대로 인정된 사례
대전지방법원 2017. 4. 25.자 2017카합50063 결정	약정기간(2년) 동안 대학교수의 직위를 제공한 것이 대가라고 인정된 사례
서울고등법원 2012. 5. 16.자 2011라1853 결정	채권자의 산학협력 연구비 지원금에서, 채무자가 2년간 약 3천만 원을 받은 부분을 대가로 인정하고 약정에서의 1년이 그대로 인정된 사례
서울고등법원 2012. 11. 14.자 2012라1120 결정	채권자가 채무자 퇴직 후 부산 지역 대리점 개설을 지원해주기로 한 바 등을 대가로 인정하여 약정에서의 3년을 1년으로 축소하여 인정한 사례)(채무자가 17년간 계속 보수를 지급받았고, 영업본부

---

11) 인천지방법원 2015. 6. 4.자 2015카합10042 결정, 서울남부지방법원 2015. 7. 15.자 2015카합20093 결정, 서울중앙지방법원 2015. 9. 21.자 2015카합80699 결정, 서울중앙지방법원 2015. 11. 9.자 2015카합81030 결정, 수원지방법원 성남지원 2017. 9. 7.자 2017카합50099 결정 등(모두 이규홍, "제6절 경업금지 또는 전직금지 기간" 참고).

12) 가산종합법률사무소/특허법인가산, "전직금지 또는 경업금지 약정의 강제와 사용자의 대가 지급의무 인정여부 판단기준 — 서울고등법원 2017. 2. 17.자 2016라21261 결정", 2017. 7. 3. ("사용자와 근로자 사이에 전직금지 또는 경업금지 약정을 하였지만, 사용자가 근로자에게 전직금지에 대한 어떤 반대급부(대가)도 지급하지 않았던 경우에도 그 약정에 따라 전직금지 또는 경업금지 의무(채무)를 강제할 수 있는지 여부입니다. 실무적으로 단순하게 판단하기 어려운 쟁점입니다. 이론적 논의와는 별개로 실제로 사용자가 퇴직 근로자에게 전직금지 대가를 지급하는 경우가 거의 없습니다. 현실적으로 대기업 고위임원에 대한 고문제도를 제외하고는 대가지급 제도는 전무하다 싶습니다."). <http://ictlaw.tistory.com/223>.

	장으로서 월 400만 원의 급여 및 퇴직금을 지급받은 것도 대가로 보았는데, 그러한 재직 중 대가는 일반적으로는 경업금지약정을 위한 대가로 인정되기 어려움)
서울고등법원 2015. 1. 15. 선고 2014나2012674 판결	전직금지기간 동안의 영업비밀보호에 대한 보상을 지급하기 위하여 영업비밀보호장려금 약정을 체결하고, 채무자별로 약 2년 5개월간 합계 약 260만 원(A), 약 2년 10개월간 합계 약 580만 원(B, B의 경우 라이선스정비수당, 직책경비수당이 함께 포함된 금액임)을 지급하였고, 약정에서의 5년을 각각 3년 및 2년으로 단축한 사례)
서울중앙지방법원 2010. 7. 27.자 2010카합1360 결정	퇴직 후 7개월간 기본급의 100%에 해당하는 퇴직생활보조금을 지급받았고 약정에서의 2년이 그대로 인정된 사례)(법원은 근무기간 중 지급된 보안수당(월 10~25만)도 대가의 일부로 인정하였는데 일반적으로는 재직 중 보수는 경업금지약정을 위한 대가로 인정되지 않아야 함)
수원지방법원 2012. 4. 20.자 2011카합465 결정	전직금지약정 이후 매월 12만 원을 보안비용으로 지급한 것을 대가로 인정하고 약정에서의 2년을 그대로 인정한 사례)(채무자가 재직 중 채권자의 고과(역량, 업적평가)에서 최우수등급을 받았던 점도 대상조치로 보았음)
창원지방법원 2012. 9. 27.자 2012카합345 결정	금액이 알려지지 않은 비밀유지수당을 별도로 받았고 약정에서의 2년 또는 3년을 1년으로 단축한 사례
수원지방법원 2012. 11. 19.자 2012카합311 결정	자문료 형식으로 급여의 80%를 받고, 퇴직위로금으로 1억 7,000만 원을 지급받은 사안에서 약정에서의 3년을 1년 6개월로 단축한 사례
서울서부지방법원 2012. 12. 17.자 2012카합562 결정	경업금지 대가로 1억 원을 지급한 사안에서 2년의 약정기간에서 채권자가 신청취지 변경하여 1년으로 감축하여 경업금지를 구하였고 1년이 인정된 사례

이러한 사례들을 종합하면, 1년 이하의 약정에서는 대가가 없어도 유효라고 보아주는 경향을 보이고, 1년 이상의 약정에서는 대가가 필요하다고 보는 경향을 보이며,[13] 대가가 없는 1년 이상의 약정은 그 기간을 1년으로 단축하는 경향을 보인다고 평가할 수 있다.

---

13) 박재헌, "영업비밀 보호를 위한 경업금지의 허용성에 관련된 요소", 「저스티스」 제131호, 한국법학원, 2012, 157면("이와 같이 본다면 실무상 퇴직시로부터 1년 이하의 경업금지는 특별한 대상조치를 요구하지 않고, 1년을 넘는 경업금지는 장기간의 금지라고 보아 대상조치를 요구하는 경우가 많은 것으로 판단된다.").

4. 대가를 필수적으로 본 판결

가. 대가 결여 및 보호할 가치 있는 이익의 결여: 대구지방법원 2012. 4. 30.자 2012카합103 결정

학원강사가 인근에 경쟁 학원을 개원하여 운영한 사안에서 법원은 ① "신청인 학원만이 가지는 것으로 학원으로부터 피신청인 강사에게 전달 내지 개시되었다고 볼 만한 영업비밀이나 독특한 지식 또는 정보에 관한 구체적인 소명이 부족한 점" 및 ② 대가가 없었다는 점의 두 점을 이유로 해당 약정이 민법 제103조 위반으로 무효라고 판단하였다.

대상 사안에서 '보호할 가치 있는 이익'도 없었기 때문에 법원이 해당 약정을 무효라고 판단하기가 쉬웠을 터인데, 만약, 보호할 가치 있는 이익은 존재하고 '대가'만 없었다면 어떻게 판단되어야 했는지가 궁금하다. 대상 결정은 경업금지약정에서 대가가 필수적이라고 판시한 것은 아니지만 매우 중요한 요소라고 판시한 것으로 보아야 한다. 이와 같이 보호할 가치 있는 이익 및 대가가 없다는 이유로 해당 경업금지약정이 무효라고 본 추가 사례로는 서울중앙지방법원의 2013나57688 미용사 사건이 있다.14)

나. 대가를 불가결의 요소로 본 서울중앙지방법원 2007가합86803 판결

피고는 서울 대치동에 위치한 원고 학원에서 수학강사로 근무하였고, 퇴직 당시 향후 1년간 반경 5킬로미터 이내에 위치한 학원에 취업하지도 학원을 경영하지도 않는다는 내용의 경업금지약정에 합의하였다. 대상 사안에서 법원은 "사용자의 영업비밀을 보호하기 위한 경우 등과 같이 특별한 사정이 있는 경우"를 제외하고는 대가(반대급부)가 경업금지약정의 불가별의 요소라고 판시하였고, 나아가 그 대가는 충분한 것이거나 현저히 낮은 것이 아니어야 한다고 설시하였다.15)

---

14) 경업금지약정은 퇴직 후 1년 동안 반경 4킬로미터 내에서 개업할 수 없다고 규정하는데, B씨가 퇴직 후 3개월 만에 300미터 떨어진 곳에서 새 미용실을 열은 사안에서, 법원은 "B씨가 A씨의 미용실에서 근무하는 동안 특별한 미용기술을 전수받는 등 어떤 영업비밀을 알게 됐다고 보이지 않았고 A씨가 경업금지 약정을 만들면서 B씨에게 어떤 대가를 지급하지도 않았다"는 이유로 해당 경업금지약정을 무효로 보았다.

15) 서울중앙지방법원 2008. 1. 10. 선고 2007가합86803 판결("경업금지의무는 근로자의 직업활동의 자유를 직접적으로 제한하므로 퇴직 후 근로자가 직업선택 자유의 제한으로 인한 손해를 보전하기 위해 충분한 반대급부가 필요하다. 사용자의 영업비밀을 보호하기 위한 경우 등과 같이 특별한 사정이 있는 경우에 해당하지 않는 한 사용자의 근로자에 대한 대가조치는 계약

대상 판결은 특별한 사정이 있는 경우를 제외하고는 대가가 경업금지약정의
필수(불가결) 요소임을 천명하였다는 점에 의의가 있다. 판례검색이 어려워서 다 검
색되었다고 단정할 수는 없으나, 대상 판결은 대가가 경업금지약정에서 필수요소임
을 천명한 선도적(leading) 판결인 것으로 생각된다. 대상 판결 전에는 대가가 없더
라도 회사의 보호할 가치가 있는 이익이 현저하다는 이유로 해당 약정을 유효하다
고 본 판례가 존재하였는데, 대상 판결은 그러한 기존의 판례와 배치되는 법리를
천명한 것이다. 대상 판결이 선고된 2008년 이래로 해당 법리를 재확인하는 판결이
나오지 않다가 드디어 대상 서울고등법원 결정이 그 법리를 승계하고 나아가 발전
시키고 있다.

Ⅳ. 대상 서울고등법원 2016라21261 결정의 해석

1. 경업금지약정에서의 대가(반대급부)의 필수성 천명

대상 판결은 (아래에서 논하는 엄격한 예외를 제외하고는) 경업금지약정이 유효
하기 위해서는 대가가 반드시 지급되어야 한다고 명확히 판시하고 있다. 기존의 판
결들 대부분이 ① 여러 요소를 종합적으로 검토하여야 한다는 부류 및 ② 적어도
영업비밀 또는 보호할 가치가 있는 회사의 이익 등도 같이 검토하여야 한다는 부류
로 나누어지는데, 대상 판결은 그러한 다수 사례에서 벗어나 경업금지약정을 위해
서 대가의 지급이 필수적이고, 대가지급이 없는 경우 다른 요소들을 살필 필요도
없이 해당 약정을 무효로 볼 수 있도록 하고 있다.

경업금지약정은 종업원과 회사 사이에 맺어지는 계약이어서 회사의 우월적
지위가 공평하지 않은 계약을 가능하게 하여 왔고, 그럼으로 인하여 종업원의 권
리 및 이익이 침해되어 왔다고 생각된다. 그런데 경업금지약정을 위하여 대가가
필수적이고 그 대가가 명목적이어서는 아니 된다면 그 법리 자체로 종업원의 권리
및 이익이 상당히 지켜진다고 생각된다. 그런 점에서 대상 판결은 매우 중요한 것
이다.

에 기초한 경업금지의무의 불가결의 요건이고, 따라서 대가조치를 결여하거나 현저하게 낮은
대가를 정한 경업금지약정은 위와 같은 특별한 사정이 없는 한 경업금지의무의 요건을 충족하
지 않고 직업선택의 자유가 객관적 가치질서로서 형성하고 있는 선량한 풍속 기타 사회질서에
반하여 무효가 된다고 해석함이 상당하다.").

2. 미미한 또는 명목적인 대가가 아닌 '충분한' 대가

경업금지약정은 헌법 제15조가 보장하는 직업선택권, 제32조가 보장하는 근로권을 차단하는 것이며, 한 근로자의 생계의 수단을 제한하는 것이므로 그러한 차단 및 제한의 엄중함에 상응하게 대가도 현실적이어야 할 것이다. 그런 점에 근거하여 대상 판결은 "충분한 정도의 반대급부(대가)가 필요하다"고 천명하고 있다.

어느 정도가 충분한 대가(sufficient consideration)일까?[16] 이에 관하여 독일,[17] 벨기에[18] 등은 퇴직 당시 보수의 50% 이상의 대가가 필수적이라고 규정하고 있고, 스웨덴 등은 60% 이상의 대가가 필수적이라고 규정하며, 폴란드, 중국 등은 25% 이상의 대가가 필수적이라고 규정하는 등 여러 다양한 사례가 있다.[19] 이러한 사례들을 참고하면, 충분한 대가는 최소한 25% 또는 최저생계비[20][21] 중 큰 것 이상이어야 할 것이며, '충분한'에 방점을 찍는다면 최소 50%라고 읽을 수도 있을 것이다. 몇 %가 충분한지에 대하여 법원이 개별 사건에서 산발적으로 판단하게 하는 것이 바람직하지 않다면 국회가 법에서 최소 대가를 규정할 수도 있을 것이다. 다만, 위 제시된 국가들에서는 '최소 대가'를 민법, 노동법, 상법 등 다양한 법에서 규정하고 있는데, 우리는 어떤 법에서 그 사항을 규정하여야 할지에 대하여 검토가 필요할 것이다.[22]

---

16) 미국에서도 경업금지약정과 관련하여 '충분한 대가(sufficient consideration)'라는 용어를 사용하는데, 어느 정도가 충분한지에 대하여는 각 주가 다른 태도를 보인다.
17) 독일 상법 제74조. 동 규정에 대한 상세한 설명: 정영훈, "근로관계 종료 후의 경업금지의무에 관한 고찰", 「노동법학」 제29호, 2009, 108면 이하.
18) 벨기에 고용계약법 제65조.
19) Yann Richard, David Al Mari, "Should Non-compete Clauses be Compensated?", Association of Corporate Counsel. <http://www.acc.com/legalresources/quickcounsel/snccc.cfm>.
20) 국민기초생활 보장법 제2조 제7호("'최저생계비'란 국민이 건강하고 문화적인 생활을 유지하기 위하여 필요한 최소한의 비용으로서 제20조의2제4항에 따라 보건복지부장관이 계측하는 금액을 말한다.").
21) 헌법 제32조 제1항("모든 국민은 근로의 권리를 가진다. 국가는 사회적·경제적 방법으로 근로자의 고용의 증진과 적정임금의 보장에 노력하여야 하며, 법률이 정하는 바에 의하여 최저임금제를 시행하여야 한다.").
22) 상법 제397조가 이사에 대한 경업금지에 대하여 규정하지만 일반 종업원에 대하여는 규정하고 있지 않다. 상법 제397조 제1항("이사는 이사회의 승인이 없으면 자기 또는 제삼자의 계산으로 회사의 영업부류에 속한 거래를 하거나 동종영업을 목적으로 하는 다른 회사의 무한책임사원이나 이사가 되지 못한다.").

3. 현저하게 배신적인 경우의 처리

대상 판결은 "퇴직 후 근로자의 경업이 중요한 영업비밀의 누설을 동반하는 등 사용자에게 현저하게 배신적인 경우"에는 대가조치가 없더라도 사용자를 보호해야 할 필요성을 인정하고 있다. 그러한 보호의 방법으로는 ① 해당 경업금지약정이 유효하다고 보는 방법과 ② 부정경쟁방지 및 영업비밀보호법(이하 '영업비밀보호법')에 따른 금지청구를 인정하는 방법이 있을 것인데, 대상 판결은 ①의 방법에 대하여는 침묵하고 ②의 방법이 현행법 질서에서 대부분을 차지할 것이라고 설시하고 있다. 그러므로, 현저하게 배신적인 경우에는 대가가 없는 경우에도 해당 경업금지약정을 유효하게 볼 것인지 여부에 대하여는 해당 사안별로 다툴 수 있는 여지를 남겼다고 생각된다. 그러나, 대상 판결은 '대부분의' 약정에서는 해당 약정은 무효로 보고, 영업비밀보호법에 따른 구제를 인정하게 될 것임을 예견하고 있다. 경업금지약정이 존재하지 않더라도 영업비밀의 존재를 근거로 한 전직금지가처분을 인정한 사례가 있다.23) 영업비밀보호법에 근거하는 경우,24) 회사는 영업비밀을 특정, 증명하는 책임 및 전 종업원이 그 영업비밀의 권리를 침해한 사실 또는 침해할 우려를 증명하는 책임을 부담하게 된다.25) 미국 캘리포니아 주는 경업금지약정을 (대가 존재 여부와 무관하게) 전반적으로 무효라고 보고 영업비밀 보호를 위한 경우에만 유효로 본다.26) 전반적으로 무효로 볼 것인지 부분적으로 무효로 볼 것인지에 대하여 연방 제9구역항소법원이 '부분적 제한(narrow restraint)' 이론을 제기하였으나, 캘리포니아 주 대법원이 그 이론을 배척하고 전반적 제한 이론을 지지한 바 있다.27)

---

23) 대법원 2003. 7. 16.자 2002마4380 결정.

24) 영업비밀보호법 제10조 제1항 및 제2항.

25) Bryan J. Vogel, Intellectual Property and Additive Manufacturing / 3d Printing: Strategies and Challenges of Applying Traditional IP Laws to A Transformative Technology, 17 Minn. J.L. Sci. & Tech. 881, 897-98 (2016) ("To successfully claim misappropriation of a trade secret, a rights holder must prove that someone other than the trade secret owner knowingly acquired the trade secret directly or indirectly through improper means or duty breach.").

26) David A. Linehan, Due Process Denied: The Forgotten Constitutional Limits on Choice of Law in the Enforcement of Employee Covenants Not to Compete, 2012 Utah L. Rev. 209, 268, fn. 58 (2012) ("California, like all states, permits restrictive covenants when necessary to safeguard the former employer's trade secrets. Readylink Healthcare v. Cotton, 24 Cal. Rptr.3d 720, 727-28 (Ct. App. 2005).").

27) David R. Trossen, Edwards and Covenants Not to Compete in California: Leave Well Enough Alone, 24 Berkeley Tech. L.J. 539 (2009) ("The California Supreme Court recently

4. 재직 중 혜택을 경업금지약정을 위한 대가로 인정할 것인지 여부

재직 중 혜택을 경업금지약정을 위한 대가로 인정한 사례가 존재한다. 서울중앙지방법원 2010. 7. 27.자 2010카합1360 결정에서 법원은 다른 대가 외에 재직 중 지급된 보안수당(월 10~25만)을 대가의 일부로 인정하였다. 인천지방법원 2011. 5. 20.자 2011카합340 결정은 명시적 대가가 없었음에도 재직 중 임금수준 및 근로환경 등을 대가의 일종으로 보았다. 서울고등법원 2012. 11. 14.자 2012라1120 결정은 다른 퇴직 후 대가 외에 재직 17년간 받은 보수 및 퇴직금도 대가로 보았다. 이러한 판결들은 미국의 일부 판결들과 맥을 같이 한다. 미국의 경우, 재직 중 혜택을 경업금지약정을 위한 대가로 인정해주는 판례도 있고,[28][29] 퇴직 후 새로운 대가가 주어져야 한다는 입장을 취한 판례도 있다.[30] 미국의 경우, 50개 주에서 각기 다른 입장을 취하므로 다양한 법이 존재한다고만 말할 수 있다.

재직 중 혜택이 경업금지약정의 유효 여부를 판단하는 대가로 인정이 되어서는 곤란하다. 재직 중 지급된 보수, 혜택 등은 경업금지약정의 유효 여부를 판단함에 있어서 고려하는 반대급부(대가)가 될 수 없어야 하는 이유는 다음이 제시될 수 있다. 첫째, 대법원 2007. 3. 29. 자 2006마1303 결정, 대법원 2010. 3. 11. 선고 2009다82244 판결도 재직 중 혜택을 경업금지약정이 유효한지 여부를 판단하는 요소로 포함하고 있지 않다.[31] 둘째, 만약 재직 중 보수, 혜택 등을 대가로 인정하게 되면 회사가 재직 중 봉급을 쪼개어 여러 형태의 혜택으로 포장하게 될 것이다. 즉, 회사가 보수를 혜택으로 보게 한 후 경업금지약정을 방만히 요구할 것이 예상된다.

---

reannounced California's stance against covenants not to compete in Edwards v. Arthur Andersen LLP.1 In ruling a noncompetition agreement invalid pursuant to section 16600 of the California Business and Professions Code, the Court rejected the Ninth Circuit's 'narrow－restraint' exception as an improper interpretation of California law.").

28) Insurance Associates Corp. v. Hansen, 723 P.2d 190, 191 (Idaho Ct. App. 1986).

29) 심지어 '고용의 계속(continued employment)'을 충분한 대가로 인정하는 주가 있다. Douglas M. Weems, Covenants Not to Compete: Recent Missouri Decisions, 50 J. Mo. B. 169, 170 (1994) ("Missouri courts have held that continued employment is sufficient consideration for a covenant not to compete.").

30) Lucht's Concrete Pumping, Inc. v. Horner, 224 P.3d 355, 358 (Colo. Ct. App. 2009).

31) "보호할 가치 있는 사용자의 이익, 근로자의 퇴직 전 지위, 경업 제한의 기간·지역 및 대상 직종, 근로자에 대한 대가의 제공 유무, 근로자의 퇴직 경위, 공공의 이익 및 기타 사정 등"에 재직 중 혜택이 직접적으로 언급되지는 않았고, 다만, 기타 사정에 포함된다는 주장이 가능할 것이나, 정책적인 면에서 재직 중 혜택은 그 기타 사정에도 포함되지 않아야 한다.

셋째, 해당 보수, 혜택 등을 해당 년도의 소득으로 보아야 하는지 아니면 퇴직 후의 소득으로 보아야 하는지에 대한 골치 아픈 세금문제를 유발한다.

V. 결 론

대상 서울고등법원 결정은 충분한 대가가 경업금지약정의 필수요소임을 명확하게 한다는 점에 큰 의의가 있다. 대법원 2006마1303 결정 및 대법원 2009다82244 판결이 (대가를 포함하는) 여러 요소를 종합적으로 고려하였다는 점에 따르면, 대상 판결이 그 대법원 판결들과 배치되는 측면이 있다. 그러나, 대상 판결의 법리가 ① 최소 대가를 법에서 규정하고 있는 유럽 국가들의 법리와 상응한다는 점, ② 종업원의 직업선택권 및 근로권을 강하게 보장한다는 점, ③ 정보전파가 국가경쟁력을 좌우하는 4차 산업혁명 시대에 정보전파를 제고하는 효과를 거둔다는 점 등을 고려하면 대상 판결의 법리는 바람직한 것이며, 향후 대법원에 의해서도 지지되어야 한다. 갑 회사가 가지는 A정보와 을 회사가 가지는 B정보가 혼합되어 시너지 효과를 가지는 C정보가 창출될 수 있다. 그러한 혼합은 종업원의 활발한 이동을 통하여 더 활발해진다. 종업원의 활발한 이동은 종업원의 직업선택권, 근로권의 차원에서만 중요한 것이 아니라 국가 전체적인 정보유통의 활성도를 높이기 위한 차원에서도 중요하다. 즉, 정보유통이 더 중요해지는 4차 산업혁명 시대에는 경업금지약정을 지금까지 보다는 약간이라도 더 회의적으로 보아야 한다.

아쉽게도 대상 판결은 그대로 확정이 되어 버려서 대법원의 태도를 아직 알 수 없게 되었지만, 향후 경업금지약정 소송의 피고 또는 채무자(전 종업원)가 대상 판결을 인용하며 "충분한 대가가 없는 경업금지약정은 무효"라고 주장하게 될 것이며, 조만간 대법원이 대상 고등법원 결정의 취지를 인용하며, 기존의 대법원 판례를 변경할 것으로 기대된다. 국회는 그러한 대법원의 판결을 조금 기다릴 필요가 있고, 그러한 가능성이 낮다고 판단하는 경우 최소 대가 법리를 규정하는 법 개정을 단행할 수 있을 것이다.

제 8 장

산업기술보호법

제1절 입법 연혁

성창익(변호사)

Ⅰ. 제정 경위 및 제정 당시의 주요 내용

「산업기술 유출방지 및 보호에 관한 법률」(이하 이 장에서 '산업기술보호법'이라
고 약칭하고, 그냥 '법'이라고 할 때는 이를 지칭한다)은 2006. 10. 27. 제정되어 2007.
4. 28.부터 시행되었다. 이 법은 그 제정이유를 "산업기술의 불법 해외유출이 심각
한 수준에 있으나 「부정경쟁방지 및 영업비밀보호에 관한 법률」(이하 이 장에서 '부
정경쟁방지법'이라고 약칭한다)에 따른 처벌대상이 민간 기업비밀 누설의 경우로 한
정되어 있고, 각종 법률에 산재하여 있는 관련 규정으로는 산업기술유출 방지 및
근절에 큰 효과를 내지 못하고 있으므로 이 법을 제정하여 국내 핵심기술을 보호하
고, 국가산업경쟁력을 강화하며, 국가의 안전과 국민경제의 안정을 보장할 수 있도
록 하려는 것임"이라고 밝히고 있다. 즉 산업기술을 단일 법률에 의하여 효율적으
로 보호하고 보호대상을 민간 기업비밀 밖에까지 넓힘으로써 국가 안전과 국민경
제 안정이라는 국익을 보호하려는 것이다.

원래는 구 산업자원부에서 비슷한 내용으로 「첨단산업기술의유출방지및보호에
관한법률안」[1]을 2004. 10. 7. 입법예고하였으나 부처 간 이견으로 입법에는 이르지

---

1) 그 제2조 제1호에서 '첨단산업기술'을 다음 각목에서 규정한 유무형의 기술정보를 말한다고
   규정하고 있었다.
   가. 기술집약도가 높고 기술혁신정도가 빠른 기술로 산업구조의 고도화에 대한 기여가 큰
       기술
   나. 국내에서 개발된 독창적인 기술로서 선진국 수준보다 우수하거나 동등하고 산업화가
       가능한 기술
   다. 기존제품의 원가절감이나 성능 또는 품질을 현저히 개선·향상시킬 수 있는 기술
   라. 기술적·경제적 파급효과가 커서 국가기술력 향상과 대외경쟁력 강화에 이바지할 수
       있는 기술
   마. 가목 내지 라목의 산업기술을 응용 또는 활용하는 기술
   바. 기타 제7조의 규정에 의한 산업기술보호위원회가 보호할 필요가 있다고 인정한 기술

못하였다. 이를 대신하여 2004. 11. 9. 의원입법 형식으로「산업기술의유출방지및보호지원에관한법률안」이 국회에 제출되었다가 국회에서의 논의과정에서 법률명과 내용이 바뀌어 법률 제8062호로 산업기술보호법으로 제정되었다.

당초의「산업기술의유출방지및보호지원에관한법률안」은 제2조에서 '산업기술'을 구 산업자원부의「첨단산업기술의유출방지및보호에관한법률안」상의 '첨단산업기술'과 달리 부정경쟁방지법상의 영업비밀과 유사하게 "공공연하게 알려져 있지 아니하고 독립된 경제적 가치를 가지는 것으로서, 상당한 노력에 의하여 비밀로 유지된 다음 각목에서 규정한 유무형의 기술정보를 말한다"고 규정하면서 각 목에서 6개 유형의 기술2)을 열거하였다. 그러나 단순히 영업비밀 형태로 보호가능한 제한적 범위의 산업기술만을 적용대상으로 삼는 것은 부적절하고 부정경쟁방지법 등 관련법과의 관계에서 법적용의 혼선이 빚어질 우려가 있으며 산업기술의 범위가 너무 포괄적이어서 명확성의 원칙에 위배될 가능성이 있다는 등의 의견이 대두되어3) 최종적으로 산업기술보호법 제정안에서는 영업비밀과 같은 요건을 삭제하고 산업기술을 법령에 따라 지정 또는 고시·공고하는 기술로 한정하였다.

구체적으로, 제정 당시의 산업기술보호법은 제2조 제1호에서 '산업기술'을 "제품 또는 용역의 개발·생산·보급 및 사용에 필요한 제반 방법 내지 기술상의 정보 중에서 관계중앙행정기관의 장이 소관 분야의 산업경쟁력 제고 등을 위하여 법령이 규정한 바에 따라 지정 또는 고시·공고하는 기술로서 다음 각목의 어느 하나에 해당하는 것을 말한다"고 규정하면서 각 목에서 "가. 국내에서 개발된 독창적인 기술로서 선진국 수준과 동등 또는 우수하고 산업화가 가능한 기술, 나. 기존제품의 원가절감이나 성능 또는 품질을 현저하게 개선시킬 수 있는 기술, 다. 기술적·경제적 파급효과가 커서 국가기술력 향상과 대외경쟁력 강화에 이바지할 수 있는 기술, 라. 가목 내지 다목의 산업기술을 응용 또는 활용하는 기술" 등 4개 유형을 규정하

---

2) 가. 산업발전법 제5조의 규정에 따른 첨단기술
   나. 국내에서 개발된 독창적인 기술로서 선진국 수준과 동등 또는 우수하고 산업화가 가능
      한 기술
   다. 기존제품의 원가절감이나 성능 또는 품질을 현저하게 개선시킬 수 있는 기술
   라. 기술적·경제적 파급효과가 커서 국가기술력 향상과 대외경쟁력 강화에 이바지할 수
      있는 기술
   마. 가목 내지 라목의 산업기술을 응용 또는 활용하는 기술
   바. 제7조의 산업기술보호위원회가 보호지원을 할 필요가 있다고 인정한 기술
3) 2005. 11. 국회 산업자원위원회 수석전문위원 작성 산업기술유출방지및보호지원에관한법률
   안 검토보고서 참조.

였다. 나아가 같은 조 제2호에서는 특히 "국내외 시장에서 차지하는 기술적·경제적 가치가 높거나 관련 산업의 성장잠재력이 높아 해외로 유출될 경우에 국가의 안전보장 및 국민경제의 발전에 중대한 악영향을 줄 우려가 있는 산업기술로서 제9조의 규정에 따라 지정된 산업기술"을 '국가핵심기술'로 규정하였다. 이러한 정의 규정은 산업기술보호법이 2011. 7. 25. 개정되기 전까지 유지되었다.

또한 제정 당시의 산업기술보호법은 제14조에서 산업기술의 유출 및 침해행위의 유형을 열거하고 이를 금지하는 한편 제36조에서 위반 시의 처벌규정을 두었으나 산업기술 보유자의 산업기술 침해행위 금지청구권은 규정하지 않았다.

그리고 제9조에서, 국가핵심기술은 구 산업자원부장관이 관계중앙행정기관의 장으로부터 그 소관의 국가핵심기술로 지정되어야 할 대상기술을 통보받아 산업기술보호위원회의 심의를 거쳐 지정하되, 관계중앙행정기관의 장은 그 지정 대상기술을 선정함에 있어서 해당 기술이 국가안보 및 국민경제에 미치는 파급효과, 관련 제품의 국내외 시장점유율, 해당 분야의 연구동향 및 기술 확산과의 조화 등을 종합적으로 고려하여 필요최소한의 범위 안에서 선정하도록 하였다.

나아가 제11조에서는 국가로부터 연구개발비를 지원받아 개발한 국가핵심기술을 보유한 대상기관이 해당 국가핵심기술을 외국기업 등에 매각 또는 이전 등의 방법으로 수출하고자 하는 경우에는 구 산업자원부장관의 승인을 얻도록 하고, 그 외의 국가핵심기술을 보유·관리하는 대상기관이 국가핵심기술을 수출하고자 하는 경우에는 구 산업자원부장관에게 사전에 신고하도록 하였다. 그리고 대상기관이 그 절차를 위반하거나 신고대상인 국가핵심기술의 수출이 국가안보에 심각한 영향을 줄 수 있는 경우에는 구 산업자원부장관이 산업기술보호위원회의 심의를 거쳐 수출중지·수출금지·원상회복 등의 조치를 명할 수 있도록 하였다.

Ⅱ. 2011. 7. 25.자 개정 주요 내용

2011. 7. 25. 법률 제10962호로 개정된 구 산업기술보호법은 산업기술의 정의를 좀 더 명확하게 하기 위하여 종전의 법 제2조 제1호의 추상적인 각 목의 요건을 삭제하고 산업기술을 법률 또는 해당 법률에서 위임한 명령에 따라 지정·고시·공고·인증한 기술로 한정하는 한편, 국가핵심기술을 법령에 따라 지정·공고·인증된 산업기술뿐만 아니라 그 밖의 중요한 기술 중에서도 선정할 수 있도록 하여 그 지

정범위를 확대하였다.

구체적으로, 법 제2조 제1호에서 '산업기술'을 "제품 또는 용역의 개발·생산·
보급 및 사용에 필요한 제반 방법 내지 기술상의 정보 중에서 관계중앙행정기관의
장이 소관 분야의 산업경쟁력 제고 등을 위하여 법률 또는 해당 법률에서 위임한
명령(대통령령·총리령·부령에 한정한다. 이하 이 조에서 같다)에 따라4) 지정·고시·
공고·인증하는 기술로서 다음 각목의 어느 하나에 해당하는 것을 말한다"고 규정
하면서 각 목에서 "가.「산업발전법」제5조에 따른 첨단기술, 나.「조세특례제한법」
제18조제2항에 따른 고도기술, 다.「산업기술혁신 촉진법」제15조의2에 따른 신기
술, 라.「전력기술관리법」제6조의2에 따른 신기술, 마.「부품·소재전문기업 등의
육성에 관한 특별조치법」제19조에 따른 부품·소재기술, 바.「환경기술 및 환경산
업 지원법」제7조제1항에 따른 신기술, 사. 그 밖의 법률 또는 해당 법률에서 위임
한 명령에 따라 지정·고시·공고·인증하는 기술"이라고 열거함으로써 관련 법령을
좀 더 구체적으로 명시하였다. 그리고 같은 조 제2호에서는 '국가핵심기술'을 "국내
외 시장에서 차지하는 기술적·경제적 가치가 높거나 관련 산업의 성장잠재력이 높
아 해외로 유출될 경우에 국가의 안전보장 및 국민경제의 발전에 중대한 악영향을
줄 우려가 있는 기술5)로서 제9조의 규정에 따라 지정된 산업기술"로 규정함으로써
국가핵심기술로서 지정될 수 있는 기술범위를 확대하였다.

그리고 신설된 제14조의2에서는 산업기술의 침해행위를 하거나 하려는 자에
대하여 그 행위에 의하여 영업상의 이익이 침해되거나 침해될 우려가 있는 경우에
는 대상기관(산업기술 보유자)이 법원에 그 행위의 금지 또는 예방을 청구할 수 있
도록 함으로써 비로소 산업기술 침해행위에 대한 금지청구권을 규정하였다.

한편 대상기관의 구체적인 기술이 포괄적으로 고시되는 국가핵심기술에 해당
하는지 여부가 명확하지 않아 그 취급에 혼란이 초래되는 점을 고려하여 제9조 제
6항을 두어, 대상기관이 그 기관이 보유하는 기술이 국가핵심기술에 해당하는지에
대한 판정을 대통령령으로 정하는 바에 따라 구 지식경제부장관에게 신청할 수 있
도록 하였다.

나아가 국가핵심기술에 대하여 불법적인 방법에 의한 유출 외에도 이를 보유

---

4) 개정 전에는 단순히 "법령이 규정하는 바에 따라"라고 되어 있던 것을 명령의 경우에는 법률
에 위임근거가 있어야 함을 명시한 것이다.
5) "산업기술"이라고 규정되어 있던 것을 "기술"로 바꿈으로써 제2조 제1호 각 목의 산업기술
이 아니더라도 국가핵심기술로 지정할 수 있도록 한 것이다.

한 국내기업의 해외 인수·합병, 합작투자 등을 통해 국가핵심기술을 이전받으려는
시도가 빈번히 발생함에 따라6) 국가핵심기술의 국외 유출을 목적으로 한 외국인
투자를 사전에 방지·차단할 수 있는 최소한의 법적 장치를 마련하기 위하여 제11
조의2를 신설하여, 국가로부터 연구개발비를 지원받아 개발한 국가핵심기술을 보
유한 대상기관이 해외 인수·합병, 합작투자 등을 하려는 경우 구 지식경제부장관
에게 사전 신고하도록 하고, 이를 위반하거나 그 해외 인수·합병 등에 의한 국가핵
심기술의 유출이 국가안보에 심각한 영향을 줄 수 있다고 판단되는 경우에는 구 지
식경제부장관이 산업기술보호위원회의 심의를 거쳐 해외 인수·합병 등에 대하여
중지·금지·원상회복 등의 조치를 명할 수 있도록 하였다.

Ⅲ. 2015. 1. 28.자 개정 주요 내용

2015. 1. 28. 법률 제13083호로 개정된 산업기술보호법은 앞서 본 제정 당시의
산업기술보호법 제2조 제1호의 산업기술 정의 규정에 대하여 헌법재판소가 그 침해
행위에 대한 형사처벌 규정과 관련하여 죄형법정주의의 명확성 원칙에 위배된다고
판시하고(헌재 2013. 7. 25. 2011헌바39 결정),7) 그 헌법재판소 결정 선고 전인 2011.

---

6) 위 개정 전에 LCD업체인 ㈜현대디스플레이테크놀로지에 대한 중국 비오이그룹의 인수와 쌍
  용자동차㈜에 대한 중국 상하이자동차의 인수 등으로 인한 산업기술 유출의 가능성이 사회적
  문제가 된 바 있다.
7) 위 헌법재판소 결정은 제정 당시의 산업기술보호법상의 산업기술 정의조항과 벌칙조항에 대
  하여 "여기서 '독창적인', '선진국 수준과 동등 또는 우수한', '현저하게 개선시킬 수 있는', '기
  술적·경제적 파급효과가 커서', '국가기술력 향상과 대외경쟁력 강화에 이바지할 수 있는' 등
  의 용어는 매우 추상적이고 불확정적이며 가치판단에 따라 좌우되는 상대적인 개념이어서 그
  것만으로 형사처벌조항의 구성요건인 '산업기술'의 범위를 확정할 수 없음은 분명하다. …부정
  경쟁방지법 제2조 제2호나 군사기밀 보호법 제2조 등이 그 적용범위의 광범성과 애매함을 해
  소하기 위해 규정한 형식적 요건인 '비밀관리성'이나 '군사기밀의 표지' 등은 물리적으로 즉시
  인식되어 행위자가 외견상 쉽게 식별 가능한 성질의 것인 반면, 이 사건 정의조항의 지정 또는
  고시·공고는 사전적인 조사 없이는 그 존재를 확인할 수 없는 것이어서 행위 당시에 그러한
  지정 또는 고시·공고가 있었는지 여부를 외견상 알 수 없는 수범자에게 위 요건은 그 각 목의
  불명확성을 제거하는 데 아무런 도움이 될 수 없다. 더욱이 아래에서 보는 바와 같이 위 지정
  또는 고시·공고에 당해 사건에서 문제된 산업발전법 제5조에 의한 첨단기술의 '범위'에 관한
  고시처럼 특정한 기술이 아닌 기술의 범위 또는 분야를 정한 데 불과한 것도 포함된다고 본다
  면, 그 분야 또는 범위에 속하는 구체적인 기술이 이 사건 법률조항의 산업기술에 해당하는지
  여부는 다시 돌아와 위 각 목의 추상적인 규정을 기준으로 삼을 수밖에 없게 되고, 이러한 경
  우 위 요건은 위 각 목의 불명확성의 해소에 아무런 의미를 가질 수 없다. …산업기술과 관련
  된 법령이 관계분야에 따라 산만하게 퍼져 있는 우리 법제 현실상 법률전문가조차도 이 사건
  법률조항의 전체 구성요건을 정확하게 파악하기 어렵다. 더욱이, 어떠한 기술이 건축기술이면

7. 25. 개정된 구 산업기술보호법 제2조 제1호의 경우에도 그 자체로서는 범죄구성
요건이 되는 산업기술의 범위를 명확하게 예측할 수 없다는 의견이 대두되어,[8] 제
2조 제1호의 산업기술의 범위를 좀 더 명확히 하는 등의 개정을 한 것이다.

　　구체적으로, 제2조 제1호에서는 종전의 산업기술 중에서 '「부품・소재전문기업
등의 육성에 관한 특별조치법」 제19조에 따른 부품・소재기술'과 '「조세특례제한법」
제18조 제2항에 따른 고도기술'을 제외하고, 국가핵심기술과 건설신기술, 보건신기
술, 핵심 뿌리기술을 새로이 포함시켰으며,[9] 그 밖의 법령에 따라 지정・고시・공
고・인증되는 기술의 경우에는 산업통상자원부장관이 관보에 고시하는 기술만이
산업기술에 해당하는 것으로 한정하였다.

　　그리고 제9조에서는 종전에는 국가핵심기술의 지정・변경・해제 시 관계중앙행
정기관의 장만이 대상기술을 선정하여 산업통상자원부장관에게 통보할 수 있도록
규정하였던 것을 산업통상자원부장관도 자체적으로 대상기술을 선정하여 국가핵심
기술의 지정・변경・해제를 할 수 있도록 변경하였다.

　　산업기술의 유출 및 침해행위의 금지를 규정한 제14조에서는 제6의2호를 신설
하여, 비밀유지의무가 있는 자가 산업기술의 보유 또는 사용 권한이 소멸됨에 따라
대상기관으로부터 산업기술에 관한 문서, 도화, 전자기록 등 특수매체기록의 반환
이나 산업기술의 삭제를 요구받고도 부정한 이익을 얻거나 그 대상기관에 손해를
가할 목적으로 이를 거부 또는 기피하거나 그 사본을 보유하는 행위도 금지함으로
써 퇴직 임직원 등 내부자에 의한 기술유출을 사전에 예방할 수 있도록 하였다.

서 전자기술일 수 있고, 환경기술이면서 나노기술일 수 있는 등 오늘날 산업기술이 여러 전문
분야에 걸쳐 종횡으로 관련되어 있는 점에서 이러한 불명확성은 더욱 증가될 것임을 예상할
수 있다."라고 설시하였다.

8) 2014. 11. 국회 산업통상자원위원회 수석전문위원 작성 산업기술의 유출방지 보호에 관한 법
률 일부개정법률안 검토보고서 참조. 예를 들어, 2011. 7. 25. 개정된 구 산업기술보호법 제2조
제1호 가목에서는 "「산업발전법」 제5조에 따른 첨단기술"을 산업기술로 규정하고 있었으나
위 법 제5조는 특정 기술이 아닌 기술의 범위 또는 분야를 고시하도록 규정하고 있을 뿐이고,
다목에서는 "「부품・소재전문기업 등의 육성에 관한 특별조치법」 제19조에 따른 부품・소재기
술"을 산업기술로 규정하고 있었으나 위 법 제19조는 '기술'이 아니라 '그 기술을 연구・개발하
는 주체'를 지정하고 있을 뿐이다. 또한 나목에서는 "「조세특례제한법」 제18조 제2항에 따른
고도기술"을 산업기술로 규정하고 있었으나 위 고도기술은 지정 또는 고시・공고・인증되는 것
이 아니라 위 법 시행령 제16조 제2항에서 기획재정부장관이 고도기술로서 감면결정하여 통
지한 것으로 규정하고 있었다.

9) 국가핵심기술을 산업기술의 정의규정인 제2조 제1호의 각 목에 포함시킨 것은 종전에는 국
가핵심기술이 법 제2조 제1호의 산업기술에 포함되는지 여부가 규정상 명확하지 않다는 의견
이 있었기 때문이다.

　또한 종전에는 국가핵심기술에 대한 사전판정 제도(제9조 제6항)만 있었으나 제14조의3을 신설하여 기업 등이 보유하고 있는 기술이 산업기술에 해당하는지에 대하여 산업통상자원부장관에게 확인을 신청할 수 있도록 하였다.

　산업기술보호법은 2016. 3. 29. 법률 제14108호로, 2017. 3. 14. 법률 제14591호로 더 개정되었으나 위 각 개정은 주로 산업기술 유출 분쟁에 대한 조정 절차에 관한 것이어서 2015. 1. 28. 개정 산업기술보호법의 골격은 거의 그대로 유지되고 있다. 이하에서는 2015. 1. 28. 개정 산업기술보호법에 따른 산업기술의 요건 등을 좀 더 구체적으로 설명하고 입법론도 제시하고자 한다.

제 2 절   산업기술 및 국가핵심기술의 요건

성창익(변호사)

Ⅰ. 산업기술

산업기술보호법 제2조 제1호는 이 법의 보호대상이 되는 '산업기술'을 "제품 또는 용역의 개발·생산·보급 및 사용에 필요한 제반 방법 내지 기술상의 정보 중에서 행정기관의 장(해당 업무가 위임 또는 위탁된 경우에는 그 위임 또는 위탁받은 기관이나 법인·단체의 장을 말한다)이 산업경쟁력 제고나 유출방지 등을 위하여 이 법 또는 다른 법률이나 이 법 또는 다른 법률에서 위임한 명령(대통령령·총리령·부령에 한정한다. 이하 이 조에서 같다)에 따라 지정·고시·공고·인증하는 다음 각 목의 어느 하나에 해당하는 기술을 말한다"라고 규정하면서 각 목에서 '국가핵심기술'을 비롯하여 9개 유형의 기술을 열거하고 있다. 따라서 이 법의 '산업기술'에 해당하기 위해서는 제2조 제1호 각 목의 기술 중 어느 하나에 해당하여야 할 뿐만 아니라 본문상의 요건도 충족하여야 한다.

한편 제2조 제1호에서 정의된 '산업기술'은 제14조에 의하여 금지되는 여러 가지 유형의 유출 및 침해행위의 객체가 되고 제14조의2에 규정된 침해행위 금지청구권의 권원이 될 뿐만 아니라, 제36조의 형사처벌 규정의 범죄구성요건을 형성한다는 점에서 죄형법정주의 원칙상 그 법률 규정 자체로도 명확하여야 하지만(명확성의 원칙) 이를 해석할 때도 법문언의 의미 내용을 벗어나지 않도록 엄격하게 해석하여야 한다(유추해석금지의 원칙).

아래에서는 위 산업기술의 요건을 세분하여 살펴보기로 한다.

1. 제품 또는 용역의 개발·생산·보급 및 사용에 필요한 제반 방법 내지 기술상의 정보

산업기술은 유형(有形)의 제품에 관한 것뿐만 아니라 무형(無形)의 용역에 관한 것도 포함하고, 그 개발·생산뿐만 아니라 보급·사용에 필요한 것도 포함한다. 예를 들어 인터넷상에서 온라인 서비스의 제공과 사용을 가능케 하는 기술은 용역의 보급·사용에 필요한 기술의 범주에 들어갈 것이다.

그리고 산업기술은 영업비밀과 달리 제품·용역 개발 등에 필요한 제반 방법 내지 기술상의 정보에 한하고 경영상의 정보는 제외된다. 따라서 제품 제조 등에 쓰이는 노하우(knowhow)는 산업기술이 될 수 있으나 거래처 명단이나 연구원 개인정보와 같은 정보는 산업기술이 될 수 없다.[1]

한편 산업기술은 기업이 보유한 것뿐만 아니라 연구기관, 전문기관, 대학 등이 보유한 것도 보호대상이 되기 때문에(법 제2조 제4호는 산업기술을 보유한 기업·연구기관·전문기관·대학 등을 '대상기관'이라고 부르고 있다) 이에 비추어보면 위와 같은 제반 방법 내지 기술상의 정보는 반드시 그 보유자의 영업활동을 전제로 한 것일 필요는 없다고 할 것이다.

2. 행정기관의 장이 산업경쟁력 제고나 유출방지 등을 위하여 이 법 또는 다른 법률이나 이 법 또는 다른 법률에서 위임한 명령에 따라 지정·고시·공고·인증하는 기술

산업기술은 행정기관의 장이 지정·고시·공고·인증하는 절차를 거친 기술이어야 한다. 이러한 지정 등은 산업기술을 선별하는 의미도 있지만, 산업기술은 그 유출과 침해에 제재가 따르기 때문에 적용대상을 명확히 하여 수범자(受範者)들이 어떤 기술이 산업기술인지 알 수 있도록 하기 위하여 지정·고시·공고·인증과 같은 절차를 거친 것에 한정한 것으로 볼 수 있다.

2015. 1. 28. 개정 전에는 지정 등의 주체를 '관계 중앙행정기관의 장'으로 규정하고 있었으나 관련 법령에서 해당 업무가 위임 또는 위탁된 경우에는 그 위임 또

---

[1] 같은 취지로는 현대호·이호용, 「산업기술보호법」(법문사, 2013), 12면; 나종갑, "국제 M&A 및 인력이동과 첨단산업 기술유출 방지제도 연구─사례연구를 중심으로", 지식재산연구 6권 1호(2011. 3.), 한국지식재산연구원, 93면; 구대환, "산업기술유출방지법 제정의 의미와 보호대상에 대한 고찰", 창작과 권리 제48호(2007년 가을호), 세창출판사, 77면

는 위탁받은 기관이나 법인·단체의 장이 지정 등의 행위를 할 수 있음을 고려하여 지정 등의 주체를 '행정기관의 장'으로 변경하였다.2) 예를 들어 「환경기술 및 환경산업 지원법」 제7조에 따른 신기술 인증은 환경부장관이 위 법 제31조 제2항 제1의2호에 따라 한국환경산업기술원에 위탁할 수 있으므로, 그에 따라 위탁된 경우 신기술 인증의 주체가 되는 '행정기관의 장'은 한국환경산업기술원장이 된다.

한편 위와 같은 지정 등은 산업기술보호법 자체나 다른 법률, 또는 그 법률들에서 위임한 명령(대통령령·총리령·부령에 한정된다)에 따른 것이어야 한다. 2011. 7. 25. 개정 전에는 "법령이 규정한 바에 따라 지정 또는 고시·공고하는 기술"이라고만 되어 있었으나, 위 개정에 의하여 명령에 따른 행정기관의 지정 등은 법률의 위임에 근거한 것이어야 함을 명확히 하였다. 한편 2015. 1. 28. 개정에 의하여 지정 등의 근거가 되는 법률에 산업기술보호법 자체도 명시하였는데, 산업기술보호법에 따라 지정되는 산업기술로는 국가핵심기술이 있다.

나아가 위와 같은 법령에 따른 지정 등은 "산업경쟁력 제고나 유출방지 등"을 위한 것이어야 하고, 다른 목적을 위하여 지정·고시·공고·인증된 기술인 경우에는 산업기술에 해당하지 않는다고 보아야 할 것이다. 법 제2조 제1호 각 목의 기술 중 구체적인 법률이 명시된 가목 내지 아목의 기술들은 그 근거 법률 조항들의 내용에 비추어볼 때 특별한 사정이 없는 한 산업경쟁력 제고나 유출방지 등을 위하여 지정·고시·공고·인증된 것으로 볼 수 있겠지만, 구체적인 법률이 명시되지 않은 자목 기술의 경우에는 지정·고시·공고·인증의 근거가 된 법령 조항의 입법 목적을 따져보아야 할 것이다.

지정·고시·공고·인증이 취소, 해제, 개정, 폐지, 유효기간 만료 등등의 이유로 효력이 소멸한 경우에는 산업기술로서의 지위도 당연히 잃는다고 할 것이다.

3. 각 목의 어느 하나에 해당하는 기술

앞서의 요건에 더하여 산업기술은 법 제2조 제1호 가목 내지 자목 중 어느 하나에 해당하는 기술이어야 하는바, 가목 내지 아목에는 지정 등의 근거가 되는 구체적인 법률이 명시되어 있고 자목에서는 보충적으로 그 밖의 법률 또는 해당 법률에서 위임한 명령에 따라 지정 등의 절차를 거친 기술도 산업기술이 될 수 있도록

---

2) 2014. 11. 국회 산업통상자원위원회 수석전문위원 작성 "산업기술의 유출방지 보호에 관한 법률 일부개정법률안 검토보고서" 참조.

하고 있다.

가. 제9조에 따라 고시된 국가핵심기술(가목)

국가핵심기술은 산업기술보호법 제9조에 따라 지정되는 산업기술이다. 종전에
는 국가핵심기술이 법 제2조 제1호의 산업기술에 포함되는지에 관하여 논란이 있
었으나[3] 2015. 1. 28. 개정에 의하여 국가핵심기술이 산업기술에 포함됨이 법문상
명백하게 되었다.

다만 국가핵심기술의 정의규정인 법 제2조 제2호에서는 "…제9조의 규정에 따
라 <u>지정</u>된 것을 말한다"라고 되어 있는 반면에 본 가목에서는 "제9조에 따라 <u>고시</u>
된 국가핵심기술"이라고 하여, 이러한 법문상 국가핵심기술이 산업기술이 되기 위
해서는 국가핵심기술로 '지정'(법 제9조 제1항)되는 것만으로 부족하고 '고시'(법 제9
조 제4항)까지 되어야 하는 것으로 해석된다. 본 가목이 수범자들의 인식가능성을
높이기 위하여 '고시'까지 요구한 것이라면 법 제2조 제2호의 국가핵심기술 정의규
정에서도 지정뿐만 아니라 고시까지 요구하는 것이 균형에 맞을 것으로 생각된다.
더군다나 강화된 보호·관리를 받는 국가핵심기술은 '지정'만 요구하고 그 기술이
산업기술이 되기 위해서는 '고시'까지 요구하는 것은 균형에 맞지 않고, 그와 같이
시점을 달리 규정할 특별한 이유도 없다는 점에서 더욱 그러하다. 지정·인증만 요
구하는 다른 각 목의 산업기술의 경우에도 '고시' 또는 '공고'까지 요구하는 것으로
통일적으로 규정하는 것이 바람직해 보인다.

국가핵심기술에 관하여는 별도로 뒤의 2항에서 살펴보기로 한다.

나. 산업발전법 제5조에 따라 고시된 첨단기술의 범위에 속하는 기술(나목)

산업발전법 제5조 제1항에 따라 산업통상자원부장관은 중·장기 산업발전전망
에 따라 산업구조의 고도화를 촉진하기 위하여 첨단기술 및 첨단제품의 범위를 고

---

3) 대법원 2012. 8. 30. 선고 2011도1614 판결은 2011. 7. 25.자 개정 전의 구 산업기술보호법상
 의 국가핵심기술은 제2조 제1호의 산업기술에 해당한다고 판시하였다. 반면 헌재 2013. 7. 25.
 선고 2011헌바39 결정은 위 구 산업기술보호법 제2조 제1호의 '법령에 따라 관계 중앙행정기
 관의 장이 하는 지정 또는 고시·공고'에 위 법 제9조를 근거로 한 구 지식경제부장관의 국가
 핵심기술의 지정이 포함되는지 여부가 명확하지 않다고 판시하였다. 이러한 해석이 문제되었
 던 이유 중의 하나는 구 산업기술보호법 제14조에서 침해행위의 유형을 열거하면서 침해 대상
 으로 제5, 6호에서는 국가핵심기술만 규정하고 나머지 호에서는 산업기술만을 규정하고 있어
 서 국가핵심기술의 경우에도 나머지 호가 적용되는지 법문상 의문이 있었기 때문이다.

시하여야 한다. 같은 조 제2항에 의하면 제1항에 따른 첨단기술 및 첨단제품의 범위는 기술집약도가 높고 기술혁신속도가 빠른 기술 및 제품을 대상으로, ① 산업구조의 고도화에 대한 기여 효과, ② 신규 수요 및 부가가치 창출 효과, ③ 산업 간 연관 효과를 고려하여 정하여야 한다.

산업발전법 제5조 제1항은 특정 기술을 첨단기술로 지정하여 고시하는 것이 아니라 첨단기술의 범위를 고시하는 것이기 때문에 구체적인 기술별로 첨단기술의 범위에 들어가는지에 대하여는 법적 판단이 필요하다. 2015. 6. 2. 고시된 산업통상자원부 고시 제2015-101호는 '첨단기술 및 제품의 범위'를 고시하면서 그 고시 제4, 5조에서 산업통상자원부장관이 첨단기술의 범위 해당 여부에 관한 확인 신청을 받아 신청된 기술이 첨단기술의 범위에 속하는지 검토·확인하도록 정하고 있다.

이와 관련하여, 규정 내용이 거의 같았던 2008. 2. 29.자 개정 전의 구 산업발전법 제5조 제1항의 첨단기술 및 첨단제품에 관하여 대법원 2012. 8. 30. 선고 2011도1614 판결은 "산업발전법은 첨단기술 및 첨단제품의 의미나 그 구별기준 등에 대하여는 별도로 규정하고 있지 않으므로, 첨단기술 및 첨단제품의 의미 등에 대해서는 그 문언인 기술 및 제품이 가지는 일반적인 의미와 용례 등을 토대로 산업발전법의 입법 목적과 첨단기술 및 첨단제품의 범위를 정하도록 규정한 취지를 참작하여 합리적으로 해석하여야 할 것이다"라고 판시하였다. 나아가 위 대법원 판결은 원심이 "산업발전법에 근거한 위 산업자원부 고시 제2007-17호「첨단기술 및 제품의 범위」에는 해양특수선의 한 종류로 드릴쉽(Drillship)이 규정되어 있는데, 이는 첨단제품의 하나로 고시된 것으로 볼 수 있을 뿐 드릴쉽과 관련된 어떠한 기술이 함께 고시된 것으로 볼 수는 없어 위 고시에서 '첨단제품'으로 드릴쉽을 정하고 있다는 것만으로 드릴쉽 설계기술이나 건조기술 등 드릴쉽과 관련된 모든 기술이 산업기술보호법상 산업기술에 해당하게 되었다고 볼 수 없다"고 판단한 것은 정당하다고 판시하였다.[4]

---

4) 한편으로 위 대법원 판결은 원심이 "산업기술보호법에 근거한 2007. 8. 29. 산업자원부 고시 제2007-109호「국가핵심기술」에는 '고부가가치 선박 및 해양시스템 설계기술'이 명시되어 있고, 그 고부가가치 선박에는 드릴쉽이 포함되어 있는 점을 고려할 때, 위 고시에서 정한 드릴쉽 설계기술은 산업기술보호법 제2조 제1호의 산업기술에 해당"한다고 판단한 것이 정당하다고 판시하였다.

다. '산업기술혁신 촉진법' 제15조의2에 따라 인증된 신기술(다목)

'산업기술혁신 촉진법' 제15조의2 제1항에 따라 산업통상자원부장관은 국내에서 최초로 개발된 기술 또는 기존 기술을 혁신적으로 개선·개량한 우수한 기술을 신기술로 인증할 수 있다. 그 신기술 인증은 유효기간을 정하여 하되, 필요한 경우에는 연장할 수 있다(같은 조 제2항).

위 인증신기술이 적용되었음을 산업통상자원부장관으로부터 확인받은 제품에는 인증신기술을 표시할 수 있고(위 법 제16조의3 제1항), 정부는 위 신기술 인증을 받은 자에 대하여 새로운 수요를 만들어 내기 위한 자금 지원과 신기술적용제품의 우선구매 등의 지원시책을 마련하여야 한다(위 법 제17조 제1항).

라. 전력기술관리법 제6조의2에 따라 지정·고시된 새로운 전력기술(라목)

산업기술보호법이 2015. 1. 28. 개정될 당시의 구 전력기술관리법 제6조의2 제1항은 산업통상자원부장관은 국내에서 최초로 개발한 전력기술이나 외국에서 도입하여 개량한 것으로서 국내에서 신규성·진보성 및 현장적용성이 있다고 판단되는 전력기술을 개발하거나 개량한 자가 신청한 경우에는 그 기술을 새로운 전력기술로 지정·고시할 수 있다고 규정하고 있었다.

그러나 2016. 1. 6. 개정된 전력기술관리법은 제6조의2를 전부 삭제하여 위와 같은 신기술 지정·고시 제도를 폐지하였다. 이는 그 제도가 '산업기술혁신 촉진법'에 따른 신기술 및 신제품 인증제도와 거의 동일하여 독자적인 제도 운영의 실효성이 크지 않아 유사 인증제도의 통합 차원에서 이를 폐지하고 '산업기술혁신 촉진법'에 따른 신기술인증제도로 통합하여 운영하기 위한 것이다(위 개정 전력기술관리법의 개정이유 참조).

마. '환경기술 및 환경산업 지원법' 제7조에 따라 인증된 신기술(마목)

'환경기술 및 환경산업 지원법' 제7조 제1항에 따라 환경부장관은 ① 국내에서 최초로 개발된 환경 분야 공법기술과 그에 관련된 기술, ② 도입한 기술의 개량에 따른 환경 분야 공법기술과 그에 관련된 기술에 대하여 신기술인증을 신청받은 때에는 그 기술이 기존의 기술과 비교하여 신규성과 우수성이 있다고 평가되면 신기술인증을 할 수 있다.

위와 같은 신기술인증을 받으면 해당 기술을 이용하여 설치한 시설이나 제품 등에 신기술인증의 표시를 하거나 이를 광고에 이용할 수 있고(위 법 제7조의2 제1항), 환경부장관은 환경시설을 운영하는 국가기관, 지방자치단체나 그 출연기관, 공공기관 등에게 신기술을 우선 활용할 수 있도록 환경 관련 보조금의 우선 지원 등 적절한 조치를 취할 수 있다(같은 조 제3항).

바. '건설기술 진흥법' 제14조에 따라 지정·고시된 새로운 건설기술(바목)

'건설기술 진흥법' 제14조 제1항에 의하면 국토교통부장관은 국내에서 최초로 특정 건설기술을 개발하거나 기존 건설기술을 개량한 자의 신청을 받아 그 기술을 평가하여 신규성·진보성 및 현장 적용성이 있을 경우 그 기술을 새로운 건설기술로 지정·고시할 수 있다.

국토교통부장관은 신기술을 개발한 자를 보호하기 위하여 필요한 경우에는 보호기간을 정하여 기술개발자가 기술사용료를 받을 수 있게 하거나 그 밖의 방법으로 보호할 수 있고(위 법 제14조 제2항), 발주청에 신기술과 관련된 신기술장비 등의 성능시험이나 시공방법 등의 시험시공을 권고할 수 있으며, 성능시험 및 시험시공의 결과가 우수하면 신기술의 활용·촉진을 위하여 발주청이 시행하는 건설공사에 신기술을 우선 적용하게 할 수 있다(같은 조 제4항).

사. '보건의료기술 진흥법' 제8조에 따라 인증된 보건신기술(사목)

'보건의료기술 진흥법' 제8조 제1항에 따라 보건복지부장관은 신기술 개발을 촉진하고 그 성과를 널리 보급하기 위하여 우수한 보건의료기술을 보건신기술로 인증할 수 있다.

보건신기술 인증을 받으면 그 기술을 이용하여 제조한 제품 등에 보건신기술 인증의 표시를 사용할 수 있고(위 법 제8조의2 제1항), 정부는 보건신기술의 제품화를 촉진하기 위하여 자금 지원 등 지원 시책을 마련하여야 한다(위 법 제8조 제4항).

아. '뿌리산업 진흥과 첨단화에 관한 법률' 제14조에 따라 지정된 핵심 뿌리기술(아목)

'뿌리산업 진흥과 첨단화에 관한 법률' 제14조 제1항에 따라 산업통상자원부장관은 뿌리기술의 개발과 확산을 촉진하기 위하여 국가적으로 중요한 뿌리기술을 핵심 뿌리기술로 지정할 수 있다. '뿌리기술'이란 주조, 금형, 소성가공, 용접, 표면처리, 열처리 등 제조업의 전반에 걸쳐 활용되는 공정기술로서 대통령령으로 정하는 기술을 말한다(위 법 제2조 제1호).

산업통상자원부장관은 핵심 뿌리기술에 대하여는 연구개발, 기술지원 및 연구성과 확산 등을 지원할 수 있고(위 법 제14조 제1항), 정부는 핵심 뿌리기술의 연구개발을 수행하는 기관 또는 단체에 재정지원을 할 수 있다(같은 조 제2항).

자. 그 밖의 법률 또는 해당 법률에서 위임한 명령에 따라 지정·고시·공고·인증하는 기술 중 산업통상자원부장관이 관보에 고시하는 기술(자목)

앞서 설명한 법률들에 따른 기술 외에 그 밖의 법률 또는 해당 법률에서 위임한 명령에 따라 행정기관의 장이 지정·고시·공고·인증하는 기술도 산업기술이 될 수 있다.

다만 본 자목 기술의 경우에는 행정기관의 장의 지정 등만으로 바로 산업기술이 될 수 있는 것은 아니고, 산업통상자원부장관이 관보에 고시하는 것이어야 한다. 그리고 그 지정 등의 목적이 앞서 본 바와 같이 산업경쟁력 제고나 유출방지 등을 위한 것이어야 할 것인바, 산업통상자원부장관은 이러한 목적 등을 고려하여 산업기술로 고시할 기술을 선별하게 될 것이다.

법령의 특정 없이 그 밖의 법령에 따른 산업기술 지정 가능성을 열어놓은 본 자목은 기술의 다양성과 기술의 끊임없는 발전이라는 측면에서 어느 정도 불가피한 면은 있으나 수범자 입장에서는 그 법령이 구체적으로 특정되지 아니하여 형사처벌 조항의 구성요건적 요소가 더 불명확해졌다는 문제점이 있다(앞서 본 헌재 2013. 7. 25. 2011헌바39 결정도 구 산업기술보호법과 관련하여 이러한 점을 지적하고 있다).

4. 비공지성과 비밀관리성이 필요한지 여부

산업기술에 대하여 산업기술보호법은 영업비밀 요건과 같은 비공지성(비밀성)이나 비밀관리성(비밀유지성)을 요구하지 않는다.

그러나 적어도 산업기술로 지정되기 전에 이미 비공지성을 상실하여 공지공용(public domain)의 영역에 들어간 기술의 경우에는 행정기관의 장이 이를 간과하고 산업기술로 지정하더라도 공중의 신뢰를 보호하기 위한 법적 안정성 관점에서 산업기술로서의 효력이 없다고 봄이 타당하다.[5]

---

5) 나종갑, 앞의 논문, 93면은 산업기술의 경우에도 비밀성, 경제적 가치 및 비밀성유지노력이 필요하다고 한다. 이에 대하여 배상철, "「산업기술유출방지 및 보호에 관한 법률」상 기술유출

반면에 산업기술 지정 전에 비록 비밀로서의 관리를 충분히 하지 못하였다고 하더라도 아직 공지되지 않은 상태라면 위와 같은 법적 안정성의 요구가 없으므로 산업기술이 될 수 있다고 할 것이다.

한편 산업기술 지정 후에 그 기술의 비공지성이나 비밀관리성이 유지되지 않더라도 그 지정의 효력이 유지되는 이상 현재의 산업기술보호법하에서는 산업기술의 지위를 계속 유지한다고 볼 수밖에 없지만, 그 산업기술이 비공지성을 상실한 이후에는 비밀유지의무와 같이 적어도 비공지성을 전제로 하는 산업기술보호법상의 의무는 소멸한다고 해석함이 타당할 것이다. 그러나 산업기술의 일부만 공지된 경우에는 달리 볼 필요가 있다. 대법원도 산업기술과 관련하여 특허등록이 이루어져 산업기술의 내용 일부가 공개되었다고 하더라도 그 산업기술이 전부 공개된 것이 아닌 이상 산업기술로서의 비밀유지의무의 대상에서 제외되는 것은 아니라는 취지로 판시한 바 있다(대법원 2013. 12. 12. 선고 2013도12266 판결 참조).

Ⅱ. 국가핵심기술

국가핵심기술에 대하여 산업기술보호법 제2조 제2호는 "국내외 시장에서 차지하는 기술적·경제적 가치가 높거나 관련 산업의 성장잠재력이 높아 해외로 유출될 경우 국가의 안전보장 및 국민경제의 발전에 중대한 악영향을 줄 우려가 있는 기술로서 제9조의 규정에 따라 지정된 것"이라고 정의하고 있다.

국가핵심기술은 산업기술에 포함되는 것이기는 하지만(법 제2조 제1호 가목 참조) 그 보호가 국가적으로 중요하다고 보아 다른 산업기술들에 비하여 강화된 보호와 함께 국가적인 관리를 받는다. 즉 국가핵심기술을 보유·관리하고 있는 대상기관의 장은 보호구역 설정·출입허가 등과 같은 보호조치를 할 의무가 있고(법 제10조 제1항), 누구든지 정당한 사유 없이 위 보호조치를 거부·방해 또는 기피하여서는 아니 된다(같은 조 제3항). 한편 국가핵심기술을 수출하고자 하는 경우에는 산업

규제를 둘러싼 논점─영업비밀보호법상 기술유출규제와 관련하여─", 산업재산권 제23호(2007. 8.), 한국산업재산권법학회, 138─139면은 산업기술에는 비공지성, 경제적 유용성, 비밀관리성 요건을 명문상 규정하고 있지 않고, 특히 국가핵심기술의 경우 그 성격상 반드시 영업비밀에 한정될 수 없으며, 산업재산권 매각에 따른 기술 유출이 국내 경제 및 안보에 중대한 영향을 미치는 경우에는 당연히 국가핵심기술로 지정될 수밖에 없다는 등의 이유로 산업기술보호법상의 산업기술은 비공개 기술정보뿐만 아니라 공개된 기술정보도 포함된다는 견해를 취하고 있다.

통상자원부장관에게 사전에 신고를 하여야 한다(법 제11조 제4항). 특히 국가로부터 연구개발비를 지원받아 개발한 국가핵심기술의 경우에는 이를 수출하기 위해서는 산업통상자원부장관의 승인을 얻어야 하며(법 제11조 제1항), 그 대상기관이 해외인수·합병, 합작투자 등 외국인투자를 진행하려는 경우에는 산업통상자원부장관에게 미리 신고하여야 한다(법 제11조의2 제1항). 위와 같은 신고·승인 절차를 위반하거나 수출 또는 해외인수·합병 등이 국가안보에 심각한 영향을 줄 수 있다고 판단되는 경우에는 산업통상자원부장관이 수출 또는 해외인수·합병 등의 중지·금지·원상회복 등의 조치를 명령할 수 있다(법 제11조 제5, 7호, 제11조의2 제3, 5호). 그리고 이러한 절차나 명령을 위반한 행위는 형사처벌의 대상이 된다(법 제36조 제1, 2항, 제14조 제5, 6, 7호).

한편, 국가핵심기술의 정의규정이 법 제2조 제2호에 별도로 있기 때문에 국가핵심기술이 되기 위하여 법 제2조 제1호 본문의 일반적인 '산업기술'로서의 요건도 갖추어야 하는지에 관하여 의문이 있을 수 있다. 주로 법 제2조 제1호 본문의 "제품 또는 용역의 개발·생산·보급 및 사용에 필요한 제반 방법 내지 기술상의 정보"와 "산업경쟁력 제고나 유출방지 등을 위하여 지정된 것"이라는 요건이 문제될 텐데(나머지 본문상의 요건들은 국가핵심기술의 정의규정 자체에도 포함되어 있다), 산업기술보호법의 입법취지상 기본적으로 위와 같은 요건을 갖춘 산업기술을 보호대상으로 하면서 그 중에서 특히 해외 유출 시 국가적 이익에 중대한 영향을 미칠 우려가 있는 기술을 국가핵심기술로 지정하여 국가적인 관리를 하는 것으로 보이므로 국가핵심기술은 법 제2조 제1호 본문의 요건도 갖출 것을 요한다고 해석함이 타당하다.6) 다만 법 제2조 제1호 가목에서는 국가핵심기술로서 고시까지 된 것을 산업기술로 규정하고 있음은 앞에서 본 바와 같다.

아래에서는 법 제2조 제2호의 국가핵심기술의 요건을 세분하여 살펴보기로 한다.

1. 국내외 시장에서 차지하는 기술적·경제적 가치가 높거나 관련 산업의 성장잠재력이 높은 기술일 것

이 부분 요건은 선택적으로 규정되어 있으므로 '국내외 시장에서 차지하는 기

---

6) 구대환, 앞의 논문, 83면도 국가핵심기술은 일반적인 산업기술로서의 요건도 갖추어야 한다는 견해이다.

술적·경제적 가치가 높은 기술'과 '관련 산업의 성장잠재력이 높은 기술' 중 어느 하나에만 해당하면 국가핵심기술이 될 수 있다.[7]

그런데 이러한 요건은 워낙 추상적이고 기준이 모호하기 때문에 판단하기가 쉽지 않다. 국가핵심기술 지정대상기술을 선정할 때 고려하도록 되어 있는 관련 제품의 국내외 시장점유율, 해당 분야의 연구동향 및 기술 확산과의 조화 등(법 제9조 제2항)은 위와 같은 기술적·경제적 가치나 성장잠재력을 판단하는 데 유용한 자료가 될 것이기는 하나 이를 고려하더라도 기술적·경제적 가치나 성장잠재력이 '높다'는 것을 판단하기란 쉽지 않다. 그래서 산업통상자원부장관이 일단 국가핵심기술로 지정하면 일응 이러한 요건을 갖춘 것으로 실무상 추정될 가능성이 많고, 그 요건 흠결을 다투는 자에게 사실상 반증을 제시할 책임을 지우는 식으로 운영될 가능성이 많다.

한편 국가핵심기술이 포괄적 용어로 표현되어 지정·고시되는 현실에서, 구체적인 특정 기술이 일견 고시된 국가핵심기술에 속하는 것으로 보이더라도 실제로는 예를 들어 범용기술이나 종전부터 시중에서 널리 쓰이고 있던 기술과 큰 차이가 없다면 '국내외 시장에서 차지하는 기술적·경제적 가치'나 '관련 산업의 성장잠재력'이 높지 않은 것으로 보아 국가핵심기술에 해당하지 않는다고 판단함이 타당할 것이다.

2. 해외로 유출될 경우 국가의 안전보장 및 국민경제의 발전에 중대한 악영향을 줄 우려가 있는 기술

국가핵심기술은 사익보다는 국가적 이익을 보호하기 위하여 지정되는 것인바, 이는 해외로 유출될 경우 '국가의 안전보장'과 '국민경제의 발전'이라는 두 국가적 법익 모두에 중대한 악영향을 미칠 우려가 있는 것이어야 한다.[8] '국가의 안전보장'과 '국민경제의 발전' 중 어느 하나에라도 중대한 악영향을 미칠 우려가 있으면 국가핵심기술로 지정할 수 있다는 견해도 있을 수 있으나, 입법론으로 타당한지는 별론으로 하고 현재의 법문상으로는 두 법익을 모두 침해할 우려가 있어야 하는 것

7) 홍영서, "국가핵심기술 보호제도의 문제점 및 개선방안에 관한 고찰", 산업재산권 제43호 (2014), 한국산업재산권법학회, 246면도 같은 취지이다.
8) 같은 취지로는 홍영서, 앞의 논문, 246-247면; 계승균, "「산업기술 유출 방지 및 보호에 관한 법률」 운용시 예상되는 몇 가지 문제점", 산업재산권 제23호(2007. 8.), 한국산업재산권법학회, 67면.

으로 해석할 수밖에 없다. 그동안 해석상의 논란에도 불구하고 수차례의 개정에서 선택적인 표현으로 바꾸지 않고 굳이 '및'이라는 연결어를 그대로 유지하고 있는 점도 이러한 해석을 뒷받침한다.

다만 실제에 있어서는 '국가의 안전보장'과 '국민경제의 발전'에 대한 영향이 항상 준별되는 것은 아니고 어느 한쪽에 영향이 있으면 사실상 다른 한쪽에도 영향이 있는 것으로 볼 수 있는 경우가 많을 것이다. 실제의 국가핵심기술 지정에서도 두 법익을 엄격히 구별하여 각각에 대한 영향을 따지고 있는 것 같지는 않다.

나아가 국가핵심기술은 국가의 안전보장과 국민경제의 발전에 '중대한' 악영향을 줄 우려가 있는 것이어야 하는바, 외국에서 쉽게 도입할 수 있는 기술이거나 이를 약간 변형·개량한 정도의 기술인 경우에는 그 해외 유출이 국가의 안전보장과 국민경제의 발전에 중대한 악영향을 줄 우려가 있다고 보기 어려울 것이다.

3. 제9조의 규정에 따라 지정된 것

국가핵심기술은 법 제9조의 규정에 따라 지정되고 그 지정의 효력이 계속 유지되고 있는 것이어야 하는바, 이하에서는 법 제9조에 규정된 국가핵심기술의 지정 및 변경·해제 절차에 관하여 살펴보기로 한다.

가. 국가핵심기술의 지정

산업통상자원부장관은 국가핵심기술로 지정되어야 할 대상기술을 선정하거나 관계 중앙행정기관의 장으로부터 그 소관의 지정대상기술을 선정·통보받은 경우에는 산업기술보호위원회(법 제7조에 따라 산업통상자원부장관 소속으로 설치된다)의 심의를 거쳐 국가핵심기술로 지정할 수 있다(법 제9조 제1항). 앞서 본 바와 같이 종전에는 국가핵심기술의 지정 시 관계 중앙행정기관의 장만이 대상기술을 선정하여 산업통상자원부장관에게 통보할 수 있도록 규정하였던 것을 2015. 1. 28. 개정에 의하여 산업통상자원부장관도 자체적으로 대상기술을 선정할 수 있도록 한 것이다. 다만 산업통상자원부장관이 선정한 지정대상기술이 다른 중앙행정기관의 장의 소관인 경우에는 산업기술보호위원회 심의 전에 해당 중앙행정기관의 장과 협의를 거쳐야 한다(법 제9조 제1항).

산업통상자원부장관 및 중앙행정기관의 장은 지정대상기술을 선정함에 있어서 해당기술이 국가안보 및 국민경제에 미치는 파급효과, 관련 제품의 국내외 시장점유율, 해당 분야의 연구동향 및 기술 확산과의 조화 등을 종합적으로 고려하여 필요최소한의 범위 안에서 선정하여야 한다(법 제9조 제2항). '필요최소한의 범위' 안에서 국가핵심기술 지정대상을 선정하도록 한 것은 그 지정이 기술 유출 등을 방지한다는 점에서는 대상기관에 이익이 되지만 그 수출, 투자 등 거래를 통제하는 것이기도 하다는 점에서는 대상기관과 거래자들에게 불편을 초래하는 것이기 때문이다.9) 이러한 점에서 구체적인 특정기술이 고시된 국가핵심기술에 속하는지 판정할 때도 필요최소한도에 그치도록 엄격히 판단할 필요가 있다.

산업기술보호위원회는 국가핵심기술 지정에 대한 심의를 함에 있어서 지정대상기술을 보유·관리하는 기업 등 이해관계인의 요청이 있는 경우에는 의견을 진술할 기회를 주어야 한다(법 제9조 제5항). 이해관계인들에게 실질적인 의견진술 기회를 주기 위해서는 적어도 지정대상기술을 미리 공고해서 그 기술에 대하여 국가핵심기술 지정 심의가 진행 중임을 대외적으로 알릴 필요가 있으나 현재 이러한 제도는 없는 것으로 보인다.

산업통상자원부장관은 국가핵심기술을 지정한 경우에는 이를 고시하여야 하는 바(법 제9조 제4항), 2016. 1. 28.자 '국가핵심기술 개정 고시'(산업통상자원부 고시 제2016-211호)에 따르면 전기전자('30나노 이하급 D램에 해당되는 설계·공정·소자기술 및 3차원 적층형성 기술' 등 11개), 자동차·철도(연료전지 자동차 Stack 시스템 설계 및 제조기술' 등 8개), 철강('FINEX 유동로 조업기술' 등 6개), 조선('LNG선 카고탱크 제조기술' 등 7개), 원자력('중성자 거울 및 중성자 유도관 개발기술' 등 5개), 정보통신('지능적 개인맞춤 학습관리 및 운영기술' 등 8개), 우주('고상 확산접합 부품성형 기술' 등 4개), 생명공학('보툴리눔 독소제제 생산기술' 등 3개), 기계·로봇('고밀도 공정 작업용 로봇 설계 및 제작기술' 등 9개) 등 9개 분야에 총 61개 기술이 국가핵심기술로 지정되어 있다.

나. 국가핵심기술의 변경·해제

산업통상자원부장관은 국가핵심기술의 범위 또는 내용의 변경이나 지정의 해제가 필요하다고 인정되는 기술을 선정하거나 관계 중앙행정기관의 장으로부터 그 소관의 국가핵심기술의 범위 또는 내용의 변경이나 지정의 해제를 요청받은 경우

---

9) 홍영서, 앞의 논문, 267면은 산업기술보호법이 국가핵심기술 보유기관에게 의무와 제한을 가하면서도 이에 대한 보상이나 혜택에 대해서는 아무런 규정을 두고 있지 않은 점을 문제점으로 지적하고 있다. 계승균, 앞의 논문, 76-77면도 국가핵심기술의 경우 재산권 행사의 제한 내지 침해의 성격을 띠어 헌법상의 재산권 보호문제가 발생한다고 한다.

에는 산업기술보호위원회의 심의를 거쳐 변경 또는 해제할 수 있다(법 제9조 제3
항). 그 변경·해제 시에도 산업통상자원부장관은 이를 고시하여야 한다(같은 조 4
항).

관계 중앙행정기관의 장은 소관 국가핵심기술에 대하여 ① 그 보유기관으로부
터 국가핵심기술을 변경하거나 해제할 것을 요청받거나, ② 국가핵심기술의 유출,
기술 환경의 변화, 동일하거나 진보된 기술의 개발 등으로 인하여 기존의 국가핵심
기술을 변경하거나 해제하여야 할 사유가 발생한 경우에는 그 타당성을 검토하여
산업통상자원부장관에게 국가핵심기술의 범위나 내용의 변경 또는 지정의 해제를
요청할 수 있다(산업기술보호법 시행령 제12조 제1항).

산업기술보호위원회는 국가핵심기술의 변경·해제에 대한 심의 시에도 이해관
계인의 요청이 있는 경우에는 의견진술 기회를 주어야 한다(법 제9조 제5항).

Ⅲ. 산업기술 및 국가핵심기술의 확인 등 절차

이상 살펴본 바와 같이 산업기술 및 국가핵심기술은 그 법률상 요건에 추상적
인 면이 많고 고시·공고되는 산업기술 또는 국가핵심기술도 포괄적 용어로 표현되
는 경우가 많기 때문에 대상기관을 비롯한 이해관계인들은 구체적인 특정 기술이
산업기술 또는 국가핵심기술에 해당하는지를 분명히 알기 어려워서 혼란에 빠질
수 있다.

이에 산업기술보호법은 2011. 7. 25. 개정에 의하여 국가핵심기술 해당 여부에
대한 사전판정 제도를 먼저 도입하였고(제9조 제6항), 2015. 1. 28. 개정에 의하여
산업기술에 대하여도 해당 여부를 확인할 수 있도록 하는 절차를 도입하였다(제14
조의3).

다만 위와 같은 판정 또는 확인은 행정기관의 의견에 불과한 것이고, 산업기술
또는 국가핵심기술 해당 여부는 법적 판단에 속하는 사항으로서 궁극적으로 법원
이 판단할 사항이라고 할 것이다.

한편 산업기술의 확인 또는 국가핵심기술의 사전판정 시에는 산업기술보호법
의 입법취지와 앞서 본 바와 같은 각 요건의 취지와 의미를 고려하여 판단하되, 신
청기술이 대상 산업기술 또는 국가핵심기술 '특유'의 기술인지도 고려하여야 할 것
이다. 이와 관련하여 앞서 본 대법원 2012. 8. 30. 선고 2011도1614 판결은, 원심이

산업자원부 고시 제2007-109호 「국가핵심기술」에 '고부가가치 선박 및 해양시스템 설계기술'이 명시되어 있고 그 고부가가치 선박에는 드릴쉽이 포함되어 있으므로 드릴쉽 설계기술은 구 산업기술보호법(2011. 7. 25. 개정 전의 것) 제2조 제1호의 산업기술에 해당한다고 하면서, 다만 공소장 별지 기재 파일 중 일부는 드릴쉽 특유의 설계기술상의 정보라고 보기 어려워서 산업기술에 해당한다고 볼 수 없다고 판단한 것은 정당하다고 판시한 바 있다. 따라서 적어도 범용적인 기술은 국가핵심기술에 해당한다고 보기 어렵다.

1. 산업기술 해당 여부 확인 절차

대상기관은 보유하고 있는 기술이 산업기술에 해당하는지에 대하여 산업통상자원부장관에게 확인을 신청할 수 있다(법 제14조의3). 그 신청서에는 신청기술 설명서와 산업기술에 해당하는지 여부를 확인하는 데 필요한 서류로서 산업통상자원부장관이 고시하는 서류를 첨부하여야 한다(동 시행령 제19조의2 제1항).

산업통상자원부장관은 위 신청을 받은 날로부터 30일 이내에 보유기술이 산업기술에 해당하는지 여부를 심사한 후 그 해당 여부를 신청인에게 서면(전자문서 포함)으로 알려야 하고(동 시행령 제19조의2 제2항), 산업기술임을 확인한 때에는 신청인에게 산업기술 확인서를 발급하여야 한다(같은 조 제3항). 산업통상자원부 고시 제2016-252호인 '산업기술 확인 요령' 제10조 제1항에 따르면 산업기술 확인의 유효기간은 관련 법령에서 별도의 유효기간을 정하지 않은 경우 확인서 발급일자로부터 2년이다.

위와 같은 확인신청에 관한 업무는 실제로는 산업통상자원부장관의 위탁에 의하여 산업기술보호협회(법 제16조에 따라 대상기관들이 산업통상자원부장관의 인가를 받아 설립)가 담당하고 있다(법 제33조, 동 시행령 제36조 제1항, 동 시행규칙 제4조의4 제1항). 위 '산업기술 확인 요령'에 따르면 산업기술보호협회는 산업기술 확인 및 확인업무의 효율적 운영과 신청기술에 대한 전문성 확보를 위하여 산업기술 분야별 위원으로 구성된 산업기술 확인 기술위원회를 구성할 수 있고(제7조 제1항), 신청서류에 대한 내용과 미비 여부 등 적정성 검토 후 기술위원회 검토·협의 및 확인처리 의견에 따라 확인 여부를 처리한다(제8조 제1항). 신청기술이 별도의 심의가 필요한 경우에는 신청인 현장 방문을 통한 신청기술 검토를 포함하여 별도의 협의를 실시할 수 있으며 서면심의도 가능하다(제8조 제2항 단서).

2. 국가핵심기술 해당 여부 사전판정 절차

대상기관은 보유하고 있는 기술이 국가핵심기술에 해당하는지에 대한 판정을 산업통상자원부장관에게 신청할 수 있다(법 제9조 제6항). 그 신청서에는 ① 해당 기술의 특성·용도 및 성능에 관한 자료, ② 해당기술을 사용한 관련 제품의 시장 규모와 경쟁력 수준에 관한 자료, ③ 그 밖에 국가핵심기술에 해당하는지를 판정하는 데 필요한 서류로서 산업통상자원부장관이 정하여 고시하는 서류를 제출하여야 한다(동 시행령 제13조의2 제1항).

산업통상자원부장관은 위 신청을 받은 날로부터 15일 이내에 해당 기술이 국가핵심기술에 해당하는지 여부를 심사한 후 신청인에게 서면(전자문서 포함)으로 알려야 한다(동 시행령 제13조의2 제2항 본문). 다만 판정을 신청한 기술에 대하여 기술심사가 필요한 경우에는 기술심사에 걸리는 기간은 위 본문의 기간에 산입하지 아니한다(같은 항 단서). 그런데 기술심사를 구체적으로 어떻게 진행하는지에 관하여는 특별한 규정이 없는바, 자칫하면 기술 실체에 대한 심사 없이 사전판정신청서에 기재된 기술의 명칭만 가지고 고시된 국가핵심기술의 문언적 범위에 들어가는지 판단하는 형식적 심사에 그칠 위험이 있으므로 기술심사의 절차를 보완할 필요가 있다.

Ⅳ. 입 법 론

산업기술보호법은 그 제정 이래 일부 처벌 규정에 대하여 죄형법정주의의 명확성원칙에 반한다는 이유로 헌법재판소에서 위헌결정이 내려지는 등 그 규정들의 불명확성이 줄곧 논란이 되어 왔고 그 보완 등을 위하여 여러 차례 개정되어 왔다.

그러나 산업기술보호법은 그 동안의 개정에도 불구하고 다음과 같은 태생적인 문제점들을 가지고 있다고 생각된다.

첫째 과연 산업기술이라는 새로운 개념을 만들어 기존의 지적재산권 체계를 흔들어가면서까지 기술을 중복 보호할 필요가 있는지 의문이다

기술은 전통적으로 특허와 영업비밀 중 하나의 형태로 보호되어 왔다. 즉 기술의 보유자는 기술을 공개하는 대가로 특허권이라는 일정 기간의 독점·배타적 권리를 부여받든지, 기술을 비밀로서 관리하면서 사실상의 독점권을 누리든지 하는 선택을 하여왔다.

그런데 산업기술보호법상의 산업기술은 기술을 공개할 의무가 없음은 물론,
영업비밀과 같은 비밀관리성이나 비공지성을 요구하지 않으면서도 그 침해에 대한
금지청구권과 형사처벌이 인정된다. 비공지성을 유지하면서 비밀로서 관리되는 산
업기술은 특별한 사정이 없는 한 영업비밀로서 보호가 가능하므로 굳이 산업기술
로 중복하여 보호할 필요가 없다.10) 이미 공지된 기술의 경우에는 이를 산업기술
로 보호하는 것은 법적 안정성을 해칠 우려가 있다. 그 밖에 공개할 의무도 없고
스스로 비밀로서 관리하지도 않는 기술의 경우에는 형사처벌을 하거나 그 기술 보
유자에게 침해금지청구권까지 주어가면서 적극적으로 보호할 필요가 있는지 심히
의문이다. 개별법에서 기술에 대한 지정·인증 등 제도를 두고 산업정책적 지원을
하는 것으로 충분하다고 생각된다(앞서 I.3항에서 본 바와 같이 기술에 대한 지정·인증
등의 근거가 되는 개별법에는 그 기술에 대한 별도의 지원책이 마련되어 있다). 기술의
해외 유출 방지에 의한 국가적 이익의 보호가 필요한 경우가 있다면 미국의 엑손
−플로리오 조항(Exon−Florio Amendment)이나 '외국투자 및 국가안보법(Foreign
Investment and National Security Act of 2007, 약칭하여 FINSA)'11)처럼 그에 맞는 별
도의 수단을 강구하면 되는 것이다.

**둘째 산업기술의 요건 자체가 불명확하고 그 해당 여부를 미리 알기도 어려워
서 법적 불안정이 초래된다**

---

10) 산업기술보호법 제4조는 "산업기술의 유출방지 및 보호에 관하여는 다른 법률에 특별한 규정
이 있는 경우를 제외하고는 이 법이 정하는 바에 따른다."고 규정하고 있는바, 부정경쟁방지법
상의 영업비밀은 산업기술보호법상의 산업기술과는 요건과 보호법익을 달리하는 것이기 때문
에 부정경쟁방지법상의 영업비밀 보호에 관한 규정을 산업기술 보호에 관한 '다른 법률상의 특
별한 규정'이라고 보기 어렵다. 따라서 어떤 기술이 영업비밀의 요건도 충족하고 산업기술의 요
건도 충족하면 두 법률이 중복하여 적용될 것이다. 김지영, "영업비밀보호법과 산업기술보호법
의 관계에 대한 연구−일원화 논의에 대한 비판적 고찰−", 산업재산권, 통권 제43호(2014. 4.),
한국산업재산권법학회, 224면도 영업비밀에 해당하는 산업기술을 침해하는 행위는 1개의 행위
가 수개의 구성요건을 충족하는 상상적 경합으로 보아야 한다는 견해를 취하고 있다. 이에 대
하여 양영준, "「산업기술의 유출방지 및 보호에 관한 법률」에 대한 소고−법률내용 검토 및 부
정경쟁방지법과 비교를 중심으로−", 국가정보원 산업기밀보호센터(2008), 29면은 산업기술의
유출방지 및 보호에 관한 사항에 대하여는 산업기술보호법이 우선적으로 적용되고 부정경쟁방
지법이 보충적으로 적용된다고 하면서 산업기술보호법은 부정경쟁방지법에 대한 특별법이라는
견해를 취하고 있다. 계승균, 앞의 논문, 71면도 국가핵심기술이 영업비밀에도 해당하는 경우
산업기술보호법이 부정경쟁방지법에 대하여 특별법으로서 우선 적용된다는 견해이다.

11) 미국의 엑손−플로리오 조항(Exon−Florio Amendment)이나 '외국투자 및 국가안보법
(FINSA)'은 국가 안보에 영향을 미치는 미국 내 외국인 투자 등을 통제하는 것을 주 내용으로
하는바, 그 자세한 내용은 현대호·이호용, 앞의 책, 76−80면 참조하시기 바란다.

앞서 본 바와 같이 산업기술보호법상의 산업기술과 국가핵심기술의 요건 자체도 추상적이고 기준이 모호한 부분이 많지만, 법 제2조 제1호 각목에 규정된 개별법상의 기술 개념이나 지정 등 요건은 그 의미나 기준이 더 불명확하다. 더군다나 산업기술 정의규정과 그 각 목의 개별법은 수시로 바뀌고, 각 목에 명시된 개별법 외의 다른 법령에 따른 산업기술 지정 등도 가능하여 더욱 혼란을 초래한다.

나아가 산업기술이나 국가핵심기술이 지정·고시·공고·인증되더라도 그 지정 등은 사전적인 조사 없이는 그 존재를 확인하기 어렵고, 고시·공고 등에는 기술이 추상적·포괄적 용어로 표현되는 경우가 많으므로 그 고시·공고 등을 접하더라도 구체적인 특정 기술이 그 고시·공고 등의 기술에 속하는지 쉽게 알기 어렵다.

결국 이러한 불명확성은 자의적인 해석과 수범자들의 법적 불안정을 초래하여 위헌의 문제까지 제기하게 하는바, 이는 너무나 다양할 뿐만 아니라 끊임없이 발전하는 기술들을 산업기술이라는 추상적 개념으로 무리하게 포섭하려고 한 데 기인한 것이 아닌가 생각된다.[12]

셋째 산업기술이 소관 부처별로 자의적으로 지정되고 남발될 가능성이 있다

산업기술은 사실상 법 제2조 제1호 각 목상의 법령에 따라 관계 행정기관별로 지정하도록 되어 있다. 그런데 산업기술의 지정 등을 입법취지가 다른 법령들에 의존하는 것도 문제이지만,[13] 관계 행정기관별로 소관 산업기술을 지정하다 보면 그 지정의 기준에 일관성을 잃을 가능성이 있고, 산업기술보호법의 입법취지나 산업기술의 정의 규정에 대한 충분한 고려 없이 개별법상의 추상적인 규정에 따라 산업기술 지정이 남발될 수 있다.

요건에 맞지 않는 산업기술 지정이 구체적인 분쟁에서 법원에서 걸러질 수 있다고 하더라도 그 때까지 수범자들에게는 법적 불안정이 초래될 수밖에 없으며, 그러한 산업기술 지정이 존재하는 한 불필요한 거래상의 위험과 비용이 발생할 수밖에 없다.

넷째 비교법적으로 생소한 지적재산의 출현은 국제 거래에도 장애가 된다

비교법적으로 보더라도 특허 등으로 등록되지 않은 기술로서 영업비밀과 구별되

---

12) 선종수, "산업기술유출의 개념과 형사책임", 과학기술법연구 제20집 제2호(2014. 6.), 한남대학교 과학기술연구원, 87면은 이러한 산업기술의 불명확성 때문에 형사 실무에서는 법정형과 보호 대상이 유사한 부정경쟁방지법상의 영업비밀 규정을 주로 적용하여 산업기술보호법 적용 사례가 줄어들고 있다고 지적한다.

13) 양영준, 앞의 논문, 18면도 같은 문제점을 지적하고 있다.

는 별개의 산업기술이라는 지적재산을 인정하는 예를 찾기 어렵다. 독일이나 일본은 영업비밀의 민·형사적 보호에 의하여 국내외 기술 유출을 방지하고 있고,[14] 영업비밀의 국내외 불법유출 등에 대한 형사처벌을 규정하고 있는 미국의 경제스파이법(Economic Espionage Act)도 미국 법률가협회가 마련한 통일영업비밀법(The Uniform Trade Secrets Act)상의 영업비밀 정의를 기초로 하고 있다.[15] 이러한 입법례 등을 고려하여 당초의 의원입법에 의한 「산업기술의유출방지및보호지원에관한법률안」도 '산업기술'을 부정경쟁방지법상의 영업비밀과 유사하게 규정하였던 것으로 보인다.

이와 같이 입법례를 찾기 어려운 산업기술과 같은 생소한 지적재산 개념을 창출하는 것은 국제 거래에서의 예측가능성을 떨어뜨려 외국인의 투자 등을 막는 부작용으로 이어질 가능성이 있다.

결론적으로 별도의 법률에 의하여 산업기술이라는 새로운 개념을 창출하여 기존 법률과의 중복 혼선 불균형을 초래하는 것은 입법 정책적으로 바람직하지 않다

산업기술보호법의 제정이유 중의 하나는 부정경쟁방지법에 따른 처벌대상이 민간 기업비밀 누설의 경우로 한정되어 있다는 점이었으나, 기업이 아닌 대학 또는 연구기관과 같은 비영리기관의 기술을 보호할 필요가 있으면 굳이 산업기술보호법을 제정하지 않더라도 기존 부정경쟁방지법의 적용 범위를 확대하면 된다.[16][17]

그리고 해외 유출 시 국가의 안전과 국민 경제에 중대한 위험을 초래하는 기술이 있다면 그 한도 내에서 이를 국가적으로 관리하기 위하여 특별법을 제정하든지 부정경쟁방지법에 특별 규정을 두면 될 것이다.

차제에 부정경쟁행위와 영업비밀침해행위라는 이질적인 행위를 함께 규정하고

---

14) 손승우·박장혁, "산업기술보호 관련 법체계 정비에 관한 소고 – 「산업기술유출방지 및 보호에 관한 법률」을 중심으로", 법학논총 제37권 제4호(2013. 12.), 단국대학교, 493 – 497면 참조.

15) 배상철, 앞의 논문, 139면

16) 전경련은 2005. 10. 산업기술보호법안 제정에 관하여 "산업기밀 유출 시 처벌할 수 있는 법적 근거는 부정경쟁방지법으로 충분하며, 현행법의 보충을 위한 법 제정은 기존 법과의 중복에 따른 법률 운용상의 혼란을 초래할 우려가 있고, 국가핵심기술의 범위를 '국가연구개발사업 및 기업 스스로 보호를 요청하는 기술'로 제한함으로써 기업 보유 기술에 대하여 민간의 자율성을 최대한 보장할 필요가 있다"는 취지의 의견을 개진한 바 있다{전국경제인연합회의 2005. 10. 산업기술 유출방지 및 보호지원에 관한 법률(안)의 제정에 관한 의견}.

17) 2013. 7. 30. 개정된 부정경쟁방지법 제18조 제1, 2항의 벌칙규정에서는 종전에 피해자를 '기업'으로 한정하고 있던 것을 '영업비밀 보유자'로 변경하여 기업 이외의 자의 영업비밀 보호도 꾀하였으나 제2조 제2호의 영업비밀 정의규정에서는 여전히 '영업활동'을 전제로 하고 있어서 영업활동과 관련 없는 비영리기관의 기술정보 등도 영업비밀로서 보호받을 수 있는지 분명하지 않은 점이 있다.

있는 부정경쟁방지법에서 영업비밀에 관한 부분을 전부 분리하여 그 개념에 기초한 산업기술 보호에 관한 단일법을 제정하는 것을 제안해 본다.18)

---

18) 배상철, 앞의 논문, 157면도 부정경쟁방지법과 영업비밀보호법을 분리하여 영업비밀보호법과 산업기술보호법을 일괄 통합 규정하는 것이 바람직하다는 견해를 피력하고 있다. 이에 대하여 김지영, 앞의 논문, 211−212면은 영업비밀과 산업기술은 보호·관리를 통하여 법률이 얻고자 하는 목적에 차이가 있고 그 보호·관리권자 역시 구분된다는 점 등을 이유로 영업비밀과 산업기술이 하나의 법률로 규율되는 것은 부적절하다는 견해를 밝히고 있다.

제 9 장

영업비밀 원본증명제도 및 기술자료 임치제도

제1절 개 요

박길채(특허법인 태평양 변리사)

영업비밀 원본증명제도는 기업의 기술비밀과 연구 아이디어 및 경영정보 등의 영업비밀이 포함된 전자문서를 등록하게 함으로써 영업비밀 침해 관련 분쟁에서 영업비밀 보유자의 증명 곤란을 완화하기 위한 것으로, 2010년 11월 도입되어 특허청 산하 한국특허정보원에서 운영 중인 제도이다.[1]

이에 반해 기술자료 임치제도는 거래관계에 있는 대기업과 중소기업이 일정한 조건 하에 서로 합의하여, 핵심 기술자료를 신뢰성 있고, 임치설비를 갖춘 중소기업청 산하 대중소기업협력재단에 안전하게 보관해 둠으로써, 중소기업은 기술유출 위험을 줄일 수 있고, 대기업은 해당 중소기업의 파산, 폐업 시 해당 임치물을 이용하여 관련기술을 안전하게 활용할 수 있는 제도이다.[2]

이에 따라 두 제도는 운영주체, 제도의 목적, 운영형태 등에서 차이가 존재하는데, 특히 기술정보(또는 경영정보)를 영업비밀 원본증명제도에서는 한국특허정보원에 제출하지 않음에 비해, 기술자료 임치제도에서는 대중소기업협력재단에 제출한다는 점에서 가장 큰 차이가 존재한다. 이하에서는 구체적으로 각 제도를 살펴보고자 한다.

---

1) "부정경쟁방지 및 영업비밀보호에 관한 법률 일부 개정법률(안) 법안 설명자료(박완주 의원 대표발의)", 2014.10. 특허청, 1면.
2) https://www.kescrow.or.kr/tes/ec/jedo/jedo_01_01.jsp(2015. 12. 3. 방문).

제 2 절 영업비밀 원본증명제도

박길채(특허법인 태평양 변리사)

Ⅰ. 제도 개요

특허분쟁으로 대표되는 기술분쟁이 증가하면서 영업비밀 침해로 인한 분쟁도 증가하고 있는데, 영업비밀 분쟁에서 권리자가 가장 증명하기 곤란한 부분이 진정한 영업비밀이 무엇이었는지(영업비밀 대상 특정의 문제)와 그러한 영업비밀이 언제부터 비밀로 유지되어 왔는지(영업비밀 생성 시점의 문제)이다.

이에 따라 영업비밀의 특정을 쉽게 하기 위해 도입된 제도가 영업비밀 원본증명제도인데, 영업비밀 실체정보 자체를 제출받는 시스템을 도입할 경우, 제출 및 보관 과정에서의 비밀누설의 우려가 존재하므로, 비밀누설의 우려가 없으면서도 자료의 생성시점과 원본 여부를 증명해 줄 수 있는 방식으로 제도가 도입되었다.[1]

이 제도는 비밀로 유지해야 하는 영업비밀의 특성을 살리면서도 비밀리에 공신력 있는 영업비밀 보유 증거를 확보하도록 하기 위해, 영업비밀 자체가 아니라, 영업비밀과 관련된 전자문서에서 추출한 전자지문만을 외부로 노출시킴으로써, 동 제도상 영업비밀 전자지문 등록신청 및 검증과정에서 영업비밀의 비밀유지가 가능한 장점이 있다.[2]

그러나 이 제도는 영업비밀 자체에 대한 검증이 아니라, 관련 문서에 대한 검

---

[1] 부정경쟁방지 및 영업비밀보호에 관한 법률(2013.7.30., 일부개정)
  제9조의2(영업비밀 원본 증명)
  ① 영업비밀 보유자는 영업비밀이 포함된 전자문서의 원본 여부를 증명받기 위하여 제9조의3에 따른 영업비밀 원본증명기관에 그 전자문서로부터 추출된 고유의 식별값[이하 "전자지문"(電子指紋)이라 한다]을 등록할 수 있다.
  ② 제9조의3에 따른 영업비밀 원본증명기관은 제1항에 따라 등록된 전자지문과 영업비밀 보유자가 보관하고 있는 전자문서로부터 추출된 전자지문이 같은 경우에는 그 전자문서가 전자지문으로 등록된 원본임을 증명하는 증명서(이하 "원본증명서"라 한다)를 발급할 수 있다.
[2] 이규호 외 4명, "수탁 중소기업의 기술보호를 위한 제도적 개선방안 연구", 중소기업청, 2011. 12. 17., 105면.

증이므로, 영업비밀의 특정이나, 보호요건의 증명과 관련하여서는 타임스탬프를 부여받았다고 해서, 그것만으로 해당 전자문서가 영업비밀로 인정되는 것이 아니다. 왜냐하면 타임스탬프 발급기관에서는 전자문서에 수록된 내용과 상관없이 추출된 전자지문에 따라 전자스탬프만 발급하기 때문이다. 결국 영업비밀로서 보호 요건을 모두 갖추었는지에 대해서는 별도로 증명하여야 하는 것이다. 다만, 동 제도는 전자문서의 생성시점 증명을 통해 시간적 선후관계를 확정하므로, 연구노트에 타임스탬프를 체계적으로 부여하여 관리할 경우, 개발시점에 대한 객관적인 증명이 가능해짐은 물론 구체적인 연구개발 내용을 소송과정에서 시기별로 확인 가능하므로, 영업비밀 자체를 특정하거나 침해를 증명하는데 도움이 된다.[3]

Ⅱ. 운영형태

영업비밀 원본증명제도는 타임스탬프(time stamp)라는 전자적 기술을 이용하여, 전자문서의 생성시점 및 원본 여부에 대해 타임스탬프 발급기관(한국특허정보원)이 증명해 주는 제도이다.[4] 즉, 영업비밀의 보유자, 보유시점 및 보유대상을 객관적으로 증명해 주는 제도라고 할 수 있는데, 여기에서 이용하는 타임스탬프라는 기술은 전자문서에 전자지문(SHA−256 bit Hash Code)을[5] 부여하는 것으로, 해당 문서가 변경되면 전자지문도 변경되므로, 위변조가 불가능하다.

이 제도 하에서는, 타임스탬프를 발급받고자 하는 전자문서로부터 전자지문이 추출되어 타임스탬프 발급기관에게 제공되고, 타임스탬프 발급기관은 특정 전자지문에 해당하는 타임스탬프를 발급하게 되므로, 향후 검증이 필요한 경우 타임스탬프 발급기관이 저장하고 있는 전자지문과 전자문서에 발급된 타임스탬프가 동일한지 비교함으로써 그 생성시점과 원본 여부를 확인하게 하는 방식이다.[6][7]

---

3) 이명규 외 6명, "영업비밀 침해 입증부담 완화방안에 관한 연구", 특허청, 2010. 12., 115면.
4) 이명규, 위의 보고서, 114면.
5) Hash Code : 전자문서로부터 난수를 생성하는 수법에 의해 생성된 값으로, 전자문서가 수정되면 다른 코드가 생성되며, 해시코드를 원래 전자문서로 되돌리는 것은 불가능하므로, 결국 해시코드가 부여되었다면, 어느 특정시점에 그 전자문서가 존재하고 있었다는 것을 증명하는 동시에, 그 시각 이후에는 데이터가 변경되지 않았음을 증명하는 것이 된다(이규호, 앞의 보고서, 105면).
6) 이명규, 앞의 보고서, 114면.
7) 현재, 관련 비용은 최초 등록 시 기본요금 10,000원/년(유지요금 3,000원/년, 할증유지요금 9,000원/년)이고, 증명서 발급 시 30,000원/건으로 책정되어 있다.

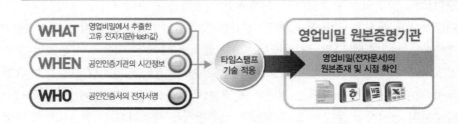

원본증명제도로 보호되는 전자문서는 형식에 구애받지 않는다. 즉, 아래한글, MS워드 등 사무용 문서뿐만 아니라 이미지, 동영상 등 다양한 형태의 전자파일을 지원하고 있고, 원본등록 요청 전자파일에 대한 용량 제한도 없다.[8] 또한 대상도 연구노트, 아이디어자료, 설계도면, 고객정보, 계약서 등 어떠한 것이든 상관없다.

이러한 원본증명제도는 ① 원본(전자지문) 등록 서비스와 ② 원본검증서비스로 나누어져 있는데, 원본등록서비스는, 원본 전자파일에서 추출한 전자지문, 공인인증서의 전자서명값, 공인인증기관의 시간정보를 가지고 해당 자료의 보유 여부, 보유자 및 보유시점을 영업비밀보호센터에 등록하는 것으로 아래와 같은 절차에 따른다.[9]

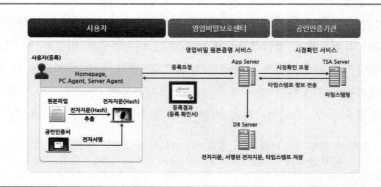

---

8) 다만, 2GB의 한도를 권장하고 있을 뿐이다(https://www.tradesecret.or.kr/kipi/web/service Intro.do, 2015. 12. 3. 방문).

9) https://www.tradesecret.or.kr/kipi/web/kindWay.do(2015. 12. 3. 방문).

반면, 원본검증서비스는 이용자가 보관 중인 전자문서에서 추출한 전자지문과 영업비밀보호센터에 보관 중인 전자지문을 비교하여 원본 여부를 증명하는 것으로 아래와 같은 절차에 따른다.

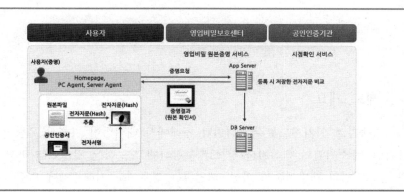

제 3 절 기술자료 임치제도

Ⅰ. 제도 개요

기술자료 임치제도는 수탁, 위탁 거래에서 대기업이 거래상 우월적 지위를 활용하여, 중소기업의 핵심기술 정보를 부당하게 요구하는 것을 방지하고, 또한 유용한 중소기업의 개발기술이 파산, 폐업하는 경우에도 거래관계에 있던 대기업이 안전하게 해당 기술을 이용하고, 후속 개량기술을 개발할 수 있도록 하기 위해, 2007년 5월 "대중소기업 상생협력 촉진에 관한 법률"을 개정하여, 도입한 제도이다.[1][2]

"임치(任置)"는 민법 제693조에서 "임치는 당사자일방이 상대방에 대하여 금전이나 유가증권 기타 물건의 보관을 위탁하고 상대방이 이를 승낙함으로써 효력이 생긴다"라고 하고 있어, 낙성·불요식 계약인 바, 기술자료 임치제도의 경우, 임치의 대상물이 기술 자료인 점을 제외하고, 민법상의 임치와 동일한 것인데,[3] 다만 정부기관(중소기업청 산하 대중소기업협력재단)에서 공신력을 부여하도록 운영하고

---

1) 제24조의2(기술자료 임치제도)
　① 수탁·위탁기업[수탁·위탁기업 외에 단독 또는 공동으로 기술 자료를 임치(任置)하고자 하는 기업을 포함한다]은 전문 인력과 설비 등을 갖춘 기관으로서 대통령령으로 정하는 기관[이하 "수치인"(受置人)이라 한다]과 서로 합의하여 기술 자료를 임치하고자 하는 기업(이하 "임치기업"이라 한다)의 기술 자료를 임치할 수 있다.
　② 위탁기업은 다음 각 호의 어느 하나에 해당하는 경우에는 수치인에게 수탁기업이 임치한 기술 자료를 내줄 것을 요청할 수 있다.
　　1. 수탁기업이 동의한 경우
　　2. 수탁기업이 파산선고 또는 해산결의로 그 권리가 소멸되거나 사업장을 폐쇄하여 사업을 할 수 없는 경우 등 위탁기업과 수탁기업이 협의하여 정한 기술자료 교부조건에 부합하는 경우
　③ 수치인은 중소기업청장이 정하는 기술자료 교부조건에 부합하는 경우에 임치기업의 기술 자료를 요청한 자에게 이를 교부한다.
　④ 정부는 수치인에게 예산의 범위에서 필요한 지원을 할 수 있다.
　⑤ 그 밖에 기술 자료의 임치 등에 필요한 사항은 대통령령으로 정한다.
2) https://www.kescrow.or.kr/tes/ec/jedo/jedo_01_01.jsp(2015. 12. 4. 방문).
3) 이명규, 앞의 보고서, 116면.

있어, 임치 및 확인 과정에서 기본적인 절차 및 구비서류를 요구하고 있는 점에서만 차이가 있을 뿐이다.

　"대중소기업 상생협력 촉진에 관한 법률" 제2조의 정의 규정에서는 임치대상물로서 "기술 자료란 물품 등의 제조 방법, 생산 방법, 그 밖에 영업활동에 유용하고 독립된 경제적 가치가 있는 것으로서 대통령령으로 정하는 자료를 말한다"라고 하고 있고, 동법 시행령에서는 지식재산권 관련 정보를 포함하여 다양한 기술상 또는 경영상 정보로 규정하고 있다.4)

　기술자료 임치제도를 이용할 경우의 효과는 개발자 보호측면에서, ① 수위탁거래 시 중소기업의 개발기술이 대기업으로 무단 유출되는 것을 방지함으로써 개발기술에 대해 기술경쟁력을 유지하는 것(기술탈취 방지), ② 개발기업의 기술자료가 유출되었을 경우, 기술자료 임치물을 통해 개발기업의 기술보유 여부를 증명하는 것(개발사실 증명), ③ 내부 직원의 악의적 삭제, 시스템 오류 등으로 인해 데이터 손실 시에도 임치물을 이용하여 개발기술의 사장화를 방지하는 것(기술멸실 방지), ④ 핵심기술을 정부가 안전하게 보호하여, 관계자들에게 기술탈취에 대한 경각심을 발생시키는 것(기술유출 예방)과, 사용자 보호 측면에서, ⑤ 사용기업도 개발기업의 파산, 폐업 등으로 유지보수 불가시 임치물을 이용하여 안전한 유지보수를 보장하는 것(사용권 보장) 및 ⑥ 정부 및 대기업이 투자한 기술개발 및 해당 기술을 사용하는 기업에 대한 신뢰성을 보장하는 것(R&D 안정성 확보) 등이 있다.5)

　이러한 임치제도 하에서, 임치 시 임치인, 개발인, 임치기술의 개요 등 기본적인 자료를 임치등록부에 기재하여, 기술 정보를 임치하게 되고, 그 개발인을 기술자료의 소유자로 추정하고 있으므로, 이러한 임치된 기술정보는 해당 임치인이 해당 시점에 보유하고 있었다는 것은 증명이 가능하나, 진정한 기술개발자인지, 사용하고 있는 기술이 임치된 기술과 동일한 것인지, 실시가능한 기술인지 등에 대해서는 별도로 증명이 이루어져야 한다.6)

---

4) 제1조의2(기술자료)
　「대·중소기업 상생협력 촉진에 관한 법률」(이하 "법"이라 한다) 제2조제9호에서 "대통령령으로 정하는 자료"란 다음 각 호의 어느 하나에 해당하는 것을 말한다.
　1. 특허권, 실용신안권, 디자인권, 저작권 등의 지식재산권과 관련된 정보
　2. 제조·생산방법과 판매방법 등 그 밖의 영업활동에 유용한 기술상 또는 경영상의 정보
5) https://www.kescrow.or.kr/tes/ec/jedo/jedo_02_01.jsp(2015. 12. 4. 방문).
6) 이명규, 앞의 보고서 118면.

Ⅱ. 운영형태

임치제도 하의 계약은 사용기관이 하나인 3자간 계약과, 사용기관이 다수인 다자간 계약으로 구분되는데, 3자간 계약은 개발기관과 사용기관이 상호 협의하여, 기술자료를 이용하는 서비스로, 임치물을 재단에 임치한 후, 교부조건 발생 시 임치물을 사용기관에 양도하는 것이고, 다자간 계약은 개발기업이 핵심 영업비밀 등을 재단에 임치하고, 향후 다수 사용기업이 계약에 따라, 교부조건 발생 시 재단이 등록된 사용기관에 임치물을 양도하는 것인데,[7] 사용기관이 단수인지 복수인지만 다를 뿐 기본적인 계약구조는 아래와 같이 동일하다.

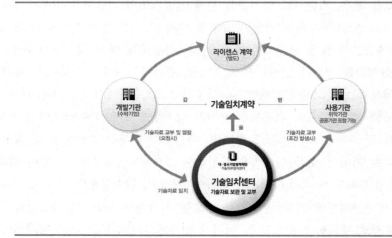

임치 시에는 재단에서 기본적인 계약서, 계약당사자 등을 확인한 후, 이를 봉인하여 임치하게 되며, 교부사항 발생 시에는 재단에서 교부신청을 받아, 요건에 부합되는지를 확인한 후, 임치물을 교부하게 되는데, 임치계약이 만료된 경우에도 임치물이 교부된다.[8]

---

7) https://www.kescrow.or.kr/tes/ec/jedo/jedo_04.jsp(2015. 12. 4. 방문).

8) https://www.kescrow.or.kr/tes/ec/jedo/jedo_05_01.jsp(2015. 12. 4. 방문).

제 4 절 양 제도의 비교

박길채(특허법인 태평양 변리사)

영업비밀 원본증명제도는 특허청(특허정보원)이 관리하는, 분쟁 시의 증명책임을 완화하기 위한 제도임에 비해, 기술자료 임치제도는 중소기업청(대중소기업협력재단)이 관리하는, 중소기업을 보호하고, 수위탁 거래를 공정하게 하며, 대중소기업 상생협력을 촉진하기 위한 제도로서 그 출발점이 상이하다.

또한 보호대상으로, "부정경쟁방지 및 영업비밀 보호에 관한 법률"의 제2조에 "영업비밀이란 공공연히 알려져 있지 아니하고 독립된 경제적 가치를 가지는 것으로서, 상당한 노력에 의하여 비밀로 유지된 생산방법, 판매방법, 그 밖에 영업활동에 유용한 기술상 또는 경영상의 정보를 말한다"라고 하고 있고, "대중소기업 상생협력 촉진에 관한 법률" 제2조에서 "기술자료란 물품등의 제조 방법, 생산 방법, 그 밖에 영업활동에 유용하고 독립된 경제적 가치가 있는 것으로서 대통령령으로 정하는 자료를 말한다"라고 하고 있어, 독립된 경제적 가치를 갖는 기술적 자료는 물론 경영상 정보도 포함하고 있는 점이 공통되지만, 영업비밀은 그 자체의 속성상 비밀유지를 보호요건으로 하고 있는 반면, 기술자료 임치제도는 비밀성을 요구하고 있지 않은 점에서 차이가 있다.

또한 영업비밀 원본증명제도는 당사자와 관리기관(특허정보원)간에 이루어지는 것으로, 관리기관은 오직 영업비밀을 포함하는 전자문서에, 해당 시점에 해당 문서가 존재하였다는 것을 증명하는 전자지문만을 발급하고 향후 확인하여 주는 것이므로, 영업비밀 자료는 보유자의 책임 하에 관리되며 관리기관에 제공되지 않는 반면, 기술자료 임치제도는 거래관계에 있는 위수탁자(다수도 가능)와 관리기관(대중소기업협력재단) 간에 이루어는 것으로 최소한 3자 이상의 당사자가 있으며, 관리기관은 임치계약에 직접 당사자로 관여하여 해당 기술자료를 받아 임치하고 교부조건에 부합 시 교부신청자에게 교부하여 주는 것으로 상호 차이가 존재한다.

반면, 두 제도 모두 시점·당사자 등 기본적인 것만 증명할 뿐, 세부적인 보호

요건은 증명하지 못하는 것인데, 영업비밀 원본증명제도에서는 영업비밀의 보유시점과 보유자가 증명되는 것이고, 해당 영업비밀이 비밀성, 경제성, 비밀유지성 등 영업비밀의 요건에 부합되는지 여부는 증명이 되는 것이 아니며, 마찬가지로 기술자료 임치제도도 해당 기술의 보유자(개발자를 보유자로 추정) 및 보유사실을 증명할 뿐, 정당한 개발자인지, 기술상, 경영상 가치있는 실시가능한 기술인지 등 실체적인 것은 증명하지 아니한다.

제 5 절   외국의 유사제도

박길채(특허법인 태평양 변리사)

우리의 영업비밀 원본증명제도와 유사하게, 타임스탬프 기술을 이용하여 원본을 증명하는 방식은 미국의 e-Timestamp, Surety사, 독일의 Trustcenter, Setasign 사, 스페인의 Safelayer사 등이 있다. 또한, 기술임치제도는 일종의 에스크로우 (escrow) 제도로서,[1] 미국, 독일, 영국 등에서는 계약을 통해 에스크로우 서비스를 제공하는 민간회사를 활용하고 있으며, 기술임치제도도 영국의 NCC그룹,[2] 프랑스의 APP[3] 등이 담당하고 있으나, 그 제도의 목적 및 운용은 우리나라 제도와 거의 동일하다.

다만, 우리나라의 기술임치제도와 유사하지만, 우리나라에는 없는 제도가 프랑스의 "솔로봉투(Soleau Envelope)" 제도와 베네룩스의 "i-Depot" 제도인데, 이 두 가지 제도는 상호 유사하다.

이 제도에서는 동일한 내용물이 담겨진 2개의 동일한 봉투를 프랑스 특허청이나 베네룩스 지식재산청에 보내면,[4] 해당 관청에서 송달일자 등을 확인하여 진본표시를 하고, 그 중 하나를 신청인에게 다시 보내 주며, 분쟁 시 신청인이 이를 활용하기 위해 교부신청하면, 해당 관청이 보관 중인 봉투를 다시 교부해 주는 방식이다. 기탁은 기본 5년간 보관되며, 프랑스는 1회에 한해 연장할 수 있는 반면, 베네룩스는 5년 단위로 연장할 수 있다.[5]

---

1) 계약이행대행 또는 중간수탁이라고 하는데, 거래의 당사자가 아닌 제3자에게, 거래관련 사항을 수탁하고, 제3자가 양 당사자가 모두 거래조건을 이행하였음을 확인한 후, 양당사자에게 계약을 집행하는 것이다(www.google.com의 "에스크로우" 검색 참조). 예를 들면, 물건의 매매계약에서 제3자가 매도자로부터 물건을 넘겨받고(공탁/점유 등), 매수자로부터 대금입금이 완료되면, 물건을 매수자에게 양도하고, 대금을 매도자에게 지급하는 방식이다.
2) https://www.nccgroup.trust 참조(2015. 12. 4. 방문).
3) https://http://www.app.asso.fr 참조(2015. 12. 4. 방문).
4) 베네룩스의 경우 전자적인 방법도 가능하다.
5) 이명규, 앞의 보고서, 133면.

봉투 속에 들어갈 수 있는 내용물에 대해서는 A4용지 7장 정도의 분량의 평면자료만이 가능하고, 모형(prototype)과 같은 3차원적인 내용물은 이용할 수 없다는 단점이 있다. 또한, 이 두 제도는, 영업비밀 원본증명제도나 기술자료 임치제도와 마찬가지로 실체심사를 하지 아니하므로, 기탁자의 성명과 기탁일자 및 기탁내용만을 관리할 뿐인 바, 실제 분쟁 시 그 외의 실체적인 부분은 별도로 증명하여야 한다.

영업비밀보호법

초판발행   2017년 10월 20일

편저자   한국특허법학회
펴낸이   안종만

편 집   한두희
기획/마케팅   임재무
표지디자인   김연서
제 작   우인도·고철민

펴낸곳   (주)**박영사**
             서울특별시 종로구 새문안로3길 36, 1601
             등록 1959. 3. 11. 제3070-1959-1호(倫)

전 화   02)733-6771
f a x   02)736-4818
e-mail   pys@pybook.co.kr
homepage   www.pybook.co.kr
ISBN   979-11-303-3095-2   93360